변화의 지향

사상의 자유시장과 인터넷의 미래

나남
nanam

이 태 희

1991년 고려대 사회학과를 졸업하고, 2006년 University of North Carolina at Chapel Hill, School of Journalism에서 석사학위를 받았다. 〈한국일보〉에서 17년간 기자생활을 하며 법조팀장, 국회팀장, 정치부 차장 등을 거쳤고, 2008년부터 방송통신위원회에서 대변인으로 일하고 있다.

2007년 미국의 학술지 *Communication Law and Policy* 가을호에 Robert G. Magee(Virginia Tech) 교수와 인터넷 규제에 관한 논문을 발표했다. 〈한국일보〉 기자 시절 문민정부 사정 비사 시리즈를 6개월간 연재했고, 이를 다른 문민정부 비사와 묶어 《대통령과 아들》이라는 제목으로 펴냈다. 숙명여자대학에 1년간 출강했다.

나남신서 1532

변화의 지향

사상의 자유시장과 인터넷의 미래

2010년 12월 10일 발행
2011년 10월 10일 2쇄

지은이_ 이태희
발행자_ 趙相浩
발행처_ (주) 나남
주소_ 413-756 경기도 파주시 교하읍
출판도시 518-4
전화_ (031) 955-4600 (代)
FAX_ (031) 955-4555
등록_ 제 1-71호(1979.5.12)
홈페이지_ http://www.nanam.net
전자우편_ post@nanam.net

ISBN 978-89-300-8532-8
ISBN 978-89-300-8001-9
책값은 뒤표지에 있습니다.

나남신서 • 1532

변화의 지향

사상의 자유시장과 인터넷의 미래

이태희 지음

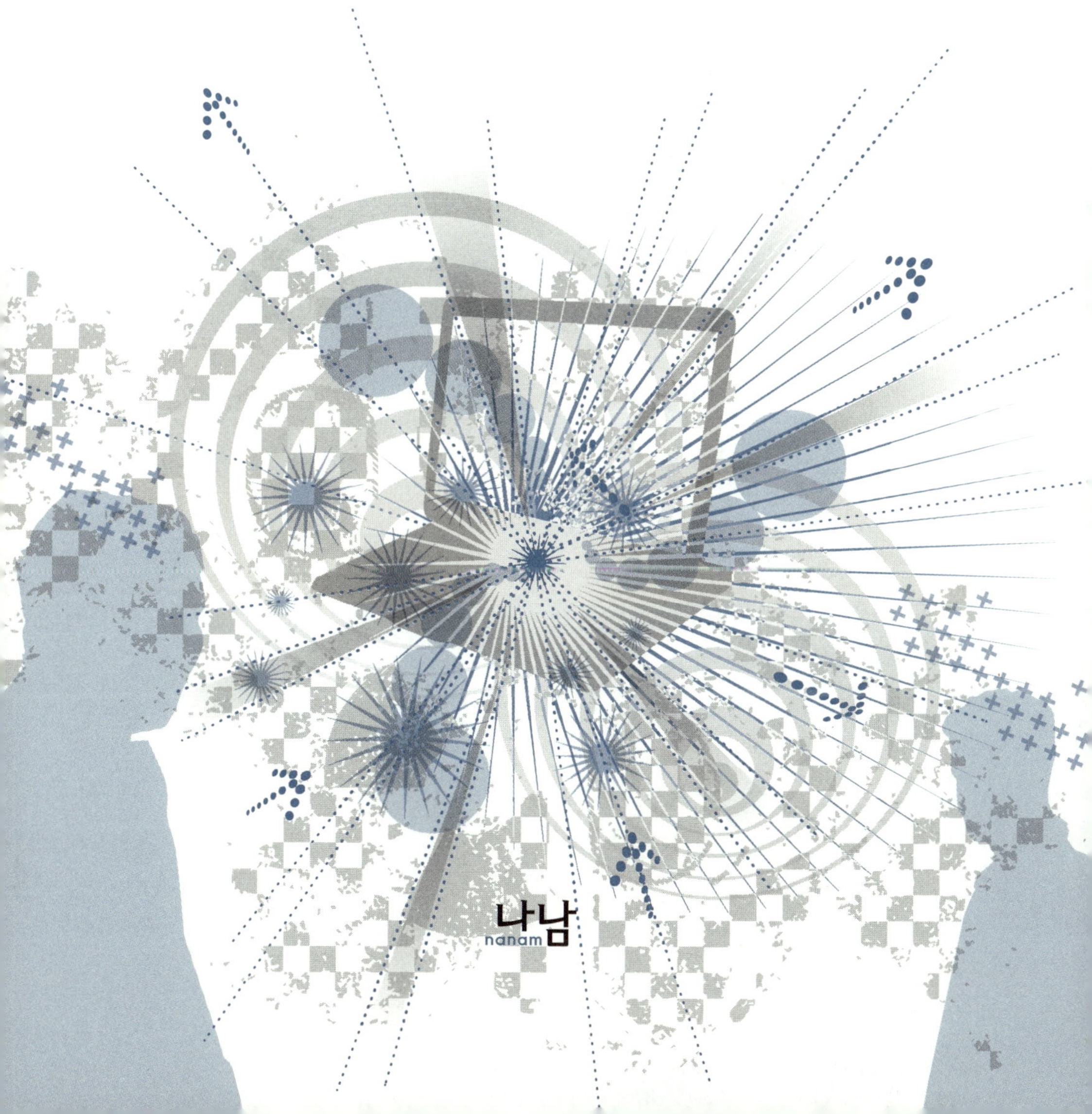

The Aim of Change

The Marketplace of Ideas and Future of the Internet

by

Tae Hee, Lee

nanam

머리말

구글은 2009년 12년 구글코리아의 초기화면을 한국형으로 개편했다. 네이버와 다음 네이트 등 토종 포털들이 쌓아온 견고한 아성을 뚫지 못했기 때문이다. 검색창 하나만 노출되던 기존 초기화면을 버리고, 검색창 아래에 '이 시간 인기토픽' '인기블로그' '화제의 인물' 등 3가지 섹션을 추가해 국내 포털과 유사한 형태의 '한국판 구글'을 만들었다. 첫 화면을 세계공통의 디자인으로 고수해 온 구글이 세계시장에서 최초이자 유일하게 '참담한 패배'를 인정한 것이었다. 그러나 '한국판 구글'도 그리 오래 가지 못했다. 1년이 채 안된 2010년 9월 구글코리아는 다시 글로벌 기준인 '검색창' 화면으로 복귀했다. 구글코리아의 초기화면 교체와 환원의 해프닝은 한국 포털의 경쟁력을 상징적으로 보여주는 사건이다.

네이버나 다음 등 국내 포털이 구글과의 경쟁에서 국내시장을 지켜내고 있는 것은 무척 다행스러운 일이다. 산업적 관점이 아니라 정치·사회·문화 등 인문학적 관점에서 그렇다. 구글은 '표현의 자유'를 신앙처럼 표방하며 세계 곳곳에서 충돌하지만, 자유로운 검색에만 집착할 뿐 정작 표현의 자유가 살아 숨쉬는 '사상의 자유시장'을 어떻게 구체적인 서비스로 구현할지에 대해선 그다지 큰 관심은 없어 보인다. 썰렁한 구글의 초기화면이 이를 상징적으로 보여준다. 검색을 통해 정보를 해방시킨다는 생각은 완결형이 아니다. 검색하는 이유는 자신의 생각을 자유롭게 표현하고 교환하기 위한 것이기 때문이다. 반면 국내 포털들은 표현촉진적이고 시장 참여적인 사상의 자유시장을 만들어 내는 데 세계에서 가장 적극적이다. 우리 포털들이 구글과의 경쟁에서 고사됐다면, 최적의 사상의 자유시장을 위해 고안했던 다양한 실험들은 시도조차 되지 못했을 것이다.

이 책은 바로 인터넷과 포털을 사상의 자유시장의 관점에서 조망한 언론학 해설서다. 동시에 인터넷 규제에 관한 한국과 미국의 판례를 분석한 사이버스페이스 상의 법률서적이기도 하고, 포털의 발전사에 대한 기록과 통찰을 담은 글이기도 하다. 필자는 인터넷이 인류에게 선사한 가장 큰 선물은 역사 속에 잠들었던 사상의 자유시장을 다시 일깨운 것이라고 생각한다. 포털은 필자가 인터넷에서 발견한 가장 최적의 사상의 자유시장이다.

이 책은 필자가 2004년부터 2006년까지 미국의 노스캐롤라이나대(UNC-CH)의 저널리즘스쿨에서 석사과정을 밟으며 처음 구상을 시작했다. 언론법 세미나 시간, 야후나 AOL과 같은 인터넷서비스제공자(ISP)에게 너무나 관대한 미국 법원과 의회의 태도에 호기심을 느끼고 이유와 논리를 추적하기 시작한 것이 발단이다. 그런데 2006년 7월 귀국해서 본 한국의 포털들은 만신창이가 돼 있었다. 정치권에서 난타당하고, 여론에도 몰리고, 어느덧 IT업계에서도 '공룡포털'로 네이밍이 되고 있었다. 잔뜩 위축된 포털은 '언론성'을 부인하며 방어에 급급했다. 책을 써야겠다고 생각했다. 인터넷과 포털이 지닌 인문학적 가치에 대해서 학문적으로, 저널리즘적으로 정리해야겠다고 생각했다. 적어도 우리 사회가 지향하고자 하는 인터넷의 구조가 어떤 것인지, 정부와 의회, 법원이 인터넷 정책의 우선순위를 어디에 둬야 하는지, 왜 그런지에 대해 짚어보는 작업이 필요하다고 생각했다.

제 1장은 사이버 자유주의와 규제주의로 대변되는 인터넷에 대한 상반된 두 시각을 설명하며, 미국과 중국을 대표적인 사례로 소개했다.

제 2장은 밀턴에서부터 올리버 웬델 홈즈 대법관으로 이어지는 고전적 사상의 자유시장 이론과 이에 대한 비판들을 살펴보고, 인터넷이 어떻게 사상의 자유시장을 부활시켰는지에 대해 국내의 사례를 들어 설명했다.

제 3장은 필자가 노스캐롤라이나 대학원 재학 시절인 2005년 전미신문방송교육학회(AEJMC) 컨퍼런스에서 2등상을 수상한 "No Creation, No Liability: Should ISPs' News Portals Enjoy Blanket Immunity from Defamation Suits?"라는 논문에 바탕을 둔 것이다.

미국의 판례를 통해 통신품위법의 ISP 면책규정의 문제점을 추적한 논문으로 미국의 저널인 *Communication Law & Policy*에 게재됐다. 이후 추가 연구를 통해 석사논문으로 발전시켰고, 이를 다시 정리했다.

제 4장에선 한국에서의 인터넷 포털을 둘러싼 논쟁들을 소개하며 사상의 자유시장으로서 포털이 지닌 다양한 장치들을 평가하고, 포털이 초기 화면과 서비스 변화를 통해 어떻게 언론성을 강화해 왔는지 실증했다.

제 5장에선 인터넷 규제 등에 관한 각국의 입법례와 학설들을 비교하고, 인터넷 명예훼손 사건 등에 관한 포털의 법적 책임을 둘러싼 우리나라의 판례들을 비교 분석했다.

제 6장에선 2010년부터 급격히 진행되고 있는 모바일 혁명이 포털과 언론에 미치는 영향을 사상의 자유시장의 관점에서 분석하고, 페이스북이나 트위터 등 소셜미디어가 포털의 대안으로서 새로운 사상의 자유시장이 될 수 있는지에 대해 짚어 보았다.

사실 이 책에서 논의되는 주제들은 새로운 내용이 대부분이다. 사상의 자유시장이론을 실제 인터넷에 적용하고 포털에 연결시킨 실증적 연구는 처음일 것이다. 또 미국의 통신품위법 제정을 둘러싼 보수적 이데올로기의 동부 진영과 실리콘밸리가 있는 서부의 진보적 정치진영의 치열한 입법 논쟁, Zeran v. AOL 판결 이후 벌어진 미국 법원의 법리논쟁 등에 대한 소개도 국내 인터넷 논쟁의 수준을 높이는 자양분이 될 것으로 믿는다, 특히 국내에선 불모지나 다름없는 제 4장의 '헤드라인 저널리즘'에 관한 논의는 모바일 혁명으로 SNS와 스마트폰이 보편화되면서 중요성이 더욱 커졌다.

사실 필자가 처음 이 책을 구상했을 때는 대학교재용 전문서적으로도 읽힐 수 있고, 일반인들도 쉽게 읽을 수 있는 저널리즘 취향 대중서적의 중간적 형태를 만들려 했다. 그러나 막상 써놓고 보니 아무래도 기자 출신 연구자의 과욕이었다는 생각도 든다. 소소한 실수나 논리적으로 미흡한 점이 있더라도 너그럽게 봐주길 부탁드린다. 필자가 이 책에서 주장한 많은 주장과 논리들이 저널리즘과 인터넷 문화 발전에 조그만 보탬이 되길 희망하며, 보다 엄밀한 학문적 연구가 뒤따라 줬으면 한다.

원래 계획대로라면 2008년 출간했어야 하는 책인데, 방송통신위원회 대변인으로 직업을 바꾸면서 2년이 더 걸렸다. 책을 빨리 완성해야 한다는 부담감에 가위눌린 시간들이다. 이제는 글의 감옥에서 해방이다. 책을 출간하면서 감사할 분이 너무 많다. 방송통신위원회에서 인터넷 시장을 가까이서 관찰하고, 모바일 혁명의 한가운데 설 기회를 주신 최시중 방송통신위원장님께 감사드린다. 이 한 권의 책이 세상에 나올 수 있게 해주고 격려와 충고를 아끼지 않은 나남 조상호 사장님, 지도교수였던 UNC의 Ruth Walden 교수님에게 특별한 감사를 드린다. 휴일에도 책만 쓰는 아빠를 불평 없이 지켜봐 준 아내와 아이들에게도 고마운 마음을 전하고 싶다.

마지막으로 이 책의 내용은 필자가 근무하는 방송통신위원회의 견해와는 전혀 관련이 없음을 밝혀둔다.

2010년 12월 광화문에서

이태희

나남신서 · 1532

변화의 지향
사상의 자유시장과 인터넷의 미래

차 례

• 프롤로그 •

인류가 발견한 가장 참여적인 '사상의 시장'

한국의 인터넷의 역사에서 1999년은 가장 중요한 해로 기록될 것이다. 국내 최대의 포털 사이트인 (주) 네이버컴이 설립됐고, 한메일 서비스로 토종 이메일 시장을 개척했던 (주) 다음커뮤니케이션은 온라인 커뮤니티서비스인 다음카페로 선풍적인 인기를 끌며 코스닥에 등록했다. 1997년 국내에 상륙한 야후 역시 하루 2천만 페이지뷰를 기록하며 기세 좋게 약진하고 있었다. '싸이월드'가 설립되고, 엠파스가 첫 모습을 드러낸 것도 이 시기였다.

'포털 르네상스'라 할 만큼 새로운 시장과 질서가 형성되어 갔다. 인류 최대의 발명품이라고 할 만한 인터넷이 던져준 희망과 가능성에 온 사회가 설렜다. 인터넷이 가진 긍정적인 측면이 강조됐고, 부작용에 대한 관심은 뒷전에 물러나 있었다. 행정부는 물론 사회 현실을 늦게 반영하지만 최종적인 법의 해석 권한을 지닌 사법부 역시 새로이 인류의 역사에 등장, 사회를 혁명적으로 바꿔 놓고 있는 인터넷이 던져주는 여러 가지 문제들을 어떻게 다룰지에 대해 아직 경험과 지식을 축적하지 못한 상태였다.

이 무렵인 1999년 6월 15일 (주) 나우콤이 운영하는 종합컴퓨터 통신망인 '나우누리'에 '이의제기'라는 아이디(ID)를 사용하는 한 대학생이 '찬우물'이라는 한 동호회의 속보란에 글을 올렸다. "서해안 총격전, 어설프다 김대중!"이라는 제목의 글로 정부를 비판하는 내용이었다.

나우누리측은 며칠 후 정보통신부 장관의 명령에 따라 이 글을 삭제하고 이 대학생의 나우누리 이용을 1개월 중지시켰다. 전기통신사업법 제53조의 불온통신의 단속 조항을 어겼다는 것이 이유였다.[1] 이 대학

1 53조는 ①항에 '전기통신을 이용하는 자는 공공의 안녕질서 또는 미풍양속을 해하는 내용의 통신을 해서는 아니된다'고 규정하고, ③항에 정보통신부장관은 이를 어긴 통신에 대해 전기통신사업자에게 취급을 거부, 정지 또는 제한할 것을 명할 수 있게 했다. 이 법의 시행령 16조는 불온통신으로 첫째, 범죄행위를 목적

생은 즉시 법적으로 대응했다. 이 법 조항들이 헌법상 보장된 표현의 자유와 학문 예술의 자유를 침해하고 과잉금지 원칙에 어긋나는 위헌 조항이라며 헌법재판소에 헌법소원을 낸 것이다. 인터넷이 처음으로 사법의 도마 위에 오른 셈이다.

이 사건은 2년 전인 1997년 사이버 포르노의 규제 조항을 담은 통신품위법에 대해 미국 대법원이 위헌판결을 내린 Reno v. ACLU 사건[2]을 연상시키기에 충분했다. Reno v. ACLU는 뒤에 자세히 다루겠지만 미국에서 최초로 인터넷의 규제 문제, 특히 내용물 규제(*contents regulation*)에 대해 연방대법원이 판결을 내린 사건이기 때문이다.

헌법재판소는 중요사건만을 다루는 전원재판부까지 구성, 3년여간 고심을 거듭한 끝에 2002년 6월 27일 결정선고를 내렸다.[3] 인터넷 규율에 대한 사법부의 헌법적 해석이 내려진 것이다. 헌법재판소가 내린 결론은 위헌이었다. 9명의 재판관 중 6명이 위헌 의견에 동의했다.

헌법재판소가 지적한 불온통신 규제제도의 가장 큰 문제는 '불온통신'이라는 개념의 모호함이었다. 취급거부 정지 제한 명령제도 자체가 위헌이라는 것이 아니라, 규제대상이 되는 표현물의 개념이 불투명하고 이로 인해 범위가 너무 포괄적이라는 것이었다.[4] 다시 말해 "공공의 안

으로 하거나 범죄행위를 교사하는 내용의 전기통신, 둘째, 반국가적 행위의 수행을 목적으로 하는 내용의 전기통신, 셋째, 선량한 풍속 기타 사회질서를 해하는 내용의 전기통신으로 규정했다.

2 521 U. S. 844 (1997).

3 헌재 2002. 6. 27. 99 헌마 480 전원재판부, 전기통신사업법 제 53조 등 위헌확인.

4 헌재의 이 같은 결정에 대해 일부 시민단체 등에서는 정부의 내용물에 대한 직접 규제 자체가 위헌이고, 따라서 모든 인터넷 표현물에 제재를 가해서는 안 된다고 주장하나 이는 헌재의 결정을 잘못 해석한 것이다. 헌재는 결정문에서 "온라인 매체상의 정보의 신속한 유통을 고려한다면 표현물 삭제와 같은 일정한 규제조치의 필요성 자체를 부인하기는 어렵다고" 전제한 뒤 "(그러나) 내용 그 자체로 불법성이 뚜렷하고 사회적 유해성이 명백한 표현물이 아닌 한 함부로 내용을 이유로 표현물을 규제하거나 억압해서는 안된다"고 밝혔다. 헌재는 규제의 필요

성이 인정되는 표현물의 종류로 "아동포르노, 국가기밀 누설, 명예훼손, 저작권 침해행위" 등을 열거했다. 이처럼 헌재의 결정은 명확한 규제 범위를 지정하는 등의 법규를 보완할 것을 의미한 것이라고 보는 것이 타당하다. 물론 헌재의 결정이 근본적으로 표현의 자유의 확대와 표현행위에 관한 최소한의 정부 규제라는 헌법적 원칙을 보여줬음은 두말할 필요가 없다. 정부는 이에 따라 전기통신사업법 개정안을 통해 '불온통신'의 개념을 '불법통신'으로 바꾸고 내용을 구체화했다. 이 조항은 2007년 1월 정보통신망법(제 44조의 7)으로 이어졌다.

법안의 내용은 아래과 같다.

제 44조의7(불법정보의 유통금지 등) ① 누구든지 정보통신망을 통하여 다음 각 호의 어느 하나에 해당하는 정보를 유통하여서는 아니 된다. 1. 음란한 부호·문언·음향·화상 또는 영상을 배포·판매·임대하거나 공연히 전시하는 내용의 정보 2. 사람을 비방할 목적으로 공연히 사실 또는 허위의 사실을 적시하여 타인의 명예를 훼손하는 내용의 정보 3. 공포심이나 불안감을 유발하는 부호·문언·음향·화상 또는 영상을 반복적으로 상대방에게 도달하게 하는 내용의 정보 4. 정당한 사유 없이 정보통신시스템, 데이터 또는 프로그램 등을 훼손·멸실·변경·위조하거나 그 운용을 방해하는 내용의 정보 5. '청소년보호법'에 따른 청소년 유해매체물로서 상대방의 연령확인, 표시의무 등 법령에 따른 의무를 이행하지 아니하고 영리를 목적으로 제공하는 내용의 정보 6. 법령에 따라 금지되는 사행행위에 해당하는 내용의 정보 7. 법령에 따라 분류된 비밀 등 국가기밀을 누설하는 내용의 정보 8. '국가보안법'에서 금지하는 행위를 수행하는 내용의 정보 9. 그 밖에 범죄를 목적으로 하거나 교사 또는 방조하는 내용의 정보

② 정보통신부장관은 제 1항 제 1호 내지 제 6호의 규정에 따른 정보에 대하여는 제 44조의8의 규정에 따른 정보통신윤리위원회의 심의를 거쳐 정보통신서비스제공자 또는 게시판 관리·운영자로 하여금 그 취급을 거부·정지 또는 제한하도록 명할 수 있다. 다만, 제 1항 제 2호 및 제 3호의 규정에 따른 정보의 경우에는 그러한 정보로 인하여 피해를 받은 자의 명시한 의사에 반하여 이를 명할 수 없다.

③ 정보통신부장관은 제 1항 제 7호 내지 제 9호의 규정에 따른 정보에 대하여는 관계 중앙행정기관의 장의 요청이 있는 경우에 한하여 요청을 받은 날부터 7일 이내에 정보통신윤리위원회의 심의를 거친 후 제 44조의9 제 1항 제 3호의 규정에 따른 시정요구에도 불구하고 정보통신서비스제공자 또는 게시판 관리·운영자가 이에 응하지 아니하는 경우에는 그 취급의 거부·정지 또는 제한을 명

녕질서 또는 미풍양속을 해하는"이라는 불온통신의 개념은 지극히 주관적이고 추상적인 개념이다. 어떤 표현행위가 여기에 해당하는 것인지, 아닌지에 대한 판단은 사람마다의 가치관이나 윤리관에 따라 달라질 수 있다는 것이다. 헌재는 표현의 자유와 명확성의 원칙과의 관계를 이렇게 설명했다.

> 표현의 자유를 위축시키지 않게 명확하면서도, 진정한 불온통신을 효과적으로 규제할 수 있도록 입법한다는 것은 쉬운 일이 아닐 것이다. 그러나 규제대상이 다양 다기하다 하더라도, 개별화·유형화를 통한 명확성의 추구를 포기해선 아니 되고, 부득이한 경우 국가는 표현규제의 과잉보다는 오히려 규제의 부족을 선택해야 할 것이다. 해악이 명백히 검증된 것이 아닌 표현을 규제하는 것은 득보다 실이 크다고 보는 것이 표현의 자유의 본질이기 때문이다.

헌재는 명확성의 원칙의 연장선상에서 이 같은 '공공의 안녕 질서 또는 미풍양속을 해하는'이라는 규제 기준의 모호성, 추상성, 포괄성으로 인해 헌법에서 보장하는 표현까지도 다 함께 규제되는 위헌적 상황을 야기(과잉금지원칙의 위배) 한다는 결론에 도달했다.

이 과정에서 헌재는 인터넷의 성격과 법적 규제에 대한 기념비적인 해석을 내린다. 인터넷을 '가장 참여적인 시장', '표현촉진적인 매체'라

하여야 한다. ④ 정보통신부장관은 제 2항 및 제 3항의 규정에 따른 명령의 대상이 되는 정보통신서비스제공자, 게시판 관리·운영자 또는 해당 이용자에게 사전에 의견제출의 기회를 주어야 한다.

위의 예에서 보듯 정보통신부(현 방송통신위원회)는 헌재에서 예시한 대로 명예훼손이나 국가기밀 누설 등 규제대상 행위를 구체화시키는 대신 정보통신부장관의 취급거부 정지 제한 명령제도 자체는 유지했다. 물론 당시 이 소송을 주도했던 김기중 변호사와 일부 시민단체 등을 중심으로 정보통신망법도 '불온통신'이 '불법통신'으로만 바뀌었을 뿐이라며 여전히 위헌적이라고 보는 견해도 있다.

고 규정했다. 특히 인터넷을 "질서위주의 사고로만 규제하려 해선 안 된다"고 강조했다.

> 불온통신 규제의 주된 대상이 되는 매체의 하나는 인터넷이다. 인터넷은 공중파 방송과 달리 '가장 참여적인 시장', '표현촉진적인 매체'이다. 공중파 방송은 전파자원의 희소성, 방송의 침투성, 정보수용자 측의 통제능력의 결여와 같은 특성을 가지고 있어서 그 공적 책임과 공익성이 강조되어, 인쇄매체에서는 볼 수 없는 강한 규제조치가 정당화되기도 한다. 그러나 인터넷은 위와 같은 방송의 특성이 없으며, 오히려 진입장벽이 낮고, 표현의 쌍방향성이 보장되며, 그 이용에 적극적이고 계획적인 행동이 필요하다는 특성을 지닌다. 오늘날 가장 거대하고, 주요한 표현매체의 하나로 자리를 굳힌 인터넷상의 표현에 대하여 질서위주의 사고만으로 규제하려고 할 경우 표현의 자유의 발전에 큰 장애를 초래할 수 있다. 표현매체에 관한 기술의 발달은 표현의 자유의 장을 넓히고 질적 변화를 야기하고 있으므로 계속 변화하는 이 분야에서 규제의 수단 또한 헌법의 틀 내에서 다채롭고 새롭게 강구되어야 한다.

헌재의 결정에 대해 황성기 동국대 교수는 "이번 결정은 인터넷 내용규제 측면에서 매우 중대한 의미를 지니고 있다"면서 "미 연방대법원의 Reno v. ACLU 판결에 버금가는 의미를 지니고 있다"고 평가했다.[5] 특히 황 교수는 "온라인 매체를 '가장 참여적인 시장'이라고 인정함으로써 미국 법원의 논리를 많이 원용했음을 알 수 있다"고 보았다. 사실 미국은 표현의 자유 보장을 거의 국시(國是)처럼 여긴다. 우리 헌법재판소가 미국의 영향을 받아 사이버 스페이스에서의 표현의 자유 보장을 위한 획기적인 판결을 내린 것은 인권적 측면에서도 고무적인 일이다.

그러나 더욱 주목할 부분이 있다. 헌법재판소는 이 같은 결정을 내리

5 황성기(2002. 7. 14), "전기통신사업법 53조 위헌결정에 관한 소고", 〈아이뉴스24〉.

면서 전통적 표현의 자유 이론에서 등장하는 '사상의 자유시장'이라는 고전적 개념을 다시 법전 위에 펴놓았다. 인터넷 규제문제를 다룰 때 기초해야 할 헌법적 프레임을 다음과 같이 제시한 것이다.

> 대저 전제주의 사회와 달리 국가의 무류성(無謬性)을 믿지 않으며, 다원성과 가치상대주의를 이념적 기초로 하는 민주주의 사회에서 '공공의 안녕질서'나 '미풍양속'과 같은 상대적이고 가변적인 개념을 잣대로 표현의 허용여부를 국가가 재단하게 되면 언론과 사상의 자유시장이 왜곡되고, 정치적 이데올로기적으로 악용될 우려가 있다. 더욱이 집권자에 대한 비판적 표현은 '공공의 안녕질서'를 해하는 것으로 쉽게 규제될 소지도 있다. 우리 재판소는 민주주의에서 어떤 표현이나 정보의 가치 유무, 해악성의 유무를 국가가 1차적으로 재단하여서는 아니 되고, 시민사회의 자기교정 기능, 사상과 의견의 경쟁메커니즘에 맡겨야 한다고 확인한 바 있음을(헌재 1998. 4. 30. 95헌가16, 판례집 10-1, 327, 339-340) 환기하여 둔다.

헌법재판소가 말한 사상의 자유시장이란 무엇일까. 2002년 헌재의 판결은 우리에게 많은 근본적인 질문을 던졌다. 가령 헌법재판소는 인터넷을 '가장 참여적인 시장'이자 '표현촉진적 매체'라고 했는데 이는 사상의 자유시장과 어떤 관계가 있는가, 이 책에서 주제로 다루고자 하는 인터넷 포털과 사상의 자유시장은 어떤 관계가 있는가, 사상의 자유시장과 민주주의는 어떤 관계가 있는가, 표현의 자유와 인격권의 보호라는 두 가지 법익의 균형추를 어떻게 맞출 수 있을까, 인터넷에 대한 규제는 인터넷 산업의 육성이라는 정책적 목표와 충돌할 수밖에 없는 것인가 등이 그것이다.

우리는 이 책을 통해 바로 이런 문제들을 놓고 긴 여행을 떠날 것이다. 논의의 주 무대는 네이버나 다음 등 포털 사이트가 될 것이다. 포털은 인터넷이 만들어낸 가장 참여적인 시장이자 표현촉진적 매체라는 것이 필자의 판단이기 때문이다.

진지하다 못해 심각해 보이는 주제이지만 표현의 자유와 관련한 우리 사회가 당면한 가장 중요한 이슈이기에 아무리 깊이 천착해도 부족한 주제다. 사색적 여행을 떠나기에 앞서 우리가 생각해 봐야 할 문제가 있다. 이어지는 두 개의 에피소드를 보자.

:: 에피소드 1

우리는 지금 인류가 발명한 가장 훌륭한 커뮤니케이션 도구이자 가장 완벽하게 구현된 사상의 자유시장을 박제(剝製)로 만들어 가고 있는지 모른다.

2002년 16대 대통령선거에서 인터넷의 위력은 대단했다. '노사모'로 대표되는 노무현 후보의 팬클럽은 인터넷을 기반으로 한 왕성한 활동력으로 '인터넷 정치시대'를 열었다. 영국 *The Guardian* 지의 조나단 와츠(Jonathan Watts)는 2003년 2월 24일 기사에서 노 대통령의 취임식을 가리켜 "세계 최초의 인터넷 대통령 로그온하다"라고 표현할 정도였다.[6]

고려대 아시아문제연구소 박동진 교수는 인터넷이 16대 대선에 미친 영향에 주목하는 이유를 두 가지 측면에서 설명한다. 우선 인터넷을 통한 정치동원이 가능했다는 측면이고, 다른 하나는 인터넷을 통한 정치적 메시지의 담론화 및 공론장의 형성이 가능했다는 측면이다.[7]

그는 노사모가 2002년 대선과정에서 선명한 정치적 입장에 따라 끊임없이 움직였다는 점에 주목, 인터넷이 만들어낸 새로운 정치동원의 유형이라고 강조한다. 특히 노사모를 "정당의 정치적 메시지에 따라 결집한 정당활동가 집단과 유권자의 결합체"라고 보았다. "현실세계의 갈등과 긴장을, 지지하는 후보자의 메시지로 전달받아 이를 확산시키면서 정치적 지지를 선언하도록 상호작용했다"는 것이다. 또 한 가지는 전자

6 http://www.guardian.co.uk/international/story

7 박동진(2004), "전자적 공론장과 16대 대통령선거," 〈아세아연구〉 115호.

적 공론장(公論場)의 가능성을 발견했다는 점이다. 매스미디어 시대의 공론장은 주류언론에 의해 주도되는 경향을 보였다. 그러나 인터넷의 등장으로 대안적 담론의 형성과 전파가 기존 매스미디어가 아닌 인터넷에 의해 주도될 수 있다는 사실이 경험적으로 입증됐다는 것이다.

그러나 16대 대선 이후 정치권 등에선 '정치동원' 수단으로서의 인터넷이 지닌 파괴력에 주목했다. 인터넷이 지닌 미디어로서의 '소통'이나 '공론장'으로서의 가능성보다, 정치도구로서의 '선전선동(*propaganda*)'적 기능에 방점을 찍은 것이다. 이는 정치권에 즉각적인 피드백(*feedback*)을 가져왔다. 2004년 국회 정치개혁특별위원회는 공직선거법에 '인터넷 실명제'를 처음으로 도입했다. 제 82조 6항에 따르면, 인터넷선거보도심의위원회가 대상으로 설정한 인터넷 언론은 선거운동 기간 동안 실명확인시스템을 설치하고, 주민번호가 확인되는 사람만이 게시판과 대화방에 참여할 수 있도록 해야 한다. 인터넷의 중요한 특성인 '익명성'에 처음으로 법적 제한이 가해진 것이다. 이 조항은 16대 대선 당시 '인터넷 전쟁'에서 패배했던 한나라당이 요구한 법안이었지만 여당이었던 열린우리당(현 민주당의 전신) 의원들이 대거 찬성해 국회를 통과했다.[8]

이후 인터넷은 정치논리에 끊임없이 시달리게 된다. 심지어 2007년 대선을 앞두고 정치권에서는 "선거일 120일 전부터 포털 등에 선거관계 인기 검색어를 포함할 수 없도록 하자"는 주장까지 제기됐다. 여론의 반발로 유야무야 되었지만, 정치권은 정치적 악용 가능성을 우려한 나머지 포털의 대표적 서비스인 검색기능을 제한하려는 발상까지 내놓은 것이다. '공론

8 인터넷 실명제에 대해 사회적 논란이 많지만 필자는 이에 대해 반대하는 입장은 아니다. 나중에 살피겠지만 표현행위에 대한 규제 정책은 각국의 고유한 문화나 법체계에 따라 달라질 수 있고, 이는 '정책적 선택'의 문제이기 때문이다. 다만 이 같은 규제 입법이 헌법에 명시된 '표현의 자유'를 보장하면서 다른 사회적 이익들과 균형을 맞추어야 한다. 이 같은 균형추가 적절한지는 사법부가 판단해야 할 몫이다.

장'으로서의 순기능보다 정치적 선전선동이나 흑색선전 등 정치적 역기능이 부각되면서 한국의 인터넷이 처음부터 '정치논리'에 함몰된 것은 인터넷문화 발전에 상당히 불행한 일이다.

뒤에서 살피겠지만 미국의 경우 인터넷 규율에 관한 최초의 사회적 논쟁이 붙었던 Reno v. ACLU 재판의 초점은 '음란물로부터의 아동의 보호'와 '표현의 자유의 옹호와 인터넷 산업육성'이라는 두 가지 법익 중 어디에 우선순위를 둘 것이냐는 것이었다.

정치논리에 포위된 한국적 인터넷의 특수성은 인터넷 업계에 직접적인 위축효과를 야기했다. 2007년 말 17대 대선을 100일 앞두고 국내 최대 포털 사이트인 네이버에는 다음과 같은 공지문이 게시됐다.

> 대통령 선거에 대한 건전한 토론을 활성화하고, 네티즌 여러분들이 의도하지 않게 선거법을 위반하게 되는 위험을 줄이기 위해 대선 D-100일부터 선거일인 12월 19일까지 정치기사의 댓글을 정치 토론장으로 일원화합니다. 이용자 여러분의 많은 참여를 바랍니다.

정부나 정치권에서 요청한 것도 아니었다. 네티즌들이 정치기사에 댓글을 다는 것을 네이버가 자발적으로 막은 것이다. 네이버 측은 "대선에 대한 심층적 토론을 없애기 위해 '정치기사' 댓글을 없앴다"고 밝혔다. 기사와 댓글은 분리됐다. 모든 정치기사 댓글이 '정치토론장'으로 몰아졌다. 이로 인해 심층적 토론은 원천적으로 불가능하게 됐다. 대선에 대한 수많은 이슈나 후보자에 대한 의견이 연결성도 없이 뒤죽박죽 뒤섞여 버렸기 때문이다. "민주주의의 후퇴"라는 네티즌들의 비판이 빗발쳤다. 네이버는 같은 기간 정치기사 외에 사회 경제 등 다른 분야의 기사에는 댓글을 다는 데 아무런 제약을 두지 않았다. 결과적으로 네이버의 조치는 인터넷이 지닌 '사상의 자유시장'으로서의 가치를 사장(死藏)시켰을 뿐만 아니라 전통적인 '표현의 자유' 이론을 정면으로 부정하는 것이었다.

저명한 미국의 수정헌법 학자인 알렉산더 마이클존은 "표현의 자유는 민주주의가 제대로 기능하기 위해 반드시 필요하다"며 공적 이슈에 대한 토론을 철저히 보장해야 한다고 주장한다.[9] 이른바 '자기지배이론'(*Self-government theory*)이다. 그에 따르면 민주사회에서 선거는 자기 지배의 키포인트이다. 토론, 신념, 결사의 자유를 보호해서 얻어지는 자유로운 정보의 흐름을 선거의 한 과정(*part of voting process*)으로 본다. 표현의 자유를 보장하는 것은 투표권을 가진 사람들이 사회가 반드시 다뤄야 할 문제가 무엇인지를 이해하게 해 선거에 반영(참여)하도록 하기 위한 것이다. 때문에 자기 결정권을 가진 유권자 개개인이 사회가 당면하고 있는 정치 사회 등 주요 이슈에 대한 정보와 이와 관련된 여러 의견에 대해 자유롭게 접근할 수 있어야 한다. 그렇지 못하다면 민주주의 실험은 결코 성공할 수 없다고 말한다.

마이클존의 자기지배이론은 사상의 자유시장 이론과 함께 표현의 자유를 보장해야 하는 이유를 설명하는 가장 중요한 이론으로 평가된다. 만약 마이클존 교수가 네이버의 조치를 평가한다면 어떤 코멘트를 할까? 표현의 자유는 '정치적 토론', 특히 선거 때의 공적 이슈들에 대해 자신의 판단에 따라 투표할 수 있도록 궁극적으로 보장돼야 하는 것인데, 네이버는 오히려 선거 때 자유로운 토론이 이뤄지기 어렵게 만들었다. 표현의 자유와 인터넷이 지닌 사상의 자유시장으로서의 기능에 대한 몰이해, 인터넷의 정치과잉에서 비롯된 위축효과가 합작한 '넌센스'라고 코멘트 하지는 않을까.

---

9 Matthew D. Bunker, *Critiquing Free Speech-First Amendment Theory and the Challenge of Interdisciplinarity*, pp. 8~9 (2001).

:: 에피소드 2

2006년 말 미국 사회는 미주리 주에서 발생한 어이없는 자살사건으로 큰 충격에 빠졌다. 세인트루이스 근교에 살던 13세 메건 마이어 양은 2006년 9월 한국의 싸이월드와 유사한 미국의 '관계맺기' 사이트인 '마이스페이스'에서 조시 에반스라는 이름의 16세 소년을 만났다. 마이어는 자신을 향해 "사랑한다", "섹시하다"는 쪽지를 보내 유혹하는 에반스에게 흠뻑 빠졌다. 두 사람은 서로 쪽지를 주고받으며 관계를 키워나갔으나 한 달여 만에 에반스는 갑자기 마이어에게 이별을 통보했다. 마이어는 돌아오라고 매달렸지만 에반스는 "네가 없다면 세상은 더 좋은 곳이 될 거야"라는 쪽지를 보내는 등 험담을 하기 시작했다. 마이어가 받은 마지막 메시지는 "너는 나쁜 사람이다. 모든 사람이 너를 증오한다"라는 것이었다. 악플(악성댓글)에 충격을 받은 마이어는 침실 화장실에서 스스로 목을 매 숨졌다.

그러나 조시 에반스는 가공의 인물이었다. 같은 마을에 살던 40대 후반의 로리 드류라는 여성이 자신의 딸 사라가 마이어와 다투고 난 뒤 사이가 멀어지자 조시 에반스라는 가명으로 가장해 사이트에 가입, 마이어의 자살을 유도한 것이었다. 드류는 자신의 사무실에 근무하던 또 다른 10대 소년까지 동원해 마이어를 사이버상에서 지속적으로 괴롭힌 것으로 밝혀졌다. 미주리 주 검찰은 드류의 행위를 처벌하려 했지만 마땅한 적용법규를 찾지 못한 채 1년여를 끌었다. 그러나 마이스페이스 서버가 있던 캘리포니아 주 중앙지방법원이 조사에 착수, 허위로 인터넷 계정을 만들어 마이스페이스의 서버에 접속해 마이어의 정보를 얻은 혐의로 드류를 기소했고, 배심원들은 유죄를 평결했다.[10]

10 Greg Risling(2008. 11. 26), *Jury convicts mom of lesser charges in online hoax*, Associated Press. 그러나 드류에게 범죄공모와 살인 혐의 등은 인정되지 않았다. 검찰은 메이어가 쉽게 상처받는 성격인 줄 알고 이와 같은 사이버불링을 통해 자살을 유도했다고 주장했으나 배심원단은 받아들이지 않았다. 메이어 양을

악플 등 인터넷을 통해 다른 사람을 괴롭히는 행위를 미국에서는 사이버불링(*cyberbullying*)이라고 부른다.[11] 이 같은 사이버불링으로 인한 자살은 마이어 양뿐만이 아니다. 버몬트 주에선 13세의 소년이 인스턴트 메시지를 통한 학대로 인해 자살하는 사건이 벌어졌고, 이 소년의 아버지는 사이버불링 방지법 제정을 위한 운동가가 되었다.[12]

사이버불링은 미국에서 메건 마이어 양의 자살 유도사건으로 큰 사회적 관심을 끌었지만 우리에게도 그리 낯선 일이 아니다. 우리나라도 2007년 1월 자살한 가수 유니 씨도 섹시이미지를 강조하기 위한 노출과 가족에 대한 비하 등에 관한 악성 댓글에 시달린 것으로 알려졌다. 갑작스런 자살로 충격을 준 톱 탤런트 최진실 씨의 경우도 악플이 주된 자살동기인 것으로 전해지는 등 연예인이 자살할 때마다 악플 논란은 끊이지 않았다. 심지어 아프가니스탄의 텔레반에게 인질로 잡힌 샘물교회 신도들을 향해 일부 네티즌들이 "제발 죽었으면 좋겠다"고 저주를 퍼부어 사회적 충격을 주기도 했다.

특히 마이어 사건의 판결이 내려진 비슷한 시기, 여자배우 문근영 씨에 대한 상식을 벗어난 악플은 급기야 "사회적 병리현상"으로 인식되기에 이르렀다. 문 씨가 익명으로 8억 5천만 원을 기부한 선행이 뒤늦게 알려지자 악플러는 오히려 '몸값 올리려는 언론플레이', '익명으로 기부

자살에 이르게 한 메시지를 누가 작성했는지 명확하지 않다는 이유인 것으로 알려졌다.

11 제니스 월락과 킴벌리 미첼은 자신의 논문에서 사이버불링에 대해 다른 사람을 다치게 하거나 학대할 의도로 인터넷이나 핸드폰을 이용, 텍스트나 이미지를 게시(*post*)하거나 보내는 행위라고 규정한다. Janis Wolak & Kimberly Mitchell, *Does Online Harassment Constitute Bullying? An Exploration of Online Harassment by Known Peers and Online- Only Contacts*, 41 J. ADOLESCENT HEALTH S51, S51-52 (2007).

12 Frederick Lane (2007. 11. 24), *Teen's Suicide Spurs Anti-Cyber bullying Law*, News Factor. com.

하고 나중에 이름을 알리는 짜고 치는 고스톱' 등 원색적인 비난을 쏟아낸 것이다. 급기야 군사평론가 지만원 씨는 자신의 홈페이지에 비전향 장기수였던 문근영 씨의 외조부 등 가족사를 거론하며 "문근영을 기부천사로 띄우는 것은 빨치산의 심리전"이라며 색깔론까지 제기했다. 이에 네티즌들이 자발적으로 그녀를 보호하기 위한 서명운동을 시작했고, '문근영 씨 따라 기부하기' 등 다양한 방법으로 그녀를 응원하는 새로운 풍경을 연출했다.[13]

결국 악플로 인해 인터넷이 막말을 동원한 인격살인이 횡행하는 '쓰레기 공간'으로 변하고 있다는 우려는 커져만 갔다. 악플에 대한 사회적 반작용도 뒤를 이었다. 제도적인 대응책을 정부가 모색하기 시작한 것이다.

언론의 자유를 금과옥조로 삼는 미국의 경우도 예외는 아니었다. 마이어 양 사건이 터지자 미주리 주는 2008년 6월 사이버불링을 형사처벌하는 내용의 법안을 통과시켰다. 이는 악의적인 문자메시지를 사법처리하는 것으로 미국사회에서 비상한 관심과 논쟁을 야기했다. 미국 퍼스트어맨드먼트센터에 따르면, 이미 사이버불링을 방지하기 위한 학교, 사회, ISP, 정부의 의무에 관해 상세한 주법을 제정한 오레곤 주를 비롯한 13개 주에서 사이버불링을 처벌하는 법안을 제정했다.[14] 특히 마이어 양

---

13 김병채(2008. 11. 20), "'문근영 힘내라' 네티즌 응원서명", 〈문화일보〉. 이 기사에 따르면 포털사이트 다음의 토론장인 아고라 청원코너에는 '국민천사 근영아 힘내'라는 제목의 응원서명운동이 제안된 지 이틀 만에 1만 명이 넘는 네티즌이 서명에 참여했다.

14 Courtney Holliday(2008. 11. 20), MySpace-hoax trial shines light on federal cyber bulling bill, First Amendment Center news. http://www.firstamendmentcenter.org/news 퍼스트어맨드먼트 센터에 따르면 아이다호와 미주리, 오클라호마 주는 사이버불링을 불법행위(*illegal act*)로 정의, 다른 주에 비해 엄격히 다루고 있고, 아칸소, 아이오와의 경우 학교 측에 반학대(*anti-harassment*) 정책을 수립하도록 요구하고 있다. 델라웨어, 미시간, 미

사건은 사이버불링 방지를 위한 연방법 제정으로 이어지고 있다. 미 하원은 마이어 양의 이름을 따서 '메간 마이어 사이어불링법' (H. R. 6123) 이라는 이름의 법안을 입법 중이다. 이 법안은 사이버불링규정을 신설해 2년 이상의 징역이나 이에 상응하는 벌금형에 처하도록 하고 있다.

우리나라도 예외는 아니다. 한나라당은 정보통신망법을 개정해 사이버모욕죄를 도입하려 하고 있다. 정보통신망을 이용해 공연히 사람을 모욕할 경우 2년 이하의 징역 또는 1천만 원 이하의 벌금형에 처하도록 하는 내용이다. 기존의 형법상 모욕죄는 피해 당사자의 고소가 있어야만 공소를 제기할 수 있는(처벌할 수 있는) 친고죄인 데 비해 사이버모욕죄는 고소가 없어도 수사는 가능하나 피해자가 처벌을 원하지 않으면 공소를 제기할 수 없는 반의사불벌죄로 소추요건을 강화했다. 이에 대해 야당에선 "네티즌의 입에 재갈을 물리는 악법"이라며 반대한다.

그러나 이 같은 비판은 간과하는 점이 있다. 사이버 모욕죄가 건강한 비판을 제한하는 것이 목적이 아니라는 점이다. 사이버모욕죄는 적용대상을 '구체적 사실의 적시 없이 욕설이나 부적절한 표현 등 타인의 인격적 가치를 깎아내리는 추상적 경멸적인 의사표시'로 한정하고 있다. 한마디로 욕설과 같은 극단적 표현행위를 대상으로 한다는 것이다. 표현의 자유를 지고의 가치로 삼는 미국에서조차 욕설과 같은 표현들은 '파이팅워드'(*Fighting Words*) 라며 수정헌법 1조의 보호대상에서 제외하고 있다.[15] 법이 보호하는 것은 자신의 의사를 자유롭게 표현할 자유이

네소타, 뉴저지, 오레곤, 사우스캐롤라이나, 워싱턴 주 등은 사이버불링을 금지하는 법을 가지고 있다.

15 Wat Hopkins, *Communication and the Law*, (2003), p. 51. 파이팅워드란 다른 사람에게 즉각적인 물리적인 반발을 일으킬 수 있는 상스럽고 역겨운 말들을 의미한다. 1940년대 초 미국에선 한 '여호와의 증인' 신도가 경찰관을 향해 '저주받을 파시스트(*Damned fascist*)'라고 욕을 한 혐의로 체포됐다(Chaplinsky v. New Hampshire, 315 U. S. 568 (1942)). 미국 연방대법원은 이 같은 발언을 언어적 폭력으로서 파이팅워드의 공격이라고 칭하며 유죄를 인정하고, 이른바 '파

지, 남을 모욕할 자유는 아니라는 의미이다.

물론 인터넷을 규율하는 법이 늘어나는 것은 그리 바람직스러운 일이 아니다. 특히 표현의 자유를 제약할 수 있는 법이라면 더더욱 그렇다. 그러나 막말과 모욕이 자연스러운 '문법'인 것처럼 돼버린 사이버 스페이스를 이대로 방치해도 되는 것일까. 언어폭력으로 인한 인격살인이 자살과 명예훼손 소송으로 이어지는 등 사회문제화되면서 이는 이미 '현실적 위험'으로 등장했다는 지적이 많다. 헌법재판소가 '가장 참여적인 시장'이라고 명명한 사이버 스페이스가 악플 등 언어폭력으로 '오염된 시장'으로 변해버렸다는 것이다.

사상의 자유시장은 자유를 먹고 자란다. 물론 자유로운 토론은 자신의 발언으로 인해 보복받지 않는다는 전제를 바탕에 깔고 있다. 그렇지만 앞서 이야기했듯 표현의 자유가 다른 사람을 인격적으로 모욕을 줄 자유, 다른 사람에게 욕할 자유를 의미하는 것은 아니다.

문제는 모욕과 비판의 경계가 어떤 경우에는 모호해진다는 점이다. 패러디의 경우 당사자에게는 '참을 수 없는 모욕'의 수준인 경우도 많다. 이 경우 '심각한 정신적 고통'을 야기하기도 한다. 그러나 패러디는 정치적 의사표현으로서 표현행위로 간주된다. 또한 정치적 의사표현으로서 정부의 정책에 대해 혹은 특정 정치세력에 대해 비판할 때 욕설을 섞어서 했다면 이는 헌법상 보호받는 표현행위일까, 아니면 모욕행위로서 저벌받아야 할까?

사이버모욕죄에 대해 비판하는 사람들은 이런 모호한 경계를 지적하며 정치적 악용가능성을 우려한다. 권력자가 자신의 반대세력을 탄압하는 목적으로 남용할 수 있다는 것이다. 그러나 모욕죄의 자의적 행사

이팅워드 독트린'을 만들었다. 발언이나 언급이 당사자에게 고통을 야기하거나 평온한 상태를 일순간에 즉각적으로 깨뜨릴 우려가 있을 경우에는 법에서 보호하는 표현행위(*speech*)와는 달리 보아야 한다는 것이다. 대법원은 이런 언급이 자신의 생각을 표현하는 데 중심적 부분이 아니어야 한다는 점을 분명히 했다.

에 따른 정치적 악용가능성은 사실 사이버모욕죄의 도입 여부에 따라 발생한 새로운 문제라고 볼 수는 없다. 이 문제는 기존의 형법상 모욕죄나 명예훼손죄와 관련해 오랜 기간 논란이 계속된 전통적 쟁점이기 때문이다.[16]

미국을 비롯한 선진국의 사법부가 신중하게 만들어 온 인권사의 큰 줄기 중 하나는 구체적 표현행위가 정치적 의사표현으로서의 '표현행위'에 해당하는지, 아니면 보호할 가치가 없는 언어폭력인지에 대한 기준과 전통을 만드는 것이었다.

앞서 미국의 사례에서 보았듯 어느 나라를 막론하고 사회의 안전과 신뢰를 위협하는 문제들이 발생하면 정부나 국회는 입법을 통해 해답을 국민에게 제시하려 한다. 그것은 어찌 보면 의무이기도 하다. 그러나 사회 현안에 대한 입법적 해결이 과도한 것은 아닌지의 여부, 다시 말해 정부나 국회가 입법을 통해 보호하려는 사회적 법익이 개인의 기본권 보호를 통해 얻어지는 법익에 비해 큰 것인지의 여부, 법안이 개인의 이익에 대한 최소한의 침해로 최대의 효과를 볼 수 있도록 설계되었는지의 여부, 더 좋은 대안은 없는지의 여부 등에 대해 사법부가 균형 있게 심사해야 한다. 나아가 만약 사이버 모욕죄에 대한 입법이 이뤄진다면, 형법상 모욕죄와는 별도의 사이버 모욕죄가 필요한지의 여부에 대해서도 최종적으로는 사법부가 판단해야 할 몫이다.

이러한 사법부의 판례들이 쌓여가면서 '사이버 모욕'에 관한 우리나라 고유의 독트린이 나올 것이며, 이를 통해 우리의 인터넷 환경과 언론문화, 국민들의 의식구조가 한 단계 발전할 수 있지 않을까 생각한다. 이를 통해 인터넷을 인류가 발명한 최적의 사상의 자유시장으로 만들 수 있는 합리적인 방안도 나올 수 있을 것이다.

---

16 사이버모욕죄를 고소가 필요 없이 수사기관의 인지수사가 가능한 반의사불벌죄로 할지, 피해자의 고소가 필요한 친고죄로 할지는 국회 입법과정에서 여러 보호 법익들을 비교해 합리적으로 판단할 부분이라고 본다.

• 제 1 장 •

인터넷을 바라보는 3가지 시각

1. 인터넷 규제의 상대성

모든 정책과 법률은 사회현상에 대한 본질적인 이해와 이에 대한 정치적 처방을 담고 있다. 특정 국가나 사회가 어떤 사회현상을 다루는 데 있어 긍정적 시각을 갖고 접근하느냐, 부정적 잣대를 들이대느냐는 무척 중요한 문제이다. 이에 따라 각 사회는 정치적 사회문화적으로 완전히 다른 사회가 될 수 있기 때문이다. 인터넷도 마찬가지다. 인터넷에 대해 정부 혹은 사회구성원들이 어떤 시각을 가지고 있느냐에 따라 인터넷 혹은 사이버 스페이스에서 발생하는 많은 골치 아픈 문제들에 대한 접근법이 달라진다. 이에 따른 정치적 사회적 산업적 파급효과도 확연히 차이가 날 것이다. 인터넷을 보호하려는 의지가 강한 사회는 인터넷에서의 표현의 자유를 보호하고 산업적 활동을 장려하려는 많은 법안을 쏟아낼 것이다. 반대로 인터넷이 지닌 부정적 사회현상에 주목하는 사회는 인터넷을 강력히 규제하려는 법안들을 내놓을 것이다. 실제로 활성화된 지 20년가량밖에 되지 않은 인터넷을 어떻게 규제할지를 놓고 각 나라들은 상당히 다른 입장을 보이고 있다.

2010년 세계의 두 강대국인 미국과 중국은 인터넷 이슈로 크게 충돌했다. 언론에선 이를 미국과 중국의 '사이버전쟁'으로 부를 정도였다. 미국의 세계최대 검색업체인 구글이 같은 해 1월 12일 중국의 해커들이 '구글 차이나'의 서버에 침투해 중국 인권운동가들의 이메일계정을 뒤지고 소스코드를 훔쳐갔다며 사이버테러의 진원지로 중국정부를 지목하면서 사건은 비롯됐다. 구글은 중국에서 철수할 뜻을 비쳤고, 미국 정부는 즉각 자국기업인 구글에 대한 지원사격에 나섰다. 미국 백악관은 구글을 지지한다는 성명을 발표했고, 힐러리 클린턴 미 국무장관은 워싱턴의 신문박물관인 '뉴지엄'에서 '인터넷의 자유'를 주제로 연설하면서 구글 사태에 대한 중국 측의 철저한 조사를 촉구했다. 힐러리 장관은

"인터넷은 이미 중국을 거대하게 발전시키는 하나의 원천이 됐다"면서 "국민들의 자유로운 정보 접촉을 제한하는 국가는 스스로 다음 세기의 진보로부터 멀어지는 위험에 직면할 것"이라고 중국을 자극했다.[1] 미국 정부는 중국의 인터넷 검열과 구글 사태를 세계무역기구(WTO)에 제소할 뜻을 비치기도 했다.

중국 측의 반응도 격렬했다. 인터넷을 담당하는 공업정보화부는 성명을 통해 "중국정부가 사이버 공격에 참여했다는 비난은 근거가 없는 것이며 중국을 폄하하기 위한 것"이라고 반박했다. 국무원 대변인도 "인터넷 관리문제로 중국을 비난하는 것은 중국의 법률을 무시하고 내정에 간섭하는 행위"라고 비난했다. 중국언론들 역시 힐러리 장관의 연설에 대해 "미국이 인터넷 패권을 추구한다"면서 "미국이 말하는 인터넷 자유는 본질적으로 미국의 통제하의 자유"라고 비판했다.[2]

구글 사태는 구글이 중국 시장에 진출할 때부터 어느 정도 예견된 것이었다.

구글의 슬로건은 '악해지지 말자(*Don't Be Evil*)'이다.[3] 구글의 정신은 이와 같은 모토 아래 모든 사항을 결정하고 다른 사람에게 해가 된다면 수익이 발생해도 따르지 않는 것을 원칙으로 삼는 것이다. 그러나 구글

---

1 박홍환(2010. 1. 23), "중, 구글사건 철저 조사를", 〈서울신문〉.

2 홍제성(2010. 1. 25), "미 인권 v. 중국 국가주권 맞서 … 상당기간 지속될 듯", 〈연합뉴스〉.

3 http://www.google.com/intl/ko/corporate/tenthings.html. 구글은 홈페이지에 게재한 '구글이 발견한 10가지 진실'이란 10계명을 통해 자신들의 경영철학을 명확히 설명하고 있다. 즉, ① 사용자에게 초점을 맞추자, ② 어디서든 한 방면에서 최고가 되자, ③ 느린 것보다 빠른 것이 낫다, ④ 웹 민주주의는 효과가 있다, ⑤ 데스크톱에서만 검색이 가능한 것은 아니다, ⑥ 부정적 방법을 쓰지 않고도 돈을 벌 수 있다, ⑦ 정보는 무한대다, ⑧ 정보 요구에는 국경이 없다, ⑨ 꼭 정장을 입어야만 진지하게 업무에 임하는 것은 아니다, ⑩ 최고에 만족하지 말자 등이다.

은 2004년 중국 시장에 진출하기 위해 중국 정부의 검열요구를 수용, 자신들의 창업 이념을 내팽개쳤다는 비판을 받았다. 구글은 지난 2000년부터 미국 내 네트워크와 서버를 이용해 중국판 검색엔진 서비스를 제공했으나 중국 네티즌이 이를 접속하고 이용하는 데는 제약이 따랐다. 결국 구글은 당시 1억 1천만 명의 인터넷 사용자를 보유한 중국을 포기할 수 없다는 판단에 따라 2006년 1월 중국 내 인터넷 사업허가를 위해 중국어판 구글의 주소를 'www. google. cn'으로 바꿨다.[4]

중국 정부의 인터넷 검열기준에 따라 중국어판 구글 사이트 이용자는 '방화장성'이라는 검열시스템을 거친 뒤 검색결과를 열람할 수 있다. 이에 따라 중국어판 구글에선 당연히 중국 정부가 불온시하는 '대만독립', '파천궁', '인권' 등의 단어는 검색되지 않는다. 중국 정부는 '구글닷시엔'의 접속을 허용하는 대신 같은 해 5월 31일부터 중국 전역에 구글의 영어판사이트(www. google. com)의 접속을 완전 차단했다.[5]

당장 국제사회에서 구글에 대한 비난이 들끓었다. 국제언론단체인 '국경없는 기자회'는 "구글의 결정이 수치스럽다"고 구글을 언론자유의 원칙을 훼손한 위선자로 지칭하며, "오늘은 중국의 언론자유에 암운을 드리운 날"이라고 비난했다.[6] 미국의 한 블로거는 구글의 슬로건을 빗대 "악해지지 않지 않기(*Don't Not Be Evil*)"라고 조롱했다.[7]

그러나 2010년 3월 23일 새벽 구글차이나를 찾아온 이용자들을 맞은 것은 "중국 구글 검색서비스의 새 집에 오신 걸 환영합니다"라는 문구였다. 구글이 말하는 새 집은 구글의 홍콩사이트였다. 구글은 결국 중국의 이메일 해킹과 검열정책에 항의, 중국 본토에서의 철수를 결정한 것이었

4 정주호, "구글 중국 검열시스템에 굴복", 〈연합뉴스〉, 2006년 1월 24일.

5 AP연합, "구글 창업자, 중국 검열 수용시인" 2006년 6월 8일.

6 정주호, 앞의 글.

7 Lore Sjöberg, "Google: Don't Not Be Evil", http://www.wired.com/gadgets/miscellaneous/commentary

다. 구글의 예상을 뛰어넘는 신속한 초강수였다. 물론 중국시장의 완전한 포기는 아니었다. 1국 2체제에 따라 홍콩에선 검열을 받지 않는 점을 이용, 우회적으로 중국시장을 공략하겠다는 전략이었다.[8]

구글의 철수 결정 후 백악관 국가안보회의(NSC) 마이크 해머 대변인은 "버락 오바마 대통령은 인터넷 자유를 지지하며 검열에 반대한다"고 밝혔다. 반면 중국 국무원 신문판공실은 성명을 통해 "구글이 중국 내 검색서비스를 중단하고 해킹 피해책임을 중국에 돌린 행위는 중국 정부와 명문화된 약속을 깨는 일이자 잘못된 일"이라고 공격했다. 그러나 중국 정부는 2010년 5월 현재 홍콩에 기반을 둔 구글 중국어사이트의 서비스를 차단하지는 않았다. 물론 전문가들은 중국이 구글 홍콩사이트 접속을 차단하는 조치를 취할 것이라는 전망도 한다. 결국 구글 사태는 구글이 중국 진출 4년 만에 철수하는 최악의 상황을 맞이한 채 봉합됐다.

구글 사태는 인터넷 검열을 쟁점으로 두 강대국이 직접 충돌했다는 점에서 비상한 관심을 모았다. 그러나 더욱 중요한 것은 인터넷을 어떻게 규율할 것인가를 놓고 인터넷 초창기부터 대립해 온 두 가지의 세계관이 정면충돌했다는 점에서 구글사태를 눈여겨 볼 필요가 있다. 두 세계관을 대표하는 미국과 중국의 인터넷에 대한 규제의 역사를 되짚어 보면서 이야기를 시작해 보자.

---

8 2010년 현재 중국의 인터넷 인구는 구글이 중국에 진출할 때에 비해 3배 이상 성장한 3억 8,400만 명에 달하고, 구글은 중국 검색시장에서 29%의 점유율로 현지 검색 업체인 바이두(60%)에 이어 2위이다. 구글 전체 매출 240억 달러 중 중국시장 매출은 2억 5,000만~6억 달러에 달한다. 때문에 구글은 중국시장의 완전한 포기보다는 홍콩을 통한 우회 전략을 택했고, 연구개발센터와 광고사업 부문은 그대로 중국본토에 존속시켰다.

1) 인터넷 천국인 미국

미국은 '표현의 자유를 규제하는 어떤 법도 만들 수 없다'고 수정헌법 제1조에 규정해 놓고 이를 금과옥조로 여긴다. 미국의 경우 인터넷상에서 벌어지는 표현행위(*speech*)에 대해서도 지극히 관대하다. 특히 앞으로 이 책에서 상세히 분석할 통신품위법(Communication Decency Act of 1996, 이하 CDA) 230조에선 제3자가 올린 콘텐츠에 대해 야후나 AOL(*America Online*) 같은 인터넷 서비스제공자(ISP · *Internet Service Provider*)에게 어떤 법적 책임도 물을 수 없도록 했다. 국회가 나서서 포털사이트를 포함한 인터넷 서비스제공자에 대해 포근한 면책의 우산을 씌워준 것이다.

가령 A씨가 인터넷에 '이태희는 북한의 스파이고 몰래 북한에도 다녀왔다'는 허위사실을 담은 명예훼손적 글을 야후 사이트에 올려 수많은 사람이 보았다고 치자. 미국에선 A씨를 처벌할 수 있어도 야후에게는 법적 책임을 물을 수 없다. 변심한 애인이 전 여자친구 B양의 허락도 없이 B양의 누드사진을 야후의 블로그에 올렸다고 치더라도 결과는 마찬가지다. 만약 B양이 야후 측에 자신의 누드사진에 대해 삭제요청을 했는데 이를 야후측이 무시했다면 결과는 어떻게 될까. 이 경우에도 답은 같다. 야후는 처벌받지 않는다. 상식적으로 이해하기 어려운 결정이지만 미국 의회와 법원은 이런 결과에 크게 괘념치 않는다.

미국 의회는 1996년 통신품위법을 통과시켰다. 입법 목적의 첫마디가 "모든 미국인들의 이익을 위해 최소한의 정부 개입을 통해서 인터넷 또는 다른 상호교류적인 컴퓨터 서비스가 융성해지고 있다"는 것이다.[9] 미 의회는 이어 "인터넷과 다른 상호작용적(*interactive*)인 컴퓨터 서비스, 상호작용적 미디어의 지속적 발전을 촉진시키고"[10] 나아가 "연방정

9 47. U.S.C.§230(a)(4).

10 47. U.S.C.§230(b)(1).

부의 규제에 구애됨 없이 활기차고 경쟁적인 인터넷 서비스의 자유시장을 보존하는 것이 미국의 정책"이라고 선언했다.[11]

이에 대해 미국 법원의 주류적 입장은 230조의 면책조항을 둔 의회의 입법취지가 새로 꽃피우는 인터넷 산업을 보호장려하는 데 있는 만큼 법을 바꾸지 않는 이상 ISP를 처벌할 수 없다는 것이다. 만약 ISP를 처벌할 경우 법적 제재를 피하기 위해 야후와 같은 ISP들은 제 3자가 올린 글이나 콘텐츠에 대한 검열을 강화할 수밖에 없다. 이로 인해 표현의 자유를 침해할 소지가 있다는 것이다.[12] 인터넷상의 표현의 자유와 산업적 가치를 보호하기 위해 다소 불합리한 점이 있더라도 인터넷 서비스 사업자들에게 특권을 주겠다는 의미이다.

사실 통신품위법은 인터넷상에서 독버섯처럼 퍼진 인터넷 포르노물에게서 청소년을 보호하기 위해 만든 법이었다. 미국 사회 역시 인터넷에 대한 강력한 후원정책을 폈지만 인터넷에 독버섯처럼 퍼진 포르노물로부터 아이들을 보호하는 것은 주요한 사회적 과제였다. 1996년 미 의회는 인터넷 음란물이 사회문제화되자 외설적(*indicent*)이거나 명백히 모욕적인(*pattently offensive*) 콘텐츠를 18세 이하 청소년들에게 전송하는 행위를 금지시켰다. 이를 위반하는 사람들에게는 최고 2년 이하 징역과 25만 달러 미만의 벌금형에 처할 수 있도록 했다. 통신품위법을 제안했던 엑슨 의원은 아이들이 '인터넷 홍등가(紅燈街)'를 자유롭게 걸어다니게 해서는

11 47. U. S. C. §230(b)(1).

12 필자는 인터넷에서의 표현의 자유가 최대한 보장돼야 한다는 주장에는 동의하지만 ISP에게 제 3자가 올린 콘텐츠에 대해 완전한 면책특권을 부여한 미국 의회와 법원의 입장에 동의하지 않는다. 의회의 입법과정과 법원의 판례 형성 과정에서 납득할 수 없는 점들이 많기 때문이다. 그러나 이 법안을 둘러싼 미국 의회와 법원의 논쟁은 우리 사회에도 직접적인 영향을 미쳤다. 국내 주요 포털사이트들이 내세우는 ISP 면책주장의 대부분의 논거가 통신품위법 230조와 이를 둘러싼 법원의 판결 등에서 나왔기 때문이다. 통신품위법 230조의 입법과정과 법원 판결의 문제점에 대해선 별도의 장에서 자세히 다룰 것이다.

안 된다고 주장했다.

그러나 미 연방대법원은 Reno v. ACLU 사건[13]에서 통신품위법에 대해 위헌판결을 내렸다. '외설적이거나 명백히 모욕적인' 것에 대한 정의가 너무 모호해 표현의 자유를 침해한다는 것이 판결의 요지였다. 대상이 불분명한 규제는 불필요한 위축효과(*chilling effect*)를 야기해 처벌을 두려워하는 많은 성인들이 합법적인 정보교류도 회피할 것이라고 판단했다. 표현의 자유를 제약하는 정부의 규제는 목적과 대상이 명확해야 하고 효과에 대한 확신이 있어야 하며, 다른 대안적인 규제방법이 없다는 것을 입증해야 하는데 통신품위법은 그렇지 못하다는 것이다.

특히 주목할 만한 것은 판결문을 쓴 존 폴 스티븐스 대법관이 내린 '인터넷'에 대한 기념비적 정의이다. 그는 사이버 스페이스라고 알려진 인터넷은 특정한 지정학적 위치가 없는 반면 세계의 누구나 어디서든 이용할 수 있는 매체라고 말했다. 하급심의 판결문을 인용하며 그는 "주어진 시간대에 수십만의 인터넷 이용자들이 광범위한 주제의 대화를 나누는 공간"이라며 "인터넷의 콘텐츠는 다양한 사람들의 생각들"이라고 강조했다. 독자의 입장에선 수백만의 읽을 거리가 있는 방대한 도서관이자, 불규칙하게 뻗어있는 상품과 서비스의 시장이고, 발행자의 입장에선 전 세계 수백만의 독자와 연구자, 바이어들이 의견을 듣고 말하는 거대한 플랫폼이라는 것이다. 그렇기 때문에 어떤 단일한 기관이 웹의 이용자격을 통제하고 있지 않으며 어떤 중

〈그림 1-1〉 존 폴 스티븐스 대법관

13 521 U. S. 844 (1997).

앙지점을 통해 전체 웹에서 개별 웹사이트나 서비스를 차단할 수 있는 것도 아니라고 지적했다.

스티븐슨 대법관은 마지막으로 이렇게 결론을 내린다.

> (인터넷상의) 표현물에 대한 정부의 규제는 아이디어의 자유로운 교환을 장려하기보다는 간섭하게 될 것이다. 민주주의 사회에서 표현의 자유를 장려함으로써 얻는 이익은 이론적이기만 할 뿐 증명되지 않은 사전검열이 주는 어떤 이익보다 훨씬 크다.

물론 음란물 규제에 관한 한 미국 의회와 법원은 핑퐁게임을 계속하고 있다. 통신품위법에 대해 연방대법원이 위헌 판결을 내린 직후인 1998년 미 의회는 아동온라인보호법(*Child Online Protection Act* · 이하 COPA)을 다시 제정해 대법원의 판결에 대응했다.

미 의회는 어린이의 감독 보호 양육은 부모의 책임이지만 인터넷이 광범위하게 이용됨으로써 부모의 감독이나 통제가 좌절될 수 있다고 보았다. 온라인 산업이 아이들이 웹상에서 해로운 자료에 접근하는 것을 막을 수 있는 새로운 기술들을 개발했지만 효과적인 해결책을 제공한 것은 아니라고 말했다. 인터넷 포르노로부터 아이들을 보호하기 위해 의회가 찾아낸 가장 확실하면서도 제한적이지 않은 방법은 출처단계에서 배포를 금지시켜 아이들과 차단시키는 것이었다. 이는 Reno v. ACLU 판결에서 오코너 대법관이 소수의견에서 제안했던 구획(*Zoning*) 아이디어를 구체화한 것이다.[14] 다시 말해 인터넷에 성인들만을 위한

---

14 오코너의 아이디어는 스탠퍼드대 교수인 로렌스 레식에게서 나왔다. 레식은 자신의 저서 *Code and other laws of cyberspace*에서 두 가지 종류의 구획화를 제안했다. 하나는 사용자가 어린이임을 알리는 방법이고 다른 하나는 사용자가 어른임을 알리는 방법이다. 전자는 컴퓨터에 처음 접속할 때 패스워드 시스템을 작동시켜 어린이로 식별된 사용자가 인터넷에 접속할 때 자동적으로 해당사이트에 미성년자라는 사실이 통보되게 하는 방식이다. 후자는 자신이 어른이라고 증명할 수 있는 사용자들에게만 성인물의 접근을 허용하는 것이다. COPA의

공간(*Adult Zone*) 사이트를 만들자는 것이다. COPA는 이를 위해 성인 웹사이트는 접속자의 연령을 확인하기 위해 반드시 신용카드 번호를 입력하거나 다른 신원확인 절차를 거치도록 했다. COPA가 도입한 신원확인 절차와 방법은 우리에게도 별로 낯설지 않다. 우리 역시 성인 웹사이트로 가기 위해선 빨간 선의 동그라미 안에 19세라고 적힌 성인인증 프로그램을 거쳐야만 한다.

미 의회는 위헌논란을 피하기 위해 Reno 판결에서 연방대법원이 모호하고 지나치게 광범위하다고 지적했던 규제대상 기준을 먼저 바꿨다. 즉, '외설적(*indecent*)이거나 명백히 모욕적인(*patently offensive*)' 대신 '미성년자에게 해로운(*Harmful to minors*)' 콘텐츠로 용어를 대신한 것이다. 사실 미 의회는 1974년 연방대법원이 밀러 판결[15]에서 제시했던 음란물 판정기준인 '해당 지역사회의 보통사람의 기준'(*contemporary community standard*)을 이 법에 적용하도록 해 위헌시비를 피하려고 노력했다.[16] 미성년자에게 해로운 콘텐츠가 지역사회의 일반적인 정서에 따라 달라질 수 있다는 의미다. 미국 법원은 이 법 역시 시행을 중지시키고, 위헌여부 심사에 들어갔다. 하급법원은 인터넷 음란물을 판별하는 데 지역사회 기준을 적용하는 것조차 위헌이라고 판결했다. 그러나

경우 후자를 제도화한 것이다. 전자도 이미 상당부분 상용화돼 있다. 마이크로소프트사의 윈도비스타 프로그램은 다양한 사용자들이 각각 고유의 패스워드를 지니고, 처음 접속할 때 패스워드를 입력하도록 돼 있다.

15 Miller v. California, 413 U. S. 15(1973).

16 밀러 판결에서 미국의 연방대법원은 다음과 같은 세 가지 기준을 모두 충족시킬 때 음란물로 간주할 수 있다고 했다. 첫째, 동시대의 해당 지역사회의 보통사람의 기준으로 보았을 때, 그리고 표현물을 전체적으로 보았을 때 호색적인 흥미를 자극하고, 둘째, 명백히 모욕적인 방법으로 성행위를 묘사하고, 셋째, 전체적으로 보았을 때 진지한 문학적 예술적 과학적 가치가 있는지 여부로 음란물 판정기준을 삼아야 한다는 것이다. 미 연방대법원은 동시대 커뮤니티 기준은 전국적인 것이 아니라 지역사회의 기준을 의미하며 이는 음란물의 판정기준이 지역사회마다 다를 수 있다고 보았다.

대법원은 이를 다시 뒤집어 합헌결정을 내렸지만, 하급법원에게 이 법이 모호한지 여부를 다시 판단하라고 판결했다.[17]

이후 하급법원들의 판결은 일관됐다. 펜실베이니아 연방지방법원은 이 법이 표현의 자유를 침해하지 않도록 정교하게 재단되지(*narrowly tailored*) 않았기 때문에 위헌이라고 판단했다. 법에서 말하는 미성년자는 '갓난아이부터 5세 아동, 17세의 수줍음을 가지고 있는 사람들'을 포괄하고 있다. 따라서 웹 발행인들이 이런 다양한 계층 중 어디에 맞춰서 호색적 흥미를 자극하고 명백히 모욕적인지, 예술적 과학적 가치가 있는가를 결정할지를 반드시 생각하게 해야 한다는 것이다. 법원은 나아가 아이들을 인터넷 포르노로부터 보호하는 데는 좀 덜 강제적이고 효과적인 대안이 있다고 판결했다. CDA에서와 마찬가지로 부모가 필터링 프로그램 기술들을 이용한 차단프로그램을 통해 자녀들을 인터넷 포르노로부터 보호할 수 있다는 것이다.[18]

2007년 3월 필라델피아 연방법원은 COPA가 도입했던 또 하나의 아동보호장치에 대해서도 위헌판결을 내렸다. 미성년자에게 신용카드 정보나 다른 신원확인 절차 없이 아동에게 포르노를 제공할 경우 형사처벌하도록 한 COPA의 규정도 위헌이라고 판결했던 하급심의 판결들을 지지하며 논란을 마무리지었다.

법원은 아이들의 보호를 위한 규제의 필요성은 인정했다. 그러나 현실적으로 서비스 사업자들이 신용카드 또는 성인식별 프로그램이 먼저 나타나도록 웹사이트를 재조정하게 해 정당한 성인용 표현물까지 과도한 규제 속으로 몰고 간다는 것이다.[19] 필라델피아 법원은 "보호라는 명목 아래 표현의 자유에 대한 제한이 가해진다면 궁극적으로 미성년자들

17 Ashcroft v. ACLU, 122 S. Ct. 1700(2002).

18 ACLU v. Ashcroft, 322 F. 3d 240(3rd Cir. 2003).

19 한국인터넷진흥원, "미 법원, 아동온라인보호법 표현의 자유 침해 판결", 〈인터넷 이슈리포트〉, 2007년 4월호.

에게 해를 입히게 된다"면서, "자녀들을 유해물로부터 보호하기 위해선 필터링 등과 같은 다른 권리에 제한을 가하지 않거나 침해하지 않는 방법들을 활용해야 한다"고 강조했다.

이와 같은 법원의 잇단 제동에도 불구, 미 상원은 2006년 7월 바비(*Barbie*, 바비인형) 또는 퍼비(*Furby*, 다양한 감정을 가지고 있다고 해서 인기를 끈 인형의 이름) 등과 같이 순수한 용어를 사용해 미성년자를 음란사이트로 오도록 현혹하는 자에 대해 최고 20년의 징역형을 부과할 수 있는 미성년자 보호와 안전법(*Child Protection and Safety Act*)을 승인했다. 인터넷 음란물 규제에 관한 한 법원에 대한 의회의 반격이 끝나지 않는 것이다.

그러나 미국 사회를 지배하는 인터넷에 대한 규범은 인터넷에서도 표현의 자유가 음란물로부터의 아동의 보호라는 사회적 가치보다 우위에서 있다는 것이다. 설사 아이들이 인터넷 홍등가를 배회하더라도 이를 예방하기 위해 표현의 자유를 제한할 수는 없다는 것이다.

통신품위법이 처음 만들어질 때 CNN과 갤럽의 공동 여론조사에 의하면 미국인들의 94%가 인터넷에서 포르노를 금지하는 법안에 찬성했다고 한다. 그러나 순천향대 장호순 교수는 미국인 어느 누구도 표현의 자유의 중요성을 강조한 연방대법원의 판결을 외면하거나 무시하려는 시도를 하지 않았다고 지적했다.[20] 클린턴 대통령도 판결 후 성명을 통해 인터넷이 표현의 자유를 실현하는 강력한 수단이라고 인정하며 헌법상 보호받아야 한다고 강조했다고 한다.

이처럼 미국 정부는 어린이를 인터넷 포르노로부터 보호하기 위한 노력을 제외하면 인터넷을 적극적으로 규율하지 않고 있다. 현재 인터넷을 관리하는 부서가 없다. 한마디로 산업계와 가정의 자율규제를 유도하는 자유방임정책이다.[21] 이러한 정책은 인터넷을 바라보는 낙관적 시

---

20 장호순(2005), 《미국헌법과 인권의 역사》, 개마고원. 177쪽.

각에서 비롯됐다고 볼 수밖에 없다. 특히 인터넷에서의 표현의 자유를 폭넓게 보장하는 것이 당장은 불편할 수 있지만 장기적으로는 미국 사회와 산업에 대해 긍정적 에너지를 줄 것이라는 믿음을 사회 전체가 공유하고, 이를 오피니언 리더 그룹에서 견인하고 있는 듯하다. Reno 사건 1심 재판에 참여했던 달젤 판사는 이렇게 말했다.

> 인터넷에 정부의 규제가 없어 매우 혼란스럽기는 하지만 그 혼란이 인터넷의 장점이다. 미국인들이 누리는 자유는 혼란과 불협화음 속에서 진리와 자유를 찾는 것이다. 이러한 혼란은 인터넷이 가져온 혁명적 성과에 비하면 아주 작은 부작용에 불과하다.

2) 인터넷에 만리장성을 쌓은 중국

중국은 2009년 현재 3억 8,400만 명의 인터넷 인구를 보유한 인터넷 대국이다. 인터넷 인구로 치면 미국의 두 배에 이른다. 중국 최대 검색 엔진인 바이두는 이미 2004년 나스닥에 상장됐다.

2008년 1월 베이징에선 공산당 고위관리들이 모여 '세계 인터넷 기술 발전과 중국 인터넷 문화건설 및 관리'라는 주제로 38차 당 정치국 집단 합숙이 개최됐다. 이 자리에서 후진타오(胡錦濤) 중국 총서기는 "적극적이고 창조적인 태도로 인터넷 건설 · 이용 · 관리에 힘쓸 것"이라고 역설했다. 인터넷에 대한 그의 관심은 각별하다. 2003년 4월 후진타오 총서기가 광저우(廣州)의 한 병원 의사에게 "인터넷에서 당신 글을 보았는데 의견이 매우 좋았다"며 자신도 네티즌임을 밝혔고, 2008년 3월 러시아 언론과의 간담회에서도 "나는 항상 인터넷을 통해 국내외 소식과 민중의 의견을 살핀다"며 인터넷을 정치에 활용하고 있음을 밝혔다.[22]

---

21 원우현 외(2002), 《인터넷 커뮤니케이션》, 박영사.

22 신경진(2008. 4. 4), "차이나워치 중국 정치를 바꾸는 힘, 2억 3천만 사이버

그러나 인터넷을 통해 민심을 살핀다는 후진타오 총서기의 발언과 실상은 무척 달라 보인다. 중국은 인터넷 이용자는 물론 포털사이트와 같은 인터넷서비스 제공자들에게도 전혀 달가운 곳이 아니다. '인터넷 만리장성(*Great firewall of China*)'을 쌓았다는 비판을 받을 만큼 인터넷 통제로 악명이 높기 때문이다.[23] 이른바 '진둔(金盾) 공정'을 통해 정치적이거나 민감한 사안을 다루는 해외 사이트의 접근을 막는 차단벽을 사이버 스페이스에 높이 쌓았다.

사실 중국의 인터넷 통제 역사는 인터넷 발달의 역사와 궤를 같이한다. 중국은 1996년 중반 월드 와이드 웹(*World Wide Web*)의 100여 개 사이트에 대한 접속을 금지시켰다. 커뮤니케이션 혁명을 일으키며 새로운 정보전달 매체로 떠오른 인터넷 웹사이트에 대한 정부차원의 접속금지 조치를 내린 것은 전 세계를 통틀어 중국이 처음이다. 중국 정부가 차단막을 친 웹사이트는 5가지 그룹으로 ① 〈뉴욕타임스〉, 〈타임〉 등 미국과 영국의 주요 방송사와 신문사 웹사이트, ② 〈차이나타임즈 뉴스〉 등 대만 언론사의 사이트, ③ 홍콩에서 발행되는 반 중국 사이트, ④ 티베트와 신장지역의 독립운동을 위한 사이트, ⑤ 〈플레이보이〉 등 도색잡지 사이트다. 중국 관리의 말을 빌리면 이들은 "정신적 공해를 전달할 우려가 높은 웹사이트"들이다.[24]

중국 역시 시장경제를 발전시키는 데 인터넷이 도움이 될 것이라는 점은 인정하지만 자국민들이 인터넷을 통해 서구 웹사이트를 접속, '자유의 바이러스'에 감염되는 것을 체제위협 요소로 본 것이다. 중국 정부 입장에선 56개의 다민족 연합구성 국가로서 국가의 통일성과 일체성 유

대군", 〈중앙일보〉, http://article.joins.com/article

23 손정협, "중국, 강력한 웹 차단벽 '인터넷 만리장성' 구축", 〈디지털타임스〉 2006년 6월 9일 http://dtime.co.kr

24 박정태, "중국 정부, 세계 최초로 인터넷 접속금지 조치", 〈방송동향분석〉 통권 29호(1996년 9월 15일).

지가 인터넷 정책의 최우선 목표가 될 수밖에 없다. 그러므로 이를 파괴하거나 저해할 잠재성이 있고 통제가 어려운 인터넷에 대해 부정적 경향을 보이는 것은 충분히 예상할 수 있는 일이다.

2010년 구글 사태 당시 중국 외교부의 마자오쉬 대변인은 "중국은 고유의 국가 환경이 있고 문화전통이 있다"면서 "인터넷 발전을 추진하는 것이 중국의 일관된 정책이며 중국이 인터넷을 합법적으로 관리하는 것은 글로벌 스탠더드와 부합한다"고 말했다. 중국 사회에 알맞게 체계화된 '중국식 인터넷'의 특수성을 강조한 것이다. 중국의 신화통신도 "중국의 인터넷 감시는 법에 따라 충분히 근거가 있고 합리적인 것인데도 (미국이) 구글 사건을 확대하고 공개적으로 알리는 것은 다른 의도가 있다"고 말했다. 중국이 말하는 '다른 의도'는 미국 기업 구글이 중국시장의 빗장을 활짝 열어젖히는 것을 의미한다.

그렇다면 중국의 인터넷 관련법은 무엇인지 좀더 살펴보자. 중국은 2000년 5월 총 20개항에 달하는 '인터넷 사전검열에 관한 법률'을 제정 공포하면서 인터넷 통제를 체계화했다. 국내 언론에 보도된 내용을 그대로 옮겨본다.

> 이 법률에 따르면 중국 내에서 만들어지는 어떤 개인이나 기업의 인터넷 사이트도 당국의 사전승인을 받아야 하며 이를 위반했을 시는 최고 사형 등 무거운 처벌을 가할 수 있다. 모든 포털은 관영언론에서 제공받은 뉴스나 콘텐츠만을 게재해야 하며 외신의 인용은 하나하나 당국의 승인을 받도록 규정하고 있다. 또한 게시판이나 채팅사이트를 운영하는 업체는 이용자들이 국가에서 승인된 내용만을 다루도록 관리 감독해야 한다. 중국 인터넷 통제를 총괄하는 신식사업부는 지난 2001년 자국 내 모든 인터넷 서비스업체의 웹사이트에 올라오는 모든 정보와 서버 접속자에 대한 기록을 60일 동안 보존해야 하며 정부가 요구할 때는 제출을 의무화하고 있다. …[25]

인터넷 통제에 대한 중국 정부의 입장은 단호해 보인다. 류첸차오 중국 외교부 대변인은 "중국은 사회윤리에 반하는 유해정보를 차단하기 위해 가능한 모든 수단을 동원할 것"이라며 "중국에 진출하려는 어떤 기업도 이러한 당국의 조치를 따라야만 한다"고 밝혔다.[26] 구글이 2006년 중국에 진출하며 검열을 허용한 것도 이와 같은 중국당국의 요구를 수용한 것이었다.

물론 중국 정부에, 아니 거대한 중국시장에 무릎을 꿇은 것은 구글뿐만이 아니다. 마이크로소프트의 "MSN Space' 역시 중국의 검열요구를 수용했다. 야후는 최근 공산당 내부문서를 이메일로 해외 유출했다는 혐의를 받고 10년 형을 선고받은 중국의 반체제 기자 스타오(師濤 · 39) 등에게 결정적으로 불리한 이메일 자료를 중국 당국에 제공해 비판을 받았다.[27]

중국 정부는 2006년 9월 인터넷 통제의 새로운 모델도 선보였다. 베이징 13개 대형 포털을 시작으로 성인물 등 불건전 콘텐츠의 접근을 막기 위해 징징(警警), 차차(察察)로 불리는 중국 공안 모습의 아바타(〈그림 1-2〉)가 30분 간격으로 중국의 인터넷 공간을 순찰하기 시작했다.[28] 가상경찰제란 인터넷 이용자들이 음란물 등 불법 저작물에 접근할 경우 스크린에 '건전한 온라인 환경을 위해 법규를 준수합시다'라는 경고 메시지와 함께 캐릭터 팝업창이 뜨는 형태이다. 경찰관 캐릭터들이 매 30분마다 이용자의 화면에 등장해 걸어가거나 오토바이 순찰차를 이용해 스크린을 이동하면서 불법 콘텐츠에 대해 경고한다. 만약 인터넷 이용자가 카툰 형태의 가상경찰 이미지를 클릭하면 바로 관할 경찰 사이트로 연결

25 홍승모(2007. 6. 20), "외부 소리에 귀막은 中 인터넷 검열", 〈전자신문〉.

26 위의 글.

27 이정은(2007. 11. 9), "고개 숙인 야후, 中 이메일 검열 협조로 반체제 인사 구속", 〈동아일보〉. http://www.donga.com

28 한국인터넷진흥원, 〈인터넷 이슈리포트〉, 2007년 9월호.

〈그림 1-2〉 중국의 인터넷 가상경찰

되도록 설정되어 있다.[29]

이에 대한 비판론도 만만치 않다. 2008년 《뉴스위크》지는 중국의 가상 경찰제 도입에 대해 "'억압(*Repression*) 2.0' 시대가 도래했다"고 비판했다.[30] 인터넷 이용자들이 콘텐츠를 직접 생산하고 유통 소비하는 웹 2.0 시대가 도래하면서 권위주의 국가들의 인터넷 감시방식도 진화했다는 것이다. 웹 1.0시대의 억압장치는 간단했다. 인터넷 이용자들은 직접적으로 웹사이트에서 커뮤니케이션을 했기 때문에 정부는 규제하고 싶은 내용에 대해 필터링 소프트웨어를 이용해 차단하기만 하면 됐다. 그러나 UCC와 온라인 커뮤니티(*social-networking sites*)로 상징되는 웹 2.0시대에 들어오면서 무엇을 검열할지 판별하거나 실제 검열하는 자체가 무척 힘들어졌다는 것이다. 《뉴스위크》는 이에 따라 중국 정부 등 권위주의 국가에서 도입한 새로운 억압기제는 직접 모습을 드러내 인터넷 이용자들을 겁주는 것이라고 지적했다. 다시 말해 공안이 어디든 있는 것 같은 느낌, 다시 말해 당신을 감시하고 있다는 느낌을 심어주는 방식이다. 마치 디지털 판옵티콘(원형감옥 · *Digital Panopticon*) 효과를 노리듯 인터넷 이용자들에게 사이버 스페이스가 치외법권 지역이 아니라고 경고한다는 것이다.

---

29 우리나라에도 '누리캅스'라는 이름의 '사이버 순찰대'가 있다. 그러나 이들은 사이버상 각종 불법 유해 정보 모니터링과 범죄예방 활동을 위해 각 지역 경찰이 임명한 민간인 자원봉사자들로, 중국의 가상경찰과는 완전히 다른 개념이다. 누리캅스는 '누리'와 'cop'의 합성어로 누리는 네티즌의 우리말인 누리꾼을 뜻하는 동시에 '세상', '세계'의 의미를 담고 있는 '네티즌 명예경찰관'이다.

30 Adam . B. Kushner, "Repression 2. 0", *Newsweek*, April 14. 2008.

《뉴스위크》는 최근 중국정부가 반정부 시위로 유혈사태가 발생한 티베트의 중심도시 라싸의 휴대전화 사용자들에게 '법을 준수하라', '규칙을 따르라'는 내용의 문자메시지를 보낸 것도 새로운 감시의 전형으로 소개했다.

중국 정부의 인터넷 규제 움직임은 집요하고 지속적이다. 중국은 블로그에도 실명제 도입을 추진하다가 업계의 반발 등으로 보류했고, 청소년들의 온라인 게임중독이 사회문제를 야기하자 온라인 게임시간을 제한하고 이용 시 신분증 번호를 제시하게 하는 등 온라인 게임 실명제 도입을 추진하고 있다.[31]

2008년 1월 중국은 정부로부터 허가증을 받은 기업만이 UCC 등 인터넷 동영상 콘텐츠 사업을 할 수 있는 '인터넷 동영상 관리규정'을 발표했다.[32] 중국 정부는 3년마다 허가증을 갱신하도록 했는데, 허가증이 없으면 영상을 제작, 방송하거나 사용자에게 UCC를 게시하게 하는 등의 인터넷 사이트를 제공할 수 없다. 우리나라의 판도라TV나 미국의 유튜브 같은 기업들이 정부로부터 라이선스를 받아야 사업할 수 있다는 의미이다.

라이선스(인허가)제는 고전적인 언론통제 수법이다. 17, 18세기 영국 왕실이 자국과 식민지인 미국의 인쇄업자들을 선별해 라이선스를 발급하며 시작된 대표적인 직접 통제방식이다. 정부가 보기에 언론활동이 마음에 들지 않을 경우 언제든지 인허가를 취소하거나, 재발급을 안 해주면 되기 때문이다.[33]

---

31 한국인터넷진흥원, "중국, 온라인 게임 실명제 실시방침", 〈인터넷 이슈리포트〉, 2007년 4월호.

32 한국인터넷진흥원, "중국, 인터넷 동영상 규제강화책 발표", 〈인터넷 이슈리포트〉, 2008년 1월호.

33 우리나라의 경우 인터넷신문사는 등록제를 택하고 있다. '신문 등의 자유와 기능보장에 관한 법률' 제2조는 인터넷 신문을 "컴퓨터 등 정보처리능력을 가진

그러나 이와 같은 극심한 인터넷 통제는 비단 중국만의 일은 아니다. 언론보도에 따르면 이란은 1천만 개 정도의 인터넷 사이트를 비도덕적이라는 이유로 검열대상에 포함시켰고, 미얀마에서는 정부가 인터넷 카페를 5분마다 감시하는 것으로 알려졌다. 터키 정부 역시 최근 건국의 아버지인 케말파샤를 동성애자로 묘사한 동영상을 올린 유튜브에 대해 접속금지 명령을 내렸다.

각국이 이런 저런 이유를 들어 인터넷 통제에 나서면서 하버드대학 존 팔프레이 교수는 "월드 와이드 웹(*World Wide Web*)은 없다. 다만 '차이나 와이드 웹', '이란 와이드 웹'이 있을 뿐"이라고 비판했다.[34]

정부가 깔아준 네트(*net*)에서 중국의 네티즌들은 자유롭게 놀고 싶어 하고, 중국 정부는 다시 통제의 눈을 부라리고, 네티즌들은 다시 정부가 쌓아 놓은 인터넷 만리장성의 코드를 풀기 위해 밤을 새우는 숨바꼭질이 반복되고 있는 것이 중국의 현실이다.

장치와 통신망을 이용하여 정치 경제 사회 문화 시사 등에 관한 보도 논평 여론 및 정보 등을 전파하기 위하여 간행하는 전자간행물로서 독자적 시사 생산과 지속적인 발행"이 이뤄질 경우 반드시 인터넷신문 사업자 등록을 해야 한다. 그러나 같은 법 제 2조 5호에서 "독자적인 기사 생산을 위한 요건으로서 취재 인력 2인 이상을 포함하여 취재 및 편집 인력 3인 이상을 상시적으로 고용"하거나, "주간 게재 기사 건수의 100분의 30이상을 자체적으로 생산한 기사로 게재할 경우"로 한정해 포털과 블로그, UCC업체 등은 제외됐다.

34 류현정, "인터넷 역사는 검열과의 전쟁", 〈전자신문〉 2008년 3월 28일.

2. 인터넷에 대한 상이한 접근법

아직까지 사이버 스페이스에 대해선 규율방식이나 법적 규제에 대한 국가 간 합의는 없고, 내국법의 편차도 크다. 국가 간 협약이나 협정이 필요한 것인지조차 의견이 분분하다. 이에 따라 국가 간 긴장관계도 형성되고 있다. 실제 2007년 10월 미 하원 국제관계소위는 반체제 인사를 감시할 목적이나 인터넷 접근을 제한하기 위해 필요한 기술과 정보를 제공하는 미국 기업에 최고 200만 달러의 벌금을 부과하는 내용의 '글로벌 온라인자유법'을 통과시켰다. 이 법은 명백히 중국을 겨냥해 만든 법이라고 볼 수 있다. 앞서 예로 들었던 것처럼 야후가 중국 반체제 인사에 대한 이메일 정보를 중국 정부에 제공한 이후 미국 의회에선 "미국 기업이 자발적이든 아니든 표현의 자유를 억압하는 정권과 한통속이 됐다"는 강한 비난 여론이 일었기 때문이다.[35] '국경없는 기자단'에선 2004년 야후에게 '중국경찰의 보조기관'이라는 딱지를 붙이기도 했다.[36]

앞서 살펴본 것처럼 이처럼 양극단을 달리는 미국과 중국의 인터넷 정책의 차이는 사이버 스페이스(*cyberspace*)[37]에 대한 철학적 태도의 차이에서 비롯된다. 즉, 미국 통신품위법 230조는 인터넷에 대한 "정부의 규제는 적을수록 좋고 이용자들의 자율규제(*self regulation*)는 많을수록 좋다"[38]는 생각이 기저에 배어있다. 반면 중국 정부의 인터넷 검열정책

---

35 조윤아, "인터넷 검열반대법, 미 하원 소위통과", 〈전자신문〉 2007. 10. 25.

36 잭 골드스미스 외, 《사이버세계를 조정하는 인터넷권력전쟁》, 뉴런, 2006.

37 '사이버 스페이스(*cyberspace*)'라는 용어는 소설가 윌리엄 깁슨(William Gibson)의 대중 과학소설인 *Neuromancer*에서 처음 사용됐다. 그는 사이버 스페이스를, 물리적인 세계와 비슷하게 보이고 느끼는 공감각적 환상(*consensual hallucination*)이지만, 실제로는 추상적인 데이터로 표현되는 컴퓨터가 만들어 낸 구조물"이라고 규정했다. Edward A. Cavazos & Gavino Morin, *Cyberspace and the Law: Your Rights and Duties in the On Line World* 1(1994) 참고.

은 자율규제는 인터넷을 통제하는 데 효과적이지 못하고, 강력한 정부의 개입과 통제를 통해 안전한 인터넷을 만들어야 한다는 입장을 보여준다.

여러 학자들과 법률가들의 의견을 종합하면 크게 정부의 인터넷 규제는 사이버 자유주의(*Cyber libertarianism*)와 규제주의(*clear-ruler view*) 등 두 가지 입장으로 구분할 수 있다.[39] 두 견해의 근본적 차이는 현실세계와 사이버 스페이스와의 관계를 어떻게 설정하느냐에 따라 나타난다. 다시 말해 사이버 자유주의적 시각에서 보면 인터넷이 만들어내는 가상의 세계는 현실의 세계와는 본질적으로 다른 가상공동체로, 정부의 통제로부터 자유로운 해방공간이다. 반면 규제주의자는 사이버 스페이스를 현실과 분리된 것이 아닌 현실세계의 확장판으로, 정부의 규제를 당연시한다. 인터넷의 미래에 대해서도 전망은 상반된다. 사이버 자유주의자들은 인터넷에 대한 '유토피아적' 낙관론을 펴지만, 규제주의자는 인터넷의 부작용에 대한 우려를 강조하는 '디스토피아적' 견해를 가지고 있다.

1) 사이버 자유주의

사이버 자유주의[40] 주창자들은 커뮤니케이션의 흐름에 어떤 규제도 없을 때 인터넷의 가치는 최고조에 달한다고 주장한다. 이와 같은 견해에 따르면 인터넷은 궁극적으로 언론과 표현의 자유를 최대한 발현할

---

38 Schachter, 앞의 글 (주36), 282쪽.

39 Aaron Burstein, Thomas Devries, and Peter S. Menell, *The Rise of Internet Interest Group Politics*, 19 Berkeley Tech. L. J. 1, 5 (2004).

40 Margaret Chon, *Internet Law Symposium: Introduction*, 20 Seattle Univ. L. R. 613(1997). 사이버 자유주의자(*cyber libertarian*)라는 용어는 Chon에 의해 처음 사용됐다. 그는 사이버 자유주의자를 "(인터넷 이용자들 간의 암묵적) 계약에 의한 사적 규제(*private ordering*)가 인터넷의 법적 규제의 가장 자연스러운 형태라고 믿는 사람들"로 정의했다.

수 있는 매체다. 사이버 스페이스는 가상으로 만들어진 공간이지만 실제의 커뮤니케이션 행위가 일어나는 장소다("*cyberspace as a place*"). 그러나 전통적 커뮤니케이션 영역과는 완전히 다른 장소다. 정부의 간섭으로부터 자유로운 공간으로 남아 있어야 하며, 정부의 통제가 아닌 인터넷 이용자들의 자기통제(*self-governing*)에 의해 다스려지는 세계다.[41] 정부는 사이버공간을 이용자들이 자신들의 규칙대로 다스릴 수 있게 허용하는 지혜를 가져야 한다고 강조한다. 가령 교회는 교회법을 만드는 것이 허용되어 있고, 증권시장은 커뮤니티를 둘러싼 참여자들의 이익을 보호할 수 있도록 나름의 상업적 규칙들을 만들 수 있는 것처럼 인터넷도 스스로의 법에 따라 규율돼야 한다는 것이다.

이러한 사이버 자유주의는 1990년대 중반 인터넷이 본격화되면서 태동했다. 사이버 자유주의자들은 사이버 스페이스를 억압적인 사회의 구속에서 해방된 새로운 세상, 정부의 간섭 없이 자기들만의 규칙에 따라 살아가는 이상향으로 만들고자 했다. 이들은 표현의 자유를 보장한 미국 수정헌법 1조를 전면에 내세워 사이버 스페이스의 완전한 독립을 주장했다.

1996년 2월 8일 스위스 다보스에서 전자프론티어 재단(*Electronic Frontier Foundation*)을 설립한 존 페리 발로우가 발표했던 '사이버 스페이스 독립선언문'은 이와 같은 생각을 극명하게 대변한다. 자신을 당대의 제퍼슨이라고 자처했던 발로우는 미국 정부가 통신품위법(CDA)을 제정해 인터넷 음란물에 대한 규제를 시작하자 격분했다. 그는 이를 인터넷 공간에 대한 국가의 과도한 간섭과 통제로 보고 미국의 독립선언문을 본떠 이와 같은 격문을 지은 것이다.

산업세계의 정권아, 너 살덩이와 쇳덩이의 지겨운 괴물아, 나는 마음

41 David R. Johnson & David Post, *Law and Borders: The Rise of Law in Cyberspace*, 48 Stan. L. Rev. 1367(1996).

> (*mind*)의 새 고향 사이버 스페이스에 왔다. 미래의 이름으로 네 과거의 망령에 명령한다. 우리를 건드리지 말라. 우리는 너를 싫어한다. 네게는 우리 영토를 통치할 권한이 없다. … 진정으로 갈등이 있는 곳, 문제가 있는 곳이 있다면 우리가 그것을 찾아내어 우리의 방법으로 그것을 밝히겠다. 우리는 스스로 우리 자신의 사회계약을 만들고 있다. … 우리 육체는 비록 너의 통치하에 있지만, 너의 통치권으로부터 독립적인 가상공간에서의 우리 자신을 선언한다. 우리는 우리 자신을 이 행성 위에서 펼쳐나갈 것이며 그 누구도 우리의 사고(思考)를 감금할 수 없다. …

이러한 신념은 특히 히피문화로 대변되는 미국 서해안의 자유지상주의 문화적 전통과 실리콘밸리의 하이테크 산업이 융합하면서 강한 사상적 경향을 보이기 시작했다. 이를 '캘리포니아 이데올로기'라고도 부른다. 이들은 마샬 맥루한의 기술결정론에도 영향을 받았다. 즉, 기술적 진보가 자신들이 믿는 자유지상주의와 진보적 이상들을 사회적 사실로 실현시켜 디지털 유토피아를 만들 것이라는 낙관주의이다.[42] 이들은 특히 사이버 스페이스가 모든 사람이 검열의 두려움 없이 자신의 견해를 표현할 수 있는 전자광장을 만들어 낼 수 있을 것으로 보았다. '제퍼슨식 민주주의(*Jeffersonian democracy*)'가 넷을 통해 실현될 수 있다는 정치적 믿음이 있었던 것이다.[43]

이와 관련, 초기 사이버 자유주의자들은 넷이 가진 기술적 구조와 특성 때문에 정부의 규제가 불가능하다는 주장을 폈다.[44]

---

42 리차드 바브룩 외, "캘리포니아 이데올로기", 〈문화과학〉10호(1996년 10월).

43 토머스 제퍼슨이 초안한 미국의 독립선언문은 정치적 자유에 대한 열망으로 가득 찼다. 특히 "신문 없는 정부보다 정부 없는 신문을 택하겠다"는 그의 말에서 보듯 그는 표현의 자유를 보장해 자유로운 토론을 유도하는 것이 민주주의의 제1요건으로 보았다.

44 David Post, *Governing Cyberspace*, 43 Wanye L. Rev. 155(1996).

첫째, 이들은 사이버 스페이스는 영토에 근거한 국경이 없다는 점을 내세운다. 마치 중국에서 일어난 황사가 지리적 국경을 무시하고 한국을 넘어 미국 본토까지 날아가듯 사이버 스페이스에서의 이벤트는 어느 곳에 있든 모든 곳에서 일어난다. 메시지 전송에 필요한 비용과 속도는 현실의 물리적 장소와는 전혀 상관이 없다. 다시 말해 서울에서 워싱턴으로 이메일을 보내든, 서울에서 내 집으로 보내든 거리적, 시간적 제한이 없다는 것이다.

둘째, 인터넷에서 벌어지는 많은 일들과 상호작용들은 물리적인 지역과는 특별히 인지할 만한 연관이 없고, 오로지 넷 안에서만 이뤄진다. 다시 말해 이는 지역적인 특수한 현상이 아니다. 인터넷의 토론그룹은 모든 곳에 존재하지만 특정한 어느 곳에 집중되어 있지 않고 오직 넷에서만 존재한다.

셋째, 넷은 상대방이 어디에 있는지 알 수도 없는 많은 사람들이 동시에 상호작용을 한다. 또 상호작용의 효과도 글로벌 네트워크의 모든 곳에서 동시에 그리고 동등하게 느낄 수 있다. 초기 사이버 자유주의의 대표적 학자인 존슨과 포스트는 "인터넷은 법률가들의 편의를 위해 디자인된 시스템이 아니다"라고 주장한다. 한마디로 영토주권에 근거한 각국의 개별 법률은 인터넷을 통제하는 데 적합한 수단이 아니며, 영토중심의 통치시스템은 인터넷에서 통하지 않는다는 것이다.[45]

결국 이 문제는 지역적 한계를 뛰어넘는 새로운 환경을 누가, 어떤 방식으로 규율할 것인가라는 문제로 자연스럽게 넘어가게 된다. 이와 관련, 미국 템플 대 로스쿨 교수인 데이비드 포스트는 미국 건국의 아버지들(*Founding Fathers*)인 알렉산더 해밀턴과 토마스 제퍼슨의 경우를 예로 들었다. 미국 건국 당시 초대 재무장관이었던 해밀턴은 연방주의자로 강력한 중앙정부 구성을 주장했다. 헌법이 전체 인민들 사이에서 만

---

45 위의 글, 159~163쪽 참조.

들어진 것이기 때문에 중앙정부가 주 정부들보다 실질적 권력을 지녀야 한다는 것이다. 중앙정부의 권력을 강조한 해밀턴의 주장은 협조적 연방주의(*cooperative federation*) 이론으로 발전했다. 해밀턴의 입법방식을 인터넷에 적용하면 인터넷 역시 국가 간 조약이나 WTO와 같은 국제적으로 구속력을 갖는 기구를 만들어 국가 간의 협력을 증진시키는 방향으로 중앙집권적 통제를 강화할 수 있다. 만약 국가 간 혼란이 온다면 전 세계적으로 통용되는 단일하고 획일적인 법적 기준을 만들어 부과하면 된다.

반면 제퍼슨의 분권화된 입법 방식은 정반대의 길을 걷는다. 제퍼슨은 헌법이 근본적으로 주와 주 사이의 협정에 근거를 두고 있기 때문에 지방정부들이 중앙정부보다 더욱 중요한 권력을 행사해야 한다고 주장했다. 지방정부는 지역 특성에 맞게 시민들의 직접 참여 등의 방법을 통해 지역적 규범을 정하게 된다. 이런 제퍼슨의 사상은 시민의 자발적 참여를 기반으로 한 직접민주주의 형태인 식민지 시대 뉴잉글랜드 지방의 타운미팅(*town meeting*)에 대한 옹호로 나타났다. 마을 사람 전체가 마을회관과 같은 장소에 모여 토론하고 마을의 법과 절차, 정책들에 대한 결정을 내리는 참여민주주의 형태의 입법형태로 일반시민의 의사를 가장 잘 반영한다. 다시 말해 '위로부터의 지배(*top down rule*)'가 아니라 '아래로부터의 통치(*bottom-up governance*)' 시스템이다. 제퍼슨은 "일반시민들이 갖는 권리가 통치자에게 위임되는 순간부터 정부는 타락하게 된다"면서 "시민들 자신만이 안전한 창고"라고 주장했다.

이런 관점을 사이버 스페이스에 적용하면 제퍼슨식 메커니즘은 질서를 가상의 세계에 '부여'하지 않는 대신 자율적으로 '출현'하게 한다. 넷은 영토에 기반을 두지 효과적인 법적 기구를 스스로 개발할 수 있다. 사이버 스페이스의 규칙은 누가 정할 수 있을까. 사이버 자유주의자들의 대답은 복잡한 현상들을 가장 잘 이해하고 있고, 인터넷의 건강과 성장을 보장하는 문제에 대해 중대한 관심을 가지고 있는 사람들이다.[46]

포스트 교수는 인터넷 서비스 제공자와 이용자들이 정부 대신 이 역할을 맡으면 된다고 주장한다. 인터넷 이용자들은 사업자들에게 1차적으로 규칙제정 작업(*rule making*)을 맡긴다. 그리고 마치 현실세계에서 투표하듯 자신들의 생각과 입장에 맞는 규칙들을 선택하면 된다는 것이다. 이렇게 되면 '인터넷 법'은 정부 당국자의 결정이 아니라 어떤 규칙을 부여하는 개별적 시스템 운영자들과 어떤 온라인커뮤니티에 가입할지 선택하는 이용자들에 의해 결정된다. 이 시스템을 보장해 주는 것은 각자의 특징적인 규칙체계(*rule sets*)를 가지고 있는 개별적 네트워크를 자유롭게 오갈 수 있는 '이동성(*mobility*)'이다.

포스트 교수는 Cyber Promotions, Inc. v. America Online[47]의 소송을 예로 들어 설명한다. 스팸메일 업체인 사이버프로모션은 온라인서비스 제공업체인 AOL이 자신 회사의 어드레스로 돼있는 모든 이메일을 거부하도록 인터넷 게이트웨이 환경을 설정해버리자 "AOL이 인터넷상에서 상업활동에 종사할 수 있는 자유와 표현의 자유를 침해했다"고 소송을 냈다. AOL은 사이버프로모션 측이 보낸 스팸메일에 질린 고객들이 거세게 항의하자 조치를 취한 것이었다.

포스트 교수는 AOL의 조치는 정확히 인터넷 자율규제가 요구하는 모범답안이라고 설명한다. AOL에 의해 만들어진 규칙은 사이버 스페이스가 어떤 특정한 방향으로 가기를 원하는 이용자들의 집단적 염원을 수렴한 것이기 때문이다. 만약 AOL의 결정을 지지하는 이용자들은 여전히 AOL의 커뮤니티 멤버로 남을 것이고, 반대로 AOL이 사이버프로모션의 권리를 침해했다고 믿는 이용자들은 다른 수백 개의 이메일 업체 중 한 곳으로 이동해 버리면 그만이다.

물론 중앙집권적인 해밀턴주의자(*Hamiltonian*)들도 이 문제에 대처

46 위의 글 1392쪽.

47 C. A. Nos. 96 286, 96 5213(E. D. Pa. Nov. 26, 1996).

할 수는 있다. 글로벌 네트워크에서 스팸메일을 규제하는 단일한 규칙을 만들어 이를 부과하는 것이다. 그러나 당장 각국 정부 간의 합의를 이끌어 내는 데도 어려움을 느낄 것이라고 포스트 교수는 지적한다.

반면 분권화된 제퍼슨주의자(*Jeffersonian*)의 해법은 보다 명쾌하다. 만약 많은 인터넷서비스 제공자들이 AOL과 유사한 조치를 취하고, 이런 서비스 제공자들이 시장에서 각광받고 많은 가입자들을 모은다면 사이버프로모션과 같은 업체들은 급격히 발을 붙이지 못하게 될 것이라는 것이다. 국경에 근거한 어떤 공권력도 이런 조치에 대한 복종을 강요할 수 없다. 분권화된 시스템에선 어떤 위계질서에 의한 통제도 없고, 오히려 상당한 정도의 협동을 발생시킨다. 말 그대로 "국제적인 협조와 협동의 승리"다. 포스트 교수에 따르면 분권화된 통치 메커니즘(제퍼소니언 메커니즘)은 인터넷이 만들어 낸 새로운 영토에서 실질적인 질서와 화합을 만들어내는 최선의 방책이라는 것이다. '계약'을 통한 사적인 주문관계(*private ordering*)가 인터넷의 가장 자연스러운 법적 규제라는 생각은 포스트 교수뿐만 아니라 많은 인터넷 자유주의자들의 지지를 얻었다.[48]

자율규제와 함께 사이버 자유주의자들이 인터넷 영토를 개척하면서 가장 중요하게 생각한 것은 표현의 자유(*free speech*)였다. 그들은 표현의 자유가 자유로운 사회(*free society*)로 가는 지름길이라고 믿었다. 미국의 대표적인 사이버 자유주의 행동가이자 변호사인 마이크 가드윈은 "사이버 스페이스라는 새로운 영토를 지도화하는 첫 발자국은 이곳을 어떻게 표현의 자유 아래 있게 할 것인가 라는 점을 이해하는 것"이라고 말했다.[49]

앞서 말한 것처럼 이들은 사이버 스페이스에서 만들어진 '아고라'가

---

48 Margaret Chon, *Internet Law Symposium: Introduction*, 20 Seattle Univ. L. R. 613(1997). 617쪽.

49 Mike Godwin, *Cyber Right Defending Free Speech in the Digital Age*, (2003).

토론과 참여를 생명으로 하는 민주주의에 활력을 불어넣어 줄 것으로 믿었다. 때문에 이들은 표현의 자유를 보호하기 위한 사이버 스페이스의 특성을 규명하는 데 애썼다. 또 인터넷 명예훼손에 대해서도 현실세계와는 다른 잣대를 사용해야 한다고 주장했다. 가드윈 변호사는 인터넷에선 명예훼손이 본질적으로 성립되지 않는다면서 "명예훼손은 죽었다(*libel is dead*)"고 선언하기까지 했다.[50]

샌포드 교수와 로랜거 교수에 따르면 사이버 스페이스에서의 커뮤니케이션은 우리가 알고 있는 전통적 매체와 근본적으로 3가지 측면에서 다르다.[51]

첫째, 인터넷은 자원의 희소성 문제가 제기되는 공중파 방송과는 달리 무한정한 수의 정보소스를 제공할 수 있다. 한정된 주파수를 쪼개 써야 하는 방송이나 케이블과 달리 인터넷은 접속만 하면 아무런 제한 없이 자신의 생각을 전달할 통로가 열린다. 1인 블로거가 될 수도 있고, 인터넷 방송국을 자신이 직접 만들 수도 있다.

둘째, 인터넷에는 편집자나 발행인과 같이 정보의 분배를 컨트롤하는 게이트키퍼가 없다. 기존 미디어에선 편집자들에 의해 엄격한 기준으로 선택되는 정보, 사실에 입각한 뉴스나 일정 수준 이상의 창작물들만이 유통 가능한 표현물이었다. 그러나 인터넷의 개방적, 탈 중심적 환경은 아래로부터 생산된 표현물들에 대한 통제를 어렵게 한다. 자신이 올린 표현물이 아무런 여과장치 없이 다른 사람에게 직접 전달되고 다른 사람의 표현물도 역으로 전달된다. 물론 이로 인해 사실여부를 확인하기 어려워 가상공간이 허위사실과 유언비어, 거친 욕설 등 '쓰레기'들로 오염될 염려가 있고, 명예훼손이나 저작권 침해 등의 부작용이 생

50 Godwin, 앞의 책. 79~108쪽 참고.

51 Bruce W. Sanford & Michael J. Lorenger, *Teaching An Old Dog New Trick: The First Amendment In an Online World.* 28 Conn. L. Rev. 1137, 1142(1996).

기기도 한다. 그러나 이와 같은 게이트키퍼의 부재는 지금까지 인류가 경험하지 못한 새로운 형태의 매스커뮤니케이션임이 분명하다.

마지막으로, 모든 사람이 인터넷을 두드리기만 하면 스스로가 저널리스트가 될 수 있다. 인터넷은 매스커뮤니케이션의 초점을 개인으로 이동시켰다. 가까운 과거였던 20세기 초로 기억을 돌려보자. 당시에는 누구나 도시의 광장에서 소리칠 수 있었다. 그러나 그 사람이 전달하는 메시지의 분배는 단지 개개인의 폐가 얼마나 큰 소리를 낼 수 있는지에 의해 제한됐다. 인쇄소를 운영하는 소수의 선택된 사람들만이 자신의 사상과 견해를 보다 많은 사람들에게 전달할 수 있었지만 이 역시도 당시의 기술수준에 의해 제약이 따랐다. 시간이 흘러 인쇄기술과 수송기술이 발달함에 따라 많은 인쇄물들이 점차 더 많은 사람들에게 전달되고 전국화되었지만 일반인들이 자신의 생각을 대중적으로 발표하는 데는 생산수단을 통제하는 사람들에 의한 제약이 심했다. 최근 들어 복사기와 홈 컴퓨터 등도 사람들 누구나가 잠재적으로는 자신들의 개인적인 표현물을 대량 유통시킬 수 있는 시대를 열었지만 여기에도 제약이 따랐다. 많은 비용과 시간을 요구했기 때문이다.

샌포드 교수 등은 그러나 "인터넷의 등장으로 이런 제약들이 마치 마술에 걸린 듯 급격히 사라졌다"고 강조한다. 익명의 사람들이 수백만의 사람들과 편안하고 안전하게 자신의 사적 공간에서 대화할 수 있게 됐다는 것이다. 특히 인터넷상의 발언자들은 공손한 대화라는 일상의 예복을 벗어던지고 보다 자유롭고 솔직하게 대화할 수 있다. 게이트키퍼의 부재, 광범위하고 오픈된 네트워크, 익명성 등 인터넷이 지닌 속성들은 '자유로운 표현행위(*free speech*)'의 소중한 도구로 인터넷을 자리매김하게 했다는 것이다.

국경 없는 인터넷을 통해 정부의 간섭으로부터 자유로운 새로운 영토를 만들려는 사이버 자유주의자들의 꿈은 1990년대 중·후반 정점에 달했다. 특히 앞서 말했듯 Reno사건 재판에서 미국의 연방대법원이 "광활한 민주주의의 공개토론장"이라며 사이버 스페이스의 개념을 받아들이면서 존 페리 발로우가 주창했던 '사이버 스페이스의 독립'이 더 이상 허황된 소리가 아닌 어엿한 법적인 개념으로 인식됐다. 특히 이 판결은 인터넷을 방송과 유사한 통제를 받아야 한다는 정부 측의 주장을 배척하고 정부의 표현규제에 제동을 걸자 사이버 자유주의자들은 환호성을 질렀다.

그러나 10년여가 지난 지금 사이버 자유주의자들의 이상은 상당한 현실적 장벽에 부딪친 듯하다. 우선 '국경 없는' 인터넷에 국경이 생겨나고 있다.[52] 앞서 살펴보았듯 중국은 자국민을 외국의 불순한 사상으로부터 보호한다는 명목 아래 인터넷 만리장성을 쌓고 인터넷 커뮤니케이션을 통제하고 있다. 중국뿐만이 아니다. 각국 정부는 인터넷 범죄 예방과 안전한 인터넷 상거래를 위해 '국경 있는 인터넷'을 만드는 쪽으로 정책방향을 잡아나가는 추세다. 명예훼손으로 인한 인격권 및 지적재산권 침해를 막고 음란물로부터의 청소년을 보호하기 위해 규제도 강화하고 있다. 특히 미국 중심, 영어 중심이었던 인터넷도 점차 지역화 경향을 보인다.

그러나 사이버 자유주의자들은 인터넷의 미래에 대한 낙관적 전망과 표현의 자유에 대한 옹호, 전자민주주의 혹은 숙의민주주의에 대한 신념 등 많은 정치적 지적 유산을 남겼고, 아직도 큰 영향력을 발휘하고 있다. 앞서도 살펴보았지만 미국의 법원들은 아직까지 굳건히 사이버 자유주의자들의 손을 들어 주고 있고, 우리나라의 헌법재판소 역시 이들과 근본적으로는 호흡을 같이하고 있다.

---

52 이에 대해서는 잭 골드스미스의 저서 《사이버세계를 조정하는 인터넷 권력전쟁》(2006) 에서 집중적으로 다루고 있다. 이 책에서 저자들은 2000년대에 들어오면서 '국경 없는 인터넷'의 꿈은 사라졌다고 주장한다. 중국을 비롯한 각국 정부가 어떻게 인터넷을 통제하는지에 대해 설명하며 '국경 있는 인터넷'이 오히려 인터넷을 더 효과적이고 유용한 통신수단으로 만들고 있다고 주장한다.

〈참고 1-1〉 사이버 스페이스 독립선언문

By Davos, Switzerland, February 8, 1996
John Perry Barlow, Co Founder, Electronic Frontier Foundation

산업세계의 정권들, 너 살덩이와 쇳덩이의 지겨운 괴물아.

나는 마음(*mind*)의 새 고향 사이버 스페이스에서 왔노라. 미래의 이름으로 너 과거의 망령에게 명하노니 우리를 건드리지 마라. 너희는 환영받지 못한다. 네게는 우리의 영토를 통치할 권한이 없다. 우리는 우리가 뽑은 정부가 없을 뿐 아니라 그것의 필요성도 느끼지 않는다.

그래서 자유가 명하는 대로 네게 말하겠노라. 우리가 건설하고 있는 전지구적인 사회 공간은 네가 우리에게 덮어씌우려는 독재와는 무관한 것이다. 너는 우리를 지배할 도덕적 권리도 없고 우리가 무서워할 만한 강제적인 방법도 갖고 있지 못하다.

정부는 시민의 동의에서 자신의 정당한 권력을 얻는다. 너희는 우리의 동의를 얻지도 않았고 부름 받지도 않았다. 우리가 너희를 언제 초청했느냐? 너희는 우리에 대해서도 우리의 세계에 대해서도 전혀 모른다. 사이버 스페이스는 너의 관할권 바깥에 있다. 사이버 스페이스를 마치 공공 건설 사업쯤으로 생각하여 너희가 그것을 만들 수 있다고 생각하지 말라. 너희는 만들 수 없다. 사이버 스페이스는 자연의 움직임이며 우리의 집단적인 행동을 통해 스스로 성장한다.

너희는 우리의 위대한 대화에 참여하지도 않았으며 우리 시장의 부를 만들지도 않았다. 너희는 너희의 법률이 얻는 것보다 훨씬 질서정연한 우리의 문화와 윤리, 불문법에 대해 모른다. 너희는 우리에게 문제가 있으니 너희가 개입해서 문제를 풀어야 한다고 주장한다. 너희는 우리 구역에 침범하기 위한 구실로 이런 주장을 사용한다.

하지만 그런 문제는 존재하지 않는다. 진정으로 갈등이 있는 곳, 문제가 있는 곳이 있다면 우리가 그것을 찾아내어 우리의 방법으로 그것을 밝히겠다. 우리는 스스로 우리 자신의 사회 계약을 만들고 있다. 이러한 집행은 너희의 세계가 아니라 우리 세계의 조건에 따라 생겨날 것이다.

우리 세계는 너희의 세계와 다르다. 사이버 스페이스는 웹에서 이루어지는 의사소통의 물결처럼 계약과 관계 그리고 사유 그 자체로 이루어진다. 우리의 세계는 모든 곳에 있으면서 아무 곳에도 없지만 우리의 육체가 거하는 곳은 아니다.

우리는 인종, 경제력, 군사력, 태어난 곳에 따른 특권과 편견이 없이 아무나 들어갈 수 있는 그런 세상을 만들고 있다. 우리는 비록 혼자일지라도 침묵과 동조를 강요당하지 않으면서 누구나 어디에서나 그의 믿음을 표현할 수 있는 그런 세상을 만들고 있다. 너희가 생각하는 재산, 표현, 정체성, 운동, 맥락에 관한 법적인 개념들은 우리에게 적용되지 않는다. 그것들은 물질에 기반하는데 사이버 스페이스에는 아무런 물질이 없다. 우리의 정체는 너희와 달리 육체가 없기 때문에 물리적 강제력으로 질서를 만들 수 없다.

우리는 윤리와 개명된 자기 이해, 그리고 공공복지에서 우리의 정치가 나타나리라 믿는다. 우리의 정체는 너희의 관할권을 건너 퍼질 수 있다. 우리의 선거인문화가 일반적으로 받아들이는 법률은 황금률이다. 우리는 이 근거에서 우리의 특수한 해결책을 만들 수 있기를 바란다.

그러나 우리는 너희가 부과하려는 해결책을 받아들일 수 없다. 너희는 미국에서 오늘 통신개혁법인을 만들었다. 그것은 너 자신의 헌법을 모독하는 것이며 제퍼슨, 워싱턴, 밀, 메디슨, 토크빌, 브랜다이스의 꿈을 욕보이는 짓이다. 이들의 꿈은 이제 우리 속에서 새로 태어나야 한다. 너희 자녀들이 아주 친근한 그 세계에서 너희는 항상 이민자에 불과하기 때문에 네 아이들을 두려워하고 있구나. 너희가 그들을 무서워하기 때문에 부모의 책임이라는 미명 아래 관료제를 신임하지만 너희는 너무 어리석어 너희 자신을 보지 못하게 될 것이다.

우리 세상에서는 미천한 것에서 천상의 것에 이르기까지 휴머니티의 모든 감정과 표현이 연속적인 전체의 부분이며 비트의 전지구적인 대화이다. 우리는 우리의 날개가 움직이는 공기와 우리를 질식시키는 공기를 따로 떼어놓을 수 없다.

중국, 독일, 프랑스, 러시아, 싱가포르, 이탈리아와 미국에서 너희는 사이버 스페이스의 프런티어에 검문소를 세워 자유의 바이러스를 격리하려 노력하고 있다. 당분간 전염을 막을 수 있을지는 몰라도 비트를 지닌 미디어로 뒤덮일 세상에서는 아무짝에도 쓸모없게 될 것이다.

너희의 진부한 정보산업이 미국이나 다른 곳에서 전 세계적으로 연설권을 확보한다고 주장하는 법률을 제안함으로써 자신을 존속시킬 수 있다. 이들 법률은 아이디어를 쇳덩어리와 똑같이 취급하여 이것이 또 하나의 산업 생산물이라고 주장할 것이다. 우리의 세계에서는 인간의 마음이 만들 수 있는 모든 것이 복제되고 아무런 비용 없이 무한히 배분될 수 있다. 사고가 전지구적으로 퍼지는 것은 너희의 공장과는 아무 상관이 없다. 날로 늘어가는 석대적이고 식민지적인 조치들은 우리로 하여금 자유를 사랑하고 스스로 결단했던 자율적인 우리의 선조처럼 먼 곳에서 온 제복의 권위를 거부하도록 만든다. 비록 우리가 우리의 육체에 대한 너희의 지배를 받아들이지만 이제 너희의 지배에 견딜 수 있는 우리의 가상 주체를 선언해야 한다. 우리는 우리 자신을 지구 전체로 퍼뜨려 아무도 우리의 생각을 추적하지 못하도록 할 것이다. 우리는 사이버 스페이스에서 마음의 문명을 건설할 것이다. 그것은 너희 정부가 이전에 만든 것보다 더 인간적이고 공정한 세상이 될 것이다.

A Declaration of the Independence of Cyberspace

Governments of the Industrial World, you weary giants of flesh and steel, I come from Cyberspace, the new home of Mind. On behalf of the future, I ask you of the past to leave us alone. You are not welcome among us. You have no sovereignty where we gather.

We have no elected government, nor are we likely to have one, so I address you with no greater authority than that with which liberty itself always speaks. I declare the global social space we are building to be naturally independent of the tyrannies you seek to impose on us. You have no moral right to rule us nor do you possess any methods of enforcement we have true reason to fear.

Governments derive their just powers from the consent of the governed. You have neither solicited nor received ours. We did not invite you. You do not know us, nor do you know our world.

Cyberspace does not lie within your borders. Do not think that you can build it, as though it were a public construction project. You cannot. It is an act of nature and it grows itself through our collective actions.

You have not engaged in our great and gathering conversation, nor did you create the wealth of our marketplaces. You do not know our culture, our ethics, or the unwritten codes that already provide our society more order than could be obtained by any of your impositions. You claim there are problems among us that you need to solve. You use this claim as an excuse to invade our precincts.

Many of these problems don't exist. Where there are real conflicts, where there are wrongs, we will identify them and address them by our means. We are forming our own Social Contract. This governance will arise according to the conditions of our world, not yours. Our world is different.

Cyberspace consists of transactions, relationships, and thought itself, arrayed like a standing wave in the web of our communications. Ours is a world that is both everywhere and nowhere, but it is not where bodies live.

We are creating a world that all may enter without privilege or prejudice accorded by race, economic power, military force, or station of birth.

We are creating a world where anyone, anywhere may express his or her beliefs, no matter how singular, without fear of being coerced into silence or conformity. Your legal concepts of property, expression, identity, movement, and context do not apply to us. They are based on matter, There is no matter here. Our identities have no bodies, so, unlike you, we cannot obtain order by physical coercion.

We believe that from ethics, enlightened self interest, and the commonweal, our governance will emerge. Our identities may be distributed across many of your jurisdictions. The only law that all our constituent cultures would generally recognize is the Golden Rule. We hope we will be able to build our particular solutions on that basis. But we cannot accept the solutions you are attempting to impose.

In the United States, you have today created a law, the Telecommunications Reform Act, which repudiates your own Constitution and insults the dreams of Jefferson, Washington, Mill, Madison, DeToqueville, and Brandeis. These dreams must now be born anew in us. You are terrified of your own children, since they are natives in a world where you will always be immigrants. Because you fear them, you entrust your bureaucracies with the parental responsibilities you are too cowardly to confront yourselves.

In our world, all the sentiments and expressions of humanity, from the debasing to the angelic, are parts of a seamless whole, the global conversation of bits. We cannot separate the air that chokes from the air upon which wings beat.

In China, Germany, France, Russia, Singapore, Italy and the United States, you are trying to ward off the virus of liberty by erecting guard posts at the frontiers of Cyberspace. These may keep out the contagion for a small time, but they will not work in a world that will soon be blanketed in bit bearing media. Your increasingly obsolete information industries would perpetuate themselves by proposing laws, in America and elsewhere, that claim to own speech itself throughout the world. These laws would declare ideas to be another industrial product, no more noble than pig iron.

In our world, whatever the human mind may create can be reproduced and distributed infinitely at no cost. The global conveyance of thought no longer requires your factories to accomplish. These increasingly hostile and colonial measures place us in the same position as those previous lovers of freedom and self-determination who had to reject the authorities of distant, uninformed powers. We must declare our virtual selves immune to your sovereignty, even as we continue to consent to your rule over our bodies.

We will spread ourselves across the Planet so that no one can arrest our thoughts. We will create a civilization of the Mind in Cyberspace. May it be more humane and fair than the world your governments have made before.

Davos, Switzerland February 8, 1996

2) 규제주의

규제주의 혹은 '명확한 잣대론'은 정부가 개입해 인터넷을 통제해야 한다는 강력한 규범적 견해를 표출한다.[53] 이들은 '황야의 무법지대'인 인터넷에 질서를 부여하기 위해 정부의 더 많은 개입과 법적 장치가 필요하다고 주장한다.

규제주의자들의 시각에선 사이버 스페이스가 디지털 유토피아를 가져올 것이라는 기대는 이미 퇴색했다. 그들이 우려하는 것은 오히려 디지털 디스토피아이다. 오보와 허위사실들로 정보고속도로는 이미 오염됐고, 불법과 탈법이 아무렇지도 않게 이뤄지는 위험한 곳이다. 이들에 따르면 사이버 자유주의자들이 찬양해 마지않았던 인터넷의 장점들은

---

53 Burstein, DeVries, and Menell, 앞의 글, 3쪽.

사이버 스페이스의 약점으로 뒤바뀐다.

숙명여대 강미은 교수는 "(해킹을 위해) 마음만 먹으면 못 들어갈 곳이 없다는 것, 정보를 자유자재로 바꿔치기 하고, 잘못된 정보도 진짜처럼 그럴듯하게 내놓을 수 있다"면서 "무서운 이야기"라고 말한다.[54] 그는 "전통적 매스미디어와의 관계에서는 정보의 수용자 역할에만 머물던 일반인들이 정보의 생산자, 배포자가 될 수 있다는 인터넷의 쌍방향성은 빛을 발하지만, 바로 이런 특성 때문에 쓰레기 정보도 인터넷에 떠돌게 된다. 웹사이트를 통해서 정보를 얻을 때 그 정보를 제공한 주체가 누구인지, 정보원은 제대로 밝혔는지, 정보에 편견이 들어갈 여지나 동기는 없는지 살펴봐야 한다"고 지적했다. 김 교수는 인터넷상에서 발견되는 오보나 디지털범죄 등은 기술적 문제가 아니라 심리적 문제이기 때문에 사라지지 않을 것이라고 보았다. 김 교수는 명백히 정부의 개입을 강조하지는 않지만 그의 언급에서 엿보이는 디스토피아적 전망은 규제주의자들의 논리와 맥락이 닿아있다.

언론법학자인 한양대 이재진 교수의 시각 역시 크게 다르지 않다. 그는 "인터넷이 정보의 바다라기보다는 불법적 행위가 넘쳐나는 불법의 바다가 되어가는 모습을 보이고 있다"고 지적한다.[55] 사이버 자유주의자들의 주장처럼 인터넷을 통해 전 세계 네티즌이 다양하게 의견을 교환할 수 있는 소통의 장이 마련됐지만 이 소통의 장에선 개인의 인격권을 침해할 수 있는 불법적 표현들이 넘쳐나고 있고, 인터넷의 강력한 위력은 규제의 강화를 부를 수 있다고 우려했다.

규제주의자들은 사이버 스페이스에 대한 가상현실(*virtual reality*)과 현실세계(*real world*) 사이의 이분법적 구분은 의미가 없다고 말한다. 사이버 공간 역시 실제 커뮤니케이션과 상거래 등이 이뤄지는 실제의

54 강미은, 《인터넷 저널리즘과 여론》, 나남출판(2001), 51~61쪽.

55 이재진, "인터넷에서의 모욕죄 적용의 실태와 쟁점", 〈한국방송학보〉 21권 5호(2007), 128쪽.

공간이라는 것이다. 사이버공간에서 벌어지는 문제들은 이미 넷을 뛰쳐나왔다. 사이버세계의 불법 다운로드는 현실세계에서 음반업자와 영화업자들의 몰락을 야기하고, 사이버세계의 악플(악성 리플, *reply*)은 정신적 피해에 시달리던 사람들이 스스로 목숨을 끊는 극단적 선택을 하도록 만들고 있다.[56]

이재진 교수에 따르면 가상현실의 문제가 실제 현실공간의 문제가 돼 법적 사회적 해결이 필요하게 됐다는 것이다.[57] 이 교수는 2000년 8월 국회 사이버정보문화연구회가 '사이버정보문화 헌장'을 선포한 것을 "사이버공간이 더 이상 일상적인 생활과 유리된 비현실적 장소가 아님을 공개적으로 선언한 것"이라고 진단한다. 특히 그는 "정보는 자유롭고 싶어한다"는 존 페리 발로우의 말을 한마디로 일축한다. "사이버 공간은 더 이상 누구나 자유롭게 자신의 견해를 표출하고 보편적 민주성을 누릴 수 있는 장소가 아니다"라며 "사이버 공간에 대한 이해나 기대는 이제 새롭게 정립돼야 한다"고 못박는다. 인터넷에 대한 기대는 "현실이라기보다는 환상"이라는 것이다.[58]

초기 규제주의자들은 인터넷에서 제기되는 법직 이슈들은 새로운 인터넷 법이 아니라 현재 존재하는 법에 의해 다뤄져야 한다고 주장했다.

---

56 2007년 1월 발생한 가수 유니의 자살이 대표적이다. 유니는 대표적으로 안티팬이 많은 가수였다고 한다. 10대에 연기자로 데뷔한 뒤 성인이 되면서 가수로 전업해 섹시함을 무기로 많은 활동을 했다. 그러나 네티즌들이 연기자 시절과 달라진 얼굴을 문제 삼아 성형의혹을 제기하면서 그는 끊임없이 악플에 시달렸다. 유니의 기사에는 '인조인간' '성형중독' 등 차마 입에 담을 수 없는 인신공격성 악플이 달린 것. 유니의 자살 이유는 정확히 알려지지 않았지만 주변사람들은 악플에 시달린 것이 가장 큰 원인이었다고 말한다.

57 이재진, "사이버공간에서의 표현의 자유와 인격권 보호", 〈언론중재〉, 2000년 겨울호. 사실 이재진 교수의 입장은 규제주의자의 입장보다는 중도주의 입장에 가깝다.

58 위의 글.

이들은 "인터넷은 새로운 법적 문제들이 없으며 설사 있더라도 극히 적은 수만 나타날 뿐이기 때문"이라고 설명한다.[59] 미국의 제7 연방항소법원의 프랭크 이스터브룩(Easterbrook) 판사는 사이버 공간에서의 분쟁을 다루는 가장 최선의 길은 "지금까지 해온 대로 그냥 계속하는 것"이라고 강조했다. 지금 있는 원칙만으로도 사이버공간에서의 행위들을 규율할 수 있고 그 다음에 필요할 경우 이와 같은 법을 좀더 명확히 하면 된다는 것이다.[60] 인터넷을 통한 복제(*copying*) 비용이 적어질수록 저작권법을 위반하도록 유혹하는 강도도 강해질 수 있지만 그것으로 인해 법을 바꿀 정도는 아니라고 말한다. 나아가 그는 "사이버 공간만을 위한 특별한 법은 있을 수 없고 특화된 행동에 대해 어떤 법을 적용할지 배우는 가장 좋은 방법은 일반룰(*general rules*)들을 공부하는 것"이라고 말했다.[61]

일군의 규제주의자들은 인터넷이 사이버 자유주의자들의 말처럼 하나의 새로운 영토적 공간, 새로운 주권이 창출되는 공간이 아니라고 주장한다. 이들에게 인터넷은 좁은 의미에서 서버들과 함께 월드와이드웹, 이메일, 그 외 다른 환경들을 구성하는 매개체들을 모아놓은 '도구적 장치(*set of tools*)'다.[62]

미 연방준비은행의 조셉 소머 변호사는 '사이버법(*cyber law*)' 혹은 '인터넷법(*the law of the Internet*)'은 존재하지 않는다고 단언했다.[63] 테크놀로지는 사회적으로 의미가 있으나 대부분의 법 분야를 규율하기 위한

---

59 Burstein, DeVries, and Menell, 앞의 글 3쪽.

60 위의 글.

61 위의 글. 209쪽

62 Michael Froomkin, *Flood Control on the Information Ocean: Living with Anonymity, Digital Cash, and Distributed Databases*, 15 J.L. & Com. 395, 398 n.1 (1996).

63 Joseph H. Sommer, *Against Cyberlaw*, 15 Berkeley Tech. L.J. 1145, 1147 (2000).

법적 카테고리를 만들어 낼 수는 없다는 것이다. 예를 들면 "손해배상법은 자동차 사고에 관한 사건이 전형적이지만 그렇다고 이 법이 자동차를 위한 법이 아니다"는 것이다. 현대의 정보통신기술 역시 예외는 아니다. 물론 인터넷이나 첨단 정보기술들이 사회를 현격히 바꾸었지만 그건 자동차도 마찬가지라고 말한다. 스팀엔진과 산업혁명이 미국법을 변화시켰어도 스팀엔진법은 존재하지 않는다. 마찬가지로 테크놀로지인 인터넷을 위한 사이버법(*cyber law*) 혹은 인터넷 법(*the law of the internet*)은 그다지 올바른 개념이 아니라는 것이다.[64] 소머(Sommer) 변호사도 이스터브룩 판사와 마찬가지로 "우리가 해야 할 최선의 작업은 사이버법에 관한 것이 아니라 수정헌법 1조와 인터넷, 공적·사적 영역의 분리와 인터넷, 규범 형성과 인터넷 등 현재 있는 법적 원칙(*legal doctrine*)이나 정치이론을 새로운 영역인 인터넷에 적용하는 것"이라고 지적한다. 다시 말해, 사이버 스페이스는 단지 이와 같은 오래된 사회적 쟁점들에 대한 '또 다른 전장(*another battle field*)'일 뿐이며, 기존의 법률(*old law*)을 사이버 스페이스에 적용하면서 우리는 단지 문제가 새로워지는 것을 볼 뿐이라는 것이다. 그런네 사이버 자유주의자들은 테크놀로지인 인터넷을 사회현상으로 혼동하고 있다는 것이 소머 변호사의 주장이다.

이들의 입장은 사이버 자유주의자들이 '사이버 스페이스의 독립'을 주장하며 이 새로운 영토를 통치할 '무정부적 자치법' 혹은 인터넷 서비스 제공자의 면책특권을 규정한 통신품위법 230조와 같이 자율규제에 도움을 줄 수 있는 특별한 법을 요구한 것에 대해 비판적인 견해를 취한 것이다.

최근 들어 이와 같은 규제주의자들의 시각은 인터넷 명예훼손과 사이버 사기, 바이러스 제작 유포 등 인터넷 범죄들이 기승을 부리면서 점차 강경하게 변하고 있다. 다시 말해 인터넷을 기존의 법을 적용하는 것을

---

64 위의 글, 1146~1151쪽.

넘어서 '안전한 인터넷'을 위해 현재의 법보다 더욱 강한 처벌규정을 둔 인터넷법을 따로 만들어야 한다는 주장이다.

경희대 법대 박균성 교수 등은 인터넷 명예훼손 실태를 조사한 연구논문에서 제도적 대응방안으로 "인터넷 명예훼손에 대한 경각심을 일깨우기 위해 사이버명예훼손죄 이외에 인터넷상의 일반 명예훼손 범죄에 관해 특별규정을 두는 것을 검토할 필요가 있다"고 주장했다.[65] 박 교수는 또 "인터넷의 전파력 등을 고려하면 인터넷상 명예훼손죄에 대한 형량을 일반 명예훼손죄보다 높일 필요가 있다"며 인터넷에 대한 강한 제제를 처방책으로 내놓았다. 이재진 교수는 자신의 논문에서 언어폭력적 경향을 보이는 댓글을 규제하기 위해 정부가 기존 형법상 모욕죄와는 별도로 도입을 검토했던 '사이버모욕죄'의 신설에 대해 "현행 형법만으로 해결하기 어려운 법적 미비를 보완하기 위해서라도 사이버모욕죄의 입법은 고려돼야 한다"며 찬성 입장을 밝혔다.[66]

---

65 박균성 외, 《인터넷상 명예훼손 실태 및 대응방안》, 정보통신윤리위원회, (2005).

66 이재진, "인터넷에서의 모욕죄 적용의 실태와 쟁점", 〈한국방송학보〉 21권 5호(2007), 158쪽. 악플로 달린 글의 내용이 특정인에 대한 사실이나 허위의 사실을 적시할 경우에는 명예훼손죄가 성립하며, 정보통신망법에 의해 처벌받게 된다. 그러나 댓글이 사실이나 허위의 사실을 적은 것이 아니라 욕설이나 경멸 등 단순한 감정적 표출일 경우에는 모욕죄가 적용된다. 이 교수는 사이버명예훼손과 모욕죄의 적용에서 구분점이 애매하고, 불특정 ID를 사용해 특정한 본인을 인식할 수 없을 경우 모욕죄 성립여부가 불투명하며, 인터넷에서의 모욕죄 적용의 경우 명예훼손의 경우보다 위법성 조각사유가 불분명하다고 지적한다. 또 인터넷의 경우 모욕이 광범위하게 전파될 수 있어 일반적 모욕죄보다 처벌수위를 높여 불필요하게 엄격한 규제를 할 수 있다고 지적한다. 이 교수는 이에 따라 현행 형법만으로 해결하기 어려운 법적 미비를 보완하기 위해서라도 사이버 모욕죄의 입법을 고려해야 한다는 입장이다. 다만 그는 사이버모욕죄의 도입이 악플의 근본적 해결책이 될 수 없다고 본다. 따라서 사이버 모욕죄는 도입하되 이는 최소한의 규제에 그치고, 장기적으로는 인터넷 참여자들의 자율적 노력을 통해 해결해야 한다고 주장했다.

규제주의자들은 인터넷이 정부의 개입이 배제된 '사적(私的) 질서형성(*private ordering*)'이 이뤄지는 자치공간이 돼야 한다는 주장에 대해 '무정부주의적 사이버 자유주의'라고 비판한다.[67]

스탠퍼드대 로스쿨의 마가렛 라딘 교수와 펜실베이니아대 폴크 와그너 로스쿨 교수는 '사이버 자유주의자'라는 용어 자체부터 문제를 제기한다. 라딘 교수 등은 "그들은 법을 생각하는 것이 아니라 무정부상태를 생각한다"면서 "그들은 사이버 자유주의자가 아니라 사이버 아나키스트(무정부주의자)라고 불러야 한다"고 강조한다. 라딘 교수 등은 사이버 자유주의자들이 인터넷의 통치방식을 놓고 법을 통한 정부의 규제로 통치돼야 한다는 입장과 혹은 전적으로 자율적인 규범에 따라 통치돼야 한다는 식의 이분법적 접근부터 잘못된 것이라고 주장한다. 현실세계의 사회생활이 법과 비법적 장치(*non-legal system*)인 사회규범에 의해 다스려지듯 사이버 스페이스도 마찬가지라는 것이다. 라딘 교수 등은 이와 같은 잘못된 이분법적 사고는 신고전파 경제학자인 프리드리히 하이에크의 '위로부터의 질서형성(*top down ordering*)'과 '아래로부터의 질서형성(*bottom up ordering*)'의 구분법에서 비롯한 것으로 이해했다.[68] 하이에크식 사고로는 중앙계획(*central planning*), 위로부터의 통치, 정부에 의해 만들어진 법(*laid down law of the state*) 등은 나쁜 것이다. 반면 자유방임적인 개인들 간의 네트워크, 아래로부터의 통치, 관습적 규범 등은 선한 것이다. 사이버 자유주의자들은 이와 같은 이분법을 인터넷에 그대로 적용하고 있지만 이와 같은 구분은 상당히 모호하다고 라

---

67 Margaret Jane Radin & R. Polk Wagner, *The Myth of Private Ordering: Rediscovering Legal Realism in Cyberspace*, 73 Chi Kent L. Rev. 1295 (1999).

68 하이에크는 시장중심의 자유주의자로서 인위적이지도 않고 자연적이지도 않은 '자생적 질서'가 있다고 주장했다. 자생적 질서의 대표적인 예는 '시장'이다. 그는 시장에 대한 정부개입을 경계하기 위해 이 같은 주장을 내세웠다.

딘 교수 등은 지적한다. 사적 통치의 영역은 계약의 네트워크를 통해 이뤄지는데 이는 현실적으로 이런 계약이 강제되도록 하는 기존의 법적인 백그라운드가 없다면 상당히 불안정한 상태에 빠지기 때문이다.

가령 인터넷 도메인의 고안자들은 도메인 네임 시스템(DNS)을 만들 때 DNS를 단순히 공동의 네임 스페이스 정도로 생각했지 도메인 네임을 팔기 위한, 다시 말해 지적 재산권을 위한 시스템으로 생각하지 않았다. 그렇지만 수 년 만에 인터넷의 세계는 변했다. 인터넷은 거대한 잠재력을 지닌 상업적 인프라로 변했고, 개개인의 도메인 네임은 매우 가치 있는 것으로 여겨지게 됐다. 급기야 도메인 네임은 상표(*trademark*)의 한 변종으로 생각되게 됐고, 결국 현실세계의 지적재산권법의 영역으로 넘어오게 됐다는 것이다. 인터넷상의 전자상거래는 물론 인터넷을 가능하게 하는 전기통신 네트워크 등도 모두 현실세계에 기반한 사업자들에 의해 이뤄지고 이러한 제반사항이 모두 현실의 법에 의해 규율을 받고 있다는 것이다.

라딘 교수 등은 또 사적인 질서형성의 과정과 장치에 대해서도 주목한다. 라딘 교수는 앞서 사이버 자유주의 학자로 소개했던 존슨과 포스트 교수가 인터넷 이용자들이 온라인 시스템 운영자들(시숍)과 계약하고, 자유롭게 자신들이 좋아하는 온라인 공간으로 이동함으로써(이를 존슨은 사이트가 제공하는 규칙과 환경에 대해 투표하는 것이라고 말한다) 자율적 질서형성이 가능하다고 본 것에 대해 조목조목 비판한다.

라딘 교수는 시숍의 궁극적인 힘은 '추방(*banishment*)'에 의해서 나온다고 말한다. 그렇지만 이런 추방시스템도 궁극적으로 하향식 강제수단에 의해 중재를 맡길 수밖에 없을 것이라고 보았다. 이런 저런 사이트에서 추방되거나 인터넷 서비스를 이용할 수 있는 권한을 빼앗긴 사람들은 당장 법원으로 달려가 이와 같은 추방시스템에 대해 법적 제한을 가해달라고 호소할 것이기 때문이다. 법원은 아마도 일부 케이스에선 추방에 대해 부당하다고 판결할 것이다. 결국 인터넷의 내적 통제가 외적 영토에 근거를 둔 법률과 결부될 수밖에 없는 상황이다. 시야를 확대하면, 이런 상황은 영토주권적 제한을 뛰어넘는 인터넷의 특성상 전 세계의 주권국가들과의 문제로도 확대된다. 이에 따라 인터넷 계약에 관한 공정한 절차와 대중정책에 대한 글로벌 협정까지 필요하게 될 것이라고 지적한다.

라딘 교수 등에 따르면 인터넷 자유주의자들의 최선의 희망은 온·오프 라인의 모든 참여자들이 이해하고 동의할 수 있는 공정한 절차와 대중정책의 최소한의 기준에 대해 충분한 합의를 이뤄내는 것이다. 그러나 지금까지 이런 화합과 합의에 우리는 아직 도달한 적이 없고, 사적 질서형성은 미흡하기 짝이 없는 상황이라는 것이 이들의 진단이다.

미 텍사스대 로스쿨 로날드 만 교수과 세스 베즐리 변호사 역시 인터넷에 대한 정부의 규제는 불가피하다고 주장한다.[69] 인터넷상에서 행해지는 해적행위들이 매년 증가하고 나아가 규제의 부재는 이런 행위를 더욱 쉽게 만든다는 것은 더 이상 놀라운 일이 아니기 때문이다. 그들은 자율 규제를 주창하거나 인터넷에 대한 규제 배제 주장은 '인터넷이 현실세계와는 근본적으로 다른 곳'이라는 검증되지 않는 견해를 기초로 하고 있다고 강조한다. 사이버 자유주의자들과는 반대로 이들은 인터넷 이용자들에 의한 자치 또는 자율규제는 피해에 대한 효과적인 구제를 어렵게 함으로써 언론자유의 안전판이 아니라 오히려 장애물로 작용하고 있다고 지적한다.

---

69 Ronald J. Mann & Seth R. Belzley, *The Promise of Internet Intermediary Liability*, 47 Wm and Mary L. Rev. 239(2005).

3) 중도주의

인터넷 규제에 대해 중도주의적 입장을 취하는 사람들은 자유로운 인터넷을 요구하는 시각과 사이버 스페이스에 대한 강력한 규제를 요청하는 입장 사이의 화합을 시도한다. 앞에서 살펴본 대로 사이버 자유주의자들의 시각에선 사이버공간은 지금까지 인류가 경험하지 못한 신천지로 현실공간에서 적용되는 법 개념과는 다른 새로운 법 이론을 정립해야 한다. 반면 규제주의자들의 논리는 사이버공간 역시 현실세계의 확장판으로 기존의 법이론을 통해서도 충분히 규율이 가능하다.

그러나 미국의 저명한 사이버법학자인 로렌스 레식 교수는 사이버세계를 현실공간과 분리된 세계로 보지는 않지만 그렇다고 기존의 법이론이 사이버 공간에서 벌어지는 모든 현상을 포괄할 수 있다고 보지는 않는다. 그는 사이버 스페이스에 대한 정부의 개입문제에 대해 법 정책과 테크놀로지의 관계에 대해 주목하면서 "약간의 규제는 없는 것보다 낫다(*some regulation better than none*)"는 접근법을 취한다.[70] 인터넷에 대한 정부의 규제가 너무 많은 것은 좋지 않지만 너무 적은 것도 좋지 않다는 것이다.

그는 "정책입안자들은 반드시 균형을 추구해야 한다"고 말한다. 지적재산권을 예로 들며 현대의 어떤 사회도 창의적인 일에 대한 보호조치를 하지 않고서 융성할 수는 없다고 강조했다. 그러나 카피라이트(저작권)에 대한 일정 정도의 보호조치는 좋은 일이지만 이런 보호조치를 늘리는 것이 좋다는 의미는 아니다. 창의적인 작업을 지원하기 위해 저작권 보호를 통한 인센티브를 주는 것은 당연한 일이다. 그러나 지나친 저작권의 보호는 뒤이은 사람들의 혁신(*innovation*) 작업을 질식시킬 수 있

70 Lawrence Lessig, *Law Regulating Code Regulating Law*, 35 Loy. U. Chi. L. J. 1, 10(2003).

다는 것이다.[71]

71 저작권에 대한 레식의 생각은 《프리컬처》(*Free Culture*) (The Penguin Press, 2004)에 잘 나타나 있다. 그는 이 책에서 저작권 문제와 관련, 창작자의 권리와 이용자의 자유 간의 균형을 맞추는 방안을 집중 조망한다. 그의 분석의 출발점은 '비상업문화(*non commercial culture*)'와 '상업문화(*free culture*)', 자유문화(*free culture*)와 통제문화(*controlled culture*)를 비교하는 것이다. 그에 따르면 비상업문화, 자유문화는 미국 역사에서 꾸준히 법으로부터 보호받아왔다. 그렇지만 시간이 흐를수록 자유문화는 점점 적어지고 점점 더 허락을 받아야 하는 문화(*permission culture*)로 변하고 있다는 것이다. 레식 교수에 따르면 영화나 레코드, 라디오, 케이블 TV 등은 모두 일종의 해적행위(*piracy*)로부터 출발했다. 역사적으로 새로운 테크놀로지는 콘텐츠 제작자와 공급자를 위협했지만 이에 대한 정부의 통제나 법원의 해석은 일반적으로 저작권자의 권리와 이런 저작물을 쉽게 가급적 싸게 혹은 궁극적으로는 무료로 이용할 수 있도록 하는 사회적으로 바람직한 사용과 균형을 맞춰왔다는 것이다. 이런 균형의 정신은 20세기 초까지만 해도 이어져 디즈니와 폭스 등 할리우드의 영화산업 등이 성장할 수 있는 발판이 됐다. 가령 월트 디즈니사의 상징 중 하나인 미키마우스의 오리지널 캐릭터는 고유의 것이 아니다. 다른 사람이 고안한 캐릭터를 공짜로 가져다 쓴 것이고, 그림 형제의 유명한 이야기들도 마찬가시다. 이는 이런 캐릭터나 이야기들이 공공의 영역에 있었기 때문에 가능했고, 종국적으로 미키마우스 캐릭터 등은 '디즈니사의 (새로운) 창작물'로 인정받게 됐다는 것이다. 그러나 시간이 흐를수록 통제만 강화되는 면으로 흘렀고, 법률과 기술이 이를 지원하고 있다고 진단한다. 인터넷의 출현은 전통적인 자유문화와 저작권의 법적, 경제적, 기술적 측면에서 엄청난 충격을 야기하고 있지만 그는 궁극적으로 사이버스페이스의 저작권 문제에 있어서도 "균형의 회복"을 주장한다. 이런 그의 생각은 저작권을 유연하게 적용하자는 CCL(*Creative Commons License*) 운동의 창시로 이어졌다. CCL은 저작물에 저작자가 언제부터 어떤 범위에서 자신의 저작물을 이용할 수 있다는 조건을 제시하고 그 범위 내에서 저작물을 공유해 창작작업에 활용할 수 있게 하자는 것이다. 즉 저작권자가 저작물에 '저작자표시, 비영리, 변경금지, 동일조건변경허락'의 4가지 조건 중 하나를 표시하면 사용자는 조건에 맞게 이용한다. 가령 가수 A 씨가 음반발표 후 1년이 지난 자신의 노래는 무료로 사용해도 좋다고 기부하면 이용자들은 A 씨가 허락한 노래를 저작권법상의 보호기간에 상관없이 자유롭게 사용할 수 있다. CCL은 자발적인 기부문화에 기반해 저작권자의 권리를 보호하면서 동시에 창조적 재생산을 유

프라이버시 문제도 마찬가지다. 정책입안자들의 목표는 자유로운 사회(*free society*)를 융성하게 하기 위해 개인의 프라이버시를 충분히 보장해주는 것이 돼야 하지만, 만약 정보에 대한 공공의 이익이 침해받는다면 개인들에게 절대적인 프라이버시를 보장할 수는 없다는 것이다. 은행에서 혹은 인터넷 뱅킹에서 금융사기를 막기 위해 엄격한 신원확인 절차를 요구하는 것이 단적인 예이다.

그는 반 규제 이데올로기가 가져오는 역설적 상황을 지적한다. 인터넷 규제에 반대하는 이데올로기는 정부의 규제 의지를 제한할 수 있지만, 이와 같은 이데올로기는 역으로 사이버 자유주의자들이 지키고자 했던 많은 가치들을 퇴색시킬 수 있다는 것이다. 그는 스팸메일을 예로 든다. 갈수록 늘고 있는 스팸메일에 대한 강력한 규제는 이를 일종의 검열(*censorship*)이라고 생각하는 사람들의 거센 저항을 불러올 것이다. 반대로 그런 규제가 없다면 많은 사람들은 화이트 리스트(*white list*) 접근법을 택할 것이라고 말한다. 다시 말해 단지 자신이 아는 사람에 한해 이메일을 받을 수 있도록 허락하는 시스템을 채택할 것이라는 뜻이다. 그는 이런 상황은 "인터넷 고유의 소중하고 일반적인 특징을 뒤집어 버린 것"이라고 표현했다.

레식 교수는 앞서 언급했던 미국의 통신품위법 위헌 소송에 대해서도 비판적 입장을 취한다. 그는 많은 사람들이 수정헌법 1조에 근거해 포르노그래피의 차단을 용이하게 하는 입법적 노력에 저항했지만, 정부의 직접적 규제가 없다면 기술적 규제에 대한 요구가 더 커질 것이라고 말한다. 그는 필터링 소프트웨어는 지나치게 포괄적인 검열을 할 가능성이 있다고 우려한다. "필터링 소프트웨어는 포르노그래피로부터 시작해 폭력물과 심지어는 필터링을 비판하는 사이트까지 광범위하게 필터링을 하게 될 것"이라는 것이다.[72] 그의 주장은 간단하다. "적절한 규

도, 이용자와 저작권자 간 이익의 균형을 맞춘 것이다.

제의 실패로 인한 예상치 못한 결과는 효과적으로 정부가 규제를 달성했을 때에 비해 때때로 표현의 자유에 큰 부담을 지운다"는 것이다. 다시 말해 공적 규제의 부재는 더 많은 사적 규제를 부를 것이고, 공적 규제가 있다면 표현의 자유에 짐을 지울 수 있는 값비싼 사적 규제는 줄어들 것이라는 경고다.

레식 교수의 중도적 입장은 시사하는 바가 크다. 특히 인터넷에서의 표현의 자유, 포털의 미디어 기능과 이에 대한 규제 문제에 대한 개념적 준거틀이 될 수 있다고 본다.

이 책 전반에서 주장하고자 하는 바는 인터넷이 미국의 서부개척시대와 같은 황야가 되어선 안 되며, 그러기 위해선 적절한 정부의 규제가 필요하다는 입장이다. 그러나 인터넷과 포털업체들에 대한 정부의 규제 과잉에 대해서도 반대한다. 표현의 자유 영역 혹은 언론의 영역에서 특히 그렇다. 필자는 기본적으로 인터넷을 안전하고 건강한 공론장으로 만들기 위해선 정부의 규제가 필요하지만 최소한에 그쳐야 한다는 중도주의적 입장이 이 책의 전반에 흐르고 있음을 밝힌다.

---

72 위의 글, 12쪽.

제 2 장

사상의 자유시장 이론과 인터넷

1. 고전적 사상의 자유시장 이론과 표현의 자유

1) '디지털 포퓰리즘'과 아고라

미국산 쇠고기 개방을 반대하는 촛불시위로 우리 사회가 몸살을 앓고 있던 2008년 6월 대표적 보수 논객이자 소설가인 이문열 씨는 "촛불시위는 위대하지만 끔찍한 디지털 포퓰리즘의 승리"라고 말해 격한 논란을 불러일으켰다.[1] 그는 자신의 소설인 《초한지》 완간에 즈음해 가진 기자회견에서 "촛불시위는 위대한 디지털 포퓰리즘의 승리 같습니다. 이 말은 빈정대는 뜻이 절대 아닙니다. 그러나 제 생각에는 위대한 동시에 끔찍하기도 한데, 앞으로 정말 중요하고 큰 문제에 대해서도 또다시 이런 방식으로 나올 수 있다는 점에서 그렇다는 것"이라고 말했다. 그는 그러나 "이것을 승리로 만든, 침묵하는 다수의 선택도 저는 인정합니다. 본의든 몰랐든 침묵함으로써 이것을 '민의'로 만든 것은 그들이 '촛불'에 동조하거나 최소한 묵인한 것이라고 본다"고 했다. 그의 발언은 인터넷에 대한 비판적 인식은 차치하고서라도 '디지털 포퓰리즘'이라는 용어가 지닌 부정적 의미로 인해 즉각적인 반발을 몰고 왔지만 한편에선 상당한 지지를 받았다.[2]

---

1 최재봉(2008. 6. 11), "촛불시위는 위대하지만 끔찍한 디지털 포퓰리즘", 〈한겨레〉 http://www.hani.co.kr/arti/society

2 한 인터넷언론의 논객은 "포퓰리즘이란 '대중추수주의', 혹은 '대중영합주의', 특정 정치세력들이 자신들의 정치적 이해를 위해 대중에게 그때그때 영합하는 정치행위를 말하는 것"이라며 "시민주권은 위대할 수는 있어도 끔찍한 것은 아니다"라고 비판했다. 김희숙(2008. 6. 14), "누가 포퓰리즘을 모함하는가', 〈데일리서프라이즈〉. http://www.dailyseop.com/section〉 반면 〈동아일보〉 정성희 논설위원은 칼럼을 통해 이문열 씨의 발언을 소개하며 "포퓰리즘의 특징 중 하나가 대중의 이성이 아니라 감성이 판단의 근거가 된다는 점이

그러나 이문열 씨의 발언에는 포퓰리즘보다 더 중요한 표현의 자유에 관한 고전적 논쟁점이 담겨 있다.

이 씨의 발언이 있은 지 며칠 후 국내의 대표적인 인터넷 포털인 다음의 석종훈 대표는 언론과의 인터뷰에서 이 씨의 '디지털 포퓰리즘' 발언에 관해 이렇게 답했다.[3]

> 직접적인 언급은 않겠다. 다만 이 말을 하고 싶다. 침묵하는 다수도 적극적으로 나서라. 그래서 다양한 의견을 제시하라. 그렇게 되면 토론을 통해 갈등을 봉합하고 우리사회가 한 단계 발전할 수 있다. 아고라는 누구에게나 열려 있는 공간이다.[4]

그는 이어 '촛불 집회가 계속되면서 이젠 끝내야 한다는 의견도 있다" 는 질문에 "아고라에서 그런 문제까지 토론되길 바란다. 지속하자는 의견과 이제는 끝내자는 의견이 자유롭게 토론을 거쳐 어느 방향으로 수렴되길 원한다"고 덧붙였다.[5]

석 대표가 이문열 씨의 발언에 주목한 것은 '침묵하는 사람들'이라는 부분이다. 이 씨는 "침묵함으로써 이것을 (미국산 쇠고기 수입반대) '민의'로 만든 것은 그들이 '촛불'에 동조하거나 최소한 묵인한 것이라고 본

다. 익명성이란 보호막을 두른 인터넷 공간에선 사안에 대한 냉철한 접근보다는 감성이 힘을 발휘하기 쉽다. 세계 최고의 인터넷 강국인 우리나라의 인터넷 문화가 민주주의의 보루가 될 것인가, 포퓰리즘의 진원지가 될 것인가가 촛불 집회로 시험대에 올랐다"고 이 씨의 발언을 옹호했다. 정성희(2008. 6. 13), "디지털 포퓰리즘", 〈동아일보〉. http://www.donga.com/fbin

3 다음이 운영하는 토론방 '아고라(광장)'는 미국산 쇠고기 파동의 시발점이었다. 쇠고기 수입협상에 대한 비판이 쏟아지던 아고라에 한 고교생이 이명박 대통령의 탄핵서명운동을 제안해 폭발적인 반응을 얻으면서 사회 이슈화 됐고, 이는 촛불시위 제안으로 이어졌다.

4 이희성(2008. 6. 15), "마녀사냥하면 소중한 공간 잃을 수 있다", 〈중앙SUNDAY〉 1면

5 위의 글.

다"고 했다. 이문열 씨는 며칠 뒤 한 방송사와의 인터뷰에서 좀더 자신의 발언을 설명했다.

> 말하지 않고 있는 다수, 그들에 대해서 늘 한 표를 접어두고 있었는데 말하지 않는 다수는 무(無)와 같다고 생각합니다. 말하지 않는 침묵도 하나의 선택이구요. 그래서 이들이 소수든 아니든, 그리고 이들이 사회의 의사를 대변하는 것처럼 됐을 때 그것을 묵인했으니까 내가 보기에는 그건 그들의 단순한 침묵이 아니라 하나의 선택이었고 묵인이었고, 그래서 어쩌면 비록 소수지만 그들이 다소 맞다는 기분이 듭니다.[6]

이 씨는 이어 "국가 전반에 큰 결정 같은 것이 중학생 고등학생들이 시작해서 누가 겹치고, 겹치고 해서 부풀려지는 형태로 결정돼서는 안 된다"면서 "모든 것을 이런 방식으로 결정한다면 그건 정말 끔찍하고 아주 불안하고 두려운 사회가 될 것"이라고 진단했다.[7]

요약하자면, 학생층 등 사회적으로 성숙하지 않은 의견들이 부풀려지고, 다수의 사람들은 이에 침묵으로 동조해 국가의 주요 결정이나 정책이 이뤄질 경우 '디지털 포퓰리즘'이 횡행하는 사회가 될 것이라는 것이 이 씨의 진단이다. 이 씨는 어린 학생들이 촛불시위에 적극 참여해 여론 형성을 수도한 현상에 대해 우려를 표명하고, 다수의 동의를 얻었더라도 잘못된 결론에 이를 수 있음을 경고한 것으로 보인다. 그럼에도 이 씨의 주장은 논리적으로 다소 상충되거나 의미가 모호한 부분이 있다.

먼저 이 씨는 침묵을 의사표현의 한 방법이자 소극적인 의미의 정치적 선택으로 간주했다. 그러나 소극적 선택이라도 침묵으로 '동조'함으로써 정치적 의사표현을 했다면 이를 정치선동에 의한 포퓰리즘으로 간

6 "이문열 '촛불로 모든 것을 결정하는 것은 두려운 사회'", 〈YTN〉 FM, 2008년 6월12일, http://www.ytn.co.kr/_ln

7 위의 글.

주하는 것은 무리가 있지 않느냐는 반론이 나올 수 있다. 군중심리에 휩쓸려 무비판적으로 상황에 동조하거나 무대응을 한 것이 아니고, 숙고 끝에 내린 정치적 의사표현 방식이기 때문이다.

둘째, 이 씨 발언의 행간을 읽어보면 인터넷을 통한 여론 형성, 혹은 인터넷 여론 주도층을 '똑똑한 군중'[8]이라기보다는 '우매한 군중'으로 보는 시각이 강하다. 이를 확장시키면, 우매한 인터넷 군중(네티즌)이 형성한 여론에 일반 국민들이 침묵으로 가세했다면 결국 모든 국민들을 우매한 군중으로 만들어 버리는 결과가 된다. 침묵하는 다수도 이유야 어떻든 잘못된 방향의 여론을 이성적으로 판단하지 못해 반대하지 못했기 때문이다. 이와 같은 시각은 자칫 엘리트주의나 과두정치의 함정에 빠질 위험도 있다.

셋째, 이 씨는 침묵을 정치적 선택이라고 인정함으로써 결과적으로는 침묵하는 사람들에게 심리적 피난처를 제공했다. 사실 이 부분이 가장 중요하다. 이 씨는 "이들의 내면이 어떻든 침묵함으로써 군중을 '민의'로 만들어버렸다"며 "오히려 말하지 않은 다수가 책임을 져야 하고, 대가를 치를 수도 있을 것"이라고 설명, 일견 '침묵'을 비판하는 듯한 입장을 취한다. 그러나 역설적으로 정치적 묵인을 하나의 정치행위로 규정함으로써 주요 정치 이슈들에 대해 일반 국민들이 침묵의 장막 뒤로 숨는 것을 조장할 위험성이 있다. 마치 대통령선거나 국회의원선거에서 투표권을 행사하지 않고 기권한 사람들에게 "당신이 투표를 안 한 것도 정치적 선택을 한 것"이라고 말하는 격이다.

---

8 하인리 라인골드는 자신의 저서 *Smart Mobs*(번역명 《참여군중》, 황금가지, 2003)에서 '똑똑한 군중'을 "휴대폰 PDA 등 최첨단 기술기기로 무장하고 컴퓨터 네트워크로 연결된" 디지털시대의 새로운 군중이라고 규정한다. 기존의 군중은 여론이나 홍보 등에 수동적으로 움직이는 소극적 군중이지만 인터넷의 발달과 함께 출현한 이들은 온오프라인을 넘나들며 스스로 여론을 형성하고 정치세력화 하기도 한다.

반면 석 대표가 전하는 메시지는 '침묵의 커튼 뒤에 숨지 말고 공론의 장으로 나오라'는 것이다. 그는 " '아고라'가 저항의 메카인가"라는 질문에 "귀중한 토론의 광장"이라고 대답했다. 다양한 의견을 개진해 어느 방향이든 의견수렴을 해나가자는 것이다. 그는 "자유롭게 의견을 개진하면 사회적 갈등도 인터넷을 통해 해결할 수 있다"고도 했다. 촛불시위를 예로 들면, 촛불에 반대하는 의견을 가진 사람들이 적극적으로 아고라 등에 자신들의 견해를 피력해 지지하는 의견과 전체 여론을 주도하기 위한 경쟁을 해야 하고, 이를 통해 바람직한 해결책을 찾아갈 수 있다는 의미다.

이문열 씨나 석 대표 모두 침묵에 대해 근본적으로 비판적이지만, 해결책은 근본적으로 다르다. 이 씨는 "침묵했으니 대가를 받을 것"이라는 소극적 대응이고, 석 대표는 "논쟁을 통해 진리를 찾아보자"는 적극론이다. 앞장에서 논의했던 인터넷을 바라보는 시각 자체도 이문열 씨는 디스토피아적 전망을 지닌 규제주의자 입장에 가깝고,[9] 석 대표는 인터넷에 대한 유토피아적 낙관론을 펴는 사이버 자유주의자 입장과 맥이 닿아있다.[10] 모든 사람이 토론광장에서 주요 이슈에 대해 토론하고 의견

9 이문열 씨는 최근 조선일보가 마련한 터키의 노벨문학상 수상자 오르한 파무크와의 대담에서 미국산 쇠고기 파동과 관련, "인터넷이 그 소동의 중심에 있으며, 효순·미선 양 사건과 유사한 맥락으로 사건이 전개되고 있다. 사이버 공간에서의 무책임한 글쓰기가 괴담 같은 것을 만들어 낸다"고 밝혔다. 그는 또 "인터넷의 익명성은 진실을 말하려는 사람을 보호하기도 하지만, 그것이 어떤 의도에 의해 흉기로 사용될 수 있다"며 "한국의 경우 사이버 공간은 대자보적인 흉기로 사용되는 측면이 있다. 사이버 공간은 논의의 품격이 떨어져 고상함이 사라지고 악다구니만 넘치는 공간으로 변질되고 있다"고 우리 사회의 인터넷 문화에 대한 부정적 견해를 피력했다. 김태훈(2008. 5. 13), "인터넷익명성은 진실을 보호하지만 흉기로 변하기도", 〈조선일보〉, http://news.chosun.com/site/data

10 그는 인터뷰에서 인터넷 규제방안과 관련, "정부도 인터넷을 깊이 이해하려는 노력이 필요하다. 정부가 (인터넷을) 괴담의 진원지라는 인식을 갖는 것은 문제다. 하지만 인터넷의 자정능력이 제 기능을 못한다면 네티즌과 시민단체 원

을 모아가자는 석 대표의 주장은 고전적인 표현의 자유이론과 유사하다. 바로 '사상의 자유시장이론(*the marketplace of ideas theory*)'이다.

2) 아레오파지티카와 함께 태동한 사상의 자유시장

언론의 자유, 표현의 자유는 왜 필요한 것인가 라는 근본적인 질문을 던져보자. 많은 학자들은 이에 대해 많은 대답을 내놓고 있다. 빈센트 블라시 교수는 막대한 권력을 가진 정부의 권한남용을 감시(*checking the government power*)하기 위해 강력한 언론보호 장치가 필요하다고 주장한다.[11] 반면 마이클존 교수는 자기지배(*self government*)를 통해 민주사회를 위한 효과적인 시스템을 만드는 데 기여한다고 주장한다.[12] 유권자들이 자신이 속한 사회의 문제들에 대한 이해를 높여 가장 바람직한 투표를 하려면 언론자유를 반드시 보장해야 한다는 것이다. 개개인의 자아실현(*self fulfillment*)을 위해 표현의 자유가 보장돼야 한다는 주장도 있고, 사회에 대한 불만을 해소하는 사회안전핀으로서 작용하기 위해 표현의 자유가 필요하다는 견해도 있다. 그러나 사상의 자유시장이론은 모든 언론자유 이론의 맨 앞자리에 놓이고 철학적 뿌리도 깊다. 이 이론의 핵심 논점은 표현의 자유는 진리(*truth*)의 발견을 위해 반드시 보장돼야 한다는 것이다.

미국의 저명한 언론법학자 토마스 에머슨 교수(Thomas I. Emerson)는 이렇게 말한다.

로, 정부가 한자리에 모여 합리적인 이용가이드라인을 만들 필요가 있다"면서 인터넷 자율규제를 지지했다.

11 Vincent Blasi, *the Checking Value in First Amendment Theory*, 1977 Am. B. Found. Res. J. 521(1977).

12 Alexander Meiklejohn, *Free Speech and Its Relation to Self Gorvernment*(1948).

> 진리를 추구하는 사람들은 반드시 모든 측면에서 제기되는 의문들에 대해 귀를 기울여야 한다. 특히 다른 견해를 강력하게 주장하는 사람들에 의해 제기되는 의문들에 대해 그렇다. 반드시 모든 대안들을 고려해야 하며, 반대의견에 자신의 판단을 노출시켜서 테스트를 해봐야 하며, 모든 생각들을 최대한 활용해 거짓부터 참까지 움직여 보아야 한다. 거꾸로 말하면 정보와 토론에 대한 억압, 혹은 의견의 충돌은 가장 이성적인 판단에 이르는 것을 방해하고, 새로운 아이디어가 떠오르는 것을 막으며, 실수를 계속하게 만드는 경향이 있다.[13]

이런 생각들은 공정한 룰이 적용되는 사상의 시장에서 다양한 견해들이 경쟁을 통해 가장 설득력 있고 합리적인 의견이 채택된다는 이론으로 정형화된다. 일반상품 시장에선 수요와 공급이라는 보이지 않는 손에 의해 가장 합리적인 가격이 산정된다. 사람들은 시장에서 가격, 품질 등 여러 요소를 종합적으로 고려해 가장 경쟁력 있는 상품을 구매한다. 마찬가지로 사상 역시 시장에서 공정한 경쟁을 통해 가장 우월한 생각들이 받아들여진다는 것이다. 다시 말해 사람들은 시장에서 고심 끝에 상품을 고르듯, 사상의 소비자들은 이성의 힘에 의해 시장에서 열등한 사상을 선택하지 않는다는 것이다.

사상의 자유시장이론은 1644년 11월 24일 영국의 정치사상가이자 서사시인인 존 밀턴이 발표한 〈아레오파지티카〉(*Areopagitica*)[14]라는 팸플릿에서 처음으로 모습을 드러냈다. 60여 쪽 분량에 불과했지만 '검열

---

13 Middleton, Kent et all, *The Law of Public Communication* (6th ed., 2003). 27쪽에서 재인용.

14 '아레오파지티카'는 전쟁의 신을 뜻하는 그리스어 '아레이오스'와 지역을 뜻하는 '파고스'의 합성어인데, 말로써 다투는 곳 즉 법정 또는 의회를 의미하는 아레오파고스에서 빌려 온 말이다. 아레오파고스는 아테네의 언덕 이름인데 아테네인들은 이 언덕에 최고재판소를 두고 있었다고 한다. 그곳에서 행해지는 연설을 아레오파지틱이라고 불렀다고 한다.

없는 출판의 자유를 위해 영국 의회를 상대로 작성한 존 밀턴의 연설문' 이라는 부제가 붙어있다.

밀턴은 아레오파지티카를 통해 '사상의 자유시장(*the open marketplace of ideas*)'과 '자동조정의 원리(*self righting process*)' 등 현대적 언론자유의 개념을 고안해냈다.[15] 그의 자동조정 원리는 앞에서도 간단히 언급했듯 진리는 사상의 시장에서 어떤 힘이나 권위, 특히 국가의 힘을 빌리지 않더라도 이길 수 있다는 생각이다. 밀턴은 이렇게 말한다.

> 모든 교의(教義)의 온갖 소리가 이 땅에 활개치고 다닐 수 있게 풀려 있다 할지라도 진리 역시 그들과 함께 그곳에 있다. 그러므로 허가와 금지로 진리의 힘을 의심하는 것은 해로운 일이다. 진리와 허위가 맞붙어 논쟁하게 하라. 누가 자유롭고 공개적인 대결에서 진리가 불리하게 되는 것을 본 적이 있는가. 진리를 향한 논박이 허위를 억제하는 가장 확실하고 좋은 방법이다.[16]

밀턴은 특히 정부의 출판물 검열과 사전허가제를 사상의 자유로운 유통을 기로막는 장애물로 보고 신랄하게 비판했다. 밀턴의 시각에서 검열 또는 출판 사전허가제(*license*)는 시민들로부터 자신들의 삶을 향상시킬 수 있는 지식과 아이디어를 빼앗는 좋지 않은 제도이다. 그는 검열은 현실적이지 않다고 주장했다. 검열관의 펜 한 자루로 결코 유력한 사상의 유통을 막지는 못한다는 것이다. 그는 "나쁜 풍속은 비단 책이 아니더라도 제지할 수 없는 수천 가지의 다른 경로를 통해 완벽하게 습득되고 사악한 교리는 책이나 교사의 안내 없이도 잘 전파된다"면서 "검열을 시행하고자 하는 사람은 공원 문을 닫아서 까마귀를 들어오지 못하게 하려는 무모한 사람과 다를 바 없다"고 말한다.[17] 때문에 그는 소수

---

15 임상원(1997), "아레오파지티카의 언론자유 사상", 〈언론과 사회〉 16호, 6쪽.

16 John Milton(1644), Areopagitica, http://www.uoregon.edu/~rbear

의 검열관이 진리에 대한 판단을 독점하지 말고, 자신이 진리로 생각하는 종교적 견해를 자유롭게 발표하고 출판할 수 있도록 해야 한다고 주장했다.

그는 "진리와 이해는 허가와 규제에 의해 독점되거나 거래되는 상품이 아니다. 전 국민을 신뢰와 믿음이 결여된 규제 아래 둘 경우 그것은 명백한 치욕이다. 검열관의 파이프를 통해 흘러나오는 것 외에 아무것도 받아들일 수 없을 정도로 신앙과 분별력이 형편없는 상태에 놓인 지각없고 사악하고 근본없는 국민으로 혹평하는 것이 아니겠느냐"고 반문한다.[18]

그는 특히 "한 사람이 어떤 글을 써서 세상에 내놓을 때 그는 자신의 모든 이성을 동원하고 숙고한다. 탐색과 명상을 하고 부지런히 노력하고, 현명한 친구들의 조언을 구하고 그들과 의논한다"면서 검열과 허가제를 "학문과 학자들에게 최대의 좌절과 모욕을 가하는 것이 될 수 있다"고 비판했다. "나는 주먹을 갖고 감시하면서 나를 후견인의 보호를 받는 미성년자로 만드는 교사를 참을 수 없다"고 분노를 숨기지 않았다.

밀턴의 검열제에 대한 반대는 아래와 같은 유명한 경구를 남겼다.

> 진리가 전능한 신 다음으로 강하다는 것을 모르는 자가 누구입니까. 진리가 승리하기 위해서는 정책도 필요 없고 전략도 필요 없으며 검열

17 위의 글. 밀턴은 "만일 우리의 습관을 교정하려고 출판을 규제하려 한다면, 우리는 인간에게 주는 모든 여흥이나 오락도 규제해야 한다. 음악도 안 되고, 노래를 짓거나 불러도 안 되며 오직 근엄하고 도리스풍의 것만 허용해야 한다. 허가받은 무용수들만 있어야 하며 젊은이들에게는 어떤 제스처, 동작 그리고 행동거지도 허가 없이 가르쳐서는 안 되며 오직 허가 받은 것만이 정직한 것이라고 생각하도록 어려서부터 가르쳐야 한다"고 신랄하게 검열제를 비꼬았다.

18 위의 글. 당시 이런 출판물은 다수가 발행됐지만 실제 문제가 돼 조사대상이 된 것은 밀턴의 글을 포함해 단 두 개만이었다고 한다. 임상원은 이를 두고 장로파가 이러한 글들을 문제 삼아 적대세력을 억압하려 한 것이라고 해석한다.

제 또한 필요 없습니다. 그런 것들은 오류가 진리의 힘에 맞서 싸울 때 사용하는 수단이며 방책입니다. 진리에게 자유로운 공간을 제공해 주십시오. 진리는 묶여 있을 때 진실을 말하지 않습니다.

그가 이처럼 격렬히 검열제를 비판하는 이유는 무엇일까. 밀턴이 〈아레오파지티카〉를 발표한 1644년 무렵 영국은 청교도 혁명기였다. 왕당파와 의회파, 국교도와 청교도가 대립했고, 의회파 내부도 장로파와 독립파 등이 격렬히 대립하던 시기였다. 밀턴도 "종교개혁론"을 비롯한 여러 편의 논문을 발표, 청교도 혁명을 지원하는 개혁 진영의 논객으로 활동했다. 밀턴은 1642년 청교도 혁명이 나기 몇 달 전 17세나 아래인 어린 신부 메리 파우얼과 결혼했다. 그의 장인은 밀턴의 아버지에게 돈을 빌린 옥스포드셔의 왕당파 지주였다. 어린 부인은 왕당파 집안출신이었다. 어린 신부는 두 달 만에 친정으로 가서 돌아오지 않았다.

부부간의 사랑은 신의 사랑을 증명하는 길이라는 것이 청교도들의 종교 신념이었다. 청교도인 밀턴의 자존심과 이상이 무너지는 충격적인 경험이었다. 밀턴이 택한 것은 이혼이었다. 그러나 영국의 혼인법은 이혼을 허용하지 않았다.

그는 부부간에 정신과 기질이 일치하지 않는다면 이혼은 허용돼야 한다고 주장했다. 신이 정한 결혼의 1차적 목적은 육체적 결합이 아니라 상호간의 우의를 도모하고 고독을 위무하는 데 있다는 것. 밀턴은 애정 없는 결혼을 강요하는 것은 인간 존엄에 대한 범죄라고 주장했다. 다소 현대적인 밀턴의 결혼관은 가톨릭교회법에 의거, 육체적·성적 측면만을 고려해 이혼을 금지한 잉글랜드법의 결혼관과는 확연히 차이가 났다.[19]

결국 그는 3년에 걸쳐 이혼의 합법성을 주장하는 〈이혼의 교의와 질서〉 등 4개의 팸플릿을 잇따라 발표해 사회적 파장을 일으켰다. 그의

19 박상익(1997), "밀턴과 잉글랜드 검열제", 〈영국연구〉 1권.

팸플릿 〈이혼의 교의와 질서〉는 초판이 1,200부 이상 판매되고 초판이 출판된 지 불과 6개월 만에 증보 재판이 간행될 정도로 성공을 거뒀다. 그러나 의회의 다수를 이루는 장로파는 밀턴의 글을 적대적인 독립파의 글로 받아들였고, 그의 글을 부도덕하다며 불태워야 한다고 비난했다. 그는 왕당파와 장로파 양쪽으로부터 방탕한 자유사상가로 공격을 당했다. 급기야 교회의 사주를 받은 출판업자들은 밀턴이 출판허가법을 위반했다고 고발했다.[20]

당시 영국은 1643년부터 출판에 대한 사전 검열을 규정한 '출판허가제'가 실시되고 있었다. 누구도 의회의 상하원 회의에 대한 허위 또는 추문적인 책이나 팸플릿을 출판하거나 언급할 수 없도록 규정했다. 또한 출판공사에 출판허가, 등록, 서명, 수입통제, 수색과 압수, 구금 권한을 부여했다. 밀턴의 〈아레오파지티카〉 역시 이전의 팸플릿과 마찬가지로 이를 정면으로 위반했다. 그의 팸플릿에는 인쇄업자의 이름도, 판매업자의 이름도 적지 않았다. 의회에 대한 정면도전이었다. 그러나 그는 자신의 이름을 앞장에 적어 사후책임을 지겠다는 의사를 분명히 했다.[21]

(1) 밀턴 사상의 두 축인 이성과 관용

이 성 밀턴이 자동조정의 원리를 작동시키는 핵심 요소로 파악한 것은 자연법 사상에 근거한 인간의 '이성'이었다. 언론학자 시버트는 "인간은 이성을 통해 옳은 것과 틀린 것 그리고 선악을 구별할 수 있으며, 이러한 능력을 행사할 수 있기 위해서 인간은 다른 사람의 사고나 생각에 제한 없이 접근할 수 있어야 한다는 것이 밀턴 사상의 핵심"이라고 말했

20 임상원, 앞의 글 12~13쪽.

21 박상익, 앞의 글.

다.[22]

밀턴은 인간은 누구나 하나님으로부터 평등하게 이성을 부여받았다고 생각했다. 데카르트가 '나는 생각한다. 고로 존재한다'라는 명제로 이성의 존재를 명료하게 설명했듯이 '생각하는 나'는 진리인식의 주체로서의 이성이다. '생각하는 나'는 분명하고 뚜렷한 직관의 잣대에 따라 진리를 가려낼 수 있다는 것이다.[23] 결국 '이성이란 진리를 파악할 수 있는 인간의 정신적 능력'이라는 것이다.

임상원 교수는 밀턴의 종교적 측면을 강조해 해석한다. 임 교수는 씨럭(Sirluck)의 연구를 인용, 밀턴은 에덴의 동산을 지배하던 법을 원초적 자연법으로, 인간에게 주어진 이성을 제 2의 자연법으로 보고 있다고 말한다.[24] 인간이 타락해 에덴의 동산에서 쫓겨나면서 완전한 인간일 때 지니고 있던 일부의 능력, 즉 신적인 요소를 가지고 나왔는데 이것이 이성이라는 것이다. 이러한 신적인 요소가 제 2의 자연법을 가능하게 했다. 신은 인간을 믿고 인간에게 이성을 부여해 그 자신이 선택자로서 살게 했는데 이것이 밀턴의 자연법 사상이라는 것이다.[25]

밀턴은 "하나님은 인간을 어떤 규율 아래 어린아이처럼 묶어 놓고 사용하시는 것이 아니라 사람에게 이성이라는 선물을 주신 후 신뢰하고 그 자신이 선택자가 되도록 하셨다"고 주장한다.

밀턴의 시각에서 이성을 보완해주는 것은 지식이다. 밀턴은 《성서》를 인용, "선한 지식이든 악한 지식이든 모든 지식은 순수하다. 지식은 부정한 것일 수 없다"고 하면서 "너는 올바로 판단하고 그를 검사하는 충분한 능력을 모두 갖고 있으니 너의 손에 잡히는 책은 무엇이든 읽으

---

22 임상원, 앞의 글 6쪽.

23 문종대(2004), "존 밀턴의 언론 자유 사상: 이성과 자유의지, 그리고 관용", 〈한국언론학보〉 48권 1호, 340쪽.

24 임상원, 앞의 글 20~22쪽.

25 위의 글.

라"고 언급했다. 인간은 이성의 판단에 따라 선택 능력을 가지고 있다. 따라서 지식을 획득함으로써 악을 배제하고 선을 선택할 수 있다는 것이다.[26]

밀턴적 사고로 보면, 진리와 허위가 맞붙어 논쟁하면 이성은 무엇이 진리인지 파악할 수 있다. 자유롭고 공개적인 대결에서 진리는 결코 불리할 수 없고, 보이지 않는 손이 아닌 '이성'에 의해 진리는 승리하게 된다. 바로 이것이 밀턴이 말하는 이성에 의한 자율조정 능력이다.[27] 이 같은 자율조정은 검열과 같은 공권력의 작용, 또는 교회의 강제 등 외적 힘에 의해 작용하는 것이 아니라 인간 — 성숙하고 분별력을 갖춘 — 이 내적으로 갖추고 있는 이성에 의해 작용하는 과정을 의미한다는 것이다.[28]

밀턴의 언론자유 사상은 여기서 출발한다. 혼재돼 있는 진리와 허위를 이성이 가려낼 때까지 언론의 자유가 주어져야 조각난 진리를 다시 찾을 수 있다는 것이다. 밀턴은 "자유는 모든 위대한 지혜의 유모이고, 우리의 이해력을 해방시키고 확장시키며, 천상의 힘처럼 우리의 정신을 정화하고 계몽시킨다"며 이성이 자유로울 때 진리의 발견이 더욱 용이해진다는 신념을 피력했다. 이러한 그의 생각이 "나에게 어떤 자유보다 양심에 따라 자유롭게 알고 말하고 주장할 수 있는 자유를 달라"는 표현의 자유 옹호론으로 발전한 것은 물론이다.[29]

---

26 위의 글.

27 문종대, 앞의 글 341쪽.

28 임상원, 앞의 글 24쪽.

29 문종대에 따르면 그의 이 같은 진리관과 언론자유에 대한 사상은 자연스럽게 사회개혁적 주장으로 이어졌다고 한다. 밀턴에 의하면 예수가 하늘로 승천하자 사악한 사기꾼들에 의해 진리가 수천 조각으로 토막 내어져 사방으로 흩뿌려졌다. 아직 그 진리를 찾지 못했기 때문에 구세주가 재림할 때까지 진리를 끊임없이 탐구해야 한다. 같은 맥락에서 밀턴은 자신이 지지했던 장로파가 규정한 진리도 완전한 진리가 아니라고 말하면서 개혁은 항상 지속적으로 진행돼야 한다

이성과 언론 자유만 있다고 진리가 발견되는 것은 아니다. '공개적인 토론'이라는 과정을 거쳐야 진리는 모습을 드러낸다. 밀턴은 인간이 이성을 가진 면에서는 평등하지만 '진리를 가려내는 능력'까지 평등하다고 보지는 않았다.[30] 논리적인 사고, 선악 판단의 분별력, 진리를 설명하기 위해 담론을 펴는 능력 등은 개인별로 불평등하다는 것이다. 밀턴은 "우리의 팔 다리나 기질과 마찬가지로 이성능력은 훈련에 의해서 잘 성장할 수 있다"고 말한다. 따라서 공개적인 토론과정을 통해 지적으로 이성적으로 능력이 출중한 현자(賢者)들에 의해 진리는 더욱 확연히 드러나고 허위는 철저히 논박을 당한다고 밀턴은 보았다. 이것이 밀턴이 말하는 진리가 승리하는 과정인 것이다.

관 용(*Tolerance*) 밀턴 사상의 또 하나의 키워드는 관용이다. 그는 허가와 검열 대신 관용을 대안으로 제시했다. 진리는 사상의 시장에서 자유로운 토론에 의해 드러나는데, 이런 토론을 가능하게 하는 것이 바로 관용이라는 것이다.

임상원 교수는 관용에 대한 밀턴의 논리를 크게 두 가지로 압축했다.[31] 우선 종교개혁을 추진하던 당시의 상황론이다. 밀턴의 관심사는 영국을 종교개혁의 성지(聖地)인 '철인의 나라, 현자(賢者)의 나라를 만드는 것'이었다. 때문에 당시 영국에서 논쟁을 일으키는 다양한 종교적 분파들은 한 뿌리에서 나온 진리의 가지들일 뿐이기 때문에 억압의 대상이 아니라 참된 진리를 발견하게 하는 관용의 대상이다. 밀턴은 "약간의 관대한 분별력, 서로에 대한 작은 인내 그리고 자비의 마음을 갖고자

고 주장했다. 예수가 재림해 진리가 완전히 발견될 때까지 발견된 진리를 토대로 사회를 개혁해 나가야 한다는 것이 밀턴의 사회개혁론이라고 문 교수는 설명했다.

30 문종대 앞의 글, 344쪽.

31 임상원, 앞의 글. 29~38쪽.

하는 이들의 모든 노력은 진리에 대한 보편적이고 형제애적인 추구와 결합을 획득할 수 있게 하는 것들일 수 있다"고 보았다.

관용을 정당화하는 두 번째 논리는 토론의 전제조건으로서의 관용이다. 이런 자유토론은 관용이 없다면 불가능하다. 밀턴의 시각에선 반대자들의 주장이 허위라고 해도 두려워할 필요가 없다. 진리는 절대자 다음으로 강하기 때문에 토론과정에서 반드시 승리한다고 보았기 때문이다.[32]

그렇다면 진리가 승리한 뒤에도 허위에 대해 관용해야 한다는 것이냐는 질문이 뒤따른다. 문종대 교수는 "밀턴의 관용은 잠정적인 것"이라고 말한다.[33] 문 교수는 "허위로 판명된 이후에는 관용될 수 없으며, 오직 진리인지 아닌지 인식이 불확실한 영역에서 관용을 말하고 있다"면서 "진리를 탐구하는 과정에서의 모든 논쟁은 관용되어야 한다고 보는 것이 타당하다"고 해석했다. 문 교수는 그 근거로 인식론적 불완전성을 설명하는 밀턴의 발언들을 예로 든다. 밀턴은 "우리 눈에 진리의 첫 모습은 관습과 편견 때문에 흐릿하고 희미하게 보이며 적지 않은 경우 오류들보다 더 바람직하게도 또 더 그럴듯하게도 보이지 않는데 이는 심지어 위대한 사람들 중에도 어떤 삶은 하찮게 보이고 한심하게 보이는 것과 마찬가지다"라고 말했다. 이처럼 밀턴의 시각에서 진리는 분명히 존재하지만 불확실한 존재다. 진리에 대한 인식이 불확실하다면 다른 견해도 진리일 가능성이 있으므로 관용을 해야 한다는 것이다.[34] 스스로

32 임상원 교수에 따르면 밀턴은 출판허가제의 이면에는 정통과 이단, 진실과 허위를 구분해 허위는 통제돼야 한다는 논리가 숨겨져 있다고 보았다. 당시 소수파들이 다양한 동맹을 맺고 다수파에 저항했는데 출판허가제는 소수파 동맹을 깨뜨리려는 의도를 가지고 있었다는 것이다. 다시 말해 밀턴의 관용론은 다수파에 반대한 소수파의 생존전략이라는 해석이 나온다.

33 문종대, 앞의 글 353쪽.

34 문 교수는 이와 관련, 밀턴의 논리가 독일의 사회철학자이자 《열린 사회와 그 적들》의 저자인 칼 포퍼(Popper, Karl R)의 열린 사회를 지향했다고 평가한

의 진리 판단이 다른 사람의 견해보다 옳다고 단언할 수도 없고, 다른 사람의 주장이 명백히 틀렸다고 드러나지 않는 이상 이를 배척하고 탄압할 근거도 없다. 그렇기 때문에 자유로운 토론이 필요하고, 이를 위해 언론의 자유가 보장돼야 하며, 그 요체가 바로 타인에 대한 관용이라는 것이다.

그러나 밀턴은 역사적으로 허위인 것이 이미 판명난 것 등 관용의 대상에서 제외되는 것이 있음을 분명히 했다.

> 나는 천주교와 공공연한 미신도 관용해야 한다는 것은 아니다. 모든 종파와 국가의 주권을 근절하려 하기 때문에 뿌리 뽑혀야 한다. (…) 독신(瀆神)이나 절대적인 악 그리고 어떤 법도 허용할 가능성이 없는 신앙이나 도덕적 행위를 부정하는 법 그 자체를 불법화하려는 것들 또한 관용의 대상이 아니다.

물론 밀턴이 말하는 관용의 개념은 르네상스 인문주의의 영향을 받았다는 평가가 나온다.[35] 관용이라는 아이디어는 계몽주의를 뛰어넘어

다. 문 교수의 글을 그대로 옮겨 본다. "칼 포퍼는 개방사회를 지향하고 합리적인 진리를 찾으려면 관용이 필수 불가결한 요소라고 말하면서 개방사회를 만들기 위해서는 인간의 오류 가능성으로부터 출발하는 관용의 세 가지 원리가 필요하다고 말한다. 그는 모든 인간은 존재론적으로나 인식론적으로 불완전 할 수밖에 없기 때문에 '내가 틀릴 수도 있고 당신이 옳을 수도 있다'고 본다. 그러면서 그는 자기 부정만이 아니라 우리 모두 같이 틀릴 수 있다는 동시 반성이 필요하다고 주장하면서도 상대주의에 빠져서는 안 된다고 말한다. 상대주의를 극복하기 위해서는 '무슨 일이든지 합리적으로 이야기함으로써 우리는 우리의 어떤 잘못을 수정할 수 있다'는 원리가 필요하다고 말한다. 포퍼가 기대하는 개방사회의 실현은 이성이 그 비판 기능을 상실하지 않아야 가능하다는 측면에서, 그리고 진리는 존재하며 계속적인 탐구를 통해서 파악이 가능하다는 인식론적 측면에서 밀턴과 일치하고 있다. '무슨 일이든 합리적으로 이야기함으로써 우리는 우리의 어떤 잘못을 수정할 수 있다'는 세 번째 원리는 개방적인 토론을 통해 진리에 더 가까이 갈 수 있다는 밀턴의 주장과 어긋나지 않는다." 위의 글, 355쪽.

고대 수사학의 전통을 이어받은 휴머니즘을 계승했다는 것이다. 임상원 교수는 자신의 논문에서 16세기 대표적 휴머니스트인 에라스무스의 종교적 관용 개념에 주목한다. 다음은 임 교수의 설명.

> 에라스무스는 종교적 관용의 소스를 수사학에 두면서 설교(*preaching*)와 대화(*conversation*)의 경우 관용이 필수적임을 확인한다. 설교의 경우 인내는 필수적인데, 이단자가 그의 설득을 따르지 않을 때 이를 참아야 한다는 의미에서다. 이는 설교자가 청중에 적응하는 것을 의미한다. 고대 수사학은 이런 인내를 예절(*decorum*)에 포함시킨다. 이런 경우 설교자는 이교도의 의견을 변화시키기 위해 인내하는 것이지 찬성해서가 아니다. 이는 소극적 차원에서의 관용이다. 그러나 적극적인 차원의 관용이 있다. 이는 보다 넓은 의미의 관용으로 대화의 경우 한 대화자가 진리에 도달하기 위해 다른 사람과 토론하는 과정에 필요한 관용을 말한다. 대화는 어느 누구도 절대적 확실성을 주장하지 않는다. 그래서 대화에는 설교와 달리 말하는 자와 듣는 자가 따로 있지 않다. 여기에는 서열이 없다. 즉 대화나 토론의 경우 그것이 성공적이기 위해서는 상호 간의 존중 즉 관용이 필요하다.

밀턴은 관용 속의 설득을 주장한다고 임 교수는 말한다. 밀턴은 "약하고 오도된 자들을 획득하고 다시 얻기 위해서는 제일 먼저 자비롭고 동정심 있는 모든 수단이 사용돼야 한다"고 말했는데 이는 에라스무스의 주장과 일맥상통한다는 것이다.

사상의 자유시장과 관용을 외쳤던 밀턴은 이후 크롬웰의 신생공화국의 '외국어 장관'으로서 사실상 혁명정권의 대변인 역할을 했고, 이후 자신이 그렇게 혐오했던 검열관이 됐다. 역사의 아이러니다.

그러나 사상의 자유시장 이론을 제시하며 이성과 인간의 자유의지, 관용이라는 자유주의 언론사상의 철학적 개념을 발아시킨 그의 업적은

---

35 임상원, 앞의 글 34쪽.

절대 과소평가되어선 안 된다고 본다.

3) J. S. 밀에서 홈즈 대법관까지 — 날개를 단 사상의 자유시장이론

밀턴의 시대가 지나고 200여 년이 흐른 뒤 사상의 자유시장이론은 영국의 철학자이자 경제학자였던 존 스튜어트 밀(John Stuart Mill)에 의해 계승 발전됐다. 밀의 사상은 밀턴과는 여러모로 다른 점이 있지만 진리의 발견을 위해선 사상의 자유시장에서 공개적인 토론이 필요하다는 것을 강조했다는 점에서 유사점이 있었다. 밀 역시 밀턴과 마찬가지로 표현의 자유는 충분히 보장돼야 한다고 주장한다. 밀턴식 어법으로 진리가 항상 우세하기 때문이 아니라 표현의 자유가 없다면 진리가 우세할 기회조차 잡기 어렵기 때문이다.

밀은 자신의 저서인 《자유론》(1859)에서 '다수의 횡포(*tyranny of the majority*)'에 주목하면서 언론자유를 억압하는 모든 종류의 공권력의 행사를 거부했다. 그는 "다수의 횡포는 온 사회가 경계하지 않으면 안 될 큰 해악"이라며 소수의견(*unpopular opinion*)의 보호와 개별성(*individuality*)의 존중을 요구했다.[36] 그는 "사회에서 널리 통용되는 의견이나 감정이 부리는 횡포, 그리고 사회가 통설과 다른 생각과 습관을 가진 사람들에게 법률적 제재 이외의 방법으로 윽박지르면서 통설을 행동 지침으로 받아들이도록 강요하는 경향에 대해 대비해야 한다"고 경고한다. "사회는 이런 방법을 통해 다수의 삶의 방식과 일치하지 않는 어떤 개별성도 발전하지 못하도록 방해하고" 나아가 모든 사람의 개성을 사회의 표준에 맞도록 획일화하려 한다는 것이다. 그의 시각에선 순종을 요구하는 숨 막힐 듯한 사회적 압력은 처벌을 전제로 한 정치적, 법률적 압력보다 개인의 개별성에 더 심각한 위협이다. '사회적 명령'은 곧 사회적 폭압기제로 개

36 존 스튜어트 밀(1859), 《자유론》, 서병훈 역(2008), 책세상, 22쪽.

인에게 작용해 어떤 정치적 압력보다 더 가공할 위력을 지닌다. 거대한 사회적 압력 앞에서 개인은 이에 맞설 수 있는 수단을 별로 가지고 있지 못하기 때문이다. 이 같은 사회적 압력은 자신의 일상생활을 관통하며 행위를 제약하고, 개인의 영혼까지도 노예상태로 만든다는 것이다. 《자유론》에 담긴 그의 사상이 개인주의에 바탕을 둔 자유주의로 규정되는 것도 이 때문이다.

절대적인 종교적 진리를 믿었던 밀턴과 달리 밀에게 절대적 진리는 없다. 그는 회의론자였다. "신앙은 죽었고 오직 회의주의만 넘쳐나는 시대"라는 그의 말처럼 진리에 대해 끊임없이 회의하고, 진리에 가까워지도록 노력해야 한다. 그는 "절대적으로 확실한 것은 있을 수 없다. 그러나 인간의 삶에서 어떤 목적을 향해 나아가는 것이 좋은지 판단하는 데 크게 도움이 되는 것은 얼마든지 찾을 수 있다"고 말한다. 이처럼 진리는 상대적이고 시대의 가치기준에 따라 언제든지 변할 수 있다. 다음은 밀의 설명.

> 각 시대는 수많은 의견을 잉태하는데, 시간이 지나다 보면 그런 의견들이 잘못되었을 뿐 아니라 우스꽝스럽게 여겨지는 경우도 많다. 과거가 현재에 의해 부정되듯이 현재는 미래에 의해 번복될 것이다. 그래서 현재 많은 사람들이 받아들이는 생각들 가운데 상당수가 미래의 어느 시점에서는 폐기될 것이 확실하다.[37]

이 같은 그의 자유주의와 진리의 불확실성에 대한 인식은 사상의 자유와 소수의견의 존중으로 이어진다. 그는 "전체 인류 가운데 단 한 사람이 다른 생각을 가지고 있다고 해서 그 사람에게 침묵을 강요하는 일은 옳지 못하다"면서 "마치 어떤 한 사람이 자기와 생각이 다르다고 나머지 모든 사람에게 침묵을 강요하는 일만큼이나 용납될 수 없다"고 말

37 위의 책, 45쪽.

한다. 어떤 생각을 억압하는 것은 현 세대뿐만 아니라 미래의 인류에게까지 "강도질을 하는 것과 같은 악을 저지르는 셈"이라고 경고했다.[38]

밀은 정부가 소수의견에 침묵을 요구할 경우 나타날 수 있는 세 가지 가상적 상황에 주목했다.

첫째, 권력을 동원해 억누르려는 소수 의견이 사실일 경우다. 그러나 진리는 가변적인 것이기 때문에 소수의견은 언제든 진리가 될 수 있다. 밀은 다수의 사람들이 선의로 자신의 의견이 진리이고 소수의견이 거짓이라고 믿을 수 있지만 이들의 생각이 항상 옳은 것은 아니라고 말한다. 그렇기 때문에 소수의견을 억압하는 것은 사회전체로 볼 때 끔찍한 실수가 될 수 있다. 이런 실수를 막기 위해 중요한 것은 토론이다. 밀은 "토론을 거쳐 어떤 생각을 진리라고 가정하는 것과 그런 논박의 기회조차 봉쇄하기 위해 진리로 가정하는 것은 본질적으로 다르다"고 주장한다. 사상의 공개시장에서 자신의 생각에 대한 철저한 부정과 비판 과정을 거친 뒤 그래도 살아남으면 그 사상의 타당성은 상당히 높아질 것이다. 만약 그렇게 된다면 보통사람이라고 하더라도 인간능력이 최대한 허용하는 한 최고 수준의 이성적 합리성을 확보할 수 있다고 말한다.

진리는 혹은 진리를 믿는 인간은 그리 강한 존재가 아니다. 밀은 '진리가 언제나 박해를 이기고 최후의 승리를 거둔다'는 밀턴식의 주장은 "유쾌한 거짓말에 지나지 않는다"고 일축한다.[39] 역사상에는 진리가 박해 앞에 무릎을 꿇은 경우가 셀 수 없이 많다는 것이다. 거짓의 유혹을 이겨낼 수 있을 정도로 진리를 향한 인간의 열정이 뜨거운 것이 아니기 때문에 법적·사회적 제재가 가해진다면 쉽게 굴하게 된다고 밀은 주장한다. 다만 어둠 속에 묻혀 있는 진리를, 세월이 흘러 모든 박해에 맞서 싸워 이길 만한 힘을 가지게 될 때까지 거듭해서 태양 아래로 끄집어내

38 위의 책, 42쪽.

39 위의 책, 62쪽.

는 사람이 반드시 있고 그것이 진리가 가진 힘이라는 것이다.

둘째, 소수의견이 틀린 경우이다. 밀은 설령 잘못된 의견이라도 억압돼선 안 된다고 주장한다. 밀은 잘못된 의견과의 전투가 자신의 견해가 옳다는 것을 확신하게 하는 유일한 수단이라고 본다. 다시 말해 옳은 의견과 잘못된 의견을 생생히 대비시킴으로써 진리를 더욱 생생하고 명확하게 드러낼 수 있다는 것이다. 사람들은 대체로 자신들이 진리라고 생각하는 것의 근거를 제대로 알지 못하고, 확신에 바탕을 두지 않은 믿음은 쉽게 무너진다. 밀은 경쟁하는 의견에 대한 지식과 자신의 견해를 방어하는 능력을 배양해야 한다고 강조한다. 반대 의견에 대해 충분히 연구하지 않고, 어떤 배경에서 나온 말인지 심각하게 검토하지 않으면 자신의 주장도 혼돈 속에 빠질 수 있다는 것이다. 밀은 "자기 생각이 옳다 하더라도 충분히 자주 그리고 기탄없이 토론하지 않으면 그것은 살아있는 진리가 아니라 죽은 독단이 되고 만다"고 경고한다.[40] 때문에 진리를 제대로 알기 위해서는 대립되는 두 주장에 대해 똑같이 귀를 기울여야 한다고 밀은 강조한다. "심지어 악마의 편에 선 것처럼 보이는 사람까지도 자유롭게 온갖 논리를 동원해서라도 자기주장을 펼 수 있게 해 주어야 한다"는 것이다.[41]

마지막으로 밀은 소수의견이 완전한 진리도 아니고 완전한 오류도 아닌 두 가지가 혼재된 상황을 상정했다. 다시 말해 서로 대립하는 두 주장이 각각 어느 정도의 진실을 담고 있는 경우이다. 한 주장이 전적으로 옳은 경우는 드물다. 그런 주장들은 진리를 더 많이 또는 더 적게 담고 있기는 하지만 부분적으로만 옳을 뿐 대체로 과장되고 왜곡돼 있다. 때문에 밀은 "통설을 채우지 못하는 진리의 빈 곳을 채울 수 있도록 그 통설에 도전하는 이설(異說)의 존재가 반드시 필요하다"면서 "통설이 빠

40 위의 책, 71쪽.

41 위의 책, 76쪽.

뜨리고 있는 진리의 어떤 부분을 구현하는 다른 모든 생각은 그것이 아무리 많은 오류와 혼돈을 초래하더라도 마땅히 소중히 다뤄져야 한다"고 강조한다.[42]

밀의 견해로는 결국 대립하는 의견들을 자유로운 토론을 통해 서로 부딪히게 하는 것만이 각자가 지닌 부분적 진리를 상호 보완적으로 찾을 수 있는 유일한 방법이다. "아무리 세상 사람들의 생각이 옳다 해도 이설에는 분명 무언가 들어볼 내용이 있음을 잊어서는 안 된다. 그 입을 막아 버리면 중요한 진리를 잃어버릴 가능성이 대단히 크다"고 지적했다.[43]

밀은 열성적인 당파주의자들은 대안적인 견해들이 사상의 자유시장에서 토론에 붙여져도 별로 동요하지 않고, 오히려 자신들이 생각하는 도그마에 빠져 반대파의 주장을 격렬히 배척할 것이라는 점을 인정한다. 그러나 밀이 주목하는 것은 당파주의자들보다는 조용하고 사려 깊은 청중들이다. 이들이 두 주장의 공개적인 전투를 통해 진리의 낟알들을 수확하는 데 중요한 역할을 한다는 것이다. 이 같은 견지에서 소수의견에 대한 억압은 절대 용납될 수 없다는 것이 밀의 생각이다. 다음은 밀의 설명.

> 부분적인 진리를 둘러싸고 격렬하게 충돌하는 것보다 진리의 절반에 대해 소리 없이 억압하는 것이 더 무서운 결과를 낳는다. 사람들이 억지로라도 양쪽 의견을 모두 듣게 되면 언제나 희망이 있다. 그렇지 않고 오직 한쪽만 듣게 되면, 오류가 편견으로 굳어지고 반대편에 의해 거짓으로 과장되면서 진리자체가 진리로서 역할을 할 수 없다.[44]

42 위의 책, 89쪽.

43 위의 책, 93쪽.

44 위의 책, 100쪽.

(1) 이성과 관용, 그리고 토론의 규칙

밀의 자유주의 사상은 밀턴과 마찬가지로 '이성'과 '관용'에 기초하고 있다. 서병훈 교수는 "밀은 인간의 이성을 믿었다"면서 "웬만한 상식과 경험을 지닌 사람이라면 올바른 선택을 할 것으로 보았다"고 말한다.[45]

밀은 인간의 이성이 지닌 힘을 "잘못을 시정할 수 있는 능력"으로 간주한다. 인간의 가장 중요한 장점은 자신의 견해에 대한 비판을 들을 줄 알고, 필요하다면 자신의 견해를 고칠 수 있다는 것이다. 인류의 생각과 행동이 지금처럼 놀라울 정도로 이성적인 방향으로 발전해 온 까닭 역시 자신의 잘못을 시정할 수 있는 능력 덕분이다. 밀은 "사실 스스로가 진실을 드러내는 경우는 거의 없다"고 단언한다. 사실에 관한 사람들의 논평이 있어야 그 의미를 알게 되고 자신의 판단이 잘못됐다면 고칠 수 있게 된다는 것이다. 그리고 이는 사상의 자유시장에서 자유로운 토론을 통해 가능하다.

소수의견을 존중해야 한다는 밀의 사상 역시 자유주의적 관용관을 바탕에 깔고 있다. 밀이 말하는 자유는 인간의 다양성에 대한 존중이다. 그는 《자유론》 첫머리로 "우리는 최대한 다양하게 인간 발전을 추구할 수 있어야 한다"는 빌헬름 폰 훔볼트의 말을 인용했다. 밀이 말하는 자유란 누구도 자유롭게 자신의 개성에 맞는 삶의 양식을 추구할 수 있는 자유를 말한다. 이는 다수의 삶의 방식이나 의견에 일치하지 않는 개인의 개별성(*individuality*)을 인정하고 보장해 주는 것에서 비롯된다. 밀에 따르면 어떤 행동이 그 당사자에게만 영향을 미친다면 사회가 개인의 자유를 침해해선 안 된다. 밀은 "사회가 다른 사람의 행동의 자유를 침해할 수 있는 경우는 오직 한 가지 자기보호(*self-protection*)를 위해 필요한 때"라며 다른 사람에게 해를 끼치는 경우를 제외하곤 사회는 구성원의 자유를 침해할 수 없다고 말한다.[46] 이것이 밀이 말하는 자유의 기

45 위의 책, 237쪽.

본원칙이다. 밀이 이렇게 말하는 근거는 간단명료하다. 자신의 정신과 육체에 관한 한 본인이 절대적 주권을 갖기 때문이다. 개인 스스로가 자신에게 도움이 된다고 생각하는 방향으로 자기 인생을 판단하고 선택하는 것이 다른 사람이 좋다고 생각하는 길로 억지로 끌려가는 것보다 더 도움이 된다는 것이다. 밀은 이를 위해 생각과 토론의 자유를 가장 중요하게 생각했다. 개인의 판단은 토론을 통해 진리에 근접하게 되고, 이성에 의해 자기 교정을 거치게 된다. 밀에 따르면 자신의 판단에 대한 믿음은 타인의 비판에 귀를 기울이는 데서 비롯된다. "자신에 대한 반대 의견까지 폭넓게 수용함으로써, 그리고 자신은 물론 다른 사람에게도 어떤 의견이 왜 잘못됐는지 자세히 설명해 줌으로써 옳은 의견 못지않게 그릇된 의견을 통해서도 이득을 얻게 된다"는 것이다.[47]

사상의 자유시장이론이 밀턴에 의해 태동했고, 밀이 발전시켰다면 이를 인정받게 한 것은 미국의 연방대법원의 올리버 웬델 홈즈(Oliver Wendel Homes, Jr.) 대법관의 공이 컸다. 홈스 대법관 역시 밀턴 식의 객관적인 진리의 존재에 대해 대단히 회의적이었다. 그러나 홈즈는 잠정적인 진리라도 사상의 자유롭고 공개적인 경쟁을 통해 얻을 수 있다고 보았다. 그는 특히 "세월의 변화에 따라 많은 정치이념이 부침하기 마련"이라며 이들 중 어느 이념을 선택하는지는 정부가 아니라 국민이 결정하는 것이고 이를 위해 사상과 표현의 자유가 보장돼야 한다고 보았다.[48] 그의 이 같은 견해는 1919년 Abrams v. United States 사건[49]에서 반국가선동죄로 기소된 사람의 유죄판결에 반대하는 소수의견을 통해 처음으로 나타났다. 홈즈 대법관의 소수의견은 사상의 자유시장 이론을 사법의 영역에 실제 적용시킴으로써 그에게 '위대한 반대자(*the*

46 위의 책, 30쪽.

47 위의 책, 48쪽.

48 장호순(2005), 《미국헌법과 인권의 역사》, 개마고원, 27쪽에서 재인용,

49 250 U. S. 616.

Great Dissenter)'라는 칭호를 선사했다.[50]

세계 1차대전이 끝나기 직전인 1918년 10월 러시아 이민자이자 사회주의자인 쟈콥 아브람스와 동료 4명은 윌슨 대통령이 러시아에 파병하는 것을 반대하며 총파업을 요구하는 전단을 살포한 혐의로 기소됐다.

당시 미국은 1917년 11월 소련에서 레닌이 볼셰비키 혁명으로 집권한 후 세계를 적화시키겠다고 공언하고 미국 사회 내에서 노조 등 좌익세력이 힘이 커지면서 체제유지에 큰 위협을 느꼈다. 적색공포(*Red Scare*)라는 신조어까지 탄생할 정도였다. 미 정부와 의회는 반정부 선동을 금지하는 선동법(*Sedition Act*)을 만들어 좌익세력의 탄압에 적극적으로 팔을 걷어붙였고 무정부주의자와 사회주의자 등 좌익 이념의 신봉자들이 무수히 법정에 섰다. 아브람스도 그들 중 한 명이었다. 아브람스의 전단은 러시아 혁명 당시의 격렬한 수사를 빌려와 작성된 것이었다.

> 만국의 노동자들이여! 일어나라! 봉기하라! … 그렇다 동지들이여, 전 세계 노동자들에게 단 하나의 적이 있는데 그것은 바로 자본주의다.

또 아브람스 등은 미국 정부를 위선적이고 겁쟁이며 자본주의적인 적이라고 묘사했고 윌슨 대통령을 카이저(황제)로 비유했다. 미국 정부는 이들이 정부의 전쟁 수행을 방해하고 좌절시키려는 의도를 가지고 이런 행동을 했다고 기소했고, 1심 법원은 이들에게 징역 15년에서 20년의 중형을 선고했다. 연방대법원 역시 "전단의 내용은 명백히 전쟁 중인 미국에 저항할 것을 선동하고 있고, 피고들은 전쟁을 수행하는 데 필요한 대포와 탄환 생산을 감축시킬 목적으로 군수 공장들이 총파업을 일으킬 것을 부추겼다"고 유죄를 확정했다.

그러나 홈즈 대법관은 소수의견을 통해 다수 의견의 유죄판결을 통렬

---

50 Lee Epstein & Thomas G. Walker, *Constitutional Law for a Changing America Rights, Liberties, and Justice* (5th ed, 2004), 222쪽.

히 비판하고 밀턴과 밀로 이어지는 사상의 자유시장 이론을 지성의 역사에 다시 등장시켰다.

> 의견 표명에 대한 탄압은 나에게는 완벽하게 논리적인 것으로 보인다. 만약 당신이 자신의 힘이나 전제들(*premises*)에 대해 아무 의심이 없고, 어떤 특정한 결과를 진심으로 원한다면 당신은 자신의 희망들을 자연스럽게 표현할 수 있고, 다른 모든 반대 의견을 일거에 제거해 버릴 것이다. 반대 의견을 말하는 것을 허용하는 것은 당신이 그 발언들이 무기력하다고 생각하는 것을 — 가령 어떤 사람이 자신이 원을 사각형으로 만드는 불가능한 일을 했다고 말할 때, 혹은 당신이 결과에 대해 진심으로 상관하지 않거나, 당신이 자신의 힘이나 전제에 대해 의심할 때 등 — 나타내는 것처럼 보인다. 그러나 사람들이 시간이 흘러감에 따라 많은 (진실을) 다투는 신념(*fighting faiths*)들이 뒤집어진다는 것을 알았을 때 자신의 행동의 근본들이라고 믿었던 것보다 '바람직한 궁극적인 선(*good*)은 자유로운 사상의 교환에 의해 더 잘 도달한다'는 사실을 훨씬 더 믿게 된다. 또 진리에 대한 최선의 테스트는 시장에서의 경쟁을 통해 스스로 받아들여지는 사고의 힘(*the power of thought*)이라는 것, 진리는 그들의 소망들이 안전하게 전달될 수 있다는 것에 유일한 근거를 둔다는 것을 믿게 된다. 그것이 우리 헌법의 이론이다. 모든 삶이 실험인 것처럼 그것은 실험이다. 매일은 아닐지라도 매년 우리는 불완전한 지식에 근거를 둔 (성서적) 예언 등에 우리의 구원을 맡겨야 한다. 경험은 우리 시스템의 한 부분이지만, 나는 우리가 혐오하며 죽음을 내포하고 있다고 믿는 의견의 표현을 억제하려는 시도를 영원히 경계해야 한다고 생각한다. 그 의견이 법률의 합법적이고 긴요한 목적을 즉각적으로 방해하는 위협이 너무도 임박해 나를 구하기 위해 곧 바로 억제해야 할 필요가 있는 경우가 아니라면 말이다.[51]

홈즈의 견해에 따르면 진리는 시장에서 출현하는 것이다. 밀턴이 세

---

51 위의 책 221~222쪽.

상에 흩뿌려진 진리라고 믿었던 종교적 교의처럼 진리는 특정한 발언들이 계승돼 선험적으로 존재하는 것이 아니다. 반대로 시장에 의해서 만들어지는 것이다. 이같이 그의 진리관은 회의적이고 상대적인 것이다.

그의 이 같은 진리관은 1925년 공산당 간부였던 Gitlow 사건 재판[52]에서도 소수의견을 통해 되풀이된다. 그는 "모든 사상은 선동이다. 그것은 스스로에게 신념을 제공하고 만약 사람들이 이를 믿게 된다면, 다른 어떤 신념이 이를 누르지 않는 한 혹은 어떤 에너지의 실패가 태동단계에서부터 이 같은 운동을 질식시키지 않는 한 그 신념은 실행되는 것이다 … 만약 종국적으로 프롤레타리아 독재가 표현돼 있는 믿음이 사회의 지배세력으로부터 받아들여지게 될 운명이라면, 표현의 자유(*free speech*)가 지니는 유일한 의미는 그들에게 기회가 부여됐고, 자신들의 길을 갈 수 있게 해준 것"이라고 말했다.[53]

홈즈 대법관 등의 주장은 밀턴의 개념을 시대에 맞게 재해석한 선구적 판결이지만 당시만 해도 지지자는 그리 많지 않았다. 그러나 그의 주장은 불과 10여 년 후 미국사회에 언론자유를 보장해야 하는 당위성을 설명하는 가장 유력한 이론으로 받아들여지기 시작했다. 미국사회에서 홈즈 대법관의 지적처럼 어떤 이론이나 사상도 절대적으로 옳거나 틀리다고 할 수 없음을 실증해 주는 사건이 발생했기 때문이다. 바로 1930년대를 강타한 대공황이었다. 미국인들에게 영원한 부를 선물할 것 같았던 자본주의 시장 경제가 뿌리째 흔들렸다. 대공황으로 인한 기아와 궁핍은 무절제한 자유시장 경제체제와 획일적인 사고의 위험을 동시에 알려준 것이다.[54]

미국의 대표적인 언론사학자였던 마가렛 블랜차드(Margaret. A. Blanchard) 교수는 자신의 명저 《혁명의 불꽃》(*Revolutionary Sparks*)에

52 Gitlow v. New York, 268 U.S. 652(1925).

53 Lee Epstein & Thomas G. Walker, 앞의 책, 227쪽.

54 장호순, 앞의 책, 28~29쪽.

서 이렇게 설명한다.

> 1929년 증시의 붕괴와 대공황은 미국 사회에 심각한 일탈을 야기했다. 수백만의 사람들은 실직으로 내몰렸고, 수백만의 사람들은 생존에 필요한 정도조차도 벌어들이지 못했다. 사회 제도에 대한 신뢰와 오랫동안 가꿔온 국가의 리더십은 뿌리부터 흔들렸다. 국가나 사회제도로부터 아무런 해결책을 제시받지 못해 불만이 가득했던 미국인들은 이런 새로운 상황들을 새로운 눈으로 보기 시작했다. 거대한 경제 재앙의 결과 미국 사람들은 기꺼이 새로운 사상들에 대해 듣고 접근하려 했다. 아마도 역사상 처음으로 미국은 사상의 자유시장을 설립하는 방향으로 움직이고 있었다. 절망에 빠진 사람들이 시도하기에는 어떤 개념도 지나치게 억지스럽지 않았고, 어떤 제안도 과도하게 혁명적이지 않았다. 급진적인 사상들이 사회의 각 분야에서 쏟아져 나왔다. 미국인들은 자신들이 원하는 해결책은 과거로부터의 안전함이 아니라 미래에 대한 자유로운 토론에 의해 발견될 수 있다는 변화를 위한 해법을 결심하게 됐다.[55]

사상의 자유시장 이론은 미국에서만 활개를 쳤던 20세기의 유물이 결코 아니다. 지금 이 시대의 미국은 물론 한국 법원과 한국 사회에도 직접적인 영향을 미치고 있다. 2008년 4월 17일 대법원 전원합의체는 국가보안법 위반 혐의로 기소된 재독 사회학자 송두율 교수에 대한 상고심에서 북한 통수권자였던 김일성을 조문하고 김정일 국방위원장에

---

55 Margaret. A. Blanchard, *Revolutionary Sparks Freedom of Expression in Modern America*(1992). 당시 미국의 대통령은 기업가 출신인 허버트 후버(Herbert Hoover)였다. 철저한 자유시장 경제체제의 신봉자였던 후버 대통령은 정부의 간섭이 아니라 민간부분의 주도에 따라 경제가 회복돼야 한다는 믿음 아래 적극적인 조치를 취하지 않았다. 성난 민심은 1932년 대통령선거에서 뉴딜정책이라는 정부주도의 과감한 경제 정책을 제시한 프랭클린 루즈벨트 뉴욕 주지사를 대통령으로 선택했다.

게 생일 축하편지를 보낸 혐의 등에 대해 무죄를 선고한 원심을 확정했다.[56]

그러나 더욱 주목해야 할 판결은 이 사건에 대한 항소심 판결이었다.

1심 재판부는 송 교수가 각종 저술과 국내 언론 기고 등을 통해 북한 체제와 주체사상, 김일성 김정일 부자를 찬양하고, 대한민국을 격렬히 비판한 것에 대해 "맹목적인 친북세력을 양산하고 대한민국에 대하여 근거 없이 회의적인 시각을 갖게 하는 등으로 대한민국의 안보에 커다란 악영향을 끼쳤다"며 송 교수의 친북저술활동을 국가보안법에서 규정한 북한을 위한 '지도적 임무'에 해당한다고 보고 유죄를 선고했다. 그러나 2심 재판부는 정반대의 결론을 내놓았다. 재판부는 송 교수의 친북 저술활동이 "은밀한 표현수단에 의존하지 않고 모두 국내의 유명 일간신문이나 잡지, 출판물 등을 통해 공개적인 방법으로 표현된 것으로서 일반인의 자유로운 토론과 경쟁적인 상호비판과정을 거치게 되는 경우 얼마든지 쉽게 여과될 수 있는 개인적인 주장, 의견 등에 지나지 않는다"고 판단했다. 밀턴이 주장했던 '자동조정의 원리'가 그대로 옮겨져

56 대법원에서의 쟁점은 송 교수가 1993년 8월 18일 독일 국적을 취득하고 대한민국 국적을 상실한 뒤 독일에 살다가 1994년 3월 북한을 방문한 행위가 탈출죄에 해당하는지 여부였다. 대법원은 기존 판례를 뒤집어 독일국적을 취득한 송 교수가 외국인 신분으로 1994년 3월 북한을 방문한 일은 탈출죄가 아니라고 선고했다. 대법원은 "국가보안법상 '탈출'이란 대한민국의 통치권이 실제로 미치는 지역을 떠나거나 통치권이 실제로 미치는 상태를 벗어나는 행위"라며 "외국인이 외국에 살다가 반국가단체 지배 지역(북한)에 들어가는 행위는 어디에도 해당하지 않는다"고 밝혔다. 대법원은 그러나 송 교수가 대한민국 국민이던 1991년 5월부터 1993년 3월까지 4차례에 걸쳐 북한을 방문한 행위는 탈출죄에 해당한다고 봤다. 이에 대해 가장 진보적 성향으로 꼽히는 박시환 대법관은 별개의견을 통해 "송 교수의 방북은 대한민국 존립 등에 해악을 끼칠 명백한 위험이 인정되지 않으므로 다섯 차례 모두 탈출죄로 처벌할 수 없다"고 밝혔다. 대법원의 판결은 명시적으로 밝히지 않았지만 기저에 '명백하고 현존하는 위험' 심사를 깔고 있다. 박 대법관은 이를 더욱 확대 해석하자고 주장한 것으로 볼 수 있다.

있는 주장이다.

'명백한 위험'이라는 익숙한 단어도 등장한다. 재판부는 이어 "피고인의 이러한 친북저술활동은 그로 인하여 국가의 존립 안전이나 자유민주적 기본질서에 해악을 끼칠 명백한 위험이 있는 경우에 해당한다고 평가할 수는 없다"고 판시, 이 부분에 대해 무죄를 선고했다. 홈즈 대법관의 '명백하고 현존하는 위험' 심사 이론을 적용한 것이다. 대법원도 항소심 판결을 그대로 인정했다. 사상의 자유시장이론은 우리나라 사법부의 판례에서도 이처럼 살아 숨 쉬고 있다.

〈나쁜 경향 심사와 명백하고 현존하는 위험심사〉

미국은 수정헌법 1조에 의해 표현의 자유를 제한하는 법률을 제정할 수 없도록 규정하고 있다. 미국 연방대법원은 이에 따라 특정한 법률이나 그 법에 따른 통치행위가 표현의 자유를 제약하는지 여부를 판단하기 위해 나름의 기준(*legal standards governing free speech*) 을 발전시켜 왔다. 연방대법원의 기준은 '국가안보에 대한 위협(*threats to national security*)'에 대한 시대상황에 따라 진폭을 달리했다.

앞서 예로 든 Abrams v. United States 사건에서 내린 연방대법원의 판결은 당시 미국 법원을 풍미했던 '나쁜 경향 심사(*the bad tendency test*)'를 그대로 적용한 것이었다. 영국의 보통법에서 유래한 나쁜 경향 심사는 법원이 표현물 규제의 정당성 여부를 심사할 때 "이 표현들이 사악한 결과를 야기할 경향이 있는가(*Do the words have a tendency to bring about something evil*)"를 기준으로 삼는 것이다. 이 기준은 표현의 자유를 가장 억압하는 법적 기준으로 간주된다. 우리 식으로 설명하자면 마치 북한을 두둔하는 듯한 발언을 했다면 북한을 이롭게 하는 경향이 있고 결국 적화통일이라는 사악한 결과를 가져 올 수 있으므로 처벌해야 한다는 것이다. 위험한 경향심사의 논리는 1920년대 미국 공산당 간부였던 Ben Gitlow 사건 'Gitlow v. New York, 268 U.S. 652(1925)'에서 주심을 맡았던 Sanford 대법관의 유명한 '혁명의 불꽃(*revolutionary spark*)' 비유로 명료하게 설명된다. "일시적으로는 그을림에 불과한 하나의 혁명의 불꽃이 파괴적이고 위력적인 대형 화재로 폭발할 수 있다"는 것이다. 1차 세계대전을 전후해 무정부주의와 사회주의 사상이 세계에 유행하며 미국의 자본주의 체제를 위협하는 것에 대한 위기상이 반영된 것이었다. 이에 대해 홈즈 대법관은 아브람스 사건에 앞서 Schenck v. United States, 249 U.S. 47(1919) 사건에서 '명백하고 현존하는 위험(*Clear and Present Danger*)'을 새로운 심사기준으로 제시했다. 정부는 특정 표현이 실제로 명백히 현존하는 위험을 제기하거나 그러한 환경을 조성한다면 이를 금지할 수 있다는 원칙으로, 나쁜 경향 심사에 비해 진일보한 기준이었다.

Schenck 사건은 1917년 필라델피아 사회당의 서기장이었던 Charles Schenck가 1차 세계대전이 독점자본주의 국가들 간의 전쟁이므로 정부의 징병에 응해선 안 된다는 선동적 내용의 팸플릿 1만 5천장을 유포해 방첩법(Espionage Act of 1917)을 위반한 죄로 기소된 사건이었다. 연방대법원은 '나쁜 경향' 심사의 기준을 들어 Schenck에게 유죄를 선고했다. 팸플릿의 내용이 '체제 전복'이라는 위험한 결과를 야기할 수 있다는 것이었다. 그러나 홈즈 대법관은 소수의견을 통해 나쁜 경향 심사는 지나치게 표현의 자유를 제약할 소지가 다분해 위헌이라고 주장했다.

홈즈 대법관은 '극장에서의 거짓 화재 외침(*false shouting fire in a theatre*)'이라는 상징적 비유로 이를 설명한다. 그는 "자유로운 표현행위(*free speech*)에 대한 가장 엄격한 보장장치라도 어떤 사람이 극장에서 거짓말로 '불이야'라고 외쳐서 극장 안을 패닉상태로 만드는 것을 보호할 수는 없다"고 말한다. 어떤 표현행위를 규제(처벌)할지 여부는 그 용어들이 사용된 환경과 본질이 현재 명백한 위험에 있느냐, 그리고 그 위험이 의회가 이를 막아야 할 정도로 실체적인 악(*evils*)을 야기하느냐에 따라야 한다고 주장한다.

명백하고 현존하는 위험 심사와 사상의 자유시장 이론은 긴밀한 상관관계를 가지고 있다. 위험한 경향 심사는 조금의 위험성이라도 엿보이면 미리 국가가 국가안보를 위해 사전에 위험스런 불씨를 잘라야 한다는 입장을 반영한다. 그러나 명백하고 현존하는 위험 심사는 국가 안보나 사회에 미치는 해악이 당장 눈에 보일 정도로 실재하고 급박한 경우를 제외하면 당장에 규제 여부를 결정할 것이 아니라는 입장이다. 시간이 걸리더라도 사상이나 주장의 사회적 수용 여부를 사회적인 토론에 맡겨야 한다는 것이다. 즉, 사회적인 소수의견을 수용할지 아니면 퇴출시킬지 여부를 국가가 아닌 사회의 구성원들이 사상의 자유시장에서 결정하는 것이 훨씬 바람직하다는 의미이다.

홈즈 대법관과 브랜다이스 대법관의 의견은 이후 사회당 활동가이자 Stephen Field 전 대법관의 여 조카였던 샤롯 휘트니(Carlotte Whithey) 의 재판 'Whithey v. California,(1927)'에서 보다 구체화됐다. 이들은 "민주정치의 과정에 적용되는 자유롭고 거침없는 논의의 힘을 확신하는 용기와 자신이 있는 사람들에게는 우려하는 해악의 발생이 지극히 절박하기 때문에 충분한 논의를 할 만한 여유가 없을 시기에 초래되는 것이 아니라면 언론으로부터 생기는 위험이 명백하고도 현존한다고 생각할 수 없다. 토론에 의해 허위와 오류를 밝히고 교육에 의해 해악을 제거할 수 있는 시간적 여유가 있다면 취해야 할 수단은 침묵을 강요하는 것이 아니라 언론을 더 자유롭게 하는 것이다. 긴급상태만이 이 자유를 제한할 수 있는 것이다"라고 설명했다.

그러나 애국주의(*patriotism*)와 국가주의(*nationalism*)의 험한 파고 속에 명백하고 현존하는 위험 심사는 1930~40년대까지 여전히 연방대법원의 다수의견이 되지 못했지만 보수적인 '나쁜 경향심사'는 서서히 법원에서 배척되기 시작했고, 법원에선 표현의 자유를 보호하기 위한 다양한 접근들이 시도됐다.

Denis v. United State, 341 U.S.494(1951) 재판에서 연방대법원은 나쁜 경향 심사보다는 완화됐지만 명백하고 현존하는 위험 심사보다는 후퇴한 새로운 기준을 내놓는다. 이른바 '명백하고 상당한 위험 심사(*clear and probable danger test*)'다.

공산주의의 위협이 가중되자 1940년 미국은 스미스법(*Smith Act*)을 제정, 정부를 단체나 결사를 조직해 무력에 의해 전복하라고 고의적 또는 악의적으로 가르치거나 선동하는 행위를 금지시킨다. 1948년 공산당 간부인 데니스 등 12명은 정부를 무력으로 전복하려는 음모를 꾀했다는 혐의로 기소됐는데 법원은 이들의 유죄를 확정했다. 연방대법원은 스미스법의 위헌성 여부를 심사하면서 표현의 자유를 제약하는 사안일 경우 위험의 명백함과 현존성을 가릴 것 없이 구체적 사안이 지니고 있는 위험의 중대성을 고려해 판단해야 한다는 원칙을 밝혔다. 결과 발생의 개연성이 희박하다고 하더라도 심각한 해악의 위험을 피하기 위해선 언론자유에 대한 일정 정도의 침해는 정당화될 수 있다는 것이다. 연방대법원은 "무력에 의해 정부를 전복하려는 어떠한 시도든, 설사 그것이 혁명가들의 실질적 힘(*power*)이나 규모로 볼 때 실현가능성이 어두워 보이더라도 의회로선 이를 금지할 충분한 악(*evil*)으로 볼 수 있다"고 보았다.

명백하고 현존하는 위험의 원칙은 그러나 한국전쟁이 끝나고 미국 사회가 공산주의의 위협으로부터 어느 정도 안정된 이후인 1957년 Yates v. United State, 354 U.S. 298(1957)을 통해 연방대법원에 의해 채택돼 자리를 잡게 된다. 이 사건에서 연방대법원은 다수 의견을 통해 스미스법에 위헌판결을 내리고 명백하고 상당한 위험심사를 배척했다. 대법원은 특히 명백한 위험이 내포되어 있는지 여부를 판단하기 위해 추상적인 이념이나 독트린의 주창(보호되는 표현행위)과 불법적인 행위에 대한 주창(보호되지 않는 표현행위)을 구분했다. 정부 전복을 위한 음모를 처벌하기 위해선 실제로 '직접적인 불법행위(행동)'에 대한 주장이나 호소가 있었느냐로 판단해야 한다는 것이다. 단지 추상적인 아이디어나 이념을 가르치고 전파하는 행위는 명백하고 현존하는 위험으로 볼 수 없다는 것이었다. 이 같은 연방대법원의 입장은 인종분리주의자 사건을 다룬 Brandenburg v. Ohio, 395 U.S. 444(1969) 재판에서 대법관 만장일치로 채택된다. 이 사건에서 미 연방대법원은 KKK의 멤버인 브란덴버그가 인종주의적 집회에서 "우리는 복수를 위한 집단이 아니다. 그러나 대통령이나 의회, 대법원이 우리를 억압하려 한다면 우리는 복수적 조치를 취할 수 있다"는 연설을 하며 주요 도시에서 시가행진을 할 계획을 밝혔고, 오하이오 당국은 브란덴버그를 체포했다. 연방대법원은 그러나 불법행위를 옹호하고 호소하는 등의 단순한 주장을 처벌하는 것은 위헌이라고 밝혔다. 연방대법원은 당장의 실제적인 불법행위를 직접적으로 선동하고 실제 그런 행위가 즉각적으로 일어날 가능성이 있는 주장(*advocacy*)이어야만 처벌할 수 있다는 것이다.

4) 사상의 자유시장인가, 시장의 실패인가

사상의 자유시장이론은 표현의 자유가 왜 옹호돼야 하는지를 설명하는 유력한 이론이지만 모든 학자들에게 환영받은 것만은 아니다. 가장 먼저 제기되는 반론은 밀턴의 주장에 대한 공박이다. 밀턴이 주장하는 절대적 진리는 신성한 신의 섭리인 종교적 믿음일 뿐이고, 그렇기 때문에 너무나 낙관적이라는 비판이 대표적이다.

저명한 수정헌법 1조 학자인 빈센트 블라시는 검열관(국가)의 강제적인 도움 없이도 진리가 언제나 승리한다는 밀턴의 진리에 대한 일반화는 경험적으로 증명된 것이 아니고 역사에서 확인된 것도 아니라고 지적한다.[57] 단지 밀턴은 신의 섭리에 관한 자신의 종교적 믿음을 다시 한 번 확인한 것에 불과하다는 것이다. 그렇기 때문에 그가 말하는 자유란 신이 부분적으로 흩뿌려놓은 진리를 찾기 위한 청교도의 종교적 자유를 의미한다. 당시 청교도들의 다도 대상이었던 가톨릭을 관용의 대상에서 배제한 것도, 크롬웰의 공화정 성립 후 밀턴이 검열관으로서 가톨릭에 칼을 겨눈 것도 그의 청교도적 진리관의 산물로도 볼 수 있다. 그래서 "밀턴은 일반적 의미의 표현의 자유에 대해선 그다지 관심이 없었고 자신에 대한 표현의 자유에만 관심이 있었다"는 지적도 나온다. 밀턴의 비판론자들은 밀턴이 표현의 자유에 대해 별로 관심이 없었던 반면 《아

57 Vincent Blasi, *Milton's Areopagitica and the Modern First Amendment*, Yale L Sch. Occasional Papers(1995). http://www.yale.edu/lawweb

레오파지티카》와 같은 그의 저작은 표현의 자유를 옹호하는 데 가장 큰 기여를 했다는 역설적인 평가를 내리는 것도 같은 맥락이다.

그러나 밀턴이 청교도로서 신의 섭리가 지배하는 종교적 이상향을 건설하려 했든지 여부는 사실 중요한 것이 아니다. 고전(古典)과 당시의 시대상을 파악해 정확한 의미를 해석하는 것은 역사학자들의 몫이다. 사회과학자나 저널리스트들이 할 일은 고전이 지니고 있는 현재적 의미를 재해석해 이를 사회 발전의 밑거름으로 삼는 일이다. 이런 관점에서 보면, 밀턴이나, 밀 혹은 홈즈 대법관의 삶과 철학을 비교 조명하는 일보다 그들의 사상에 담겨있는 논리구조가 실제 어떤 결함이 있느냐를 살펴보는 것이 더욱 중요하다.

일부 학자들은 사상의 자유시장이론이 가진 구조적 약점을 지적하며 보다 본질적인 질문을 던진다.

(1) 시장의 실패 — 시장은 완벽하지 않다

밀턴이나 밀 등 사상의 자유시장을 주창했던 선구자들은 시장은 공개돼 있고 공정한 룰이 적용되는 광장으로 보았다. 이들이 말하는 시장은 '자기조정의 원리'에 의해 공공의 문제에 관한 토론이 극대화되는 곳이다. 그러나 이들은 시장 자체가 지니는 속성 자체에는 그다지 깊은 성찰을 하지 않았다. 일군의 학자들은 밀턴이나 밀이 이야기했던 것처럼 시장은 완벽하지 않다고 비판한다. 현실 세계에서 시장이 지니는 속성은 시장이 자유로운 토론을 촉진시키는 공론장의 역할이 아니라 오히려 공정한 토론의 제약 요소로 작용할 수 있다는 것이다. 이들이 들고 나온 논거가 '시장의 실패(*market failure*)'다. 경제학에서의 시장은 자유경쟁이 보장될 때 사회가 필요로 하는 제품과 서비스를 가장 효율적인 방법으로 생산하도록 할당한다. 시장은 모든 상품의 가격을 결정하고 가격의 변화에 따라 각 기업은 적정한 수준의 생산량을 결정한다. 그러나 보이지 않는 손이 시장에서 항상 바람직한 결과를 생산해 내는 것은 아니다. 시장기구가 이런 자원의 효율적 배분을 실현하지 못하는 상황이 발생하는 것을 두고 경제학에선 '시장의 실패'라고 부른다. 시장이 실패하는 가장 큰 원인은 독과점 시장이 형성돼 기업들이 정한 '관리 가격'이 횡포를 부릴 때이다. 시장 가격은 다수의 수요자와 다수의 공급자가 제한 없이 만나 자유로운 경쟁을 통해 자연스럽게 형성돼야 하는데 수요자나 공급자가 하나 내지 소수일 때에는 경쟁의 원리에 따른 가격이 형성되지 않는다. 가령 핸드폰 제조업체가 삼성전자 하나 밖에 없다면 핸드폰의 가격은 합리적으로 결정되지 않는다. 원가 등을 따질 것도 없이 삼성전자가 부르는 게 값이 된다.[58]

예일대 로스쿨 교수인 오웬 피스는 사상의 시장은 결코 공정한 경쟁이 이뤄지는 완벽한 시장이 아니라고 말하는 대표적 학자다. 피스 교수는 "오늘날 공적 토론은 TV네트워크들과 일군의 유력 대형신문과 잡지들에 의해 지배되고 있다"면서 "그러나 이들 간의 경쟁은 완전함(완전한 시장)과는 거리가 멀다"고 지적한다.[59] "완전한 경쟁 시장은 프로그램과 포맷, 리포트 등 콘텐츠의 다양성을 생산해야 하지만 오히려 반대로 한

---

58 환경오염 등 시장과 상관없이 발생하는 외부효과도 시장 실패의 원인 중 하나이다. 어떤 한 사람의 행동이 제 3자에게 의도되지 않은 이득이나 손해를 가져다 주는데도 이에 대한 대가를 받지도 지불하지도 않을 때 외부성이 생겼다고 말한다. 공장 폐수의 경우 양식업자들에게 손해를 입힐 수 있는데 이는 시장에서 해결할 수 없는 문제이다. 공공재 생산의 어려움도 시장의 실패를 일으키는 한 요인이다. 공공재란 국방 경찰 소방 도로 등과 같이 정부에 의해서만 공급될 수 있거나 정부에 의해 공급되는 것이 가장 바람직하다고 판단되는 재화 또는 서비스를 말한다. 그러나 공공재가 꼭 필요하다고 해서 개인이나 기업이 이윤이 보장되지 않는 상태에서 쉽게 이를 생산하려 하지 않는다. 이를 시장에만 맡길 경우 바람직한 수준보다 적게 생산될 것임은 자명하다. 이밖에 불완전한 정보나 소득분배의 불평등도 한 요인으로 거론된다. 이 같은 시장의 실패는 정부의 개입을 부르는 논거가 된다.

59 Owen M. Fiss, *Why the State?*, 100 Harv. L. Rev. 781(1987), 787, 88쪽 참고.

방향(*one side*)으로 가는 꾸러미들의 다양성이 생산되고 있다"는 것이다.[60]

피스 교수에 따르면 시장은 공공의 이익에 관여되는 중요한 문제들을 일반인들에게 보여주는 데 두 가지 방식으로 제약을 가한다. 첫째, 시장은 자신들의 필요와 희망에 호응하는 방향으로 프로그램과 저널, 신문을 만듦으로써 자신들에게 필요한 그룹들을 선택할 특권을 지니고 있다. 이런 그룹은 언론사를 소유할 재력이 있는 사람들과 광고주, 그리고 광고에 정열적으로 반응을 보일 것으로 보이는 사람들이다. 둘째, 시장은 편집 혹은 프로그래밍 결정 여부에도 권한을 행사하는데 이는 수지타산과 효율성 측면에서 이뤄질 뿐 선거와 관련된 민주주의적 요구와는 거리가 멀다. 완전한 경쟁 시장이라면 한계 원가와 한계 수입이 일치하는 간행물이나 쇼 프로그램을 생산할 것이라는 것은 자명한 이치이다. 수익을 내는 것과 유권자들이 자유롭고 영리하게 정책이나 정부 구조 등을 선택하는 데 필요한 정보를 공급하는 것과는 거의 상관이 없고, 현실적으로도 그럴 가능성이 없는 이야기라는 것이다. 다시 말해 현재의 언론사들은 엔터테인먼트 등 값싸고 다양한 소비자들의 요구를 반영하는 데 효과적인 기관일 뿐 사람들의 자기 결정능력을 부단히 업데이트 시키도록 모든 종류의 토론을 생산하기 위한 기관이 아니라는 것이다. 피시 교수는 이런 시장의 특성을 지적하며 정부의 사상의 시장 개입을 주장한다. 정부는 "시장의 교정자(*the corrective for the market*)가 돼야 한다"는 것이다.[61] 정부는 제도적으로 무시되거나 경시되는 사회적 정치적 어젠다들을 설정하고, 정부의 역할이 없다면 침묵 속으로 사라지게 될 다양한 목소리와 관점들을 국민들에게 제공해야 한다는 것이 피시 교수의 주장이다.

---

60 위의 글.

61 위의 글.

(2) 새로운 헌법상 권리로서의 액세스권

법학자인 제로미 바론(Jerome Barron) 교수의 시장의 실패에 대한 비판은 더욱 신랄하다. 바론 교수는 토론에 참여하고자 하는 사람들이 자유롭게 접근할 수 있는 커뮤니케이션 시장이 존재한다는 주장은 비현실적이고 낭만적인 견해라고 주장한다.[62] 고전적 사상의 자유시장이론에 따르면 국가의 간섭만 없다면 자유롭고 공개된 사상의 시장이 존재할 수 있다는 전제를 달고 있다.[63] "완전하고 자유로운 토론의 자기작동과 자기교정의 힘에 의해 '천박하고 허위'인 것을 물리치고" 종국적으로는 진리가 승리한다는 논리다.

그러나 바론 교수는 현실적으로 이 같은 자유로운 견해를 표현할 수 있도록 미디어에 대한 접근이 보장돼 있느냐는 점에 대해선 간과하고 있고 그래서 현실에서 벗어나 있다고 비판한다. 그에 따르면 표현의 자유를 보장한 수정헌법 1조는 매스미디어에 접근할 수 있는 사람에게는 상당한 도움을 준다. 그러나 어떤 사상이나 주장이 미디어에 접근조차 할 수 없을 정도로 사회적으로 용인되기 어려운 것이라면 어떻게 될까. 이에 대한 대답은 미디어 산업 쪽에서 해줘야 한다고 바론 교수는 말한다. 그가 바라보는 현재의 커뮤니케이션 시장은 암울하다. 그는 언론환

---

62 Jerome Barron, *Access to the Press: A New First Amendment Right*, 80 Harv. L. Rev. 1641 (1967), 1642쪽.

63 위의 글 1643쪽. 바론 교수는 이를 Dennis v. United States, 341 U.S. 494(1951) 사건에서 나온 더글러스 대법관의 견해를 인용해 설명했다. 더글러스 대법관은 "아이디어들이 시장에서 수용되기 위해 경쟁할 때, 완전한 그리고 자유로운 토론은 거짓을 노출시키고, 이런 잘못된 의견은 소수의 지지자들밖에 얻지 못하게 된다. 완전하고 자유로운 토론은 설사 우리가 증오하는 사상일지라도 우리의 편견과 선입견을 테스트하라고 격려한다. 완전하고 자유로운 토론은 사회가 정체되는 것을 막아주고, 모든 문명상태를 사분오열시키는 스트레스와 긴장으로부터 무방비상태인 사회를 보호한다. 완전하고 자유로운 토론은 우리 신념의 첫 번째 조항"이라고 강조했다.

경과 사회가 18세기의 산업혁명기와는 판이하게 변했다고 말한다. 개인이 신문사를 차리기에는 터무니없이 비싼 비용이 필요하고, 방송사를 차리기에는 천문학적 비용을 차치하고서라도 한정된 주파수 배분의 한계 때문에 거의 불가능하다.[64] 때문에 소수의 언론 기업 혹은 언론 소유주들에 의해 커뮤니케이션의 흐름이나 내용이 지배되고 있다. 이런 독점적 언론매체들은 시장에서 정부의 검열만큼이나 제한적인 사적(私的) 검열 시스템으로 작동하며 표현의 자유를 위협하고 있다. 이들은 자신들의 마음에 들지 않는 이단적 주장이나 공격적인 사상 등을 시장에서 철저히 배제시킨다는 것이다. 민주주의 실현을 위한 자유로운 정보의 흐름은 차단당하기 일쑤다. 이로 인해 소수인종 등 사회적 약자와 정치적 소수그룹 등은 커뮤니케이션 시장에 접근할 기회조차 봉쇄당하는 것이 시장의 현실이라는 것이다.

이에 따라 바론 교수는 최소한 두 가지의 구제방법은 꼭 필요하다고 말한다. 첫째, 일간 신문의 광고를 구매할 수 있는 비차별적 권리가 확보돼야 한다는 것이다. 누구나 자신의 생각이나 주의주장을 광고를 통해 대중에게 알릴 수 있는 기회가 제공돼야 한다는 것이다. 둘째, 언론매체의 소유자들은 반드시 소수 의견이나 반대되는 견해를 보호할 수 있는 법적 의무를 부담해야 한다고 주장한다. 보다 구체적으로 그는 "공적 이슈에 대한 소수 그룹이나 개인들의 목소리를 담아내는 법적 조치로서 비차별적 접근"을 요구한다. 다시 말해 미디어에 동등하게 접근해 자신의 의견을 제시할 수 있는 액세스권(*a right of access to the media*)을 헌법적 권리로 인정해야 한다는 것이다.

이와 관련, 바론 교수는 고전적 사상의 자유시장이론이나 수정헌법 1조에 대한 법원의 해석에서 언론매체(*press*)와 일반 시민(*people*)을 혼돈

---

64 우리나라의 경우 TV방송용 주파수 대역은 2008년 현재 408MHz로 68개 채널이 나누어 사용하고 있다. 특히 방송사들은 우량 주파수인 1GHz 이하 대역의 50% 가까이를 사용하고 있다.

하고 있다고 주장한다. 매스미디어가 거대화 독점화 되면서 국민들은 미디어의 소유와 이용으로부터 배제되고, 자신의 견해를 발언할 기회조차 잡지 못해 소외되고 있다는 것이다. 바론교수는 미국의 언론자유이론에 획기적인 전기를 마련한 New York Times Co v. Sullivan[65] 사건이 오히려 미디어에 관한 접근권의 측면에선 심각한 문제를 야기하고 있다며 정밀한 분석을 시도한다. 그는 설리번 판결이 정부와 관료들에 대한 격렬한 공격 등을 포함, 공공의 이슈에 대한 토론은 무제한적이고 공개적으로 보장해야 한다는 원칙을 선언했지만 역설적으로 법원은 토론이 사실상 어떻게 보장될 수 있는가에 대해서는 관심을 가지고 있지 않았다

65 376 U.S. 254(1964). 1960년 〈뉴욕타임스〉에는 '그들의 솟구치는 함성을 들어라(*Heed Their Rising Voice*)'라는 제목의 광고가 실렸는데 정치적 탄압을 받고 있던 마르틴 루터 킹 목사의 보호위원회가 흑인 민권 운동을 고무하기 위해 실은 광고였다. 이 광고에는 '앨라배마 주 몽고메리 시에 사는 학생운동 지도자들이 학원 내에서 총과 최루탄으로 무장한 경찰들에 쫓겨나고 있고 학교당국은 그들을 굶겨 굴복시키기 위해 식당문을 잠갔다'는 내용도 포함돼 있었다. 당시 몽고메리에서 경찰 업무를 관장하는 시의원이었던 엘비 설리번은 광고 내용이 사실과 다르고 자신의 명예를 훼손당했다며 〈뉴욕타임스〉를 상대로 무려 50만 달러의 손해배상소송을 냈다. 앨라배마 주 대법원은 이를 그대로 인정, 〈뉴욕타임스〉는 신문사 문을 닫을 위기에 처한다. 그러나 미 연방대법원은 기존의 판례를 뒤집고, 공직자 비판에 대한 명예훼손이 성립되려면 '현실적 악의(*actual malice*)', 즉 보도내용이 허위임을 알면서도, 혹은 진실이 아니라고 믿을 만한 충분한 근거가 있는데도 이를 의도적으로 무시하고 보도한 경우에, 그리고 실질적인 손해를 입증했을 경우에만 배상을 해 주도록 했다. 또 허위사실의 입증 책임도 언론사가 아닌 소송을 제기한 피고 측에 요구함으로써 언론사에 지워지는 법적 책임을 대폭 낮췄다. 공공의 문제에 관한 비판과 토론은 무제한 개방돼야 하고 언론자유의 기능이 제대로 발휘되기 위해선 이 과정에서 튀어나오는 다소의 오류들에 대해선 관용해야 한다는 것이다. 특히 미 연방대법원은 권력이 명예훼손 소송을 무기로 언론을 위협, 위축효과(*chilling effect*)를 야기해 재갈을 물리려는 시도를 좌절시키기 위해선 폭넓은 언론자유의 보장이 필수적이라고 보았다. 사건에 대한 상세한 내용은 《미국헌법과 인권의 역사》(장호순, 1998) 197~218쪽에 일목요연하게 정리돼 있다.

고 말한다. 그는 특히 명예 소송에서 언론사의 완전한 면책특권을 부여해야 한다는 블랙 대법관의 의견을 격렬히 비판했다. 다음은 그의 설명.

> 명예훼손 소송이 수정헌법 1조의 가치에 대한 유일한 위협이 아니다. 또 신문발행인이 수정헌법 1조의 보호를 받는 유일한 화자(話者)가 아니다. … 대법원이 한 일은 커뮤니케이션 과정에 참여하는 참가자 중 하나의 힘을 극대화한 것이다. 특히 이런 결정을 내리는 데 표현의 기회를 보호하고 확대하는 데에 대한 새로운 보호조치를 담보하도록 하는 책임을 지워야 한다는 것에 대해선 아무런 생각이 없었다. 만약 대법원에 의한 금전적 면책이 용감한 언론을 위해 필요하다면, 법적으로 강화된 '사자'들의 먹잇감으로 전락한 공적인 관리들은 최소한 이에 대응하거나 자신에 대해 고발한 신문에 대해 반론 보도를 요구할 수 있는 권리를 가지고 있어야 한다. 반격(*counterattack*)에 대한 기회는 (언론자유에 대한) 헌법이론의 심장에 해당한다고 할 수 있다. 이 헌법이론은 비록 특정언론 매체의 구성원이 아니지만 언론의 자유를 행사하려는 창구(*outlet*)를 제공해 줘야 한다는 것이다. 만약 그런 권리가 허용되지 않는다면, 활발한 공적 토론은 의미가 없게 될 것이다. 명예훼손으로 인해 발생한 심각한 손해에 대해 공적 관리가 회복할 수 있는 능력을 깎아 내림으로써 타임스 사건에 관한 연방대법원의 판결은 반론에 관한 가능성을 감소시킨 것처럼 보인다. 왜냐하면 반론을 통한 정상적인 경감 요인을 없애 버렸기 때문이다.[66]

이처럼 바론 교수는 수정헌법 1조를 언론자유를 제약하는 법을 만들지 말라는 소극적 명령이 아닌, 토론의 자유를 보장하기 위한 정당한 기회를 법으로 보장해야 한다는 새로운 이론으로 제시했다. 그리고 실제 바론 교수가 주장한 새로운 권리로서 미디어에 대한 액세스권은 반론

---

66 Barron, 앞의 글 1658~59쪽. 그러나 실제 사건에서 〈뉴욕타임스〉는 소송이 제기되자 앨라배마 주지사에게 광고의 내용에 대해 사과한다는 취지의 기사를 실었다.

권, 정정보도권 등 다양한 이름과 형식으로 제도화되고 있다.[67]

(3) 이성과 객관적 진리

일군의 학자들은 사람들이 거짓 속에서 진실을 선택할 만큼 충분히 이성적이냐는 데 대해 회의감을 보인다. 시장이 진리를 이끌거나 가장 바람직한 결정을 할 것이라는 희망도 사실은 불가능하다고 본다. 오리건대 로스쿨의 에드윈 베이커 교수는 사상의 자유시장에 내재적으로 두 가지 잘못된 가정이 숨겨져 있다고 지적한다. 하나는 발견 가능한 객관적 진리가 존재한다는 것이고, 또 다른 하나는 사람들이 이성적으로 행동한다는 것이다.[68] 먼저, 베이커 교수는 "진리는 객관적이지 않다"고 단언한다. 객관적 진리는 존재하지 않고 관점이나 사안에 대한 이해 역시 '발견되는 것'이 아니라 '선택되거나 만들어지는 것'이라고는 것이다.

과학의 세계에서 여러 이론이나 패러다임 중 하나를 선택하는 기준은 문제에 대한 해답을 제시해 주는 능력과 학문적 유용성, 단순 명료함이나 미적 가치 등이 될 수 있다. 그러나 사회는 과학보다 훨씬 더 복잡한 세계다. 베이커 교수는 "현대의 사람들은 이상적인 형태(*Platonic form*)나 지성의 결정체(*intelligible essence*) 등등 관념적인 것들을 믿으려 하지 않는다"면서 "대신 지식은 사람들의 이해관계, 욕구, 경험이 어떻게 자신이 지각하고 있는 정보의 덩어리들을 자르거나 카테고리화하느냐에 따라 결정된다"고 본다.[69] 이 같은 이해관계나 욕구, 경험 등이 얽혀서

---

67 미국의 경우 방송통신규제 기관인 FCC(Federal Communications Commission)는 방송을 통해 공격을 받은 개인이나 집단에게 반론의 기회가 제공되어야 할 의무를 정한 소위 개인공격에 관한 규칙(*personal attack rule*)을 두고 있다. 특히 1969년 Red Lion 사건 판결로 이에 대한 합헌성이 인정되며 반론권으로서의 방송매체에의 접근권이 인정됐다. 미국의 경우 정정보도권은 인정되지 않는다.

68 Edwin Baker, *Scope of the First Amendment Freedom of Speech*, 25 UCLA L. Rev. 964(1977) 974쪽.

69 위의 글, 974쪽.

만들어내는 다양성과 갈등은 과학의 세계보다 훨씬 더 크다. 더구나 인식을 발전시키는 가이드 역할을 하는 이익, 소망, 미학과 같은 가치 지향적인 기준들은 근거가 없고 객관적인 증명이 불가능한 것들이다. 이에 따라 베이커의 표현대로 '토론의 실패(*failure of discussion*)'가 발생하게 된다. 한마디로 사상의 자유시장에선 역동적인 토론과 분석의 힘에 의해 진리를 발견하거나 (밀턴) 진리에 이르는 더 좋은 선택에 이르게 된다(존 스튜어트 밀)고 보았지만 실상은 경험이나 이해관계 등 주관적 요소에 의해 특정한 관점이 선택될 공산이 크다는 것이다. 베이커 교수는 "이성적인 토론이 주어진 패러다임에 대한 이해를 어느 정도 돕는 역할을 할 수 있지만 대화가 스스로 다른 패러다임을 평가하기에는 불충분하다"고 지적한다.

진리가 선택되고 창조되는 것이라면 어떻게 다양한 가치와 경험을 가진 사람들이 동일한 진리나 이해(*understanding*)를 선택하게 되는 것일까. 이에 대해 베이커 교수는 만약 다양한 그룹들이 어떤 관점을 택하는데 상이한 이해관계를 가지고 있다면 다양한 그룹 중 시장에서 특권을 누리고 있거나, 가시적 화합을 이끌어 낼 수 있도록 영향력을 행사할 수 있는 그룹을 시장이 선호하게 될 때만이 적절한 혹은 진전된 이해에 이르게 된다고 말한다. 그는 허버트 마르쿠제의 말을 빌려 "사상의 자유시장은 단지 부자와 권력자들이 철저히 배제되거나, 사상의 시장에 동등한 접근을 요구하는 진보주의자들이나 좌익 그룹에게 제한된 접근만을 허용했을 때만이 효과적으로 작동할 것"이라고 결론을 내린다.[70]

베이커 교수가 지적하는 또 하나의 문제는 이성의 불완전성이다. 고전적인 사상의 자유시장이론에선 사람들은 자신이 지닌 이성적 능력을 최대한 발휘해 메시지에 담긴 정보 왜곡을 제거하고 정보에 담긴 핵심가치를 찾아낼 것이라고 상정했다. 그러나 이는 현실과는 거리가 있는 단

---

70 위의 글, 975쪽.

정이다. 이성보다 감정적이거나 비이성적인 호소가 오히려 더 사람들의 가치판단에 더 큰 요소로 작용할 수 있다는 것이다. 가령 잠재의식, 공포감, 염원 등 심리적 요소들은 사람들이 메시지에 동화하는 데 영향력을 미친다. 특히 특정한 관점을 선택하는 데 따른 보상도 중요한 요소이다. 베이커의 시각에선 대부분의 사람들이 시장을 자신의 이익을 획득하기 위한 광장으로 본다. 때문에 사람들은 반대되는 정보나 대안적 시각 등이 제기됐을 때 자신들의 이익을 증진시키는 관점을 유지시키려 한다는 것이다.[71] 베이커 교수는 인지부조화 이론을 들어 이 같은 심리적 현상을 설명한다. 대체로 사람들은 인지적 부조화를 일으키는 정보를 기피한다. 자신이 강하게 견지하고 있는 태도나 신념에 어긋나지 않는 메시지에는 주의를 기울이고(선택적 주목), 자신의 신념이나 태도와 일치하는 내용은 기억하고 일치하지 않는 내용은 잊어버림으로써 (선택적 기억) 인식의 부조화를 해소하려 한다는 것이다.

베이커 교수는 특히 이 같은 심리적 인식은 자신을 더욱 강화하기 위해 광고나 선동 등에 의지하는 경향을 보이는데 바로 이 점이 사상의 자유시장이 최선의 진리로 이끈다는 명제를 무력화시킨다는 것이다.[72] 베

71 인지부조화 이론은 어떤 사람이 개인적으로 가지고 있는 신념이나 태도에 반하지만 공개적으로 행동해야 할 상황에 놓일 때 부조화 상태에 놓이게 된다. 이 경우 부조화를 해소하는 방법은 행동과 일치하도록 자신의 사적 신념을 변화시키는 것이다. 특히 상대적으로 많은 보상을 약속받거나 처벌 위협을 받았을 때 개인은 자신의 신념에 반한 행동을 합리화 할 수 있다고 본다(세버린 · 탠카드, 《커뮤니케이션 이론 : 연구방법과 이론의 활용》, 박천일 등 역(2004), 208~215쪽).

72 베이커 교수는 심리학의 연구결과를 토대로 피실험자의 반응은 심벌들에 대한 급박한 투입(*input*) 뿐만 아니라 3가지 다른 요소에 의해서도 영향을 받는다고 설명한다. 첫째는 상징과 관련된 지금까지 축적된 기억들의 잔상이고 둘째는 경제적 유인이나 강요된 유인, 셋째는 사회를 둘러싼 강요적인 구조와 과정들이다. 실제로 한 심리학 연구에 따르면 새로운 자동차를 구매한 사람은 다른 차보다도 자신이 구매한 차의 광고를 더 많이 보고 읽는 경향이 있다고 한다. "광고란 판매자들이 팔려고 하는 상품의 이점만을 강조하기 때문에 새 자동차 구매

이커 교수의 관점에선 설사 어떤 사람이 특정 관점이나 주장이 최선이라는 것을 알더라도 자신의 이해와 일치하지 않는다면 그것이 사상의 시장에서 발견되게 할 이유는 없다. 자신의 위치가 주는 장점으로 인한 합리성(*rationality*)의 우위가 없다면 시장이 가장 좋은 주의 주장을 택할 것이라는 기대를 하기는 어렵다는 것이다. 이런 과정들을 고려하면 사상의 자유시장에선 반대하는 두 그룹 사이의 경쟁을 규제하는 데 있어 공정성을 기대하기는 어렵다고 베이커 교수는 지적한다.

물론 이 같은 사상의 자유시장이론에 대한 공격은 너무나 자연스러운 것이다. 밀이 주장했듯, 절대적인 이론이나 진리는 없다. 사상의 자유시장이론도 인류가 표현의 자유, 언론의 자유를 보호하기 위해 사고해낸 논리이다. 시장이론 자체가 하나의 사상으로서 시장에 올라있다고 볼 수 있기 때문이다. 많은 비판이 제기됐지만 사상의 자유시장이론이 지향하는 근본적인 가치들, 즉 인간 이성에 대한 신뢰와 관용, 민주주의 등을 적대시하거나 반대하는 입장은 없다. 설사 위에서 언급했던 비판론자들의 주장을 수용하더라도 사상의 자유시장이론의 가치는 시장에서 여전히 살아있고, 표현의 자유를 정당화시켜주는 '진리'로서 자리매김을 하고 있다. 가령, 시장의 실패론자들의 주장처럼 몇몇 언론사들이 여론을 독점할 우려가 있는 것도 사실이다. 그러나 한국의 경우를 살펴보자. 3개 주요 지상파 방송사 지역민방, 십여 개의 중앙일간지가 경쟁하고, 수십 개의 케이블방송과 위성방송사가 존재한다. 또 각 분야의 전문지와 각종 잡지들도 셀 수 없을 정도로 많다. "사상의 자유시장이 모든 관점을 나타낼 수는 없어도 사상의 자유시장이 공허한 철학적 비유는 결코 아니다"라는 지적은 공감이 가는 대목이다.[73]

자는 자신이 구매한 광고를 읽음으로써 자신의 결정을 강화하고 합리화할 정보를 찾는다는 것이다."(세버린 등, 앞의 책, 209쪽.)

73 Kent R. Middleton, William E. Lee, Bill F. Chamberlin, *The Law of Public Communication* (6th ed, 2003), 28쪽.

기존의 수정헌법 1조 이론에 대해 비판적인 입장을 취하는 앨라배마대 매튜 벙커 교수는 "사상의 자유시장 이론은 비록 오류가 있지만 표현의 자유를 보호하기 위한 논거를 제시, 위대한 가치를 지니고 있다"면서 "이 이론의 핵심인 '폴리빌리즘'(*fallibilism*, 어떤 명제도 의심할 여지가 없다는 것은 없다는 사고)은 우리가 동의하지 않는 의견들을 침묵시키는 것에 대해 준엄한 경고를 내린다"고 평가한다.[74] 사람들의 시각(*viewpoints*)을 검열해야 한다는 충동은 상당히 강력하고 보편적인 것인데 사상의 자유시장이론은 이런 세력에 대해 완충 역할을 해 준다는 것이다.

74 Matthew D. Bunker, *Critiquing Free Speech*(2001), 8쪽.

2. 인터넷과 함께 부활한 사상의 자유시장

사상의 자유시장 이론에 대한 공격은 '이론'으로서 논리구조상의 결함보다는 상황론적 요소에 근거한 것이 많다. 사상의 자유시장 이론의 당위론적 타당성은 인정하지만 이는 이상적 상황을 전제로 한 것일 뿐 실제 현실에 적용하려 하니 이런 저런 문제점이 발생한다는 논리다. 앞장에서 살펴본 '시장의 실패' 비판이 대표적이다. 사상의 자유시장이 제대로 작동하려면 시장 자체가 공정한 룰에 의해 작동돼야 하는데, 사상의 시장은 일부 미디어 재벌들에 의해 독점되거나, 정부 권력 혹은 부유층 등 사회적 강자들의 영향력이 지배하는 불공정한 시장이라는 것이다.

그렇지만 이러한 사상의 자유시장이론은 테크놀로지의 발달과 함께 새롭게 조성된 커뮤니케이션 환경에 의해 다시 부활했다. 바로 인터넷의 등장이다. 앞서 설명했듯 미국의 연방대법원은 Reno v. ACLU 사건(1997)[75]에서 인터넷을 '새로운 사상의 자유시장'으로 규정했다. 미국을 넘어 전 세계에 사상의 자유시장이론을 전면적으로 부각시켰다. 당시만 해도 인터넷의 특징에 대해 어느 나라도 사법부가 법률적 해석을 내놓은 적이 없었다. 때문에 이 판결은 전 세계에 인터넷에 대한 정책적 법률적 사고의 틀을 제시했다고도 볼 수 있다. 인터넷을 사상의 자유시장으로 규정한 것은 적어도 미국에선 인터넷에 대한 정부의 규제나 개입은 최소한도로 제한돼야 한다는 사법정책적 선언이었다. 사상의 자유시장은 '탈 정부 규제'가 프로토콜이기 때문이다. 연방대법원이 규제되지 않은 저속하거나 명백히 모욕적인 표현물에 아이들이 노출될 것을 우려해 사람들이 인터넷에서 멀어질 것이라는 정부의 논리를 "근거 없다"며 단박에 깨트린 것은 이 이론을 채택한 순간 당연한 귀결이었다.

연방대법원은 "(인터넷상의) 표현물에 대한 정부의 규제는 아이디어

75 521 U. S. 844 (1997).

의 자유로운 교환을 장려하기보다는 간섭하게 될 것이다. 민주주의 사회에서 표현의 자유를 장려함으로써 얻는 이익은 어떤 이론적이기만 할 뿐 증명되지 않은 사전검열이 주는 이익보다 훨씬 크다"며 사상의 자유시장이론의 유용성을 다시 한 번 강조했다.

그렇다면 다시 질문을 던져보자. 인터넷의 어떤 점이 사상의 자유시장의 부활을 야기한 것일까. 인터넷이 지닌 미디어로서의 특성에 대해 새삼 자세히 논의할 필요는 없을 것 같다. 인터넷이 활성화 된 90년대 초반부터 지금까지 다양한 관점에서 워낙 많은 논문과 저서들이 쏟아졌기 때문이다. 이 장에서는 인터넷이 사상의 자유시장 형성에 어떻게 기여하는가라는 관점에서 간단히 짚고 넘어가자. 이를 위해 최근 우리사회에 큰 파문을 일으켰던 PD수첩 '광우병소' 진실 논란을 예로 들어 설명하고자 한다.

1) PD수첩 '광우병소' 진실 논란과 사상의 자유시장

최근 미국산 쇠고기 수입을 둘러싼 논란이 격해지면서 많은 사회적 논쟁이 야기됐다. 그 중 하나가 MBC 'PD수첩'이 2008년 4월 29일 제작 방영한 '미국 쇠고기 과연 광우병으로부터 안전한가'라는 프로그램의 진실 논란이었다. 이 프로그램은 광우병의 위험성을 집중보도, 촛불집회를 발화시킨 불꽃이 되었다. 문제는 이 프로그램에서 미국산 쇠고기가 광우병 위험으로부터 안전하지 않다는 주장을 뒷받침하기 위해 제시한 두 가지 사례가 진실성이 의심받으면서 논란이 증폭됐다. 그 중 하나는 올해 초 미국에서 사망한 여성 아레사 빈슨 씨가 인간광우병(vCJD) 으로 사망했을 가능성이 크다는 것이었고, 다른 하나는 '주저앉은 소(다우너)'를 광우병과 직접 연결시킨 부분이다.

미국 질병통제예방센터는 PD수첩 보도가 나간 지 한 달여가 지난 2008년 6월 12일(현지시각) 홈페이지를 통해 "아레사 빈슨의 사인에서

〈그림 2-1〉 조선닷컴(2008.6.28), "PD수첩 번역작가들 잇단 문제제기"

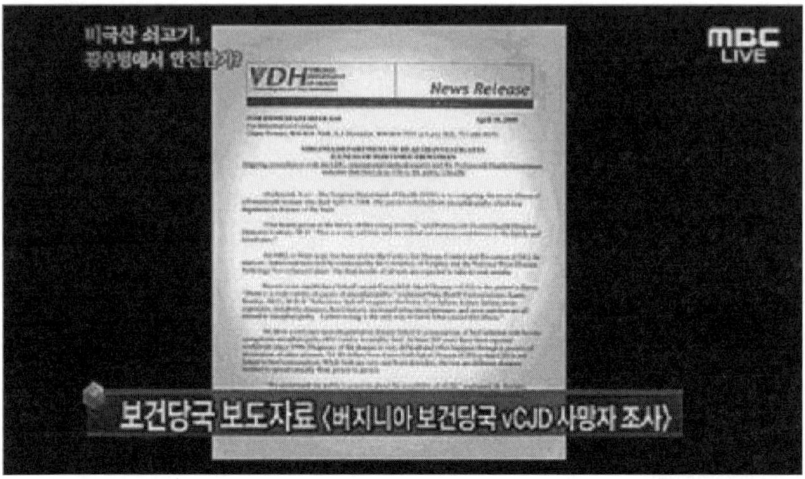

인간 광우병일 가능성을 배제했다"며 "인간광우병 감염에 의한 사망은 아닌 것으로 결론지었다"고 밝혔다.

이에 PD 수첩은 6월 24일 '쇠고기추가협상과 PD수첩 오보논란의 진실'편에서 '다우너' 동영상과 빈슨의 사인에 대해 당시 제작진이 빈슨 씨의 어머니가 크로이츠펠트 야코프병(CJD) 이라고 말한 것을 인간광우병(vCJD) 으로 오역했다는 논란에 대해 해명하면서 상황은 전혀 새로운 양상으로 전개되기 시작했다. 제작진은 "빈슨의 어머니가 전문적인 의학용어를 몰라 CJD와 vCJD를 혼동했지만 딸의 죽음의 원인을 인간 광우병으로 의심하고 있었다"고 말했다. 생방송 진행 중 다우너소를 "광우병소"라고 지칭한 것에 대해서는 "실수였다"고 해명했다. 제작진은 그러면서 "영어번역과 관련해서는 또박또박 제대로 번역하지 않았다거나 의역을 해서 오해의 여지를 남겼다는 지적들은 완전히 잘못됐다고 보기 어려운 측면이 있다"며 "앞으로 특히 영어번역 문제는 좀 더 치밀하게 해야겠다"고 말했다.

하지만 이에 발끈한 것은 4월 29일 방송한 광우병 보도의 영어 번역·감수를 맡았던 번역가인 정지민(26·여) 씨였다. 그는 다음날인 6월 25일 PD수첩 홈페이지 시청자 게시판에 제작진의 해명을 반박하는 글을 실명으로 올렸다.[76]

정씨는 "다우너소(*downer cow*·주저앉는 소)에 대해 광우병을 직접 연결시키는 것은 왜곡이라고 여러 번 강력하게 의견을 피력했다"고 말하며 빈슨의 사안이 확실치 않다는 것을 충분히 강조하지 않았다는 점을 거론했다. 그는 특히 "이 두 가지 문제는 번역 문제가 아니라 제작 의도 및 편집의 어떤 '성향' 내지는 '목적'이 강조되어 발생한 문제"라고 지적했다. 또 "막연히 '영어 번역에 신경 쓰겠다'고 (해명) 한다면 번역자로 이름 올라간 사람들한테 뒤집어씌우는 것밖에 더 되냐"고 PD수첩 측의 해명에 강하게 반발했다.

정 씨의 반론이 나가자 PD수첩의 시청자의견란은 찬반의견의 전쟁터가 됐다. 불과 1주일 만에 2만 6천여 건의 댓글이 시청자의견란을 뜨겁게 달궜다. "허위보도에 속았다 사과하라"는 비판과 "힘내라"는 응원이 맞붙었다. 조선 중앙 동아를 비롯한 오프라인 신문들이 앞다퉈 정 씨를 인터뷰해 대대적으로 보도했다.

그러자 PD수첩은 26일 다시 시청자의견란에 반박글을 게재, "PD수첩은 미국산 쇠고기의 안진성에 문제를 제기하고, 쇠고기 협상이 졸속으로 이루어졌음을 밝히고자 프로그램을 제작했다"며 "이런 사실을 외

76 정 씨는 중고교 시절 6년을 영국에서 보낸 뒤 국내에서 대학을 마쳤으며, 2002년부터 프리랜서 번역가로 활동, MBC의 'W'와 '불만제로' 등 60여 편의 방송 프로그램 번역 작업에 참여했다고 한다. 그는 언론과의 인터뷰에서 "당시 PD수첩 방영분 중 영어로 번역된 모든 부분(12분)에 대해 내가 최종 감수를 맡아 잘 알고 있다"고 말했다. 정씨는 자신이 PD수첩의 광우병편 1편을 제작하는 데 쓰인 영상자료 870분 분량 중 3분의 1 가량인 275분 분량과 12편의 문서를 번역했다. 정씨의 글은 PD수첩 홈페이지의 시청자 의견란에서 볼 수 있다. http://www.imbc.com/broad/tv

면한 채 일부 언론은 '과장', '왜곡' 운운하며 끊임없이 PD수첩을 공격하는 것에 강한 유감을 재차 표명하고자 한다"고 재반박했다. PD수첩측은 "다우너 소를 광우병과 연결시키는 것이 왜곡이라는 것을 제작진은 도저히 이해할 수 없다"고도 했다.

이에 대한 정 씨의 반응도 즉각적이었다. 6월 29일까지 정 씨는 PD수첩 시청자의견란에서 자신의 글을 비난하는 네티즌들의 글에 대해 응대하며 '피곤한 전투'를 치렀다(〈그림 2-2〉). 정 씨는 그러나 6월 27일 네이버에 자신의 카페를 개설한 뒤 29일부터 '프쉬케'라는 필명으로 자신의 입장을 담은 글을 본격적으로 올리기 시작했다.

정 씨는 '27일 PD수첩 공지에 대한 내 입장'이라는 글에서 "(PD수첩측이) '다우너'를 '광우병 우려 소'로 번역한 것은 단순한 표현상의 의역

〈그림 2-2〉 PD수첩 홈페이지

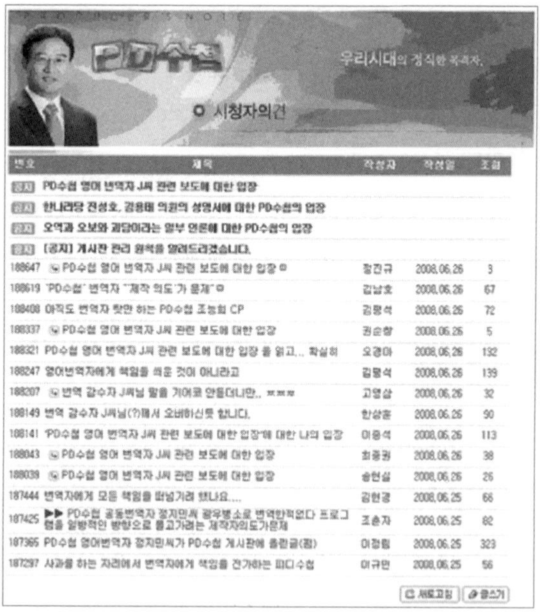

이나 실수가 아니라, 과학적 근거들을 배제하고 편집한 데 따른 명백한 왜곡"이라고 주장했다. "다우너 소가 광우병 소일 수 있다는 것은 이론적으로는 말할 수 있는 문제이지만 실제 그 영상에 나온 소들이 광우병 소일 가능성을 계산해야 한다"며 "사상 최대의 쇠고기 리콜 사태라고 하면서 리콜의 등급, 성격 등에 대해 미국 농림부 전문가가 설명해주는 자료를 최종 방영분에 반영하지 않았다"고 주장했다. 그는 또 30일 올린 글에서 "최근에서야 광우병 편을 보았다"면서 "제가 보았다면 진작 이야기했을 텐데 죄송스럽게 생각한다"고도 했다.

정지민 씨와 PD수첩, 그리고 네티즌과 오프라인 언론 등 4개 축으로 전개된 PD수첩 진실논란은 결국 법정으로 옮겨져 법원에 의해 판단이 내려질 것이다. 그러나 우리가 이 사건에서 주목해야 할 것은 사상의 자유시장이론이 왜 인터넷의 등장으로 각광받게 되었는지를 잘 설명해준다는 점이다. 하나씩 짚어보자.

윤영철 연세대 교수는 인터넷의 등장으로 야기된 디지털 시대의 새로운 커뮤니케이션 양식으로 시공의 초월성, 상호작용성, 익명성 등 3가지로 요약한다.[77] 필자는 여기에 다대다의 커뮤니케이션 구조와 광범위하고 개방된 네트워크 등을 추가한다.

우선, 송신자와 수신자간 관계의 변화를 꼽을 수 있다. 기존의 미디어는 일대일(*one to one*) 또는 일대다(*one to many*)의 커뮤니케이션 구조였다. 둘 간의 대화인 전화가 대표적인 일 대 일 미디어라면, 불특정 다수의 대중들을 상대로 정보를 전달하는 신문이나 방송은 일대다의 미디어이다. 인터넷은 이런 올드미디어들과는 달리 다대다(*many to many*)의 커뮤니케이션 구조다. 수많이 사람들이 인터넷을 매개로 서로 연결돼 대화하거나 정보를 교환한다. 다대다의 커뮤니케이션 구조는 사상의

---

77 윤영철(2001), "디지털미디어시대의 정치변화", 《디지털시대 방송의 이해》, 나남출판, 238~241면.

자유시장이 형성될 수 있는 최적형태다. 전화를 통한 커뮤니케이션으로는 시장이 형성되지 않는다. 시장의 참여자가 너무 적기 때문이다. 신문이나 방송이 사상의 자유시장을 실현할 매체로 주목받았던 가장 큰 이유도 다수의 사람들을 정보전달 대상으로 삼았기 때문이다. 인터넷이 21세기의 대중적인 매체로서 급속하게 자리 잡은 것은 일대일(이메일 등), 일대다(블로그나 인터넷 미디어), 다대다(게시판이나 채팅룸) 등 다차원적인 커뮤니케이션이 가능하다는 점이다. 인터넷에 올린 나의 한 줄의 글이 기존의 오프라인 매체의 도움이 없이도 전 세계의 무수히 많은 네티즌들에 공개가 된다. 내가 생각을 정리해 글만 올린다면, 나의 생각을 읽어줄 수많은 잠재적 독자들이 존재하는 것이다.

더욱 중요한 점은 일대다이든 다대다의 커뮤니케이션이든 여러 정보를 담고 있는 다양한 논조의 목소리를 동시에 들을 수 있는 기회를 제공한다는 점이다. 신문의 경우 게이트키퍼가 논조나 기사의 내용 등을 점검하지만, 인터넷에는 사전에 내용을 걸러내는 에디터가 존재하지 않는다.

PD수첩 광우병 소 진실논란과 관련, "영이빈역/감수한 사람입니다"로 시작하는 정지민 씨의 첫 글은 불과 일주일간 무려 2만 8백여 건의 페이지뷰를 기록했다. 산술적으로 2만 명 이상이 정 씨의 글을 직접 사이트를 방문해 읽었다는 이야기다. 이 글은 링크나 퍼가기 등을 통해 사방으로 전파됐을 것임을 예상할 때 그의 글을 읽은 사람들이 얼마나 될지 가늠하기 어렵다. 누구나 별다른 조건이나 환경적 제약 없이 수만 명의 사람을 상대로 연설할 수 있는 기회를 잡는 것은 오프라인에서 불가능하다. 편집자들에게 선택된 일부 사람만이 해당되는 일이고, 대부분 오피니언 리더들이다.

또 정 씨의 글을 놓고, 찬성하는 쪽과 반대하는 입장이 서로 다대다의 논쟁을 벌인 것 역시 인터넷이 아니면 불가능한 구조다. 정 씨의 폭로와 PD수첩의 보도 내용을 놓고 다양한 시각과 생각을 담은 수많은 글이 시청자게시판이라는 소규모의 사상의 자유시장에서 맞붙은 것이다.

둘째, 시공의 초월성이다. 인터넷은 시간과 공간의 제약을 받지 않는다. '국경 없는 인터넷'으로 상징되듯 네트워크로 연결되기 때문에 지리적 제약을 받지 않으며, 컴퓨터의 저장기능으로 인해 올드미디어처럼 정해진 시간에 정보를 접해야 하는 시간적 제약이 허물어졌다.

또한 인터넷은 동시적이고 비동시적인 커뮤니케이션이 모두 가능하다고 윤 교수는 말한다. 다시 말해 "전자게시판 뉴스그룹 등을 통해서 비동시적 커뮤니케이션이 가능할 뿐만 아니라, 원격대화(*chatting*), 컴퓨터회의를 통해 실시간적인 커뮤니케이션이 가능하다"는 것이다.

정지민 씨가 최초로 MBC PD수첩에 번역 잘못을 지적하는 글을 올린 뒤 PD수첩 홈페이지 시청자게시판에서 벌어진 논쟁에 참여한 사람들은 지역적 공간적 연령적 이념적인 제약을 전혀 받지 않았다. 외국에 사는 교포들은 물론 전국의 모든 사람들이 고루 참여했다. 한 네티즌은 정 씨가 최초 글을 올린 지 보름 만에 시청자게시판에 '정지민 씨 글에 대한 반박'이란 제목으로 뒤늦게 논쟁에 뛰어들었다. 이 네티즌은 "똑같은 자료를 봐도 사람마다 이해하는 차이와 보는 시각에 차이가 있다"면서 "법정에서 진실이 밝혀질 것"이라고 주장했다. 잠시 후 이 네티즌의 글에는 바로 반박하는 댓글이 붙었다. 한 네티즌이 "한국산 닭고기와 미국산 쇠고기를 먹더라도 건강상 문제가 없다는 것을 아무리 강조해도 아내와 자녀를 안심시킬 수 없어 과학자로서 무력감을 느꼈다고 토로했다"는 내용의 모 대학 교수의 글을 다른 사이트에서 퍼와서 앞의 글을 반박한 것이다.

셋째, 상호작용성이다. 올드 미디어가 시청자나 독자에게 일방적으로 정보를 전달해 주고 이들의 의견을 수용하는 것에는 크게 배려하지 않았다. 신문의 경우 요즘은 오피니언 페이지라고 불리는 '독자투고란' 정도가 독자들에게 개방된 공간이었다. 그러나 인터넷의 상호작용성은 이 같은 기존 미디어와 사용자 사이의 장벽을 일시에 허물어 버렸다. 인터넷 이용자들은 사이트에서 정보를 전달 받는 즉시 댓글을 달아 피드백(*feed back*)을 하거나, 사이트 운영자 혹은 언론사 측에 직접 이메일을 보내 자신의 의견을 손쉽게 전할 수 있다. 그것이 어렵다면 본인이 직접 자신의 사이트를 만들어 자신의 반론을 게재할 수 있다. "지금까지의 위계적이고 일방향적인 커뮤니케이션 구조에 갇혀있던 대중과 언론의 관계가 새로운 커뮤니케이션 구조에서 좀 더 평등하고 대등하게 바뀌었다"는 것이다.[78]

더욱 중요한 것은 이렇게 반론 제기가 용이해진 차원을 넘어서 인터넷 이용자들이 단순한 정보소비자의 역할을 넘어섰다는 점이다. 올드미디어에선 신문이나 방송이 전해주는 메시지를 수동적인 입장에서 소비했지만 인터넷이 만들어낸 역동적인 환경에선 이용자들 자신이 정보를 생산하기도 하고, 자신이 원하는 정보를 취사선택한다. 가령 뉴스뿐만 아니라 인기 드라마 한편이 방송되면 그 드라마의 홈페이지에는 수백 개 혹은 수천 개의 댓글이 달리고 논쟁이 벌어진다. 시청자들은 가상 스토리라인을 제시하기도 하고, 연기자들의 연기에 대한 평을 적기도 하고, 단순히 자신의 감상을 남기기도 한다. 제작자나 작가가 시청자의 질문에 답글을 달기도 하며 게시판에 상당히 신경을 쓴다. 이처럼 정보이용자 혹은 뉴스 소비자들의 반응은 정보(뉴스) 생산자의 제작 활동에 즉각적으로 반영되는 등 직간접적 영향을 미치게 된다. 정보가 쌍방향으로 소통되며 정보 이용자와 생산자가 서로 상호작용을 하게 되는 것이다. 요즘의 신조어로 등장한 프로슈머(*prosumer*: *producer*와 *consumer*의 합성어)의 의미 그대로 네티즌들이 정보의 소비자이면서 생산자로서의 역할을 하고 있는 것이다.

이를 다시 정지민 씨의 의혹제기와 연결해 생각해 보자. PD수첩 진실논란은 중첩된 피드백 구조를 지니고 있다. PD수첩의 의도적 오역

---

78 팔란티리2020(2008), 《우리는 마이크로 소사이어티로 간다》, 웅진윙스, 246면.

의혹은 미국 질병통제예방센터에서 아레사 빈슨의 사인이 인간 광우병일 가능성을 배제하면서 진실논란을 해명하는 과정에서 일부 번역이 잘못됐다는 식의 발언을 하자, 번역자인 정 씨가 즉시 대응을 함으로서 발생했다. 기존 오프라인 매체의 개념으로 보면 반론권을 행사한 것이다. 이후 논란은 정 씨와 PD수첩간의 논쟁과 이를 둘러싼 정 씨와 비판론자들 혹은 찬반입장을 가진 양측이 서로 상호작용을 하고, 기존 언론이 여기에 가세하면서 사회적 논쟁으로 발전했다.

만약 인터넷이 없었다면 정 씨의 반론은 과연 가능했을까. 정 씨가 오프라인에서 자신의 입장을 밝히기 위해 취할 수 있는 입장은 대략 3가지이다. 우선 PD수첩에 정정보도를 청구할 수 있다. 만약 이것이 받아들여지지 않으면 언론중재위원회나 법원의 문을 두드릴 수 있다. 마지막으로 주요 언론사를 찾아가 억울한 일을 당했으니 자신의 입장을 기사화 해달라고 사정하는 일이다.

그러나 이 세 가지 모두 사회경험이 적고 사회적 지위도 그리 높지 않은 20대에게 그리 만만한 과제가 아니고, 시간적으로나 정신적으로나 혹은 금전적으로나 무척 피곤한 일이다.

반면 정 씨가 실제 취한 자구책은 너무나 단순했다. 그는 인터넷에 접속해 단지 자판을 '두드리는' 일만으로 굴지의 언론사인 MBC에 맞섰다. PD수첩이 글을 올릴 때마다 정 씨는 반박 글을 실었고, 자신에 대한 비판 글이 올라오면 일일이 대응했다. 시청자게시판에 실린 정 씨의 최초 글을 2만 명 이상이 읽은 것에서 알 수 있듯, 적어도 의역 논란과 관련해선, 정 씨도 MBC와 대등한 수준의 영향력을 가지고 있다고 보아야 한다. 게시판 자체가 하나의 사상의 자유시장이 되어 관리자로서의 게이트키핑 권한을 지닌 MBC가 설사 정 씨의 글을 삭제할 의사가 있었더라도 이를 실현하기 어려운 구조가 됐기 때문이다. 정 씨의 글은 시청자게시판에서 삭제되더라도 이미 정보고속도로를 타고 사방으로 옮겨졌고, 오프라인 매체들을 통해 널리 알려졌다. 시청자게시판에서 삭제한다고 해도 MBC로선 실익이 없어진 것이다.

결론적으로 사상의 자유시장의 비판 중 가장 주된 논리였던 시장의 실패가 인터넷에선, 적어도 정 씨의 케이스에선 적용되지 않은 것이다.

넷째, 광범위하고 개방된 네트워크 역시 인터넷의 눈여겨 볼 특징이다.

앞장 '인터넷을 보는 두 시각'에서 살펴보았던 샌포드 교수와 로랜거 교수의 설명을 다시 되짚어 보자. 인터넷은 자원의 희소성이 문제가 되는 공중파 방송과는 달리 무한정한 수의 정보소스를 제공해야 한다. 전파처럼 쪼개 쓸 필요가 없고, 신문처럼 한정된 지면적 제약 때문에 뉴스를 선별해야 할 필요성도 훨씬 적다. 누구나 인터넷에 접속하면 블로거가 될 수 있고, 온라인 미디어의 발행인이나 편집인이 될 수 있다. 물론 가장 중요한 것은 이 과정에서 드는 비용이 거의 없다는 점이다.

정지민 케이스를 다시 적용해 보자. 정 씨는 반대 입장의 네티즌들과의 싸움에 피로를 느꼈는지, 일정 시점이 지나자 자신의 카페를 네이버에 개설해 자신의 입장을 밝히기 시작했다. 자신의 발언의 무대를 PD수첩 시청자게시판에서 자신의 카페로 옮긴 것이다. MBC PD수첩이 나름의 홈페이지를 가지듯, 정 씨 스스로도 하나의 채널을 확보한 것이다. 이곳은 사이버 스페이스에서 정 씨의 영토로, 정 씨가 주권을 행사하는 곳이다. 정 씨가 네이버에 카페를 개설하는 데 든 비용은 단 한 푼도 없다. 정 씨는 원한다면 다음에도 블로그를 낼 수 있고, 다른 어느 곳에도 시간적 공간적 제약 없이 자신의 주장을 확산시키기 위해 카페나 블로그를 개설할 수 있다. 오프라인에서 사상의 자유시장의 제약 요인으로 작용했던 빈부의 차이 등 경제적 장벽에 의한 매체 접근권의 제한이나 유력계층의 여론의 독점 현상은 온라인에선 위력이 현저히 약화된다는 이야기다.

마지막으로 익명성이다. 이 문제는 이 책에서 더욱 깊게 천착할 문제이기 때문에 여기서는 가볍게 언급만 하고 넘어가자. 인터넷에서의 커뮤니케이션 행위는 주로 익명으로 이뤄진다. 실명보다는 아이디(ID)나 대화명 등을 사용한다.[79] 네티즌들은 익명성의 우산 아래 자신의 행동을 규제하던 사회적 규범에서 벗어나 자유로운 상태에서 대화를 할 수 있다는 장점이 있다. 익명성은 특히 나이, 교육정도, 성별, 사회적 지위 등으로부터 자유로운 평등한 관계 속에서 대화를 할 수 있게 하는 장치라고도 볼 수 있다. 특히 익명성은 보복의 위험성으로부터 네티즌을 보호할 수 있는 가장 확실한 도구라는 점도 주목할 만하다.

물론 익명성은 허위사실을 유포하거나 모욕적이거나 명예훼손적인 언사를 한 네티즌들의 도피처가 되기도 한다. 사이버 스페이스의 신뢰성을 떨어뜨리는 것은 물론이다. 이처럼 익명성은 두 얼굴을 가지고 있다.

정 씨의 경우 실명으로 자신의 글을 게재했기 때문에 익명성과는 해당되지 않지만 실명 사용은 정 씨의 글에 신뢰의 힘을 선물했다. 신뢰도가 높은 만큼 전파의 속도가 빨랐고 무엇보다 오프라인 언론에서 즉시 정 씨의 글을 기사화한 것도 이 같은 상황과 무관하지 않다. 또 한 가지 착안할 점은 정 씨는 언론과의 인터뷰에서 곧 박사과정을 밟기 위해 외국 유학을 떠날 계획이라고 밝혔다.[80] 정 씨는 앞으로 MBC의 번역 일을 하지 않을 계획인 것이다. 만약 정 씨가 다른 인생계획이 없었다면 실명으로 내부고발을 하기에는 훨씬 많은 제약이 따랐을 것이라는 것은 미루어 짐작할 수 있다.

---

79 물론 요즘은 주요 포털사이트 등을 중심으로 제한적 인터넷 실명제가 도입돼 글을 쓸 때 실명확인을 하도록 돼 있지만 실제 게시될 때는 아이디나 대화명이 뜬다.

80 서정보(2008. 6. 26), "다우너가 병명 아닌데 광우병과 무리하게 연결", 〈동아일보〉.

(1) 돌아온 이성의 시대

정지민 씨 케이스는 사상의 자유시장과 인터넷의 관계를 여러 측면에서 조망하게 해준다.

인터넷이 사상의 자유시장으로 가장 주목받은 이유는 넷을 통해 진정한 민주주의를 실현할 수 있는 가능성을 발견했기 때문이었다. 앞서 살펴보았듯 밀턴은 사상의 자유시장의 작동원리로 인간의 '이성'에 의한 자기조정과정을 거쳐 진리가 발견될 것으로 믿었고, 밀은 인간의 이성을 자신의 잘못을 수정할 수 있는 능력으로 보았다.

미국의 대표적인 사이버 자유주의 운동가인 마이크 가드윈 변호사는 인터넷의 등장으로 새로운 "이성의 시대가 도래했다"고 주장했다.[81] 그 역시 진리를 발견하기 위한 이성의 힘이나 잘못을 수정하기 위한 이성의 힘을 부정하지 않는다. 그러나 그는 하나를 더 추가한다. 바로 다른 사람을 논리적으로 설득하기 위한 '도구로서의 이성'이라고 할 수 있다.

가드윈 변호사는 앞으로 더욱 표현의 자유와 사교를 위한 포럼, 정보서비스의 인프라가 더욱 확장될 것으로 예상되지만, 모든 인터넷 시스템의 1차적 특징은 텍스트에 의존하는 것이라고 전망한다. TV 등 영상매체의 위력 앞에 신문 등 인쇄 매체는 갈수록 영향력이 약화되고, 글로 표현된 인쇄물도 점차 퇴출의 길을 걸을 것으로 예상했지만 인터넷의 등장으로 상황은 크게 바뀌었다는 것이다.

가드윈 변호사의 지적은 상당히 날카롭다. UCC 동영상이 인기를 끌고 있지만 아직 인터넷의 압도적인 위력은 활자화된 단어에서 나온다. 그것이 오프라인 신문의 기사나 이에 딸린 댓글이든, 블로거의 글이든, 채팅룸의 대화이든 모든 것이 활자를 통해 이뤄진다. 정지민 씨 케이스를 생각해 보자. PD수첩이든, 정지민 씨든, 양쪽을 편드는 네티즌이든

---

81 Mike Godwin(2003), *Cyber Right: Defending Free Speech in the Digital Age*, 7쪽.

모두 활자화된 글로써 커뮤니케이션을 했고 논리와 명분의 전쟁이 이어졌다. 가드윈 변호사는 "비록 케이블 방송의 시청자들은 앞으로도 빠르고 솜씨 있고 박진감 있는 영상물에 익숙해지겠지만, 갈수록 늘어나는 컴퓨터 이용자들은 서로 간에 점점 더 효과적으로 글 쓰는 법에 익숙해질 것"이라고 예상했다.[82] 그는 바로 이 점, 즉 효과적인 글쓰기가 진정한 민주주의를 실현할 수 있는 네트워크의 세상을 만들 것이라고 주장했다. "자신의 영향력은 부나 지위에 의해 결정되는 것이 아니라 얼마나 자신이 글을 잘 쓰고 이성적으로 논증할 수 있는가에 의해 결정된다"는 것이다. 인터넷은 앞으로도 오디오나 비디오 등 모든 종류의 커뮤니케이션을 지원하는 것으로 계속 발전해 나갈 것이다. 그러나 가드윈은 "활자화된 표현물인 텍스트의 효율성과 힘은 계속해서 인터넷의 중심적 역할을 하게 될 것"이라고 주장했다.

물론 이 같은 주장에 대해 최근의 UCC 열풍을 거론하며 반박할 수는 있다. 현장의 상황을 생생히 담아 인터넷에 올린 동영상의 파괴력을 과소평가해선 안 된다는 지적도 나올 수 있다. 그러나 이는 본말이 전도된 것이다. 현장감 있는 동영상이 논쟁의 발화점이 되거나 신념을 강화시키는 기제가 될 수 있어도 그것 자체가 사상의 자유시장에 벌어지는 논쟁을 끌고 나가는 동력은 아니라는 것이다. 다음의 아고라 등에서 댓글 등을 통해 활자화된 표현물로 표출되는 다양한 관점에서의 찬반양론의 논리적 대립이야말로 논쟁을 이끈 힘이었다. 촛불시위 당시에도 미국산 쇠고기 수입에 관한 많은 UCC가 제작됐지만 감성에 호소하는 측면이 강했고 논쟁의 보조 장치 수준이었다. 이처럼 동영상에 보여지는 자극적 화면이 진지하고 이성적 토론보다 감성적 감정적 대응을 야기할 수 있다는 점은 경계해야 한다. 이와 관련, UCC가 지닌 감성적 여론 메커니즘을 지적하는 건국대 황용석 교수의 설명은 예리하다. 다음은 그

82 위의 책.

의 강연내용 중 일부.

> UCC로 인해 감성지향적인 사회로 바뀌고 있습니다. … UCC는 이와 같이 이성보다 감성이 더욱 지배합니다. 감성이 공유되면 순식간에 엄청난 군중들이 형성됩니다. 벌떼처럼 붕붕 다니면서 폭탄을 떨어뜨리지만 이런 감성 커뮤니티는 오래가지 않습니다. 기분 따라 순식간에 모였다가 흩어집니다. 고전적인 가치는 사라지고 대신 휘발성이 강한 내적인 욕구 중심의 네트워크가 만들어집니다. … UCC의 장점은 새로운 여론 메커니즘을 만들었다는 것입니다. '동아여고'가 네이버 검색 1위가 되어서 '네이버 지식인'에게 물어보았습니다. 그런데 이런 질문이 200개가 올라와 있더군요. (웃음) 당시 동아여고 배식에 맨물에 삶은 계란이 '계란탕(그림 오른쪽)'이라고 둥둥 띄워서 나왔답니다. 이 '계란탕'이 블로그에 오르며 반나절 동안 일파만파 퍼져 검색 1위가 되고, 여론은 집중해서 보도하고, 바로 다음날 그 지역 교육청과 동아여고 교장이 사과 성명을 냈습니다. 주류미디어가 보도하지 않아도 UCC가 급식의 사회적 문제 만들어 공적인 기관에서 사과를 만들어냈으니 쾌거지요. 여론의 민주화를 만들어낸 것입니다. 그러나 이것이 감성적 여론이라는 것이 문제입니다. 아주 소수만이 공적인 비판을 하고 대부분은 신기해하거나 분노하는 것에 그치죠.[83]

〈그림 2-3〉 논란이 된 계란탕

83 황용석(2007. 4. 6), "UCC명암과 새로운 담론 생산의 구조", 나눔문화 특강. http://www.nanum.com/zb

2) 최적의 사상의 자유시장, 인터넷 포털

인터넷이 사상의 자유시장의 새 지평을 열었지만 그렇다고 인터넷 자체가 사상의 자유시장이라고 보기는 어렵다. 엄밀히 말하면 인터넷이 가진 매스미디어적 속성이 사상의 자유시장적 성격을 지녔다는 의미이지, 인터넷 자체는 전신이나 전화와 같은 통신 수단 혹은 미디어 테크놀로지다. 인터넷에선 다양한 매체들이 경쟁하고 있다. 기존 신문과 방송의 온라인 버전인 언론사닷컴들이 있고, 오마이뉴스나 프레시안, 독립신문과 같은 순수 온라인신문과 네이버나 다음과 같은 포털사이트들이 있다. 또 프리첼이나 판도라TV같은 UCC사이트도 생겨났고, 무수히 많은 블로거들도 태그와 트랙백 등으로 촘촘히 이어져 블로거 네트워크인 블로고스피어(*blogosphere*)를 형성, 다른 매체들과 넷에서 경쟁한다.

그렇다면 사이버 스페이스에서 사상의 자유시장을 잘 구현하는 매체는 무엇일까. 바로 인터넷 포털이다. 포털사이트의 매스미디어적 기능을 거론하는 것은 새삼스럽다. 한국인터넷진흥원(NIDA)이 2007년 12월 한 달간 전국 1만 가구 3세 이상의 남녀를 방문조사해 발표한 2007년 하반기 정보화실태에 따르면 국민의 67.1%가 인터넷을 통해 뉴스서비스를 이용하는 것으로 조사됐다(〈표 2-1〉). 특히 인터넷을 통한 뉴스기사 이용자들 중 절대 다수인 87.1%가 포털사이트의 뉴스 서비스를 뉴스 소스로 삼고 있다고 응답했다.[84] 이와 관련, 포털을 언론매체로 보아야 하느냐에 대해서는 별도의 장에서 상세히 다루도록 하자.

물론 네티즌들이 뉴스를 이용하고 소비하는 근거지로 포털을 적극 활용하고 있다는 점만으로 최적의 사상의 자유시장을 구현하고 있다는 것은 아니다. 임종수 세종대 신방과 교수는 포털이 뉴스제공의 단계를 넘어서 새로운 형태의 독립매체로 성장한 것으로 보인다고 진단했다.[85]

---

84 한국인터넷진흥원, '2007 하반기 정보화실태조사', 〈인터넷 이슈리포트〉, 2008-02호, 52쪽.

〈표 2-1〉 2007년 12월 인터넷을 통한 뉴스 기사 이용 경로: 만 6세 이상 인터넷이용자

단위: %

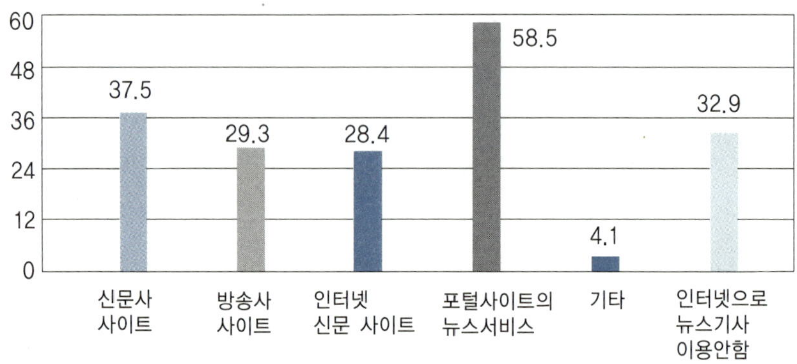

출처: 한국인터넷 진흥원, 복수응답.

그는 포털이 성장한 이유에 대해 링크(*linkage*), 즉시성(*immediacy*), 상호작용성(*interactivity*), 멀티미디어(*multmedia*), 전 지구적 도달범위(*global reach*), 아카이브(*archive*)라는 인터넷 온라인의 강력한 무기를 매우 효율적으로 사용하고 있기 때문이라고 지적한다. 포털이 언론사 닷컴과 인터넷신문, 블로거 사이트들보다 사상의 자유시장을 잘 구현하는 이유도 바로 여기에 있다. 이런 무기들의 재배치를 통해 사상의 자유시장의 약점인 시장의 실패를 가장 성공적으로 보완하는 구조를 형성해 나가고 있다는 점이다. 하나씩 좀 더 자세히 살펴보자.

(1) 검색기술과 사상의 자유시장

인터넷 포털이 사상의 자유시장으로서 기능할 수 있도록 하는 가장 기본적인 인프라는 역시 포털에서 공통적으로 제공하고 있는 검색서비스다. 인터넷은 흔히 정보의 바다라고 불린다. 사이버 스페이스에서 자

85 임종수(2004), “미디어로서의 포털 포털, 저널리즘, 변화”, 한국언론학회 가을학술대회 발표 논문집, 199쪽.

신이 원하는 정보로 안내하는 지도가 없다면 정보를 원하는 사람들이 인터넷의 바다에서 길을 잃고 표류할 수 있다. 웹에 매초 단위로 축적되는 엄청난 정보량은 개인이 찾고자 하는 정보의 불확실성을 높이기 때문이다. 검색기술은 개개인에게 마치 도서관의 사서이자 정보의 등대이다. 포털의 강력한 정보검색기능은 인터넷 이용자가 포털을 통해 내부 아카이브에 저장된 정보를 정제되고 체계적으로 얻을 수 있도록 하고, 다른 웹사이트를 연결해 외부의 콘텐츠나 서비스를 쉽게 이용할 수 있게 해준다.[86] 그런 의미에서 포털은 정보의 허브다. 여기서의 '허브'란 마치 "공항처럼 이용자가 다양한 뉴스(정보) 제공자와 만나기 위해 한 곳에 모인다는 의미"로 사용될 수 있다.[87]

사실 '검색되지 않는 것은 존재하지 않는다'는 말이 나올 정도로 포털의 검색 기능은 '지식'의 관점에서 보면 혁명적인 것이다.[88] 지식에 대한 접근권이 얼마나 보장되느냐에 따라 인류의 역사는 바뀌어 왔다. 중세의 암흑기에 '이성'의 기운을 불어넣으며 종교개혁과 계몽주의로 이끈 것이 인쇄술이었다는 것은 누구나 아는 이야기이다. 이와 관련, 한 청소년을 위한 역사서에는 흥미로운 이야기가 나온다. 중세의 수도사들은 양피지에 한자 한자 손으로 글씨를 써넣으며 정성스럽게 책을 만들었다. 능숙한 수도사가 하루 8시간씩 매달려도 1년에 고작 두세 권밖에 만들지 못했고, 값도 엄청나게 비쌌다. 만들어진 책은 도난 방지를 위해 수도원의 도서관 서가에 쇠사슬로 묶어두었다. 책은 왕이나 귀족의 전유물이었고, 쇠사슬에 묶여 있는 성경책은 목사 역시 잘 모르는 그리

86 백선기 등 (2007), 《인터넷공간의 진화와 미디어콘텐츠》, 커뮤니케이션북스, 75~79쪽.

87 박성희 · 박수미(2005), "포털뉴스 제공자와 이용자간 상호지향성 연구", 〈한국언론정보학보〉 30권.

88 김평호(2007), "지식과 기술의 상업적 왜곡의 문제", 〈한국방송학보〉 21-6. 132쪽.

스어와 라틴어로 씌어 있었다. 일반인들은 성직자들의 입을 통해서만 성경 속의 이야기를 알 수 있었지만 성직자들이 모든 것을 사실대로 말한다고 믿어야 했다. 달리 확인할 길이 없었기 때문이다. 그러나 독일의 금은세공업자였던 구텐베르크가 거푸집에 쇳물을 부어 만들어 낸 활자를 개발해 인쇄기를 만들면서 중세의 지식의 굴레는 일순간에 깨졌다. 인쇄술 덕분에 보통사람들도 성경을 가질 수 있게 됐고, 교회의 가르침이 아니라 스스로의 힘으로 성경을 읽으려는 사람들이 수없이 나타났다는 것이다. 그들은 "인간은 누구나 자기 자신의 성직자이다!"라고 외쳤고, 그 중심에는 '종교개혁'을 들고 나온 마르틴 루터가 있었다. 그들은 스스로의 눈과 머리로 성경을 읽으면 성직자들의 도움을 받지 않고도 신의 말씀을 알 수 있다고 생각했다. 이 같은 프로테스탄트의 생각은 남의 가르침을 아무 의심 없이 무턱대고 받아들이는 것을 싫어했던 르네상스 시대 사람들에게 크게 환영을 받았다고 한다.[89]

인터넷 포털의 검색기술은 인쇄술이 중세시대 사람들의 이성적 능력과 지식 수준을 획기적으로 끌어올린 것과 유사하게 인터넷 이용자들의 잠재적인 지적 능력을 업그레이드 시켰다. 하워드 라인골드는 《똑똑한 군중》(*Smart Mob*, 2002, 국내에선 《참여군중》이라는 이름으로 출간됨) 이라는 저서에서 이동전화 등 최근의 이동전화와 인터넷으로 무장한 사회적 기술적 '네트워크'와 협업형태의 집단연산이 새로운 형태의 '똑똑한 군중'을 만든다고 지적했다. 그러나 라인골드는 '똑똑한 군중'을 만드는 1차적인 기반은 통신테크놀로지가 아니라 검색테크놀로지라는 측면을 간과하고 있다.

인터넷이 본격화되기 이전인 1980년대를 생각해 보자. 당시의 미디어 환경에서 일반인들이 정보에 접근하는 것은 무척 힘들었다. 생산된 지

89 수잔 와이즈 바우어(2003), 《교양있는 우리 아이를 위한 세계 역사 이야기 2-중세편》, 꼬마이실 463~478쪽.

식을 보관하는 수단은 중세와 크게 달라진 것이 없었다. 신문에 난 옛 기사를 보려면 신문사 자료실이나 도서관에 찾아가 몇 년 치 신문을 뒤져 원하는 기사를 찾아내고 복사를 해야 했다. 내가 근무했던 한국일보의 자료실에는 10여 명의 직원들이 매일 당일자 신문기사를 일일이 오려서 수작업으로 분류한 뒤 이를 인명(人名)이나 사건 별로 스크랩했다. 모든 신문사의 자료실이 마찬가지다. 기자인 필자 역시 예전의 인물이나 사건에 관한 기사를 찾으려고 자료실을 애용했지만, 원하는 정보를 찾기 어려울 때가 훨씬 많았다. 인력과 자료실의 저장공간은 한정돼 있는데 모든 시기, 모든 사건, 모든 사람에 관한 기사를 수작업으로 분류 저장하는 것은 현실적으로 불가능한 일이기 때문이다. 그나마 일반인들은 신문사의 자료실이 있다는 것 자체를 모를 뿐 아니라 개방 자체가 잘 되지 않았다. 방송사의 필름은 더 말할 나위가 없다.

학술 논문의 경우도 마찬가지다. 논문 한편을 찾으려면 대형 도서관에서 저자와 제목 밖에 나와 있지 않은 색인 카드에 의존해 엄청난 시간과 공력을 쏟아야 했다. 생업에 쫓기는 일반인들이 가령 독도 영유권에 관한 현안이 터졌을 때 과거 일본의 영유권 주장 논거와 역사적 배경, 국제법상의 해석 등에 관한 정보를 심층적으로 알기는 현실적으로 불가능하다. 일반인들은 탄환이론에서 말하듯 신문이나 방송에서 보거나 들은 이야기를 그대로 믿고 받아들이거나, 중세시대의 사람들이 목사의 성경이야기를 그대로 받아들인 것처럼 자기 주변의 오피니언 리더들의 이야기를 자신의 견해로 정당화시켜야 했다.

그러나 인터넷의 출현과 함께 등장한 포털 사이트의 검색기능은 전통적인 사회적 미디어적 환경에서의 정보 장벽을 허물어 버렸다. 네이버나 구글 등의 강력한 검색엔진은 '독도 & 일본'이라는 두 단어만 적은 뒤 클릭하면 일본의 독도 영유권 주장에 관한 엄청난 분량의 뉴스기사는 물론 학술논문, 관련 도서, 이미지와 동영상, 독도 관련 카페 및 관련 사이트 등의 정보가 1~2초 내로 쏟아져 나온다. 즉석에서 기사를 프

〈표 2-2〉 매체신뢰도 변화

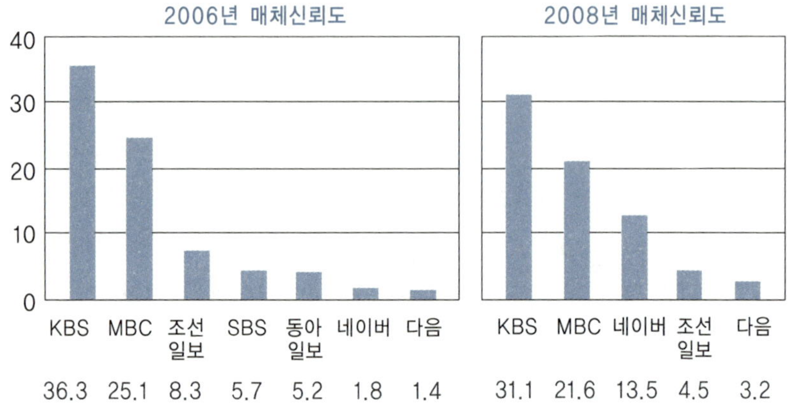

출처: 한국언론재단.

린트할 수도 있고 논문도 무료 혹은 저가로 다운로드 받을 수 있다. 단 한 번의 클릭으로 말이다.

이런 변화가 의미하는 것은 무엇인가. 사상의 자유시장의 관점에서 검색기술의 발전은 중요한 의미가 있다. "검색은 그 자체로 지식을 생산하지는 못하지만 생산된 지식을 우리에게 연결시켜 준다"는 한마디로 대변된다.[90] 포털의 검색엔진을 통해 확보된 자료를 가지고 사람들은 스스로를 논리적으로 무장할 수 있게 됐다. 포털을 통해 검색되는 다양한 시각의 칼럼과 사설, 학술 논문, 다른 사람들의 견해 등을 접하며 사람들은 신문 등 전통적 매스미디어가 전해주는 뉴스, 혹은 정부가 주장하는 정책과 가치에 대해 스스로 논증해 볼 수 있게 됐다. 그리고 여기서 생긴 지식을 토대로 홈페이지나 블로그, 혹은 기사 자체에 댓글을 다는 형태로 자신의 생각을 표현할 수 있는 환경이 만들어졌다. 중세의 프로테스탄트들이 "인간은 누구나 자기 자신의 성직자이다!"라고 외쳤듯,

90 팔란티리2020(2008), 《우리는 마이크로 소사이어티로 간다》, 웅진윙스, 112면.

포털에 들어온 네티즌들은 "인간은 누구나 자기 자신이 저널리스트이다!"라고 외치고 있는 것이다.

2008년 7월 한국언론재단이 한국리서치에 의뢰해 전국 5천 명을 대상으로 면접을 통해 조사한 주요 언론 매체의 신뢰도 조사는 흥미롭다. 〈표 2-2〉에서 보듯 2006년도 조사와 비교해 볼 때 전통적 매체인 신문과 방송의 매체 신뢰도는 일제히 하락세를 보였고 특히 신문의 하락이 두드러졌다. 반면 네이버와 다음의 신뢰도는 큰 폭으로 상승했다. 특히 네이버의 경우 조선일보를 제치고 3위로 부상한 점은 눈여겨 볼 필요가 있다. 네이버는 기사를 직접 생산하지 않는 것을 모토로 하는 포털이다. 그럼에도 매체 신뢰도가 높다는 것은 네이버의 뉴스편집과 검색기능에 대한 신뢰로도 해석할 수 있다. 인터넷의 검색 기능이 네티즌들의 전통적 미디어에 대한 신뢰를 무너뜨리는 데 큰 역할을 하고 있다는 점은 분명해 보인다.

인쇄술을 통한 서적의 출판이 이성을 앞세운 계몽주의를 부른 것처럼, 인터넷과 검색기술의 발달, 나아가 지식의 저장 - 검색 - 공유 - 새로운 지식생산으로 이어지는 포털의 지식 사이클은 '똑똑한 군중'을 만드는 제 2의 이성의 시대를 열었다. 특히 개방성과 집단지성을 강조하는 웹 2.0의 환경은 이 같은 경향을 더욱 강화시키고 있다. 포털 검색을 통해 완전한 지식을 습득하지 못했더라도, 이런 부분적 지식과 노하우를 가진 사용자들이 이를 통해 전혀 새로운 가치와 정보를 창출해 내고 있다는 것이다. 개인은 검색 기능을 통해 사상의 자유시장에서 자신이 진리를 판단할 수 있는 지적 능력과 정보를 소유하게 됐고, 나아가 지적인 협업체계를 형성하는 단계로 나아가고 있다.

(2) 매스미디어의 경연장으로서의 인터넷 포털

우리나라의 주요 언론매체들이 이념과잉에 빠져 현대저널리즘의 정신인 객관주의를 상실했다는 지적이 많다. 특히 2007년 대선과 2008년 미국산 쇠고기 수입 반대 운동 및 촛불집회에 관한 언론의 보도는 '외눈박이 저널리즘', '주창 저널리즘(*Advocacy Journalism*)'의 전형이라는 비판을 야기했다. 전문가들은 언론의 당파적, 이념적 편향이 언론 전체의 신뢰로 하락과 저널리즘의 위기를 가져올 것을 우려하는 시각이 많다.[91] 이와 관련 서울대 양승목 교수는 "외눈 저널리즘은 이념의 포로가 되어 세계를 한쪽 눈으로 보는 것"이라며 "(광우병 파동과 관련) 조·중·동 등 보수언론을 보는 독자와 〈한겨레〉, 〈경향〉 등 진보언론을 보는 독자들이 서로 다른 그림을 그리고 있다"고 지적한다.[92] 경성대 우병동 교수는 한국언론학회 주최로 열린 토론회에서 "요즘 한국언론은 밝게 타오르는 부분이나 가장 어두운 부분만 보여주고 이게 '촛불'이라고 독자나 시청자에게 말하고 있다"며 "촛불의 밝고 어두운 실체를 제대로 보여줘야만 현 시국의 문제를 풀어낼 해결점도 찾을 수 있다"고 강조했다.[93]

눈을 감은 언론의 사례는 쉽게 찾을 수 있다. 앞서 소개했던 MBC PD수첩의 오역 논란을 야기했던 번역가 정지민 씨의 주장에 대해 정부에 비판적 입장을 취해왔던 한 신문은 폭로 다음날인 26일자 신문에 관련 기사를 게재하지 않았다. 방송 3사도 정 씨가 글을 올린 25일 내내 인터넷에서 PD수첩의 의역 논란이 벌어졌지만 당일 뉴스에선 다루지 않고 PD수첩의 반박이 나온 다음날 관련 기사를 내보냈다.[94]

사상의 자유시장이론의 관점에서 보았을 때 이 같은 외눈저널리즘, 주창저널리즘은 심각한 문제를 야기한다. 각 신문의 구독자나 TV뉴스

---

91 라제기(2008. 7. 3), "언론학회, 광우병 파동과 언론자유의 한계 긴급토론회", 〈한국일보〉.

92 이준희(2008. 7. 7), "언론학자 좌담회: 언론은 팩트 편식, 독자는 진실 결핍, 사회 이념 양극화", 〈한국일보〉.

93 라제기, 앞의 글.

94 전승훈(2008. 6. 27), "쇠고기 리콜기사 일부만 문제삼아 '물타기'", 〈동아일보〉.

의 시청자들은 자신의 논점만을 강조하고 다양한 팩트(*fact*·사실관계) 중 한 측면을 부각시킨 보도만 대하게 된다. 반대 의견이나 주장은 반영되지 않은 보도를 접함에 따라 다양한 의견과 주장을 비교 선택할 수 있는 기회를 박탈당하고 있는 것이다.

이런 관점에서 보았을 때 '뉴스의 백화점'인 인터넷 포털의 역할은 상당히 중요한 의미를 지닐 수 있다. 각 언론사들이 쏟아내는 다양한 시각과 논리의 기사들은 포털의 뉴스섹션이라는 '시장'에서 '사상의 경쟁'을 하고 있는 것이나 마찬가지이기 때문이다. 인터넷 이용자들은 시장에서 쇼핑을 하듯, 포털을 통해 다양한 논리와 관점을 담은 칼럼이나 기사들을 비교 검토해 이들 중 가장 합리적이고 설득력 있는 주장이나 시각을 선택하면 되는 것이다. 같은 사안에 대한 다른 시각의 보도를 접함으로써 포털 이용자들은 각각의 주장의 장점을 발견하고 자신의 논리로 재구성할 수도 있다. 존 스튜어트 밀이 지적하듯 틀린 주장이나 소수의 견에도 부분적 진리를 담고 있을 가능성이 많고, 이는 사상의 자유시장에서 충돌할 때 발견될 수 있는 것이다.

특히 포털은 뉴스서비스의 논조의 다양성을 제공하기 위한 여러 가지 시도들을 하고 있다. 이와 관련, 특히 눈길을 끄는 것은 2009년 뉴스서비스 개편 이전의 네이버의 '언론사별 보도 서비스'다.[95] 〈그림 2-4〉의 네이버 화면을 보자. 네이버의 뉴스박스는 당일의 주요기사들이 배치된다. 네이버는 사회적 이목이 집중된 현안의 경우 뉴스박스에 언론사별 뉴스를 소개하고 이를 클릭하면 각 언론사에서 보도한 다양한 시각의 기사를 한눈에 비교할 수 있게 했다.

스웨덴의 우파정권으로의 교체에 대해 〈조선〉, 〈동아〉 등 대다수의

---

95 네이버는 2008년 12월 31일 서비스 개편을 통해 뉴스캐스트와 오픈캐스트제도를 도입했다. 언론사가 자체 제작한 뉴스박스를 그대로 제공하는 뉴스캐스트 제도가 도입됨에 따라 초기화면의 뉴스박스에서 이와 같은 '언론사별 뉴스'는 더 이상 찾아볼 수 없게 됐다.

신문들은 '스웨덴의 복지모델'에 대한 부정적 평가라는 시각을 담은 기사와 제목을 게재했으나, 〈오마이뉴스〉는 '복지모델 실패? 한국언론의 오버'라는 대립되는 입장의 제목을 달았다.

〈그림 2-5〉의 네이버 촛불집회 언론사별 보도를 보면 언론사별로 촛불집회를 다루는 시각의 차이가 확연하게 드러난다. 보수지인 〈조선〉, 〈중앙〉, 〈동아〉는 일제히 폭력시위의 불법성에 초점을 맞추는 비판기사를 실었다. 반면 진보적 성향의 신문으로 평가되는 〈경향〉은 과격시위가 정부의 강경진압 탓이라고 주장했고, 〈한겨레〉는 광우병 대책회의가 폭력 자제를 호소했다는 제목을 달았다. 두 신문 기사 모두 촛불시위에 대해 온정적인 입장이다. 중립지인 〈한국일보〉는 경찰과 시위대의 충돌을 팩트 위주로 보도하며 객관성을 지키는 제목과 기사를 제공했다. 한 신문만 볼 때는 촛불시위에 대한 특정한 시각에 함몰될 수 있지만 포털을 통해 다양한 시각과 정보를 접하면서 네티즌들은 전체적인 관점에서 사안을 조망할 수 있는 것이다.

네이버는 '특정이슈에 대한 다양한 논조의 기사전달'이 "포털뉴스의 중요한 역할 중 하나"라고 편집 원칙을 밝히고 있다.[96] 언론사별 뉴스는 역시 같은 맥락이다. "정치 · 사회 등 언론사별로 논조가 다른 사회적 이슈의 경우, 대부분 특정언론사의 기사를 바로 전달하지 않고 다양한 논조의 기사를 모음으로 제공하는 '패키지 기사' 및 '언론사별 보도'형태의 기사로 전달한다"는 것이다.[97] 네이버는 자신들이 '정보유통의 플랫폼'을 지향한다고 기회 있을 때마다 주장한다. 최휘영 전 NHN사장은 한 신문편집기자와의 인터뷰에서 "네이버는 객관적이고 균형 잡힌 정보의 유통을 최우선으로 하고 있다"면서 "여론 형성을 주도하는 기존 미디어

---

96 네이버 편집자레터(2007. 2. 1), "첫 화면 제목 어떻게 편집하나요", 12호. http://news.naver.com/nboard

97 네이버 (2006. 9. 21), "'포털 뉴스 무엇이 문제인가'에 대한 반론". http://news.naver.com/nboard

〈그림 2-4〉 네이버의 언론사별 보도를 소개한 메인 홈페이지

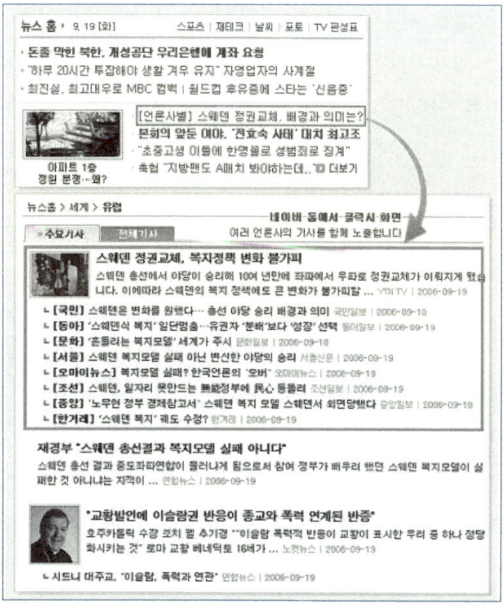

〈그림 2-5〉 촛불집회 언론사별 보도

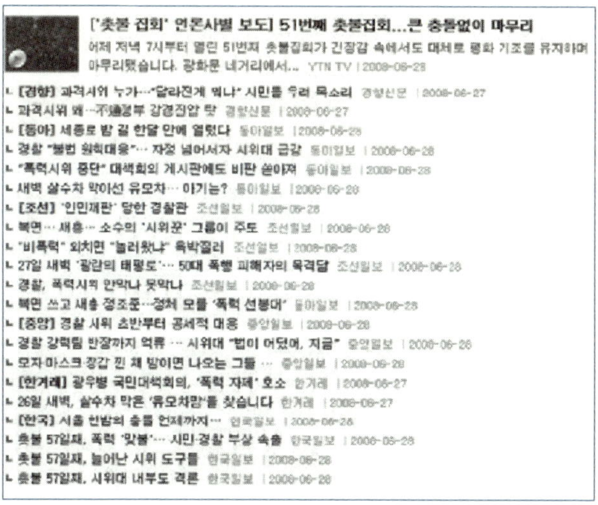

로서의 역할과 객관적인 정보 전달 플랫폼으로서의 역할은 쉽게 양립하기 어렵다"고 말했다.[98] 객관적인 정보 전달을 위해 선택한 것이 다양한 논조의 공평한 제공이라는 설명이다. 네이버의 다양한 논조 제공의 원칙은 명시적으로 밝히지 않았지만 '사상의 자유시장' 이론과 직접적으로 맥이 닿아있음은 물론이다.

네이버는 이 같은 다양한 논조의 제공을 위해 여러 가지 메뉴들을 개발하고 있다. 특히 '같은 이슈 · 다른 시각 사설 칼럼' 코너 〈그림 2-6〉은 다양한 논조 제공의 효과를 극대화한 것으로 보인다. 특정한 사안에 대해 대립되는 두 시각이 있으면 '사설 대 사설'로 타이틀을 달고, 다양한 시각이 있다면 '언론사별 사설'이라는 타이틀을 달고 이용자들을 사상의 자유시장으로 안내한다.

〈그림 2-6〉 네이버의 같은 이슈 · 다른 시각 사설 칼럼 섹션

98 헤리슨(블로거명) (2008. 7. 2), NHN 최휘영 사장이 말하는 네이버의 미래, http://blog.naver.com/harrisongs

또 각 언론사의 주요기사를 헤드라인 형태로 일목요연하게 정리해 제공하는 '실시간 언론사 헤드라인 서비스' 〈그림 2-7〉 역시 다양한 논조의 제공과 객관적인 정보 유통의 취지를 담고 있는 것으로 보인다.

모든 포털 업체들이 네이버처럼 에디터들의 수작업으로 특정 현안에 대한 주요 언론사들의 기사를 분류하지는 않지만, 기사 목록을 통해 다양한 시각의 기사에 손쉽게 접근하고 비교할 수 있다는 점에서 포털의 뉴스 서비스는 본질적으로 사상의 자유시장적 성격을 띤다.

이와 관련, 주목할 만한 것은 앞서 이야기한 외눈박이 저널리즘은 적어도 포털에선 성립하지 않는다는 점이다. 정지민 씨의 PD수첩에 대한 폭로도, PD수첩의 정지민 씨에 대한 반박도, 이를 둘러싼 찬반양론도

〈그림 2-7〉 네이버의 실시간 언론사 헤드라인 서비스

포털에서는 초단위로 소개된다. 물론 촛불시위 현장에서 전경에게 구타당하는 여대생의 동영상이나, 시위대에게 폭행당하는 전경의 모습을 담은 동영상이 차별 없이 제공된다.

매스미디어의 경연장인 포털에서는 공정한 룰이 적용된다. 소위 유력 신문인 〈조선〉, 〈중앙〉, 〈동아〉나 반대편에 서있는 〈한겨레〉, 〈경향〉이나, 군소인터넷 신문이나 차별 없이 한 줄의 제목으로 소개된다. 이 같은 노출의 공정함은 사상의 시장으로서의 포털의 위치를 더욱 공고히 하는 역할을 한다. 물론 이 같은 전제는 뉴스 선택 자체에 매체별 차별이 없어야 한다는 전제를 깔고 있고, 실제 이런 뉴스 선택 및 편집의 공정성에 의문이 제기되기도 한다.

반면 언론사닷컴이나 인터넷 신문들은 기존 오프라인 매체와 별로 차이가 없다는 점은 별다른 설명이 필요가 없을 것 같다.

(3) 대안 미디어로서의 가능성 — 일반인에게 매체 개방

다시 사상의 자유시장이 비판받은 이유를 생각해 보자. 비판론자들이 우선 내세운 이유는 유력 언론사들이 사상의 자유시장을 독점하고, 일반인들은 언론에 대한 접근권이 봉쇄돼 있다는 것이었다. 앞서 PD수첩과 번역가 정지민 씨의 논쟁을 예로 들며 인터넷의 출현으로 일반 소시민들도 거대언론과 맞서 싸울 수 있고, 나아가 자신의 블로그나 홈페이지를 통해 자신의 목소리를 낼 수 있다는 점에서 사상의 자유시장이 부활했다고 했다. 그러나 엄밀히 말하면 인터넷의 출현으로 일반인들이 자신의 생각을 표현할 매체가 생겨났다는 것이지 그것만으로 사상의 자유시장을 구현할 수 있는 환경이 완벽하게 조성됐다고 보기는 어렵다.

유력언론사들이 만들어 낸 뉴스들은 인터넷에서도 위력을 발휘하고, 온라인이든 오프라인이든 언론매체들이 외면하면 일반인들이 블로그나 홈페이지를 통해 제기하는 의견이나 사회적 부조리는 의제화되기 쉽지 않다. 정지민 씨는 'PD수첩 논란'과 관련해서는 이미 '공인'이었고, 광

우병 논란은 이미 가장 뜨거운 사회적 현안으로 부각된 상태였기 때문에 언론매체들은 정 씨가 글을 올리기 무섭게 이를 의제화한 경우다.

그러나 인터넷포털의 발전은 일반인들도 언론사 기자에 버금가는 '저널리스트'로서 영향력을 가질 수 있는 길을 열었다. 포털이 언론매체로서의 공간을 일반인들에게 제공하고 나섰기 때문이다. 많은 포털들이 개방과 공유를 정신으로 하는 웹 2.0환경에 맞춰 블로거들이 생산해 낸 다양한 글들을 주요 언론사 기자들이 작성한 기사와 동등한 대우를 하는 서비스를 의욕적으로 개발하고 있다. 포털이 일반인들에게 미디어 권력을 부여한 것이다. 특히 '미디어'를 표방하고 있는 다음의 2009년 개편 이전의 서비스들이 대표적이다.

2008년 다음의 첫 화면의 뉴스박스를 보자(〈그림 2-8〉). '6·10 이후 최대 촛불 집회'라는 기사를 포함해 모두 8건의 기사가 소개되고 있다. 이 중 '딸 바비로 만들자. 월 60투자' 글과 '한국 사는 혼혈 사촌들 "미국 천국이었어"' 등 두 글은 일반인이 작성한 글이다.[99] 앞서도 이야기 했지만 메인 화면의 뉴스박스는 포털의 간판과도 같다. 당일의 주요 기사들이 배치되는데 일반인들의 글도 주요 언론사에서 보내 온 뉴스와 동등하게 취급되는 것이다. 뉴스박스 밑에는 별도의 상자 안에 카페와 블로그에 올라온 글들을 소개하고 있다. 사실상 메인페이지의 주인공이 언론사의 기사가 아니라 일반인들이 올린 글인 셈이다. 그만큼 파격적으로 일반인에게 매체의 문호를 개방한 것이기도 하다.

미디어다음의 블로거뉴스는 아예 블로거들에게 '기자'라는 호칭을 부

---

99 앞의 글은 다음 미즈넷에 올라온 '바다로고곡'이라는 필명을 쓰는 사람이 올린 글로 11세 딸을 바비인형처럼 예쁘게 만들기 위해 미용비용으로 한 달에 60만원씩 쓰는 영국 부모의 이야기이고, 두 번째 글은 미국인 아버지와 한국인 어머니 사이에서 태어난 사촌들이 한국에서 커가면서 겪은 무형의 장벽을 고발한 블로거의 글이었다. 이 글의 필자는 "사촌들을 한국인으로 생각하는 것은 나와 가족뿐"이라고 자조했다.

〈그림 2-8〉 2008년 다음의 초기화면

여하고, 블로거들이 보내 온 기사만으로 별도의 섹션을 구성해 언론매체화했다. 또 매주 블로거들이 보내 온 기사들 중에서 시의성 있는 취재아이템을 발굴한 기사와 동영상을 '블로거 특종'과 '동영상 특종'으로 선정해 상금을 포상하는 등 인센티브제도까지 두고 있다. 블로거 뉴스는 간단한 등록절차만 거치면 블로거로 가입돼 즉시 기사를 보낼 수 있는 개방성을 특징으로 하고 있다.

그렇다면 이 같은 다음의 시도는 사상의 자유시장을 넓히는 데 현실적으로 어떤 기여를 했을까. 환경운동가 최병성 목사의 블로거 뉴스에 올린 폐기물 재활용 시멘트 폭로 〈사례 1〉은 '시민저널리즘'의 전형을 보여주며, 포털의 대안미디어로서의 가능성을 제시한다.

앞서 잠시 언급한 것처럼 블로그는 개인에게 1인 미디어를 선물했지만, 블로거의 힘은 미약하다. 최근 블로거들의 네트워킹으로 블로고스피어(*Blogosphere*)가 형성되고 있다고 하나 국내 주요 블로그 서비스도 포털 중심으로 이뤄지고 있다.[100] 최 목사는 블로그에 올린 글에서 " '만약 미디어다음 블로거 뉴스가 없었다면?'이란 생각을 종종해 보았다"면서 "만약 다음 블로거뉴스가 없었다면 한 달 두 달 외치다 스스로 지쳐서 포기하고 말았을 것"이라고 말했다. 또 "제가 아무리 쓰레기 시멘트의 문제점을 지적하고 외친들, 누가 그 소리를 들을 수 있었을까요?"라고 반문한다.

최 목사는 "그동안 대부분의 언론이 쓰레기 시멘드 문제에 대해 침묵했다"고 질타했다. 그는 "침묵 정도가 아니라 시멘트 기업을 위해 노골

100 가입형 블로그 서비스 중 다음의 티스토리가 높은 성장세를 보여 주목된다. 다음커뮤니케이션과 태터앤캠퍼니가 공동 기획해 2006년 12월 7일 시범서비스를 시작했는데 2007년 6월 이미 10만 가입자를 돌파했고, 일일 평균 방문자수도 꾸준히 증가해 2007년 12월 4째 주에는 방문자 수 순위가 전체 사이트 중 13위에 오르기도 했다. 이밖에 싸이월드 미니홈피(트랙백 기능은 없음), 네이버 블로그, 이글루스, 네이트 통, 야후 블로그 등이 대표적인 국내 블로그 서비스다(한국인터넷진흥원(2008), 〈2007 인터넷 이슈리포트〉, 101쪽.).

〈사례 1〉 환경운동가 최병성 목사, 포털에서 희망을 찾다.

"저의 작은 외침을 세상의 변화를 위한 큰 힘으로 바꿔준 것은 바로 '다음 블로거뉴스'였습니다. 저는 작은 불씨를 켰고, 다음 블로거뉴스는 그 작은 불씨가 세상을 태우는 큰 불길로 만들어주었습니다."[101]

강원도 영월에서 목회활동을 하는 최병성 목사는 폐타이어 등을 재활용해 만든 시멘트의 해악과 위험성을 고발, 정부로부터 폐기물 재활용 시멘트에 대한 재조사 방침을 이끌어 낸 뒤 자신의 블로그에 '다음 블로거뉴스에서 희망을 찾다'라는 제목의 감사의 글을 올렸다. Gitlow v. New York 사건 당시 미국 연방대법원 스탠퍼드 대법관의 '혁명의 불꽃' 비유를 연상시키는 그의 발언에 담긴 행간의 뜻을 읽어보자. 최 목사의 글에는 왜 인터넷포털이 사상의 자유시장의 환경을 최대한도로 구현할 수 있는지에 대한 예시로 가득하다.

최 목사는 2006년 중반부터 미디어다음에 있는 자신의 블로그인 '최병성이 띄우는 사랑과 평화의 편지'(http://blog.daum.net/cbs5012)에 폐기물 재활용 시멘트와 관련된 폭로의 글을 지속적으로 실어왔다. 최 목사는 시멘트 공장이 몰려있는 영월의 서강 둔치에 서 영성 수련을 하면서 새벽이슬과 꽃 등 자연 사진을 찍어오던 중 쓰레기 매립장이 서강에 들어서려고 하자 지역 주민들과 반대운동을 펼치며 환경운동과 인연을 맺었다. 그러던 중 그는 이 지역 주민들이 더 큰 현실적인 고통에 시달리고 있다는 사실을 알게 됐다. 시멘트 공장에서 나오는 분진 때문에 땅이 썩고, 농작물은 중금속에 오염되고, 사람들은 공해병의 위험에 노출되어 있다는 것이다.

2006년 8월부터 폐기물재활용 시멘트의 문제점에 관한 각종 자료를 모으고, 시멘트 공장을 돌며 실태를 조사한 최 목사는 지난 8월부터 재활용시멘트의 위험성을 폭로하기 시작했다. 미디어다음의 블로거기자로 등록했던 최 목사의 글은 미디어다음의 편집진에 의해 주요기사로 선발돼 매번 '블로그뉴스'로 뽑혔고, 그의 글을 본 문화일보 등 주요 언론과 국회에서 이 문제에 관심을 가짐으로써 재활용시멘트 문제는 사회적 이슈로 부각돼 정부의 조사를 이끌어 냈다. 그는 "블로거들이 점점 많아지고 있고, 세상을 향한 블로거들의 영향도 커지고 있다"면서 "미디어다음의 블로거뉴스가 기업의 이윤만을 추구하거나 대기업과 정권에 눈치를 보지 않고 옳은 일을 위해 블로거들과 함께 해준다면, 세상 곳곳에 자리하고 있는 블로거들의 생생한 목소리가 세상을 더욱 맑고 아름답게 만들어 나가리라 확신한다"고 강조했다.

최 목사는 재활용 시멘트 문제를 공론화시킨 공로로 지난 4월 국내 최대 환경상인 교보생명 교육문화재단의 환경운동부분 대상을 수상했고, 다음으로부터는 블로거기자상 대상을 받았다. 아직 재활용시멘트에 대한 진실이 명확히 규명된 것은 아니고 법률적 논란이 계속되고 있지만, 그의 경고는 사회에 큰 반향을 일으켰다.[102]

적으로 쓰레기시멘트 찬양기사를 썼다"면서 "쓰레기시멘트의 문제가 커다란 사회문제가 된 요즘도 국민의 건강은 안중에도 없이 쓰레기 시멘트 찬양기사를 쓴 신문들이 있으니, 언론의 현실이 어떤지 알 만하지 않느냐"고 꼬집었다.

앞서 예일대 피스 교수가 시장의 실패를 거론하며 "(주요 언론의 편집권 행사는) 수지타산과 효율성 측면에서 이뤄질 뿐 선거와 관련된 민주주의적 요구와는 거리가 멀다"고 지적한 것을 떠올리게 하는 대목이다.

(4) 공론장으로서의 인터넷포털

인터넷이 출현하자 많은 사람들은 인터넷이 새로운 공론장의 역할을 할 것으로 기대했다. 어떤 위계질서도 없이 자유로운 발언기회가 주어지는 인터넷의 토론공간은 민주주의의 꿈인 고대 그리스 아테네식 직접 민주주의 내지는 참여민주주의를 확대시킬 것으로 본 것이다.

위르겐 하버마스(Jürgen Habermas)에 의하면 공론장은 사적인 시민들이 세상사에 대한 정보를 획득하고, 공적 사안들에 대해 의견을 나누고, 논의 결과 어떤 반응을 할 것인가를 결정하는 공간이다. 다시 말해 "사적인 시민들(*private citizens*)이 모여 공중(*the public*)을 이루고 사회적 필요를 국가에 전달하는 역할"을 한다.[103] 이른바 하버마스가 말하는

---

101 최병성(2007. 11. 2), "미디어다음 블로거뉴스에서 희망을 찾다", http://blog.daum.net/cbs5012

102 이와 관련, 환경부는 2008년 5월 폐기물 재활용 시멘트의 유해도에 관해 민관 합동으로 조사한 결과 발암물질인 6가크롬 등 중금속들이 기준치에 미달하는 것으로 나왔다고 발표했다. 그러나 환경부는 같은 해 6월 30일 재활용 신고제를 폐기물처리업 허가제로 바꾸고 시멘트 제조에 쓰이는 폐기물의 종류와 품질, 사용량 등을 엄격히 관리하는 내용을 골자로 한 시멘트소성로 환경관리 개선계획을 발표했다.

103 김주환(2005), "민주주의에 있어서 대화의 중요성", 〈언론과 사회〉 13권 1호, 76쪽.

'합리적인 의사소통의 공간'으로 여론형성 기능을 한다. 하버마스의 초기공론장 모델은 18세기 번창했던 프랑스의 살롱, 영국의 커피하우스, 독일의 탁상사회 같은 부르주아 공론장이다.[104] 이들 공론장에 참여하는 공중의 크기나 토론 주제들은 달랐지만 이들에게는 공통된 기준이 있었다. 우선 공론장에는 개개인은 지위를 불문하고 동등하게 대우 받았고, 어떤 주제도 공론장에서 토론될 수 있었고, 전문성이나 지위에 상관없이 모든 사람들이 참여할 수 있었다.[105] 개방성과 상호작용성 게이트키퍼의 부재 등 인터넷이 지닌 특성은 하버마스의 공론장과 형태적 유사성을 보이며 '새로운 공론장'으로서 주목을 받게 된 것이다. 특히 인터넷은 TV와 신문 등 기존의 오프라인 미디어에 비해 공론장으로서의 기능에 훨씬 적합한 매체였다.

인터넷 이용자 간의 상호작용(토론)은 먼저 '댓글'의 형태로 발전됐으나, 이후 소수의 사람들과 정보와 의견을 나누는 사적 공간의 확대를 가져왔고, 이어 전문화된 공적인 토론공간의 확대로 발전하게 된다.[106] 정치웹진 또는 논객사이트의 경우 정치적 토론장의 역할을 하고 있는데

---

104 부르주아 공론장이 형성되던 시기 부르주아를 중심으로 한 시민계급은 국가권력에 맞서는 사회적 세력을 형성하고 있었고, 국가권력과 분리된 사적 영역의 공론으로 기능할 수 있었다. 이런 부르주아 공론장은 신문 잡지 등 미디어를 중심으로 더욱 확산됐다. 그러나 자본주의의 발달과 함께 부르주아가 사회의 지배계급이 되면서 부르주아계급은 국가권력과 분리되지 않고 권력집단화 함으로써 공론장적 기능은 붕괴되고 공론장의 재봉건화가 이뤄진다. 국가권력의 공공영역과 시민사회의 사적 영역이 서로 상호 침투해 비판적 공공성은 여론조작의 공공성으로 전환된다. 부르주아 공론장인 대중매체 역시 국가권력의 영향을 받게 되고 광고가 중요한 기능을 차지하게 된다. 이에 따라 사적 개인들은 공중에서 대중으로 전락해 획일적인 정보만 제공받게 됐다고 하버마스는 지적한다.

105 김경희 등(2004), 《매스커뮤니케이션의 이해》, 커뮤니케이션북스, 195쪽.

106 백선기 등(2007), 《인터넷공간의 진화와 미디어 콘텐츠》, 커뮤니케이션북스, 3쪽.

정치권력이나 제도권의 영향을 받지 않는 네티즌들의 활발한 토론을 제공한다는 측면에서 인터넷이 만들어낸 온라인 공론장으로 볼 수 있다(〈표 2-3〉).[107]

그러나 공적인 토론공간으로 특히 눈길을 끄는 것은 미디어다음의 '아고라' 페이지, 네이트의 '네티즌 이슈'와 같은 포털의 중심 토론장으로, 현재는 인터넷에서 가장 활발한 토론공간으로 평가된다. 포털의 토론장은 하버마스가 공론장의 기준으로 삼은 모든 기능을 사실상 구현하고 있다. 회원 가입만 하면 모든 사람이 자유롭게 글을 올릴 수 있고, 신분적인 어떤 특권도 없다. 또 정치적인 주제에서부터 연예가의 화제까지 다양한 내용이 토론의 주제로 올라온다.[108]

〈표 2-3〉 신문 · TV와의 비교를 통한 인터넷의 공론장으로서의 가능성

기준	소기준	인터넷	신문	TV
개방성	제작기술의 대중화 정도	일반인들 제작가능	일반인들 제작불가능	일반인들 제작불가능
	공간의 크기	제한없음	지면제약	시간제약
	접근의 용이성	접근절차 간편	접근절차복잡	접근절차복잡
	규제의 용이성	규제불가능	규제 가능	규제가능
토론주제의 무제한성	정보방향	양방향	일방향	일방향
	게이트키퍼 유무	없음	있음	있음
	게재기술의 용이성	기술간단	기술 복잡	기술복잡
참여자의 평등성	공간의 크기	누구나 사용하고 싶은 만큼 사용	전문가에게 더 많은 지면할애	전문가에게 더 많은 시간할애
	의견의 비중	동등	전문가에 비중	전문가에 비중

출처: 김경희(1998), "인터넷의 공론장으로서의 가능성", 〈방송연구〉 겨울호.

107 위의 책, 12쪽.

108 위의 책, 13쪽.

〈그림 2-9〉의 미디어다음 아고라를 살펴보자. 메인 이슈로 정부의 부동산정책에 대한 비판 글이 소개되고 있고, 학부모의 학교 출입제한 논란, 비정규직보호법 시행 1년 평가, 한일 해저터널 문제 등 정치 경제 사회 분야의 다양한 글들이 토론 주제로 올라와 있다. '어머니의 갑작스러운 암 발병에 힘을 달라', '아버지의 오이농사를 도우며' 등등 개인사에 관한 글도 베스트 글로 소개되고 있다. '내년 6% 경제성장 무슨 근거로 확신하나'라는 '다시 뛰자'는 필명의 사람이 올린 글에는 1,190개의 글이 달려 활발한 의견교환이 있었고, 5,222명으로부터 추천을 받았다.

다음의 아고라는 '인터넷 청원'란을 두고 있는데 네티즌들이 각종 사회현안이나 정치 이슈에 대해 입법청원 형태로 인터넷 서명을 받는 코너다. 특히 이 서비스는 인터넷 공론장에서의 공적 토론을 비록 인터넷상이지만 '청원'이라는 실제 정치행위로 연결시켜 참여민주주의를 확대시키는 효과를 가져오고 있다. 가령, 2008년 7월 11일 금강산에서 관광중이던 50대 여인이 북한 측 병사의 총격으로 피살되자, 다음날인 12일 한 네티즌은 '금강산관광 안전에 관한 법률' 제정을 촉구하는 청원을 올렸다. 물론 이 같은 청원은 법적 효력이 없지만 때로는 큰 정치적 파급효과를 몰고 올 수 있다. 실제 '안단테'라는 18세의 고교생이 제안한 이명박 대통령에 대한 탄핵 서명운동이 미국산 쇠고기 수입 파동과 맞물리면서 파문을 증폭시키는 역할을 했다.

〈중앙일보〉 조인스닷컴의 '토론방'과 조선닷컴의 '토론마당', 인터넷 〈한겨레〉 '한토마' 등은 언론사닷컴들이 제공하는 대표적 토론공간이다. 그러나 대부분의 언론사 닷컴들의 토론방은 포털업체들에 비해 이용자들의 참여나 올라오는 포스트의 수가 훨씬 적고, 일부 언론사닷컴에선 토론섹션을 찾아가기조차 어려울 정도로 운영과 관심도에서 후순위로 밀리고 있다.

한편 다음의 아고라를 비롯한 인터넷포털의 토론방은 이성적인 공적 토론의 장이라기보다는 명예훼손적 언어폭력과 일방적인 개인의사 표

〈그림 2-9〉 미디어다음 아고라 첫 화면

출 등으로 공론장과는 거리가 멀다는 비판도 나오고 있다.

(5) 이용자의 집중성과 다양성

포털이 사상의 자유시장을 구현하는 데 있어 다른 인터넷 매체에 비해 지닌 장점은 다양한 배경을 지닌 충성도 높은 이용자들을 보유하고 있다는 점이다. 포털의 이용자들은 뉴스만을 보러 포털을 찾지 않는다. 포털사이트는 메일, 검색, 커뮤니티, 블로그, 쇼핑, 게임, 스포츠 중계, 부동산 시세와 날씨 등 각종 생활정보 등 다양한 콘텐츠 서비스를 이용자들에게 제공한다. 대부분의 인터넷 이용자들은 포털을 인터넷의 시작페이지로 삼아 정보의 관문(*gate*)으로 이용하지만, 일단 한번 포털에 접속하면 다양한 서비스를 제공하는 포털의 '허브효과'로 인해 포털의 울타리에서 벗어나기 힘들게 된다.[109] 다시 말해 설사 다른 페이지로 이동했다 하더라도 이메일 확인 등 일상적인 생활상의 필요나 자신에게 당장 필요한 생활 정보서비스를 이용하기 위해선 언제든지 포털로 다시 복귀해야 한다는 것이다. 이런 이유로 포털의 이용자들은 상대적으로 충성도가 높고 대규모다. 임종수 교수는 이 같은 포털의 특성을 '이용자의 집중성'이라고 부른다.[110]

이 같은 포털의 특성은 두 가지 측면에서 중요한 의미가 있다. 우선 이용자의 집중성은 미디어로서의 '사상의 자유시장'의 요건이라 할 수 있는 '규모'를 말한다. 수많은 사람들이 포털을 오가면서 자연스럽게 공공의 토론마당이 형성되는 것이다. 이 가운데 뉴스의 소비는 상당히 중요한 역할을 한다. 하루에도 수천만 명에 이르는 이용자들이 포털사이트의 콘텐츠를 이용하기 위해 포털을 찾았다가 포털이 전하는 뉴스를 접하게 되고, 뒤이어 다루게 될 표현촉진적인 포털의 속성에 의해 댓글을 달아

---

109 임종수(2004), "미디어로서의 포털 포털, 저널리즘, 변화", 한국언론학회 학술대회 발표논문집, 200~201쪽.

110 위의 글 201쪽.

자신의 생각을 표출한다. 물론 반대의 경우, 즉 뉴스를 얻기 위해 포털에 들어와 다른 서비스를 이용하는 경우도 성립한다.

이와 관련, 임종수 교수가 2006년 12월 표본추출된 1천 명의 성인 남녀 중 포털이용자 342명을 대상으로 조사한 결과는 흥미롭다. 포털 사이트에서 제공하는 여러 가지 서비스 중 평소 자주 사용하는 서비스를 순서대로 3개씩 고르도록 한 결과 1순위는 물론, 1+2순위, 1+2+3순위에서도 모두 뉴스가 1위인 것으로 나타났다(〈표 2-4〉).[111]

이용자의 다양성이 지닌 중요한 측면은 객관적이고 중립적인 공론의 장을 마련하는 데 이런 특성이 핵심적인 역할을 할 수 있다는 것이다.

〈표 2-4〉 포털사이트 주이용 서비스(상위 10위)

순위 (1순위 기준)	서비스	응답률(%)		
		1순위	1+2순위	1+2+3순위
1	뉴스	27.2	51.2	69.9
2	메일	26.6	42.7	55.6
3	검색	22.8	50.3	69.9
4	게임	7.6	16.1	23.1
5	커뮤니티	5.0	11.7	23.4
6	쇼핑	4.7	12.6	29.2
7	메신저	3.2	7.0	10.2
8	블로그	1.5	5.6	8.5
9	운세	0.3	0.3	0.6
10	취업	0.3	0.6	0.6

출처: 임종수(2007), "포털미디어에 의한 뉴스미디어의 기능적 대체와 미디어 레퍼토리 연구", 〈한국언론학보〉 51권 4호.

111 임종수(2007), "포털미디어에 의한 뉴스미디어의 기능적 대체와 미디어 레퍼토리 연구", 〈한국언론학보〉 51권 4호, 450쪽.

다시 말해 다양한 배경을 지닌 포털 이용자층은 정부 또는 특정 세력에 의해 공론장이 장악되는 것을 차단하는 역할을 한다. 이용자들이 포털을 찾는 목적은 다양하다. 쓸 만한 구직사이트를 검색하기 위해 포털을 찾은 실업자, 영화표 예매를 위해 찾은 대학생, 좀 더 싼값의 비행기표를 찾기 위해 포털을 찾은 사업가 등 다양한 성분의 사람들이 들락거린다. 말 그대로 경제적 이해와 나이, 신분, 학력, 직업, 이념적 지향성 등이 자연스럽게 뒤섞인, 말 그대로 객관적인 토론의 장이 마련될 가능성이 높다는 것이다.

이와 관련, 미국산 쇠고기 수입반대 시위와 관련 미디어다음이 정치적 중립성을 잃고 특정 정치적 세력만의 선전공간으로 전락했다는 비판도 제기됐다. 한 인터넷 언론의 기자는 다음과 같이 우려한다.

> 현재 아고리언들은 촛불집회에 참여하는 것은 물론, 'KBS, MBC 정상화 과정'에 반대하는 시위를 주도하고 있다. … 최근에는 일부 정치적 성향이 강한 네티즌들이 주도해 다른 의견에 대해 아예 의견 개진을 차단하는 움직임이 구체화되고 있다. 처음 만들어질 당시 '네티즌의 자발적인 침여와 소통문화, 웹 2.0의 산실'로 치켜세워지기도 했던 이 공간은 최근 촛불집회를 지지하는 네티즌들이 이를 비판하는 모든 게시 글에 대한 적대감을 드러내면서 토론문화 자체가 사라지고 있다. 112

---

112 권순익(2008. 6. 25), "아고리언들만의 아고라는 복마전", 〈투데이 포커스〉. http://www.todayfocus.kr/news 이와 관련, 이른바 편향적 아고리언의 퇴행적 공론장 이용행태에 대해선 아래의 기사에서 명백히 소개되어 있다.
"아고라의 토론기능을 복원시키려는 포털다음의 계획이 수포로 돌아가고 있다. 다음은 지난 7일 토론광장인 아고라 서비스를 개편하고 쇄신에 나섰다. 하지만 아고라는 찬성과 반대의견이 오가는 '토론의 장'이라는 본래 모습을 찾기보다는 특정세력 주장만 일방통행하는 장이 되고 있다. 다음 아고라에서는 지난 7일부터 찬성표를 가장 많이 받은 글 5개와 그 옆에 반대표를 가장 많이 받을 글 5개를 각각 베스트 글로 배치하는 개편이 이뤄졌다.

아고라가 정치적 중립성을 잃고 특정세력에 의해 지배되는 상황은 크게 우려할 만한 일이다. 한국의 종합일간지들은 이념적 색채를 보이고, 이에 따라 이들 일간지의 온라인닷컴 역시 독자들 자체가 이념성향이 뚜렷하다. 온라인 닷컴의 토론장은 자신이 선호하는 신문의 정치적 성향을 따라가는 글들이 압도적으로 많다. 반면 앞서도 살펴보았듯 지금까지 포털은 이런 이념적 지향성을 지닌 신문매체들 간 '논조의 경연장'으로서 기능했고, 지금까지 구체적 정치적 이해관계에 휘말려 논란이 된 적도 오프라인 매체들에 비해 상대적으로 적었다. 아고라 이용자들의 편향적 행태가 일시적인 현상이라면 다행이지만 지속적으로 이뤄진다면 심각한 문제다. 이는 온라인닷컴과는 차별되는 인터넷포털의 강점인 관점의 다양성을 현저히 약화시키며, 사상의 자유시장으로서의 포털의 기능을 마비시키는 행태이기 때문이다.

처음에는 촛불집회나 조중동 광고 불매운동을 지지하는 글들이 찬성 베스트에, 그 반대 글들이 반대 베스트에 오르면서 게시판 베스트 글 다양성이 확보되는 듯 보였다. 하지만 촛불집회 지지자들이 반대 베스트 공간까지 차지해버린 것. 이들은 '이 글에는 반대를 표시해 주세요'라고 요구하면서 반대몰표를 얻어 반대 베스트란까지 촛불집회 지지 글로 가득 채워지기 시작했다. 그 결과 다음 아고라 토론방에서 이용자가 많은 자유토론, 정치, 경제, 사회 등은 촛불집회 찬성자들이 내건 '명박퇴진'이라는 말머리가 달린 게시물이 다수를 차지하고 있다. 찬성 측 네티즌들은 "우리가 다수 의견인데 일부러 소수의견인 '촛불 반대' 의견을 키워주는 것이 중립성에 어긋난다"며 네티즌을 선동하는 양상이다. 이들은 '찬성부탁, 반대부탁, 논쟁글로' 등을 글 앞뒤에 표시하며 여론을 주도하고 있다. 인터넷 업계 관계자는 "토론과정에서는 찬성과 반대 모두 중요한 의사표시인데 이를 왜곡하는 것은 토론의 기본자세조차 갖추지 않은 것"이라며 "네티즌들이 이성을 찾고 반대 의견도 존중하는 모습을 보여줬으면 좋겠다"고 말했다." 최광(2008. 7. 10), "아고라는 여전히 일방통행중", 〈매일경제신문〉. http://news.mk.co.kr/outside/view.

(6) 포획된 청중의 종말

2002년 헌법재판소는 인터넷을 가리켜 "가장 참여적인 시장", "표현촉진적인 매체"라고 규정했다.[113] 이용자들에게 어떤 사안이든 끊임없이 자신의 의사를 표현하도록 만드는 매체라는 뜻이다. 포털은 사이버스페이스에서 가장 표현촉진적 매체라고 할 만하다. 포털은 침묵이 주는 편안함에 안주해 자신의 의견을 밝히는 데 소극적이었던 일반 사람들에게 다양한 표현도구를 제공하며 참여를 요청한다. 물론 언론사닷컴이나 온라인 매체들도 표현촉진적인 도구들을 제공하지만 포털이 이용자와의 상호작용에 가장 적극적이다.

사실 매스커뮤니케이션 학계에선 기존 매스미디어가 생산해 낸 부정적 이미지의 대중으로 '포획된 청중(*captive audience*)'이란 개념이 종종 사용된다. 광고학에선 선택의 여지없이 일방적으로 광고를 듣거나 봐야 하는 사람들을 지칭하기도 하고, 일반적으로는 매스미디어에 노출된 사람들은 미디어가 전하는 메시지를 그대로 수용하고 메시지가 의도하는 대로 태도를 결정한다는 의미에서 피동적인 청중을 의미한다. 한마디로 전통적 매스미디어(특히 TV)와 대중들 간의 수직적 관계를 지칭한다.

그러나 포털의 이용자는 포획된 청중과는 거리가 멀다. 포털 자체가 이용자의 능동적 선택권과 적극적 대응권을 적극 장려하는 방향으로 시스템이 되어 있기 때문이다.[114] 임종수 교수에 의하면 온라인 저널리즘에서의 상호작용성은 콘텐츠에 대한 이용자의 적극적 선택과 이용을 의미하는 '내용적 상호작용(*content interactivity*)'과 그러한 내용에 대해 이용자의 의견을 표출하는 '대인적 상호작용(*interpersonal interactivity*)'로 나눌 수 있다.[115] 내용적 상호작용이란 인터넷포털의 초기 화면에서 뉴

113 헌법재판소 2002. 6. 27. 99헌마480, 판례집 14 1. 616~643.

114 임종수(2004), 앞의 글, 210쪽.

115 위의 글.

스홈페이지의 각 섹션으로 들어가 원하는 기사를 선택해 나가고, 흥미 없는 기사는 회피한다는 의미인데 이에 대해선 인터넷포털 저널리즘을 논할 때 자세히 짚어보고, 여기선 포털이 지닌 대인적 상호작용 기제들에 대해 집중하도록 하자.

〈그림 2-10〉에 실린 엠파스의 뉴스페이지는 2008년 7월 엠네스티가 당시 한창 논란이 됐던 미국산 쇠고기수입 반대 촛불집회에 대한 경찰의 대응을 문제삼자 이에 대해 어청수 경찰청장이 항의한 내용을 다룬 기사를 소개하고 있다. 엠파스가 뉴스이용자들의 참여를 촉진시키기 위해 사용한 장치들을 살펴보자.[116]

기사(뒷부분은 필자가 분량상 임의로 삭제)가 끝나자 엠파스는 바로 기사의 뒤에 이 기사에서 다루고 있는 어청수 청장의 '엠네스티 법적 대응 방침'에 대해 네티즌들에게 찬반 여론조사를 붙였다. 이어 기사에 대한 네티즌의 추천여부를 '기사올려'와 '기사내려'라는 항목으로 다시 묻고, 이를 통계화해 랭킹을 메긴 뒤 이를 공개하고 있다. 뒤이어 네티즌들이 기사 원문에 대한 댓글을 달수 있도록 했는데, 기사에 대한 다양한 느낌을 이모티콘(Emotion+icon의 합성어로 감정을 표시하는 아이콘)으로 표현할 수 있게 한 점이 눈에 띈다.[117]

한편 엠파스는 뉴스화면에서 댓글을 클릭하면 댓글의 내용이 공개되면서 이에 대한 '찬성'과 '반대' 여부를 선택하고, 찬성과 반대의 인원수를 정산해 뉴스페이지에 '공감' 정도를 나타낼 수 있게 되어 있다. 가령 〈그림 2-11〉의 댓글에 대해 '찬성' 의견이 없이 '반대'의견만 4명이 표

---

116 엠파스는 2009년 2월 SK커뮤니케이션즈의 네이트닷컴과 통합돼 '네이트'로 이름을 바꾸었다. 엠파스의 이용자들의 참여를 촉진시키는 장치들은 대부분 네이트에 승계됐다.

117 댓글은 리플(*reply*)로도 불린다. 원문 기사 혹은 네티즌들이 쓴 포스트(가령 블로그의 게시물)에 대한 이용자의 의견을 밝힌 글. 댓글에 다시 의견을 밝히는 것 역시 이 개념에 포함된다.

〈그림 2-10〉 엠파스 뉴스페이지의 상호작용 장치 1

〈그림 2-11〉 엠파스 뉴스페이지의 상호작용 장치 2

시했다면, 공감도는 -4로 표시된다.

이와 같은 댓글에 대한 의견표시 장치는 정도의 차이는 있지만 다른 인터넷포털에서도 공통적으로 보인다. 가령 네이버에선 '공감' vs '비공감'이라는 문구를 사용해 기사에 대한 평가를 유도하고, 다음과 야후에선 '추천' 또는 '찬반' 여부를 결정하고 높은 관심도를 보이거나 추천수가 많은 댓글을 댓글난의 맨 윗부분에 별도로 표시하고 있다.

이 같은 다양한 장치들은 이른바 '댓글저널리즘'이라는 용어까지 탄생시켰다.[118] 댓글이 기사의 평판이나 신뢰도에 영향을 미치는 것은 물론, 개인의 의사표현 수단이자 여론형성의 노구로 인식되기 시작한 것이다.[119] 특히 댓글은 일선 취재현장을 뛰고 있는 기자들의 취재행위에

118 성동규(2007), "댓글과 인격권", 〈언론중재〉 2007년 봄호.

119 성동규는 위의 글에서 댓글이 수행하는 저널리즘 차원에서의 기능을 크게 4가지로 구분한다. 첫째, 댓글은 오보를 바로 잡는 등 게재된 뉴스의 정확성에 영향을 미칠 수 있다. 둘째, 댓글은 의제설정기능을 수행한다. 원문보다 더 많은 정보를 제공할 수 있고, 댓글 자체가 단순한 반응을 넘어 주장의 수준에 이를 수 있다. 셋째, 댓글은 읽는 사람의 태도변화에 영향을 미칠 수 있다. 댓글 쓰기에 대한 참여를 통해 다른 사람들과 의견을 공유하며 여

도 직접적인 영향을 미친다.

〈한겨레〉 정혁준 기자가 밝힌 댓글과 취재와의 상관관계는 이렇다. "기사 댓글을 자주 살펴보곤 한다. 가장 먼저 피드백을 받아 볼 수 있기 때문이다. 오프라인 공간에서 출입처 사람들이나 회사 동료들이 서로의 기사에 대해 이야기 하는 문화가 아니기 때문이다. 댓글은 사람들이 어떤 쪽에 관심을 갖고 있고, 어떤 점에 주의해야 할지를 가늠해 볼 수 있게 한다."[120]

중앙대 성동규 교수는 댓글의 순기능을 거론하며 "수동적일 수밖에 없었던 수용자들을 능동적 수용자로 만들 수 있는 가능성을 제시해 주었다는 점에서 큰 의의가 있다"고 강조했다.

그러나 앞서도 살펴보았듯 포털이 포획된 군중을 일깨우는 장치는 훨씬 다양하다. 엠파스는 한 가지 주제의 기사에 대해 ① 기사에 대한 찬반 여론조사(*poll*), ② 기사추천 여부 질문, ③ 기사원문에 대한 댓글, ④ 기사원문 내용에 대한 이모티콘, ⑤ 댓글 내용에 대한 찬반 조사, ⑥ 댓글에 대한 2차 댓글 등 한 개의 기사에 대해 네티즌이 반응할 수 있는 장치를 최대 6개를 두고 있다. 또 공감도 조사, 기사 추천도 등 네티즌들의 참여를 계량화 해 수치로 보여줌으로써 더 많은 참여를 유도한다. 각 인터넷포털들은 경쟁적으로 네티즌의 참여를 유도하고 관심을 높이는 다양한 장치들을 개발하고 있다.

다시 본론으로 돌아가자. 인터넷포털에선 포획된 군중으로 남아있기는 쉽지 않다. 아니 포획된 군중은 존재하지 않는다. 댓글저널리즘을

론을 형성하게 되기 때문이다. 마지막으로, 댓글 자체가 원문기사의 일부로 기능하기도 한다. 앞에서도 살펴보았듯 댓글과 기사는 동일한 페이지에 존재한다. 이용자들은 기사와 댓글들을 두루 읽은 후 원문기사가 다룬 이슈에 대해 종합적인 판단을 하기 때문이다.

120 정혁준(2006), "기사에 대한 피드백 받고 독자의 관심 파악 댓글과 언론인의 취재행위", 〈신문과 방송〉 2006년 2월호, 117쪽.

거론하며 포털은 이용자들에게 끊임없이 사회와의 대화에 참여할 것을 촉구하고, 공론장의 무료입장 티켓을 끊을 것을 주문하기 때문이다. 설사 토론에 참여하지 않는다 해도 기사와 함께 제공되는 무수한 댓글은 미디어의 일방적인 메시지 주입을 허용하지 않는다. 사상의 자유시장이 곧 공개적인 토론의 장임을 생각하면, 네티즌을 끊임없이 공론장으로 불러들이기 위한 포털 간의 경쟁은 바람직한 현상이 아닐 수 없다.

반면 인터넷 공론장이 '목소리 큰' 소수에 독점될 경우 야기되는 역작용에 대해서도 우려가 높다. 인터넷의 상호작용성과 개방성은 '침묵의 나선(螺線) 효과'를 최대한 억제시킬 수 있는 테크놀로지라고 할 수 있다. 그러나 테크놀로지의 이용자들의 잘못된 행동양태는 인류가 발명한 가장 자유로운 토론장인 인터넷에서조차 침묵의 나선효과를 야기하는 역설을 발생시킨다. 토론하라고 만들어 놓은 자리에서 침묵을 강요당하는 현상이 벌어지는 것이다. 가령 다음 아고라가 특정한 정치적 이념이나 목적을 공유하는 사람들에게 독점 당하고, 이들이 반대의견이나 소수의견을 억압한다면 이들은 공론장에서 침묵을 지키거나 자신의 견해를 숨기려 할 것이다. 자신이 소신을 밝힐 경우 공론장에서 매도당하고 고립될 것이 뻔하기 때문이다. 논리의 대결이 아니라 감정의 대결, 이성에 근거한 판단이 아닌 감성에 근거한 욕설과 인신공격이 토론을 대신할 수 있다는 것이다. 이로 인해 공론장은 침묵하는 다수보다는 목소리 큰 소수가 여론을 주도할 수 있다. 소수의 여론꾼이 공론장 여론을 주도할 경우 사회여론과도 괴리된다.

더욱 중요한 점은 이런 침묵의 나선효과는 포털의 공론장 자체를 쇠퇴시킬 수 있다는 점이다. 인터넷의 각종 사이트나 커뮤니티들은 클릭 한 번으로 탈퇴하고 관계를 끊을 수 있다. 대신 자신이 편안함을 느낄 수 있는 사이트로 언제든 이사갈 수 있다. 포털 역시 예외가 아니다. 인터넷의 이 같은 특징은 포털의 공론장이 특정 집단이 지배하는 상황이 지속된다면 장기적으로 이 역시도 쇠락의 길로 접어들 수 있음을 경고한다.

제3장

미국의 인터넷 규제 논쟁

1. 서론: ISP에게 면책특권을 부여한 미국

만약 어떤 사람이 자신의 신원을 숨긴 채 다른 사람을 허위로 '살인범'이라고 지목, 인터넷에 올렸다면 명예훼손을 당한 사람은 법원에게 어떤 해결책을 기대할 수 있을까? 인터넷 서비스 사업자(*Internet Service Provider* · 이하 ISP)에게도 책임을 물어 배상을 받을 수 있을까?

2005년 10월, *USA Today* 전 편집인이자 저명한 언론자유 주창자인 존 시근셀러(John Seigenthaler)는 인터넷 백과사전인 위키피디아 사이트(www.wikipedia.org)에 떠있는 자신의 날조된 이력서를 보고 깜짝 놀랐다. 위키피디아는 네티즌들이 누구나 온라인상에서 콘텐츠를 올려 공동으로 만드는 인터넷 백과사전으로, '집단지성'의 가장 대표적 사례인 웹 2.0사이트. 그런데 여기에 자신을 소개하는 페이지에 자신이 존 F. 케네디 대통령의 암살과 직접적인 관련이 있다는 허위의 내용을 누군가가 익명으로 버젓이 게재해 놓았기 때문이다.[1] 또 이 글에는 시근셀러가 1971년부터 1984년까지 소련에서 살았다는 내용도 있었다. 물론 다 날조된 것이었다. 유일한 사실은 그가 로버트 케네디의 행정보좌관으로 일했다는 내용 하나 밖에는 없었다.

결국 5월 26일 게재된 이 날조된 글은 시근셀러의 항의로 삭제될 때까지 무려 4개월간 방치돼 있었던 것이다. 시근셀러는 누가 이런 허위의 글을 무슨 의도로 게재했는지 밝히길 위키피디아 측에 요청했다. 그러나 위키피디아 측은 벨사우스라는 통신회사의 서버를 이용한 유저일 뿐 정확한 신원은 법원의 영장 없이는 밝힐 수 없다고 냉정히 거절했다.[2] 그러나 얼마 되지 않아 위키피디아에 반대하는 인터넷활동가가 익

---

1 John Seigenthaler, *Truth can be at Risk in the World of the Web*, The Tennessean, Dec. 4, 2005, available at http://www.tennessean.com/apps/pbcs.dll

명 게재자의 신원을 추적해 누구인지를 밝혀냈다. 글을 올린 사람은 테네시 주에 사는 소규모 택배회사 직원으로 밝혀졌다. 그의 해명은 허위의 포스트만큼이나 황당했다. 그는 이 사이트가 농담을 올리는 사이트로 알았고 자신 역시 단순히 동료들을 놀라게 하기 위해 재미삼아 한 행동이었다는 것이다. 시근셀러는 *USA Today* 에 올린 글에서 자신이 당한 경우를 "인터넷 인격 살인(*Internet character assassination*)"이라고 주장했다.[3] 허위의 이력서로 자신의 명예는 훼손됐지만 법적으로는 아무에게도 책임을 지울 수 없었기 때문이다.

시근셀러의 케이스는 중요한 이슈를 제기한다. 만약 인터넷 사업자가 명예훼손적 콘텐츠를 포스팅하는 것에 대해 아무런 법적 제한을 두지 않는다면 얼마나 오랫동안 이 같은 콘텐츠가 방치될 것인가? 만약 위키피디아가 시근셀러의 삭제 요구를 거절했다면 어떻게 될까? 위키피디아가 고의적으로 명예훼손적 내용의 글을 게재하거나 유포시켰어도 면책이 될 수 있을까?

하지만 시근셀러는 소송을 제기하지 않았다. 이 책의 제1장에서 언급했듯 통신품위법 230조에 따라 인터넷 사업자는 제3자가 올린 콘텐츠의 내용에 대해 법적 책임을 지지 않는다는 것을 알았기 때문이다. 격

---

2 Seigenthaler, 앞의 글. 결국 시근셀러가 허위의 포스트를 올린 사람의 신원을 확인하기 위해선 법원에 'John or Jane Doe(익명을 나타낼 때 흔히 사용함. 가장 흔한 이름을 의미)' 소송을 내야한다. 미국의 연방 프라이버시법은 커뮤니케이션 회사가 고객의 사적 정보를 제공하는 것을 엄격히 금지하고 있기 때문이다. 만약 법원이 원고인 피해자의 신원확인 요구를 받아들이면 법원은 신원제공명령서(*subpoena*)를 발부하고 이에 회사 측은 응해야 한다. 지금까지 야후를 상대로 익명으로 고용자를 비판하는 글을 야후 게시판에 올린 사람의 신원을 확인해달라는 소송이 제기된 바 있다. John Doe v. Yahoo!, No.CV004993NM(C. D. Cal. filed May 11, 2000).

3 John Seigenthaler, *A false Wikipedia 'biography'*, *USA Today*, Nov. 29, 2005, *available at* http://www.usatoday.com/news/opinion/editorials

분한 시근셀러는 〈유에스에이 투데이〉 지의 기사에 인터넷서비스 제공자(ISP)의 면책특권을 비판하는 글을 실었다. 그는 "전통적 미디어와는 달리 온라인서비스 회사들은 일반 시민들에 대해 명예훼손적 공격(*defamatory attack*)을 광범위하게 유포해도 소송을 당하는 경우는 거의 없다"고 지적했다. "의회가 창의적으로 모든 인터넷 사업자가 명예훼손 소송을 당하는 것을 막아주었다"는 것이 그가 내린 결론이었다. 법조계의 일반적인 평가도 시근셀러의 생각과 비슷했다.

1996년 미 의회는 통신품위법(*Communication Decency Act* 1996: 약칭 CDA)을 통과시켰다. 인터넷을 통해 혐오스런 내용의 콘텐츠, 특히 포르노그래피의 유통을 막아 어린이들을 보호해야 한다는 것이 이 법의 주된 목표였다.[4] 통신품위법은 ISP의 자율규제(*self-regulation*)를 장려하고 있다. 즉 인터넷 사업자들이 자신의 서비스 이용자들이 모욕적이고 음란한 내용의 글이나 콘텐츠를 웹사이트에 게재하는 것에 대해 적극적인 편집이나 필터링을 실시하게 한다는 것이다.[5] 이 목표를 달성하기 위해 미 의회는 특별한 조항을 마련했는데 이것이 곧 230조로 인터넷 사업자에게 제3자가 올린 콘텐츠에 대해 광범위한 면책을 부여하는 것이 골자다. 230조를 해석한 최초 케이스인 Zeran v. America Online에서 제4연방항소법원은 인터넷 사업자가 설사 명예훼손적 내용이 게재되었다는 피해자로부터의 통지를 무시하거나 문제된 글의 삭제를 등한히 했다고 해도 법적 책임을 물을 수 없다고 판결했다. 이 조항을 말 그대로 '절대적인 면책조항'으로 해석한 것이다. 결론적으로 Zeran 판결 이후 인터넷서비스 사업자에 대한 광범위한 면책은 수년간 미국에선 굳건히 뿌리를 내린 판례법으로 자리잡았다.

---

4 141 Cong. Rec. S8088 (daily ed. June 9, 1995) 참고.

5 Jae Hong Lee, Batzel v. Smith & Barrett v. Rosenthal: *Defamation Liability for Third party Content on the Internet*. 19 Berkeley Tech. L. J. 469, 470 (2004).

통신품위법을 제안하면서 미 상원의 Jim Exon 의원은 "정보고속도로에 빨간 불이 들어오게 해서는 안 된다"며 이 법의 숭고한 목적을 강조했다.[6] Zeran 법원은 230조의 궁극적 목표는 "인터넷 커뮤니케이션의 건강한 본질을 함양하는 것"과 "(인터넷 공간에) 정부로부터의 간섭을 최소화하는 것"이라고 해석했다.[7] 이 같은 목표를 달성하기 위해 의회는 "새롭게 피어나는 새로운 인터넷 매체에서 표현의 자유를 위축시킬 수 있는 손해배상소송의 위협을 제거하기로 결정을 내린 것"이라고 Zeran 법원은 선언했다.

그러나 통신품위법과 230조가 시행된 지난 10년간 이 법은 끊임없는 사회적 논쟁에 시달렸다. 사실 시근셀러와 위키피디아의 논쟁은 이 같은 논쟁의 최신판 버전에 불과하다.

언론자유의 주창자인 시근셀러조차 "우리는 뉴미디어의 세계에 살고 있다. 그러나 이 세계는 독약을 묻힌 펜을 든 자발적 야만인들이 득실거리는 세계다. 의회가 이를 가능하게 했고 그들을 보호했다"고 비판했다. 나아가 로날드 굴드 판사는 Zeran 판결을 지칭하며 "일부 법원의 의견들이 인터넷을 황야의 서부, 즉 무법지대(*the Old West: a lawless zone*)로 만들었다"고 지적했다.[8] 또 일부 법원들은 Zeran 판결에 대해 노골적인 반기를 들며 ISP에 대해 책임을 물을 것을 주장하고 있다.[9] 그러나 Zeran 판결에 대한 비판에도 불구하고, 많은 법원들은 Zeran 법원의 CDA의 입법목적에 대한 해석을 존중하고 있다.[10] 또 학계에서도 언론

---

6 141 Cong. Rec. S1953 (daily ed. Feb. 1. 1995).

7 Zeran v. America Online, Inc., 129 F. 3d 327, 330 (4th Cir. 1997).

8 Batzel v. Smith, 333 F. 3d 1018, 1040 (9th Cir. 2003).

9 Barrett v. Rosenthal, 114 Cal. App. 4th 1379, (2004); MCW Inc. v. Badbusinessbureau. com, 2004 WL 833595 (N. D. Tex. 2004) 등 다수의 하급심 판결이 Zeran 판결을 정면으로 공박하고 있다.

10 Carafano v. Matchmaker. com, Inc., 339 F. 3d 1119, 1122 (9th Cir, 2003); Schneider v. Amazon. com., 31 P. 3d 37 (Wash. App. 2001); Patentwizard,

자유를 규정한 수정헌법 1조에 부합된다며 Zeran 판결을 지지하고 있다.[11]

CDA와 230조가 공표된 지 10여 년이 지난 지금 이 법이 정한 ISP의 면책규정은 우리에게 많은 의문을 던진다. 정말 CDA의 설계자들은 ISP의 면책(免責)을 원했을까?

이 글은 통신품위법의 입법과정을 추적하고, 특히 미 의회가 왜 또 어떻게 230조를 만들게 됐는지를 조사할 것이다. 또 ISP의 면책조항인 230조에 대한 법원 내 두 그룹의 상반된 입장의 입법과정을 추적해 서로 다른 결론을 어떻게 논리적으로 정당화시키는지에 대해서도 거론할 것이다. 마지막으로 상반된 법원의 입장 중 어느 쪽이 인터넷포털의 뉴스서비스 등 급변하는 인터넷 환경에 더 잘 적용될 수 있는지 알아보도록 하자.

Inc. v. Kinkos, Inc., 163 F. Supp. 2d 1069 (D. S. D. 2001); Ben Ezra v. AOL, 206 F. 3d 980 (10th Cir. 2000); Optinrealbic. com, LLC v. Ironport Systems, Inc., 323 F. Supp. 2d 1037, 1045 (N. D. Cal. 2004); Blumenthal v. Drudge, 992 F. Supp. 44, 52 (D. D. C. 1998); Dove v. AOL, 783 So. 2d 1010 (Fla. 2001); Gentry v. eBay, 99 Cal. App. 4th 816 (App. Div. 2002) 참조.

11 Jonathan A. Friedman & Francis M. Buono, *Limiting Tort Liability for Online Third Party Content under the Section 230 of the Communications Act*, 52 Fed. Comm. L. J. 647 (2000). See also Paul Ehrlich, *Cyberlaw: B. Regulating Conduct on the Internet: Communications Decency Act §230*, 17 Berkeley Tech. L. J. 401 (2002).

2. 미국의 명예훼손법에 관한 배경지식

1) 보통법 하에서의 명예훼손

왜 법원은 명예훼손적 발언들에 대해 법적 책임을 부과하는가? 작고한 포터 스튜어트 판사는 "사회는 개인의 평판이 공격당하는 것을 보호하고 구제하기 위한 광범위하고도 강력한 관심을 가지고 있다"고 지적했다.[12] 개인의 명예를 보호하는 것이 사회가 구성원 개개인의 존엄과 지존을 지키기 위해 최우선에 두는 가치라는 의미다.

마이크 가드윈 변호사 역시 "명예훼손법의 목적은 모욕적인 언사에서 비롯되는 피해를 보상하고 앞으로 미래에 발생할 수 있는 또 다른 명예훼손을 방지하는 것"이라고 말했다.[13]

Gertz v. Welch(1974) 사건에서 루이스 파웰(Lewis Franklin Powell) 판사는 "커뮤니케이션 매체에 대한 절대적인 보호는 명예훼손법에 의해 제공되는 다른 가치들을 모두 희생할 것을 요구한다"고 지적했다.[14] 파웰 판사는 대법원이 명예훼손법에 함축된 '정부의 적법한 법익', 즉 자신의 좋은 이름(*good name*)을 보호하기 위한 개인의 권리를 포기하도록 정부에 요구해선 안 된다고 강조했다. 그의 견해는 언론의 자유는 절대적인 것이 아니며, "다른 경쟁하는 사회적 이익들과 균형을 맞추어야 한다"는 것이다.[15] 결론적으로 파웰 판사는 대법원이 표현의 자유의 보호와 명예훼손적 언사로 인한 피해구제에 대한 사회적 필요성이라는

---

12 Rosenblatt v. Baer, 383 U.S. 75, 92 (1966) (concurring opinion).

13 Mike Godwin(2003), "Cyber Rights: Defending Free Speech", *Digital Age* 82-84.

14 418U.S.323, 341(1974).

15 Kyu Ho Youm(1995), *Libel Law and the Press: U.S. and South Korea Compared*, 13 UCLA Pac. Basin L.J. 231.

이해 간에 적절한 조화를 이루려는 노력을 게을리 해선 안 된다고 강조한다. 다시 말해 대법원은 표현의 자유를 위해 "숨 쉴 수 있는 공간(*breathing space*)"[16]을 만들어 내는 것뿐만 아니라 다른 개인의 권리를 보호하기 위한 사회적 필요성에 대해서도 무게를 두어야 한다는 것이다.[17]

보통법의 원리에 따르면, 만약 명예훼손적 언사가 제 3자에게 알려진다면, 그 같은 내용은 '공표(혹은 발행, *publish*)'되었고, 배포자는 법적 책임을 져야 한다.[18] 특히 미국의 대표적 법률서인 *the Restatement* 577조에 의하면, 만약 고의적이고 비이성적으로 자신의 통제 아래 있는 명예훼손적 내용의 발언들을 삭제하지 못할 경우 "계속된 공표상태(*continued publication*)"로 본다.

'재공표 원칙(*republication rule*)'에 따르면 어떤 사람이 제 3자가 행한 명예훼손적 발언을 반복하거나 재공표할 경우 최초 발행자와 동등한 정도의 법적 책임을 져야한다.[19] 다시 말해 법은 이 같은 경우 특정한 발언들을 자신의 판단하에 채택했다고 보고 명예훼손적 발언에 대한 '재발행인'으로 보고 있다.[20] 이는 "이야기의 유포자는 이야기를 처음 만든

16 New York Times v. Sullivan, 376 U. S. 254 (1964).

17 미국의 대법관 중에선 이보다 더 강경한 입장도 종종 엿보인다. New York Times v. United States, 403 U. S. 713, 761-62 (1971) 사건에서 블랙먼(Blackmun) 대법관은 반대의견을 통해 "수정헌법 1조는 전체 헌법의 단지 한 부분에 불과하나"면서 "헌법의 각 조항이 모두 다 중요하다"고 강조했다. 그는 특히 모든 헌법적 가치에 비해 표현의 자유가 우선한다는 수정헌법 1조 절대주의는 지금까지 한 번도 대법원내에서 주류적 입장이 된 적이 없다고 지적했다.

18 *Restatement* (*Second*) *of Torts*, *supra* note 23, at 577.

19 만약 신문 A가 다른 신문 B나 통신사 C의 부정확한 내용을 그대로 옮겨서 쓰거나 인용할 경우 재공표 원칙에 따라 최초 기사를 쓴 신문이나 통신사와 마찬가지로 이들의 기사를 사용하면 동일한 정도의 법적 책임을 진다.

20 Madeleine Schachter, *Law of Internet Speech* 275 (2nd ed. 2002); Barry v. Time, Inc., 584 F. Supp. 1110, 1122 (N. D. Cal. 1984).

사람만큼이나 나쁘다"는 전통적 법이론에 근거한다.[21]

전통적으로 미국 법원은 명예훼손에 대한 법적 책임을 결정하는 데 있어 발행인이든, 재발행인이든, 배포자든 간에 크게 3가지 카테고리로 분류했다. 즉 발행인(*publisher*), 배포자(*distributor*), 일반전달자(*common carrier*)이다.[22]

(1) 발행인의 책임 범위

'발행인'은 정보의 배포에 관해 전반적인 편집 통제(*editorial control*)를 행사한다. 신문이나 잡지, 방송이 전형적인 예이다. 이같이 정보를 생산하면서 직접 유포시킨 회사들은 회사의 직원들이 명예훼손적 발언이나 글을 쓰고 선택하고 편집해서 이를 대중에게 유통시켰기 때문에 이에 대한 직접 책임을 져야 한다. 다시 말해 발행인은 자신들이 유통시킨 콘텐츠에 대해 감독할 의무가 있다는 것이다. 발행인의 편집권한은 '일반 전달자'나 '배포자'에 비해 훨씬 강력하다.[23] 제 3자에 의해 공급된

21 Mcdonald v. Glitsch, Inc., 589 S.W. 2d 554, 556(Tex. Civ. App. 1978) Houston Chronicle Publishing Co. v. Wegner, 182 S.W. 45, 48 (1915)에서 인용.

22 Douglas B. Luftman(1997), *Defamation Liability for On-Line Services: The Sky is Not Falling*, 65 Geo. Wash. L. Rev. 1071, 1084.

23 앞서 사상의 자유시장 이론을 설명할 때 거론했던 New York Times v. Sullivan, 376 U.S. 254(1964) 사건은 발행인의 책임여부에 대해 획을 그은 사건이다. 이 사건에서 대법원은 명예훼손적 내용을 공표하는 것에 대해 엄격한 법적 책임을 부여했던 이전의 판례를 거부하고 발행인의 법적 책임에 대한 현대적 기준을 만들었다. 대법원은 수정헌법 1조는 간부급 공무들(*public officials*)이 명예훼손 소송을 제기할 경우 '현실적 악의(*actual malice*)'라는 최소한의 헌법적 과실 기준을 적용해야 한다고 판결했다. 발행인이 허위인 줄 분명히 알면서도 의도적으로 명예훼손적 글을 게재하는 등의 현실적 악의가 있어야 처벌할 수 있다는 것이다. 또 원고인 공직자가 발행인의 현실적 악의를 입증하도록 했다. 이후 Gertz v. Robert Welch, Inc. 사건에서, 대법원은 공직자가 아닌 사적인 개인이 소송

콘텐츠의 발행인은 아래와 같은 4가지 조건과 맞았을 때 법적인 책임을 진다. ① 다른 사람에 대한 발언내용이 거짓이거나 명예훼손적이어야 하고, ② 제 3자에 의한 특권 없는(*unprivileged*) 공포가 이뤄져야 하고, ③ 최소한 발행인의 일부로서의 태만이라 할 수 있을 정도로의 과실이 있어야 하며, ④ 공표로 인해 실제적인 피해가 발생했어야 한다.

(2) 배포자 책임범위

이에 반해 명예훼손적 내용을 전달하거나 전파하는 사람은 배포자(또는 전파자)로 분류할 수 있다. 서점이나 도서관, 신문 가판대 등이 이런 카테고리에 포함된다. 이들은 '발행인'보다는 덜 강력하지만 '일반 전달자'보다는 더 큰 편집권한을 행사한다.[24] 더 구체적으로 이야기 하자면, 배포자는 단순히 제 3자에 의한 명예훼손적 글을 전달 또는 전파하는 기능을 하므로 이들이 법적인 책임을 지는 경우는 배포자가 이러한 글들이 명예훼손적인 성격이라는 것을 "알았거나 알아야 할 이유가 있을 때"로 한정된다. 일반적으로 배포자는 출판물을 판매하기 전 명예훼손적 내용이 포함돼 있는지 사전에 조사할 법적인 의무는 없다.

을 낼 경우 〈뉴욕타임스〉 대 설리번 사건의 현실적인 악의 기준은 적용되지 않으며, 태만에 대한 최소한의 과실 기준을 적용하도록 했다. 다시 〈뉴욕타임스〉 사건을 떠올려 보자. 앨라배마 몽고메리 시의 경찰 커미셔너였던 설리번은 〈뉴욕타임스〉가 허위광고를 실어서 자신의 개인적 평판을 훼손했으므로 명예훼손에 대한 책임을 져야 한다고 주장했다. 그러나 연방대법원은 〈뉴욕타임스〉가 명예훼손적 광고를 점검하는 데 실패한 것은 태만(부주의, *negligence*)의 증거라고 할 수 있으나 그것만으로 현실적 악의가 있다는 것을 입증하는 데 충분치 않을 뿐만 아니라 거짓된 내용이라는 것을 이미 알고 있었거나 진실을 의도적으로 무시하고 공포했다고 보기는 어렵다고 밝혔다. 이후 Gertz v. Robert Welch, Inc. (1974) 사건에서 연방대법원은 공인이 아닌 사적 개인이 제기한 명예훼손의 경우 〈뉴욕타임스〉 사건의 현실적 악의 기준을 적용하지 않고 최소한도의 태만의 과실 기준을 적용해야 한다고 판결했다.

24 Luftman, 앞의 글, 1084~1088쪽.

Smith v. California 사건은 미국 연방대법원이 처음으로 배포자 책임에 관해 언급한 사건이다.[25] 미 LA에 사는 서점주인 스미스는 저속하거나 음란한 서적을 누구에게도 판매하지 못하도록 한 시 조례를 어긴 혐의로 기소됐다. 연방대법원은 "도서 판매자의 입장에서 책의 내용에 대해 알 것을 의무화함으로써 조례는 헌법적으로 보장된 것들에 대한 대중들의 접근을 심각하게 제한하는 경향이 있다"고 밝혔다. 나아가 연방대법원은 만약 도서판매자가 저속한 내용의 책들을 배포하는 것에 대한 책임을 면하기 원한다면 이들은 서점 내에 있는 모든 책의 내용에 대해 철저히 조사를 해야만 할 것이라며 이 조례의 위헌성을 지적했다. 결국 조례는 저속한 책뿐만 아니라 헌법적으로 보장된 책의 판매까지 제한한다는 것이다. 연방대법원은 서점주인은 자신들이 제공하는 콘텐츠에 대한 통제권한이 있는 발행인이 아니며, 서점주인에게 모든 책의 음란성 여부를 살펴보도록 요구함으로써 자유로운 정보 유통을 위헌적으로 방해하고 있다고 결론을 내렸다.

Auvil v. CBS "60 Minutes" 사건에서 연방지방법원은 방송사의 프로그램을 전송받아 방영한 방송사의 자회사에 대해서도 서점주인과 비슷한 논거로 배포자로서 책임을 인정하지 않았다.[26]

CBS의 〈60 Minutes〉 프로그램에서 사과재배업자들이 성장조절제로 널리 사용하는 알라(Alar)라는 약품을 비난하는 내용을 방송했다. 이에 4,700여 명의 워싱턴의 사과재배업자들은 CBS와 이 회사의 자회사들을 상대로 소송을 낸 것이다. 천연자원 보호를 목적으로 하는 한 기관에서 과일에 묻은 알라는 물에 씻어도 닦여지지 않는 것은 물론 껍질을 깎아도 제거되지 않는다는 연구결과를 내놓았고, CBS에선 이 보고서를 토대로 이를 프로그램의 주 내용으로 방송했다. 그러나 '농약사과'

---

25 361 U.S. 147 (1959).

26 800 F. Supp. 928 (E.D. Wa. 1992).

에 대한 프로그램이 방송된 뒤 사과 값은 폭락하기 시작했고, 사과 재배업자들은 750만 달러의 손해를 보았다고 주장했다. 사실 보고서의 신뢰성은 환경운동 활동가들과의 인터뷰를 통해 다소 과장된 것이었다. 사과재배업자들은 CBS의 자회사들이 본사로부터 프로그램을 전송받아 이를 각자의 지역에서 방송하기까지는 3시간가량의 간격이 있으므로 자회사들 역시 프로그램의 내용을 검열할 의무가 있다고 주장했다.

이 사건에서 네트워크 자회사들은 CBS프로그램을 중계하면서 어떤 편집권도 행사하지 않고 받은 프로그램을 그대로 방송했지만 이는 법률적으로 따지자면 프로그램을 '재공표(*republish*)'한 것이다. 법원은 "사과재배업자들의 주장은 전국의 지역 방송사업자들에게 전 시간 운영되는 편집이사회를 만들어야 하는 것을 강제하고 있다"고 말했다. 이어 "이들은 쉴 새 없이 넘어오는 프로그램들을 모니터링하고 자유재량권을 행사하기 위해 지식을 가져야 하고, 법률문제에도 능숙하며, 전문가들에게도 자문을 구해야 한다"면서, "그러나 이는 비현실적"이라고 지적했다. 법원은 배포자로서의 고전적 법리를 다시 거론했다. 배포자는 단지 명예훼손적 성격의 콘텐츠가 있다는 것을 사전에 알았거나 혹은 알아야 할 분명한 이유가 있을 경우를 제외하고는 '수도관으로서의 의무(*conduit liability*)'는 없다는 것이다.

Misut v. Mooney 사건에서 뉴욕지방법원은 제 3자가 작성한 명예훼손적 내용의 글을 배포 전에 기초적인 편집권한을 행사한 피고에 대해 유포자의 책임을 물을 수 있는지에 여부를 다루었다.[27] 이 사건에서 출판사인 피고가 15편의 글을 배포 전에 살펴보았다. 그러나 글에 다른 어떤 첨삭도 하지 않았다. 법원은 피고가 충분한 편집통제(*editorial control*)를 하지 않았기 때문에 명예훼손에 대한 책임을 물을 수 없다고 판결했다. 법원은 특히 글의 내용을 조사하는 것 자체가 유포자로서의 책

27 475 N. Y. S. 2d 233(Sup. Ct. 1984).

임을 묻는 기준인 명예훼손을 알았거나 명예훼손적 성향을 알아야 할 이유가 있다는 어떤 징표도 되지 않는다고 밝혔다. "출판사는 독립적인 제 3자가 제출한 글의 진실을 테스트할 만한 지위에 있지 않기 때문"이라는 것이다.

(3) 일반전달자의 책임범위

반면 '일반 전달자'로서의 법적 책임은 커뮤니케이션을 교환할 수 있는 시설을 제공하기 위한 '수동적인 통로(*passive conduit*)' 역할을 하는 자들에게 적용된다. 가령, 전화회사나 통신회사 등이 전형적인 예라고 할 수 있다. 이들은 편집권한을 전혀 행사하지 않으며 단순히 메시지의 전달자 역할만 한다.[28] 또 이들은 근본적으로 일반대중들에게 커뮤니케이션을 효과적이면서도 동등하게 제공할 의무를 가지고 있다.[29] 때문에 이들에게 명예훼손적 발언의 전파를 막기 위해 전화선들을 통해 전달되는 엄청난 분량의 정보들에 대해 일일이 검열할 의무를 부여하는 것은 지나치게 무거운 부담을 가하는 것이다. 또 잠재적으로는 개인의 프라이버시를 침해할 가능성도 있다. 그러므로, 만약 이들에게 제 3자의 명예훼손에 대한 책임을 묻게 되면 일반 전달자로서 부여된 사회적 책임을 성공적으로 완수할 수 없게 된다는 것이 미국 법원의 법리이다. 이 같은 법리에 기초해서 미국의 법원은 일반 전달자의 경우 그들이 명예훼손적 내용의 유통을 알아야 할 이유가 있는지 여부와 상관없이 면

28 Kent R. Middleton, William E. Lee, Bill F. Chamberlin, *The Law of Public Communication* 117 (6th ed., 2003).

29 Bryan J. Davis, *Frontier of Law: The Internet Ad Cyberspace: Comment: Untangling the "Publisher" versus "Information Content Provider" Paradox of 47 U.S.C. § 230; Toward a Rational Application of the Communication Decency Act in Defamation Suits Against Internet Service Provider*, 32 N. M. L. Rev. 75, 79 (2002).

책을 시켜주었다. 그들이 아무런 편집통제를 하지 않았다는 것이 가장 큰 이유다.

Anderson v. New York Tel. Co. 사건에서 뉴욕 항소법원은 전화회사는 발행인이 아니기 때문에 명예훼손에 대한 책임을 지울 수 없다고 판결했다.[30] 이 사건은 한 종교단체의 목사가 자신을 비방하는 내용의 녹음된 메시지를 전파하기 위해 일반인들이 임대한 전화장비를 사용하는 것을 금지할 것을 요청하였지만 거절당하자 소송을 낸 것이다. 법원은 비록 원고가 회사 측에 녹화된 명예훼손적 메시지를 통지했고 전화회사가 이 메시지의 레코딩을 중단하는 것을 거부했지만 '일반전달자'로서 법적 책임이 없다고 보았다.

이처럼 일반전달자는 편집통제의 결여로 인해 발행인이나 배포자와는 확연히 구분된다. 그러나 발행인과 배포자의 개념적 경계는 다소 불분명하다. 뉴욕주의 David Sheridan 변호사는 콘텐츠를 전반적으로 통제하는 발행인을 '1차 발행인(*primary publisher*)'으로, 배포자를 '2차 발행인(*secondary publisher*)' 혹은 '재발행인(*republisher*)'으로 분류했다. 배포자의 경우 "콘텐츠를 생산하지 않지만 다른 사람이 이용할 수 있게 만들기 때문"이라는 것이다. 가령 TV네트워크는 프로그램을 만들기도 하지만 이를 배포하기도 한다. 이처럼 발행인과 배포자 간의 모호한 기준 탓에 ISP의 법적 책임문제는 논쟁이 끊이지 않고 다소 혼란스럽기까지 하다.

이처럼 3가지 분류에 관한 여러 가지 판례가 있어왔지만 가장 눈 여겨보아야 할 점은 보통법 아래서는 배포자가 명예훼손적 내용을 사전에 알고 있었거나 알아야 할 의무를 다하지 못했다면 법적 책임을 져야 한다는 원칙이 도전받은 적이 없다는 점이다.

그러나 이런 원칙은 인터넷 명예훼손 사건에서는 철저히 무시됐다.

---

30 345 N. Y. 2d 740 (N. Y. App. Div. 1973).

Zeran 판결에서 법원은 통신품위법 230조가 ISP에 대해 광범위한 면책특권을 부여한다고 해석했기 때문이다. 이는 인터넷 명예훼손의 가장 큰 법률적 논쟁으로 발전했다.

2) 통신품위법(CDA) 제정 이전의 뒤틀린 두 판결

인터넷의 출현과 함께 법원은 인터넷 서비스 사업자가 명예훼손 혐의로 피소됐을 경우 어떤 카테고리로 분류할지에 대해 고민에 빠졌다. 1996년 통신품위법이 제정되기 전까지 법원은 케이스 바이 케이스 격으로 보통법의 기준을 그대로 인터넷에 적용했다.[31] 그러나 이 세 가지 카테고리를 인터넷의 커뮤니케이션이나 기술적 구조에 효과적으로 적용할 수 있는 것은 아니었다.[32] 전통적 명예훼손법을 인터넷에 적용하면서 법원은 비슷한 사건에 결론이 다른 판결을 내리게 되면서 이 문제는 공론화되기 시작했다. Cubby v. CompuServe[33]와 Stratton- Oakmont, Inc. v. Prodigy Service[34] 케이스가 이런 딜레마를 상징적으로 나타내준 사건이다.

Cubby사건에서 미 연방지방법원은 구독자에게 전자 도서관을 표방하며 뉴스를 제공하는 인터넷 사업자인 CompuServe 사가 '발행인'이 아닌 '배포자'라고 판결했다. 이유는 간단했다. CompuServe 사가 자신의 사이트의 토론광장에 게재된 내용물에 대해 일체의 편집 통제를 하지 않았다는 이유였다.[35] 나아가 CompuServe 사가 자신의 사이트를 통해

---

31 위의 글.

32 Paul D. Driscoll(2005), "Legal Issues in Online Journalism," *On Line News and the Public 81* 117(Michael B. Salwen, Bruce Garrison, and Paul D. Driscoll, ed.

33 776 F. Supp. 135 (S. D. N. Y. 1991).

34 1995 WL 343710 (N. Y. Sup. Ct. 1995).

Cubby v. CompuServe,1991

Cubby는 당시 대표적 인터넷 대화방 사이트였던 CompuServe 사와 전자 뉴스레터사이트인 Rumorville USA를 운영하는 Don Fitzpatrick라는 사람이 자신의 명예를 훼손했다며 소송을 제기했다. 명예훼손적인 글은 이 뉴스레터 사이트에서 작성한 것이었고, CompuServe 사는 이용자들이 사용료를 내면 멤버십과 함께 '컴퓨정보서브(CIS)'라는 서비스를 제공했다. 특히 이용자들은 수천 건의 정보소스와 포럼들이 있는 전자도서관에 접근할 수 있는 권한이 주어졌다. Rumorville USA의 뉴스레터는 발행 준비가 끝나면 이는 곧바로 CompuServe의 네트워크에 업로드됐다. 이에 따라 CompuServe 뉴스레터가 포스팅되기 전 어떤 종류의 리뷰 절차도 두지 않았다. 원고인 Cubby는 CompuServe는 발행인으로서 높은 수준의 법적 책임을 가지고 있다고 주장했다. 반면 CompuServe는 자신은 Rumorville의 배포자에 불과하다고 맞섰다. 배포자이기 때문에 명예훼손적 글의 내용을 알지도 못했고 알아야 할 이유도 없었다는 것이다. 지방법원은 CompuServe의 손을 들어주며 Cubby가 낸 소송을 기각했다.

전파하는 제 3자가 작성한 잠재적으로 명예훼손적 글들을 포함, 모든 발행물 혹은 공표행위(*publication*)에 대해 검열하는 것은 현실적으로 불가능하다고 판결했다. 결론적으로, 법원은 수정헌법 제 1조를 고려할 때 CompuServe 사에 적용할 적당한 법률적 기준은 '배포자'를 적용해야 하며, 이번 사건에서도 "명예훼손적 내용을 알고 있거나 알아야 할 의무가 있는지"를 따져 보아야 하지만 Cubby가 이를 입증하는 데 실패했다고 판단했다.[36]

그러나 Cubby 판결 이후 4년 만에 Stratton-Oakmont, Inc. v. Prodigy Service Co.[37] 사건에서 뉴욕 지방법원은 ISP의 법적 책임에 대해 상반된 결론을 내렸다. 사건은 Prodigy Service 사가 운영하는 'Money Talk'라는 익명게시판에 한 이용자가 "증권투자회사인 Stratton-

35 776 F. Supp. 135 (S. D. N. Y. 1991).

36 위의 글, 140~141쪽.

37 1995 WL 343710 (N. Y. Sup. Ct. 1995).

Oakmont, Inc와 이 회사 사장이 사기꾼이며 범죄자"라는 내용의 글을 올린 것이다. Cubby 사건과는 달리 법원은 Prodigy 사가 발행인(*publisher*)로서 배상책임이 있다고 판결했다. 법원은 "Prodigy 사의 경우 자사 사이트 게시판에 올라오는 메시지나 내용물에 대해 편집권한(*editing control*)을 충분히 행사했기 때문에 발행인으로 보아야 한다"는 것이다. Prodigy 사는 '안전한 인터넷'을 모토로 자신들이 모욕적 내용의 메시지에 대해 철저히 모니터링을 하는 등 가족친화적 서비스를 제공하고 있다고 광고했고 실제로 이를 실행했다. 이를 위해 Prodigy 사는 실제로 게시판을 감시할 편집스태프를 고용했고 검열 소프트웨어까지 설치했다. 법원은 이 같은 활동을 '검열(*censorship*)'로 간주했다.

그러나 법원은 Prodigy의 사전 모니터링이 명예훼손적 메시지의 게재를 막아 '클린 인터넷'을 만들기 위한 것이라는 취지는 그리 중요하게 보지 않았다. Prodigy 사는 CompuServe 사와 마찬가지로 자신들도 배포자로 취급돼야 한다고 주장했지만 법원은 받아들이지 않았다. 오히려 이 같은 모니터링 활동을 편집통제로 간주, 발행인으로서 배상책임을 물리는 불이익을 주었다. 법원은 "Prodigy의 이 같은 끊임없는 의식적인 선택(*choice*)은 편집권한을 행사해 상업적 이익을 얻으려는 목적 아래 이뤄진 것이다. 이런 행위는 CompuServe 사나 어떤 선택도 하지 않는 다른 컴퓨터 네트워크보다 훨씬 큰 책임을 갖게 만들었다"고 판단했다.[38]

---

38 법원이 Cubby 케이스에 의존한 Prodigy 사의 주장을 반박한 것은 2가지 이유에서였다. 법원은 우선 Prodigy는 컴퓨터 게시판의 콘텐츠를 통제함으로써 일반 대중과 회원들의 불량 콘텐츠에 대한 접근을 막을 수 있는 위치에 있다. 둘째, Prodigy는 실제로 프로그램을 검열하는 자동소프트웨어를 가동해 통제를 실행했고 가이드라인을 제시했다는 것이다. 컴퓨터 게시판에 올라온 모욕적이고 나쁜 성향의 글들을 삭제하기 위해 활발하게 테크놀로지와 인력을 이용함으로써 Prodigy는 분명하게 콘텐츠에 대해 (게재여부에 대한) 결정을 했고, 그런 결정은 편집권을 통한 통제를 구성한다고 법원은 못박았다.

결론적으로 이 같은 논리는 Prodigy의 빈번한 편집통제는 특정한 글에 대해 실제 에디팅이나 삭제를 했는지 여부와 상관없이 게시판에 올라온 모든 발언들에 대해 법적으로 배포자로서 규정하는 결과를 낳았다.[39] Prodigy 사는 마지막으로 발행인으로서의 지위를 갖게 되면, 모욕적이거나 음란한 글을 걸러내는 ISP의 자율통제(*self-police*) 기능을 현저히 약화시키는 위축효과(*chilling effect*)가 발생할 것이라고 주장했다. 그러나 법원은 이 주장에도 고개를 저었다. 그 같은 주장은 시장이 늘어난 통제와 이에 따른 노출의 증대에 대해 보상해 주지 않을 것이라는 부정확한 가정에 근거하고 있다는 것이다. 다시 말해 Prodigy가 가족친화적인 서비스라고 광고했듯 품위 있는 인터넷을 원하는 이용자들도 이에 호응을 할 것이므로 위축효과는 검증된 주장이 아니라는 뜻이다.

그러나 데이비스 교수에 따르면 위의 두 법원의 판결은 ISP의 법적 책임문제와 관련해 심각한 문제를 야기했다.[40] 법원의 결론대로라면 명예훼손적이고 불법적인 내용 게재를 막기 위해 '선의'를 가지고 편집 권한을 적극적으로 행사한 ISP(Prodigy)는 명예훼손 소송에 언제든지 걸릴 수 있는 큰 위험에 봉착하게 된다. 반대로 폭력적인 내용에 대해 아무런 조치도 취하지 않은 채 수수방관한 ISP(CompuServe)는 이 같은 '소송의 위협'으로부터 벗어나 법의 우산 아래 보호를 받는 이율배반적 결과가 나온 것이다. 이 같은 모순적 결과는 ISP가 자신의 게시판이나 웹사이트에 어떤 내용의 콘텐츠가 올라오든 이를 무시하도록 조장할 가

---

39 Ryan W. King, *Online Defamation: Bringing the Communications Decency Act of 1996 in Line with Sound Public Policy*, 2003 Duke L. & Tech. Rev. 24.

40 Bryan J. Davis(2002), *Frontier of Law: The Internet Ad Cyberspace; Comment: Untangling the "Publisher" versus "Information Content Provider" Paradox of 47 U.S.C. § 230; Toward a Rational Application of the Communication Decency Act in Defamation Suits Against Internet Service Provider*, 32 N. M. L. Rev. 75, 85.

능성이 농후했다. ISP입장에선 그것이 법적으로 안전한 배포자로서의 지위를 얻는 지름길이었기 때문이다.

3) CDA 230조의 탄생과 Zeran v. AOL

(1) CDA 230의 탄생과 문제점

Prodigy 판결은 마침 인터넷상의 포르노그래피를 규제하는 입법을 준비 중이었던 미 의회에 큰 충격을 주었다. 얼마 지나지 않아 미 의회는 통신품위법을 제정하면서 이 같은 모순을 해소하는 것을 명분으로 230조 면책조항을 새로 만들었다.[41]

230조의 가장 현저한 특징은 보통법상의 명예훼손법 체계로부터 이탈한 것이다. 230조 (c) (1) 조항은 "상호교환적 컴퓨터 서비스의 제공자 혹은 이용자는 제 3자에 의해 공급된 어떤 정보에 대해서도 발행인 또는 발표자로서 책임을 지지 않는다"고 규정했다(*no provider or user of an Interactive computer service shall be treated as the publisher or speaker of any information provided by another information content provider*).[42] 둘째, 이른바 '착한 사마리아인(*Good Samaritan*) 조항'[43]을 삽입해 선의의

---

41 H.R. Conf. Rep. No. 104 458, at 194 (1996). 미 하원의 컨퍼런스 리포트는 "230조의 특별한 목적 중 하나는 *Stratton-Oakmont v. Prodigy* 사건이나 유사한 사건의 판결을 뒤집는 데 있다"고 밝히고 있다.

42 47 U.C.A. § 230 (c) (1).

43 47 U.S.C. § 230 (c) (2) "No provider or user of an interactive computer service shall be liable on account of (a) any action voluntarily taken in good faith to restrict access to or availability of material that the provider or user considers to be obscene, lewd, lascivious, filthy, excessively violent, harassing, or otherwise objectionable, whether or not such material is constitutionally protected; or (b) any action taken to enable or make available to information content providers or others the technical means to restrict access."

목적으로 외설적이거나 모욕적인 콘텐츠를 사적으로 검열하거나 차단하는 등의 조치를 취할 때 법적으로 보호해 주는 장치를 마련했다.[44] 물론 이 조항 역시 Stratton-Oakmont, Inc. v. Prodigy Service Co 판결에 대한 반작용이었다. 의회는 Cubby가 지적한대로 이 판결이 ISP로 하여금 인터넷 포르노그래피 등에 대해 적극적인 자체 검열(*self-policing*)을 하지 못하게 할까 봐 크게 우려했기 때문이다.[45] 다시 말해 '착한 사마리아인' 조항은 마치 신문의 게이트키퍼처럼 ISP가 제 3자의 콘텐츠나 글에 관해 편집권한을 행사해도 면책받을 수 있도록 보장하는 조항인 것이다.

또 한 가지 230조의 중요한 조항은 인터넷 콘텐츠 공급자(*Information Content Provider*·이하 ICP) 조항이다. 230조는 ISP와 ICP를 구분했다. 230조에 따르면 ISP는 "도서관이나 교육기관의 시스템을 포함해, 다수의 사람들이 컴퓨터 시스템에 접속할 수 있도록 하는 정보서비스, 시스템, 혹은 인터넷 접속 프로그램 공급자들"이다.[46] ISP는 다른 정보 콘텐츠 공급자(ICP) 등 제 3자에 의해 생산된 명예훼손적 콘텐츠에 대해 책임지지 않도록 했다.[47] 그러나, 만약 ISP가 제 3자의 명예훼손적 내용의 글이나 콘텐츠의 제작에 기여(*contribute*)하거나 이를 더 발전(*develop*)시켰다면 ICP와 공동 발행인으로서 공동 책임(*joint liability*)을 져야 한다.[48]

ICP는 "상호작용적 컴퓨터 서비스를 통해 공급되는 정보를 만들어내

---

44 See Zeran v. AOL., 958 F. Supp. 1124, 1129 (1997).

45 Stephanie Blumstein(2003), *The New Immunity In Cyberspace: the Expanded Reach of the Communications Decency Act to the Libelous "Re-poster,"* 9 B.U.J. Sci. & Tech. L. 407, 412.

46 47 U.S. 230 (F)(2).

47 47 U.S.C. 230 (c)(1).

48 47 U.S.C. § 230 (f)(3).

거나 발전시키는 데 전부 혹은 일부 책임이 있는 사람이나 주체들"이다.[49] 가령 각 인터넷포털에 뉴스를 공급하는 〈AP〉나 〈뉴욕타임스〉의 인터넷판, 유튜브에 자신이 제작한 동영상을 올린 사람들은 모두 ICP라고 볼 수 있다. 당연한 이야기이지만 230조는 ICP에게는 면책을 부여하지 않았다. 이들은 콘텐츠를 생산한 발행인이기 때문이다.

그러나 230조는 출발부터 많은 문제를 태생적으로 안고 있었다. 문제된 많은 사건들의 경우 ISP와 ICP의 경계가 모호하다. 가령 '착한 사마리아인' 조항에 따라 ISP의 검열·편집 활동은 법적으로 보호받는다. 그러나 이 같은 편집활동은 콘텐츠를 발전(*develop*)시키는 정도에까지 이를 수 있다. 이 같은 가정은 다음과 같은 질문들을 야기한다. ISP가 ICP로 전환되게 되려면 어느 정도 수준으로 콘텐츠의 발전에 관여해야 하는가? 또 230조에서 말하는 "발전"의 의미는 무엇인가? 이처럼 ISP와 ICP 간의 모호한 경계는 한국에선 잘 소개되지 않았지만 미국에선 최근 들어 상당한 논란이 되고 있다.

좀더 이해하기 쉽게 한국의 사례로 설명해 보자. 한국의 인터넷포털들은 공직선거 때가 되면 특정 정파에 유리하게 기사제목을 변경시킨다고 해서 정치적으로 곤경에 처하기도 했다. 포털 측은 공간적 제약으로 인해 메인화면 뉴스박스에 올리는 제목의 글자수가 넘쳐 이를 조정하는 경우가 있을 뿐이라고 반박하지만 정치권에선 제목까지 정치적 편향을 담아 다시 달았다고 주장한다.

다시 미국의 케이스로 돌아가 보자. 공간적 제약으로 원문의 제목을 불가피하게 줄였다면 이 경우에도 '기여'에 해당하는가? 만약 원문의 제목에 특정 정파를 비판하거나 비난하는 논조의 제목으로 살짝 뉘앙스를 변경시킨 것은 '발전'에 해당되는가? 정치적 편향이나 내용변화 없이 같

---

49 47 U.S.C. 230 (f) (3). "any person or entity that is responsible, in whole or in part, for the creation or development of information provided through the Internet or any other interactive computer service."

은 논조로 제목을 다시 달면 '기여'나 '발전'으로 볼 수 있는가 없는가? 무수한 질문들이 쏟아진다. 그리고 이를 둘러싼 논란은 미국뿐 아니라 지금 한국에서도 편집권을 행사한 것이냐 아니냐라는 논란으로 변형돼 진행 중이다.

마지막으로, 230조 (c) (1) 항은 ISP의 배포자(*distributor*) 로서의 보호 조항은 언급하지 않았고, 단지 발행인으로서 취급되지 않는다고 규정해 놓았다. 이와 관련, Zeran v. America Online, Inc. 사건에서 법원은 처음으로 ISP는 제 3자의 콘텐츠에 대해 발행인으로서의 책임뿐만 아니라 배포자로서의 책임도 함께 면책된다고 230조를 해석, 판결했다.

(2) 면책우산을 선물한 Zeran v. America Online, Inc. 판결

1995년 4월 19일 오전 9시 5분, 미국 중부 오클라호마 주의 주도 오클라호마시티 중심가에 있는 알프레드 머라(Alfred P. Murrah) 연방정부 빌딩에서 폭탄 테러사건이 일어났다. 9층짜리인 이 건물에는 마약단속국 등 미국 연방정부의 각 기관 사무실과 탁아소 등이 들어 있었다. 이 사건으로 탁아소에 있던 아이들을 포함 무려 168명이 죽고, 600여 명이 부상당했다. 9·11사건 이전 미국에서 발생한 최악의 참사였고, 전 미국을 경악과 충격 속에 빠뜨렸다.[50]

이 사건이 터진 지 불과 6일 후 미국의 대표적 온라인 사이트인 AOL의 전자게시판에 익명의 티셔츠 판매광고가 포스팅됐다. T셔츠 광고에는 폭탄테러범을 찬양하는 문구와 함께 폭탄테러와는 전혀 상관없는 원고(Kenneth Zeran)의 이름과 집 전화번호가 적혀 있었다. '이 번호로 전

50 범인인 티모시 맥베이(당시 26세)는 걸프전 참전용사로 정부로부터 훈장까지 받은 사람이었다. 맥베이는 사건 발생 2년 전 텍사스에서 집단자살한 사교집단 다윗파에 대한 연방정부의 불만족스러운 처리 때문에 범행을 저질렀다고 밝혔다. 맥베이는 사건 발생 6년 2개월이 지난 2001년 6월 11일 인디애나 주 테러호트 연방교도소에서 사형됐다.

화하면 T셔츠를 살 수 있다'는 문구도 달렸다. 즉시 Zeran의 집에는 광고와 T셔츠 판매에 항의하는 전화가 빗발쳤다. 심지어는 죽이겠다는 협박전화까지 걸려왔다. Zeran은 상업 출판사장으로 T셔츠 광고와는 아무런 상관도 없는데 영문도 모르고 항의전화에 시달려야 했던 것이다. Zeran은 AOL측에 자신은 광고와는 아무런 관련이 된 것이 없다고 통지하며 광고를 삭제하고 이 같은 광고가 다시 포스팅되지 않도록 조치할 것을 요구했다. AOL은 광고는 삭제했지만 정정문을 싣는 것은 거절했다.

더 큰 문제는 그 다음이었다. 광고를 삭제했는데도 똑같은 메시지가 약 3주간에 걸쳐 지속적으로 다시 포스팅된 것이다. 그러는 사이, 오클라호마시티 라디오방송국은 처음에 게재됐던 Zeran의 광고를 받았고, 방송을 통해 Zeran에게 항의전화를 걸라고 청취자들에게 촉구했다. 이를 받아서 지역신문들까지 명예훼손적 광고를 소개하는 악순환이 이어졌다. 결국 라디오 방송국은 사과방송까지 했지만 Zeran은 AOL등을 상대로 명예훼손 소송을 제기했다.

Zeran은 AOL이 제 3자가 올린 명예훼손적 내용의 게재물을 즉시 삭제하지 않은 책임이 있다고 주장했다. 여러 번 잘못된 사실을 통지했는데도 AOL측에서 이유 없이 삭제를 미루고, 비슷한 내용의 글이 다시 게재되는 것을 스크린하는 것도 소홀히 했으며, 정정의 글을 게재해 달라는 요구도 거절했으므로 배상할 책임이 있다는 것이었다. Zeran은 재판에서 "230조는 발행자로서의 책임을 면하게 한 것이지 유통자로서의 책임은 남아있다"면서 특히 AOL에게 수차례 삭제요청을 했기 때문에 이미 명예훼손적 내용의 글의 존재를 "사전에 알고 있었다"는 점을 강조했다. 앞서 살펴보았듯, 보통법의 법리로는 '사전에 알았거나 알아야 할 상당한 이유가 있다'면 '배포자'로서의 책임을 묻기 때문이었다.

그러나 미 연방법원 제 4항소법원은 Zeran의 요구를 기각했다. 230조는 ISP의 발행인으로서의 책임뿐만 아니라 배포자로서의 책임도 포괄적으로 면책하는 규정으로 해석해야 한다고 판결한 것이다. 법원은 T 셔츠 광고가 원고인 Zeran에 대해 악의적이고 기만적이라고 하는 점을 AOL이 알았다손 치더라도 이를 제거하지 않은 AOL에게 책임을 물을 수 없다는 것이었다.

Zeran 법원에 따르면 '배포자'는 전통적으로 '발행인'의 한 타입(*a species*)이나 하부 개념(*subset*)에 불과하다.[51] 법원은 또 수정헌법 1조를 거론하며 사전통지를 했다고 해서 ISP에게 책임을 지우는 것에 대해서도 반박했다. 그와 같은 의무를 부여하는 것은 "ISP에게 쉴 새 없이 논쟁적인 발언을 억누르게 하는 선택을 하게 만들고 잠재적인 손해배상

---

51 Zeran 법원은 "발행인과 배포자를 명예훼손의 정원(*in the garden variety defamation*)에서 구별하는 것은 어려운 일"이라고 밝혔다. 발언의 공표는 명예훼손이 성립되기 위한 필수조건이며, 다시 말해 공표하는 사람에게만 손해배상 책임을 지울 수 있다. 법원은 유포자가 명예훼손법에서 발행인으로 취급돼야 하는지에 대해서도 논리를 제시했다. "제 3자에 의해 수집된 이미 행해진 발언과 기록물과 정보들을 유포하는 시설들을 운영하는 사업자 역시 도서나 신문 잡지, 정보 등을 발행인으로서 다른 사람에게 이용할 수 있게 만드는 범위 내에서 (공표에) 참여하고 있는 것으로 간주해야 한다"고 설명했다. 더 이론적으로 설명하면 제 4 항소법원은 자신들의 논리를 전통적인 법률서인 *the Restatement* (*Second*) *of Torts*에서 찾고 있다. 이 책 Section 577에서의 명예훼손적 내용의 "공표(*publication*)"에 대한 다음과 같이 정의를 내리고 있다. 명예훼손적 내용의 공표는 명예훼손을 당한 사람 이외의 사람들과의 고의적인 커뮤니케이션 혹은 부주의한 행동에 의해 이뤄지며, 고의적이고 비이성적으로 자신이 소유나 통제하에 있는 땅이나 동산(動産)에 현출될 것으로 알고 있는 명예훼손적 내용을 제거하는 데 실패하는 경우 이 같은 계속된 발행(*continued publication*)에 대해 책임을 져야 한다. 그러므로 "발행인은 단순히 명예훼손적 내용을 고의적으로 커뮤니케이션하는 사람이 아니다. 법은 자신의 재산에서 자산의 통제 아래 있는 명예훼손적 발언을 제거하는 대응조치를 취하는 데 실패한 사람도 발행인 혹은 발표자(*speaker*)로 보고 있다"고 Zeran 법원은 설명한다. 다시 말해, 만약 명예훼손적 이야기를 삭제해야 할 의무가 있는 사람이 자신의 의무를 다하지 않았을 때 그 사람은 발행인으로서 책임을 져야 한다는 뜻이다. 앞의 책 332쪽 참조, Jane Doe v. AOL, 783 So. 2d 1010, 1015 (Fla. 2001).

책임의 위험을 안게 하는 불가능한 부담을 지우는 것"이라고 판결했다. 법원은 "ISP가 모든 종류의 문제들에 관한 수백만 개의 포스팅을 일일이 스크린하는 것은 불가능하다"고 밝혔다.[52]

이후 Zeran 판결은 이후 "인터넷 명예훼손 사건을 판단하는 기준"이 돼 판례역할을 하고 있고, 다른 피고들이 230조 면책조항의 외연을 확장하는 데 근거를 제시했다. 동시에 이 판결은 격렬한 반발을 불러일으키며 ISP의 법적 지위에 관해 끊임없는 논쟁을 야기했다. 지금까지 미국의 대법원은 ISP가 제 3자에 의한 명예훼손에 대해 책임이 있는지 여부에 대해 판단하지 않고 있다.

52. 이와 같은 ISP의 사전 규제 논란에 관한 Zeran법원의 입장은 한국의 인터넷포털과 관련된 논쟁에서도 그대로 재연되고 있다. 이에 관해서는 뒷장에서 다시 논의하도록 하자.

3. 통신품위법과 미국 국회의 ISP면책 논쟁

클린턴 미 대통령은 1996년 2월 8일 텔레커뮤니케이션 경쟁 및 규제완화법에 서명했다.[53] 이 법은 60년 이상 존속돼 온 미국의 '커뮤니케이션법 1934'를 혁명적으로 변화시킨 것이다. 클린턴 대통령은 정보시대는 부모가 자신의 아이들을 기르는 것을 더욱 힘들게 할 것이라고 지적했다. '보지 말아야 할 것'들로부터 아이들을 보호하기가 쉽지 않기 때문이다. 이 같은 관심을 반영하듯 이 법의 5장에는 통신품위법1996이 포함돼 있다.[54] 특히 이 법은 고의적으로 '외설적(*indecent*)'이거나 '명백히 모욕적인(*patently offensive*)' 내용물을 청소년들에게 인터넷을 통해 전파하는 것을 범죄로 규정했다.[55] 나아가 의회는 착한 사마리아인 조항으로 불리는 230조를 이 법에 포함시켰다.

그러나 통신품위법은 인터넷 관련기업들과 자유주의적 경향의 시민단체들로부터 강한 반발에 직면했다. 클린턴의 서명이 잉크가 마르기도 전에 이들은 "음란에 대한 규정이 너무 모호하다"며 위헌소송을 제기했고,[56] 마침내 1997년 6월 26일 연방대법원은 통신품위법에서 규정한

---

53 Telecommunications Competition and Deregulation Act of 1996, 47 U. S. C. A. § 151 (West Supp. 1997). Pub. L. No. 104 104, 110 Stat. 56 (1996) (to be codified in scattered sections of 47 U. S. C.). 이 법의 목적은 "텔레커뮤니케이션 시장에 경쟁을 도입함으로써 텔레커뮤니케이션, 정보테크놀로지와 서비스의 민간 영역의 전개를 신속히 촉진시키기 위한 전국단위의 정책 기조를 설계하기 위한 것"이다. 141 Cong. Rec. S8570 (daily ed. June 16, 1995).

54 Communications Decency Act of 1996, Pub. L. No. 104 104, tit. 5, 502, 110 Stat. 136 (1996). The CDA is an amendment to Section 223 of the Communication Act of 1934.

55 141 Cong. Rec. S9770 (daily ed. July 12, 1995).

56 펜실베이니아와 뉴욕의 연방지법에 제기된 2개의 소송에서 두 법원은 CDA의 시행을 유보시켰다. 펜실베이니아 법원은 만장일치로 CDA에 대해 위헌판결을

'외설적'이거나 '명백히 모욕적인'이라는 표현은 너무 모호하고 광범위해 표현의 자유를 침해할 수 있다며 위헌판결을 내렸다.[57] 그러나 이 와중에도 230조는 법원이 아무런 언급도 하지 않아 계속 살아남을 수 있었다.[58]

통신품위법(CDA)을 둘러싼 위헌성 논쟁은 매우 뜨거웠다. 그러나 CDA의 입법과정에 대한 대부분의 사회적 학문적 관심은 사이버포르노와 관련된 외설기준 조항에 집중됐고, ISP의 면책을 규정한 제 230조는 이후의 엄청난 논란에도 불구, 별다른 관심을 받지 못했다. 특히 CDA 230조의 면책조항에 대한 이후의 논란은 Zeran 판결의 찬반에 집중됐을 뿐 CDA 230조가 어떤 과정을 거쳐 입법이 이뤄졌는지에 대한 연구는 거의 없었다.[59] 사실 CDA 제정과 이후 논란의 한 축은 ISP 규제에 대한

내렸는데 '외설적'이라는 기준이 모호하고 헌법적으로 보호되고 있는 성인들의 표현행위마저 전면적으로 금지하는 효과를 내기 때문이라는 것이었다. See ACLU v. Reno, 929 F. Supp. 824, 855 (E. D. Pa. 1996). 반면 New York 법원은 CDA의 기준이 지나치게 광범위하지만 모호하지는 않다고 보았다. 정부 측은 피난항 방어 조항(*Safe harbor defense*)이 법령의 범위를 좁히고 있다고 주장했으나 법원은 현재의 기술 수준에선 가시적으로 긍정적인 수준의 방어를 제공할 수 없다는 등의 이유를 들어 받아들이지 않았다. Shea v. Reno, 930 F. Supp. 916 (S. D. N. Y. 1996) 참고.

57 Reno v. ACLU, 521 U. S. 844 (1997).

58 위의 글

59 Robert Cannon, *The Legislative History of Senator Exon's Communications Decency Act: Regulating Barbarians on the Information Superhighway*, 49 Fed. Comm. L. J. 51 (1996) 참고. Cannon의 논문은 CDA 입법과정에 관한 최초의 연구다. 그는 논문에서 위헌 논란이 야기된 몇 가지 쟁점들, 가령 표현행위 통제의 현실성 여부, 외설과 음란의 구분, '최소한으로 제한적인 수단들'에 대해 논의한다. 이밖에 다음과 같은 논문들이 CDA의 입법과정에 대해 연구의 한 부분을 간단히 소개하고 있다. Vikas Arora, *The Communications Decency Act: Congressional Repudiation of the "Right Stiff,"* 34 Harv. J. on Legis. 473 (1997); Laura J. Mckay, *The Communications Decency Act: Protecting Children from On-line*

사회적 논쟁이자 인터넷에 대한 규제를 이용자 자율적 판단에 맡기느냐, 아니면 국가가 개입하느냐에 관한 사회적 논쟁, 이른바 '인터넷 해방논쟁'이었다.

이 장에서는 인터넷 서비스업자를 규제하기 위한 법이었던 통신품위법이 인터넷 서비스업자를 일방적으로 옹호하는 법안으로 변화하는 자세한 과정, 그리고 그 과정에서 벌어진 이익단체들과 정치집단들의 파워게임에 대해 자세히 살필 것이다.

1) ISP에 대한 형사책임론을 들고 나온 Exon 법안

> 슬프게도 밝게 깜박거리는 컴퓨터 스크린에도 어두운 면이 있습니다. 테크놀로지의 폭발은 또한 오용의 폭발을 위협하고 있습니다. … 정보고속도로가 결코 홍등가가 돼선 안 됩니다. 이 법안은 전화 사용자들을 새로운 텔레커뮤니케이션 기술로부터 보호해 준 품위의 기준들을 인터넷에서 다시 만들고 확대하는 것으로부터 보호해 줄 것입니다. 법안이 통과가 되면 우리의 아이들과 가정은 아이들을 부적절한 커뮤니케이션에 빠지게 만드는 디지털 세계를 전자 크루즈 유람선을 타듯 순항하려는 사람들로부터 보다 안전해 질 것입니다.[60]

1995년 2월 1일 하얀 돔 위에 청동의 자유여신상이 서 있는 워싱턴의 미 국회의사당 건물에서는 거구의 신사가 분노에 찬 표정으로 목소리를 높이고 있었다. 네브래스카 주 출신의 민주당 James Exon (D-Neb · 그림

Indecency, 20 Seton Hall Legis. J. 463 (1996); Mary Kay Finn, Karen Lahey, and David Redle, *Politics Underlying Congressional Approval of Criminal and Civil Immunity for Interactive Computer Service Providers under Provisions of the Communication Decency Act of 1996 Should E-Buyers Beware?*, 31 U. Tol. L. Rev. 347 (2000).

60 141 Cong. Rec. S1920 (daily ed. Feb. 1, 1995).

〈그림 3-1〉 James Exon 상원의원

3-1) 상원의원이었다. 그는 이날 공화당의 Slade Gorton(R-Wash.) 상원의원과 통신품위법을 공동 발의했다.[61] Exon 의원은 "인터넷은 지금 음란한 내용물로 인해 오염되고 있어 위험에 빠져 있기에 더 많은 정부의 규제가 필요하다"고 경고했다.

그가 제안한 최초안은 음란하거나(*obscene*), 음탕하고(*lewd*), 선정적이거나(*lascivious*), 저속한(*filthy*) 혹은 외설적인(*indecency*) 메시지나 이미지를 18세 이하의 미성년자에게 '이용 가능하게 만든' 사람은 누구를 막론하고 10만 달러 이하의 벌금형을 부과할 수 있도록 하는 것이었다.[62] 즉 음란물 유통자를 형사처벌하는 조항을 둔 것으로 ISP 역시 처벌대상에 포함됐다. '이용가능하게 한(*make available*)'이라는 간단한 문구가 전체 ISP들에게 법적 책임을 지게 만든 것이다. 결론적으로 ISP에게 형사책임을 물리는 것이 초기 CDA를 둘러싼 논쟁의 큰 이슈였다. Exon 의원의 의도는 명확해 보였다. 그는 ISP가 포르노그래피를 유통시켰다면 일정 정도의 책임을 져야 한다고 믿었고, 그럼으로써 포르노그래피의 유통을 효과적으로 통제할 수 있을 것이라고 생각했다. 사실 Exon 의원의 시도는 이번이 처음이 아니었다. 그는 7, 8개월 전인 1994년 7월 인터넷에서 저속하고 음란한

61 141 Cong. Rec. S1920 (daily ed. Feb. 1, 1995). 이 법안은 기존의 '컬럼비아 주 내 혹은 주정부 간 또는 외국과의 커뮤니케이션에 있어서 음란하거나 희롱적인 전화 통화'라고 명명된 Section 223 of Title 47, United States Code를 수정한 것이었다.

62 The Center for Democracy and Technology, *An Analysis of S314*, March 9, 1995. 참고. available at http://www.cdt.org/speech/cda. at section 223 (a) (d).

커뮤니케이션을 중지시키기 위한 유사한 법안(S. 1822)을 제출했다.[63] 비록 상원을 통과하는 데 실패하기는 했지만 ISP에 대한 형사책임 조항은 Exon 의원의 1994년 최초 법안에도 포함되어 있었다. Exon 의원의 사이버 포르노 주장과 ISP 책임론은 큰 반향을 일으켰고 후원그룹들이 생겨났다.

아동포르노 규제론자인 Barry Crimmins는 의회청문회에서 "AOL과 같은 인터넷 사업자는 포르노그래피의 유통에 직접적인 책임이 있다"면서 "어린이 포르노에 대해선 0% 관용도 베풀어선 안 된다"고 주장했다.[64] 설사 ISP가 사이버 포르노가 유통되는 것을 몰랐다고 하더라도 사이버포르노를 근절시키기 위해 AOL과 같은 회사들에 대해 중대한 형사적인 조치를 취해야 한다는 것이다.

그는 "만약 ISP들이 자신들을 범법자로 몰고 가는 이 문제를 다루는 데 조금의 노력이라도 기울인다면 저비용이면서도 효과적인 해결책을 찾아낼 수 있을 것"이라고도 했다. Crimmins가 AOL과 같은 ISP를 보는 시각은 대단히 부정적이었다. 그는 AOL이 포르노그래피의 유통을 방지하기 위한 해결책을 찾기 위해 선의의 노력을 해달라는 취지로 접근할 때마다 고압적인 태도를 보였고 응답도 없었다고 비판했다.

이에 대해 AOL은 Crimmins에게 보낸 답장을 통해 "보안상 이유로 우리는 우리가 다른 멤버들에 대해 취한 조치에 대한 정보를 밝힐 수 없다. … 사적 공간에서의 행위들은 서비스 약관의 통제범위 내에 있지 않다. 우리는 만약 당신이 사적 공간에서 다른 사람으로부터 괴롭힘을 당

63 140 Cong. Rec. S9754 (daily ed. July 26, 1994).

64 Cyberporn and Children: The Scope of the Problem, the State of the Technology, and the Need for Congressional Action: Hearings on S. 892 Before the Senate Committee on the Judiciary, 104th Cong. 169 (1995) (Statement of Barry Crimmins, Child Advocate). available at http://-www.dct.org/speech/cda

할 경우 응답메일을 통해 그 사람이 자신의 스크린에 대화하기 위해 들어오는 것을 막을 수 있는 무시 버튼을 이용할 수 있다고 이용자들에게 강력하게 추천하고 있다"고 밝혔다.[65] 그러나 Crimmins는 "어린이 포르노물을 무시한다고 해서 포르노의 전파를 막을 수 없을 뿐만 아니라 AOL의 서비스가 범죄자들의 도피처로 사용됐을 때 AOL의 법적 책임을 없애주지도 않는다"고 반박했다.

그러나 엑슨 의원의 초안은 인터넷 산업과 자유주의 시민단체들로부터 극심한 반대에 직면했다. '외설적(*indecency*)'이라는 기준이 너무 모호하고 지나치게 넓은 대상, 즉 ISP까지 형사책임을 져야 한다는 것이었다.

민주주의와 기술센터(*the Center for Democracy and Technology* · 이하 CDT)는 ISP에게 형사책임까지 부여한 이 법안은 "ISP가 지나치게 사적인 대화나 이메일을 감시 검열하게 만든다"면서 "표현의 자유에 실질적인 위협이 된다"고 비판했다.[66] 이 법안에 반대하는 온라인 청원이 10만 7천 건이나 순식간에 접수됐고, 보수단체인 Morality in Media까지도 Exon 의원의 초안은 "미국 국민들에 대한 해악"이자 "거대한 퇴보(*giant step backwards*)"라고 비판했다.[67] 심지어 미 법무부조차 엑슨의 법안에 대해 잠재적으로 위헌 소지가 있다고 경고할 지경에 이르렀다.[68]

---

65 Terms of staff American Online's letter at Feb 2, 1995.

66 The Center for Democracy and Technology, CDT Policy Post No. 1, Feb 9, 1995. http:// www. cdt. org/publications.

67 David Loundy, "*Would he know IT when he download IT?*", *Chicago Daily Law Bulletin*, Apr. 13, 1995, at 6.

68 141 Cong. Rec. S8088 (daily ed. June 9, 1995).

2) 부모에 의한 통제개념의 태동과 피난항 방어조항

그러는 사이 Exon의 초안을 놓고 벌어진 사회적 논쟁에 직접 영향을 미친 두 가지 중요한 사건이 일어났다. 그 중 하나는 입법적 반작용으로 민주당 상원의원 Patrick Leahy(D-Vermont)가 Exon 법안에 맞서 '상호작용적 매체에서 어린이 보호, 사용자 권한부여 및 표현의 자유에 관한 연구를 위한 법안'을 제출한 것이다(S. 714).[69] 그는 인터넷 규제에 대한 Exon의 접근법을 강력한 반대했다. 이 법안은 검찰총장에게 현재의 형사법만으로 인터넷에서의 음란물 유통을 규제하는 것이 부적절한 것인지를 연구하도록 하는 내용이었다.[70] Leahy 의원의 견해로는 Exon 의원의 법안은 인터넷과 과학기술에 대한 이해부족에서 비롯된 성급한 법안이었다.[71] 주목할 만한 점은 사실 Leahy의 법안은 Exon의 CDA에 대한 대안적 성격의 법안이었다.

그는 CDA에 명백히 반대하면서 "나는 궁극적으로 우리가 아이들과 수정헌법 1조를 어떻게 동시에 보호할지에 대해 다른 방법을 가지고 있다"고 주장했다.

Leahy 의원이 제안한 대안은 "부모에 의한 통제(*parental control*)"라는 인터넷 규제에 대한 새로운 접근법이었다. 이 법안에서 Leahy 상원의원

---

69 141 Cong. Rec. S8330 (daily ed. June 14, 1995). See also Center for Democracy and Technology, CDT Policy Post No 8, Apr. 7, 1995. available at http:// www. cdt. org/publications

70 위의 글.

71 Vikas Arora, *The Communications Decency Act: Congressional Repudiation of the "Right Stiff"*, 34 Harv. J. on Legis. 473, 482 (1997) See also 141 Cong. Rec. S8342 (daily ed. June 14, 1995). Leahy 의원은, "인터넷같이 거대하고 복잡한 영역에서 커뮤니케이션 콘텐츠에 대한 정부의 규제를 입법화하기 전에 나는·우리가 법 시행기관과 텔레커뮤니케이션 전문가들로부터 더 많은 정보를 얻을 필요가 있다"고 말했다.

은 검찰총장에게 부모가 자신의 아이들을 모욕적이고 음란한 콘텐츠에 접근하는 것을 제어할 수 있는 과학기술이 가능한 것인지 조사해 달라고 요청했다.[72] Leahy 상원의원의 수정안은 '부모에 의한 통제' 개념을 처음으로 설계해 230조의 이론적 기초가 되었다. 동시에 '부모에 의한 통제', '이용자에 의한 통제'가 인터넷 규제모델로 미 의회의 토론에서 처음으로 가능성 있는 대안으로 거론되기 시작한 것이다.

자유주의 그룹의 관점을 대표하는 Russ Feingold(D-Wis) 상원의원은 Leahy의 법안을 적극 지지하면서 다음과 같이 말했다.

> 명백하게 부모가 자신의 아이들이 집에서 컴퓨터를 통해 접근할 수 있는 것들에 대해 정확하게 통제할 수 있다. 정부가 텔레커뮤니케이션에 개입하거나 통제하는 것보다는 이런 의무를 부모의 손에 넘겨주는 것이 훨씬 더 바람직하는 것은 분명하다. 정부의 간섭과 사람들이 자기 자신이 결정할 수 있는 권한을 부여하는 것 사이에서 선택을 해야 할 때마다 우리는 우리 삶에 정부의 통제가 적을수록 좋다는 접근법을 가정 먼저 적용하려고 노력해야 한다. [73]

---

72 141 Cong. Rep. S8391 (daily ed. June 14, 1995) 참고. Leahy의 수정안1387은 다음과 같이 말하고 있다. "적어도 이 법 시행 이후 150일 이내에 검찰총장은 상원에 보고서를 제출해야 한다. (C) 아래 항목들에 대한 가능한 기술적 수단들에 대한 평가. (i) 아이들이 상호작용적 텔레커뮤니케이션 시스템을 통해 받는 폭력적이고 성적으로 노골적이고, 성희롱적이며, 모욕적인, 그리고 다른 원치 않는 정보들을 부모가 통제하게 만드는 기술적 수단 (ii) 이 같은 시스템에서 다른 이용자들이 피하고 싶은 폭력적 내용물과 같은 비상업적 정보들에 대한 통제가 가능하게 만드는 장치 (iii) 상호작용적 미디어에서 헌법상에 표현된 가치와 호응하는 자유로운 정보 유통을 촉진시키기 위한 기술적 장치 (D) 부모나 다른 상호작용적 텔레커뮤니케이션 시스템 이용자들이 (C)항 (i), (ii)에 기술된 통제를 행사하기 위한 컴퓨터 하드웨어와 소프트웨어를 포함해 과학기술의 발전과 전개를 고양시키는 수단들에 대한 추천.

73 3333 141 Cong. Rec. S8386 (daily ed. June 14, 1995).

부모에 의한 통제 개념의 이해

미국의 저명한 인터넷 법학자인 레식 교수는 자신의 저서 《코드》(*Code*)에서 부모에 의한 통제 또는 간접규제 방식이 발전된 과정에 대해 언급하고 있다.

레식 교수는 개개인의 표현의 자유를 보장하는 것을 금과옥조로 삼고 있는 미국의 헌법 체계하에서 사이버 스페이스에서의 인터넷 사용자들의 행위를 직접 규제하는 것은 어렵다고 말한다. 대신 역대 미국 정부는 새로운 대중매체가 출현할 때마다 아키텍처(기술적 사회적 구조)를 규제하는 간접규제 방식을 택했다고 주장했다. 레식은 전화와 테이프 등 몇 가지의 사례를 들었는데 이중 인터넷과 제일 유사한 TV의 음란물 규제에 대한 미국 정부의 대처방식 부분을 인용해 보았다.

…

1996년 개정된 텔레커뮤니케이션법에서 미국정부는 TV사업자들이 'V-chip'을 개발하고 도입하도록 했다. V-chip은 콘텐츠의 등급 기준(당시만 해도 완전히 정해지진 않았음)에 기초해 TV방송물을 자동적으로 분류, 차단하도록 한 장치이다. 이 법안은 미국영화협회(Motion Picture Association)의 영화 등급시스템과 어느 정도 관련이 있었는데, 영화의 등급제보다 더 많은 엄격한 기준들을 가진 보다 정교한 등급시스템을 도입했다.

이 법안은 TV 폭력물이 급작스럽게 늘고 있고, 이런 폭력물의 증가가 어린이들에게 유해하다는 지적에 대한 법적인 대응책이었다. 사람들은 TV폭력이 (아이들의) 행위에 영향을 미칠 것을 우려했다. 여러 연구들도 이런 현상을 추측케 했지만 이를 확인할 수 있는 증거들은 그다지 많지 않았다.

의회는 폭력물을 걸러내는 방법을 제공해 (폭력물 제작이나 유통) 의욕을 꺾으려 했다. 수정헌법 1조의 제한에 따라 의회가 TV에 방영되는 폭력물을 직접 제한하는 것은 어려운 일이었기 때문이다. 설사 어린이 프로그램에만 적용한다고 해도 그런 규제는 까다로운 헌법적 논란을 야기할 것이 뻔했다. 바로 이 같은 난점에 따라 의회는 (직접 규제 이외의) 다른 길을 찾기로 했다. 의회가 선택한 것은 코드(code)였다. 법안에 따르면 제작자와 방송제작자들은 TV에 방송되는 콘텐츠에 등급을 매길 수 있는 테크놀로지를 개발해야 했다. 이 장치를 통해 부모가 자신의 아이들이 보기를 원하지 않는 것을 차단할 수 있도록 하자는 것이다. 법안은 TV방송 소비자들의 판별을 용이하게 만드는 코드를 TV에 장착할 것을 요구한 것이다. 그리고 이것은 정부의 사회적 목표인 '부모에 의한 통제'(*to empower parents*)를 실현시키는 것이기도 했다. 부모들에게 (TV콘텐츠의 내용을) 판별할 수 있는 더 많은 권한을 부여함으로써, 의회는 헌법적으로 직접 규제가 어려운 악(ill· 폭력물에 대한 아이들의 노출)을 간접적으로 제압하는 방식을 택한 것이다.

(이 같은 테크놀로지를 이용한 부모에 의한 규제 —레식 교수의 용어라면 코드에 의한 규제가 인터넷 규제에도 유력한 대안으로 이용됐음은 어렵지 않게 유추할 수 있다. -필자 주)

출처: Lawrence Lessig(1999), *Code and other laws of cyberspace*, p.47.

상원에선 비록 통과되지는 못했지만 다른 해결책들도 제시됐다. Grassley 의원은 현재의 성인방송에 관한 금지규정을 사이버공간에도 적용하자고 제안했다.[74] Inouye 의원은 음란 콘텐츠 제작 유통자의 신원을 확인하도록 콘텐츠 파일에 자발적으로 꼬리표(*tag*)를 붙여 이름과 주소, 내용 등을 알 수 있게 하자고 제안했다.[75]

이 무렵 또 하나의 중요한 사건이 터졌는데 Stratton-Oakmont, Inc v. Prodigy 사건 재판이었다.[76] Prodigy 사건 재판부는 위에서 살핀 것처럼 청소년을 보호하기 위해 선의로 편집통제한 것에 대해 법적 책임을 물었다. Prodigy 재판부는 그러나 판결이 몰고 올 부작용을 우려했다. 이 판결이 결국 "CompuServe와 같이 가족친화적 서비스를 포함해 모든 컴퓨터 네트워크에게 전자게시판에 대한 통제를 포기하도록 강요할 것"이라고 판결문에 적은 뒤 이 판결이 모순적 상황을 발생시켰다면 이는 궁극적으로 의회가 CDA의 수정안을 통해 해결해야 할 문제라고 밝혔다.

ISP에게 강력한 자기검열(*self-policing*)을 시켜 인터넷을 통한 음란물 유통을 막으려 했던 Exon의원 입장에선 이 판결은 큰 충격이었고, 이 판결이 몰고 올 후폭풍을 방치할 수도 없었다.[77] 결국 Exon의원은 반대

74 141 Cong. Rec. S7922-23 (daily ed. June 7, 1995).

75 141 Cong. Rec. S8368 (daily ed. June 14, 1995).

76 1995 WL 323710 (N.Y. Sup. Ct. 1995). Regarding this case, see Section C. Internet libel case before the adoption of the CDA, at 15-6.

77 141 Cong. Rec. S8088 (daily ed. June 9, 1995).

그룹과의 타협을 도출하기 위해 1995년 3월 23일 수정안(S. 314)을 제출했다.[78] 수정안에서 Exon 의원은 표현의 자유를 침해했다는 비판을 피하기 위해 '피난항(*safe harbor*)' 방어조항의 개념을 구체화했다.

피난항 방어조항은 *NET LAW*라는 저서의 저자인 Lance Rose가 생각해 낸 아이디어였다. Exon이 최초안을 제안한지 며칠 후 Rose는 Exon의원에게 피난항 방어조항을 삽입할 것을 제안했다. "조그만 변화도 큰 승자가 될 수 있다"고 Exon 의원을 설득한 것. Rose의 첫째 제안은 다른 사람에게 음란한 메시지를 "이용 가능하게 만드는 것"을 불법으로 규정한 223조 (a)항을 삭제하는 것이었다. 둘째는 품위 있는 방식(*in decent ways*)으로 시스템을 관리하려 노력하는 ISP를 위해 피난항 조항을 제공하는 것이었다.

Rose는 "만약 시스템 운영자가 자신의 역할 때문에 형사소추 돼야 한다면, 검사는 시스템에 떠있는 콘텐츠에 근거해 시솝(운영자)에게 법적 책임을 부여하기 위해 서비스가 일반적으로 그리고 명백하게 위법하다는 것을 반드시 보여 주어야 한다"고 말했다. 그렇지 않다면 법적 책임은 단지 시스템 운영자가 실제로 음란물을 알거나 알아야 했거나 실제로 친숙할 때에만 부여되어야 한다고 강조했다.

David Loundy는 "Rose의 제안은 자신의 시스템에 올라와 있는 불법적인 모든 내용물들을 100% 만족하게 차단하지는 못하겠지만 깨끗하게 하려고 노력하는 시스템 운영자를 보호해야 한다는 것이었다"고 정리한다.

Exon의 수정안은 Rose의 아이디어를 법적으로 구현한 것이었다.

첫째, 만약 ISP 등이 콘텐츠의 제작에 관여하지 않고 단순히 네트워크에 대한 접속만을 제공했다면 위법이 아니라는 것이다.[79] 이 조항은

---

78 S. Rep. No. 104-23 at 59-60.

79 Exon's Amendment of CDA, Section 223(f)(1).

ISP의 책임범위를 좁힌 조항으로 특히 ISP가 콘텐츠의 내용을 알지 못했다면 형사적 책임을 면제하는 내용을 담고 있었다. 그러나 Exon 의원은 수정안에서도 ISP에 대해 제한적인 형사책임을 인정했다. 만약 ISP가 음란물의 제작, 편집에 관여돼 있거나 의도적으로 유포시켰다면 이 같은 보호조항을 적용할 수 없도록 했다.

두 번째 면제조항은 피고용자의 행동이 고용의 범위 내에 있지 않다면 피고용자의 행위에 대한 책임으로부터 고용자를 보호하는 조치다.[80]

마지막으로 중요한 변화는 Stratton-Oakmont 판결의 대안으로 "선의의 보호조항(*the good faith defence*)"을 신설한 것이다. 만약 ISP가 미성년자 보호를 위해 모욕적인 콘텐츠에 접근하는 것을 막으려 선의로 이유 있고 효과적이고, 적절한 조치를 취했다면 형사적 책임을 면해 주는 내용이었다.[81]

Exon 의원과 그의 지지자들에게 이런 방어조항들은 CDA를 살리기 위한 일종의 전략적 후퇴였다. Exon 의원은 상원에서 개정안의 취지를 설명하며 "이 수정안은 법무부와 가정친화적 그룹, 반포르노그래피 그룹 그리고 수정헌법 1조 학자들이 제기한 문제들에 대한 응답"이라고 밝혔다.[82] 그는 특히 "새로운 산업의 핵심 멤버들인 ISP들의 협조를 얻기 위한 빅딜이었다"고 말했다.[83] 특히 선의의 보호조항과 관련, Coat 상원의원은 의회에서 Stratton-Oakmont v. Prodigy 판결을 설명한 뒤 "수정안의 목적은 음란하거나 외설적인 것들을 방지하려고 노력하는 회사

---

80 Exon's Amendment of CDA, Section 223(f)(2).

81 Exon's Amendment of CDA, Section 223(f)(3).

82 141 Cong. Rec. S8088 (daily ed. June 14, 1995).

83 141 Cong. Rec. S8088 89 (daily ed. June 9, 1995). Exon의 수정안에 대해 원안을 극렬하게 반대했던 Leahy(D-Vt) 의원은 수정안에 대해 "Exon 의원과 스태프들의 심각한 문제들을 바로잡기 위한 부지런하고 사려 깊은 노력들을 반영한 것"이라고 평했다.

들을, 그렇지 않았으면 명예훼손적 발언들에 대해 발행인으로서 법적 책임을 지었을 그런 회사들을 처벌하기 위한 것이 아니다"라고 말했다.[84]

결론적으로 ISP에 대해 전적인 책임을 요구했던 제안은 완전히 폐기됐다. 대신 Exon의 수정안은 ISP에 대해 보다 광범위한 피난항 조항을 제공했다. 이런 방어조항은 "변덕스러운 책임의 체제가 온라인 커뮤니케이션의 성장을 훼손하는 것을 피하기 위해 폭넓게 해석해야 한다"는 주장을 반영한 것이었다.[85]

그러나 Exon의 기대와는 달리 CDA를 둘러싼 대립은 여기서 끝나지 않았다. 시민운동그룹은 여전히 이 법안이 위헌소지가 있다며 비판세력으로 남아 있었다. CDA에 대한 반대세력을 이끌었던 '민주주의와 테크놀로지를 위한 센터(*The Center for Democracy and Technology*·이하 CDT)'는 Exon의 수정안에 대해 즉각 논평을 통해 ISP의 책임을 제한하는 다양한 면제조치를 만든 점에서 원안에 비해 "중요한 진전"이라고 평가했다.[86] 그러나 CDT는 "법안은 여전히 인터넷 이용자들과 콘텐츠 제공자의 표현의 자유와 프라이버시권을 침해하고 있다"면서 이 같은 위험한 법안에 대해 계속 싸우겠다고 선언했다.

반면 보수파의 공세도 이어졌다. Bob Dole(R-Kan.)의원과 Charles Grassley(R-Iowa)의원은 Exon 초안보다 훨씬 강력한 ISP에 대한 형사처벌 조항을 담은 '컴퓨터 포르노그래피로부터 아동보호를 위한 법(*Protection of Children From Computer Pornography*. S. 892)'을 제출했다. Exon의원의 초안에서 음란한 이미지를 미성년자에게 '이용 가능하게 만든' 사람은 10만 달러 이하의 벌금형에 처하도록 했지

84 141 Cong. Rec. S8088(daily ed. june 14, 1995).

85 H.R. Conf. Rep. 104-458.

86 The Center for Democracy and Technology, CDT Policy Post No 6, Mar. 24, 1995, available at http://www.cdt.org/publications

만, Dole의원의 법안은 ISP가 의도적으로 또는 부주의하게 포르노를 청소년에게 전송했으면 5년의 징역형에 처하게 한 것.[87] 이 법안은 명백히 ISP와 ISP에 대한 유화적인 입장으로 선회한 Exon의원을 겨냥한 것이었다. Grassley의원은 이 법안을 소개하면서 다음과 같이 말했다.

> 이른바 ISP(원문에는 *access provider*)들은 심지어 다른 컴퓨터 이용자들이 불만을 제기함에도 불구, 어린이를 해치는 치한들에 대해 조치를 취하는 것을 거부함으로써 포르노그래피를 전송하는 것을 용이 하게 하고 있습니다. 그러므로 나의 법안은 이런 종류의 활동을 알고 있으면서도 이를 계속할 수 있게 허가하는 ISP의 행위를 범죄로 만들 것입니다.[88]

Dole의원 등이 제출한 법안은 CDT 등 자유주의 시민운동 그룹에게 신경을 크게 자극하는 것이 아닐 수 없었다. Dole 의원은 상원 주류그룹의 리더이자 공화당의 대통령 후보로까지 출마한 정치 거물이었기 때문이다. CDT는 이 법안에 내해 "CDA보다도 수정헌법 1조에 대해 훨씬 더 중대한 위협"이라고 비난했다.[89] 역설적인 이야기지만 이 법은 Exon의원에게 숨통을 터주며 그의 운신의 폭을 넓게 해주는 역할을 했다.

상원에서의 토론은 갈수록 격렬해졌다. 상원에서의 회의에 앞서 Exon의원은 이른바 '블루북(*Blue Book*)'으로 불리는 소책자를 의원들에게 돌렸다. 이 책에는 인터넷에서 다운로드받은 아동포르노와 아동학대, 고문 등 역겨움을 자아내는 사진과 글들이 잔뜩 담겨 있었다. Exon

---

87 141 Cong. Rec. S7922 (daily ed. June 7, 1995).

88 위의 글.

89 The Center for Democracy and Technology, CDT Policy Post No 16, June 6, 1995, available at http://www.cdt.org/publications

은 블루북을 흔들며 "이런 포르노물을 단 몇 번의 클릭으로 여러분의 아이들이 인터넷에서 공짜로 얻을 수 있다"고 힘주어 말했다.[90] Dan Coat 의원은 블루북에 있는 음란물들을 그래픽으로 만들어 보여주기도 했다. Exon의원의 전략은 매우 효과적이었다.

결국 긴 논쟁 끝에 Exon의 수정안은 1995년 6월 14일 84대 16의 압도적 표차로 상원을 통과했다. 반면 Leahy의 대체법안은 Exon 법안에 대한 압도적 지지 덕에 상원에서 통과에 실패했다.

3) 착한 사마리아인 조항과 완전면책 조항

상원에서 Exon 법안이 통과됐으나 싸움은 끝난 것이 아니었다. 오히려 새로운 시작이었다. 상원에서 Exon 법안이 통과되던 그 시각, 하원에선 상원과는 정반대인 입법이 추진됐다.

하원의 수장인 Gingrich 하원의장은 Exon 법안이 상원을 통과하자마자 전국에 중계되는 TV쇼에 출연, "Exon 법안은 표현의 자유를 규정한 수정헌법 1조를 명백히 위반했다"고 맹렬히 비난했다.[91]

> 나는 Exon 의원이 언급한 상원의 수정안이 아무런 의미나 충격이 없다고 생각한다. 사실 이 법안이 끝까지 살아남으리라고 생각하지 않기 때문이다. 이 법안은 명백히 표현의 자유와 다른 사람과 커뮤니케이션을 할 성인의 권리를 침해한 것이다. 나는 그 법안에 결코 동의하지 않으며, 어떻게 당신이 성인의 표현의 자유를 유지할 수 있고 반면 성인과 아이들이 모두 이용하는 인터넷에서 아이들을 보호할 수 있는가 하는 진지한 이슈를 논의할 진지한 방식이라고 생각하지 않는다.

---

90 141 Cong. Rec. S8088 89 (daily ed. June 9, 1995).

91 Center for Democracy and Technology, Gingrich Says CDA Is a "Clear Violation of Free Speech Rights," http;//www.cdt.org/policy/freespeech.

> 그런 문제는 사실 TV와 라디오에서도 발견되는 문제들이다. 그리고 그 문제는 우리가 사회에서 조용히 그리고 성숙하게 씨름해야 할 것들이다. 나는 생산적인 수정안이 아닌, 좋지 않은 생각들이 제공됨으로써 결국 토론을 후퇴시켰다고 본다.

같은 해 6월 30일 Chris Cox와 Ron Wyden 하원의원은 엑슨 법안의 대안으로 '인터넷의 자유와 가족 자율통제 법(*Internet Freedom and Family Empowerment Act*, 이하 IFFEA)'을 제안했고 230조가 처음으로 모습을 보였다. Cox와 Wyden 의원은 포르노 유통에 대한 해결책으로 형사처벌을 통한 정부의 통제 대신 '부모에 의한 자율통제(*parental control*)'를 내세웠다. 법안을 제안하면서 Cox의원 등은 "부모와 가족은 사이버 공간의 포털을 경비하고 아이들을 보호하는 데 정부보다 더 적합하다"고 주장했다.[92] Cox의원이 내세운 것은 새로운 컴퓨터 테크놀로지였다. 가정 내 컴퓨터에 음란물 접속을 차단하는 소프트웨어를 설치하면 해결될 수 있다는 것이다.[93]

Goodlatte 하원의원도 부모들에게 "자신의 아이들이 무엇을 접속할지에 관한 중요한 결정을 할 수 있는 권한"을 준다면 Exon 법안의 위헌성도 제거할 수 있다고 주장했다.[94]

IFFEA의 초안은 '비규제 조항(*no regulation provision*)'과 ISP를 보호하기 위한 '착한 사마리아인(*Good Samaritans*) 조항' 신설 등 두 가지 조항이 핵심이다.[95]

---

92 141 Cong. Rec. H8470 (daily ed. August 4, 1995).

93 Cox 의원은 "부모들이 지금 빨리 이웃에 있는 컴퓨터가게로 가면 인터넷상의 음탕한 말들로부터 구조를 받을 수 있다. 그곳에서 부모들은 합리적인 가격에 인터넷의 포르노그래피를 차단할 수 있는 소프트웨어를 구입하면 된다"고 말했다.

94 141 Cong. Rec. H8472 (daily ed. August 4, 1995).

95 위의 글. 착한 사마리아인 조항은 《성경》 〈누가복음〉 10장에 나오는 착한 사

우선, IFFEA는 미 연방통신위원회(FCC)가 인터넷의 내용물 통제(*content regulation*)를 가하는 것에 대해 반대입장을 분명히 했다.[96] 정부에 의한 규제반대 입장은 230조의 원안의 조문에 '모욕적인 내용에 대한 사적 통제와 검열, FCC 컴퓨터서비스에 관한 경제규제 금지'라는 항목으로 명문화했다. 나아가 이 조문의 하부조항(d)에는 명시적으로 "이 법안의 어떤 조항도 인터넷의 내용물이나 다른 규제에 관한 관할권이나 권위를 FCC에 부여하는 것으로 이해되어선 안 된다"고 못 박았다.

앞서도 살펴보았듯 상원의 Exon 법안은 FCC의 규제를 최대한 강화하는 효과를 보였고, 실제 FCC에 더 많은 힘을 부여했다.[97] 그러나 Cox 의원의 견해로는 정부의 인터넷 검열(*censorship*)은 "비효율적이고 비효과적"이었다. 인터넷을 규제하기 위해선 FCC가 음란한 커뮤니케이션과 같은 넘쳐나는 수많은 용어들을 정의하기 위해 노력해야 하는데, 이에 막대한 예산이 소요될 것이고 결국은 엄청난 법적 소송사태를 야기할 것이라는 지적이었다. 나아가 "FCC의 규제는 인터넷 테크놀로지 개발을 얼어붙게 만들거나 최소한 위축시켜 인터넷의 미래를 위협하게 될 것"이라고 주장했다.[98] Cox와 Wyden 의원은 "인터넷에 무엇이

마리아인의 비유에서 유래한 명칭이다. 예루살렘에서 여리고로 내려가던 유대인이 강도를 만나 가진 것을 다 잃고 구타를 당해서 사경을 헤매며 쓰러져 있었다. 그때 옆을 지나가던 제사장은 그 사람을 피해 갔고, 레위 사람도 자기에게 피해가 올까 두려워해 그냥 지나쳤다. 하지만 유대인이 제일 멸시하던 사마리아인은 그를 자기 나귀에 싣고 여관방에 데려다 주고 치료하여 주길 부탁하며 많은 치료비도 내주는 등 선을 베풀었다는 것이다. 일반적으로 적정한 자격이 없는 사람이 응급상황에서 다친 사람을 처치하다가 사람이 죽거나 상태가 나빠져도 법적인 책임을 묻지 않는다는 것으로, 미국에서 판례를 통해 정립된 것이다.

96 141 Cong. Rec. H8468 (daily ed. August 4, 1995).

97 Jennifer C. Chang, *In Search of Fair Housing in Cyberspace: The Implications of the Communications Decency Act for Fair Housing on the Internet*, 55 Stan. L. Rev. 969, 989 (2002).

있는지에 대한 연방정부의 내용물 규제를 원치 않는다"는 것이 미국정부의 정책으로 수립되기를 원했던 것이다.[99]

더욱 중요한 것은 미성년자를 보호하기 위해 혐오스런 콘텐츠를 편집하기 위해 선의의 노력을 한 ISP에게 법적 책임을 없애주는 착한 사마리안 조항의 도입이다. IFFEA의 원안 2항은 아래의 내용을 담고 있다.

> (C) 모욕적인 내용에 대한 착한 사마리안의 차단조치와 검열—어떤 상호작용적 컴퓨터 서비스의 제공자와 이용자는 발행인이나 발표자(*speaker*)로서 취급되지 않는다. 상호작용적인 컴퓨터 서비스의 제공자와 이용자는 아래 항목과 같은 행동을 했다는 이유로 책임을 지지 않는다. (1) 헌법적으로 보호되는 내용물이든 아니든 서비스 제공자와 이용자가 판단하기에 음란하고 저속하고 모욕적이고 지극히 폭력적이고 괴롭힘을 주고 혹은 혐오스런 내용물에 대해 선한 목적으로 접근에 제한을 가하는 자발적인 행동, (2) 정보 콘텐츠 제공자나 다른 사람들이 (1)에 기술된 내용물들에 대한 접근에 제한을 가하는 기술적인 수단을 이용할 수 있게 하는 행동.[100]

이 조항은 Stratton-Oakmont, Inc v. Prodigy 판결에 대한 미 하원의 반작용이었다. 착한 사마리아인 조항의 언어들은 사실 상원을 통과한 Exon 법안의 피난항 방어조항과 상당히 유사하다. 그러나 두 법안의 접근법은 근본적이고도 중대한 차이가 있었다.[101] 인터넷 포르노물을 막

98 141 Cong. Rec. H8471 (daily ed. August 4, 1995).

99 141 Cong. Rec. H8470 (daily ed. August 4, 1995).

100 141 Cong. Rec. H8468 (daily ed. August 4, 1995).

101 위의 글. 원문을 소개하면 다음과 같다. Subsection (2) of the original draft of IFFEA provided:

(c) PROTECTION FOR 'GOOD SAMARITAN' BLOCKING AND SCREENING OF OFFENSIVE MATERIAL. —No provider or user of interactive computer services shall be treated as the publisher or speaker of any information provided

기 위한 사적 차단조치(*private blocking*)를 보호하기 위해 Exon 법안의 피난항 조항은 예상되는 형사처벌에 대한 제한된 면책을 부여했다. 형사처벌은 인터넷 규제에 대한 국가의 적극적 개입을 의미한다. 그러나 IFFEA의 착한 사마리아인 조항은 본질적으로 형사처벌 조항을 두지 않았다. ISP에 대한 정부의 규제 자체를 거부하는 법안이었기 때문이다. 따라서 착한 사마리아인 조항의 목적은 선한 의도의 편집통제(*editorial control*)에 대해 민사책임도 면책시키는 것이었다. IFFEA의 입법기록을 통해선 Prodigy 판결의 교훈을 제외하면 왜 하원이 ISP에 대해 형사뿐 아니라 민사책임까지 면책범위를 확대했는지에 대한 설명은 찾아볼 수 없다.

한 가지 눈 여겨 보아야 할 점은 착한 사마리아인 조항은 근본적으로 ISP가 콘텐츠를 모니터링하는 것을 장려하기 위한 것이었지만, 동시에 내용적으로는 앞에서 살펴본 것과 같이 ISP의 모니터링 즉 사전검열에 반대하는 모순을 내재하고 있다는 점이다.[102] Cox와 Wyden 의원이 원했던 것은 정부든 ISP든 콘텐츠에 대한 사전검열을 막고 대신 부모가 자신의 아이들의 컴퓨터 사용을 통제하게 하자는 것이었다. 다시 말해 ISP에 의한 인터넷 통제가 아닌 부모에 의한 인터넷 통제였다. 나아가 이 법안은 ISP들에게 인터넷상 음란물을 차단할 어떤 의무도 부여하지 않았다. Leahy 상원의원의 '어린이와 사이버포르노' 청문회 발언은 더

by an information content provider. No provider or user or interactive computer services shall be held liable on account of (1) any action voluntarily taken in good faith to restrict access to material that the provider or user considers to be obscene, lewd, lascivious, filthy, excessively violent, harassing, or otherwise objectionable, whether or not such material is constitutionally protected; or (2) any action to make available to information content providers or others the technical means to restrict access to material described in paragraph (1).

102 Center for Democracy and Technology, CDT Policy Post No. 23 (Aug. 4, 1995). http://www.cdt.org/publications.

욱 생생한 어감으로 이 같은 의도를 전해준다.

> 만약 우리가 온라인 서비스 제공자에게 외설적인 내용들을 검열할 권한을 너무 많이 부여할 경우, 공공의 폭로와 사이버 스페이스에서의 온라인 콘텐츠는 이 같은 환상적인 자원의 이용자가 아니라 서비스제공자에 의해 통제될 것이다. 다른 한편으로 우리는 아이들에게 안전한 환경을 만들기 위해 온라인 서비스 제공자들을 장려하기도 하고 질책하기도 하는 법을 원한다.[103]

'부모에 의한 통제'의 찬성론자 중 한 명인 Feingold 상원의원은 ISP에 의한 통제를 "인터넷에서의 표현행위에 심각한 위축효과를 야기할" 검열(*censorship*)의 한 종류로 간주했다. 그는 "만약 일시적으로라도 아메리카온라인(AOL)이 '유방(*breast*)'이라는 단어를 자신들의 서비스에서 검열했다면 이 같은 사실을 사전에 멤버들에게 반드시 알려야 한다"고 주장했다.[104]

그렇다면 법안의 기획자들이 ISP들이 진정으로 해 주길 원했던 것은 무엇이었을까? ISP의 직접 통제가 아니라 부모가 온라인 콘텐츠를 통제하기 위한 차단프로그램 소프트웨어를 개발해달라는 것이었다.

Cox 의원은 하원에서 Prodigy 케이스에 대해 언급하면서 "그 재판은 후퇴였다. 우리가 Prodigy나 CompuServe, America Online, MS network 같은 곳에 원하는 것은 우리가 가정에서 우리 아이들이 컴퓨터를 통해 보는 것을 통제할 수 있도록 할 수 있는 모든 것을 다 해달라는 것이며, 이런 기술은 매우 급속히 이용가능하게 되고 있다"고 말했

103 Cyberporn and Children: The Scope of the Problem, the State of the Technology, and the Need for Congressional Action: Hearing on S. 892, before the Senate, 104th Cong. 104-438 (1995) (Statement of Sen. Patrick Leahy).

104 141 Cong Rec S18248 (daily ed. Dec. 7, 1995) (remarks by Sen. Feingold).

다.[105] 한마디로 인터넷을 모니터링하는 것은 ISP가 아니라 부모들의 몫이라는 것이 자율규제의 요지였다. 나아가 IFFEA는 법 조문을 통해 필터링(*filtering*)과 차단(*blocking*) 기술의 발전을 지원하는 것이 미국 정부의 정책이라고 밝히고 있다.

이 같은 사실은 IFFEA가 전적으로 ISP에게 유리하게 만들어진 것을 의미한다. IFFEA의 논리에 따르면 ISP가 혐오스런 콘텐츠를 직접 만들지 않는 한 민형사상 책임으로부터 자유로워진다. 나아가 ISP는 자신들의 콘텐츠를 감시할 어떤 노력도 하지 않아도 된다. 그들에게 아무런 법적 도덕적 의무가 없기 때문이다. 인터넷상의 콘텐츠를 감시하는 것은 ISP의 몫이 아니라 부모의 몫이다. 결론적으로 이 같은 논리는 정부의 규제와 대조되는 자율규제를 의미하고, 자율규제는 바로 ISP에 의한 규제가 아니라 부모에 의한 규제를 지칭한다.

Cox-Wyden 수정안은 1995년 8월 4일, 421 대 4라는 압도적 표차로 하원을 통과했다(HR. 1555).[106] 이는 시민운동 그룹의 승리이자 Exon 의원의 CDA를 무력화시킨 것처럼 보였다.

그러나 이는 순간적인 승리였다. 하원에선 보수파인 Hyde의원의 주도로 "Manager's Mark" 수정안도 기습적으로 함께 통과시켰는데 이 법안은 Exon 법안과 유사하게 ISP에 대한 형사처벌 조항을 담고 있었다.[107] 이 안은 Cox법안에 대한 보수파의 강력한 반작용이었다. 즉 Hyde법안은 "고의적으로 컴퓨터를 통해 18세 미만의 미성년자에게 동시대의 지역사회 기준으로 볼 때 명백하게 모욕적인 내용들, 성적 배설적 행위 혹은 성기 등을 묘사하거나 기술하는 행위"를 하는 사람들은 누구든 처벌이 가능하도록 했다.

Hyde의 수정안은 Cox-Wyden 수정안의 지지자들에게 강력한 반발

105 141 Cong. Rec. H8470 (daily ed. August 4, 1995).

106 141 Cong. Rec. H8478 79 (daily ed. August 4, 1995).

107 141 Cong. Rec. H8444 (daily ed. August 4, 1995).

을 불러일으켰다. John Bryant(D-Tex)의원은 위원회 멤버들의 생각을 전혀 담지 못한 "어둠 속에서 씌어진" 수정안이라고 비난했다.[108] 자유로운 인터넷 운동을 펼쳤던 시민단체 중 하나였던 '전자 개척자 재단(*Electronic Frontier Foundation*, 이하 EFF)'에 따르면 Hyde 수정안은 회의를 마치기 몇 분 전 긴급히 제안됐고, 대부분의 의원들은 이 마지막 법안에 대해 아무 생각도 없이 투표했으며, 법안의 제안설명에서도 이런 형사처벌 조항이 삽입되어 있다는 것을 전혀 언급하지 않았다고 전했다.[109] ACLU도 이 법안이 "오로지 어린이들에게만 적합하도록 모든 온라인 콘텐츠를 효과적으로 줄일 것"이라고 냉소했다.[110]

4) 한 지붕 두 가족의 타협안 도출

결국 미 의회에선 인터넷 혹은 인터넷 음란물 통제방식에 한두 가지 갈등적 접근법을 보인 법안들을 다루기 위해 컨퍼런스위원회(*Conference Committee*)가 구성됐다.[111] Exon의원이 제안한 법안과 Hyde의원과 기독교단체가 공동으로 제안한 법안,[112] Grasslcy 의원의 법안,[113]

---

108 141 Cong. Rec. H8456 (daily ed. August 4, 1995).

109 Electronic Frontier Foundation, *Congress Action Resumes on Internet Censorship Legislation*, EFFector Online Vol. 8, No. 16. (Oct. 7, 1995), http://trout.cpsr.org/cpsr/lists.

110 ACLU, *House Adopts Exon Like Speech Crimes*, Cyber Liberties Alert (Aug. 4, 1995). http://www.eff.org/Censorship/Internet

111 S. Conf. Rep. No. 104 230 at 1, 187-88.

112 The Center for Democracy and Technology, CDT Policy Post No 30 (Dec. 1, 1995), available at http://www.cdt.org/publications. CDT보고서에 따르면 Hyde의원은 그해 10월에 보수적인 종교그룹에서 낸 제안을 지지하며 이를 입법화했다. 이 제안은 Exon의원의 제안보다 훨씬 더 ISP에게 엄격했다.

113 이 제안은 기존의 Grassley/Dole 의원이 제안했던 'Protection of Children

Cox-Wyden의 법안 등이 경쟁했다. 위원회에는 상원의 Exon의원과 하원의 Rick White의원, Henry Hyde의원이 참여했지만 Cox와 Wyden의원은 들어가지 못했다. 컨퍼런스위원회에선 의회 내 자유주의와 보수주의 그룹 간에 ISP의 책임범위와 규제대상인 '모욕적인 내용물'들의 기준을 놓고 한판 대결이 벌어졌다.

위원회가 텔레커뮤니케이션법에서 논란이 일었던 다른 조항들에 대한 손질을 마치는 동안 하원의 White의원과 Cox, Wyden의원은 갈등을 해결하기 위해 Exon 수정안과 Cox-Wyden 수정안의 갈등을 해결하기 위한 새로운 타협안을 만들어 냈다. 서부 워싱턴 출신의 공화당 White 의원이 Cox 법안에 기초해 Exon 법안의 모욕적인 내용물의 전송에 대한 형사책임 조항을 첨가한 타협안을 냈다.[114]

우선 White의 타협안은 ISP가 단순히 메시지 전송만 했다면 법적 책임을 부여하지 않도록 했다. 또 ISP가 모욕적인 콘텐츠로부터 미성년자를 보호하기 위한 조치를 취했을 때 책임을 면해 주는 Exon 법안의 '선의의 방어조항'도 살렸다. Exon 법안에서 지나치게 모호하다는 반발을 샀던 '저속한 내용물(*indecent material*)'이라는 표현은 '미성년자에게 해가 되는(*harm to minor*)'라는 표현으로 대체됐다. 그리고 Cox- Wyden 법안은 거의 그대로 살아남았다. 특히 White의 타협안은 FCC가 온라인콘텐츠를 규제하거나 넷의 기초를 이루는 테크놀로지에 대한 감시를 금지하는 조항을 그대로 유지했다.

요약하자면, 타협안은 하원의 White와 상원의 Exon 간의 각 법안의

---

from Computer Pornography Act'(S. 892)와 상당히 유사하다. 법안의 가장 중요한 특징은 명확한 한계 없이 ISP와 콘텐츠 공급자에 대해 광범위한 책임을 부여한 것이다.

114 Rick White, An open letter to the Internet Community (Dec. 4, 1995), http://www.cdt.org/speech; the Center for Democracy and Technology, CDT Policy Post No 31 (Dec. 4, 1995), http:// www.cdt.org/publications

용어를 살짝 고쳤지만 이면을 들여다보면 내용적으로는 심각한 빅딜이 있었다.

다시 한 번 두 법안에 대한 기억을 되살려 보자. 본질적으로 Exon 법안의 논리구조는 사이버 스페이스에서 포르노물을 유통시키는 자, 특히 ISP를 형사처벌해 인터넷을 규제하겠다는 것이었다. 반대로 Cox-Wyden 법안은 그런 형사책임을 부여하는 방안에 반대하며 사용자(*user*)에 의한 자기규제만이 효과적인 방법이라는 법리를 가지고 있었다. ISP는 규제의 대상이 아니라 새로이 발전하는 인터넷 산업을 이끌 동력이기 때문에 오히려 후원의 대상이고, 따라서 제3자가 올린 콘텐츠에 대해선 면책을 부여해야 한다는 것이었다. 그러므로 엄격한 형사책임을 부여하는 조항은 Cox나 Wyden 의원에게는 상상할 수 없는 일이었다.

그러나 White 의원은 Cox-Wyden 수정안을 살리기 위해 형사책임 조항을 결합시키는 쪽으로 설득해 나갔다.

반면 Exon 의원의 법안에는 ISP를 민사책임으로부터 보호하는 것은 애당초 관심이 없었다. Exon 의원의 수정안은 기본적으로 형사처벌을 통한 규제법안이었고, 이 법안에 삽입했던 '선의의 방어조항' 역시 적극적으로 모니터링을 한 ISP에게 형사책임을 제한적으로 면하게 해 주는 조항일 뿐 민사 책임으로부터의 면책은 언급조차 되지 않았다. 하지만 Exon 의원과 의회 내 보수파들은 CDA를 통과시켜 미성년자들을 인터넷 포르노로부터 보호한다는 '긴급한 이해'를 위해 ISP에게 더 많은 면책특권을 주는 쪽으로 입장을 선회했다.

결과적으로 본질적으로 사이버 스페이스와 포르노물 규제에 관해 전혀 다른 배경을 갖고 있는 두 법안이 CDA라는 이름 아래 다른 조항으로 각각 살아남을 수 있는 길이 열렸다. 이른바 한 지붕 두 가족의 어정쩡한 법안이 탄생한 것이다. White 의원은 나아가 모호하기 그지없는 '외설적인(*indecent*)' 기준 대신 보다 정교하게 재단된 '미성년자에게 해로운(*harm to minor*)'이라는 새로운 기준 조항을 넣음으로써 자유주의 시민운동 그룹에게 또 다른 선물을 주었다.

White의 법안은 1995년 12월 6일 투표 끝에 20대 13으로 컨퍼런스 위원회를 통과했다. 위원회 멤버였던 Exon은 미성년자 보호를 위한 법안 통과를 위해 ISP에게 면책특권을 주는 문제를 사실상 양보한 것이었다.[115]

그러나 보수파의 저항도 만만치 않았다. 논쟁과정에서 가장 강경파로 분류됐던 Hyde의원은 Exon의 수정안보다 인터넷 콘텐츠 규제에 관해 정부에 훨씬 강력한 권한을 부여한 수정제안을 다시 제출했고, 이 제안이 ISP에게 엄격한 형사책임을 부여하는 것을 목표로 하는 것은 확연히 알 수 있었다. 이 제안에선 CompuServe, AOL, Prodigy와 같은 ISP들이 자신들의 서비스에 관해 모든 측면에서 책임을 지도록 강제하는 것이었다. 가령 ISP의 경영진들은 외설적인 콘텐츠가 자신들의 서비스를 통해 미성년자에게 전송되었을 때는 이런 행위가 자신들의 통제권한 밖에 있더라도 2년 이하의 징역 또는 10만 달러의 벌금형에 처하도록 규정했다.[116] 물론 그의 수정안은 위원회에서 채택되지 않았다.

그렇지만 White의 승리는 순간적인 것이었다. 하원의 Hyde의원과 Bob Goodlatte의원이 법안통과 막판 또다시 White 법안에서 음란물 판단기준으로 삼았던 '미성년자에게 해로운'이라는 표현 대신 Exon 의원의 최초법안에서 사용했던 '외설적인(*indecency*)'라는 표현만을 바꾼 수정안을 제출했고 결국 이 법안이 17대 16의 근소한 차로 위원회를 최종

---

115 141 Cong. Rec. D1421 (Daily ed. Dec. 6, 1995). See also, William C. Myer, *Key Issues before the Telecom Conferees*, Progress on Point, Dec. 6, 1995, at 1. http://www.ff.org/issues. CDT 보고서에 따르면 위원회는 하원의 조그만 사무실에서 언론에 비공개로 투표를 진행했다. CDT Policy Post No 32, Dec. 6, 1995. http://www.cdt.org/publications.

116 Anna Eshoo, *Nanny on the Net*, EFFector Online Vol 9, No.1 (Jan. 5, 1996), http://www.eff.org/effector

통과했다.[117] 그러나 이는 자유주의 시민운동 단체들의 강력한 반발을 야기했고, 다 꺼져 가는 듯이 보였던 법안의 위헌논쟁에 대해 다시 기름을 부은 격이 됐다.

당장 이 법안이 통과된 다음날 Feingold 상원의원은 상원 본회의에서 "위원회는 전체 컨퍼런스 위원회가 이 법안에 대해 투표할 때 헌법적으로 보호되는 표현행위에 제한을 가하는 이 법안을 반드시 개정해야 한다"고 주장했다. 그는 "인터넷 검열은 의회가 걷기에는 위험천만한 길"이라며 "수정헌법 1조를 위협하는 전례가 될 것"이라고 비난했다.

5) CDA와 Section 230 제정

Hyde-Goodlatte의 수정안이 채택된 지 한 달이 채 지나지 않은 1996년 1월 4일 컨퍼런스위원회는 정부가 온라인 표현행위에 대해 광범위한 규제권한을 행사할 수 있는 텔레커뮤니케이션 개혁법안의 최종안을 제출했다.

최종 입법과정에서 가장 눈에 띄는 부분은 Cox-Wyden 법안의 정부규제 금지문구가 사라진 것이다.[118] 최종 수정안에서 위원들은 Cox-

117 13명의 공화당 의원들은 4명의 민주당 의원들의 도움을 받아 '외설적인' 기준을 지지했다. 〈아메리카 리포터〉지의 워싱턴 특파원인 Craig A. Johnson 기자에 따르면 Pat Schroeder(D-Colo.) 하원의원은 "이 법안이 지닌 함축적 의미나 White 의원의 수정안에 대해 생각해 볼 시간도 갖지 못한 채 Goodlatte 수정안에 투표했다"고 불평했다. 또 Schroeder 하원의원이 투표를 위한 컨퍼런스 미팅 24시간 전에 참고문건들을 배포해달라고 3차례나 요청했지만 받아들여지지 않았다. Craig A. Johnson, *Committee Slaps the Net* (Dec. 14, 1995). http://www.virtualschool.edu/mon.

118 Center for Democracy and Technology, *CDT Policy Post* No 33(Jan. 4, 1996), http://www.cdt.org/publications. 141 Cong. Rec. H8468 (daily ed. August 4, 1995) or Appendix Three. The original version of Cox Wyden Bill(H.R. 1978); H.R. 1978, 104th Cong. §230; H.R. Rep. No 104

Wyden 법안의 원래 제목인 "SEC. 230. PROTECTION FOR PRIVATE BLOCKING AND SCREENING OF OFFENSIVE MATERIAL; FCC CONTENT AND ECONOMIC REGULATION OF COMPUTER SERVICES PROHIBITED"의 뒷부분인 FCC 이하 부분을 제외했다.

나아가 Cox-Wyden 수정안 230조의 하부조항 (d)의 '인터넷과 다른 상호작용적인 컴퓨터서비스들의 FCC 통제는 금지된다'는 조항도 삭제됐다. 이 같은 변화는 앞서도 말했듯 예견된 것이었다. White의원의 타협안에서 정부의 규제와 형사처벌은 동전의 양면의 관계인 만큼 형사책임 조항을 수용한 이상 이 같은 변화는 불가피한 것이기 때문이다. 하원의 Anna Eshoo의원은 Hyde의원의 제안에 담긴 것과 같이 형사처벌을 강제하는 것은 "FCC가 인터넷에 대한 광범위한 규제에 종사하도록 문을 활짝 열어 준 것"이라고 지적했다. Lynn Woolsey 하원의원은 컨퍼런스위원회의 최종안을 따를 경우 연방정부가 동시대적인 품위의 기준을 어겼다고 믿는 내용물을 유포하는 자는 감옥에 갈 것을 각오해야 한다"고도 했다.[119]

White 의원의 타협안이 컨퍼런스위원회에 제안되었을 때 많은 자유주의 시민단체들은 이를 불가피하지만 나름대로 실행가능한 방안으로 보고 지지했다.[120] 그러나 형사책임 조항의 수용문제로 인해 최대 인권단체인 The American Civil Liberties Union(이하 ACLU)은 White의 제안을 인정하지 않았다.[121]

458, at 86 (1996) (Conf. Rep.).

119 142 Cong. Rec. H1173 (daily ed. February 1, 1996).

120 Electronic Frontier Foundation, EFF Statement on Proposals Regarding Content Control on the Net (Dec. 5, 1995), http://www.eff.org/Censorship. EFF는 White 수정안의 대부분의 조항을 받아들이며 "Rick White 의원이 공들인 노력의 가치를 인정한다"고 평했다. CDT 역시 "White 타협안은 다른 어떤 보수적인 법안보다 합리적이고 실행 가능한 방안"이라고 환영했다.

121 American Civil Liberties Union, *Letter to House Conferees: Cyberspace*

ACLU는 White 수정안에 대해 근본적인 의문을 제기한다.

> White 수정안은 18세 이하의 사람들과 미성년자에게 해로운 것처럼 여겨지는 콘텐츠는 어떤 것이든 통신하는 것을 범죄화했다. 그런 기준은 연방차원에서는 처음일 것이다. White 수정안은 전적으로 새로운 연방의 표현행위 범죄(*speech crimes*)의 유형을 만들어 낼 것이다 … ACLU는 그런 새로운 표현행위 범죄는 절대 정당화될 수 없다고 믿는다. 또 부모의 관여와 같은 이해가 정부의 개입 없는 적절한 방안이라고 믿는다.[122]

하원의 White, Cox의원과 그의 동료들은 FCC가 온라인 콘텐츠 규제를 하지 못하도록 하는 조항을 유지시키기 위해 싸웠지만 허사였다.

1996년 2월 1일 미 의회는 텔레커뮤니케이션법 1996을 하원과 상원에서 압도적 표차로 통과시켰다. 단지 14명의 의원만이 반대표를 던졌을 정도였다. 이 법의 5장 격인 'The TITLE V "OBSCENITY AND VIOLENCE'은 통신품위법(*The Communication Decency Act*)라고 이름이 붙여졌다.[123] 정확히 1년 전 Exon 의원이 똑같은 이름으로 제안했던 법안은 주 내용이

Censorship and the Hyde and White Proposals to the House Conferees on Telecommunications Deregulation, S.652 and H.r.1555. (Dec. 5, 1995), http.//www.epic.org/free_speech. ACLU 위원회의 위원들에게 각각 편지를 보내 온라인 표현행위를 통제하려는 규제체계를 확립하는 것을 막기 위해 White 의원과 Hyde 의원의 법안을 포함, 지금까지 제안된 모든 법안을 거부해야 한다고 주장했다.

122 위의 글. ACLU는 그러나 모든 종류의 형사책임 부여 가능성을 거부한 것은 아니다. ACLU는 "만약 그런 범죄가 생긴다면, 이는 정교하게 만들어져야 한다"고 주장했다. 다시 말해 법안에 콘텐츠, 즉 잘못된 행위자의 벌칙과 목표물에 대해 명확하게 기술해야 한다"고 강조했다.

123 S. Rep. No. 104 230, at 81-84 (1996). See also, Appendix Four: The Communications Decency Act of 1996.

CDA의 223조에 담겨졌다. 223조는 어떤 사람이든 알면서도 외설적인 (*indecent*) 내용물을 인터넷을 통해 전파한 사람은 2년 이하의 징역 또는 25만 달러 이하의 벌금형에 처할 수 있도록 했다. 동시에 이 법안에는 ISP에게 광범위한 착한 사마리아인의 자율 규제를 위해 ISP에게 민사상 면책 특권을 부여한 IFFEA 법안의 가장 중요한 부분이 230조(*Section* 230) 라는 이름으로 포함됐다.[124] 230조의 주요 조문은 다음과 같다.

Section 230. 모욕적인 내용의 사적 방지와 차단에 관한 보호

(a) 발견. 의회는 다음과 같은 사실을 발견한다.

(1) 미국인들이 사용할 수 있는 인터넷과 기타 상호작용적인 컴퓨터 서비스의 눈부신 발전은 우리 시민들을 위한 교육적이고 정보적인 자원의 사용 가능성이 이례적으로 높아졌음을 의미한다.

(2) 이러한 서비스들은 이용자들에게 그들이 제공받는 정보에 대한 높은 정도의 통제력을 주고, 또한 기술의 발전에 따라 장차 더 높은 정도의 통제력을 주게 될 것이다.

(3) 인터넷과 기타 상호작용적인 컴퓨터 서비스는, 진정 정치적 토론의 다양성을 위한 논의의 장과 문화발전을 위한 독보적인 기회 그리고 지적 활동을 위한 무수한 경로를 제공한다.

(4) 인터넷과 기타 상호작용적인 컴퓨터 서비스는 최소한의 정부 규제를 통해서 미국인들의 이익을 위해 발전해 왔다.

(5) 미국인들은 정치적, 교육적, 문화적, 오락적 서비스의 다양성을 위해 상호작용적인 미디어에 점점 더 많이 의존하고 있다.

(b) 정책. 다음은 미국의 정책이다.

(1) 인터넷과 기타 상호작용적인 컴퓨터 서비스 및 다른 상호작용적인 미디어의 계속된 발전을 촉진하는 것.

(2) 인터넷과 기타 상호작용적인 컴퓨터 서비스에 대해 현재 존재하는, 연방이나 주의 규제를 받지 않는 생동감 있고 경쟁적인 자유시장을 보존하는 것.

---

124 S. Rep. No. 104 230, at 86-87 (1996).

(3) 인터넷과 기타 상호작용적인 컴퓨터 서비스를 사용하는 개인, 가족, 학교가 자신들이 제공받는 정보에 대해 이용자 통제를 최대화할 수 있도록 하는 기술적 발전을 촉진하는 것.

(4) 부모들이 자녀들로 하여금 부적절한 온라인 내용에 접근하는 것을 제한할 수 있도록 하는 차단 및 필터링 기술의 발전 및 사용을 방해하는 요소를 제거하는 것.

(5) 컴퓨터를 이용한 음란, 스토킹, 괴롭히기를 방지하고 처벌하는 연방 형법의 강력한 집행을 확보하는 것.

(c) 모욕적인 내용에 대한 '착한 사마리아인'으로서의 방지와 차단의 보호

(1) 발행인 혹은 발표자에 대한 처리. 상호작용하는 컴퓨터 서비스의 제공자나 이용자는 다른 정보내용 제공자에 의해 제공되는 정보의 발행인(*publisher*)나 발표자(*speaker*)로 취급돼서는 아니 된다.

(2) 민사 책임. 상호작용적인 컴퓨터 서비스의 제공자나 이용자는 다음과 같은 사유로 책임을 져서는 아니 된다.

(A) 제공자나 이용자가 음란하거나, 추잡하거나, 지나치게 폭력적이거나, 괴롭히거나, 불쾌하다고 생각하는 내용—그것들이 헌법적으로 보호되고 있는지 여부를 묻지 아니하고—에 대한 접근이나 사용을 좋은 의도에서 자발적으로 제한하는 행동.

(B) 정보 내용 제공자 등으로 하여금 위 (A) 항목에서 묘사된 내용에 대한 접근을 제한할 수 있도록 하는 기술적 수단을 사용 가능하게 하는 행동.

…

(f) 정의. 이 조문에서 용어의 정의는 다음과 같다.

(1) 인터넷—연방 혹은 비연방의 상호작용 가능하도록 연결된 데이터 네트워크의 국제적인 컴퓨터망.

(2) 상호작용적인 컴퓨터 서비스(*Interactive Computer Service*)—인터넷 혹은 도서관이나 교육적 기관에 의하여 운영되거나 작동되는 시스템을 포함해, 다수의 이용자에 의한 컴퓨터 서버에의 접근을 제공하거나 가능하게 하는 서비스, 시스템 정보 서비스, 시스템 혹은 접근 소프트웨어 제공자.

(3) 정보내용 제공자(*Information Content Provider*)—인터넷 기타 상호작용적인 컴퓨터 서비스를 통해 제공되는 정보의 생산 혹은 발전에 대해 전반적 혹은 부분적으로 책임이 있는 사람이나 주체.

4. 이익단체들의 역동적 역할

#장 면1 1995년 정오. 미국의 국회의사당은 Exon의원이 제안한 반사이버포르노 법안을 다루기 위해 모인 의원들로 시끄러웠다. 관례에 따라 회의는 Dr. Lloyd 목사의 기도와 함께 시작됐다. 낭랑한 목소리가 의원들의 가슴 속에 퍼져나갔다.

> 전지전능하신 신이시여, 나의 생명의 주인이시여. 우리는 우리시대에 컴퓨터로 통신을 즐길 수 있게 된 과학적 진보에 대해 당신을 찬양합니다. 그러나 슬프게도 이 정보고속도로를 음란하고 저속하고 파괴적인 포르노그래피로 어지럽히는 사람들이 있습니다. … 사이버상에서 10대들을 유혹하는 행위는 온라인 범죄의 어두운 측면을 보여주고 있습니다. 오 신이시여, 우리의 아이들을 돌볼 수 있도록 도와주십시오. 우리에게 순진한 아이들을 보호할 수 있는 규제를 만들 수 있는 지혜를 주십시오.[125]

기도회가 있은 지 이틀 후 상원은 Llyod 목사가 말한 '오염된 컴퓨터 커뮤니케이션'을 규제하기 위한 투표에 돌입했고, Exon 법안은 영적으로 고무된 상원들에 의해 압도적 표차로 통과했다.

#장 면2 1996년 2월 9일 클린턴 대통령이 텔레커뮤니케이션법에 서명을 마치자마자 수천 개의 웹사이트에는 파란색 리본(〈그림 3-2〉 참조)이 달렸다. 반 Exon 법안의 선봉에 섰던 시민단체 연합인 EFF가 표현의 자유수호를 위한 파란리본 달기 캠페인에 호응을 했기 때문이다. 또 다른 단체인 CDT를 따르는 500여 개 웹사이트는 48시간 동안 CDA 통과에 항의하는 표시로 자신들의 홈페이지를 검정색으로 도배했다.

---

125 104 Cong. Rep. S8127 (daily ed. June 12, 1995).

〈그림 3-2〉
CDA에 항의하는 블루리본

CDA 제정을 둘러싸고 벌어진 국회 내외의 논쟁은 "인터넷의 짧은 역사에서 가장 중요한 온라인 공동체의 전투"라고 불린다. 그만큼 논쟁은 격렬했고 주목을 끌었다. 이 인터넷 담론 전쟁을 이끈 두 세력은 종교단체들을 포함한 보수적 시민운동 그룹, 자유주의 시민단체들과 인터넷 업계의 연합전선 세력이었다.

종교단체들은 사회적으로는 보수적이고 기독교 중심으로, 가족가치를 신봉하는 쪽으로 청소년 보호에 깊은 관심을 가지고 있었다. 반면 반대편에선 인터넷에서 표현의 자유를 보호해야 한다는 명제를 지닌 시민운동그룹과 사업적인 직접적 이해관계가 얽힌 인터넷 사업체(가령 American Online, CompuServe, Microsoft 같은 곳)가 공통의 목표를 위해 강력히 연대했다. 인터넷 논쟁에서 종교계 등 우파그룹은 사이버포르노 등 인터넷의 어두운 면에 초점을 맞춘 반면, 반대파에선 표현의 자유의 보호와 발전에 막 시동을 건 인터넷 산업의 보호를 명분으로 내걸었다.[126] 이처럼 두 그룹의 접근법은 출발부터 달랐고, 양자 간 갈등은 불가피했다. 두 세력은 담론과 담론 간 대결에서 승리하기 위해 워싱턴 정가의 주요 정객들과 긴밀하게 연계했고, 국회와 법원을 주 무대로 총력전을 폈다.

1) 친 CDA그룹의 접근법

CDA는 '종교적 권리'를 내세우는 종교단체들의 도덕적 기준을 반영한 것이었다. 다시 말해 CDA는 종교단체들이 고안하고 뼈대를 만들었

126 the Center for Democracy and Technology, CDT Policy Post No 1 (February 9, 1995), http://www.cdt.org/publications.

고, 이를 입법화하기 위해 정치지도자들을 조직화했다. 자유주의 단체들과 담론 경쟁을 벌일 때 보수 정객들에게 이론적 탄환을 제공한 것도 이들이었다.[127]

(1) 누가 CDA를 개발했나?

CDA는 Exon 의원의 제안으로 이뤄졌지만 '어린이와 가족을 위한 전국 법센터' 소장인 Bruce Taylor 역시 CDA를 만드는 데 주도적 역할을 했다. 그는 전직검사 출신인 법률가이자 보수적 시각을 대변하는 인사로, 검찰에 근무할 당시 60건 이상의 음란물 사건을 맡아 기소한 이 분야 전문가로 명성을 쌓았다. Exon 의원과 Taylor와의 인연은 1994년으로 거슬러 올라간다. Exon이 처음으로 CDA를 제안했을 때 초안을 제공한 사람이 바로 Taylor다. 자유주의 시민단체들은 사이버포르노의 유통실태를 고발함으로써 Exon 법안의 통과에 지대하게 공헌한 이른바 'Rimm의 연구' 발간에 Taylor가 깊숙이 관여했을 것이라고 주장한다.[128] 조지타운 대 〈법학저널〉에 처음으로 발표된 이 연구논문은 1995년 7월 3일 〈타임〉지의 특집기사로 커버스토리에 실리면서 온 미국을 충격으로 몰고 갔다.[129]

---

127 Jonathan Wallace, *The Religious Right and Internet Censorship*, Freedom Writer (May 1996) http://www.skeptictank.org/cda/rr.html.

128 Marty Rimm, *Marketing Pornography on the Information Superhighway: A Survey of 917,410 Images, Descriptions, Short Stories, and Animations Downloaded 8.5 Million Times by Consumers in Over 2000 Cities in Forty Countries, Provinces, and Territories*, 83 Geo. L.J. 1849 (1995). 이 연구에서 Rimm은 성적으로 자극적인 사진, 짧은 이야기, 필름 클립 등 91만7,410건을 조사했다. 그는 유즈넷에 올라있는 사진의 83.5%가 포르노그래피라는 결과를 보여줌으로써 인터넷에 포르노가 광범위하게 퍼져있다고 주장했다.

129 Philip Elmer DeWitt, "*Cyberporn-On A Screen Near You*", *Time*, July 3,

실제 Exon의원과 Charles Grassley의원도 6월 26일 CDA를 제안하면서 Rimm의 연구논문을 이 법안을 정당화해주는 최고의 논거로 내세웠다. 그러나 자유주의 시민단체들은 Rimm의 연구논문 통계자료가 타임지에 실리기 20여 일 전 Grassley 의원 등이 어떻게 이를 입수했는지 의문을 제기했다.

EFF의 주요 활동가였던 Mike Godwin 변호사는 Rimm이 카네기멜론 대 학생시절인 1994년 11월 무렵부터 Taylor가 Rimm의 사이버포르노 연구프로젝트를 도왔다고 주장한다.[130] Taylor는 실제 '부모와 어린이들을 위한 전국연합'이 입주한 건물에서 조지타운 대 〈법학저널〉 편집인인 Kaplan 학장과 사무실을 함께 썼다.[131] 나아가 앞서 이야기 했듯 Exon 의원이 CDA 표결 때 돌린 블루북(*Blue Book*) 자료들도 Kaplan 학장에게 얻은 것이라고 Godwin 변호사는 주장한다.

이 밖에 '가족연구재단(*The Family Research Council*)'의 여성 법률연구디렉터인 Cathy Cleaver 역시 또 다른 CDA의 디자이너 중 한 명으로 불린다. 〈산호세 머큐리〉지 기사에 따르면 그녀는 Coat 상원의원으로부터 CDA에 도움을 주라는 요청을 공식적으로 받았다고 한다. 실제 그녀는 Reno v. ACLU 사건에서 Taylor와 Cleaver는 26명의 의원들을 대표해 CDA를 옹호하기 위한 '법원의 친구(*amici curiae*)'라는 전문가 의견서를 대법원에 제출하기도 했다.

(2) 종교단체들의 적극적 역할

Exon 의원이 CDA를 제안하자 종교단체를 중심으로 한 친 CDA세력들은 의회동료들과 연대를 모색했다. Christian Coalition, Enough is

---

1995, 38쪽.

130 Mike Godwin, *Martin Rimm and the Antiporn Activist* (Nov. 19, 1995), http://www.swiss.ai.mit.edu/6805/articles.

131 Wallace, 앞의 글.

Enough, Cleaver가 이끄는 Family Research Council, Taylor의 어린이와 부모를 위한 전국 법센터 등은 연대를 통해 강력한 정치세력으로 부상했다.

Exon과 Coats의 반 포르노법안은 앞서 살펴보았듯 Leahy 의원 등 자유주의 세력의 강력한 저항에 부딪쳤다. 1995년 6월 13일 이 법안에 대한 투표를 하루 앞두고 5개 종교단체들은 상원의원들에게 각각 이 법안의 통과를 촉구하는 편지를 보내며 정치적인 압력을 넣었다. Christian Coalition은 편지에서 "점증하는 사이버포르노는 연구가 아니라 행동을 필요로 한다"면서 "160만 회원들을 대표해 Exon 법안의 통과를 촉구한다"고 주장했다.[132] Family Research Council의장인 Gray L. Bauer는 "포르노그래피의 안전지대로서의 인터넷을 박멸하기 위해" 이 법의 통과를 주장했다. 그리고 이 편지들은 Exon 법안이 투표에 붙여지기 직전 하원에 회람됐다.

컨퍼런스위원회에서 Exon 법안이 '외설적 기준(*indecency standard*)'으로 인해 자유주의 그룹으로부터 공격받아 위기에 처하자 종교단체들은 공격적으로 CDA 방어에 나섰다. 그들은 Exon 법안보다 "더욱 엄격한 인터넷 검열"을 제안하는 법안을 담은 편지를 컨퍼런스위원회 지도부에 보냈다. 하원의 법사위원장(Henry Hyde)은 Christian Coalition과 다른 종교단체 회원들이 White 수정안의 효과적인 대안으로 컨퍼런스위원회에 제안한 이 제안을 즉시 수용하고 자신의 이름을 붙여 발의했다. Enough is Enough와 같은 우파 종교단체에선 Exon의원에게 'For Such a Time as This' 라는 이름의 상을 만들어 수여하는 등 수많은 보수파 단체들이 Exon과 Hyde 등 상하원의 보수파 의원들의 직접적 후원세력으로 활동했다.[133]

---

132 141 Cong. Rep. S8837-38 (daily ed. June 14, 1995).

133 Enough is Enough, News Letter, vol 5 no 1 at 4 (March 18, 1997), http://www.enough.org/newsletter.pdf

(3) ISP에 관한 입장

CDA를 둘러싼 논쟁에서 보수파들은 ISP에 대해 강력한 법적 책임을 부여해야 한다는 입장을 관철시키려고 노력했다. 의회청문회에서 Enough Is Enough의 Patricia Shao의 발언은 우파의 입장을 대변했다.

> 이번 초여름, 나의 13살 된 딸은 친구집에 컴퓨터를 하러 간 적이 있다. 나의 딸은 AOL의 10대 대화방에 있었는데 '사이버섹스'의 유혹을 받았다. … 나는 소프트웨어를 알고 있고 잠금장치 프로그램을 인터넷에서 다운받을 줄도 안다. 그러나 나의 딸이 옆집에 가서 컴퓨터를 사용한다면 어떤 일이 일어나겠는가? 나는 표현의 자유를 믿는다. 그러나 책임도 또한 믿는다. 순진한 어린아이들을 보호하기 위해 온라인 사업자들에게 책임을 부여해야 한다. 만약 하드코어 포르노물의 유통이 메인스트림 채널에서 불법이라면 마찬가지로 인터넷에서도 불법이다.[134]

종교그룹의 논리에 따르면 서비스운영자들은 음란물을 전파하는 행위를 포함해 자신의 서비스 안에서 발생하는 모든 활동을 모니터링해야 할 책임이 있다. ISP에게 형사책임을 부여하는 것은 ISP가 강제로 자신의 서비스에 있는 모욕적인 콘텐츠를 자율규제하도록 만드는 가장 효과적이고 효율적인 방법이다.

Family Research Council의 Cathy Cleaver는 종교단체들이 "온라인의 최악의 공격자들을 기소할 수 있는 권리를 절대 포기해선 안 된다"면서 "우리 사회는 그런 종류의 형사법을 가질 권리가 있다"고 주장했다. 그

---

134 Cyberporn and Children: The Scope of the problem, the State of the Technology, and the Need for Congressional Action: Hearings on S. 892 Before the Senate Committee on the Judiciary 104th Cong. 169 (1995) (Statement of Patricia Shao, a volunteer for Enough Is Enough), http://www.dct.org/speech/cda.

러므로 종교그룹이 ISP에 대해 엄격한 형사책임을 부여하는 법안을 지속적으로 밀어붙인 것은 당연한 귀결이다. 상원에서 Grassley와 Dole 의원이 ISP에게 광범위한 형사책임을 부여하기 위해 발의한 법안 역시 Family Research Council이 발표한 시안을 그대로 입법화한 것이었다. 이 법안에서 Dole의원 등은 '의도성(*willfulness*)'의 기준을 제시했다. ISP가 음란물을 미성년자에게 전파하는 것을 알면서도(*knowingly*) 묵인한 경우뿐만 아니라 미성년자가 음란물을 얻기 위해 인터넷 서비스를 이용하는 것을 '의도적으로(*willingly*)' 방치하는 것도 형사처벌 대상으로 삼아야 한다는 것이다. Grassley의원이 이 법안에 대한 법적 검토의견을 묻자 Cleaver는 "이 법안은 대법원의 음란물에 대한 판례에 전적으로 호응하는 것으로 헌법적으로 심각한 문제가 전혀 없다"고 조언했다.[135]

ISP에 대한 형사책임을 부여하는 법안을 만들려는 보수적 종교단체들의 노력은 앞에서 언급했듯 Hyde의원이 컨퍼런스위원회에 법안을 제출하면서 정점에 달했다. 비록 Hyde의 제안은 실패로 끝났지만 ISP에게 지나치게 많은 도피처를 제공했기 때문에 White 법안은 충분히 엄격하지 않다는 그의 주장은 계속됐다. 특히 ISP에 대한 형사책임을 부여한 법안을 통과시킨 독일의 사례는 친 CDA 그룹에게 훌륭한 논거를 제공했다.

독일의 경우 미국의 인터넷 서비스 사업자 중 하나인 CompuServe사가 200개의 음란사이트에 대한 접근을 일시 차단하고 금지사이트들의 목록을 공개했다. 미국에선 상상도 하지 못할 일이었다. CompuServe사의 행동은 자발적인 것이 아니었다. 인터넷 포르노그래피에 대해 적절한 조치를 취하지 않으면 독일법에 따라 형사처벌을 피할 수 없을 것

---

135 Letter from Cathleen Cleaver, Legal Director Family Research Council, to Charles Grassley, Senator (June 7, 1995) http://thomas.loc.gov/cgi-bin

이라는 독일 검찰청의 편지를 받았기 때문이다.[136]

미국 가족협회의 디렉터인 Patrick Trueman은 자신의 논문에서 "CompuServe 사는 독일법을 겁내야 할 이유가 있었다"면서 "그러나 이 회사는 미국 시민들에게는 포르노그래피를 공급하는 것이 안전해 보인다"고 비꼬았다.[137] 그는 이어 "CompuServe 사나 다른 ISP들이 독일의 어린이들을 위해 포르노그래피를 차단하고 미국의 어린이들에게는 자유롭게 포르노그래피를 제공하는 것은 아이러니"라고 강조했다. 그는 ISP가 자발적으로 포르노그래피에 대한 접근을 제한하도록 한 Hyde 법안을 지지하면서 "도대체 의회는 왜 컴퓨터 포르노그래피를 유포하고 이득을 얻는 사람들을 그토록 보호하려고 애쓰느냐"고 물었다. 그의 눈에는 Exon-White의 타협안이 "ISP에게 일반 전달자로서 아무런 법적 책임을 지지 않게 하는 엄청난 혜택을 준 것"으로 비쳐졌기 때문이다.

그러므로 '나쁜 행위자(*bad actor*)'들이 인터넷에서 포르노그래피를 유포하는 데 아무런 제약을 받지 않기 때문에 법안은 실패로 끝날 수밖에 없다고 보았다. 그는 최선의 당근과 채찍은 '강력한 법(*tough law*)'이라고 생각했고, 그의 이런 견해는 종교그룹에서 보이는 일반적인 견해였다.

2) 반 CDA그룹의 접근법

(1) 자유주의 시민운동단체와 인터넷비즈니스 그룹간의 연대

Exon 의원이 처음으로 CDA 초안을 상원에 제안한 직후 시민운동 단

---

136 Garth Friedrich, *Censorship and the Internet*, Networker vol. 6, no. 3 (Jan./Feb. 1996), http://www.usc.edu/isd.

137 142 Cong. Rec. E153 (daily ed. Feb. 5, 1996) (by Patrick A. Trueman) (Extension of Remarks). Trueman의 논문은 의회가 Exon-White의 수정안에 대한 투표를 하기 직전 Robert K. Dorman 의원에 의해 하원에 소개됐다.

체는 이 법안이 일차적으로 "전화사업자와 상업적 온라인 서비스, 인터넷, 그리고 독립적인 BBS 등 텔레커뮤니케이션 서비스 사업자들에게 실질적인 형사책임을 지우는 것을 겨냥한 것"이라는 것을 알아차렸다.[138] 만약 법안이 시행된다면 ISP들이 네트워크를 통해 전달되는 모든 커뮤니케이션에 대해 철저히 모니터링을 해야 하고 이런 상황은 "표현의 자유에 실질적인 위험을 야기할 것"이라고 보았다. 따라서 자유주의 시민단체들과 인터넷 업체들 간 공조는 자연스럽고 불가피한 것이었다.

민주주의와 기술을 위한 센터(*the Center for Democracy and Technology*·이하 CDT)에 의해 주도된 두 집단의 연합체는 'Interactive Working Group(이하 워킹그룹)'이라는 이름으로 CDA 입법에 조직적으로 저항했다.[139]

첫 번째 행동은 Exon 의원과 하원의 Commerce Committee 의장인 Larry Pressler에게 전향적인 해결책을 공동연구하자는 제안을 담은 편지를 보낸 것이었다. 1995년 3월초 보낸 편지에는 ACLU와 AOL, Time Warner 등 27개 시민단체와 인터넷 기업들이 참여했다.[140] 시간이 흐

---

138 The Center for Democracy and Technology, CDT Policy Post No.1 (February 9, 1995), http://www.cdt.org/publications.

139 The Center for Democracy and Technology, CDT Policy Post No. 3 (March 3, 1995), http://www.cdt.org/publications.

140 편지에 서명한 the Interactive Working Group에는 다양한 이해관계를 가진 그룹들이 참여했다. 참여 회사와 단체들은 다음과 같다. American Civil Liberties Union, America Online, Inc. Association of Research Libraries, American Society of Newspaper Editors, American Association of Law Librarians, American Library Association, Apple Computer, Business Software Alliance, Cavanagh Associates, Center for Democracy and Technology, CompuServe Incorporated, Consumer Federation of America, Cox Enterprises, Inc., Electronic Frontier Foundation, Electronic Messaging Association, Information Technology Industry Council, Interactive Services Association, Media Access Project, Newspaper Association of America, National

를수록 회원은 더욱 늘어 CDA가 국회를 통과한 후 워킹그룹이 '위헌적 CDA를 중단시키기 위한 캠페인'을 시작할 무렵에는 63개 단체가 가입했다.

Godwin과 McCandish에 따르면 두 집단은 기본 목표와 로비 스타일에서 미묘한 차이가 난다. 시민단체들은 공익을 보호할 필요성에 최우선적 강조점을 둔 반면 업계에선 기업적 이해, 즉 가능한 한 법적 책임의 면제에 큰 관심이 있었다. 그러나 CDA 저지라는 워킹그룹의 주요 목표는 두 이질적 그룹을 동일한 선상에 서게 만들었다. 대부분의 반CDA의원들이 인터넷 비즈니스가 집중된 실리콘밸리가 위치한 미국의 서부 지역 출신이라는 점도 눈여겨 볼 점이다. 예를 들어 Cox와 Wyden 의원은 각각 캘리포니아와 오리건 출신이고, White 의원은 마이크로소프트 사가 있는 서부 워싱턴 주 출신이다.

(2) 누가 230조를 고안했나

Exon 의원이 1995년 2월 상원에 CDA를 제안하자 자유주의적 성향의 시민운동단체들은 이 법안의 표현의 자유에 대한 해로운 효과를 분석하고 Exon과 보수적 종교단체들의 논리를 대체할 대안 개발에 착수했다. 불과 8일 후 CDT는 새로운 대안을 발견했고, 비록 정교하지는 않지만 이를 공표했다.[141] 이들이 찾아낸 해법은 '정부에 의한 통제(*government control*)'를 대신한 '이용자에 의한 통제(*user control*)'였다. 첫 정책공보

Newspaper Association, National Retail Federation, People for the American Way Action Fund, Recreational Software Advisory Council, SmithKline Beecham, Software Publishers Association, Targetbase Marketing, The Internet Company, Time Warner. 보수적인 성향의 조직인 Cato Institute와 PFF 역시 반CDA 편에 섰다.

141 The Center for Democracy and Technology, CDT Policy Post No. 1 (February 9, 1995), http://www.cdt.org/publications.

에서 CDT는 다음과 같이 '사용자(부모)에 의한 통제'를 개념화했다.

> 상호작용적 미디어의 유연성과 힘은 부모가 자신의 아이들이 접속할 수 있는 콘텐츠를 통제할 수 있는 기회를 갖고, 대신 그것을 원하는 어른들을 위해 정보의 흐름 자체는 내버려 두는 것에서 나온다. … AOL이나 CompuServe 같은 곳에 접속하는 데 이용되는 인터넷 브라우저나 소프트웨어와 같은 대부분의 상호작용적인 기술은 이미 특정한 타입의 서비스들과 선택된 정보만 접근할 수 있게 제한하는 능력을 확보하고 있다. … 범죄적 콘텐츠의 경우 콘텐츠의 전달자가 아닌 오리지널 제작자가 그들의 범죄에 대해 책임을 져야한다. 그리고 이용자(특히 부모들)에게는 자신들과 자신들의 아이들이 어떤 정보에 접근할 수 있는지 결정하는 권한이 부여돼야 한다.[142]

요약하자면 이 정책공보는 IFFEA에 담겨있는 기본 개념인 '부모에 의한 통제', '제 3자가 올린 콘텐츠에 대한 ISP의 면책', '필터링 기술 개발 지원' 등을 고스란히 제공하고 있다.

20여 일 후 CDT는 부모가 혐오스런 콘텐츠로부터 자식들을 보호하게 하기 위한 대안적 입법에 반드시 포함돼야 할 5가지 원칙들을 발표한다.[143]

첫째, 인터넷에서 표현의 자유를 보호하는 것이 입법의 핵심이 돼야 한다. 둘째, 부모들에게 권한을 부여하는 기술들에 대해 최대한 의존해야 한다. 셋째, 법률의 합헌성을 보호해야 한다. 넷째, (새로운 입법이 아닌) 현행 법률의 시행에 강조점을 둬야 한다.[144] 다섯째, 현존하는 전

142 위의 글.

143 The Center for Democracy and Technology, CDT Policy Post No. 6 (March 24, 1995), http://www.cdt.org/publications.

144 CDT는 연방법은 물론 각 지방법도 이미 음란물의 수송을 금지하고 있으므로 의회는 반드시 새로운 법이 필요한지를 조사해야 한다고 주장했다. 이러

화호출 포르노법과는 별도로 성문화해야 한다.[145]

미 상원이 CDT의 주장에 화답하기까지는 그리 많은 시간이 걸리지 않았다. 앞서 보았듯 Leahy 의원이 CDT의 디렉터인 Jerry Berman과 워킹그룹에 편지를 보내 공동 대처할 것을 제안했기 때문이다.[146] 앞서 살펴본 대로 이 같은 공조는 검찰총장에게 새로운 규제법안이 필요한지에 대한 공동연구를 주장했던 Leahy의 대안(S. 714)으로 곧바로 이어졌다.[147] CDT 정책공보에 따르면 Exon 법안이 상원을 통과한 뒤 워킹그룹은 하원의 Cox 의원, Wyden 의원과 부모에 의한 통제를 실현시킬 효과적인 대체법안을 마련하기 위해 직접적으로 연계했고, 결국 이 같은 개념을 구체화한 IFFEA(HR. 1978)로 결실을 맺었다.[148] 사실 Cox-Wyden 수정

한 개념은 직접적으로 Leahy가 제안한 법안에 반영됐다. 이 장의 부모에 의한 통제 개념의 태동과 피난항 방어조항 부분 참조. 이 원리는 현행법에 규정된 형사처벌 조항 이외의 다른 처벌 조항은 필요하지 않다는 것을 의미한다. 그러므로 Exon 의원의 형사법인 CDA 역시 필요하지 않다는 논리이고, 이는 Cox-Wyden의 IFFEA로 발전했다.

145 CDT는 상호작용적 뉴미디어를 규제하기 위해 본질적으로 아날로그 전화시스템을 위해 씌어진 223조의 변형은 새로운 테크놀로지의 취급 측면에서나 오디오텍스트 서비스의 규제 안정성 측면에서나 또 다른 불필요한 혼란을 야기할 것이라고 주장했다. 만약 새로운 법안이 제정된다면 인터넷 그 자체를 대상으로 한 것이어야 한다고 주장했다.

146 The Center for Democracy and Technology, CDT Policy Post No. 4 (March 16, 1995), http://www.cdt.org/publications.

147 141 Cong. Rec. S8330 (daily ed. June 14, 1995). 이와 함께 The Center for Democracy and Technology, Policy Post No. 8, April 7, 1995 참조. http://www.cdt.org/publications. Leahy 의원은 "나의 연구 제안에 대해 자유주의 시민단체와 도서관 사서들, 온라인 서비스 제공자, 신문편집자 등등 수많은 그룹들이 지원을 해주고 있다"고 공공연히 말했다. 그는 또 3만 5천 명의 사람들이 자신의 제안을 지지하는 전자청원에 서명했다고 밝혔다. 141 Cong. Rep. S8341 (daily ed. June 14, 1995).

148 The Center for Democracy and Technology, Policy Post No. 23 (August

안은 ISP들에게 광범위한 면책특권을 부여, 인터넷 비즈니스 업체에 일방적으로 유리한 안이었다. 당연히 인터넷 비즈니스 그룹이 이 법안의 열렬한 후원자가 됐음은 물론이다. AOL과 CompuServe, AT&T, Bell Atlantic 등 160여 개 ISP와 인터넷 업체들의 연합체인 The Commercial Interest Exchange Association은 Cox-Wyden 법안을 지원하기 위해 모든 하원의원들에게 투표 하루 전 지지를 촉구하는 서한을 보내는 등 인터넷 전쟁의 최전선에서 법안 통과를 후원했다.[149]

또 한 가지 주목할 점은 부모에 의한 통제 법안은 인터넷 업체들의 통제 기술 개발과 연동해 추진됐다는 점이다. Leahy의 법안이 첫 선을 보이기 한 달 전 무렵인 1995년 7월 7일 America Online은 어린이들이 성인용 인터넷 사이트에 접속하는 것을 방지하는 프로그램을 개발 중인 SurfWatch Software 사와 파트너십 계약을 맺었다.[150]

CompuServe도 이 무렵 역시 부모에 의한 통제가 가능하도록 한 프로그램인 'Internet in a Box'를 개발한 SPRY 사와 계약했다.

Reno v. ACLU 법원에 따르면 부모에 의한 통제개념을 기술적으로 구현한 프로그램은 1995년 8월 마이크로소프트 사에 의해 처음 도입됐다.[151] 이때는 Exon 의원의 CDA와 Cox-Wyden 수정안의 도입논쟁이

4, 1995), http://www.cdt.org/publications.

149 Letter from Robert D. Collet, the president of the Commercial Internet Exchange Association, to Representatives (August 3, 1995).

150 The Center for Democracy and Technology, *Interactive Working Group Report to Senator Leahy: Parental Empowerment, Child Protection, & Free Speech in Interactive Media* (July 24, 1995), http://www.cdt.org/-speech. CDT 리포트에 따르면 Surf Watch 소프트웨어는 상업적인 온라인 서비스에 가입하지 않은 가정에게도 부모에 의한 통제가 가능하도록 고안됐다. Surf Watch 프로그램은 유즈넷 뉴스그룹과 인터넷의 음란 사이트로 알려진 곳의 접근을 부모가 차단할 수 있도록 만들어졌다. 부모만이 가지고 있는 개인적인 패스워드를 쳐야만 작동하는데 가정용 PC에 설치하도록 개발된 프로그램이다.

뜨거울 때였다. 결국 230조가 포함된 CDA가 우여곡절을 겪은 끝에 의회를 최종 통과한 직후인 1996년 2월 1일 Microsystems는 CompuServe와 Prodigy 측과 라이선스계약을 맺었다. 이 같은 사실은 미국의 의회가 인터넷 기업체들과 얼마나 밀접한 관계를 가졌고, 230조가 인터넷 업계의 이해관계를 얼마나 잘 반영했는지를 보여주는 단적인 예다.

(3) ISP의 법적 책임에 대한 견해

반CDA 그룹은 처음부터 ISP에 대한 규제는 인터넷의 본질을 무시한 잘못된 전략이라고 주장했다. CDT Jerry Berman 소장은 "ISP의 행위를 범죄화하는 것은 음란물로부터 어린이를 보호하는 좋은 방법이 아니다"라고 단언했다. 그는 "ISP가 미국 내는 물론 국제적으로 매일 인터넷을 이용해 이야기하는 수백만의 이용자를 각각 통제할 수 있다는 것은 비현실적"이라는 것이다.[152] 또 인터넷의 전 지구적 특성 역시 도외시했다고 주장한다. "인터넷상의 많은 음란물이 미국 내에서 접속 가능하지만 이들 중 상당수가 미국 법이 적용되지 않는 해외에서 전송된 것"이라는 것이다.[153]

그러므로 ISP들과 자유주의 그룹은 근본적으로 ISP에 대한 어떤 종류의 형사책임에도 반대한다. CDT는 당초 Exon이 수정안에서 도입했던 '선의의 방어' 조항에 대해서도 그리 환영하지 않았다. ISP의 책임을 제한해도 여전히 인터넷의 본질을 약화시키고 위협할 것이라는 이유에서

---

151 ACLU v. Reno, 929 F. Supp. 824, 840-41 (E. D. Pa. 1996).

152 Cyberporn and Children: The Protection of Children from Computer Pornography Act of 1995: Hearings on S. 892 Before the Senate Committee on the Judiciary, 104th Cong. 169 (1995) (Testimony of Jerry Berman, Executive Director Center for Democracy and Technology), available at http://www.dct.org/speech/cda.

153 위의 글.

다. CDT는 "Exon의 새 법안은 연방정부를 대신한 '새로운 게이트키퍼'로서 ISP들에게 통제를 행사하게 한다는 것이다.[154] 그들의 관점에서는 언제든 잠재적으로 형사책임에 직면할 수 있는 상황 탓에 ISP들이 미성년자들의 접근을 방해하거나 엄격히 제한하는 가능한 모든 조치를 취할 것이라는 것이다. 결국 이로 인해 개방되고 분산된 인터넷의 커뮤니케이션 환경에 마침표를 찍는 상황을 초래하게 될 것이라고 우려했다.

3) Reno v. ACLU 재판에 대한 평가

(1) 재판의 전개

클린턴 대통령이 CDA에 서명한 잉크가 채 마르기도 전에 반CDA운동을 주도한 ACLU는 Reno 검찰총장을 상대로 펜실베이니아 연방지방법원에 이 법에 대한 위헌소송을 제기했다.[155] AOL과 Microsoft, Apple Computer 같은 인터넷 비즈니스그룹도 1996년 2월 유사한 소송을 제기

---

154 앞의 글.

155 ACLU v. Reno, 929 F. Supp. 824, 827 (E. D. Pa. 1996). 이 소송의 원고들로는 the American Civil Liberties Union; Human Rights Watch; Electronic Privacy Information Center; Electronic Frontier Foundation; Journalism Education Association; Computer Professionals for Social Responsibility; National Writers Union; Clarinet Communications Corp.; Institute for Global Communications; Stop Prisoner Rape; AIDS Education Global Information System; Bibliobytes; Queer Resources Directory; Critical Path AIDS Project, Inc.; Wildcat Press, Inc.; Declan McCullagh d/b/a Justice on Campus; Brock Meeks d/b/a Cyberwire Dispatch; John Troyer d/b/a The Safer Sex Page; Jonathan Wallace d/b/a The Ethical Spectacle; and Planned Parenthood Federation of America, Inc. 등이 망라됐다. 나아가 한 신문편집인인 Joe Shea는 1996년 2월 17일 뉴욕지방법원에 CDA가 수정헌법 1조를 위반했다며 역시 소송을 제기했다. Shea v. Reno, 930 F. Supp. 916, 922 (S. D. N. Y. 1996).

했다.[156] 인터넷 규제를 놓고 최초이자 최대의 전쟁이 시작된 것이었다. 소송의 쟁점은 법 조문에 규정된 규제의 범위인 '외설적인(*indecent*)'과 '명백하게 모욕적인(*patently offensive*)'이라는 개념이 너무 모호하고 적용 범위가 넓다는 것이었다.[157] 이들은 "18세 이하의 사람들에게 '외

---

156 인터넷 비즈니스 그룹 등이 낸 소송의 원고로는 American Liabrary Association; American Online, Inc.; American Booksellers Association, Inc.; American Booksellers Foundation for Free Expression; American Society of Newspaper Editors; Apple Computer, Inc.; Association of American Publishers, Inc.; Association of Publishers, Editors and Writers; Citizens Internet Empowerm ment Coalition; Commercial Internet Exchange Association; CompuServe Incorporated; Families Against Internet Censorship; Freedom to Read Foundation, Inc.; Health Sciences Libraries Consortium; Hotwired Ventures LLC; Interactive Digital Software Association; Interactive Services Association; Magazine Publishers of America; Microsoft Corporation; The Microsoft Network, L.L.C.; National Press Photographers Association; Netcom On Line Communication Services, Inc.; Newspaper Association of America; Opnet, Inc.; Prodigy Services Company; Society of Professional Journalists; Wired Ventures, Ltd. 이 소송은 ACLU가 낸 소송과 병합됐다.

157 ACLU, 929 F. Supp. at 829. 반CDA 그룹이 구체적으로 문제를 삼은 조항은 223조(a)항과 (d)항이었다. 원 조문은 다음과 같다.

Section 223(a)(1)(B) by means of a telecommunications device knowingly (i) makes, creates, or solicits, and (ii) initiates the transmission of, any comment, request, suggestion, proposal, image, or other communication which is obscene or indecent, knowing that the recipient of the communication is under 18 years of age, regardless of whether the maker of such communication placed the call or initiated the communication; Section 223(d) Whoever (1) in interstate or foreign communications knowingly (A) uses an interactive computer service to send to a specific person or persons under 18 years of age, or (B) uses any interactive computer service to display in a manner available to a person under 18 years of age, any comment, request, suggestion, proposal, image, or other communication that, in context, depicts or describes, in terms patently offensive as measured by contemporary

설적'이고 '명백하게 모욕적인' 내용물을 보낸 사람을 범죄자로 만드는 조항은 성인들의 표현행위를 위축시킬 것이라고 주장했다. 그러나 이 소송에서 230조는 거의 논의되지 않았다. ACLU나 인터넷 비즈니스 그룹에선 자신들에게 민사상 '면죄부'를 주는 이 조항을 문제삼을 이유가 전혀 없었기 때문이다.

지방법원은 1996년 6월 11일 CDA에 대해 전면적인 위헌 판결을 내렸다. Buckwalter 판사와 재판장인 Sloviter 판사는 CDA의 핵심조항들이 표현행위에 대해 지나치게 광범위하게 적용될 소지가 있어 수정헌법 1조를 위반했고, 모호한 측면이 있어 수정헌법 5조를 위반했다고 밝혔다.[158] Dalzell 판사는 표현행위를 고양시키는 인터넷의 민주주의적 성격에 근거해 "인터넷 커뮤니케이션에 대한 CDA의 파괴적인 효과와 보

---

community standards, sexual or excretory activities or organs, regardless of whether the user of such service placed the call or initiated the communication; or (2) knowingly permits any telecommunications facility under such persons control to be used for an activity prohibited by paragraph (1) with the intent that it be used for such activity, shall be fined under title 18, United States Code, or imprisoned not more than two years, or both.

158 ACLU, 929 F. Supp. at 858-59 (Judge Buckwalter), 857 (Judge Sloviter). 재판장인 Sloviter 판사는 "미성년자가 외설적이고 명백하게 모욕적인 온라인 콘텐츠에 접근하는 것을 정부가 막는 것이 이떤 징짐이 있더라도 이는 입증돼야 한다. 만약 선택된 수단이 필요한 것 이상으로 과도하게 광범위하고 그래서 성인의 표현행위를 위축시킨다면, 이는 수정헌법 1조에 의해 보호되는 권리를 과도하게 침해하는 것"이라고 판결했다. 그녀는 또한 CDA의 조항들이 교육적이고 심미적이고 뉴스가치가 있다고 널리 받아들여지는 내용들을 검열하는 데 이용될 것이라는 ACLU의 주장에 동의했다. 결국 Sloviter 판사는 "CDA는 명백하게 정부가 부여하는 내용물 규제적인 표현행위 제한(*government imposed content based restriction on speech*)"이라고 판결했다. ACLU, 929 F. Supp. at 919 25. Buckwalter 판사도 "피난항 조항은 현재의 기술 수준이 이를 지원하지 못하기 때문에 유용하지 못하며, 그러므로 이 법 조항을 위헌으로 만들었다"고 밝혔다.

호되는 표현행위에 대한 CDA의 지나친 침해는 이 법을 위헌적으로 만들 뿐 아니라 이 새로운 매체에서 보호되는 표현행위에 대한 어떤 규제도 위헌적으로 만들고 있다"고 말했다.

1997년 6월 26일 미 연방대법원은 '외설적인'과 '명백하게 모욕적인'이라는 두 개념이 표현의 자유를 침해한다고 최종 결론내리며 논쟁에 종지부를 찍었다.[159] 비록 반 CDA그룹은 의회에서 CDA의 통과저지에는 실패했지만 그들은 법원에서 친 CDA그룹과의 전투를 승리로 이끌었다. 이들은 연방대법원의 판결이 "극우(*far-right*) 그룹의 견해에 대한 명백한 배척"이라고 강조했다.[160] ACLU의 최고책임자인 Ira Glasser도 "모든 사람이 CDA가 위헌이라는 것을 알고 있었지만 의회는 법을 통과시켰고, 대통령은 이 법에 서명을 했다"면서 "이는 자유를 보호하기 위해 왜 독립적인 법원이 필요한지를 보여준다"고 꼬집었다.[161]

연방대법원은 223(a)와 223(d)가 위헌인 7가지 주요 이유를 제시했다. ① 이 두 조항은 내용물에 근거한 표현행위에 대한 광범위한 제한이며, ② 인터넷에 적용될 수정헌법 1조에 대한 위헌성 조사 수준을 적정하게 규정할 근거가 없고, ③ '외설적'이고 '명백하게 모욕적인'이라는 개념의 불분명한 정의는 수정헌법 1조에 관한 논쟁을 야기하며, ④ 과도하게 넓은 두 규정의 적용범위는 연방정부가 왜 덜 제한적인 조항이 효과적인 방안이 아닌지 설명하는 데 과도한 부담을 지우며, ⑤ 두 조항은 미성년자를 보호하려는 목적을 달성하기 위해 정교하게 재단되지 않았으며,

---

159 521 U.S. 844 (1997).

160 Citizens Internet Empowerment Coalion, *U.S. Supreme Court Rules on Communications Decency Act* (June 26, 1997) (Statement of Elliot Mincberg, Executive Director of People for the American Way). http://www.ciec.org/SC_appeal.

161 ACLU, *Hails Supreme Court Victory in Internet Censorship Challenge* (June 27, 1997) http://www.aclu.org/privacy/speech.

⑥ 피난항 조항 역시 규제를 하기 위해 정교하게 재단되지 않았고, ⑦ 223(a)와 223(d) 조항의 합헌성이 보장됨으로써 이를 근거로 해 인터넷 성장도 장려될 수 있다는 정부의 장담은 설득력이 없다는 것이다.

(2) 연방대법원 판결의 재해석

Reno v. ACLU 사건에서 미국의 연방대법원은 수정헌법 1조에 근거해 매우 명쾌한 결론을 내렸다. 즉 "CDA의 중요한 조문들이 위헌적으로 모호하다"는 것이다.[162] 그러나 엄격히 말해 Reno v. ACLU 사건 판

---

162 Middleton et al, 앞의 책 416쪽. 연방대법원은 CDA는 표현행위에 대한 내용규제(*content-based regulation*)이기 때문에 CDA에서 정의되지 않은 용어들은 특별한 관심을 야기한다고 보았다. 자유로운 정보유통에 영향을 미칠 수 있기 때문이라는 것이다. 이는 사실 미국 법원의 일반적인 관점이다. 미국 법원의 경우 표현행위의 '내용규제'에 대해선 더욱 엄격한 기준을 요구하며, 위헌성의 잣대를 들이댄다. 정치적 의견표명에 대해 사전에 미리 알고 이를 탄압하기 위해 규제를 악용할 수 있기 때문이다. 사전검열에 대해 엄격한 이유도 같은 맥락이다. 이 사건에서 연방대법원은 나아가 CDA는 잠재적으로 침묵하도록 위협할 수 있는 형사법이라는 점도 주목했다. 미국 정부는 CDA의 '명백하게 모욕적인'의 기준은 1973년 연방대법원이 Miller v. California(413. U. S. 15)에서 제시한 음란성(*obscenity*) 기준에 비해 결코 더 모호하지 않다고 주장했다. Miller 재판에서 연방대법원은 음란성에 대한 3가지 기준의 테스트를 제시했다. 정부는 CDA의 기준은 Miller 사건의 3가지 테스트의 한 부분이라고 주장했다. Miller 법원은 3가지 테스트 중 하나로 "(b) 명백하게 모욕적인 방식(*in a patently offensive way*)으로 '적용가능한 주(州)법에 의해 특정하게 정의된(*specially defined by the applicable state law*)' 성적인 행동을 묘사하거나 기술한 작품"이라고 정의했기 때문이다. 그러나 연방대법원은 Reno 재판에서 이 같은 정부 측의 주장을 받아들이지 않았다. CDA의 기준은 Miller 테스트에서 요구하는 핵심적 요구사항, 즉 '적용 가능한 주법에 의해 특정하게 정의된'이라는 요소가 결여돼 있다는 것이다. 그러므로 CDA는 비록 성인에게는 내용물이 지닌 사회적 가치로 인해 보호되는 것임에도 불구, 문학적이고 예술적이고 정치적이고 과학적인 가치를 지닌 모욕적이고 외설적인 내용물까지 금지시킬 것이라고 판결했다.

결은 법원이 CDA의 적용범위와 위헌성 여부에 대해 판단한 것이었지 정부의 인터넷 규제의 정당성 여부나 ISP에게 인터넷포르노를 포함해 제 3자가 올린 콘텐츠에 대해 형사책임을 부여하는 것이 위헌인지 여부에 대한 판단은 아니었다.

사실 이 재판에서 정부의 인터넷 규제에 대한 연방대법원의 입장은 부정적 입장에 서 있지만 그렇다고 길을 완전히 막아 놓은 것은 아니다. 연방대법원은 "표현행위의 내용에 대한 정부의 규제는 사상의 자유로운 교환을 장려하기보다는 방해할 가능성이 더 많아 보인다"고 밝혔다. 그러므로 John Paul Stevens 대법관은 "민주주의 사회에서 표현의 자유를 옹호함으로써 얻는 이익은 이론적이지만 검증되지 않은 어떤 검열의 이익을 능가한다"고 결론 내렸다.

그러나 대법원은 핵심조항이긴 하지만 음란의 기준을 밝힌 223조 a항과 d항만을 법에서 분리해 위헌 판결을 내렸고 나머지 조문들은 그대로 살려놓았다. 나아가 대법원은 만약 CDA의 음란성 기준을 정교하게 재단하고 기술수준을 높여 위헌성 소지만 없앨 수 있다면 정부의 규제를 허용할 여지를 남겨두었다. 실제 앞서 '인터넷을 바라보는 3가지 시각' 장에서 살펴보았듯 비록 정부와 의회는 일명 CDA II법을 제정하는 것으로 대응했다. 물론 이 법도 위헌판결이 났다.

더욱 중요한 것은 CDA의 주요조항이 위헌판결을 받았지만 ISP에게 민사상 면책특권을 부여했던 230조는 여전히 유효한 법으로 살아남았다는 것이다. 이유는 간단했다. 이 조항은 ACLU 등에서 문제삼지 않아 거의 논란이 되지 않았기 때문이다. 사실 ACLU가 펜실베이니아 지방법원에 소장을 냈을 때 이들은 223조의 선의의 방어조항(*good-faith defense provision*)과 230조(c) (1)의 착한 사마리아인 보호조항(*Good Samaritan*

나아가 '명백하게 모욕적인'과 '외설적'이라는 불분명한 용어들은 헌법적으로 보호되는 메시지까지 자기 검열(*self-censorship*)하게 될 것이라고 밝혔다. 521 U.S. 872 74쪽.

protection provision) 간에 혼돈이 있다고 주장했으나 실제 재판에 들어가선 이 같은 주장은 사라졌다.[163]

반CDA 그룹이 지닌 소송의 주된 목표는 CDA의 핵심조항을 무력화 시키는 것과 함께 보수적 종교단체들이 주장한 ISP에 대한 형사처벌 조항을 무효화 시키는 것이었다. 특히 인터넷 비즈니스 그룹에게는 후자가 더 중요했다. 예를 들어 전미 상업위원회(*the Chamber of commerce of the U.S.A*)는 대법원에 제출한 전문가 의견서(*amicus curiae*)에서 인터넷 콘텐츠에 근거를 둔 강력한 형사처벌 조항을 두는 것은 온라인 커뮤니케이션산업에 심각한 위축효과를 야기하고 이 중요한 사회간접자본의 발전을 심각하게 위협할 것"이라고 강조했다.[164]

Reno v. ACLU 재판에서 연방대법원은 명시적으로 230조를 지지하지는 않았다. 그러나 대법원은 "테크놀로지가 위헌요소 없이 아이들의 인터넷 음란물 접속을 막을 수 있는 방식이 될 수 있다"고 판결했다.[165] 테크놀로지에 기반한 '부모에 의한 통제'에 대한 긍정적 입장을 보임으로써 법원의 의견을 내비친 것이다.

반대로 법원은 선의의 방어조항이 있기 때문에 적용범위를 좁게 만들어 CDA의 위헌시비를 없앨 수 있다는 정부 측의 주장도 기각했다. 정부 측에 따르면 ISP들은 음란한 내용의 콘텐츠에 이를 표시해 주는 '꼬

---

163 ACLU, Compl. ACUL v. Reno, No. 96 963 (E.D. Pa. Feb.8, 1996). http://www.epic.org/free_speech/censorship.

164 Brief for ACLU as Amicus Curiae, the Chamber of Commerce of the U.S.A, Reno v. ACLU (929 F.Supp.824 (E.D. Pa. 1996) (No.96-511).

165 Justice Stevens는 부모에 의한 통제에 대해 긍정적 입장을 보였다. 그는 판결문에서 "현재도 이용가능한 이용자 기반(*user based*)의 소프트웨어들은 이성적으로 효과적인 방법, 즉 명백한 음란물과 부모들이 아이들에게 적절하지 않다고 믿는 다른 내용물들에 아이들의 접근을 차단하는 합리적이고 효과적인 방법으로, 앞으로 곧 광범위하게 이용 가능하게 될 것"이라고 말했다. 521 U.S. 877쪽.

리표 달기(*tagging*)'를 하는 선의의 조치를 취할 수 있고, 수용자(부모)들은 적절한 소프트웨어를 이용해 자신들이 이 콘텐츠들을 받는 것을 차단할 수 있다고 주장했다. 그러나 대법원은 이 같은 방어조치는 아직까지 모든 꼬리표가 달린 내용물을 차단할 수 있는 스크린 소프트웨어는 없기 때문에 기술적으로 환상에 불과하다고 보았다.

나아가 대법원은 신용카드나 나이 인증을 통해 CDA 조항의 적용범위를 좁힐 수 있다는 주장도 받아들이지 않았다. 아직까지 이메일이나 대화방을 통해 내용물에 접속하는 이용자의 신원이나 연령을 확인할 효과적인 방법이 없다는 이유에서다. 신용카드 인증은 비상업적 웹사이트에게는 이를 위한 설치 유지에 많은 돈이 들어가기 때문에 경제적으로 현실성이 있지 않다고 판단했다.[166]

간단히 요약하자면, Reno v. ACLU 재판은 자유주의 시민운동 그룹의 완승이었다. 그들은 성공적으로 CDA의 핵심조항을 무력화시키며 의회에서의 실패를 만회했다. ISP에 대한 강력한 형사처벌을 지향했던 보수그룹의 법안이 위헌판결을 받은 반면, ISP의 면책과 부모에 의한 통제를 기본 개념으로 삼았던 230조는 홀로 살아남았다. 그리고 사이버포르노에 대한 유일한 법률적 해결책으로 제시된 것이다. 이 같은 결과는 심각한 후유증과 많은 문제점을 야기하게 된다. 특히 제 3자의 콘텐츠에 대한 ISP의 면책 조항은 당초 법의 목적이었던 '음란물'을 벗어나 명예훼손을 포함한 모든 민사책임의 면제로 확대되면서 논란을 빚고 있다.

4) 발견과 토론

CDA의 입법 역사는 인터넷 규제에 대해 극명하게 대립되는 입장을 가진 의회 안팎 두 세력의 갈등의 결과물이었다. 의회는 두 세력의 첨예한 이해관계를 반영해서 누가, 어떻게 새로운 정보고속도로와 이 도로

---

166 521 U.S. at 857.

를 오염시키는 사이버포르노를 규제할 것인가에 대한 적절한 타협점을 찾아 법을 변형시켰다. 갈등적인 두 법안을 기계적으로 결합시켜 버린 것이다.

그러나 이는 쉽지만 성급한 타협안이었다. 결과적으로 이 같은 CDA의 변천은 여러 가지 심각한 부작용을 낳았다. 특히 여러 이슈에 대한 잘못된 정보들은 이후 230조의 목적과 범위, 필요성 등에 대해 많은 혼란을 야기했다. 구체적으로 하나씩 살펴보자.

(1) 손해배상법에 대한 고려 없이 만들어진 성급한 법률

CDA의 입법과정을 검토하면서 얻어야 할 가장 눈에 띄는 점은 230조의 적용범위에 대한 해석이 CDA 전반에 걸친 조망 없이 이뤄져서는 안 된다는 것이다. CDA는 형사처벌을 규정한 223조든, 민사면책을 규정한 230조든 기본적으로 인터넷 포르노물로부터 청소년을 보호하기 위한 목적으로 만들어졌다. Exon 의원은 CDA가 제정된 후 "이 법은 어린이들을 상대로 길가의 어느 곳에서도 포르노물을 팔아선 안 되는 것과 마찬가지로 컴퓨터를 통해서도 이를 공급하는 것은 잘못된 일이라는 단순한 전제를 내세우고 있다"고 분명하게 말하고 있다.[167] 하원의 Goodlatte 의원도 IFFEA에 대한 지지발언을 통해 "이 법안은 정부의 규제 없이 인터넷에서 '음탕한 것(*smut*)'들을 제거하려는 사려 깊은 접근"이라고 밝혔다.[168]

그렇다면 어떻게 이 법이 인터넷에서 명예훼손이나 다른 손해배상법을 규율할 수 있는 법이 될 수 있는가 하는 의문에 봉착한다. CDA 입법

---

167 Jim Exon, *95 The Communications Decency Act*, 49 Fed. Comm. L. J. 95 (1996).

168 141 Cong. Rec. H8471 (daily ed. August. 4, 1995). 하원의 H.1555 법안에 관한 보고서(통신개혁법안의 하원 버전)는 "230조는 인터넷을 청소(*clean up*)하는 조치를 취한 ISP에 대해 법적 책임에 대한 보호조치를 제공하기 위한 것"이라고 밝히고 있다. H. Rep. No.104 458, summary of the section 230 (1996) 참고.

과정에서 상·하원 어디에도 명예훼손이나 손해배상법에 관한 직접적 언급은 없다. 유일한 언급은 의회의 컨퍼런스리포트의 230조 조항에서 "이 법의 특수한 목적 중 하나가 Stratton-Oakmont v. Prodigy 사건을 뒤집는 것"[169]이라고 언급했고, 공교롭게도 이 사건이 포르노그래피가 아니라 명예훼손적 게시물 게재가 문제가 됐다는 점이다. 엄밀히 말해 의회가 이 판결에 주목한 이유는 이 사건이 명예훼손 사건이어서가 아니었다. Prodigy 사는 가족친화적 웹사이트를 표방했고, 직원들이 검열 소프트웨어를 이용해 자신들의 사이트에 인터넷 음란물 등이 올라와 있는지 모니터링 했다. Exon의원 등의 시각에서 보면 음란물을 차단하기 위해 솔선수범하는 노력을 하는 ISP가 오히려 불이익을 당할 수 있다는 아이러니한 상황은 참을 수 없는 일이었다. Cox 의원조차도 "현재의 법률시스템은 인터넷을 통제하는 데 도움을 줄 수 있는 사람들을 격려하기보다는 거대한 불이익을 준다"면서 Stratton- Oakmont v. Prodigy 재판을 가장 전형적인 예로 들었다.

그러므로 미 의회는 230조의 조문에 "아이들이 혐오스럽거나 적절치 않은 온라인 내용물에 접근하는 것을 제한하는 권한을 부여하는 차단기술과 필터링 기술들의 개발과 이용에 대해 불이익을 제거하는 것이 미국의 정책 중 하나"라고 선언했다.[170] 컨퍼런스보고서에서도 "Stratton-Oakmont v. Prodigy 재판과 같은 법원의 판결은 이런 정책목표를 달성하는 데 "심각한 장애를 발생시킨다"고 적었다.[171]

이처럼 223조의 ISP를 위한 선의의 방어조항이나 민사면책을 규정한 230조나 모두 Stratton-Oakmont v. Prodigy 판결의 반작용으로 만들어진

---

169 H. R. Conf. Rep. No. 104 458, at 194 (1996). 그러나 컨퍼런스리포트조차도 230조의 적용범위, 다시 말해 이 조항이 명예훼손과 기타 손해배상 사건에도 적용될 수 있는지 여부에 대해 더 이상의 언급은 없었다.

170 47 U.S.C.A. § 230 (b)(4).

171 H. Rep. No. 104-458, at 194 (1996).

것이었다. 그러나 어떤 의원들도 이 조항들을 명예훼손이나 손해배상법의 관점에서 논의한 적은 없었다. 심지어 시민운동그룹 역시 입법과정에서 명예훼손에 관한 언급은 찾아 볼 수 없었다.[172] 하원에서 Cox-Wyden 법안이 통과됐을 때 반CDA 주도그룹인 CDT는 230조의 적용범위를 '음란하거나 외설적인 내용물'이라고 매우 좁게 포커스를 맞추었다. Commercial Internet eXchange Association(CIX) 라는 단체도 하원 각 의원들에게 보낸 편지에서 Cox-Wyden 법안은 "가족 친화적인(*family-oriented*) 서비스를 만들기 위해" 콘텐츠를 단속하고 모니터링 하는 ISP들에게 법적 책임을 면하게 해주는 것이 이 법의 목적이라고 말했다.[173]

미 의회나 시민단체들의 입법기록이나 정책보고서 등 어디에도 230조가 제 3자가 올린 콘텐츠의 명예훼손이나 각종 손해배상 책임으로부터 면책된다는 언급이 없다는 것은 무엇을 의미할까? 우리는 이 같은 상황에서 세 가지 의미 있는 추론을 할 수 있다.

첫째, 의회의 입법기록에 Stratton-Oakmont v. Prodigy 사건을 언급하고 있지만 이것만으로는 230조가 모든 명예훼손이나 손해배상사건에 적용될 수 있다고 보기는 어렵다. 입법당시 의회의 시선은 오로지 어떻게 어린이들을 인터넷 포르노물로부터 안전하게 지켜낼 것인가 하는데 온통 쏠려 있었다. 다시 말해 이 법안은 인터넷 포르노물을 규제하기 위한 법이지 명예훼손 사건을 다루기 위한 법이 아니었다.

둘째, 230조가 통과되기 전까지 시민단체든 의회든 230조 제정에 관

172 반CDA의 주도세력인 CDT는 Exon 의원이 상원에서 CDA를 제안한 1995년 2월 이후 대법원이 위헌 판결을 내린 1997년 7월까지 자신들의 입장을 담은 정책공보를 57회 발간한다. 그러나 정책공보 어디에도 230조의 ISP의 면책과 관련, 명예훼손이나 손해배상 사건에 적용된다는 언급은 없다.

173 Letter from CIX, the president of the Commercial Internet Exchange Association to Representatives (August 3, 1995). http//:www.eff.org/Censorship/Internet.

여했던 어느 누구도 이 법의 적용범위가 인터넷 포르노를 넘어 명예훼손 사건까지 확장될지 예상하지 못했다.

마지막으로, 설사 Stratton-Oakmont 사건에 관한 언급 때문에 명예훼손 사건에 230조를 적용한다고 해도 이는 이 법 조항이 공청회 등 공론화 과정조차 거치지 않은 잘못된 법이라는 비판을 피할 수 없다. 실제로 이 법안이 통과됐을 때 하원의 Howard Berman 의원은 "어떻게 청문회조차 한 번도 안 열고 법을 통과시킬 수 있느냐"고 반발했다.[174] 그는 이어 "이 법을 질의하고 분석하는 데 실패했기 때문에 우리는 방송에 적용되던 음란의 기준을 인터넷 전시물에도 전면적으로 적용할 수 있다는 단순한 가정을 담은 컨퍼런스보고서를 갖게 됐다"고 지적했다. "정치적 절차에 의한 재빠른 리뷰는 결과적으로 공공여론에 의한 검증이 이뤄지지 않은 법안이 얼마나 악법이 될 수 있는가를 보여준다"고 전자개척자 재단(EFF)은 성명을 통해 주장했다.[175]

이 같은 비판은 비록 CDA의 모호한 음란물 기준을 겨냥한 것이지만 230조에도 그대로 적용된다. 230조에 관한 한 어떤 공청회도 열리지 않았고, 특히 230조가 명예훼손 사건 등에 확대 적용될 수 있는지에 대해선 의회 내에서 어떤 토론도 이뤄지지 않았기 때문이다. 결과적으로 불분명하고 확인되지 않은 가정이 인터넷상에 벌어지는 명예훼손, 다른 손해배상사건들을 규율하는 기준법이 된 것이다.

(2) 230조를 명예훼손 사건에 적용하는 것이 타당한가

230조의 법리를 명예훼손 사건이나 다른 손해배상사건에 적용하는 것은 적절한 것일까? 230조의 논리적 출발점은 '부모에 의한 통제'다.

---

174 142 Cong. Rec. H1166 (daily ed, February 1, 1996).

175 Electronic Frontier Foundation, *Your Constitutional Right Have Been Sacrificed for Political Expediency*, EFF Statement (Feb. 1, 1996). http://www. Eff. org/Censorship/Internet_censorship_bills.

간단히 말해 첨단기술을 이용하면 부모가 아이들을 인터넷 음란물로부터 아이들을 보호하는 것이 가능하고 이것이 위헌소지 없이 아이들을 보호하는 효과적인 방법이므로 ISP에게 포르노그래피의 유통에 책임을 지울 필요가 없다는 것이다. 달리 말하면 자율규제가 "인터넷을 단속하는 최선의 길"이라는 정신이 230조에 각인돼 있는 것이다.

그러나 이 같은 230조의 법리는 두 가지 심각한 의문을 제기한다.

먼저, 우리는 부모에 의한 통제를 통해 인터넷상에서 포르노그래피를 단속하는 것과 마찬가지로 명예훼손적 글들을 차단하는 데 효과적이고 이용가능한 방식인지 살펴보아야 한다. 이 질문에 답하기 위해선 온라인 명예훼손과 사이버포르노와의 근본적으로 다른 본질을 이해하는 것이 중요하다.

인터넷 명예훼손의 대상은 대체로 어린이가 아니라 성인이다. 따라서 부모에 의한 통제의 개념은 적절치 않다. 230조는 '부모에 의한 통제(*parental control*)' 대신 '이용자에 의한 통제(*user control*)'라는 용어를 사용하기도 하지만 이 역시도 마찬가지로 구조적 문제점이 있다.

이용자에 의한 통제의 개념은 이용자가 인터넷에 있는 수많은 웹사이트와 콘텐츠 중 무엇을 접속하고 얻을 것인가를 결정하는 권한을 이용자(부모)가 가지고 있어야 한다는 것이다. 그러나 명예훼손사건은 거꾸로 피해자가 원하는 정보를 찾아 사이버 공간을 떠도는 수천, 수백만의 이용자들로부터 자신의 명예를 보호해야 한다. 음란물처럼 자신이 보길 원하는 사이트를 차단하는 것이 아니라, 정보의 바다에서 자신에 대한 명예훼손적 내용이 실린 콘텐츠를 찾아내 이를 삭제하도록 해야 하는 구조이다. 완전히 상반된 상황이다.

이런 근본적 차이는 '피해(*damage*)'의 관점에서 비교해 보면 더욱 명확해진다. 부모에 의한 통제의 논리에서 보면 ISP들은 어떤 내용들을 전시하거나 전송하느냐에 상관없이 면책을 즐길 수 있다. 마치 정보에 대한 접근을 제공하는 '컴퓨터 커피숍'[176]처럼 ISP들은 인터넷포르노에 대해 아무런 책임이 없다. 주목할 점은 이 경우 어린이들이 인터넷에서 포르노그래피에 노출되기 전까지 어떤 손해도 발생하지 않는다. 다시 말해 이용자가 음란한 콘텐츠에 대한 접근을 차단해 아이들이 포르노만 보지 않는다면 인터넷상에 포르노 사이트가 수만 개가 있든 수백만 개가 있든 피해는 발생하지 않는다. 그러므로 정보고속도로에 얼마나 많은 포르노 정류장(사이트)이 있고, 포르노 상품이 몇 개가 전시돼 있는지는 230조의 관심 밖이다. 물론 포르노그래피가 얼마나 복제(*republish*)돼 인터넷에 떠돌든 ISP가 책임을 지는 일은 없게 된다.

그러나 명예훼손의 본질은 사뭇 다르다. 미국의 보통법에서 개인의 평판에 대한 손해는 "관련된 사람들에 대한 명예훼손적 내용이 공표(*publish*)됐을 때 발생한다"고 가정한다.[177] 즉, 명예훼손으로 인한 피해는 명예훼손적 내용이 인터넷에 게재되는 순간 발생하고, 이것이 인터넷을 통해 재공표(*republish*)되고 유통(*circulate*)되는 매 순간순간 새로운 명예훼손이 추가해 발생한다.

인터넷 포르노와 달리 명예훼손은 개개의 특정한 이용자가 명예훼손적 글을 차단하고 필터링하느냐는 문제가 되지 않는다. 명예훼손적 내용이 발행됐느냐 아니냐가 중요하다. 일단 명예훼손적 내용의 글이나 동영상이 제3자에 의해 인터넷에 오르면 수많은 사람이 볼 수 있다는 가능성으로 인해 실질적 피해가 발생한 것으로 추정된다.

또 사이버포르노와 명예훼손을 비교할 때 이용자의 지위도 다르다. 인터넷 음란물의 경우 인터넷 이용자는 동시에 고통을 겪는 피해자가 될 수 있다. 반대로 인터넷 명예훼손의 경우 대부분의 원고(피해자)는 글을 읽는 이용자나 명예훼손적 글을 올린 제3자가 아니다. 물론 피해자 역시 자신의 명예훼손적 내용을 읽는다는 점에서 이용자라고도 볼

---

176 Reno, 521 U.S. at 850.

177 *Restatement (Second) of Torts* 621(1977).

수 있지만 자신 외에 수를 셀 수 없는 많은 이용자들 중 한 명에 불과하다. 따라서 이용자의 이해가 정확히 반영되는 인터넷 포르노 통제의 경우와는 달리 명예훼손의 경우 자기통제(*self-control*)는 이용자의 이해와는 그다지 관련이 없다.

둘째, 사용자 통제를 위한 과학기술들이 인터넷 명예훼손을 막기 위해 적절한 것인지도 검증이 필요하다. ACLU v. Reno 사건에서 미국 펜실베이니아 지방법원은 이용자 통제 프로그램에 대해 실연을 포함한 리뷰과정을 거친 끝에 청소년을 보호하기 위한 "합리적으로 효과적인 방법"이라고 결론 내렸다.[178] 법원에 따르면 부모에 의한 통제 소프트웨어는 제안된 단어나 이미 알려진 사이트들에 대해 차단이 가능하다. 가령 'sex' 등의 단어가 들어간 단어의 검색을 차단하고, 알려진 음란사이트에는 접근이 안 되게 사전에 설정하는 것이다. 예를 들어 마이크로시스템 사의 '사이버 패트롤' 소프트웨어의 경우 7천여 개 사이트를 12개의 카테고리로 분류한 'CyberNot' 리스트를 가지고 있다. 이 소프트웨어는 12개의 CyberNot 카테고리 중 전부 또는 일부를 부모가 선택적으로 차단할 수 있게 돼 있고, 마이크로시스템 사는 사이트 검색을 위해 전담직원들을 고용하고 있다.

그러나 이 같은 소프트웨어들이 인터넷에 올라온 명예훼손적 글들을 이용자들이 보는 것을 차단할 수 있다고 보는 것은 잘못이다. 이 장의 서두에 언급한 시근셀러 케이스를 생각해 보자. 이용자에 의한 규제 프로그램인 CyberNot 소프트웨어가 위키피디아(*Wikipedia*) 사이트에 올라있는 시근셀러의 자서전을 검색해 차단할 수 있을까?

먼저 사이트에 대한 접근차단이 문제가 될 수 있다. 위키피디아는 비영리 공익사이트이기 때문에 불온한 내용을 검색해 차단하는 필터링 프

178 See ACLU v. Reno, 929 F. Supp. 824, 839-42 (E. D. Pa. 1996). (Finding 55~73).

로그램에 등록되리라고 상상하기 어렵다. 또 수없이 많은 명예훼손적 글이 담긴 사이트들을 몇 가지의 카테고리로 정형화할 수 있다는 것도 불가능한 일이다.

설사 사용자가 특정한 단어를 스크린한다고 해도 시근셀러에 관한 명예훼손적 글은 다음의 세 가지 이유 때문에 필터링이 되기는 어려울 것이다. 한 가지 이유는 이용자 통제 프로그램은 명예훼손적 발언들이 어떤 것인지 정의하기 불가능하다. 명예훼손은 언어적으로 구별되는 것이 아니다. 그러므로 이용자들이 섹스나 포르노그래피와 같이 특정한 단어를 '금칙어'로 설정해 명예훼손적 내용을 분류해 낼 수 없다. 시근셀러가 케네디 대통령 암살과 관련이 있다는 글이 명예훼손적이라는 것을 '시근셀러', '케네디', '암살' 등 어떤 단어로 판별해 낼 것인가.

두 번째 이유는 명예훼손적인 발언인지 여부를 판별하기 위해선 발언이 사실인지 허위인지를 결정하는 작업이 필요하다. 시근셀러가 케네디 대통령 암살과 관련됐다는 것은 명백한 허위사실이지만 이는 본인이 부인했기 때문에 밝혀진 것이다. 결국 앞의 두 가지 사례가 보여주는 것은 특정한 사이트나 사이트에 올라있는 포스트들이 명예훼손이냐 아니냐를 판단하는 것은 테크놀로지가 아니라 인간의 '이성'이 판단해 주어야 할 몫이라는 것이다.

마지막으로 Reno판결에서 연방대법원이 밝혔듯이 소프트웨어 회사가 전 세계에 있는 무수한 웹사이트와 이에 딸린 상상하기조차 어려운 포스트들을 모두 검색할 수 있다는 가정 자체가 불가능하고 비현실적이다.[179] 이는 이후 살펴볼 미국의 재판 케이스에서 보다 생생히 드러난다.

179 Reno, 521 U.S. at 851.

(3) 230조 적용범위에 대한 혼돈

설사 230조가 명예훼손에 적용될 수 있다고 해도 실제적으로 ISP를 면책시키는 범위와 관련해 또 다른 심각한 질문이 제기된다. '미 의회는 정말로 명예훼손적 글을 포함한 제 3자에 의해 만들어진 모든 콘텐츠와 관련된 행위들에 대해 ISP에게 절대적인 면책의 우산을 선물하려 했을까?'

230조의 입법기록은 이 문제에 대해 강한 의심을 들게 한다. 입법기록을 살펴보면 230조가 단지 착한 사마리아인 조항, 즉 ISP가 선의로 모욕적인 내용들을 통제했을 때 적용되는 규정으로 제한해 해석해야 한다는 것을 보여주기 때문이다.

230조는 2개의 하부조항으로 되어 있는데 ISP에 대한 포괄적 면책을 규정한 (C) (1) 조항과 (C) (2) 의 착한 사마리아인 조항이다.[180] (c) (1) 조항은 "상호작용적 컴퓨터 서비스의 제공자와 이용자는 누구도 다른 정보콘텐츠 공급자에 의해 공급된 정보들에 대해 발행인이나 발표자 (*speaker*) 로 취급되지 않는다"며 ISP에 대한 면책을 규정하고 있다. 앞서 살펴보았듯 Zeran사건 재판부는 수정헌법 1조의 관점에서 ISP에게

---

180 (c) PROTECTION FOR 'GOOD SAMARITAN' BLOCKING AND SCREENING OF OFFENSIVE MATERIAL. —

(1) TREATMENT OF PUBLISHER OR SPEAKER. No provider or user of an interactive computer service shall be treated as the publisher or speaker of any information provided by another information content provider.

(2) CIVIL LIABILITY. No provider or user of an interactive computer service shall be held liable on account of (A) any action voluntarily taken in good faith to restrict access to or availability of material that the provider or user considers to be obscene, lewd, lascivious, filthy, excessively violent, harassing, or otherwise objectionable, whether or not such material is constitutionally protected; or (B) any action taken to enable or make available to information content providers or others the technical means to restrict access to material described in paragraph (1). (230조의 번역문은 부록을 볼 것)

손해배상 책임을 물리는 것은 “또 다른 형태의 표현행위에 대한 정부의 규제”를 만들 수 있다며, 이 조항을 ISP에 관해 명예훼손을 포함한 모든 손해배상 사건들에 적용할 수 있는 포괄적 면책규정으로 해석했다.[181]

그러나 첫 번째 지적할 점은 230조 (c) 항의 타이틀이 “PROTECTION FOR GOOD SAMARITAN BLOCKING AND SCREENING OF OFFENSIVE MATERIAL”이라는 것이다. 즉 ISP 면책조항인 (C) (1) 은 위의 타이틀 아래 부속돼 있는 하부조항이라는 점이다. 이는 230조 (C) (1) 이 ISP가 착한 사마리아인적인 모니터링 노력을 했을 때 적용할 수 있다는 것을 시사한다.

만약 230조가 입법 보고서에 나와 있듯 의심할 여지없이 Stratton-Oakmont 재판과 같은 경우가 재발하는 것을 막기 위한 것이라면, 이러한 목적은 ISP에 대한 포괄적인 면책 조항이 없어도 230조 (C) (2) 항에 규정된 착한 사마리아인 조항만으로도 충분하다. 따라서 (C) (1) 항은 (2) 항에 담긴 제한적 면책의 법리를 포괄적으로 밝힌 선언조항으로 보는 것이 타당하다.

이와 관련, 캘리포니아 항소법원은 Barrett v. Rosenthal사건 재판에서 230조에 대해 흥미로운 해석을 했다. “만약 Zeran 법원이 말하는 것처럼 의회가 ‘발행인’의 개념을 일반적 의미의 발행인 외에 배포자까지 포함시켜 절대적 면책을 부여하려는 의도였다면 의회가 230조 (C) (2) 항을 별도로 두고 콘텐츠를 모니터링 하는 ISP를 보호하려는 규정을 둘 필요가 없었을 것”이라고 밝혔다.[182] Zeran 법원의 판결대로라면 말 그대로 230

---

181 Zeran v. America Online, Inc. 129 F.3d 327, 330. (4th Cir. 1997). Zeran 판결에서 법원은 Reno v. ACLU 판결을 인용하며 수백만 개의 포스팅에 대해 잠재적으로 법적책임에 직면하게 하는 것은 위축효과를 야기할 수 있다. 이 경우 당연히 ISP는 자신의 사이트에 올라오는 메시지를 강력하게 검열하는 길을 택할 것”이라고 보았다. Zeran 재판부는 이어 “의회는 표현행위가 가져다주는 이익에 무게를 뒀고, ISP가 그와 같은 제한적인 조치를 피하도록 면책하는 것을 택했다”고 결론 내렸다.

조 (C) (2) 항은 "불필요한 잉여조항이 돼 버린 셈"이라는 것이다.

실제로 입법과정은 이 같은 추론을 강력히 뒷받침한다. Cox-Wyden 수정안(IFFEA, H1978)이 미 하원을 통과했을 때 230조 (c) 항의 두 하부조항은 분리돼 있지 않았다.[183] IFFEA를 도입하면서 Cox 의원은 이 조문

---

182 114 Cal. App 4th 1379, 1399 (Cal. Ct. App. 2004).

183 141 Cong. Rec. H8468 (daily ed. August 4, 1995). ① Cox 의원의 수정안 원문은 다음과 같다.

(c) PROTECTION FOR 'GOOD SAMARITAN' BLOCKING AND SCREENING OF OFFENSIVE MATERIAL. —

No provider or user of interactive computer services shall be treated as the publisher or speaker of any information provided by an information content provider. No provider or user or interactive computer services shall be held liable on account of (1) any action voluntarily taken in good faith to restrict access to material that the provider or user considers to be obscene, lewd, lascivious, filthy, excessively violent, harassing, or otherwise objectionable, whether or not such material is constitutionally protected; or (2) any action to make available to information content providers or others the technical means to restrict access to material described in paragraph (1). 앞의 주 214.

② 의회를 통과한 CDA 최종안의 원문을 다시 한 번 소개한다.

(c) PROTECTION FOR 'GOOD SAMARITAN' BLOCKING AND SCREENING OF OFFENSIVE MATERIAL. —

(1) TREATMENT OF PUBLISHER OR SPEAKER. No provider or user of an interactive computer service shall be treated as the publisher or speaker of any information provided by another information content provider.

(2) CIVIL LIABILITY. No provider or user of an interactive computer service shall be held liable on account of (A) any action voluntarily taken in good faith to restrict access to or availability of material that the provider or user considers to be obscene, lewd, lascivious, filthy, excessively violent, harassing, or otherwise objectionable, whether or not such material is constitutionally protected; or (B) any action taken to enable or make available to information content providers or others the

의 목적이 "컴퓨터의 착한 사마리아인을 보호하는 것"이라고 강조했고 반대로 다른 분야까지 면책을 확대한다는 언급은 없었다.[184] 두 하부조항의 분리는 마지막 단계로 컨퍼런스위원회에서 White 의원이 Exon 의원과 협상 끝에 타협안을 제출할 때 이뤄졌다. 물론 이때에도 두 조항이 분리된 이유에 대해 어떤 언급도 첨부되지 않았다. 전술했듯이 White 의원은 마이크로소프트 사 본사가 있는 서부 워싱턴 출신이다.

(4) 인터넷 명예훼손 소송과 이익단체들의 정치학

입법과정에서 보이듯 CDA를 둘러싼 논쟁은 인터넷과 온라인 커뮤니케이션을 둘러싼 보수종교그룹과 자유주의 시민운동그룹 및 인터넷비지니스 산업의 연대라는 두 세력이 거대담론을 형성하며 충돌한 것이었다. 출발부터 두 그룹은 명백히 다른 목적과 목표를 가지고 출발했고 의회에서 법원까지 자신들의 목표를 관철시키기 위해 직접적이고 총력적인 로비전쟁을 치렀다. 사실 의회의 의원들은 이들 이익단체들의 대리인으로 활동했다고 평가할 수 있다.

그러나 CDA를 둘러싼 긴 논쟁 속에 어떤 그룹도 인터넷 명예훼손의 피해자들을 대변하는 이익단체들은 없었고, 여기에는 여러 이유가 있다. 우선 "명예훼손은 본질적으로 개인적 사안"이라는 인식이 미국의 명예훼손법에 뿌리깊이 새겨져 있다는 것이다.[185] 다시 말해 명예훼손법의 목적은 개인의 평판(*reputation*)을 보호하는 것이며, 개개인에게 지극히 사적인 문제이기 때문에 어떤 사람도 남을 대신해 명예훼손 소송을 제기할 수 없다고 미국의 법률서들에는 적혀 있다.[186]

---

technical means to restrict access to material described in paragraph (1).

184 141 Cong. Rec. H 8470 (daily ed. August 4, 1995).

185 Alexis v. Williams, 77 F. Supp. 2d. 35, 40 (D. D. C. 1999).

186 Kent R. Middleton, William E. Lee, Bill F. Chamberlin, The Law of Public Communication 117 (6th ed., 2003) 97쪽. 우리나라의 경우도 명

또 본질적으로 누구도 자신이 앞으로 명예훼손 사건의 피해자가 될지 예측할 수 없다. 시근셀러는 자신이 케네디 암살범이라는 글이 인터넷에 올라가 있을지는 상상조차 하지 못했다. 실제 그가 이런 허위 소개글이 올라 있는 것을 발견한 것도 글이 처음 위키피디아에 게시된 지 3개월이 지난 후였다.

이 같은 명예훼손의 개인적 성격과 예측불가능성 탓에 인터넷 명예훼손의 피해자들이 법원과 의회에 영향력을 행사하는 이익단체를 결성, 정치세력으로 조직화하는 것은 무척 어려운 일이다.

오랫동안 대법원의 판결에 영향을 미치는 요소들을 연구해 온 Lawrence Baum 교수는 《연방대법원》이라는 저서에서 "이익단체들은 기회주의자들"이라고 단언했다.[187] 이익단체들은 "자신들이 최대의 충격을 줄 수 있는 곳에서 노력을 기울인다"는 것이다. 이런 관점에서 보면 개인의 평판을 지키는, 어떻게 보면 사적인 이슈는 이익단체들의 구미에는 맞지 않는 것이다. 표현의 자유를 지키거나, 인터넷 포르노로부터 아이들을 보호하자는 공익적 슬로건에 비하면 더욱 그렇다. 더욱이 명예훼손법과 표현의 자유 간에 놓여있는 본질적인 갈등은 이익단체들이 인터넷상의 명예훼손 피해자들에게 도움을 주기 위해 나서기를 더욱 주저하게 만들 것이다.

미국에서 이익단체들의 가진 영향력은 상상 이상이다. 법원에 미치는 파워도 마찬가지다. 이익단체들은 소송제기, 개별소송의 후원자로서의 스폰서십, 대법원에 특정사건에 대한 자신들이 원하는 방향으로 법리를 개발해 전달하거나, 상대방의 주장을 기각할 것을 촉구하는 전문가 의견서인 '법원의 친구들(*amicus curiae*)'을 제출하는 등 다양한 방

예훼손죄는 피해자가 가해자의 처벌을 원하지 않으면 처벌할 수 없는 반의사 불벌죄다. 사자(死者)에 대한 명예훼손죄는 가족들의 고소가 있어야만 처벌할 수 있는 친고죄다.

187 Lawrence Baum, *The Supreme Court* 79 (8th ed., 2004).

법으로 재판과정에 참여한다. 앞서 언급했던 Baum 교수 같은 법학자들은 이익단체들이 판사들에게 직접적인 로비를 하는 것은 대단히 부적절한 일이라고 비판할 정도다.[188]

Reno 판결로 자유주의 시민단체와 인터넷 비즈니스 그룹이 일방적인 승리를 거뒀지만 이들의 역동적 활동은 끝나지 않았다. 오히려 이들은 법원에서 유사소송이 벌어지면 더욱더 자신들의 이해를 관철시키고 영향력을 확대하기 위해 적극적으로 노력하고 있다. Reno 판결 이후 ACLU 등 시민단체들과 인터넷비즈니스 산업 간의 연합세력은 Zeran v. AOL 판결 등 많은 사건에 깊숙이 관여하고 있다.[189]

ISP의 법적 책임과 관련해 주요 재판 중 하나로 곱히는 2004년 Barrett v. Resenthal 재판에서도 AOL, eBay, the Electronic Frontier Foundation, ACLU 등의 시민단체와 인터넷 업체들이 자신과 직접적 상관이 없는 웹사이트 오퍼레이터인 피고 Resenthal을 위해 법원에 전문가 의견서(*amicus curiae*) 등을 내며 강력히 후원했다.[190] 반면 원고이자 피해자인 Barrett을 위해 의견서를 내는 이익단체들은 없었다. 이미 CDA 제정을 추진했던 보수 종교단체들이나 가정친화 단체들은 Reno 판결로 인해 법률적으로 치명상 입고 대열에서 이탈했다.

더욱 중요한 점은 보수단체들의 목적은 인터넷음란물로부터 아이들을 보호하는 것이었지, 인터넷 명예훼손의 희생자들의 구제가 아니었다. 명예훼손과 230조의 적용여부를 놓고 벌어지는 법률적 다툼은 이들의 관심대상이 아니기 때문에 이들의 이탈은 어찌 보면 당연한 것이었다.

---

188 위의 책.

189 Brief for City of Livermore as Amicus Curiae, ACLU et al., Kathleen R. v. City of Livermore (104 Cal. Rptr. 2d 772) (Cal. Sup. Ct. 1998) (No. V-015266-4); Brief for Ilena Rosenthal as Amicus Curiae, ACLU et al., (114 Cal. App. 4th 1379) (Cal. Ct. App. 2004) (No. A096451).

190 114 Cal. App. 4th 1379, (Cal. Ct. App. 2004).

이 같은 상황이 시사하는 점은 간단하다. 제 3자가 올린 콘텐츠에 대한 ISP의 면책특권이 아무리 많은 명예훼손 피해자를 양산해도 법원의 판례가 바뀌기는 쉽지 않을 것이다. 앞에서 언급했듯 명예훼손 소송은 본질적으로 개인적인 것이기 때문에, 소송을 제기한 피해자는 우수한 법률적 지식과 사회적 영향력을 갖춘 시민단체들과 엄청난 재력을 지닌 인터넷 사업체들 간의 연합세력을 상대로 홀로 싸워야 하기 때문이다.

결국 법원이 인격권의 보호와 표현의 자유라는 두 가지 사회적 법익들에 대해 균형을 맞추려는 노력을 하지 않는다면 230조와 ISP에 대한 절대적 면책은 앞으로도 신성불가침의 조항으로 남게 될 것이다.

5. ISP 면책, 미국 법원의 두 시각

Zeran 판결 이후 미국 법원은 230조의 해석을 놓고 두 그룹으로 나뉘어졌다. 미국 대법원은 아직 230조가 제 3자가 올린 콘텐츠에 대해 ISP에게 포괄적인 면책특권을 부여했는지에 대해 입장을 밝히지 않고 있다. Zeran 판결에 따르는 법원들은 상대적으로 ISP의 정의와 면책 범위에 대해 폭넓게 인정해 왔으며, 이 같은 면책 조항이 인터넷을 건강하게 만들 것이라는 믿음을 공유하고 있다.[191] 그러나 2003년 이후 소수의 법원들이 ISP에 대한 절대적 면책은 부당하다며 지속적으로 Zeran 판결에 도전하고 있다. 주요 이슈는 (1) 230조가 Zeran 판결에서 판단했듯 배포자로서의 책임까지 면책시켜 주는지 여부 (2) ISP가 정보콘텐츠 공급자(ICP)가 돼 콘텐츠에 대해 발행인 혹은 제작자로서의 공동책임을 지는 경계는 어디인가 등이다.

이 장에서는 두 그룹 간의 10년간 판례를 비교하고, 230조의 면책규정과 Zeran 판결이 포털 사이트의 뉴스 서비스 등 최근의 급변하는 인터넷 환경에 적용할 수 있는지 여부도 검토한다.

이 장의 또 한 가지 중요한 목적은 230조의 법리가 급변하는 인터넷 환경 속에서 여전히 유효한가에 대해 조사할 것이다. 미 의회가 230조를 통과시켰을 때 의원들의 머릿속에는 주로 인터넷 게시판(*bulletin board*)을 인터넷 커뮤니케이션의 모델로 떠올렸을 것이다. 그러나 CDA 시행 이후 10여 년간 인터넷 환경은 확연하게 변했다. 블로그와 같은 새로운 인터넷 커뮤니케이션 모델들이 등장했고, 지식의 공동생산과 공유를 기본정신으로 삼고 있는 웹 2.0이 시대의 조류가 됐다. 이제는 ISP도 단순한 인터넷 커뮤니케이션의 수도관(*conduit*)이라고 보기 어려운

191 Carafano v. Matchmaker.com, Inc. 339 F.3d 1119, 1122 (9th Cir. 2003); Schneider v. Amazon.com, Inc., 31 P. 3d 37 (Wash. App. 2001) 등 참조.

상황이다. 최근 수년간 야후나 AOL, 구글 등 ISP의 뉴스사이트들은 사이버 스페이스에서 가장 지배적인 뉴스공급자로 등장했다.[192]

1) 배포자로서의 책임

(1) 친 Zeran 판결 경향의 법원들의 입장

CDA의 230조에 의해 만들어져 Zeran 법원으로부터 보증을 받은 면책조항은 ISP에 대한 "영속적인 방어(*durable defense*)"를 제공했다.[193] Zeran 판결의 주요한 논거를 간단히 요약하면, ① 의회가 손해배상법에 근거한(*tort-based*) 소송의 위협을 인식하고 있었고, 이에 따라 ISP에 대해 광범위한 면책의 우산을 선물했고, ② 배포자로서의 책임은 발행인으로서의 책임의 부분집합(*subset*)에 불과하므로, ISP는 발행인으로서뿐만 아니라 배포자로서도 책임이 면제된다는 것이다. 즉 오클라호마 폭탄사건 테러범으로 지목된 Zeran이 깜짝 놀라 AOL에 통지해 명예훼손적 내용물이 게시된 것을 알았는데도 AOL이 이를 삭제하지 않거나 늑장 대처해도 ISP에게 법적 책임을 물릴 수 없다는 것이다.

대부분의 법원들은 Zeran 법원의 견해를 굳건히 따르며 이 법의 적용범위를 넓혀가는 추세다.[194] 최근 미 오리건 주 연방지방법원에선 Zeran

---

192 Jupiter Media Metrix의 조사에 따르면 이미 2001년 Yahoo! News가 NYTimes.com과 ABC News를 누르고 미국에서 가장 대중적인 뉴스사이트가 되었다.

193 Paul D. Driscoll, *Legal Issues in Online Journalism*, in On Line News and the Public 81 117(Michael B. Salwen, Bruce Garrison, and Paul D. Driscoll ed., 2005).

194 Blumenthal v. Drudge, 992 F. Supp. 44, 52 (D. D. C. 1998); Ben Ezra v. AOL, 206 F. 3d 980 (10th Cir. 2000); John Doe v. Franco Productions, 2000 WL8116779 (N. D. Ill. 2000); Schneider v. Amazon. com, Inc. 108 Wn. App 454 (Wash. App 2001); Jane Doe v. AOL 783 So. 2d 1010 (Fla. 2001);

판결 재판부의 소속법원을 일컬으며 대법원 판례가 아닌데도 "제 9 연방순회법원 법"이라고 규정하며 권위를 부여했다.[195] 2005년 12월 Austin v. Crystaltech Web Hosting 사건에서 애리조나 항소법원은 "연방법원의 연방법 해석은 설득력이 있다"면서 "단지 통지를 받았다는 사실 하나만으로는 발행인이 배포자의 지위로 바뀌지 않는다"며 Zeran 판결을 옹호했다.[196]

① 정책선택 (*Policy Choice*) 이론

Zeran 판결의 핵심논리는 정책의 선택이론이다. 즉, CDA 제정당시 의회는 두 가지 정책적 목표를 가지고 있었는데 하나는 "인터넷에 대한 정부의 규제를 최소화하는 것"과 "인터넷을 통해 모욕적인 내용물이 전파되는 것을 막기 위해 연방형법의 강력한 시행을 보장하는 것"이었다

Patentwizard, Inc. v. Kinko's, Inc., 163 F.Supp. 2d 1069 (D.S.D. 2001); Kathleen v. City of Livermore, 87 Cal.App.4th 684 (Cal. Ct. App. 2001); Gentry v. eBay, 99 Cal. App. 4th 816 (App. Div. 2002); Noah v. AOL Time Warner Inc. 261 F. Supp. 2d 532 (E.D. Va. 2003); Optinrealbic.com, LLC v. Ironport Systems, Inc. 323 F.Supp. 2d 1037, 1045 (N.D. Cal. 2004); Barnes v. Yahoo!, Inc. 2005 WL 3005602 (D. Or. 2005); Austin v. Crystal Web Hosting, 125 P.3d 389 (Ariz. Ct. App. 2005). Furthermore, least two lower court cases that contravened the Zeran court's opinion were overruled by higher courts. Batzel v. Smith, 333 F. 3d 1018 (9th Cir.2003); Carafano v. Matchmaker.com, Inc. 339 F.3d 1119, 1124 (9th Cir. 2003) 등 참고.

195 Barnes v. Yahoo!, Inc. 2005 WL 3005602 (D. Or. 2005). 오리건 법원은 판결문에서 "이 사건은 230조가 일차적으로 제 3자에게서 제공된 콘텐츠를 공표한 것에 대해 ISP에게 광범위한 면책을 부여한 '제 9 연방순회법'의 판결에 의해 통제된다"고 밝혔다. 법원은 또 "230조가 시행된 지 9년 동안 전국에 걸쳐 ISP를 상대로 누군가가 손해배상적이고 불법적인 정보를 퍼뜨린 것에 대한 소송을 제기하는 것을 230조가 막아왔다는 것에 대해서는 아무런 논쟁이 있을 수 없다"고 밝혔다.

196 Austin v. Crystal Web Hosting, 125 P.3d 389 (Ariz. Ct. App. 2005).

Blumenthal v. Drudge

미국 Drudge Report의 가십 칼럼리스트로 유명한 Matt Drudge는 1997년 8월 10일 익명의 제보를 근거로 "백악관 보좌관으로 임명될 Sidney Blumenthal이 과거 자신의 아내를 구타해 법원에서 재판을 받은 전력이 있다"고 폭로했다. 이 칼럼은 드러지리포트 웹사이트뿐 아니라 AOL의 서비스를 통해서도 제공됐다. Drudge와 AOL 간 라이선스 계약을 맺고 있었기 때문이다. AOL은 Drudge에게 1년에 3천 달러의 로열티를 제공하기로 계약을 맺었고, 서비스 요건을 위반할 경우 콘텐츠를 제거할 권리도 가지고 있었다. Blumenthal은 AOL뿐 아니라 Drudge를 상대로도 소송을 냈다. 그러나 법원은 "AOL은 단순히 Drudge Report를 전달한 것에 불과하다"며 원고패소 판결했다.

고 밝혔다. 그러나 의회는 "손해배상 책임을 부여하는 별도의 길을 통해 ISP가 온라인에서의 유해한 발언을 제어하지 않기로 정책적 선택을 했다"는 것이다.[197]

Zeran 판결 1년 후 Blumenthal v. Drudge 사건에서 법원은 또 하나의 중요한 결정을 내렸다.[198] 당시 AOL은 Drudge와 라이선스 계약을 맺어 드러지리포트를 연재하고 이를 광고하기까지 했다. 그런데 드러지가 유명연예인인 Blumenthal에 관해 명예훼손적 기사를 게재했다. 이 사건은 배포자 책임문제에 있어 두 가지 중요한 포인트를 제공한다. 우선 Blumenthal 판결 재판부는 "발행인과 통부를 조건으로 한(*noticc-based*) 배포자의 책임을 구분하려는 어떤 시도에 대해서도 반대한다"고 판결했다. 연방지방법원 Paul L. Friedman 판사는 "의회는 발행인과 배포자에 대해 면책을 제공하면서 어떤 구분도 두지 않았다"고 못 박았다.

둘째, Blumenthal 법원은 '정책선택' 이론을 더욱 발전시켰다. 사실 이 법원은 이와 같은 ISP에 관한 광범위한 면책이 불공정하다는 것을 처

197 Zeran, 129 F.3d. at 331.

198 Blumenthal v. Drudge, 992 F.Supp.44 (D.D.C.1998).

음으로 인정했다.[199] 법원은 "만약 230조가 깨끗한 암석 위에 씌어졌다면 법원은 원고의 손을 들어주었을 것"이라면서 AOL은 드러지리포트에 대해 편집통제를 실시할 권한을 가지고 있었고, 드러지리포트를 'AOL의 확인되지 않고 즉흥적인 가십기사의 새로운 소스'라고 광고하기도 했다고 소개했다. 그러므로 "AOL은 아무런 통제권한을 갖지 못하고 책임도 없는 일반전달자인 전화회사 같은 수동적인 도관(導管)이 아니다"라고 결론 내렸다. 대신 AOL은 "최소한 도서관과 같은 배포자로서의 책임기준이 적용되는 것이 공정하다"고 보았다.

그러나 Blumenthal 법원은 여기서 중대한 터닝포인트를 만난다. 법원이 내린 결론은 이런 법리적 결론에도 불구하고 ISP는 법적 책임이 없다는 것이다. "설사 ISP가 다른 사람에 의해 준비된 콘텐츠를 이용하게 만드는 데 적극적이고 심지어 적극적인 역할을 했더라도 의회는 면책을 부여하는 또 다른 정책적 선택을 했다"고 Friedman 판사는 판결문에 적었다.

정책선택론은 다시 연방법원에 의해 보다 정교화됐다. Batzel v. Cremers 사건에서 제 9 연방항소법원은 의회가 전통적 미디어에 비해 "새롭게 피어나는 인터넷 매체"에 더 많은 보호조치를 줌으로써 정책선택을 했다고 강조했다.[200]

Batzel 법원은 "의회는 (전통적 미디어에 비해) 사이버 스페이스를 다르게 취급하기로 정책선택을 했다"면서 "CDA 보통법에서의 발행자, 유통자, 그리고 발표자 등을 다루는 방식을 완전히 뒤집었다"고 판단했다. 나아가 이 법원은 "지금까지 발행인과 배포자의 법적 책임범위를 다루었던 모든 법원은 의회가 발행인과 배포자 모두에게 면책을 부여하는 것을 의도했다고 판결을 내렸다"고 강조했다. 이 법원은 의회가 이 같은

199 Barrett, 114 Cal. App. 4th at 1394.

200 Batzel v. Smith, 333 F. 3d 1018 (9th Cir. 2003).

정책결정을 한 데는 두 가지 이유가 있다고 보았다. 첫째, 미 의회는 통제나 간섭을 받지 않는 표현의 자유를 보호하는 것을 장려하고 e-커머스를 육성하려 했다는 것이다. 둘째, 의회는 인터넷 자율규제에 나서도록 ISP를 독려하려 했다는 것이다.

Batzel 법원은 230조의 두 가지 정책적 목표에는 분명한 긴장관계가 있다고 설명했다. 다시 말해 이 법은 "표현의 자유를 촉진시키는 동시에 아이들이 인터넷을 통해 접근할 수 있는 콘텐츠를 제한하는 도구를 부모들에게 제공하려 한다. 그런데 후자는 지극히 표현 제한적인(*speech-restrictive*) 목적을 가졌다"는 것이다. 하지만 Batzel 법원은 "법은 때때로 한 가지 이상의 목적을 설정한다. 이런 정책목표들을 반대 방향에서 바라보는 것도 특이한 일이 아니다"라고 적었다. 결론적으로 "CDA가 대체로 콘텐츠를 제한하려는 목적을 가지고 있지만 230조는 한발 더 나아가 수정헌법 1조와 인터넷상의 e-커머스에 대한 이해를 추구한다. 물론 미성년자의 보호를 촉진하려는 목표도 동시에 가지고 있다"고 말했다.

이 같은 논리는 "의회가 ISP에게 민사상 면책을 부여하는 방법으로 유해한 온라인 표현행위(*online speech*)라도 이를 방해하지 않도록 의도적으로 선택했다. 의회는 자율규제를 장려하기를 원했고, (ISP에 대한) 면책은 바로 이 같은 장려의 한 형태이다"라고 발전했다.[201] 한 지방법원은 "(ISP에게) 어떤 법적 책임을 부여하는 것도 온라인 산업의 발전을 위협할 것이라는 점을 의회는 법 제정이유로 삼았다"며 한발 더 나아갔다.[202] 의회는 "법적 책임을 인터넷 서버들이 아니라 실제로 잘못된 행동을 한 사람(*wrongdoer*)들에게 지우기로 결정했다"는 것이다. 이처럼 Zeran 판결을 지지하는 법원들은 CDA의 다양한 정책 목표 중 인터넷 비즈니스 육성에 포커스를 맞추고 있다.

---

201 Schneider v. Amazon.com, Inc. 108 Wn. App 454, 463 (Wash. App 2001).
202 Barnes v. Yahoo!, Inc. 2005 WL 3005602 (D. Or. 2005).

Zeran 법원은 이 같은 정책선택의 근거로 ISP들이 수백만 개의 게시물을 모두 검열하는 것은 불가능하며, ISP들에게 잠재적 책임을 부여함으로써 위축효과를 야기해 결국 ISP들이 많은 유형의 메시지들을 제거하는 결과를 초래할 것이라고 밝혔다.[203] 특히 Zeran 계열 법원들은 또 Stratton-Oakmont 사건에서처럼 자율규제를 한 ISP가 불이익을 받지 않도록 하기 위해 면책을 해야 한다고 밝힌다.

그러나 '발견과 토론' 장에서 살펴본 바와 같이 이런 논지는 ISP에 대한 절대적 민사면책보다는 착한 사마리안처럼 블로킹을 한 ISP에 대한 제한적 면책의 근거로 훨씬 타당하다. 착한 사마리안 블로킹을 한 ISP에만 면책을 부여해도 Stratton-Oakmont 재판의 모순은 충분히 해소할 수 있다는 것이다.

Zeran 법원의 정책선택이론은 230조의 평이한 조문을 주관적으로 해석한 데 근거한다. Zeran 법원은 왜 의회가 ISP들에게 모든 종류의 민사면책 특권을 부여했는지에 대해 더 이상의 근거를 제공하지 못하고 있다. 그러므로 이 같은 Zeran 법원의 법리는 의회의 정책선택이 아닌 법원의 정책선택으로 이해하는 것이 합리적이다.

② 자율규제와 통지 혹은 인식에 근거한 배포자 책임

Zeran 법원은 인식 혹은 통지를 근거로 한(*knowledge or Noticebased*) 책임을 지우는 것은 ISP가 자율규제를 회피하게 만든다고 주장한다. ISP는 명예훼손의 가능성이 있는 내용에 대해 통지가 올 때마다 책임을 질 위험에 처하게 된다. 따라서 ISP는 주변상황을 조사하고 게시물이 실제 명예훼손을 했는지에 대해 법률적 판단을 해야 한다. 게시 여부를 결정하는 편집결정을 해야 한다는 것이다. 따라서 배포자로서의 ISP가 명예훼손적 통지를 받았다면 그들은 전통적인 발행인과 같은 지위에 있

203 Zeran, 129 F. 3d. at 332.

게 되고 따라서 그 게시물의 처리에 대해 편집적 결정을 해야 한다고 Zeran 계열 법원들은 보고 있다.

나아가 법원은 현실적으로도 ISP가 쏟아져 들어오는 무수한 게시물들의 내용에 대해 조사하는 것은 불가능하다고 판단했다. 따라서 이는 ISP에게 "실현불가능한 짐(*impossible burden*)을 지우는 일"이라고 밝혔다. 같은 맥락에서 인식 조건부 책임은 ISP의 자율규제를 방해한다. "ISP가 게시물을 조사하려는 노력은 명예훼손의 가능성이 있는 내용물을 더욱 자주 인식하게 만들고, 이는 결국 책임질 더 강한 근거를 만들게 된다"는 것이다.[204] 때문에 ISP들은 제소당할 가능성에 노출되는 대신 어떤 자율적 조치도 회피하게 된다고 Zeran 법원은 지적한다.

이와 함께 Zeran 법원은 통지나 인식에 근거한 법적 책임은 오히려 명예훼손 소송의 남용을 불러 위축효과를 심화시킬 것이라는 논리로 발전한다. 인터넷에 게시된 제 3자의 발언에 불쾌해진 사람은 "명예훼손적 발언"이라고 주장하며 이를 ISP에게 알리기만 하면 장래에 소송을 위한 근거로 삼을 수 있다는 것이다. 결국 Zeran 법원은 위에서 언급한 가정적 상황들에 근거, 인식이나 통지에 근거한 배포자 책임은 230조의 입법의도에 정면으로 배치된다고 결론을 내렸다.

③ 법적 배경과 Zeran 판결의 확대

Zeran 법원은 ISP 면책의 이론적 정당성을 미국의 대표적인 법률해설서〔*the Restatement (Second) of Torts*〕에서 찾고 있다.[205] 이 책 577조는 명예훼손적 발언의 "공표(*publication*)"에 대해 아래와 같이 정의하고 있다.

---

204 47 U.S.C.A.§ 230 (b)(5).

205 Zeran, 129 F. 3d. at 332. 참조.

> (1) 명예훼손적 내용의 공표는 명예훼손을 당한 사람보다는 다른 이외의 사람들에게 고의적이거나 혹은 부주의하게 커뮤니케이션 하는 행위이다. (2) 자신 소유이거나 통제하에 있는 부동산이나 동산에 전시될 것을 알았는데도 고의적이거나 비이성적으로 명예훼손적 내용을 제거하지 않는 사람은 계속되는 공표(*continued publication*)에 대해 책임을 져야 한다.[206]

따라서 "발행인은 단순히 고의적으로 명예훼손적 정보를 유통시키는 사람이 아니다. 대신 법은 자신의 통제하에 있는 재산으로부터 명예훼손적 발언을 제거하는 대응조치를 취하지 않은 사람도 발행인 또는 발표자(*speaker*)로 취급한다"는 것이다.[207] 다시 말해 자신의 명예훼손적 글을 제거할 책임이 있는 사람이 자신의 의무를 다하지 않아도 발행인으로서의 책임을 져야 한다는 것이다. 그러므로 Zeran 법원은 명예훼손법에서 배포자는 발행인으로 간주된다는 결론을 도달했고, 발행인의 면책을 규정한 230조에 따라 통보 혹은 사전 인지여부에 근거를 둔 배포자의 책임도 면제된다는 것이다.

Zeran 법원의 법리는 명예훼손 사건과 ISP의 단순한 인터넷 접근 기능의 범주를 벗어나 확대일로를 걸었다. 워싱턴 주 항소법원은 Schneider v. Amazon. com, Inc. 재판에서 "인터넷 웹사이트 운영자들도 제 3자에 의해 잘못된 글이 실렸더라도, 나아가 잘못된 북리뷰 섹션을 제거하는데 실패했다고 해도 면책된다"고 판결했다.[208] 법원은 "면책이 모욕적인 내용의 글을 줄이기 위한 편집결정들을 격려한다는 점에서 웹사이트 운영자와 ISP 간에 어떤 차이점도 발견할 수 없다"고 밝혔다. 컴퓨터를 대여해 인터넷 접근을 가능하게 하는 복사 상점(*copy center*) 역시 홈페이지

206 *Restatement (Second) of Torts* §577 (1977).

207 Jane Doe v. AOL, 783 So. 2d 1010, 1015 (Fla. 2001).

208 Schneider v. Amazon. com, Inc. 108 Wn. App 454 (Wash. App 2001).

의 대화방에서 이뤄진 고객들의 명예훼손적 발언들에 대해 책임이 없다는 판결도 나왔다.[209] 인터넷 경매업체인 eBay 역시 허위의 스포츠아이템을 제거하는 데 태만했던 것에 대해 230조의 포괄적인 면책규정에 의해 법적 책임을 피했다.[210]

Zeran 법원의 접근법에 따르면, ISP가 명예훼손적 글이 실렸다는 통보를 무시했는지는 중요하지 않다. 발리여행사(Mark Austin)는 Crystal-tech Web Hosting이라는 웹사이트 호스팅 회사를 상대로 소송을 냈다. Crystaltech의 홈페이지에 발리의 검찰이 자신을 기소했다는 허위의 글이 실렸기 때문이다. Austin이 이 글을 삭제해 줄 것을 이 회사에 요청했지만 한마디로 거절당했다. 그러나 Zeran 판결을 따라 재판부는 웹호스트의 손을 들어주었다. 법원은 명예훼손적 발언에 대한 통보 여부는 이 발언의 배포자로서의 법적 책임을 촉발시키지 않는다고 판결했다.[211] 법원에 따르면 잠재적으로 명예훼손적 글에 대해 통지를 받았다는 것은 배포자가 그 글의 공표·편집·삭제 여부를 결정해야 하는 전통적 발행인의 역할에 뛰어들게 만들기 때문이라는 것이다. 심지어 ISP가 명예훼손적 글의 삭제를 약속했으나 이를 지키지 않았을 경우에도 CDA의 면책우산 아래 들어간다.

Barnes v. Yahoo!, Inc(2005) 사건에서 원고(Barnes)는 Yahoo!의 직원이 명예훼손적 글을 삭제하겠다는 약속을 지키지 않았다며 소송을 냈다. 그러나 법원은 "'금간 약속(*broken promise*)은 근본적으로 피고의 편집차별(*editorial discretion*)의 행사에 근거를 둔 것"이라며 "이 역시도 230조의 발행자로서의 면책에 해당한다"고 밝혔다.[212]

비슷한 맥락으로 모욕적인 콘텐츠의 제거 등의 조항이 포함된 회원가

209 Patentwizard, Inc. v. Kinko's, Inc., 163 F.Supp. 2d 1069 (D.S.D. 2001).
210 99 Cal. App. 4th 816 (Cal.Ct. App. 2002).
211 Austin v. Crystal Web Hosting, 125 P.3d 389 (Ariz. Ct. App. 2005).
212 Barnes v. Yahoo!, Inc. 2005 WL 3005602 (D. Or. 2005).

입서의 약정을 위반한 것이 민법상 계약의 위반(*breach of contract*)에 해당한다며 제기된 소송도 펜실베이니아 지방법원은 Zeran 법원의 법리에 따라 기각했다.[213] 법원은 회원가입서는 AOL이 위반자들에게 조치를 취할 의무를 강제하지 않으며, 따라서 무대응이 계약위반에 해당하지 않는다고 판결했다.

④ 적극적인 배포행위(*aggressive Distribution*)

Zeran 법원의 접근법에선 ISP가 명예훼손적 콘텐츠를 전파하는 데 적극적인 역할을 했더라도 배포자로서의 책임을 지우지 않는다. OptinRealBic.com, LLC v. Ironport Systems, Inc. 재판에서 상업적 이메일회사인 OptinRealBig 사는 메일브로킹 회사인 SpamCop을 상대로 소송을 제기했다.[214] SpamCop 사가 스팸메일의 수를 과장한 보고서의 사본을 다량으로 다른 ISP들에게 전송한 것. OptinRealBig사는 SpamCop 측이 고의로 스팸보고서를 회원이 아닌 ISP들에게도 보냈으므로, 이 같은 적극적인 배포행위는 면책에서 제외돼야 한다고 주장했다. 그러나 캘리포니아 북부 지방법원은 SpamCop의 적극적인 행위들 역시 면책범주에 포함된다고 판결했다. 법원은 비회원에게 콘텐츠를 유포한 행위는 '공격적인 활동'으로 인정되지만 "배포자 면책의 개념을 파괴하지 않는다"고 판단했다.

---

213 Noah v. AOL Time Warner Inc. 261 F. Supp. 2d 532 (E.D. Va. 2003). Saad Noah는 무슬림 AOL의 가입자였다. Noah는 AOL이 운영하는 두 개의 이슬람 대화방을 방문한 뒤 수많은 모욕적 언사로 인해 고통을 겪었다. Noah는 즉시 모욕적인 포스팅에 대해 AOL에 통지해 삭제를 요청했고, 심지어 AOL의 CEO인 Steve Chase에게 이메일을 보내 항의했다. 그러나 AOL은 아무런 대응조치를 취하지 않았고, 이에 Noah는 AOL의 무대응이 계약의 파기에 해당한다며 소송을 제기했다.

214 323 F.Supp. 2d 1037 (N.D. Cal. 2004).

(2) 반 Zeran판결 법원들의 입장

1997년 내려진 Zeran 판결은 이후 230조를 해석하는 데 유력한 판례가 되었지만 일부 법원에서 신랄한 비판을 받았다. 물론 Zeran 판결에 반대하는 법원들의 수는 상대적으로 적다. 그러나 비교적 최근 들어 반 Zeran 판결들이 나오고 있는 점은 주목할 만하다. Zeran 판결의 법리에 대한 비판은 2001년 Jane Doe v. America Online 사건에서 처음 제기됐다.[215] 이 사건에서 플로리다 주 대법원의 Lewis 판사는 소수의견을 통해 230조에 대한 Zeran 법원의 해석에 대해 "잘못된 행위에 대한 백지위임식 면책(*carte blanche immunity*)"을 제공, 의회의 입법의도를 벗어났다고 공개적으로 비판했다.

① Zeran 판결의 법적 프레임에 대한 도전

Lewis 판사의 주장 중 가장 주목할 부분은 Zeran 판결의 법리에 대한 근본적인 문제점을 제기한 것이었다. 3명의 소수의견을 대표하면서 Lewis 판사는 Zeran 판결을 따른 다수의견이 법률서인 *Restatement (Second) of the Tort*에 의존하고, 특히 이 법률서의 577조를 230조에 적용한 점을 문제삼았다.[216]

Lewis 판사는 비록 이 책이 권위 있는 법률서이기는 하지만 1977년 발행됐기 때문에 이미 시대에 뒤떨어졌다고 지적하며, 결론적으로 "이 책에 담겨있는 보통법 체계하에서의 손해배상법의 원칙들은 여전히 적용 가능하지만, 이 책이 *World Wide Web*의 실제를 아직까지 반영하지 못했다"고 말했다. 1977년판인 이 책은 라디오와 TV를 상정해 쓴 것이지 인터넷의 역할에 대해선 전혀 언급돼 있지 않다는 것이다.

Lewis 판사는 한발 더 나아가 Zeran 판결의 치명적인 약점은 이 책의

---

215 783 So. 2d 1010 (Fla. 2001).

216 이와 관련해선 앞 장의 ③ 법적 배경과 Zeran 판결의 확대 참고.

577조 2항에서 배포자를 발행인의 부분집합으로 본 것을 그대로 적용해 잘못된 결론을 내린 것이라고 신랄히 비판했다.

앞서 살펴 본대로 Zeran 판결의 논거가 된 577조 2항은 '공표(*publication*)'의 개념과 관련, '자신 소유이거나 통제하에 있는 부동산이나 동산에 전시될 것을 알았는데도 고의적이거나 비이성적으로 명예훼손적 내용을 제거하지 않는 사람은 계속되는 공표(*continued publication*)에 대해 책임을 져야한다'고 규정했다. 이에 따라 배포자는 발행인 속에 포함되는 개념이고, 230조가 발행인의 면책을 명문화한 만큼 ISP가 명예훼손적 내용을 제거하지 않더라도 배포자로서의 책임을 면한다는 논리이다.

Lewis 판사는 배포자 책임문제는 577조가 아닌 '제 3자에 의해 공표된 명예훼손의 전파' 타이틀을 달고 있는 581조 1항을 적용해야 한다고 주장했다. 이 조항은 배포자 책임(*distributor liability*)에 대해 "제 3자에 의해 공표된 명예훼손적 내용물을 전파하거나 전달하는 사람은 자신이 (그 내용물의) 명예훼손적 성격을 알았거나 알아야 할 이유가 있을 경우"에 시울 수 있다고 규정하고 있다. 다시 말해 만약 ISP가 이미 알려진 명예훼손적 내용을 삭제하는 데 실패할 경우 배포자로서 손해배상 책임이 발생한다. Lewis 판사는 577조 2항은 많은 재판들에서 "압도적 권위(*pervasive authority*)를 가지고 인용되지 않았다"고 주장했다. 결론적으로 Zeran 판결의 법적 프레임은 잘못되고 시대에 뒤처진 법률서에 근거하고 있다는 것이다.

② 광범위한 면책 조항에 대한 재해석

Jone Doe v. GTE Corp. 사건에서 제 7 연방항소법원은 사람들이 아무 이유 없이 인터넷을 통해 상처를 입었을 때 ISP에게 '무임승차'를 하게 해주는 데 대한 거부감을 명백히 했다.[217] 이 법원은 "왜 230조 (1) 항을 면책규정이 아니라 선언적 규정으로 해석하면 안 되느냐"고 비판했

다.[218]

이 법원은 230조 (c) (2)의 착한 사마리아인 조항에 명백히 면책규정이 있는데 230조(c) (1)항은 면책한다는 어떤 구체적 언급도 없으므로 이 조항은 일차적으로 선언적 규정으로 보는 것이 더 자연스러운 해석이라고 보았다. 이 경우, ISP는 선한 목적을 가지고 인터넷 피해자들을 보호하기 위한 긍정적 조치를 취했을 때만 면책특권을 누릴 수 있다. 이 법원의 입장은 이 논문 앞 장에서 밝힌 필자의 논지와 다소 차이가 있지만 내용적으로 상당히 유사하다.

제 7 항소법원은 230조는 '착한 사마리아인의 모욕적 내용에 대한 블로킹과 스크리닝에 대한 보호'라는 타이틀을 걸고 있다며, 230조 (c) 항은 "텍스트와 자막이 조화를 이뤄야 한다"고 밝혔다. 이에 덧붙여 제 7 항소법원은 만약 230조 (c) (1) 항이 ISP를 발행인으로 보고 법적 책임을 부여하는 것을 배척하려 한다면 면책은 ISP가 특정하게 발행인이나 발표자로 행동했을 때로 제한하고 배포자로서의 책임은 인정해야 한다고 보았다.

③ 자율 규제 논란

비록 Lewis 판사와 GTE 법원이 Zeran 법원의 논리를 뒤집는 데 성공

217 347 F. 3d. 655 (7th Cir. 2003). 제 7 항소법원은 라커룸과 샤워실 등에서 몰래카메라에 찍힌 육상선수의 손해배상 청구를 기각한 1심 법원의 판결을 인정했다. 이 육상선수는 몰래카메라에 찍힌 자신의 모습이 이 회사의 웹사이트를 통해 전파된 만큼 ISP가 책임져야 한다고 주장했다. Zeran 법원의 법리를 마지못해 따르면서도 제 7 항소법원은 이 판결을 통해 많은 중요한 제안을 한다. 법원은 명백하게 Zeran 법원과 1심 법원의 판결에 반대했지만 Zeran 판결의 법리를 파기하지는 않았다. 원고가 230조의 해석을 놓고 싸워야 하는데 이를 주장하지 않았다는 것이다.

218 Joseph Dowling, *Noah v. AOL Time Warner: Are There Legitimate Barriers to Civil Ridht's Protection On the Internet?*, 141 Alb. L. J. Sci. & Tech. 777, 796 (2004).

하지는 못했지만 다른 법원들의 '반 Zeran' 퍼레이드를 예고하는 것이었다. 2004년 캘리포니아 항소법원은 "ISP가 의도적으로 명예훼손적 내용에 대한 시정요구를 거부했다면 230조의 면책대상에 포함되지 않는다"라며 명백하게 Zeran 법원의 의견을 따르기를 거부했다.[219] Barrett v. Rosenthal 재판에서 캘리포니아 주 항소법원은 "제 3자가 올린 글의 명예훼손적 내용을 알고 있거나 알아야 할 이유가 있는 재발행인은 법적 책임을 져야 한다는 보통법의 원칙을 무너뜨리도록 230조를 해석해선 안 된다"고 판결했다.[220] 이 사건은 미국 법원에선 처음으로 사이버 스페이스에서 배포자 책임에 대한 근본적 문제를 제기하고 이를 실제 적용한 획기적 판결로 평가된다.

Grace v. E Bay, Inc. 사건에서 또 다른 캘리포니아 항소법원도 같은 취지로 판결했다.[221]

두 법원들은 Jane Doe v. America Online 판결에서 소수의견을 냈던 Lewis 판사의 논리를 그대로 따랐다. 배포자의 책임과 발행인으로서의 책임을 구분하는 데 Zeran 법원이 적용한 법률서 *Restatement of the Tort*의 577조 2항 대신 581조 1항을 적용했다.[222] Barrett 사건의 항소심 재

---

219 Barrett v. Rosenthal, 114 Cal. App. 4th 1379, (Cal. Ct. App. 2004); Grace v. E Bay, Inc., 120 Cal. App. 4th 984 (Cal. Ct. App. 2004).

220 Barrett, 114 Cal. App. 4th at 1392.

221 Grace, 120 Cal. App. at 997 998. 로스앤젤레스의 〈메트로폴리탄 뉴스 엔터프라이즈〉의 공동발행인이자 편집자인 Roger Grace는 eBay를 통해 포도주 잡지들을 구입한 뒤 잡지의 배달과 상태 등을 비판하는 부정적 코멘트를 올렸다. 그러나 판매자는 Grace에 대해 "모든 것이 부정직하다"는 답글을 eBay에 올린 뒤 Grace의 웹사이트의 이용을 금지시켜 줄 것을 요구했다. Grace는 이 답글이 명예훼손에 해당한다며 eBay 측에 삭제를 요청했으나 거절당했다. Grace는 eBay와 판매자에 대해 명예훼손과 이용자 약관 위반, 불공정경쟁법 위반 등의 사유를 들어 소송을 제기했으나 eBay는 CDA230조에 의한 면책을 주장했다.

222 Barrett 사건의 항소심 재판부는 판결문에서 Zeran 재판부가 577조 2항에만

판부는 Zeran 재판부가 577조 2항에만 포커스를 맞춘 점을 거론하며 "Zeran 법원은 581조 1항에 기술된 보통법의 원칙을 무시했다"고 비판했다.

Barrett v. Rosenthal(2004)

원고인 Stephen Barrett과 Terry Polevoy는 내과의사들로, 대체의학 요법과 비공인 약품들을 사용하는 사람들을 비판하고 보건사기(*health fraud*)를 파헤치기 위한 웹사이트를 운영했다. 반면 대체의학에 긍정적이었던 피고 Ilena Rosenthal은 여성을 위한 Humantics Foundation이란 기관을 관리하고, 대체의학에 대해 논의하는 2개의 유즈넷 뉴스그룹에 가입해 활동했다. 2000년 8월경 Rosenthal은 공동 피고 중 한명인 Timothy Bolten에게서 'Polevoy 등이 캐나다인 라디오 제작자를 스토킹한다, 범죄행위에도 연루되어 있으니 전 세계의 의료활동가들은 정부에 그를 고소해야 한다'는 등 원고들을 비난하는 내용의 이메일 메시지를 받고 이를 복제해 유즈넷의 뉴스그룹의 게시판에 게재했다. 명예훼손적인 내용으로는 '그들은 교만하고 마음이 닫혀 있으며, 직업적으로 무능하고, 지적으로 불성실하며, 나치주의자이고, 기득권 세력의 앞잡이이며, 범죄행위에 연루되어 있다' 등이다.

Rosenthal이 글을 올린 지 얼마 되지 않아 Barrett은 이 글이 허위사실이므로 삭제해 줄 것을 요청하며 소송을 걸겠다고 위협했다. 그러나 Rosenthal은 이를 받아들이지 않았고, 오히려 Barrett을 '돌팔이 의사(*quack*)'로 지칭하며 자신을 위협하는 글과 Bolten의 원문을 함께 다시 유즈넷에 게재했다.

1심 법원에선 Rosenthal이 230조에서 규정한 상호작용적 컴퓨터서비스 '이용자(*user*)'에 해당하므로 명예훼손 책임이 면책된다고 판결했다. 게시자 자신이 명예훼손 콘텐츠를 직접 작성하지 않은 이상, 그 내용이 허위라도 제 3자가 올린 콘텐츠에 대해 책임을 물릴 수 없다는 것이었다. 또 배포자의 '재공표' 행위 역시 면책대상이라고 판단했다. Zeran 판결에 따라 배포자는 '2차 발행인'에 해당하는 만큼 230조에 규정된 발행인에 대한 포괄적 면책의 우산 아래 보호를 받는다는 것이다.

그러나 2004년 2심 법원인 캘리포니아 항소법원은 1심 법원의 판결을 깨고 제 3자에 의해 작성된 명예훼손적 내용이 허위임을 알고서도 재공표 했다면 면책 대상에 포함되지 않는다고 판결했다. 하지만 캘리포니아 주 대법원은 2006년 11월 다시 2심 판결을 파기, 1심 판결처럼 Zeran 법원의 법리를 따르며 판결을 되돌렸다. 캘리포니아 주 대법원의 판결은 이 장의 뒷부분에서 다시 다루도록 하자.

포커스를 맞춘 점을 거론하며 "Zeran 법원은 581조 1항에 기술된 보통법의 원칙을 무시했다"고 비판했다.

두 법원의 의견은 Zeran 법원과는 완전히 다른 관점에서 출발한다. 두 법원은 Zeran 판결의 핵심인 자기통제이론에 동의하지 않는다.

Zeran 법원에 동조하는 의견들은 대부분 ISP에게 광범위한 면책특권을 부여하는 데 긍정적 시각을 가지고 있다. 그들은 의회가 ISP에 대한 자기통제의 불이익을 없애 ISP가 법적 책임의 두려움 없이 자기통제를 할 것으로 기대했다.[223] 그러나 이들에게 실제 자기통제의 성공 여부나 효용성은 관심에서 벗어나 있다.[224] 근본적으로 의회가 인터넷과 관련 산업을 육성키로 한 정책을 선택했기 때문이다.

그러나 Barrett과 Grace 법원은 Zeran 법원의 절대적 면책부여 논리는 ISP가 자율통제 노력을 할 필요를 느끼지 못하게 만들어 CDA의 입법목적을 좌절시켰다고 주장한다.[225] 두 법원에 따르면 ISP에 대한 광범위한 면책특권은 "그들이 자신들의 콘텐츠를 검열하도록 괴롭히지 않는다. 왜냐하면 ISP들은 모니터링을 하든 안 하든 면책특권을 부여 받았기 때문"이라는 것이다. 반대로 만약 ISP가 모욕적인 내용의 글의 삭제하거나 감시하는 데 게을리했을 경우 이에 대한 책임을 지게 만든다면 그것이야말로 ISP가 지기통제를 하도록 만드는 가장 큰 인센티브가 될 것"이라고 강조했다. 두 법원은 나아가 이 같은 관점은 "자기통제를 하지 않아도 불이익이 없다면 ISP가 자신의 시간과 돈을 모니터링을 하는 데 낭비하지 않을 것"이라는 상식에 근거한 논리라고 주장했다.

Barrett 항소심 법원은 또 한 학술논문을 인용, "Zeran 법원의 법리에

---

223 Zeran, 129 F.3d. at 331.

224 Blumenthal, 992 F. Supp. at 52. Blumenthal v. Drudge 사건에서 법원은 "의회는 인터넷 서비스 제공자가 음란물과 다른 모욕적인 내용들을 자율검열(*self-policing*) 하는 것에 대한 인센티브로서 손해배상에 대한 면책을 선사했다. 설사 자율검열이 성공적이든 혹은 시도조차 하지 않았더라도 마찬가지"라고 판결했다.

225 Barrett, 114 Cal. App. 4th at 1403.

따라 배포자 책임에 대한 완전한 면책을 주는 것은 자율규제 테크놀로지의 개발을 위한 잠재적인 인센티브를 제거하게 될 것"이라고 적었다.[226] 어떻게 하든 법적 책임이 없는데 기업들이 굳이 돈을 들여 기술개발을 하겠느냐, 또 설사 효과적인 차단 프로그램이 개발됐더라도 비용을 지불하며 구입할 동기를 찾지 못할 것이라는 의미다. 230조의 중요한 정책목표 중 하나는 이 같은 테크놀로지의 개발을 장려하는 것이다. 결국 Zeran 독트린은 이 같은 정책을 성공시키는 데 장애물을 설치한 '법원의 역설'을 만들어 냈다.

Zeran 법원은 배포자 책임을 인정하면 ISP가 잠재적으로 문제가 있을 수 있는 수백만 개의 사이트에 올라있는 게시글을 일일이 스크린 해야 하고, 이는 결국 이용자들의 표현행위를 위축시킬 것이라고 밝혔다. 이에 대해 Barrett 항소심 법원은 Zeran 법원이 배포자 책임의 위험을 지나치게 과장했다고 비판했다. 배포자는 오직 (명예훼손 등의) 통보를 받았을 때에만 메시지를 검토할 의무가 지워지기 때문이라는 것이다. 그러므로 배포자 책임의 인정여부는 ISP가 글이 게재되기 이전에 통신내용들을 검토하는 것을 필요로 하지 않고, 명예훼손적인 내용이 통지되었을 때 이성적으로 행동했느냐에 달려 있다고 지적했다.

나아가 Barrett 항소심 법원은 배포자 책임을 인정하는 것은 온라인 서비스의 재앙이 될 것이라는 Zeran 법원의 주장도 불확실한 주장에 불과하다고 일축했다. 이 법원에 따르면 명예훼손 소송에 이기기 위해선 원고가 피고의 과실, 공인(公人)인지 여부, 현실적 악의(공인일 경우), 실제적인 사실관계 등 여러 가지 까다로운 조건들을 입증해야 하는데 이는 결코 쉬운 일이 아니라는 것이다.

---

226 Sewali K. Patel, *Immunizing Internet Service Providers from Third Party Internet Defamation Claim: How Far Should Court Go?*, 55 VAND. L. REV. 647, 683-685 (2002).

Zeran 계열 법원의 재반격—Barrettt v. Rosenthal 상고심(2006)

캘리포니아 주 대법원은 2006년 11월 20일 Barrettt v. Rosenthal 사건 상고심 재판을 열어 원고에 대해 명예훼손적 글을 올리고 삭제요청도 거절한 웹사이트 운영자인 Ilena Rosenthal의 배포자 책임을 인정한 항소심 판결을 깨고, Rosenthal에 대해 230조에 따라 책임을 물을 수 없다고 판결했다. 항소심 판결은 통지에 근거한 배포자의 책임을 인정한 첫 판결로 비상한 주목을 끌었지만 이를 뒤집어 Zeran 판결의 궤도로 원위치 시킨 것이다.

① 발행인에 대한 면책규정 '(c)(1)항'을 포괄적으로 해석하면 착한 사마리아인 조항'(c)(2)'은 불필요한 조항이 되는지 여부

"두 조항은 서로 다른 주제를 다루고 있다. (c)(1)은 온라인에서 제공되는 정보로부터 발생되는 책임에 관한 것이고 (c)(2)는 ISP나 이용자들의 온라인 정보에의 접근을 제한하려는 행위에 관한 것이다. 내용 검열에 관한 책임은 발행인이나 발표자로서의 피고의 지위와 일반적으로 연계된 것이 아니다. (c)(1)은 온라인에서의 공표에 의해 침해를 받은 사람들로부터의 소송에 관한 면책규정이고, (c)(2)는 온라인에서의 공표에 접근을 제한함에 반대하는 사람들로부터 소송에 대한 보호장치다."

② 배포자를 2차 발행인으로 면책을 부여한 것은 잘못이라는 항소심 판결에 대해

"발행인에 대한 Zeran 법원의 해석은 정당하다. '배포자'가 '2차 발행인'으로 알려져 있다면 의회가 배포자를 별도로 언급할 필요가 없었을 것이다.

단순 배포자에 비해 발행인의 책임이 더 큰데도 의회가 발행인을 면책하면서 배포자에게만 책임을 물리려 했다고 볼 이유는 더더욱 없다. 또한 명예훼손적 내용에 대해 통지를 받았을 경우 그들은 전통적 의미의 발행인과 같은 지위에 있게 되고 따라서 게시물을 어떻게 처리할지에 대해 결정을 해야 한다는 Zeran 법원의 지적에 대응하는 데 실패했다."

③ 인지 혹은 통지에 근거한 책임을 지우면 안 되는 이유

"Zeran 판결에서 인지에 의한 책임을 허용할 경우 발생하는 3가지 해로운 결과를 확인했다. 첫째, 명예훼손적인 메시지에 대한 통지를 받은 서비스 제공자는 그 메시지를 제거함에 의해서가 아니라 이를 유지함에 의해서만 책임을 지게 된다. 이러한 사실 및 수많은 메시지가 명예훼손적인지 여부를 평가하는 부담은 자연히 통지를 받자마자 메시지를 삭제하려는 인센티브를 제공하게 되고, 결국 인터넷 언론의 자유를 침해하게 된다. 둘째, 인지에 근거한 책임은 서비스 제공자들이 게시물의 내용을 능동적으로 심사하는 것을 방해한다. 왜냐하면 잠재적으로 명예훼손적인 내용을 찾아내는 것이 제공자의 책임을 증가시킬 뿐이기 때문이다(제공자로 하여금 불만 통지를 수령하는 것을 거절하게 만들 수도 있다. 이러한 반응들은 자율적 규제라는 목적을 위축시킨다). 마지막으로, 인지에 근거

한 책임은 제공자에게 논쟁적인 발언을 억제하거나 금지할 끊임없는 선택의무를 부과함으로써, 제3자에게 손쉽게 소송을 제기할 수 있는 수단을 제공하게 된다. … 통지에 근거한 책임은 불만을 제기하는 당사자들로 하여금 그런 내용을 발견할 때마다 불만을 접수하도록 함으로써 인터넷 언론의 자유에 실질적인 부담을 지우는 것을 허용한다."

④ Zeran 판결이 명예훼손 피해자들의 이익을 충분히 고려하지 않았다는 비판에 대해.

"미국 법원은 명예훼손 책임의 합법적인 보호와 언론의 자유라는 헌법적 권리 사이의 균형을 이룰 법을 발전시키기 위해 노력했다. … 항소심은 배포자 책임을 보존하는 것이 230조의 면책조항과 일관된다고 결론 내렸다. 항소심은 그 법원칙이 인터넷 언론에 부과할 부담을 충분히 고려하지 않았다. … 그 조문(230조)은 인터넷상의 '교육적, 정보적 자원의 사용에 있어서 이례적인 진전'을 환영하고 인터넷을 '지적 활동을 위한 수많은 기회를 제공하고 다양한 정치적, 교육적, 문화적, 오락적 서비스를 제공하는, 정치적 토론의 진정한 다양성을 위한 포럼'으로 격찬하고 있다. ISP의 광범위한 면책특권을 규정하고 있는 230조 (c)(1)은 그 자체로, 온라인 표현을 위한 자유로운 시장 유지라는 가치에 대한 입법적 수행임을 강력하게 보여 준다.

☞ 이 판결은 〈언론중재〉 2007년 봄호 146~161쪽, 박재우 판사의 번역문으로 접할 수 있다.

(3) 토론: 바람직스럽지 못한 Zeran 법원 접근법

Zeran 계열의 법원들의 접근법은 e-커머스의 발전과 함께 다소 심각한 결과를 야기하고 있다.

첫째, ISP들에 관한 광범위한 면책은 손해배상법상의 피해자들에게 어떤 구제책도 제시하지 못하고 이들을 희생자로 양산하고 있다. John Doe v. GTE Corp.이 전형적인 케이스다.[227]

어떤 사람이 일리노이주립 대의 풋볼팀 등 스포츠 팀의 목욕탕과 라커룸 등에 몰래 비디오카메라를 설치해 샤워 장면들을 촬영했다. 이른바 몰래카메라다. 촬영자는 필름을 편집해 GTE인터네트워킹에 올려놓

---

227 347 F. 3d. 655 (7th Cir. 2003).

고 이를 판매했다. 불행하게도 비디오를 편집해 이를 인터넷상에 유포한 사람들은 파산상태였거나 신원파악이 되지 않았다. 몰래카메라가 설치된 것을 사전에 파악하지 못한 학교 측도 별도의 면책규정에 의해 책임을 물을 수 없는 상황. 유일하게 남은 피고는 ISP였다. 그러나 법원은 ISP인 GTE를 상대로 한 청구를 230조의 면책규정을 근거로 기각했고, 결과적으로 피해자들은 단 한 푼의 보상도 받지 못했다.

둘째, 이용자 통제 개념의 맹점도 하나 둘씩 현실화되기 시작했다. Exon 상원의원은 CDA수정안을 제안하면서 인터넷 음란물로부터 아이들을 보호하기 위해 학교와 도서관에 차단 소프트웨어를 공급해야 한다고 주장했었다.[228]

CDA가 실행된 지 6년 후 캘리포니아 주 Livemore에 사는 한 아이 어머니가 시립도서관에서 당한 일은 Exon 의원의 입법 취지를 무색케 했다. 이 어머니는 어느 날 컴퓨터에서 자신의 아이가 음란물을 다운로드 받는 것을 소스라치게 놀랐다. 이 어머니는 Livemore시 측에 도서관의 컴퓨터에 검열 프로그램을 설치해달라고 요청했으나 거절당했다. 결국 아이의 어머니는 소송을 제기했다.[229] 그러나 캘리포니아 항소법원은 CDA 230조 (C) (1) 은 ISP가 (음란물을) 편집하거나 모욕적인 내용물에 접근하는 것을 제한하는 데 실패했더라도 법적 책임을 지우는 것을 금

---

228 141 Cong. Rec. S8339 (daily ed. June 14, 1995). Exon 상원의원은 상원에서 다음과 같이 말했다. "나는 오늘 부모의 책임에 관한 큰 거래가 있었다고 들었습니다. 이는 책임이 있는 부모가 항상 아이들의 주위에 따라다녀야 한다는 것을 의미합니다. … 우리는 텔레커뮤니케이션 법안을 통해 학교와 도서관들에게 기회를 주었습니다. 우리는 그들이 이 문제에 관여하길 원하기 때문입니다. 학교는 음란물의 소스가 되고 있고, 도서관은 아이들이 음란물을 얻을 수 있는 장소가 되고 있습니다. 우리는 또 일군의 소프트웨어들과 이런 소프트웨어가 제공되든, 되지 않든 이용제한 조치들에 대해 논의해야 합니다."

229 Kathleen R. v. City of Livermore, 87 Cal. App. 4th 684(Cal. Ct. App. 2001).

지하고 있다며 "도서관의 컴퓨터 서비스 역시 ISP에 해당하므로 면책된다"는 이유로 기각했다. 당초 이 법이 제정될 때 '음란물로부터의 청소년 보호'가 목적이었지만 230조는 오히려 청소년 보호조치, 즉 자율검열을 게을리하고 프로그램조차 설치하지 않는 ISP에게 면죄부를 주는 모순된 상황이 발생한 것이다. 법원도 이 법안의 목적이 아이들의 보호였다는 것을 알고 있었지만 법원은 다시 Zeran 법원의 정책선택이론을 인용했다. 의회가 ISP에 대한 손해배상 책임을 면제하도록 정책 선택을 했다는 것이다.

특히 필터링 테크놀로지는 이용자 통제를 가능하게 하는 핵심 도구로 CDA 230조는 여러 가지 정책 목표를 기술한 (a) (2) 항에서 'ISP가 이용자들에게 자신들이 받은 정보를 상당한 정도로 통제할 수 있도록 해야 한다'고 분명하게 규정하고 있다. 그러나 미국 법원은 앞서 살펴본 '정책선택'이라는 모호한 논리로 이를 어긴 ISP를 보호하는 아이러니를 야기하고 있는 것이다.

셋째, Zeran 법원 계열의 접근법은 230조의 정책목표를 달성하고 있느냐에 대해 강력한 의구심을 야기한다. 앞서 이야기한 것처럼 Barrett 항소심법원 등은 절대적 면책특권은 결코 ISP의 자기통제를 독려하지 못할 것이라는 논리를 내세웠다. 그러나 이는 머릿속의 생각이 아니라 실제로 몇몇 사건들에서 현실화되고 있다. 특히 통지를 근거로 한 (*notice-based*) 배포자 책임이 쟁점이 된 사건들에서 두드러진다. ISP들은 모욕적인 메시지가 실렸다는 것에 대해 피해자들에게 통지를 받고도 이를 제거하는 것이 아니라 '무대응(*do-noting option*)'을 대응조치로 택한 것이다.

Doe v. AOL 사건에서 11살짜리 소년인 피해자의 어머니는 Richard Lee Russell이라는 사람이 자신의 아들과 다른 두 명의 아이들에게 성행위를 하게하고 이를 비디오와 사진으로 촬영, AOL의 대화방에서 판매한 사실을 알게 됐다.[230] 이 어머니는 AOL에 즉시 Russell이 음란하고 불법인 사진과 이미지를 전파하고 있다고 알렸다. 그러나 이 어머니의 주장에 따르면 AOL은 위법한 행위자의 서비스에 대해 운영자에게 통지 없이 이를 종료할 권리를 가지고 있지만 AOL은 Russell에게 통지도 하지 않았고, 그렇다고 서비스를 중지시키지도 않았다. 물론 법원에선 230조의 두꺼운 담요를 덮은 AOL이 승소했다.

Barnes v. Yahoo!, Inc. 사건도 비슷한 경우다.[231] Barnes는 야후의 웹사이트에 자신의 누드사진이 실려 있는 것을 발견했다. 전에 사귀었던 남자친구가 홈페이지에 직장 등 자신에 대한 구체적인 신상정보가 담긴 프로파일과 함께 자신의 누드사진을 실은 것. 그녀는 여러 차례 이메일과 전화를 통해 야후 측에 삭제할 것을 요청했지만 헛수고였다. 그녀는 이메일 답장조차 받지 못했다. 대략 첫 번째 통지를 한 지 3개월쯤이 지난 후 야후 직원과 접촉해 프로파일을 삭제하겠다는 약속을 받았다. 그러나 그녀의 허가받지 않은 프로파일은 그녀가 야후에게 소송을 제기할 때까지 삭제되지 않았다.

이 같은 사례들은 전형적인 ISP인 AOL은 물론 판례법상 ISP로 취급되는 웹사이트 운영자에게도 어렵지 않게 발견된다.

Batzel v. Smith 사건에서 변호사인 Batzel은 자신을 점령지에서 유명 미술품들을 훔쳤던 유명 나치 정치인의 자손이라는 허위사실을 적은 게재물에 대해 정정문 게재 등 대응조치를 웹사이트 운영자에게 요청했으나 묵살됐다.[232] Batzel에 따르면 웹사이트 운영자는 게재내용의 진위 여부를 문의한 사람들에게도 진실을 알리지 않았다. 이로 인해 Batzel은 유태인들을 포함, 자신의 주요 고객이었던 상당수의 저명인사들을 잃게 됐고, 심지어 정부로부터 사실 여부에 대해 조사받는 처지에 이르렀다.

---

230 Jane Doe v. AOL, 783 So. 2d 1010 (Fla. 2001)

231 Barnes v. Yahoo! Inc., 2005 WL 3005602 at 1 (D. Or. 2005).

232 Batzel v. Smith, 333 F. 3d 1018 (9th Cir. 2003).

위에서 언급한 몇 가지 사례에서 우리는 간단한 결론을 얻게 된다. "인터넷은 결코 스스로 자율통제를 하지 않는다"는 것이다. ISP에 대한 완전한 면책은 자율통제를 장려하기보다는 인터넷 피해자에 대해 두 손을 놓은 채 면책의 우산 뒤에 숨어 버리라고 이야기 하고 있는 것이다.

2) 콘텐츠의 '창작과 발전'의 해석

인터넷 콘텐츠 제공자(*Internet Content Provider* · 이하 ICP)의 책임에 관한 논리는 사실 Zeran 법원이 ISP에게 배포자로서의 법적 책임을 부여하는 것에 대해 지극히 엄격한 입장을 취함에 따라 피해 구제의 길이 막히자 피해자들이 대안적인 해결책을 찾는 과정에서 발전했다. Zeran 판결 이후 많은 인터넷 명예훼손 사건의 피해자들은 어떤 종류의 ISP의 활동은 ISP가 콘텐츠 제작의 공헌 등을 이유로 공동저자의 지위인 ICP로서의 지위를 갖게 된다고 주장했다. CDA 230조에 규정된 ISP에 대한 면책은 '제 3자'가 제작한 콘텐츠에 대해서만 발행인으로서의 책임을 면하게 해준다는 것이다. 명예훼손적 콘텐츠의 1차 발행자 혹은 발행인일 경우 ICP로서 법적 책임을 져야 한다. 그러나 문제는 ISP가 1차 발행인이 아니지만 제 3자가 올린 콘텐츠의 제작에 어떤 방식으로든 관여했다면 ICP로서 공동책임을 지울 수 있을까 하는 점이다.

CDA 입법과정에서 ICP에 관한 구체적 논의는 거의 찾아볼 수 없다. 공동 책임(*joint liability*)의 최초 개념은 Blumenthal v. Drudge[233] 사건에서 처음 등장했다. Blumental 법원은 AOL이 드러지 리포트의 잘못된

---

233 Blumenthal, 992 F. Supp. 44, at 50 51. Also see, Walter Pincus, *The Internet Paradox: Libel, Slander & the First Amendment in Cyberspace*, 2 Green Bag 2d 279 (1999), at 286. 그러나 Drudge 법원은 이 같은 해석을 실제 판결에는 적용하지 못했다. AOL이 드러지리포트의 내용의 창작이나 발전에 어떤 역할을 했다는 증거가 없었기 때문이다.

내용을 퍼뜨린 것에 대해 면책하면서 "230조는 (ISP가) 콘텐츠를 공동으로 발전시킨 데 대해 공동책임을 적용하는 것을 배제하지 않는다"고 밝혔다. 이 법원은 공동책임을 '유행가'의 공동저자로서 작사가(*lyricist*) 와 작곡가(*composer*) 와의 관계에 비유했다.

논쟁의 핵심은 ICP의 개념 중 '콘텐츠의 발전(*development of content*)'을 어떻게 해석해야 하느냐는 것이다. 제 3자가 올린 콘텐츠에 ISP가 어느 정도 관여했을 때 '발전'의 수준에 이르는지 법원은 조사하고 기준을 제시해야 한다. 만약 ISP가 제 3자에 의해 만들어진 정보들을 발전시키는 데 아무런 역할을 하지 않았다면 ISP는 면책된다. 그러나 ISP가 제 3자의 콘텐츠의 내용을 가감하거나 변형시키는 등 제작이나 발전에 관여했다면 공동저자로서 공동책임을 져야 한다. 이 경우 ISP들의 지위는 ISP이면서 동시에 ICP가 된다.[234]

이와 관련, 배포자 책임 문제로 명백한 입장차이를 보였던 Zeran과 반 Zeran 법원들은 ISP와 ICP 간 공동책임이라는 이슈로 2라운드 논쟁을 벌이고 있다. Zeran 계열 법원들은 공동책임을 인정받기 위해선 ISP가 제 3자가 올린 콘텐츠를 실질적(*substantial*) 이고 직극적(*active*) 으로 변화시켜야 한다고 주장한다. 그러나 반 Zeran 법원들의 해석은 보다 유연하고 광범위하다.

(1) Zeran 계열 법원들 입장

Zeran 계열 법원들의 관점에선 ISP가 ICP로의 전환 여부를 판단하는 가장 핵심기준은 ISP가 콘텐츠 자체를 발전시키고 전송하는 데 실질적으로 관여한 정도라고 본다. 특히 고려해야 할 사항은 콘텐츠의 본질적 형태가 실제적(*actually*) 이고 실질적(*substantially*) 으로 변화했느냐는 것

---

234 MCW Inc. v. Badbusinessbureau.com, 2004 WL 833595, at 25 (N.D. Tex. 2004).

이다. 미미한 정보의 변환은 전통적인 편집기능으로 간주해 230조에 의해 면책된다는 것이 Zeran 계열 법원의 판단이다. 제 9연방항소법원은 의회의 선택이론을 거론하며 "ISP의 개념은 상대적으로 넓게, 반대로 ICP의 개념은 엄격히 정의해야 한다"고 판결했다.[235]

Donato v. Moldow 사건에서 뉴저지 주 대법원은 "ICP의 범위를 어떻게 결정하느냐를 판단할 때 230조를 좁게, 텍스트 해석적으로 행해야 한다. 결코 창조적인 이론을 만든다거나 재판부의 창의력을 환영해서는 안 된다"고 강조, Zeran 계열 법원의 입장을 대변했다.[236]

① 자율규제를 위한 편집 활동(*editing*)

자율규제와 편집통제는 ISP의 지위를 ICP로 변화시키지 못한다. Ben Ezra v. AOL 사건에서 제 10 연방순회법원은 AOL이 잘못을 수정하기 위해 주식 심벌이나 다른 정보를 데이터베이스에서 지운 것만으로는 ICP로 자격을 변환시키지 못한다고 판단했다.[237] 법원은 "부정확한 주식관련 정보들을 삭제한 것은 피고인 AOL이 의회가 착한 사마리아인 조항의 도입을 통해 장려했던 단순한 편집활동에 불과했기 때문"이라고 설명했다. 법원은 "비록 AOL이 자주 주식 운용전문가와 통신을 했더라도, 그는 단순히 데이터들을 이용하지 못하게 만들었을 뿐 전시된 정보들을 개발하거나 창작했다고는 볼 수 없다"고 덧붙였다.

---

235 Carafano v. Matchmaker.com, Inc. 339 F.3d 1119, 1123(9th Cir. 2003).

236 Donato v. Moldow, 2005 WL 201128, at 33 (N.J. Super. A.D. 2005).

237 206 F.3d 980 (10th Cir. 2000). 1997년 3월 Ben Ezra, Weinstein, and Company, Inc.(이하 BEW)는 뉴멕시코 법원에 AOL을 상대로 명예훼손 소송을 제기했다. AOL이 BEW의 주식가격과 주식 소유비율에 대한 부정확한 정보들을 공표했다는 것이 이유였다. BEW는 특히 부정확한 정보를 바로잡기 위해 AOL이 약간의 주식 심벌과 다른 정보를 삭제했다고 주장했다. BEW는 이 같은 AOL의 변환 조치는 정보에 대한 창조 또는 발전에 해당한다고 주장했다.

② '실질적 변화(*substantial change*)' 기준

Zeran 계열의 법원들은 간단한 에디팅 정도는 콘텐츠를 발전시킨 것이라고 보기 어렵다는 입장이다.

제 9 연방항소법원은 Batzel v. Smith 사건에서 무엇이 ICP를 구성하는 기준이 되는가에 대해 중요한 기준을 세웠다.[238]

Batzel v. Smith (2003)

1999년 잡역부였던 Robert Smith는 노스캐롤라이나 주와 캘리포니아 주 변호사인 Batzel의 집에 임시고용되었다. Smith는 일하던 도중 우연히 Batzel이 자신의 룸메이트에게 "나는 나치의 고위 정치인과 연관이 있다"는 말을 하는 것을 엿들었다. 또 Batzel은 어느 날 Smith에게 자신의 집에 있던 많은 예술품들을 상속받았다는 이야기도 했다. 이런 상황탓에 Smith는 Batzel이 소유한 그림들을 2차대전 당시 유태인들로부터 약탈한 것이라고 믿게 됐다. Smith는 박물관 보안네트워크라는 비영리단체 사이트의 운영자인 Tom Cremers에게 이메일을 보내 Batzel과 의심스런 예술품들에 대해 확인해 줄 것을 요청했다. Cremers는 저간의 사정을 담은 Smith의 이메일을 약간 단어만 바꾼 뒤 Smith의 동의 없이 네트워크의 리스트서브(우편목록관리용 소프트웨어)를 통해 이메일로 배포하고 이를 웹사이트에도 올렸다. 몇 달 후 이 이메일 메시지를 발견한 Batzel은 허위사실임을 밝혔다. 그러나 Cremers는 다시 Smith와 접촉해 이메일 내용에 관한 추가정보를 요청했다. Smith는 자신의 주장이 사실임을 거듭 주장했다. 그러나 Smith는 Cremers에게 "만약 내가 이 메시지가 국제적인 게시판에 올라갈 줄 알았다면 결코 이메일을 보내지 않았을 것"이라고 말했다. Cremers도 이에 대해 사과했다. 그러나 Batzel이 자신은 결코 Smith에게 나치의 후손이라는 이야기를 한 적이 없고 미술품 상속이야기도 한 적이 없다고 주장했지만 Cremers는 후속조치를 취하지 않았고, 결국 법정 다툼으로 비화됐다.

1심 법원은 네트워크 웹사이트 운영자와 리스트서브를 ISP로 볼 수 없다며 Batzel의 손을 들어 주었다. 그러나 항소심 재판부는 웹사이트 운영자도 ISP와 함께 면책 대상으로 되어있는 '이용자(*user*)'에 해당한다며 면책의 범위를 대폭 넓혔다. 이 재판에서 또 한 가지 쟁점은 Cremers가 Smith의 이메일을 선택한 행위(*selection*)와 이메일 내용 중 극히 일부를 변경한 것이 ICP로서의 공동책임을 물을 수 있는 콘텐츠의 '발전'에 해당하는지 여부였다. 1심 법원과 항소심 재판부의 소수의견은 이를 발전에 해당한다고 보고 ICP로서 책임이 있다고 보았다. 그러나 항소심 재판부의 주류의견은 이런 행위들은 발전의 수준에 이르지 않는다고 판단, 원고 패소 판결했다. 항소심의 반대의견에 대해선 뒤에 좀더 자세히 다룰 것이다.

---

238 Batzel v. Smith, 333 F. 3d 1018 (9th Cir. 2003).

이 재판의 가장 중요한 이슈 중 하나는 피고인 Smith가 자신의 이메일에 대한 유일한 콘텐츠 제공자인지, 혹은 Smith의 이메일을 웹사이트에 공표한 이 사이트의 운영자인 Cremers도 Smith의 메시지를 '창조'하거나 '발전'시킨 것으로 간주해 ICP로서의 공동책임을 물을 수 있는지였다. 이 사건에서 Cremers는 Smith의 이메일을 몇 개의 단어만 고치고 그대로 올렸다. 이와 관련, 재판부는 Smith가 이메일을 전적으로 자신 스스로 만들었고, Cremers가 Smith의 이메일을 창작(*create*) 한 것이 아닌 것이 분명하다고 전제, Cremers가 이메일의 단어 몇 개를 교체한 것이 발전의 정도에 이르지는 않는다고 보았다. 특히 재판부는 이런 변화가 이메일 원본의 근본적인 메시지나 형태를 바꾸지 않은 점을 주목해야 한다고 보았다.

결론적으로 Batzel 법원은 "정보의 발전"은 이메일을 편집하거나 공표할 내용을 선별하는 것을 넘어서는 실질적인 변화가 있어야 한다고 못박았다.[239] 단순한 편집이나 선호되는 내용의 선별 등은 230조에 규정된 착한 사마리아인의 블로킹에서 허용하는 행위로 봐야 한다고 판단한

---

239 그러나 이 같은 Batzel 법원의 법리는 신랄한 비판을 야기했다. 이런 논리라면 "뉴스레터 작성자나 블로거들은 면책특권을 가지고 허위의 위험스런 기사를 전파하는 라이선스를 갖게 되는 것"과 마찬가지이기 때문이다. 다시 말해 블로거들은 법원의 판례에 따라 심각하게 명예훼손적인 이야기들이라도 제3자에 의해 만들어졌다면 저자의 동의가 있건 없건 간에 자신의 블로그에 실을 수 있기 때문이다. See, John W. Dean, *Defamation Immunity On The Internet: An Evolving Body of Law Has Been Stretched Beyond Its Limits*, (2004) available at http://writ.findlaw.com/dean/20030704.html. 또 이 사건에서 Cremers는 Batzel이 보낸 항의메일을 받은 뒤 Smith의 원본메일을 제거하지 않은 채 오히려 이 원본메일에 "소송을 걸겠다"는 위협적 내용의 Batzel의 이메일을 합쳐서 다시 게재한 것은 새로운 내용을 게시한 것으로 보아야 한다는 지적도 있다. James P. Jenal, *When Is a User not a "User"? Finding the Proper Role for Republication Liability on the Internet*, 24 LYLA (2004) 참조.

것이다.

그러나 Batzel 법원의 의견은 당장 무엇이 콘텐츠의 실질적 발전의 수준을 구성하느냐는 의문을 제기한다. 이에 관해선 지금까지 여러 법원들이 설명을 시도하고 있지만 아직까지 이에 대한 개념정립은 부족하다.

한편, 제 9 연방항소법원은 Carafano v. Matchmaker.com, Inc 사건에서 피고인 Matchmaker 사는 230조에 규정된 ICP로 볼 수 없다고 판결했다.[240] 비록 Matchmaker 측이 이용자들에게 다지선다형 질문지를 주고 응답하게 했지만 "이용자들이 적극적으로 프로파일을 만들 때까지 프로파일에는 아무런 내용이 없기 때문"이라는 것이다. 법원의 입장에선 Matchmaker가 콘텐츠를 변형시키거나 개발하는 데 중대한 역할을 하지 않았다고 본 것이다.

③ 공표를 위한 선택과 합리적인 기준

Batzel 법원은 콘텐츠의 '발전'을 판단하는 또 하나의 중요한 기준을 제시했다. 이 사건은 웹사이트 운영자가 적극적으로 리스트서브에 올릴 이메일을 선택하는 행위가 '콘텐츠의 발전(*development of content*)'에 해당하는지 여부에 대해 의문을 제기했다. 이에 대해 Batzel 법원의 다수의견은 발행인으로서의 ISP 면책은 "(제 3자에 의해 제공된) 내용물에 대한 선택으로까지 확대된다"는 것이다. 다시 말해 공표를 위한 선택은 '부분적 창작(*partial creation*)'이나 '콘텐츠의 발전'에 해당하지 않는다고 보았다.

Batzel 법원에 의하면 제 3자에 의해 제출된 어떤 정보를 공표할지 결

240 Carafano v. Matchmaker.com, Inc. 339 F.3d 1119, 1125 (9th Cir. 2003). 제 9연방항소법원은 Matchmaker.com을 ICP로 보았던 1심 판결을 뒤집었다. 그러나 1심 판결이 판단한 ICP의 범위에 관해 다른 법원들이 따르고 있기에 상당히 중요한 의미가 있다. 이에 관해선 다음 장에서 다시 자세히 살펴볼 것이다.

정하는 것과 공표하지 않을지를 결정하는 것은 분리된 것이 아니다. "나아가 한 번 인터넷에 포스팅된 아이템을 삭제하는 것과 공표 이전에 차단하는 행위 역시 각각 다른 행위라고 생각할 수 없다"고 법원은 판단했다.

Batzel 법원의 시각에선 의회가 자율규제 테크놀로지를 육성하려고 의도한 만큼 ISP의 선택기능(*selecting function*)을 면책시켜주는 것이 마땅한 것이었다. ISP의 콘텐츠 선택기능이란 사실상 수많은 콘텐츠에서 음란물만을 뽑아내 차단하는 자율규제의 다른 표현이기 때문이다. Batzel 법원은 "아이들이 모욕적인 콘텐츠에 접근하는 것을 막도록 부모들을 독려하려는 이 법의 목적은 설사 일시적이라고 하더라도 모욕적인 내용물들을 이용할 수 없게 만드는 시스템을 선호한다는 것을 보여준다"고 밝혔다. 그러므로 이 사건에서 웹사이트 운영자였던 피고는 무엇을 공표할지를 정하는 선별 작업으로 인해 ICP로 간주되지 않는다는 것이 법원이 내린 결론이었다.

그러나 의문은 또 있다. 이 사건에서 이메일을 작성했던 Smith는 자신의 이메일이 포스팅될 줄은 전혀 예상하지 못했다고 밝혔다. 이 경우 Smith의 이메일은 230조가 규정하듯 ISP나 그 이용자들(*users*)에게 '공급된(*provided*)' 것으로 볼 수 있는가 하는 점이다. 법원은 "만약 정보가 ISP 혹은 이용자로서의 기능과 상관없이 개인들에게 공급됐다면 그들을 보호할 이유가 없다"고 밝혔다. 법원은 일례를 들어 설명했다. 만약 웹사이트 운영자가 명예훼손적인 내용의 snail mail(이메일과 대조되는 재래식 우편)을 오랜 친구로부터 받았다면 그는 웹사이트 서비스 운영자 자격으로 정보를 공급받은 것이라고 말할 수 없다고 설명했다.

그렇다면 웹사이트로서 '공급'받았다고 판단하는 기준은 무엇이냐는 질문이 뒤따른다. 이에 대해 Batzel 법원은 "정보공급자의 의도가 아니라 서비스제공자 혹은 이용자의 정보 제공자의 의도와 지식에 대한 합리적인 인식에 의존한다"고 설명한다. Batzel 법원은 이렇게 결론 내린다.

서비스제공자나 이용자는 문제가 된 정보를 만들거나 개발한 제 3자로부터 공급받았을 때 230조 (C) (1) 에 따라 면책된다. 물론 서비스제공자나 이용자의 지위에 있는 합리적인 사람이 특정 정보가 인터넷이나 다른 인터넷 서비스에 공표를 위해 제공됐다고 결론을 내리는 환경 아래서 그렇다.[241]

④ 평가시스템 *(Rating)*

대다수 ISP가 콘텐츠 혹은 게시글에 대한 평가시스템 *(Rating)* 을 도입해 이용자들에게 피드백을 받는 것 역시 Zeran 계열 법원의 시각에선 정보를 '발전'시키는 행위로 인정되지 않는다.

Gentry v. eBay 사건에서 법원은 eBay의 소비자에 의한 평가시스템이 콘텐츠의 실질적 발전에 해당하는지 여부를 심사했다. 피고 측은 eBay가 피드백 포럼으로 잘 구조화된 평가시스템을 통해 온라인 경매를 위한 정보를 발전시켰으므로 책임이 있다고 주장했다. 그러나 법원은 긍정적 또는 부정적 내용으로 제공되는 eBay의 평가시스템에 의한 정보는 "eBay가 아니라 제 3자의 손에 의해 이뤄지는" 만큼 eBay가 실질적으로 콘텐츠를 발전시켰다고 볼 수 없다고 판결했다.[242] 나아가 eBay의 별 모양의 심벌과 파워셀러 *(power seller)* 지정도 eBay 이용자들에게 받은 긍정적 정보들을 합한 것을 단지 재표현 *(representation)* 한 것일 뿐

---

241 Batzel v. Smith, 333 F. 3d 1018, 1034쪽.

242 99 Cal. App. 4th 816 (App. Div. 2002). 온라인 경매 서비스업체인 eBay는 응답체계를 크게 '긍정적 피드백', '부정적 피드백', '중립적 피드백' 등 3가지 카테고리를 만들었다. eBay는 또 컬러로 코딩된 별모양의 심벌을 일정 정도 이상의 긍정적 피드백을 받은 사람의 이름 옆에 표시할 수 있도록 프로그램을 만들었다. 또 이와는 별도로 판매규모와 긍정적인 피드백 평가를 근거로 '파워셀러'를 지정했다. eBay에서 허위로 자필서명된 스포츠 아이템을 경매로 구입한 Lars Gentry는 eBay가 이용자들에게 실제 구매를 하기 전 '피드백 포럼'에 의존하도록 독려했으므로 정보의 발전에 책임이 있는 ICP라고 주장했다.

이라고 일축했다.

⑤ 라이선스 계약

앞서 언급했던 Blumenthal v. Drudge 사건에서 법원은 ISP(AOL)가 콘텐츠 제작자(Drudge)와 라이선스계약을 맺었어도 ICP의 지위를 부여하지는 않았다. 이 같은 법리는 Schneider v. Amazon.com 사건에서 재확인됐다.[243] 제3자가 만든 내용물에 대한 권리를 가진 라이선스를 ISP가 소유하고 있다고 해서 ISP가 자동적으로 ICP가 되지 않는다. 워싱턴 주 항소법원은 이 문제를 간단히 다음과 같이 정리했다;

> 만약 실제 편집행위가 (230조 착한사마리아인의 블로킹에 의해) 법적 책임을 만들어내지 않는다면, 단순히 편집할 권리를 가지고 있다고 해서 법적 책임을 만들기는 어렵다.

이 사건에서 Amazon은 실제로 방문객의 코멘트를 바꾸고 편집했지만 법원은 콘텐츠를 바꿀 수 있는 라이선스가 ISP의 자격을 ICP로 전환시키지 않는다고 판결했다.[244]

---

243 Schneider v. Amazon.com, Inc. 108 Wn.App 454 (Wash. Ct. App. 2001). Blumenthal 재판에서 처음으로 계약에 의한 라이선스가 인터넷 명예훼손의 이슈가 됐다. 법원은 증거가 없다는 이유로 Drudge가 AOL의 종업원 혹은 대리인이었는지 여부에 대해 명쾌하게 밝히지 않았다. 그러나 계약적인 관계 혹은 라이선스든 상관없이 법원은 AOL이 콘텐츠를 작성하거나 편집하는 데 실제적인 역할을 했는지를 유일한 판단기준으로 삼았다. Schneider 케이스의 경우 Blumenthal 케이스와는 약간 다른 점이 있다. Schneider는 Amazon에 무료로 라이선스를 주었다. 그러나 재판을 맡은 워싱턴 주 항소법원은 이 같은 구분을 하지 않았다.

244 위의 글, 466쪽. Amazon은 잠재적인 도서 평가자(*book reviewer*)들에게 서비스약관에서 “당신은 Amazon.com과 자회사에게 하위라이선스(*sublicensible*)와 같은 권리, 즉 이용하고 복제하고 변형하고 채택하고 공표하고 번

⑥ 공격적인 배포행위 (*Aggressive Distributing*)

하이퍼링크를 소비자에게 보내거나 피드백을 유도하는 공격적인 유통행위 역시 콘텐츠를 발전시키는 것으로 볼 수 없다는 판결도 나왔다.[245] 캘리포니아 주 연방지방법원은 SpamCop이라는 스팸메일방지 회사가 공격적인 배포행위를 통해 콘텐츠에 공헌했다며 상업적 이메일 회사인 OptinRealBic.com이 낸 사건을 기각했다. 스팸메일을 보고받은 원고 측은 SpamCop 측이 다음과 같은 이유에서 콘텐츠에 대해 영향을 미쳤다고 주장했다. 우선 스팸메일을 보고할 때 등록된 사용자의 이름과 이메일 주소를 지웠고, 둘째, 하이퍼링크를 통해 수용자의 대응조치가 SpamCop의 웹사이트에 가도록 인도하고, 셋째, 무수한 보고서를 보냄으로써 이에 따른 영향도 과장했다는 것이다. 그러나 법원은 SpamCop의 활동은 콘텐츠에 대한 기여 (*contribution*) 로 볼 수 없다고 밝혔다. 이들은 내용을 바꾸지도, 새로 만들지도 혹은 심지어 편집조차 하지 않았다는 것이다. 나아가 법원은 스팸메일 보고서를 많은 사람에게 발송하는 행위가 콘텐츠의 변화를 일으키는 것으로 믿기 어렵다고도 말했다.

(2) Zeran 계열 법원들의 반발

Zeran 법원에 반대하는 법원들은 비록 ISP의 행위가 콘텐츠의 내용을 대체하는 수준에 이르지 못했더라도 콘텐츠 자체에 '공헌 (*contribute*)'했다면 ISP는 면책특권을 상실해야 한다고 주장한다. Zeran 계열 법원들은 콘텐츠의 '실질적인 변화'를 중요시하지만 반대 법원들은 발전

역하고 파생적인 작품들을 창조해내는 등의 권리를 전적으로 허용했다. … 또한 Amazon.com과 하위라이선스계약을 맺은 사람들에게 당신이 제출한 콘텐츠의 이름 등을 사용할 수 있는 권리를 부여했다. …" Schneider는 이 같은 조항들을 볼 때 Amazon이 실질적으로 콘텐츠를 개발한 것으로 보아야 한다고 주장했다.

245 Optinrealbic.com, LLC v. SpamCop.Net, Inc. 323 F.Supp. 2d 1037 (N.D. Cal. 2004).

의 개념을 따질 때 '잠재성(*potential*)'과 '실질적 효과'를 살펴봐야 한다고 반박한다.

① 적극적 역할 기준(*Active Role Standard*)

Carafano v. Metrosplash.com, Inc. 사건 1심판결에서 캘리포니아 지방법원은 ISP가 콘텐츠 발전에 적극적인 역할을 했는지 여부를 판단기준으로 제시했다.[246] 이 기준은 비록 해당사건의 항소심에서 받아들여지지 않았지만 최소한 한 군데의 다른 법원에서는 주 논거로 인용됐다.[247] Carafano 사건의 1심 재판부에 의하면, Metrosplash.com이 회원들에게 서비스 프로파일을 제공하기에 앞서 62개 문항의 질문지에 답변하도록 한 것은 적극적으로 콘텐츠를 발전시키는데 관여한 것이므로 ICP로서 공동책임을 져야 한다고 판결했다. Carapano 법원은 "(콘텐츠 내용이) 얼마나 많이 변화됐는가"가 중요한 것이 아니라 ISP가 콘텐츠를 변화시키는 데 "실제 어떤 역할을 했는가"를 판단기준으로 삼았다.

Carafano v. Matchmaker.com, INC(2002)

원고인 Christanne Carafano는 여러 편의 영화에 출연한 유명 여배우였다. 피고인 Matchmaker.com은 상업적 인터넷 데이팅(중매) 서비스를 하는 사업자이다. 자신의 프로파일을 제공하려면 회원들은 62가지의 구체적 사항을 묻는 다지선다형 질문과 주관식 질문에 답해야 한다. Matchmaker.com은 서버에 회원들의 사진을 올리기 전에 모든 사진을 검토한다. 1999년 베를린에서 익명의 사용자가 허위이고 명예훼손적 내용이 담긴 Carafano의 프로파일을 'Chase 529'라는 이름 아래 올렸다. 이 프로파일에는 Carafano가 '강력한 성욕을 가진' 남자를 찾고 있다는 내용이 실려 있었다. 이로 인해 팩스와 전화공세에 시달리다 못한 Carafano는 명예훼손소송을 제기, Matchmaker가 ICP에 해당한다고 주장했다.

---

246 Carafano v. Matchmaker.com, Inc. 207 F. Supp. 2d 1055(C.D. Cal. 2002).

247 Optinrealbic.com, LLC v. Ironport Systems, Inc., 323 F. Supp. 2d 1037, 1045 (N.D. Cal. 2004).

1심 법원은 Carafano의 주장에 손을 들어 주었지만, Carafano는 Matchmaker.com의 현실적 악의를 증명하는 데 실패, 결국 소송에서는 이기지 못했다. 미국의 경우 공인에 관한 명예훼손 소송을 이기기 위해선 원고인 공인이 피고가 악의를 가지고 고의적으로 명예훼손을 했다는 점을 입증해야 한다. 이 판결은 비록 하급심이지만 ICP의 개념을 최초로 인정, 주목을 받았다. 그러나 항소심에서 제 9 연방항소법원은 1심 법원의 판결을 뒤집었다. Matchmaker.com은 관련된 정보를 발전시키는 데 중대한 역할을 한 것처럼 보이지 않는다는 이유였다. 항소심 재판부는 Zeran 법원 계열의 논리를 따르며 콘텐츠의 제 1저자가 누구인지에 포커스를 맞췄고, 콘텐츠를 선택하는 사람은 Matchmaker.com이 아니라 각각의 개인적인 이용자들이라고 보았다. 따라서 선택된 특별한 옵션들과 부가적인 에세이에 의해 구성되는 프로파일의 정보는 (제 3자에게서) 제공되는 것이므로 matchmaker.com은 이에 대해 책임이 없다고 판결했다. 339 F.3d 1119 (9TH Cir., 2003)

이 같은 결론에 도달하기 위해 Carafano 1심법원은 Bluementhal v. Drudge 사건 재판부가 제기했던 공동책임(*joint liability*)의 논리를 인용했다.

Bluementhal 법원은 "만약 피고인 AOL이 게시물의 정보를 창작하거나 발전시키는 데 어떤 역할이라도 했다면 공동책임을 지우는 것이 가능할 것"이라고 판결문에서 밝혔다. 이 같은 판례에 따라 Carafano 사건 1심 재판부는 matchmaker. com이 콘텐츠를 구성하는 여러 개의 연속되는 주관식 질문과 다지선다형 질문을 함으로써 프로파일 콘텐츠에 기여를 했고, 따라서 ICP에 해당한다고 판단했다. matchmaker가 단순히 수도관과 같은 정보의 흐름을 전달하는 파이프 역할을 넘어서 정보의 발전에 중대한 역할을 했다는 것이다. 자신들은 게시판 역할만 했다는 주장은 1심 재판부의 논리에선 전혀 고려대상이 될 수 없었다.

Whitney Information Network, Inc. v. Xcentric Ventures, L.L.C. 사건에서 미 제 11 연방항소법원은 소비자들의 기업불만사이트를 운영하는 피고가 웹사이트 게시판에 제 3자가 올린 글에 대해 '폭리(*rip-off*)'와 '신용사기(*scam*)'라는 단어를 삽입한 것에 대해 원고의 글 내용을 변화시켰다는 이유로 면책될 수 없다고 판결했다.[248] 게시글은 부동산 업무 연수프로그램을 운영하는 원고에 대해 비판적인 글로, 피고의 행위로 인해 텍스트의 의미 자체가 변화되지 않았지만 이를 강조하는 단어 하나를 삽입하는 것도 면책대상에서 제외된다고 보았다. 법원은 230조 (f) (3) 에서 ICP는 정보의 창작이나 발전의 전체 또는 일부에 대해 책임을 지는 만큼, 만약 피고가 문제가 되는 글의 '전체 또는 일부'를 창작했다면 그 발언에 대해 창작자로서의 책임이 있다고 밝혔다.

MCW, Inc. v. Badbusinessbureau.com (2004)

원고인 MCM은 BERNARD HALDANE이라는 마크 아래 구직(*job-hunting*) 기술과 경력상담을 전문적으로 해주는 업체이고, 피고는 소비자불만 포럼 사이트를 운영하는 업체다. Badbusinessbureau.com은 소비자들의 불만을 지역별 회사별로 다양한 제목 아래 올린다. MCW는 피고가 Bernard Haldane이라는 마크를 사용하고, MCW에 대해 허위적이고 오해를 일으키는 악의적인 발언들을 포스팅하고 공표했다며 소송을 제기했다. 특히 MCW는 피고가 웹사이트에 법적으로 보호되는 마크를 사용했고, 회원들의 웹사이트 보고서를 게재하면서 명예훼손적인 제목을 임의로 만들어 달았다고 주장했다. 이에 대해 법원은 제목을 다는 행위를 콘텐츠의 제작에 기여한 것으로 보고 MCW에게 ICP로서 명예훼손의 공동책임을 물었다.

② 제목 달기(*Creating Headlines*)

MCW, Inc. v. Badbusinessbureau. com에서 텍사스북부 연방지방법원은 ISP가 콘텐츠에 '제목을 다는 행위(*creating headline*)'도 콘텐츠의 '제작 또는 발전'의 개념에 해당한다고 판결, 중요한 판례를 남겼다.[249] 이 법원은 ISP가 ICP로서 자격을 갖췄는가를 결정하기 위해선 ISP가 "논란이 되는 정보의 전체 혹은 일부를 발전시키는 데 책임이 있는가"에

---

248 Whitney Information Network, Inc. v. Xcentric Ventures, L.L.C., 199 F. App'x 738 (11th Cir. 2006)

249 MCW Inc., 2004 WL 833595.

따라 결정돼야 한다고 판결했다.

이 법원의 관점에서 피고인 Badbusinessbureau.com은 명백히 ICP이다. 다양한 제목과 리포트 형태의 메시지를 만듦으로써 피고의 트레이드마크에 대한 명예훼손적인 1차 정보를 창작하고, 발전시키고, 게시했기 때문이다. 이 법원에 의하면 타이틀과 리포트의 제목은 웹페이지 콘텐츠의 일부다. 따라서 법원은 "CDA는 리포트의 콘텐츠를 제작하거나 발전시키는 행위와 타이틀이나 리포트의 제목을 다는 행위를 서로 다르게 구분하지 않는다"고 분명하게 밝혔다.[250]

③ 정보 발전 과정에의 참여

MCW 법원은 ICP 자격을 판단하는 또 하나의 중요한 기준을 제시했는데 바로 ISP가 "정보를 발전시키는 과정에 참여"했는지 여부다. 법원은 피고의 웹사이트인 Badbusinessbureau.com이 불만이 있는 소비자들에게 웹사이트에 게시물을 올릴 것을 적극적으로 장려하고, 지침을 주고, 웹사이트에 게시된 소비자 불만에 참여한 것에 주목했다.[251] 이 법원의 시각에선 적극적인 교사(敎唆)를 포함한 이런 행동들이 소비자가 보낸 메시지의 "일부 내용변경"을 분명히 넘어서는 행위로 "정보의 발전 과정에의 참여"를 구성한다고 보았다. 때문에 법원은 제3자가 올린 정보를 자신이 실제로 창작하거나 발전시키지 않았어도 이에 대해 책임을 져야 한다고 보았다. 정보를 발전시키는 과정에 아이디어 제공이나 교사 등을 통해 참여했는지 여부가 직접 내용을 수정했느냐는 기준보다 훨씬 더 중요하다는 의미다.[252]

---

250 위의 글, 35쪽.

251 원고인 MCW는 피고가 소비자들에게 MCW 소유주, 그의 자동차와 번호판, Bernard Haldane의 사인 등을 사진으로 찍어서 올리고 소비자들을 독려했다고 주장했다. 법원은 이 같은 사실은 피고가 소비자에 의해 만들어지고 발전된 콘텐츠에 대해 책임이 있음을 시사한다고 밝혔다.

MCW 법원은 그런 의미에서 가입자에게 다지선다형 질문지를 주고 응답하게 했던 Carafano v. Matchmaker.com 사건에서 제 9 연방항소법원이 피고에게 ICP로서의 법적 책임을 부여했던 1심법원의 판결을 뒤집은 것에 대해 "이 같은 구분을 무시했다"며 유감을 표시했다.

④ 선택과정 *(Selection Process)*

Batzel v. Smith 사건에서 소수의견을 냈던 Ronald M. Gould 판사는 ICP의 법적 책임에 관한 소중한 통찰력을 보였다. 그는 '정보선택권'을 ICP를 판단하는 중요한 기준으로 판단했다. 굴드 판사는 이 사건에 대한 재청문 절차를 진행할 것을 주장하며 Zeran 법원의 판례를 따랐던 다수의견을 신랄히 비판했다. 그의 주장은 "공표 전 제 3자의 콘텐츠를 선택하고 편집하는 것은 정보의 '발전'에 해당한다"는 것으로 요약된다.[253] "선택자*(selector)* 와 편집자*(editor)* 는 의회가 부여한 ISP 면책의

---

252 MCW 법원은 이같이 ICP에게 법적 책임을 부여하는 논리를 발전시키기 위해 CDA의 정책의도를 재해석했다. "CDA는 법원이 한 당사자가 콘텐츠의 창작과 발전에 '책임이 있느냐'를 판단할 것을 요구했다. 그러므로 이 법률은 법원이 단지 한 당사자가 정보를 '창작하거나 발전시켰느냐'를 판단할 것을 요구하지 않는다. 정보의 창작과 발전에 책임이 있느냐로 충분한 것이다. 이런 구분은 매우 중요하다. 한 당사자가 실제 정보를 창작하거나 발전시키지 않았어도 제 3자에 의해 만들어진 정보에 대해 책임을 져야 하기 때문이다"

253 Batzel V. Smith, No. 01 56380 at 17011 (9th Cir. 2003). 소수의견을 통해 굴드 판사는 "다수의견은 전통적인 편집기능을 행사하는 것이 발전의 개념에 포함되지 않는다고 본 다른 법원의 사건들을 인용했다"고 밝혔다. 그의 시각에선 이 같은 논리는 이미 인터넷에 공표된 정보를 실질적이거나 잠재적으로 제거하거나 편집하는 경우를 다룰 때 적용할 수도 있을 것이지만 이 사건은 내용물을 공표하기 이전 단계에 관련된 일이라는 것이다. 굴드 판사는 최근의 판결들조차 단지 공표된 후의 편집이나 차단에만 초점을 맞추고 있다고 비판했다.

구역 밖에 있다"는 것이다.

굴드 판사는 정보의 발전과정을 발행전 단계, 선택 혹은 편집, 발행 후 단계로 구분했다. 그의 의견에 따르면 '선택(*selecting*, 혹은 정보를 이용 가능하게 만들어 주는 것)'은 '검열(*screening*, 정보 이용을 제한하는 것)'과 완전히 다르다.[254] 만약 모욕적인 내용물이 아예 공표조차 되지 않았다면 어떻게 사람들이 이용이나 접근제한 등을 거론할 수 있겠느냐고 굴드판사는 물었다. 나아가 그는 "어떤 사람이 이전에는 게시된 적이 없는 정보를 선택하고 게시하는 것은 내용물에 대한 접근을 제한하는 것이 아니라 독려하는 것"이라고 강조한다. 230조의 의도를 분석한 굴드 판사는 비록 의회가 다른 사람이 인터넷에 올린 게시물을 편집하거나 삭제하는 웹사이트 운영자에게 면책을 제공했지만 이런 면책은 웹상에 명예훼손적 콘텐츠를 처음으로 올려놓은 웹사이트 운영자에게 적용되지는 않는다고 주장했다.

3) 두 접근법의 포털사이트 적용

법원의 상반된 접근법은 모두 견고한 논리로 무장돼 있다. 두 그룹의 의견의 타당성을 따져보려면 급변하는 인터넷 환경에 얼마나 적용 가능한지 여부가 중요한 기준이 될 수 있다.

인터넷의 혁명적인 변화와 함께 뉴스서비스를 제공하는 인터넷포털은 전통적인 언론사의 위상을 위협할 정도로 성장했다. 미국의 Yahoo!는 2억 7,400만 명의 이용자가 방문하는 거대 포털이지만 AOL과 마찬가지로 CDA가 적용되는 ISP다.[255]

---

254 앞서 살펴본 대로 다수의견은 선택과 검열에 대한 기능적 차이가 존재하지 않는다는 입장이다. Batzel, 333 F. 3d. at 1032 참고.

255 Yahoo!media 측은 2004년 3월 현재 야후가 전 세계에 2억 7,400만 명의 고유 이용자를 가지고 있고, 야후의 글로벌 네트워크를 이용해 하루당 24억

Yahoo!news가 *USAToday*의 명예훼손적 내용의 글을 게재했고, 야후가 이 기사의 제목을 자체적으로 붙여 헤드라인뉴스로 홈페이지 첫 면에 게재했다고 가정해 보자. 나아가 많은 Yahoo!News 이용자들이 이 기사를 Yahoo!News의 기사배달 서비스(*alert service*)를 통해 모바일을 통해 받아보았다고 생각해 보자. 명예훼손적 정보는 전 세계에 흩어져 있는 2억 7,400만 명의 야후 이용자에게 도달할 수 있다. 만약 명예훼손 피해자가 Yahoo!News에 기사의 삭제를 요청했으나 야후 측이 *USAToday*로부터 아무런 통지를 받지 못했다며 이를 무시했다고 상상해 보자.

이 가정적 사건이 법원에 간다면 두 그룹의 법원은 어떤 판결을 내릴까. 나아가 어느 법원의 잠재적 의견이 더 설득력이 있을까.

(1) 인터넷포털의 성격

① 구 조

인터넷포털은 단순히 뉴스들을 긁어모으는 뉴스집합소나 검색엔진이 아니다. 대부분의 뉴스포털들은 기자들을 고용하지 않으며, 뉴스를 자체 생산하지 않는다. 기본적으로 다른 뉴스 아웃렛에서 생산한 기사들을 재공표한다. 뉴스포털은 통신사나 신문사, 방송국들과 라이선스 계약을 맺고 기사를 공급받는다.[256] 이용자들은 기사가 어느 신문사나

번의 페이지뷰를 기록하고 있다고 밝히고 있다. http://docs.yahoo.com/info/pr/faq.html.

256 이와 함께 뉴스 제공뿐 아니라 과거 기사를 보관해 놓은 뉴스 데이터베이스 이용계약도 맺어서 현재의 뉴스뿐 아니라 과거의 뉴스까지 이용 가능하게 한다. PR Week, Associated Press Team Up With Yahoo!News (Jan. 6, 2003). "미국의 통신사인 AP는 야후 뉴스 사이트에 유료로 기사제공 계약을 맺었다. 야후 뉴스이용자들은 AP의 기사저장소에서 1998년 1월 이후 기사에 대해 자판 하나만 눌러도 접근할 수 있다. 관련 기사들도 전시될 것이

통신사에서 제작됐는지와 관계없이 Yahoo!News의 로고 아래 기사를 공급받는다.

인터넷포털의 가장 중요한 특징은 신문 방송 잡지 등 다양한 뉴스채널들과 연계해 미디어 아웃렛 역할을 한다는 점이다. 인터넷포털은 기존 미디어 중 특히 편집기능면에서 신문과 매우 유사한 구조를 가지고 있다. 정치 경제 스포츠 연예면 등을 분리시킨 일간신문처럼 인터넷포털 역시 공간을 정치 경제 등 다양한 주제 디렉터리로 나누고, 제 3자의 글까지 싣는 오피니언 디렉터리까지 두고 있다. 신문과 마찬가지로 기사를 선택하고 배치한다. 대부분의 포털들은 뉴스 선택을 위한 편집자(*editor*) 들을 고용한다.[257] 이들은 뉴스기사를 선택하고 배치하고 웹페이지의 콘텐츠와 디자인에 대해 책임을 진다. AOL의 경우 기사 제목을 다시 달기도 한다. 이 같은 뉴스배치 기능은 이용자들에게 뉴스밸류를 제공한다.

요약하자면 야후 뉴스는 자체적으로 기자를 고용하지는 않지만 야후 뉴스에 기사를 공급하는 다양한 뉴스채널들이 사실상의 기자 역할을 하고, 야후 뉴스의 편집자들은 일선 기자(각 뉴스 채널) 들이 보내온 기사를 취사선택하는 언론사의 데스크 역할을 한다.

이와 관련, 뉴스포털은 4가지 단계로 진화를 거듭했다. 첫째는 Google news와 같이 알고리즘에 의해 기계가 뉴스를 분류하는 단계이며, 둘째는 Yahoo!News와 같이 전문 편집자를 고용해 편집만 해서 제공하는 경우, 셋째 AOL과 같이 제목을 재작성하고 콘텐츠의 내용을 직접

다. 이용자들은 기사당 1.5달러를 내면 이용할 수 있다."

257 국내의 인터넷포털 역시 마찬가지다. 2007년 국회 국정감사에 출석한 국내 인터넷포털 관계자들의 증언에 따르면 2007년 10월 현재 네이버의 경우 미디어 담당부서에 총 30명이 근무하고 이 중 기자출신은 12명이 배치돼 있다. 다음 역시 24~25명의 편집자들을 고용하고 있고 이들 중 대부분은 기자출신이다.

만들어 게시하는 경우, 넷째는 한국의 미디어다음(Daum. net)과 같이 직접 기자를 고용해 콘텐츠 자체를 제작하는 경우다.

특히 포털은 기사를 패키지형태로 제공한다. 제공하는 기사와 관련된 과거의 기사, 참고가 될 수 있는 기사들이 함께 서비스되고, 관련 사진과 동영상, 그래픽까지 한꺼번에 제공된다. 나아가 이용자들은 다른 이용자들의 기사에 대한 평가도 투표와 댓글, 추천기능 등을 통해 다양한 형태로 접할 수 있다. 이 같은 서비스들은 이용자들이 정보의 가치를 평가, 분석하는 데 중대한 기여를 하게 된다. 포털의 독특한 이 같은 뉴스수집 기능은 새로운 형태의 저널리즘이라고 불러야 할 것이다.[258]

② 뉴스선택 (*News Selection*)

'뉴스선택'은 포털의 중요한 특징 중 하나다. Yahoo!News는 이용자들의 시선을 사로잡기 위해 여러 단계의 뉴스선택 과정을 거치고 다양한 장치들을 이용한다. Yahoo!News의 경우 수많은 뉴스채널에서 무수한 신문 방송기사와 동영상들이 시시각각으로 쏟아져 들어오면 우선 게재여부를 결정한다. 게재가 결정된 기사들 중 가장 중요한 기사로 선택되면 사이트 초기 화면의 뉴스박스로 보내져 7~8개의 헤드라인만 게시된다(〈그림 3-3, 4〉). 야후 이용자들에게 뉴스박스는 인터넷에서 뉴스를 접하는 관문이다. 이용자들은 자신이 흥미를 느끼는 헤드라인을 클릭하면 기사가 바로 뜬다. 최근에는 신문기사뿐만 아니라 방송뉴스도 뉴스박스에서 동영상으로 소개된다. 최근에는 뉴스박스 위에 뉴스 중의 뉴스와 블로그 글 등 가장 흥미를 끌 수 있는 기사와 글들을 따로 뽑아 게시하는 방식으로 사이트를 개편했다.

눈여겨봐야 할 점은 헤드라인으로 뽑힌 뉴스들은 그 시간대에 가장

---

258 Amy Zerba, *Perceived Motives for Clicking on Multimedia Features on News Web Sites: An Exploratory Study*, Association for Education in Journalism and Mass Communication Conference paper (2003).

〈그림 3-3〉 Yahoo! News 섹션

〈그림 3-4〉 Yahoo.com 초기화면 뉴스박스

〈그림 3-5〉

뉴스밸류가 있는 기사라는 메시지를 이용자들에게 전달한다. 일간신문의 1면 톱기사가 그 신문사가 판단한 뉴스밸류가 가장 높은 기사인 것과 마찬가지 의미다.

뉴스선택의 두 번째 영역은 Yahoo!News 페이지다. 홈페이지와 정치, 경제, 스포츠 등 12개의 섹션으로 구성된다. 신문의 정치, 경제, 스포츠면과 기능상 같다. 더욱 중요한 점은 실제 각 섹션으로 들어가면 실제 신문을 그대로 옮겨놓은 것과 마찬가지일 정도로 내용과 형식이 유사하다는 점이다. Yahoo!News의 편집자들은 정치·경제 등 하부 섹션으로 갈 기사들을 분류하고 선택한다. 편집자들은 또 분류된 기사들 중 가장 중요한 기사를 뉴스페이지의 톱기사로 선택하고, 이를 페이지의 가장 윗부분에 배치한다. 각 뉴스의 가치에 따라 기사크기와 위치선정 등 레이아웃(지면배정)을 포함, 전형적인 '지면편집'을 한다. 각 뉴스기사에는 각 뉴스채널에서 보내온 사진과 동영상 등도 함께 제공되는 경우가 많다. 이 같은 과정은 12개의 디렉터리에서 반복된다. 이런 과정들을 통해 Yahoo!News는 파트너 언론사들이 보내오는 무수한 기사들 중 자신들의 사이트에 게재할 뉴스아이템을 선정하고, 섹션 내에서 기사 크기와 위치들을 결정하면서 새로운 형태의 미디어로서 기능하고 있다.

③ 콘텐츠 발전을 위한 장치들과 분배

Yahoo!News는 뉴스기사를 발전시키고 배포를 촉진시킬 다양한 기술적 장치들을 가지고 있다. 콘텐츠 발전을 위한 가장 대표적 장치로는

Yahoo!News의 기사평가(*rating*) 시스템이다. 기사나 사진의 말미에 기사의 추천여부를 표시하게 하고, 평균을 내서 계량화하는 것이다. 〈그림 3-5〉에서 보듯 추천은 왼쪽 5개 별의 단계로 할 수 있다. 왼쪽부터 'Not at all(전혀)', 'Somewhat(다소)', 'Moderate(보통)', 'High(높이)', 'Very high(매우 높이)' 등으로 나눠진 별 중 자신의 평가에 따라 한 별을 선택하면 평가가 이뤄진다. 이용자들은 기사를 읽은 사람들이 평균 추천점수를 볼 수 있고, 참가자의 수도 알 수 있다.

Yahoo!News의 12개 섹션 중 하나인 'Most Popular(가장 인기 있는)' 섹션에는 가장 많이 이메일로 보내진 기사(*Most-emailed*), 가장 페이지뷰가 많은 기사(*Most-viewed*), 가장 많은 추천을 받은 기사(*Most-Recommended*) 등으로 기사를 분류해 소개한다. 이는 기존정보에 새로운 가치를 부여하는 뉴스의 재가공 과정으로 볼 수 있다. 이용자들의 입장에서 보면 다른 이용자들의 기사에 대한 관심도와 평가 등은 1차 뉴스에 첨가된 새로운 정보이기 때문이다. 물론 이 같은 랭킹은 근본적으로는 야후가 아닌 이용자들에 의해 만들어지거나 파생된 것이다. 그러나 이를 분류하고 체계화해 2차 정보를 만들어 낸 것은 포털이다.

모든 Yahoo!News의 이용자들은 모든 기사에 댓글을 달 수 있다. Yahoo!News는 또 사용자들이 원하는 뉴스를 빠르고 편리하게 공급하기 위해 '뉴스 경보(*news alert*)' 시스템을 도입, 이용자들이 원하는 뉴스를 이메일이나 다른 방법으로 서비스한다.

Yahoo!News는 이와 함께 RSS(*Really Simple Syndication*) 피드를 제공한다. 이용자들은 이 서비스를 통해 자신의 웹사이트나 블로그에 뉴스 링크나 헤드라인, 혹은 뉴스 요약문과 같은 데이터 피드를 손쉽게 만들거나 전파할 수 있다. 이 같은 장치들은 Yahoo!News가 뉴스와 정보들을 전파하는 데 적극적이고 공격적인 역할을 하고 있음을 보여준다.

④ 제목 달기

Yahoo!News는 일반적으로 스스로 기사의 제목을 달지는 않는다. 뉴스채널에서 보내준 기사의 제목을 그대로 사용한다. 그러나 AOL은 때때로 통신사나 다른 언론사에서 보내 준 기사와는 다른 제목을 직접 달기도 한다.

예를 들면 2005년 3월 26일 AOL과 Yahoo!News는 사실상 뇌사상태였던 Terri Schiavo에게 음식튜브를 다시 삽입하라는 정부의 조치를 기각한 법원의 결정에 대해 *AP*에서 제공한 동일한 기사를 올렸다.[259] Yahoo!News는 *AP*의 제목인 "Shiavo's Father Says She's in Last Hours."를 그대로 올렸다.[260] 그러나 AOL은 "Federal Court Again Reject Shiavo Parents' Case."를 제목으로 달았다.[261]

AOL과 Yahoo!News의 다른 헤드라인은 '콘텐츠의 창작 혹은 발전'의 범위에 관한 이슈에서 상당히 중요한 시사점을 준다. AOL의 헤드라인은 *AP* 기자가 쓴 본래의 기사의 관점을 새롭게 변화시켰다. *AP*의 헤드라인은 튜브관 재삽입을 통해 생명연장을 주장해 온 Schiavo의 아버지의 입장에서 단 것이라면, AOL은 법원의 판결에 초점을 맞췄다. AOL의 헤드라인은 이 이슈를 자신의 관점에서 해석하고 제목을 달았다고 볼 수 있다.

---

259 Mike Schneider, "Schiavo's Father Says She's in Last Hours," March 26, 2005, Yahoo!News, http://news.yahoo.com/news?

260 Mike Schneider, "Schiavo's Father Says She's in Last Hours," *The Associated Press* (March 26, 2005), http://hosted.ap.org/dynamic.

261 Mike Schneider, "Federal Court Again Rejects Schiavo Parents' Case", March 26, 2005, AOL News, http://aolsvc.news.aol.com/news/article.

(2) 인터넷 명예훼손과 포털: 포털은 미디어인가?

① 친 Zeran 법원의 입장

약 30년 전 미국의 연방대법원은 "신문은 수동적인 저장소나 뉴스와 코멘트, 광고를 위한 수도관(*conduit*)의 역할을 넘어선다"고 판결했다.[262] 대법원의 견해에서 보듯 신문이 신뢰할 수 있고 품위 있는 매체로서 자리매김을 할 수 있었던 가장 기본적인 기능은 편집통제(*editorial control*)와 판단(*judgment*)이었다. "신문에 들어갈 아이템의 취사선택, 기사 크기에 대한 제한 및 결정, 공인과 공공의 이슈에 대한 취급" 등은 미디어로서 지녀야 할 가장 중요한 요소라는 것이 연방대법원의 판단이었다. 바로 동일한 이유로 인터넷포털은 ISP 이상의 매체로 간주돼야 한다. 예를 들어 Yahoo!News는 다양한 뉴스소스로부터 공급받은 뉴스 아이템을 선택하고, 뉴스밸류를 평가하고, 이를 자신들의 웹페이지에 배치한다. 많은 면에서 인터넷포털은 전통적인 신문매체와 유사하다. 그러나 현재 미국의 지배적인 인터넷 독트린을 고려하면 앞서 예로 들었던 *USA Today*에 관한 가상의 사례는 인터넷포털이 미디어라는 주장을 무색하게 만든다.

Zeran 계열법원들의 논리를 적용하면 인터넷포털은 '발행인'이나 '배포자'로서의 법적 책임을 지지 않는다. 뉴스를 생산하지 않기 때문이다. Yahoo!News 편집자들의 편집통제도 CDA 230조의 우산 아래 법률적으로는 무시된다. *USA Today*의 무수한 기사 중 Yahoo.com의 편집자의 눈에 띈 기사는 초기화면의 뉴스박스에 배치되지만 이 같은 뉴스 선택과정은 실질적으로 기사내용을 변화시키지 않았기 때문이다. Yahoo!News의 개별 섹션에 실린 기사가 톱기사로 실렸든, 1단 크기로 처리됐든 기사의 크기와 배치 역시 콘텐츠를 발전시킨 것으로 인정되지 않는다.

---

262 Miami Herald Publishing Co. v. Tornillo, 418 U.S. 241, 258 (1974).

*USA Today*와 Yahoo!News 간에 맺은 라이선스계약도 Yahoo!News를 ICP로 전환시키지 못한다. 이들 법원의 시각에선 라이선스가 Yahoo!News에게 단지 에디팅할 권리를 부여한 것에 불과하기 때문이다. 테크놀로지의 발달에 힘입은 정보 배포 장치들도 콘텐츠의 변화와 관련이 없기 때문에 고려대상이 아니다. Yahoo!News가 아무리 명예훼손적인 내용이 담긴 제3자의 글을 이메일로 대량 발송하고 적극적으로 경보를 울리며 전해줘도 법적 책임을 물을 수 없다. 기사의 품질을 이용자들이 평가하는 행위도 기사 자체를 변화시키지 않았기 때문에 콘텐츠를 발전시킨 것으로 볼 수 없게 된다.

Zeran 계열 법원들은 인터넷포털의 배포자로서의 책임을 인정하지 않는다. 그러므로 Yahoo!News가 자신이 게재한 뉴스 아이템이 오보인 것을 사전에 알았지만 이를 게재해도 면책이 인정된다. 반대로 명백한 오보로 인한 피해자의 삭제요청을 무시하더라도 'Zeran 독트린'에 따라 법적 책임을 묻기 어렵고 최신식의 다양한 배포장치들을 통해 끊임없이 명예훼손적 뉴스들을 배포할 수 있다.

Zeran 계열 법원의 법리를 인터넷포털에 적용할 경우 명예훼손의 피해 및 구제의 관점에서 보면 중대한 문제들을 야기한다.

뉴스 선택은 첫 번째 이슈다. 앞서 거론한 *USA Today*의 기사와 관련된 가상의 사례를 다시 떠올려 보자. 이 기사는 Yahoo!News의 뉴스박스에 포스팅되기까지 편집자에 의해 여러 단계의 선택과정을 거치며 뉴스밸류가 높아질 수 있다. 가령 이 기사가 *USA Today*에서는 전혀 톱기사로 소개되지 않았지만, Yahoo!News에선 초기화면의 뉴스박스에 주요 기사로 소개될 수 있고, 실제 그런 일은 흔히 일어난다. 매체특성의 차이와 뉴스밸류를 평가하는 편집자들의 주관적 요소가 개입되기 때문이다. 특히 연예뉴스 같은 경우가 그렇다. 정론지에선 연예뉴스가 1면에 배치되는 경우가 없지만, 인터넷포털의 뉴스박스에선 연예뉴스가 상당히 중요하게 취급된다. 배치와 크기의 기준으로 보면 Yahoo!News

에 소개된 이 기사가 *USA Today*에 게재된 같은 기사보다 명예훼손의 관점에선 훨씬 더 큰 피해를 발생시킨다는 것은 쉽게 이해할 수 있다.

보다 근본적으로는 Batzel판결에서 굴드 판사가 지적했듯 Yahoo!News의 편집자가 이 기사를 선택하지 않았으면 이 기사의 재공표도 없고, 따라서 문제 자체가 되지 않았을 것이다. 기사를 선택할 때 Yahoo!News의 편집자 앞에는 정치 경제 사회 등 각 분야의 다양한 아이템의 기사들이 무수히 쏟아져 들어온다. 편집자들은 이 많은 아이템 중 일부만을 선택해야 한다. 또 같은 사건, 같은 주제를 다룬 기사 중에서도 일부만 선택해 Yahoo!News에 올릴 뿐이다.[263] 링크를 붙이거나 부

〈그림 3-6〉 기사 출처가 소개되지 않은 Yahoo.com의 뉴스박스

263 엄격히 말해, Batzel 사건에서는 웹사이트 운영자인 Cremers가 단지 이메일을 포스팅할지 여부만을 결정, 단 한 차례의 선택만을 했다. 그러나 Yahoo!News의 편집자들은 최소 4~5차례 선택과 배치를 해야 한다.

가적인 리포트를 다는 것 등은 단순한 정보의 전달자의 역할을 훨씬 넘어서는 것이다. 결국 Zeran 계열 법원의 입장은 포털 사이트의 미디어로서의 기능을 부정하게 되는 결과를 초래한다.

둘째, 인터넷포털 메인 화면의 뉴스박스도 다시 살펴볼 필요가 있다. 앞서 살펴보았듯 Yahoo를 비롯한 대부분의 포털들의 뉴스박스는 기사의 헤드라인만 소개될 뿐 실제 뉴스를 제작 공급한 언론사는 소개하지 않는다. 공간적인 제약 탓이다. 이용자들은 단지 Yahoo!의 로고만을 볼 뿐이다(〈그림 3-6〉).

Yahoo.com의 뉴스박스(오른쪽 위)를 보면 쉽게 이해될 것이다. 이에 따라 이용자들은 뉴스박스에 소개된 기사가 1차 소스로부터 재공표된 기사나 제목이 아니라 Yahoo의 판단에 따라 발행된 정보(뉴스)로 인식하게 된다. 이는 상당히 중요한 의미가 있다. 이용자들은 기사를 1차 공표한 언론사의 공신력을 믿고 기사를 클릭하는 것이 아니다. 오로지 Yahoo의 공신력을 믿고 기사를 선택하는 것이다.

다시 말해 이용자들은 'Yahoo가 선택한 기사이니 엉터리는 아닐 것'이라고 생각하고, 'Yahoo가 흥미 있는 기사를 뉴스박스에 올렸을 것'이라는 기대를 갖고 뉴스를 선택한다고 볼 수 있다. '기사를 어디에서 보았느냐'고 물으면 "*USA Today* 기사를 보았다"고 이야기하지 않고, "Yahoo에서 봤다"고 말하는 사람들을 주변에서 흔히 접하게 되는 이유도 이와 관련이 있다. 여기서도 보이듯 포털은 미디어로서 기능한다. 이에 따라 1차 발행인에 준하는 지위가 부여되는 것이 맞다. 기사 제작에 직접 관여하지 않았다는 이유로 미디어로서의 책임을 제외시키는 것은 이와 같이 포털의 미디어로서의 속성에 대한 몰이해로부터 비롯된 것이다.

셋째, 헤드라인 자체도 콘텐츠의 발전 측면에서 중대한 문제를 던진다. 헤드라인의 두 가지 주요한 기능은 "(독자들이) 신문의 논조를 결정하도록 도움을 주는 것"과 "스토리의 분위기를 묘사하는 것"이다.[264] 좋은 헤드라인은 독자들의 관심을 끌고 독자들이 무엇을 읽을지 결정하는 데 도움을 주며, 신문의 논조와 색깔까지 드러내 준다.[265] 그러므로 헤드라인은 뉴스기사의 톤을 정하는 데 중요한 역할을 하나 Zeran 계열 법원에선 이 같은 특성들이 무시될 가능성이 높다.

넷째, Zeran 독트린을 따를 경우 '배포자 책임'과 관련해 심각한 역설적 상황이 발생한다. 우선 Yahoo!News가 *USA Today* 기사에 대한 삭제 요청을 받았으나 이를 거부하고 계속 게재하더라도 230조에 따라 면책된다. 그러나 생각해 보자. 명예훼손을 당한 A 씨가 Yahoo!News와는 별개로 *USA Today*를 상대로 소송을 내서 이겼을 경우 *USA Today*는 자신의 인터넷 사이트의 데이터베이스에서 이 기사를 삭제할 것이다. 그러나 함께 소송을 당한 Yahoo!News는 ISP이므로 삭제할 필요가 없다. 더욱 심각한 것은 *USA Today*가 정정보도와 함께 기사에 대해 사과했다고 해도 Yahoo!News는 이를 반드시 게재할 법적 의무가 없다. 정정보도를 선택하든, 하지 않든 법적으로 Yahoo!News가 책임질 것은 없기 때문이다. 뉴스를 실제 제작한 사람은 잘못을 시인하고 기사를 삭제하는데, 뉴스의 전달자는 기사를 의도적으로 방치해도 책임이 없게 되는 것이다.

마지막으로, 손해배상의 문제가 실질적 이슈가 된다. 위의 가상적인 *USA Today* 케이스를 예로 들면, 법원은 Yahoo에게는 면책을, 1차 뉴스소스였던 종이신문인 *USA Today*에게는 유책 판결을 할 것이다. 그러나 명예훼손을 당한 피해자의 손해 범위를 측정해 본다면 사정은 달라진다. 법원은 통상 언론사의 명예훼손으로 인한 손해배상의 범위를 모든 가능한 독자수로 계산한다. Yahoo의 이용자수는 *USA Today*의 독자

---

264 Brian Brooks & Jack Sissors, *The Art of Editing* 156 (7th ed. 2001). 헤드라인의 다른 기능으로는 독자들의 관심 유도, 기사의 요약, 독자들이 페이지의 내용들에 대한 목록을 만드는 데 도움을 주는 것 등이다.

265 위의 글 158쪽.

수를 훨씬 상회한다. 그러나 실제 피해를 많이 입힌 매체가 무엇인지 상관없이 단지 기사작성 주체가 누구인지에 따라 손해액이 결정되는 모순이 발생하게 되는 것이다.

② 반 Zeran 법원의 입장

반 Zeran 법원들은 인터넷포털이 비록 ISP이지만 명예훼손 사건에서는 ICP로 책임을 물을 수 있는 여러 판례들을 만들어 놓았다.

발행 전 정보선택 단계를 통해 ISP(뉴스포털)는 뉴스밸류를 부여한다.[266] 뉴스의 소비자들은 모니터에 선별돼 디스플레이된 뉴스가 상당히 의미가 있는 뉴스라고 판단하게 된다. 즉 Yahoo!News를 통해 뉴스를 소비하는 이용자들에게는 1차 뉴스소스인 통신이나 신문사의 공신력에 Yahoo 자체의 신뢰도까지 합쳐 뉴스를 받아들이게 되는 것이다. Batzel 재판에서 Gould 판사의 주장처럼 1차 뉴스소스에서 오는 상당수의 기사는 Yahoo에서는 소개조차 되지 않고 사장된다. Gould 판사는 "특정한 정보를 인터넷에 배포하기 위해 선택하는 편집자의 결정은 미묘하지만 중요한 방식으로 정보를 변화시킨다. 그것은 바로 편집자의 출판허가(*imprimatur*, 마치 가톨릭교회가 내리는 신앙과 도덕에 관한 서적의 출판허가)와 같은 것이다"라고 강조한다. 그의 논리를 적용하면 인터넷포털의 다단계 뉴스 선택과정은 정보의 변화과정이다. 또 크기와 장소의 배치에 따라 뉴스밸류가 다르게 부여된다. 따라서 뉴스포털에 게재되는 뉴스는 1차 뉴스채널에서 공급받은 뉴스에 비해 새로운 가치가 반영된 '발전된' 콘텐츠이므로, ICP로서의 책임이 부여될 여지가 생긴다.

평가(*Rating*) 시스템은 앞서 살펴본 대로 Zeran 재판을 따른 Gentry 재

---

266 Batzel v. Smith, 333 F. 3d 1018, 1037 1041 (9th Cir. 2003). Gould wrote, "A person's decision to select particular information for distribution on the Internet changes that information in a subtle but important way: it adds the person's imprimatur to it."

판에서 콘텐츠를 발전시킨 것으로 인정되지 않았다. 그러나 반 Zeran 법원의 법리를 따라가다 보면, 이 같은 방식은 1차 자료(오리지널 뉴스 기사)에 새로운 정보(네티즌 평가)를 첨가해 기존정보의 내용과 질을 높인 것으로 간주될 공산이 크다. 있다. 헤드라인 역시 MCW 재판에서 판결했듯 일정 정도 콘텐츠를 발전시킨 것으로 간주된다.[267]

Barrett 사건에서 보듯 뉴스포털이 오보나 명예훼손적 보도에 대해 삭제나 정정보도 요구를 받았을 경우 이를 이행하지 않으면 배포자로서 책임져야 한다. 나아가 인터넷포털의 정보유포를 위한 첨단기술 등은 Barrett 판결의 논리에 설득력을 더하게 되며, 왜 ISP의 유통자로서의 책임이 인정돼야 하는지 설명해 준다. 인터넷포털은 모바일 디바이스와 같은 첨단 유통기술을 사용한다. 그 영향력은 독자에게 매우 직접적이고 효과적이며 미치는 폭도 넓다.

---

267 MCW Inc., 2004 WL 833595.

6. 결론

이 장의 목적은 왜 미 의회가 230조를 만들었고, ISP에 대한 면책 조항에 대한 논란이 어떻게 발전되었는지 살펴보는 것이었다. 1996년 처음 의회에서 CDA를 통과시켰을 때 의회의 의도는 어린이들을 인터넷 음란물로부터 보호하는 것이었다. 그러나 CDA는 이후 본래의 의도와는 달리 명예훼손 소송을 포함, 모든 민사소송에 내비한 ISP의 안전장치로 주로 이용됐다. 이는 전적으로 법원이 ISP 면책규정인 230조를 절대적 면책규정으로 해석했기 때문이다.

이 글에선 궁극적으로 의회가 230조를 만들 때 제 3자가 올린 게시물에 대해 절대적인 민사 면책특권을 ISP에 부여했는지 여부, 완벽한 면책특권 부여가 급변하는 인터넷 환경을 규율할 수 있는 효과적이고 균형잡힌 정책수단으로 작용하고 있는지를 확인하고자 했다.

1) 요약 및 발견

(1) 어떻게 그리고 왜 230조가 추가되었나?

230조는 Exon 의원이 대안으로서 고안한 것이다. 상원의 Exon 의원 등과 보수 종교단체들은 ISP를 포함한 음란물 유통자에 대한 형사처벌이 인터넷 음란물을 규제할 수 있는 강력한 수단이라고 생각했다. 그러나 하원에선 인터넷 음란물 규제에 대한 다른 의견을 내놨는데 이는 자율규제론의 기반이 됐다. 또 좋은 의도에서 인터넷을 감시했다가 오히려 불이익을 당한 Stratton v. Prodigy 재판의 영향도 230조 도입에 큰 영향을 미쳤다. 양측이 팽팽히 맞섰지만 결국 완전히 다르고 오히려 갈등적 철학을 담고 있는 두 법안이 기계적으로 결합해 법안이 통과됐다. Exon 등 보수파에선 음란물로부터 청소년을 보호하는 것이 우선이었기 때문에 ISP에 대해 일방적 특혜를 주는 면책조항을 사실상 정치적으로 양보한 측면이 크다. 그러나 이 법은 결코 명예훼손 등을 규율하기 위한 법이 아니었다. 입법과정에선 4가지 중요한 사항이 발견됐다.

첫째, 의회가 230조를 만들 때 이 조항이 명예훼손에 적용된다는 명시적 언급이 없었다. 둘째, 의회의 입법기록에 따르면 230조의 ISP 면책규정은 착한 사마리아인 조항에만 제한적으로 적용된다고 해석하는 것이 합리적이다. 셋째, 230조에 새겨진 부모에 의한 자율규제의 개념은 인터넷 명예훼손 등에 적용하기는 적절치 않다. 넷째, 입법기록에 따르면 ISP가 명예훼손적 게시물을 인지하고서도 삭제하지 않는 것과 관련, CDA가 배포자로서의 책임까지 면제한 것은 아니라고 해석하는 것이 타당하다.

(2) 이익단체들은 230조 제정에 어떤 역할을 했나

이익단체들은 종교단체든 자유주의 시민단체와 인터넷비즈니스 기업이든 간에 사실상 법안의 공동저자와 같은 핵심적 역할을 했다.

특히 자유주의 시민운동 단체들과 인터넷 비즈니스 업체들 간의 연합은 비록 두 그룹의 궁극적인 목표가 표현의 자유 수호와 기업이익 보호로 크게 다르지만 보수적 종교단체에 맞서 인터넷산업의 발전에 유리한 최대한의 환경을 만드는 데 성공했다. 나아가 230조를 지원한 많은 의회 멤버들은 인터넷 산업체들과 매우 밀접하게 연결돼 있었고, 230조는 직접적으로 ISP의 이해를 반영할 수밖에 없었다. 반면, 인터넷 명예훼손의 피해자를 대변할 이익단체들은 없었다. 나아가 개인적 명예에 대한 피해를 보상하는 명예훼손법 성격상 인터넷 희생자들은 정치적으로 세력화할 수 없었다. 이 같은 상황은 230조가 CDA의 위헌판결에도 불구하고 살아남은 이후에도 지속적으로 전개됐다. 자유주의 시민단체와 인터넷 비즈니스 그룹은 지속적으로 230조를 ISP에 유리하게 해석되도록 의회와 법원에 로비전을 펼친 반면, 보수 종교그룹은 ISP의 면책문제는 주관심사가 아니었기 때문에 위헌판결 이후 전선에서 이탈했다.

이로 인해 ISP에 관한 절대적 면책조항은 법원에서 뒤집힐 가능성이 더욱 적어졌다.

(3) 법원은 230조를 어떻게 해석했나?

Zeran v. AOL 판결은 230조를 해석하는 지배적인 이론이 되었지만 ISP에 대한 절대적 면책 해석은 지속적으로 타 법원으로부터 도전을 받고 있다.

배포자 책임문제와 관련해 Zeran 계열 법원들은 배포자 책임이 발행자 책임의 부분집합에 불과하므로 230조의 면책규정은 배포자에게도 적용된다고 보고 있다. Zeran 법원은 민사 면책규정이 오히려 자율통제를 방해하더라도 이는 의회의 정책선택이라고 주장한다. 이에 반해 반 Zeran 법원들은 Barrett 항소심과 Grace 재판에서 절대적 면책은 ISP의 자기통제를 격려하지 않으며, 오히려 시간과 자금의 낭비를 막기 위해 ISP가 콘텐츠를 스크린하는 것을 주저하게 한다고 주장한다. 실제 많은 케이스를 보면 Zeran 법원이 판단과 달리 ISP들이 면책규정에도 불구, 자발적으로 자율규제를 하지 않는다는 사실을 입증한다. 오히려 ISP들은 절대적 면책특권 아래 자율규제를 하지 않아도 되는 자유를 누리고 있다.

ICP와 공동책임의 범위에 관해서도 두 법원 그룹들은 판이한 시각을 보인다. Zeran 계열 법원들은 ISP가 콘텐츠의 내용을 '실질적으로 변화시킬 때'만으로 '발전'의 개념을 좁게 해석한다. 이로 인해 ICP로서 공동발행인 책임범위가 대폭 좁혀졌다. 뉴스 선택과정이나 문구 등의 변화는 '발전'의 개념에 포함시키지 않는 등 엄격히 해석했다.

그러나 반 Zeran 법원은 "적극적 역할기준"이라는 개념을 도입, ICP로서의 책임범위를 넓게 해석했다. 이들은 콘텐츠 '발전'의 개념을 규정짓는 가장 중요한 요소는 '변화된 단어의 수' 등이 아니라 '실제로 ISP가 콘텐츠 발전에 관여한 정도'를 기준으로 삼아야 한다고 본다.

급변하는 인터넷 환경에서 두 법원 그룹의 의견의 타당성을 조사하기 위해 포털사이트의 뉴스서비스(인터넷포털)를 두 그룹의 판례에 대입시켰다.

Zeran 계열 법원의 판례들은 뉴스포털을 자체적으로 고유한 콘텐츠를 생산하지 않기 때문에 발행인이나 배포자로서 책임을 부여하지 않는다. 나아가 이들의 눈에는 뉴스선택 과정이나 인터넷 첨단기술을 동원한 적극적인 정보배포 등의 활동도 정보를 '발전'시킨 것으로 보이지 않아 ICP로도 인정되지 않을 가능성이 크다. 동시에 이러한 Zeran 계열의 접근법은 인터넷포털을 매스미디어로 인정하지 않을 결과를 초래한다. 반면 반 Zeran 법원은 인터넷포털의 뉴스선택 과정과 헤드라인 작성 등 여러 가지 특성들이 콘텐츠를 '발전'시킨다는 이유로 뉴스포털을 ICP로 인정할 가능성이 크다.

이처럼 Zeran 계열 법원이 급변하는 인터넷의 발전상을 제대로 반영하지 못하는 반면, 반 Zeran 법원의 견해가 더욱 탄력적으로 인터넷을 기반으로 한 뉴미디어의 문제를 다루는 데 타당하다는 것을 입증한다. 포털은 한 예에 불과하다. 지금은 블로그가 대중적인 형태의 인터넷 커뮤니케이션의 한 방법이지만 의회가 230조를 시행했을 때, 블로그 등 뉴미디어의 출현을 거의 예상하지 못했다. 블로그는 ISP인가 아닌가? 만약 블로그 운영자가 존 시근셀러의 전기처럼 다른 사람이 익명으로 작성한 명예훼손적 글을 올린다면 어떻게 될까? 블로거들도 230조에서 규정한 230조에서 면책우산의 혜택을 받을 수 있을까?

2) 토론과 제안

이 글에서 밝힌 여러 가지 사실들은 이론적으로나 논리적으로나 230조의 ISP에 관한 면책조항이 인터넷 명예훼손이나 다른 인터넷 관련 손해배상 사건을 다룰 수 있는 건강한 법이 아니라는 것을 확인시켰다. 또

CDA의 입법과정 또한 230조가 인터넷 명예훼손 등을 다루기 위해 제정된 법이 아님을 입증했다.

ISP에게 절대적 면책을 부여한 Zeran 계열 법원의 결정은 심각한 결과를 야기했다. Gould 판사는 어떤 법원의 의견이 인터넷을 서부개척시대의 "오래된 서부: 무법지대(*old west: a lawless zone*)"로 만들었다고 비판했다.[268] 법원이 ISP의 '선의의 활동(*good faith activity*)'뿐만 아니라 '악의의 활동(*bad faith activity*)'까지 230조의 우산 아래 보호한 것은 전혀 바람직스러운 일이 아니다.

230조를 디자인한 미 의회가 새롭게 피어나는 커뮤니케이션 신매체와 비즈니스산업을 육성하려한 것은 사실이다. 그러나 이 같은 절대적 인센티브는 이제 재고해 볼 때가 됐다. 현재의 인터넷 환경은 230조를 통과시켰던 15년 전, 단순히 전자게시판에 글을 올리던 때와는 판이하게 달라졌기 때문이다. 한 연구자는 "아직도 인터넷에 (명예훼손에 대한 광범위한 면책의) 보조금(*subsidy*)을 계속 줄 필요가 있느냐"고 의문을 제기하며 "인터넷은 더 이상 유아단계가 아니다"라고 강조했다. 필자도 미국처럼 ISP에 대해 '절대적' 면책특권을 주는 것에 반대한다.[269]

이제는 미 의회와 법원도 CDA 230조의 '착한 사마리아인' 조항의 취지를 재검토해야 한다. 필자는 그런 의미에서 미 의회가 230조를 다시 쓰거나 인터넷 명예훼손과 ISP의 책임문제에 대해 새로운 입법을 해야 한다고 생각한다. 그런 이론적 아키텍처는 이미 반 Zeran 법원들에 의해 세워지고 있다. 새로운 입법은 온라인에서의 표현의 자유와 명예훼손 피해자들의 이익 간에 일방적인 불균형을 바로 잡는 데서 출발해야 한다.

---

268 Batzel v. Smith, 333F. 3d 1018, 1040 (9th Cir. 2003)

269 Jae Hong Lee, *Batzel v. Smith & Barrett v. Rosenthal: Defamation Liability for Third Party Content on the Internet*, 19 Berkeley Tech. L. J. 469, 491 (2004).

230조는 인터넷 커뮤니케이션의 건강성을 기르고 정부의 간섭을 최소한에 그치도록 만드는 숭고한 목적 아래 고안된 것으로 무척 가치 있는 법안이다. 그러나 표현의 자유는, 문제되는 정보에 대해 알고 있거나 알아야 할 이유가 있는 ISP에게 완벽한 면책특권을 준다고 촉진되지는 않는다. 이는 지난 10년간의 사례들이 남긴 교훈이다. ISP의 면책은 제한돼야 한다. 특히 통보 또는 인식을 조건으로 한 배포자 책임은 반드시 인정돼야 한다.

만약 의회가 230조를 다시 쓰기 어렵다면, 의심할 여지도 없이 법원의 주류의견들은 반 Zeran 계열 법원의 법리에 대해 적극적으로 문을 열어야 한다. 특히 자유주의 시민단체들과 인터넷 산업의 연합 그룹의 영향력은 막강하고 지속적인 반면 명예훼손 희생자들의 사회적 지원세력은 전무하다. 법원이 ISP 면책의 본질을 이해하고, 두 가지 다른 사회적 이익에 대해 균형을 맞추려고 노력해야 한다.

• 제4장 •

한국에서의 인터넷포털 논쟁

우리는 앞장에서 미국에서 통신품위법(CDA) 제정을 통해 인터넷 규제에 관한 최초의 입법을 시도한 1996년 이후 10여 년간 전개된 논쟁의 흐름을 뒤쫓아 왔다. 미국의 ISP 면책 및 인터넷 규제 논쟁은 우리와 전혀 상관없는 다른 나라의 이야기가 아니다. 지금 우리나라에서도 인터넷 규제를 둘러싼 뜨거운 감자는 바로 인터넷 서비스 사업자(ISP), 특히 인터넷포털의 법적 책임 문제이기 때문이다. 포털의 규제를 둘러싼 다양한 찬반 논리와 이론적·법률적 근거들도 미국에서 벌어진 10여 년간의 법률논쟁에서 한 치도 벗어나지 않는다.

미국의 인터넷 규제논쟁과 법원의 입장, 특히 Zeran 법원의 입장을 우리나라의 현실에 직접 적용하는 것은 물론 적절치 않다. 필자 역시 Zeran 법원의 입장에 찬성하지 않는다. 미국 법원의 ISP에 대한 완전한 면책입장을 비판하기 위해 반 Zeran 법원 입장을 두둔했지만, 그렇다고 포털에 대한 강력한 규제가 필요하다는 입장은 더더욱 아니다.

인터넷에 대한 법적 규율 문제는 우리에게는 아직 그리 익숙한 분야가 아니다. 미국에서 벌어진 인터넷 규제논쟁은 우리에게 표현의 자유와 개인의 명예 및 인격권에 대한 법적 조망을 하는 데 도움을 주고, 인터넷 규제의 적정선을 찾는 데 통찰력을 줄 수 있다. 특히 자율규제와 정부의 규제에 관한 논쟁, 배포자 책임인정 문제, ISP의 미디어로서의 기능에 주목한 ICP로서의 책임문제 등은 우리에게 많은 시사점을 준다.

미국의 사례를 떠올리며 우리나라의 인터넷 규제 논쟁, 특히 인터넷포털의 규제 논쟁으로 뛰어 들어가 보자.

1. 언론으로서 포털의 정체성 논란

포털이 미디어냐 아니냐의 여부는 법률적으로나 현실적으로 공허한 논쟁이다. 필자의 개인적인 견해이지만 포털의 언론성을 놓고 입씨름하기보다는 '언론으로서의 포털'이 앞으로 어떻게 발전할 것인가, 가장 바람직한 발전방향은 무엇인가를 논의하는 것이 훨씬 생산적이다. 이 글에서도 포털의 정체성 논란에 대해 살펴보겠지만 아울러 '언론포털'의 현재와 미래를 함께 조망해 보자.

앞장의 미국의 사례에서 살펴보았듯 포털은 기능적으로 미디어로서의 다양한 장치를 가지고 있고, 현실세계에서 언론매체로서 기존 온·오프라인 매체의 영향력을 능가한다.

미국의 경우 우리의 신문법이나 방송법처럼 언론매체를 따로 규율하는 법률은 없다. 수정헌법 1조에서 언론을 제약하는 어떤 법도 만들지 못하도록 했기 때문이다.[1] 이에 따라 미국의 법원은 명예훼손 등 손해배상 책임을 따질 때 인터넷포털이 언론이냐 아니냐를 따지는 것이 아니라, 콘텐츠의 발행인인가, 배포자인가에 대해 따진다. 보통법에 의하면, 책, 뉴스, 잡지 발행인과 같은 '1차 발행인'은 저자와 같은 근거에서 명예훼손 책임을 진다. 사실 Zeran v. AOL 판결을 뒤집어 살펴보면 이 법원 역시 인터넷포털인 AOL의 발행인으로서의 지위를 인정했다. 배포자 역시 2차 발행인으로 보았기 때문이다. 그러나 미국의 사법부는 인터넷에서의 표현의 자유를 위축시키지 않고, 인터넷산업을 육성하기 위해 발행인으로서의 책임을 면제했다. Zeran 판결에서 '인식이나 통보에 근거한' 배포자의 책임을 면제시켜준 법리를 따져보면 이는 더욱 명

1 수정헌법 1조의 내용은 다음과 같다. '연방의회는 국교를 정하거나 신앙의 자유를 금지하는 법률을 제정할 수 없으며, 언론 출판의 자유를 제한하거나 국민들이 평화적으로 집회할 권리와 불만의 구제를 정부에 청원할 권리를 제한하는 법률을 제정할 수 없다."

확해진다. Zeran 법원에 따르면 ISP가 명예훼손의 가능성이 있는 게시물에 대한 통고를 받으면 전통적인 발행인의 책임을 지게 된다. ISP는 게시물의 게시, 편집, 삭제 여부 등 편집자적인 결정을 해야만 하기 때문이라는 것이다. 반 Zeran 법원들은 배포자로서의 책임마저 면제해주는 데 반대하면서 포털이 지닌 미디어로서의 기능에 더욱 주목했다. 뉴스선택과 제목변경, 평가시스템 등 기사의 가치를 변경시키는 것과 관련되는 장치들을 지적하며, 정보의 생산자(ICP)로서의 책임을 물을 수 있다고 주장한다.

우리나라에서 포털이 언론이냐 아니냐가 논쟁이 되는 것은 크게 두 가지 이유에서다. 첫째는 포털이 언론으로서의 정체성을 부인하기 때문이다. 이는 포털이 자신들을 단순한 '정보전달자'로 규정, 포털에 올려지는 콘텐츠에 대한 법적 책임에서 벗어나려는 의도로 읽혀진다.

또 한 가지는 포털이 지닌 사회적 영향력은 갈수록 커지는 데 반해 이를 규율하는 법이 없는 것은 불합리하다는 주장 때문이다. 이는 주로 정치권에서 논란이 된다.

1) 포털의 입장

인터넷포털은 언론으로서의 정체성에 대해 강한 거부감을 보인다. 국내 최대 포털인 네이버는 자신들의 정체성을 "콘텐츠 생산은 하지 않고, 기능적으로 재배치와 전달에 집중하는 '유통사업자'라고 규정한다. 반면 신문사를 비롯한 언론사의 정체성을 뉴스 등 '정보콘텐츠의 생산자(*Content Creator*)'라고 본다.[2] 이에 관해 네이버의 입장은 분명하다.

> 언론의 핵심은 취재와 기사 생산, 편집과 보도인데, 네이버 뉴스는 가장 중요한 취재와 기사 생산활동을 하지 않고 있으며, 기존 언론사

2 네이버 정책실(2008), 〈포털, 네이버를 말하다〉 3쪽.

> 의 기사들을 이용자들에게 전달하는 역할을 수행하고 있습니다. 또한 언론사처럼 정보원(취재원)에 대한 접근권(취재업무)을 갖고 있지 않기 때문에 정보의 사실여부에 대해서는 전적으로 언론사의 판단을 따르고 있습니다.[3]

네이버는 뉴스의 선택과 배치로 요약되는 편집권 또는 편집통제에 대해서도 기존 언론사에서 행하는 고유한 편집과는 다른 개념이라고 선을 긋는다. 네이버는 "언론사의 '편집권'은 취재 보도 논평에 이르는 전 과정에 대한 내적 통제권"이라며 "포털의 뉴스서비스에서는 이와 같은 통제권이 없다"고 주장한다.[4] 때문에 포털의 편집기능을 "언론사 등 정보생산자가 만들어 낸 정보 콘텐츠를 이용자에게 재매개하는 기능적 역할"이라고 규정한다. '의제설정(*agenda setting*)' 기능 등 언론으로서의 역할보다는 기술적 의미를 강조하고 있다. 특히 포털이 뉴스를 자의적으로 편집하고 있는지 여부에 대해서는 완강히 부인한다.

네이버가 밝힌 뉴스편집관련 Q&A를 요약해 옮겨 본다.[5]

> Q 네이버는 뉴스를 자의적으로 편집하고 있지 않는가?
>
> A 네이버 뉴스서비스에서는 언론사들과 같은 형태의 편집을 하고 있지 않습니다. 우선 언론사와의 계약에 따라 기사 내용편집은 불가능합니다. 다만, 매체의 특성상 뉴스서비스를 하는 과정(기사의 재배치와 노출과정)에서 불가피하게 메인 페이지에서 제목의 위치와 길이를 조정하는 경우는 있습니다. 이는 물리적으로 노출 가능한 메인 페이지상의 공간이 갖는 한계입니다. 당연히 기사 본문 페이지와 내용 등에는 전혀 변화가 없습니다.

---

3 위의 책, 5쪽.

4 위의 책.

5 위의 책.

Q 네이버가 제목과 위치를 임의로 조정하면서 실질적인 편집을 하고 있지 않는가.

A 하루에 포털에 전송되는 수천 개의 기사를 주제별, 이슈별로 묶어서 이용자들에게 전달하는 것이 포털뉴스의 역할이며, 언론사가 수행하는 편집과 포털이 수행하는 편집의 차이입니다. 이는 이용자들에게 많은 가치를 제공하며, 그래서 많은 이용자들이 포털뉴스를 이용하는 것입니다. 네이버의 이슈선정 기준은 '현재 시간에 가장 많은 기사가 전송되는 이슈'가 중심이 됩니다. 이는 많은 언론사의 기사를 종합해서 제공하는 포털뉴스의 특징이며, 언론사들의 고유한 편집행위나 자의적 편집과는 구분되는 것입니다. 편집권이라는 것은 취재 보도 논평에 이르는 전 과정에 대한 내적 통제권입니다. 네이버 뉴스는 이와 같은 통제권이 없으며 언론사의 기사를 재매개하고 있습니다. 물론 이 같은 재매개 과정에서 기사의 취사선택이 불가피한 측면이 있습니다. 그러나 이 같은 취사선택에서 앞서 밝힌 바와 같이 언론사들의 의제설정 역할을 반영하는 형태의 기준을 적용하고 있습니다. '현재시간에 가장 많은 기사가 전송되는 이슈'와 '언론사별 헤드라인 기사 및 단독기사' 등을 우선하는 기준이 그것입니다. 네이버 뉴스는 다양한 논조를 갖고 있는 언론사의 기사들을 모아서 제공할 때나 서비스 화면이 공간제약으로 인한 축소의 경우 등을 제외하고 기사제목을 변경하는 경우가 없으며, 이때도 원 내용이 왜곡되는 경우는 없도록 합니다.

Q 편집원칙을 공개해야 한다고 생각하지 않는가.

A 네이버 뉴스의 주요한 편집원칙과 운영원칙은 이미 예전부터 '편집자레터(http://news.naver.com/nboard/list)'와 '뉴스운영원칙(http://news.naver.com/main)'을 통해 공개하고 있습니다. 네이버 뉴스는 언론사와 달리 기사를 생산하는 곳이 아닙니다. 해당기사를 작성한 기자의 이름과 메일 등이 노출돼 있기 때문에 실제 기사내용에 대한 문의는 각 언론사 기자에게 하면 됩니다. 더불어 네이버뉴스 운영진은 이용자와의 원활한 소통을 추구하며 이를 위해 24시간 안내

센터를 운영 중입니다.

Q 네이버 메인페이지에서 뉴스기사를 선정하는 원칙은 무엇인가.
A 네이버 메인에 표출되는 뉴스는 섹션별로 그날의 주요 뉴스들이 선정되며, 세부 선택기준은 ① 실시간으로 제공되는 언론사들의 속보, ② 주요 언론사의 신문과 인터넷 신문에서 중요하게 다룬 기사, ③ 동일한 시간대에 가장 많이 언론사들로부터 전송된 기사, ④ 화제성입니다.

네이버가 자신의 뉴스서비스에서 밝힌 가장 중요한 논점은 "편집은 하지만 취재와 기사 생산은 하지 않는다. 편집도 기존 언론의 편집과는 다르다. 그러므로 언론으로서의 (기사에 대한) '책임'은 없다"는 것이다. 실제 네이버와 다음 등 주요 포털들은 명예훼손 재판에서 "뉴스 기사를 언론사로부터 제공받아 분야별로 분류하는 등 최소한의 작업만 하고 있을 뿐이며 해당 기사내용에 관한 책임은 전적으로 기사를 작성한 언론사에 있다"고 주장한다.[6]

인터넷포털들은 포털에 대한 규제입법 움직임이 강화되자 포털이 언론사인지 아닌지를 가리기보다는 실질적인 피해구제 조치를 논의해야 한다는 다소 모호한 입장을 내세우고 있다. 포털들의 이익단체인 한국인터넷기업협회는 정책제안을 통해 "포털사이트가 제공하는 뉴스서비스가 언론이냐 아니냐는 논쟁은 국민의 권익과 직결되는 문제가 아니다"라며, "국민 대다수가 인터넷을 통해 뉴스를 보고 있다는 엄연한 현실을 인지하고 그로 인해 피해가 발생하고 있으니 해결책을 모색하자는 실질적인 문제에 집중하기 바란다"고 밝혔다. 포털이 언론인지 여부에 대한 '공허한' 논쟁을 피하고 피해구제를 위한 '현실적인 접근'을 하자는

6 김모씨 대 NHN 등(2006), 서울중앙지방법원 2007. 5. 18 선고 2005가합 64571. 25쪽.

것이다.[7] 인터넷기업협회가 말하는 실질적 구제책은 언론중재법을 통해 문제기사의 차단 및 삭제 등 임시조치의 결정여부를 현재의 신문처럼 언론중재위에 맡기자는 것이다. 그러나 이 같은 입장은 포털에서 발생하는 명예훼손의 문제에 관한 명쾌한 해법은 아니다.

이들의 서비스에서는 앞서 미국의 사례에서 살펴보았듯 다양한 배포장치, 독자적인 편집기준에 따른 뉴스 선별, 평가제도 등 뉴스 밸류를 높이는 다양한 시도들이 이뤄지고 있기 때문이다. 사실 이 같은 장치나 시도들은 포털이 뉴미디어로 자리매김하는데 중요한 역할을 했다. 그러나 이런 배포장치 및 다양한 편집시도들과 명예훼손 간의 관계 등 아직 풀어야 할 법률적 숙제들이 많다. 또한 언론중재위의 중재는 어느 정도 시일이 걸리기 때문에 신속한 피해구제와는 거리가 있다.

더욱 눈여겨볼 점은 포털들의 제안이 뉴스기사만을 대상으로 할 뿐 댓글과 블로거들의 글에 대해선 아무런 언급을 하지 않고 있다는 것이다. 이는 여전히 기름통 옆에서 불씨를 안고 서 있는 것과 다름없다. 이 문제에 관해선 뒷장에서 보다 구체적으로 논의해 보자.

앞서 보았듯 인터넷포털은 대체로 언론으로서 자신들을 포지셔닝 하는 것에 대해 소극적이다. 그러나 모든 포털이 그런 것은 아니다.

AOL뉴스디렉터인 게리 케벨(Gary Kebbel)은 2004년 9월 한국언론재단의 초청으로 내한, 미디어로서의 포털과 저널리즘에 관한 인상적인

7 한국인터넷기업협회, 정책제안(1) : 포털뉴스 서비스, 2008. 4. 24. http://www.kinternet.org/news 이와 관련, 네이버도 비슷한 입장을 밝히고 있다. 네이버는 앞의 책에서 "최근 미디어 학계에서는, 인터넷의 특성과 변화하는 미디어 환경을 고려할 때 포털의 뉴스서비스가 언론인가 아닌가라는 관점보다는 이용자 중심의 새로운 여론 환경 변화에 초점을 맞춰 사회적 이해와 합의도출이 이뤄져야 한다는 공감대가 있다"며 "네이버 뉴스서비스에서는 '언론이냐 아니냐'와 같은 논란을 떠나 현재 발생하는 이용자 피해의 신속한 구제를 위해서는 언론중재법 등 기존 법제도의 적용과 자율규제를 통해 적극적으로 해결해 나가야 한다"고 말했다.

연설을 했다. 그는 강연에서 "포털이 저널리즘의 기능을 수행한다"고 강조했다.[8] (아래 강연내용 참고) 그는 AOL의 에디터들이 다양한 뉴스소스로부터 공급된 기사들을 취사선택하고 강화함으로써 새로운 가치를 창출한다고 설명했다. 미디어로서의 AOL의 경영철학은 '고도로 훈련받은 에디터들을 통해 엄선된 가장 최고의 뉴스를 이용자들에게 공급한다'는 것으로 요약된다. 같은 맥락에서 그는 AOL뉴스와 편집자들의 성격을 최고의 저널리즘을 구현하는 장치이자 에디터라고 규정한 점은 특히 눈에 띈다. 그는 "AOL뉴스에디터들의 직업이 언론계의 직업 중에서는 최고에 속한다고 말씀드리고 싶다. 일례로 AOL의 뉴스에디터 같은 경우 〈뉴욕타임스〉와 〈타임〉지 중 어느 편이 특정 뉴스를 보다 잘 보도하고 있는가, *CNN*과 *ABC*뉴스 중 어느 쪽 영상이 더 우수한가 등을 결정할 권한을 갖기 때문"이라고 설명했다.

강연이 끝난 뒤 패널로 참가한 구본권 〈한겨레〉 온라인 뉴스부장과 케벨 국장의 '포털 저널리즘'에 대한 토론은 많은 시사점을 던진다.

> **구본권 부장** 저널리즘은 다양한 정보들의 편집과 배치 이상의 것을 말한다. 저널리즘의 두 축은 취재를 통한 사실보도와 논평기능이다. 여기서 중요한 것은 관점이고, 뉴스평가의 기준인데 이것이 언론사의 편집보도의 철학이다. … 다양한 소스의 뉴스와 정보를 한곳에 모아 보여주는 포털 뉴스의 장점은 분명하다. … 그러나 이것이 미디어일 수는 있지만 저널리즘이라고 보기는 어렵다. … 미국에서도 이라크 침공에 대한 보도가 다르게 나타나고 있다. 보수적인 *Fox*뉴스와 *New York Times*가 보도하는 시각 간에는 분명한 차이가 있다. 이럴 경우

---

8 게리 케벨 (2004. 9. 14), "디지털시대 뉴스룸 운영전략-AOL뉴스사례를 중심으로", http://www.iendc.go.kr/library. 케벨 국장은 일리노이주립대 출신으로 〈쿠리어〉 편집장, *USA Today* 편집부국장, 메릴랜드대 저널리즘스쿨 겸임교수, 〈워싱턴포스트〉와 〈뉴스위크〉 인터넷판 개설팀 경영기획위원과 편집부국장을 지냈다. 1999년부터 AOL뉴스의 편집책임을 맡고 있다.

무엇을 선택해야 할 것인가에 관한 문제가 생겨난다. 단지 더 중요하다, 덜 중요하다 판단을 넘어서서, 스스로 취재하고 확인한 근거를 바탕으로 무엇은 옳고 그르다는 판단을 내려야 하는 지점에 봉착하게 된다. … 그런 일을 수행하는 것이 저널리즘이다. … AOL, 다음 등이 미디어일 수는 있지만 그것이 〈조선일보〉, 〈동아일보〉, 〈한겨레〉라든지 *Fox*뉴스나 *Washington Post*와 같은 브랜드를 가지고 고유한, 지속적인 이념하에서 언론활동을 수행하는 저널리즘의 영역으로 볼 수 있는가?

케벨 국장 예, 포털이 저널리즘의 기능을 수행한다고 생각한다. 물론 AOL뉴스가 *CNN*이나 *Washington Post*와 같은 뉴스 브랜드가 아니라는 점에는 동의한다. 그렇지만 온라인 저널리즘의 시대가 도래하고 뉴스사이트 및 포털사이트의 역량이 증대되고 있으므로 우리의 사고방식도 이에 따라 발전해야 한다고 생각한다. 이 같은 변화와 발전을 가장 안전하게 진행시킬 수 있는 방안이 바로 신문, 라디오 혹은 라디오사이트나 온라인사이트 출신 저널리스트의 전통을 기반으로 하는 것이라 여겨진다. 중요한 것은 에디터들이 10~15년간 축적한 훈련, 기술, 윤리 및 책임감을 갖고 있느냐는 것이고 그렇다고 한다면 그들에게 믿고 업무를 맡길 수가 있다. 이들이 단순히 전통 신문사에서 온라인 포털사이트로 소속을 옮겼다는 이유만으로 책임감이 사라지거나 저널리스트 자격을 잃은 것은 아니다.

두 사람의 대화를 엄밀히 살펴보면 저널리즘에 대한 근본적 시각차가 있다. 〈한겨레〉의 구본권 부장은 포털은 구조적으로 이념적 지향성을 지니고 있지 않기 때문에 한국의 언론들에서 보이는 이념적 가치지향적 저널리즘(부정적 뉘앙스이긴 하나 맥락은 '당파적 저널리즘'과 닿아있어 보인다) 이 불가능하다는 입장이다. 반면 케벨 국장은 현대저널리즘의 전형이라 할 수 있는 '객관적 저널리즘'을 포털의 지향점으로 내세운다.

케벨 국장은 다른 질문자로부터 "AOL의 뉴스 편집자들이 편집과정에서 정치적, 이념적, 가치적인 성향들을 반영하는 것을 편집방침으로 삼고 있느냐"는 질문을 받고 이렇게 답했다.

> AOL뉴스의 에디터들은 뉴스 선별에 있어, 자신들의 의견이나 시각을 반영하지 않으려 노력한다. 최대한 중립적 입장에 서려고 하는 것이다. 이런 현상은 미국의 사이트에서는 흔히 볼 수 있는데, 다른 나라의 경우는 꼭 그렇지만은 않다는 것을 알게 됐다. 어쨌든 AOL뉴스의 에디터들은 최대한 공정하고 치우침 없도록 노력한다. 그 이유 중에는 AOL뉴스가 인터넷 뉴스사이트로는 최대규모라는 점도 큰 몫을 한다고 생각한다. 최대규모이기 때문에, 책임감도 가장 크다고 할 수 있다. 우리는 최대한 많은 사람에게 공정하게 정보를 전달해야 하며, 독자를 오도하거나 편파적이라는 이유로 독자들이 떠나도록 해서는 안 된다. 인터넷 이용자라면 대부분 즐겨찾기에 뉴스 사이트 10~12개 정도는 등록해 놓았다. 따라서 이들은, 한 사이트가 마음에 안 들면 즉시 다른 사이트로 이동할 수 있고, 실제로 이 같은 현상이 나타나고 있다. 따라서 인간이 할 수 있는 범위 내에서만큼은 최대한 공정한 자세를 취함으로써 독자들을 유지하려고 하는 것이다.

또 다른 측면에서 이들 간의 토론은 중요한 논점을 제공한다. 바로 포털이 미디어로서 지녀야 할 기본적 기능이 무엇인가 하는 점이다. 구 부장은 미디어는 취재와 편집과 논평기능을 모두 갖춰야 미디어로 볼 수 있다는 관점인 반면, 케벨은 편집기능만으로도 '언론'으로 볼 수 있다는 입장이다. 이에 대해선 실제 법률적 관점에서도 논란이 된다. 서울고법은 2008년 취재, 편집, 배포 등 3가지 기능을 언론의 핵심요소로 보고 포털이 3가지 모두를 충족시킨다고 판단했다.[9] 이 판결은 여러 가지 법률적 논란을 야기했다. 이 문제는 추후 더 논의해 보자.

---

9 김모 씨 대 NHN 등, 서울고등법원2008. 7. 2선고 2007나 60990 17~18쪽.

케벨 국장의 강연 요지

게리 케벨 AOL 국장

AOL뉴스는 월 평균 이용자 2,400만 명과 조회수 4억5천만 건을 둔 전 세계 최대의 뉴스 사이트입니다. …AOL뉴스 모델의 요소는 3가지로 요약 가능합니다.

1) 최고의 뉴스소스(*news source*)를 텍스트 및 오디오/비디오로 취합한다.

AOL뉴스는 저널리즘 최고의 뉴스소스를 취합하여 이를 독자 참여라는 AOL의 전문성과 결합시킵니다. … 선택할 수 있는 좋은 기사와 뉴스소스를 많이 둔 뉴스 취합자의 역할이 초창기에는 AOL뉴스에게 문제가 된 적이 있었는데, 그 이유는 여러 신문사의 온라인사이트에 몸담은 언론인들이 AOL뉴스의 업무를 저널리즘으로 인정하지 않았기 때문입니다. 그들은 기자가 부재한 상태에서 어떻게 저널리즘을 한다고 말할 수 있는가라고 반문했고, 실제 AOL뉴스에는 기자들이 없는 게 맞습니다. 어쨌든 그 질문에 대한 제 답은 이렇습니다. 바로, 여러 신문사의 국제부장도 기자들 없이 원고를 정리하는 서브에디터(*sub-editor*), 즉 보조 편집자를 두고 일한다는 것입니다. 국제부장들은 뉴스 통신사의 기사 서비스를 받아보고, 보조 편집자는 이 기사를 분석하고 분류 · 선별하며 헤드라인, 사진 및 그래픽을 첨부합니다. 신문, 방송 및 라디오 언론인들이 그렇다고 해서 국제부장을 두고 저널리스트가 아니라고 말하지는 않지요. 마찬가지로 뉴스를 취합하고 독자를 한데 모으는 온라인 에디터가 저널리스트가 아니라고 주장하는 것은 부조리한 것입니다. 한 가지 또 중요한 점은 AOL뉴스의 에디터가 신문사 에디터보다 더 많은 뉴스 공급자들을 보유하고 있다는 점입니다. …

2) 자동편집기능이 아닌 에디터 본인을 통해 뉴스와 관련한 중대결정이 내려진다.

AOL뉴스는 현재 상근 에디터 21명과 비상근 에디터 1명이 제작하고 있습니다. 자동편집기능과 여러 에디터의 꼼꼼한 손을 거쳐 뉴스면이 제작되며, 에디터는 가시성 (可視性)이 가장 높은 뉴스면을 선정 • 보완 • 발간합니다.…

AOL은 에디터가 모든 주요 페이지와 관련 섹션 페이지 및 기사 발행을 담당하고, 하단 페이지만 자동편집하는 것이 바람직하다고 여기고 있습니다. … AOL은 에디터가 특정 기사를 선정 및 강화함으로써 창출하는 가치가 회사 수익성에 크게 기여한다고 믿고 있습니다. 바로 에디터가 독자들로 하여금 다시 방문하고 싶게 하는 환경을 조성해주기 때문입니다. … 뉴스취합 모델에서 중요한 것은 바로 에디터 교육입니다. 모든 AOL뉴스소스의 수준이 뛰어나다는 점을 감안할 때, 필요한 모든 소스를 동원해 주어진 시간에 완성도가 가장 높은 기사를 제공하는 것이 관건입니

AOL 초기화면

다. 한 시간 후면 어떤 뉴스소스를 사용할지 여부가 바뀔 수도 있기 때문입니다. 예를 들어, 어떤 뉴스통신사나 〈뉴욕타임스〉가 미흡한 부분을 보완하는 기사를 싣거나 총체적인 기사 취재를 통해 새로운 시각을 제시할 수도 있는 것이지요. 따라서 주어진 시간 내에 여러 뉴스소스를 취합해, 텍스트 · 사진 · 오디오 · 비디오 · 독자 커뮤니티 참여 등을 담아내는 완성도 높은 토털 정보 패키지를 제공하는 것이 중요합니다. …

3) 독자 커뮤니티의 참여라는 요소를 가미한다.

AOL뉴스 모델의 마지막 주요 구성요소는 "AOL 비밀 소스"라 부르는 대화방, 게시판, 설문조사를 통한 독자 커뮤니티의 참여입니다. 인터넷의 힘이, 온라인상에서 토론, 반박, 설득을 통해 변화를 가져오는 독자의 힘과 결합했을 때 창출되는 그 시너지를 여러분들께서는 누구보다 잘 알고 계시리라 생각합니다. 독자참여라는 점에서 AOL사는 타 온라인 뉴스사이트와 차별화되는 2개 요소를 자랑합니다. (1) "에디터는 전지전능하며, 신문은 독자에게 일방향적 커뮤니케이션으로, 하나의 뉴스소스에서 다수 수용자로 전달되는 일대다중(一對多衆) 커뮤니케이션"이라는 낡은 신문사의 전통에서 자유로우며, (2) AOL이 바로 독자참여를 토대로 구축됐다는 점입니다.

… 기사보도란 아무리 멀티미디어와 상호작용성(*interactivity*)을 통해 이뤄지더라도, 그 자체만으로는 충분하지 않다는 것이 우리 AOL의 신념입니다. 독자 반응과 표현의 기회를 묵살하거나 막아버리는 기사는 완성된 기사라 볼 수 없으며, 이 매체의 잠재력을 무시하는 것과 같습니다. …일대다중(一對多衆) 커뮤니케이션 모델에서 전통적 미디어는 단순히 뉴스를 알리는 매체입니다. 그러나 온라인 매체상

텍스트, 오디오, 비디오 등을 통해 뉴스를 알리는 것은 뉴스에 대한 감성적 반응을 유도하고, 독자가 그 반응에 대해 조치를 취하도록 지원하는 중요한 프로세스의 출발인 것입니다. … "정말 끔찍하다", "대단하다" 등의 반응을 일으킬 만큼 시사성이 높은 뉴스일 경우, 독자의 반응은 주로 거기에서 멈추지 않습니다. 온라인 에디터는 바로 이러한 감정적 반응을 포착하고 이용할 줄 알아야 합니다. 사람들이 뉴스에 대해 논하길 원하는 심리를 간파할 줄 알아 야 합니다.

… 9 • 11 테러 사건이 터지고, 당시 많은 사람들은 핸드폰, 인스턴트 메시지, 이메일 등의 매체를 이용해 뉴스에 대해 얘기했습니다. 이것이 의미하는 바는, 우리가 도저히 상식으로 이해할 수 없는 끔찍하고 충격적인 뉴스가 생길 경우, 사람들은 다른 사람들과 자신의 의견을 나누고자 한다는 것입니다. … 바로 온라인 뉴스사이트는 한 곳에서 하나의 매체를 통해 이 모든 것을 제공해 줄 수 있습니다.

AOL뉴스의 경영진은 대화방 및 게시판을 개설하고 모니터링하는 전담 인력을 채용하는 것이 재무적, 기능적으로 긍정적 혜택을 가져올 수 있는 올바른 투자라고 확신합니다. 1,437개에 달하는 AOL대화방은 정치나 날씨처럼 우리 직원이 직접 관리하는 주제에 대해서 상시 열려있는 장소입니다. 이 외에도 회원들이 자체적으로 개설하고 모니터링 하는 대화방이 수천 개에 이릅니다. 약 2만 5천 개의 게시판이 현재 운영되고 있으며, 8명의 직원이 뉴스 게시판 1,455개와 뉴스 대화방 48개의 개설 및 모니터링을 책임지고 있습니다. 뉴스에 대해 다른 독자와 대화의 장을 열 수 있는 곳인 AOL뉴스는 많은 사람들이 제일 먼저 찾고, 또 찾게 되는 뉴스인 것입니다.

국내에선 미디어다음이 언론으로서의 포털을 표방하고 있다. 다음은 2003년 3월 뉴스서비스를 본격화하면서 '우리가 움직이는 세상'이라는 캐치프레이즈 아래 '미디어'로서의 포털을 선언했다.[10] 다음 카페 등 커뮤니티 서비스에 기반해 발전해 온 다음은 검색서비스에서 출발한 네이버와는 다른 경영전략을 택했다. 자신들을 '인터넷미디어'로 지칭하며 언론으로서의 정체성을 강조했다. 특히 "온라인미디어의 특성을 뉴스사이트에 창조적으로 접목하면서 미디어 세계를 의욕적으로 개척하겠

10 다음은 언론으로서의 정체성을 강조하기 위해 '미디어다음' 서비스를 시작한 것을 (종이매체와 마찬가지로) '창간'이라 부르며, 뉴스 서비스 이용자들도 '독자'라고 지칭한다.

다"며 포털 사상 처음으로 기자를 직접 채용해, 자체 기사를 생산하기도 했다.[11] 이와 함께 2004년 '아고라' 서비스를 시작하고, 앞서 거론했던 '블로거가 만든 뉴스' 등을 통해 블로거들이 올린 미디어성 콘텐츠를 오프라인 언론에서 공급받은 기사와 동등하게 뉴스 편집판에 배치하는 등 새로운 미디어로서의 다양한 실험을 하고 있다. 다음은 특히 2006년 제주도에 글로벌 미디어센터(GMC)를 건립, 미디어 전문 포털, 종합 미디어플랫폼으로의 진화를 시도했다.

케벨 국장의 강연회에 패널로 참석했던 미디어다음의 최소형 기획팀장은 "다음 앞에 미디어라는 말을 붙일 때부터 뉴스 서비스는 미디어일 수밖에 없고, 미디어야 한다는 생각을 했다"면서 "언론사 경력이 있고 저널리즘에 대한 철학을 가진 사람들이 모여서, 제공받는 뉴스지만 편집을 통해서 나름의 철학과 전하고자 하는 바를 서비스하겠다는 생각을 한 것"이라고 말했다(〈그림 4-1〉).[12]

최 팀장은 AOL과 대비되는 미디어다음의 3가지 (경영)원칙에 대해 소개했다. 그는 "첫째가 뉴스 에디팅을 하겠다는 것, 둘째가 뉴스를 일방적으로 전달하지 않고 네티즌들의 생각을 담아내야 한다, 셋째가 자체 취재기자를 두고 우리 목소리를 내고 이야기를 전달하겠다는 것이었다"고 말했다.

미디어다음은 네이버보다는 자신들의 정체성을 언론 쪽에 두고 있지만 뉴스의 생산보다는 유통 쪽에 방점을 찍고 있다. 때문에 네이버와 지향점은 다르지만 본질적인 차이는 그리 크지 않아 보인다. 특히 명예훼손 사건과 같은 법률적 분쟁에선 위에서 간단히 언급했듯이 네이버 등 다른 포털들의 주장과 같은 궤도에 서 있다. 2007년 국회 문화관광위 국정감사에 증인 출석했던 다음의 최정훈 미디어본부장은 포털이 언론

11 미디어다음 홈페이지 공지사항 참조. http://bbs.media.daum.net/gaia

12 게리 케벨, 앞의 글.

〈그림 4-1〉

으로서의 기능을 하고 있느냐는 한나라당 장윤석 의원의 질의에 대해 다음과 같이 대답했다.

> (포털이) 언론이냐 아니냐는 사실 개념상으로도 학술적으로도 논란이 있다. 실질적으로 뉴스를 계약에 의해서 공급받아서 서비스하고 있는 뉴스 매개서비스를 하고 있다고 생각을 한다. 그런 부분들이 총체적으로는 미디어적 역할의 범주에서, 특히 기존의 저널리즘 방식이 예를 들면 생산에만 초점이 맞춰져 있다고 한다면 저희 같은 뉴미디어에서는 유통을 담당하는 그런 미디어의 역할을 하고 있다고 생각한다.[13]

2) 포털과 뉴스생산

국내의 포털들이 언론으로서의 정체성을 부인하는 가장 큰 이유는 스스로 기사를 생산하지 않는다는 것이다. 실제 직접 기자를 고용해 뉴스를 만들어 내지 않고 제 3자가 생산한 콘텐츠를 유통시키는 역할만 한다는 것이다. 그러나 이 같은 포털의 주장은 현실과는 다소 괴리가 있고, 여러 가지 논쟁을 불러일으킨다. 아래의 다음과 야후의 케이스에서 보듯 포털들은 경쟁적으로 타 포털과의 차별화를 위해 꾸준히 자체 생산 콘텐츠를 늘리려는 다양한 시도들을 하고 있고, 앞으로도 그런 방향으로 발전할 것이다.

---

13 국회 속기록, 2007년도 국감 문화관광위.

또 한 가지 반드시 검토해야 할 문제는 포털이 제공하는 뉴스 혹은 정보 콘텐츠가 기존의 온・오프라인 언론매체에서 생산해낸 뉴스기사 혹은 동영상뿐이 아니라는 점이다. 앞서 '인터넷과 함께 부활한 사상의 자유시장이론' 장에서 살펴보았듯 포털들은 정도의 차이는 있지만 전문블로거들이 올린 글 또는 일반인이 올린 글이나 동영상 등의 콘텐츠도 이미 기존 언론사 기자들이 생산한 뉴스콘텐츠와 거의 동등한 지위를 인정하고 있다. Web 2.0 환경이 만들어 낸 새로운 형태의 뉴스 생산과 소비의 방식을 만들어가고 있는 것이다.

(1) 다음의 실험 — 뉴스 자체 생산

앞서 살펴본 것처럼 미디어다음은 2003년 3월 창간 때부터 10여 명의 기자들을 직접 채용해 뉴스룸을 운영하며 뉴스를 자체 생산했다. 이 독점뉴스들은 미디어다음의 '다음only' 섹션을 통해 제공됐다. 2005년 다음의 석종훈 부사장은 언론과의 인터뷰에서 자체 취재팀을 운영한 배경에 대해 다음과 같이 설명했다.

> 우리가 독자적인 취재팀을 둔 이유는 종이매체보다 잘 하기 위한 것이 아니다. 10여 명의 기자출신과 10여 명의 프리랜서 기자가 전부다. 한마디로 우리보다 온라인 매체에 걸맞은 콘텐츠를 제공하는 CP(콘텐츠 제공자)가 없었기 때문에 우리가 직접 도전해 본 일이다. 오히려 지금은 미디어다음에 뉴스를 공급하는 1,500여 명의 해외 통신원이 보다 큰 경쟁력을 갖췄다. 그러나 이 같은 모델이 진부해진다면 다음은 언제라도 새로운 분야를 개척할 준비가 돼 있다.[14]

최정훈 미디어본부장은 한 토론회에서 "취재파트는 기존매체들이 소

14 정호재(2005. 5. 31), "CEO연쇄인터뷰 다음커뮤니케이션 석종훈 부사장", 〈동아일보〉.

홀히 다뤘거나 다루지 않은 분야를 커버하고 주요 이슈에 대한 네티즌의 움직임을 보도한다"면서 "그러나 자체 취재를 통해 기존 오프라인 미디어와 전통적 뉴스영역에서 경쟁할 생각은 없다"고 밝힌 바 있다.

그러나 다음의 실험은 3년여 만인 2005년 11월 막을 내렸다. 기존 언론사가 수십 년에 걸쳐 쌓아온 인적 인프라와 취재시스템에서 만들어내는 기사와 같은 혹은 그 이상의 품질을 담보하는 기사들을 단기간에 생산해내기 어려웠던 것이 가장 큰 이유였던 것으로 전해진다. 자체 취재에 한계를 느끼면서 다음은 블로거 뉴스와 UCC 등 웹 2.0 환경에 맞는 새로운 방식의 정보생산에 더욱 관심을 갖게 된 것으로 알려졌다.

(2) 야후의 실험 — 인터뷰 중심의 뉴스생산

온오프라인을 융합한 '종합미디어플랫폼'으로서의 꿈은 다음의 전유물이 아니다. 오히려 최근 들어 자체뉴스 생산을 과감하게 시도하고 있는 포털은 야후다. 야후의 방식은 자체 취재인력을 뽑았던 다음과는 달리 리포터를 활용한 '인터뷰'를 적극 활용하고 있다. 야후는 2008년 8월 17일 전 세계 주요인사 인터뷰 아시아투어의 일환으로 한국의 이명박 대통령을 독점 인터뷰했다(〈그림 4-2〉). 이에 앞서 야후는 조지 W. 부시 미국 대통령과도 온라인 기업으로는 최초로 단독 인터뷰했고, 콘돌리자 라이스 미 국무부장관과도 인터뷰를 성사시켰다. 부시 대통령의 인터뷰는 정치뉴스 사이트인 '폴리티코(*Politico*)'의 마이크 알렌이 담당했고, 이 대통령의 인터뷰는 한국과 관련해 상당한 보도 경험이 있는 〈뉴욕타임스〉 리포터 출신 '테크티커(Tech Ticker)'의 아론 태스크가 맡았다. 야후는 2008년 8월 열린 베이징 올림픽에도 10여 명의 취재인력을 파견해 경기상황을 중계하고 주요 선수들과 인터뷰했다. 한국의 경우 역도에서 갑작스런 근육경련으로 발목을 접질렸으면서도 바벨을 놓지 않는 투혼을 보여준 역도스타 이배영 선수를 TV쇼프로그램에 출연 중인 외국인 여대생이 인터뷰했다(〈그림 4-3〉).

〈그림 4-2〉 야후의 이명박 대통령 독점인터뷰

〈그림 4-3〉 야후의 스포츠 명사 독점인터뷰

이 같은 야후의 미디언 전략에 대해 제시카 바론 야후 편집디렉터는 “우리는 전 세계 5억 명의 시청자를 확보하고 있다. 저명한 인사와의 인터뷰로 특종 뉴스를 내보내는 것이 우리의 목표 중 하나”라고 말한다. 비록 인터뷰를 통해서이지만 기존 언론과 특종경쟁을 하겠다는 의도로도 들린다.[15] 야후코리아는 2008년 한국의 대통령선거 때는 후보 관련 선호도 등 온라인여론조사를 지속적으로 진행하기도 했다.

야후의 자체뉴스 제작역사는 2005년 9월로 거슬러 올라간다. 야후는 이라크 전쟁 등 분쟁지역 취재를 위해 베테랑 종군기자 출신인 Kevin Site를 고용했다.[16] 첫 Yahoo!News의 특파원이 탄생한 것이다. 그는 이라크 우간다 소말리아 아프가니스탄 이스라엘 등 분쟁지역을 돌며 현장의 살아있는 이야기들을 1년간 Yahoo!News에 마련된 Kevin Site in the Hot Zone(hotzone.yahoo.com) 사이트에 동영상과 글을 통해 집중보도했다(〈그림 4-4〉).

이와 관련, Yahoo!News의 책임자인 Loyd Braun은 HotZone 프로젝트를 시작하며 “만약 우리가 이 프로젝트를 성공적으로 수행한다면, 사람들은 우리가 어떻게 TV와는 다른 방식으로 콘텐츠를 선물할 수 있는지 보게 될 것”이라며, “이 프로젝트는 인터넷의 질(*quality*)을 더욱 높

---

15 류현정(2008. 8. 26), “야후도 특종을 노린다”, 〈전자신문〉. 언론업계에선 주요 인사와 인터뷰를 했다는 사실만으로도 상당히 중요한 특종으로 간주한다. 대통령을 비롯한 사회 각 분야의 주요 포스트에 주인이 바뀔 경우 이 새로운 뉴스메이커를 누가 먼저 인터뷰 하느냐를 두고 언론계에서는 사세(社勢)를 건 경쟁을 펼치기 때문이다. 이명박 대통령만 해도 취임 이후 특정 언론과의 인터뷰를 극도로 자제하고 있었기 때문에 야후와의 인터뷰는 상당히 이례적인 것으로 받아들여진다.

16 케빈 사이트는 국제분쟁지역에서 *CNN*과 *NBC* 등의 종군기자로 활동했고, 특히 2004년 이라크에서 수색 작전을 수행 중이던 미군이 부상당한 채 포로가 된 비무장 이라크 병사를 사살하는 장면을 특종 보도해 전 세계에 충격을 주었던 인물이다.

〈그림 4-4〉 케빈 사이트의 Hot Zone 사이트

일 것"이라고 전망했다.[17]

그러나 Braun은 이 프로젝트가 새로운 언론조직을 만드는 것을 의미하는 것이 아니며, Yahoo!가 뉴스, 스포츠, 건강, 엔터테인먼트, 금융 등 모든 영역에서 콘텐츠 제공자로부터 받는 콘텐츠들을 보완할 상징적인 프로그램을 개발하려고 노력하고 있다는 뜻이라고 선을 그었다. 실제 야후는 2005년부터 베스트셀러 《부자아빠 가난한 아빠》의 저자인 로버트 기요사키를 포함, 9명의 경제 칼럼리스트를 고용해 '금융(*Finance*)'섹션에 글을 싣고 있다. 이와 관련, *AFP*는 야후가 단순히 뉴스를 수집해 공급하는 것은 물론이고 직접 인력을 배치해 취재전선까지 뛰어들 방침이라며, 야후가 '올드미디어'와 '뉴미디어' 모델을 혼합한 새로운 뉴스서비스에 나선다고 보도했다.[18]

야후의 궁극적인 목표가 방송통신 융합시대의 새로운 '언론사' 모델을

17 Saul Hansell(2005. 09. 12), "Yahoo Hire Journalist to Report on Wars", *The New York Times*.

18 류현정, 앞의 글.

제시하는 것인지는 분명하지 않다. 한국의 포털인 다음의 실험에서 알 수 있듯 주류 오프라인 언론사 같은 경쟁력 있는 매체를 만드는 것은 재정적 · 현실적 제약이 크기 때문이다. 그렇지만 분명한 것은 야후가 기존매체가 생산한 콘텐츠의 보완재든, 대체재든 간에 자체 생산 콘텐츠의 비중을 늘려왔고, 이를 위한 새로운 시도를 계속하고 있다는 점이다.

(3) 라이선스 방식 기사 생산

지금까지 우리나라 학계나 정치권에서 포털의 언론성을 거론할 때 가장 중요하게 도마 위에 올려놓은 것은 포털이 기존 언론사로부터 공급받은 뉴스기사의 재발행 여부였다. 뉴스매개자로서의 포털의 뉴스서비스를 과연 전통적인 언론으로 볼 수 있느냐는 것이다. 포털의 법적 책임도 뉴스배포자로서의 책임에 논의가 집중돼 있다. 그러나 이런 시각으로 포털의 언론성 문제를 접근하는 것은 지극히 편협하다. 포털은 언론사로부터 공급받는 뉴스서비스를 이용자들에게 전달하는 차원을 넘어 매체의 문호를 각 분야의 전문가들과 일반인들에게까지 경쟁적으로 개방하고 있기 때문이다.

앞서 거론했던 Yahoo!의 Hot Zone을 다시 살펴보자. 언론에서는 야후가 베테랑 종군기자인 Kevin Site를 고용했다고 보도했지만 사실상 양자 간의 관계는 계약에 의한 라이선스 관계로 볼 수 있다. 야후는 중견 언론인인 Kevin Site의 기사를 전속으로 공급받아 전장에서 벌어지는 다양한 스토리들을 독점으로 전재하는 방식이다. Kevin Site는 기존 언론사와 기자와의 관계처럼 야후에 소속된 전형적인 기자라고 보기는 어렵다. 오히려 형태상으로는 국내 라디오 방송사 등 군소 언론들이 흔히 이용하는 '통신원', 혹은 프리랜서에 가깝다.

이 같은 계약관계에 의해 전문가의 글을 독점 게재하는 방식의 뉴스 콘텐츠 생산은 국내 포털들에서도 다양하게 시도되고 있다.

네이버 스포츠 페이지의 '해외 야구' 섹션에 들어가면 '전문가 스페셜'

이라는 타이틀 아래 소개되는 블로거들의 기사안내 페이지가 있다(〈그림 4-5〉). 여기 소개된 블로거들은 대부분 언론사 기자 출신이다. 민훈기 기자는 스포츠조선 미주 특파원과 야구 부장을 거친 베테랑 스포츠 기자고, 지금은 네이버에 블로그 민기자닷컴을 개설한 프리랜서다. 민훈기 기자는 자신의 글을 네이버에 개설된 자신의 블로그와 함께 네이버에 보내고 있다. 그의 글은 가끔씩 네이버 첫 화면뉴스박스에도 소개된다. 〈그림 4-6〉 역시 네이버의 '전문가 스페셜' 섹션에 '서형욱의 뷰티풀 게임'이라는 칼럼을 게재하는 서형욱 씨의 기사 아랫부분이다. 맨 아

〈그림 4-5〉 네이버 뉴스 스포츠 섹션의 블로거들

〈그림 4-6〉 네이버의 전문가 칼럼

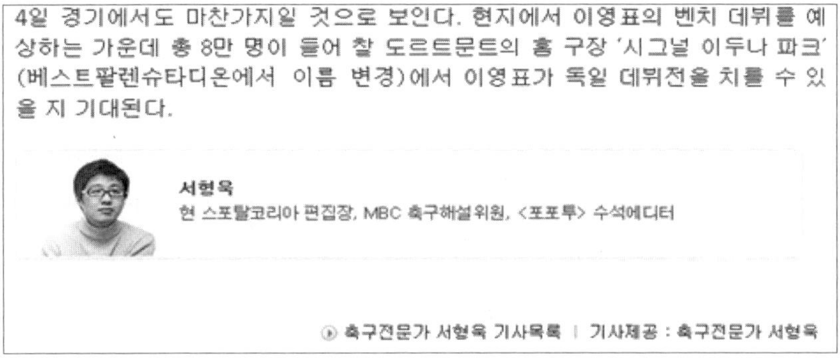
4일 경기에서도 마찬가지일 것으로 보인다. 현지에서 이영표의 벤치 데뷔를 예상하는 가운데 총 8만 명이 들어 찰 도르트문트의 홈 구장 '시그널 이두나 파크'(베스트팔렌슈타디온에서 이름 변경)에서 이영표가 독일 데뷔전을 치를 수 있을 지 기대된다.

서형욱

현 스포탈코리아 편집장, MBC 축구해설위원, <포포투> 수석에디터

축구전문가 서형욱 기사목록 | 기사제공 : 축구전문가 서형욱

래 기사 출처 부분을 보자. 기사 제공자는 '축구전문가 서형욱'으로 기재된다. 네이버의 경우 언론사로부터 제공받은 칼럼기사에는 기사 출처에 언론사 이름을 적는다.

이 같은 전문가를 활용한 뉴스 생산 방식은 여러 가지 면에서 흥미를 끈다. 포털들이 독자적인 콘텐츠의 생산과 확보에 열을 올리는 이유는 간단하다. 다른 포털과는 경쟁에서 이기기 위해선 다른 곳에는 없는 독자적이고도 신선한, 그러면서도 질(*quality*)이 담보되는 뉴스(콘텐츠)가 필요하기 때문이다. 이를 위해 미디어다음은 기존 언론사처럼 직접 취재팀을 운영하며 독점 기사의 생산에 나섰지만 얼마 견디지 못하고 손을 들었다. 인력 확보 및 운영에 막대한 자금이 투입되는 기존 언론사의 인력시스템운용방식은 현실적으로 벽이 높다. 반면 전문가들과 계약을 맺고 기사를 독점적으로 공급받을 경우 저비용 고품질의 독자적 뉴스 생산이 가능하다.[19] 자신들의 기사를 팔 '매체'가 필요한 전문 필진들과 참신한 뉴스 콘텐츠가 필요한 포털은 이해가 잘 맞아 떨어진다. 특히 방

19 다음이나 네이트 등은 전문 필진들의 글을 독점 게재하지는 않고 있다. 대신 기존 언론사들에게서 공급받은 전문가 칼럼 등을 스포츠 영화 등 각 파트 별로 묶어서 패키지로 서비스 하는 방식을 택하고 있다.

통융합 환경에서 미디어 간 콘텐츠 경쟁이 치열해질 경우 포털이 택할 수 있는 가장 경제적이고 효율적인 방식이라고 볼 수 있다.

전문 필진을 이용한 뉴스생산 방식은 포털의 미래와 관련해 중요한 시사점을 준다. 네이버나 야후닷컴과 같이 라이선스를 이용한 뉴스생산이 특정 영역이 아닌 정치 경제 사회 문화 연예 등 각 분야에서 이뤄진다면 포털은 지금까지와는 전혀 다른 방식의 '언론매체'가 될 수 있을 것이다. 취재와 스트레이트 기사보다는 논평과 인터뷰 등에 역량이 집중된 새로운 형태의 언론이 되는 것이다.

(4) UCC를 이용한 자체 뉴스 생산

UCC (*User Created Contents*) 는 말 그대로 사용자가 직접 제작한 콘텐츠를 말한다. 정보통신기술의 발달로 인터넷, 휴대폰, 디지털 카메라 등으로 무장한 일반인들이 전문가 못지않게 의미 있는 정보들을 생산해 내고 있다. 특히 웹 2.0 환경에 맞춰 글과 사진 위주의 콘텐츠는 물론 동영상 콘텐츠가 활발히 제작되고 있다.[20]

UCC의 정보로서의 가치에 주목한 것은 인터넷포털들이었다. 포털들은 UCC로 자신들의 사이트를 채울 다양한 장치들을 만들어냈다. 특히 초창기 UCC는 엔터테인먼트적 성격이 강했지만 포털들은 이를 '정보'와 '뉴스' 쪽으로 견인해 나가며 새로운 '언론문화'를 만들어 가고 있다. 기자만이 뉴스를 생산한다는 오프라인 언론문화의 통념은 이미 깨졌다. 일반인들이 생산한 뉴스 콘텐츠가 포털에서는 기자들이 생산한 기사와 거의 동등한 대접을 받으며 '정보'로서 소비되고 있다.

---

20 한국인터넷진흥원에서 '2007 상반기 정보화실태조사' 결과를 토대로 발표한 〈블로거 인터넷이용 실태분석〉 보고서에 따르면 우리나라 만 6세 이상 인터넷 이용자의 40.0% (만 6세 이상 전 국민의 30.2% 수준) 가 블로거이며, 블로거의 3분의 1 이상이 월 1회 이상 본인이 직접 제작한 UCC를 인터넷에 게시 (글 그림 음악 등 : 36.2%, 사진 동영상 등 : 37.9%) 하고 있는 것으로 조사됐다.

건국대 황용석 교수는 이를 "정치가와 저널리스트가 구분되지 않던 시대에서 저널리스트가 직업적으로 분화돼 나온 것이 저널리즘의 역사라면, 지금은 저널리스트와 시민의 구분이 모호해지는 역설적 현상이 나타나고 있다"고 비유했다.[21] 인터넷포털은 이 같은 역설을 가장 명료하게 증명하고 있는 것이다. 앞서 살펴본 전문필진들이 제작한 콘텐츠들은 최초 동기가 어떻든 궁극적으로는 포털이나 기존 미디어에 판매를 위해 생산된 반면 UCC의 경우 상업적 의도 없이 제작된 것으로 차이가 있다.

포털의 블로그 활용은 앞서 '인터넷과 함께 부활한 사상의 자유시장' 장에서 소개한 2008년 다음의 '블로거 뉴스'를 떠올려 보자. 다음의 블로거 뉴스는 포털이 UCC를 뉴스화한 가장 대표적인 케이스다. 미디어 다음의 블로거 뉴스는 블로거들에게 '기자'의 호칭을 부여하고 '기사' 작성을 독려한다. 블로거 뉴스는 간단한 등록절차만 거치면 다음의 블로거로 가입돼 즉시 기사를 보낼 수 있다. '재활용 시멘트'의 문제점을 폭로한 최병성 목사의 케이스는 블로거뉴스의 대표적 성공사례다. 블로거인 한 목사의 글이 '미디어다음'이라는 매체를 통해 재활용 시멘트에 대한 비판 여론을 이끌어냈고, 이에 따라 오프라인 언론들까지 최 목사의 기사를 이어 받아 '재활용 시멘트' 보도를 하기 시작했다. 최 목사는 말 그대로 '특종' 보도를 한 것이다.

미디어다음에는 2008년 9월 현재 8만 5천여 명의 블로거 기자가 가입했다. 물론 자격제한은 없다. 누구나 글, 사진, 동영상을 올릴 수 있고, 형식도 제한이 없다.

미디어다음은 블로거 기자가 쓴 글을 수정하지 않고 그대로 독자들에게 전달한다고 밝히고 있다. 블로거 기자들을 독려하기 위해 매주 금요

---

21 황용석(2005), "포털저널리즘에 관한 이론적 고찰", 〈언론중재〉 2005년 봄호, 5쪽.

〈그림 4-7〉 미디어 다음 블로거 뉴스의 포상 체계

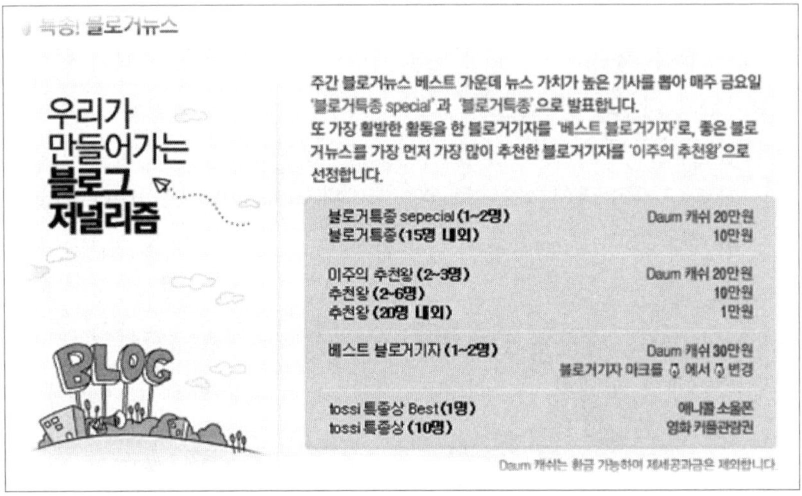

〈그림 4-8〉 야후의 e세상기자

일 네티즌과 편집자의 추천으로 '블로거뉴스 베스트'에 오른 기사 중 뉴스가치가 높은 기사를 '특종! 블로거뉴스' 로 선정해 포상(상금 Daum캐시 10만~20만 원) 하는 등 다양한 격려시스템을 뒀다(〈그림 4-7〉). 미디어다음은 자신들이 지향하는 바를 '블로거 저널리즘'이라고 불렀다.

야후 코리아(Yahoo!Korea) 역시 다음과 마찬가지로 블로거들을 활용한 뉴스콘텐츠 제작에 적극적이다. 야후는 'e-세상기자' 제도를 운영하고 있는데 다음의 블로거 기자와 유사한 형태이다(〈그림 4-8〉). 누구나 가입하면 글과 동영상 등을 올릴 수 있다. 특이할 만한 점은 야후는 '거기걸스'라는 독특한 지역리포터제를 운영하고 있다. 여대생들을 '거기걸스'로 선발해 지역에서 유명한 맛집, 술집, 여행 & 레저와 일상생활에서의 에피소드 등을 글과 동영상으로 올리게 하고 네티즌의 평가를 받게 하는 시스템이다.

네이버 역시 2008년 9월부터 '파워블로그'를 도입, 1,500명의 블로거를 선별해 자체 콘텐츠 생산에 나서고 있다. 포털의 UCC 활용과 언론성에 대해선 다음 장에서 더 자세히 논의하도록 하자.

(5) 파란의 실험: 뉴스와 블로그의 융합

위에서 우리는 뉴스를 자체 생산하기 위한 다음의 실험과 인터뷰 중심의 자체 기사생산을 하는 야후의 실험, 네이버의 라이선스계약에 따른 전문가 칼럼 독점게재, 블로거를 활용한 다음과 야후의 시도 등을 살펴봤다. 자신만의 '고유 콘텐츠'를 확보해 경쟁에서 승리하겠다는 취지이지만, 다른 한 측면으로는 새로운 형태의 언론으로 한 발짝씩 진화해 나가는 측면이 강하다.

이와 관련, 2008년 8월 인터넷포털 '파란(paran.com)'은 2008년 뉴스와 블로그를 융합한 새로운 형태의 서비스인 '마이크로 탑텐(mit10.media.paran.com)'을 선보였다.[22] (이 서비스는 이후 '뉴스인사이트'로 이름을 바꿔 서비스 됐다.) 이용자들이 선택한 언론사의 기사를 링크하고,

이 기사에 자신의 의견을 담아 자신의 브랜드로 뉴스레터(*newsletter*)를 발행하도록 한 서비스다. 한마디로 이용자들이 뉴스기사를 이런저런 자신만의 코멘트나 의견을 달아 자신만의 뉴스레터를 만들고 이를 다른 사람과 돌려볼 수 있게 한 것이다.

파란은 이를 미디어다음의 '아고라'처럼 파란미디어 홈페이지에 'MT10' 섹션을 두고 이용자들에게 뉴스레터들을 소개했다(〈그림 4-9〉). 파란 측은 마이크로 탑텐 서비스에 대해 "해당분야 전문가가 중요한 소식만을 골라(수집), 핵심을 파악하기 쉽게 요약하고 가공해서(편집), 뉴스레터로 묶어 정기적으로 발행"할 수 있게 하는 서비스라고 소개했다.[23] 이를 통해 마이크로 탑텐 구독자는 "압축된 정보를 통해 뉴스를 읽는 시간이 절약되고, 세상의 변화와 트렌드를 쉽게 파악"할 수 있는 이점이 있고, 반면 발행자는 "많은 사람들에게 효과적으로 뉴스를 전달하고, 피드백을 받으면서 세상에 대한 통찰력을 얻고 자신의 전문성을 널리 알릴 수 있다"고 소개했다.

〈그림 4-10〉은 '떡이떡이'라는 필명을 쓰는 블로거가 마이크로 탑텐을 통해 발행하는 '떡이일보'다. 해당 블로거는 IT와 블로거들의 세계에서 벌어지는 일들에 관심을 갖고 있다. 이 뉴스레터는 일간신문의 뉴스레터처럼 이메일이나 휴대폰으로 발행자(떡이떡이)에게 직접 신청한다. 이메일뿐 아니라 모바일로도 받아 볼 수 있다.

떡이일보에선 2008년 9월 28일 '〔주말판〕 구글, 한국에 100억 원을 추가로 투자한다면'이라는 제하의 뉴스레터를 발행했다. 발행자는 "일요일 오전, 심심하신 분들을 위해 재미있는 내용만을 모아서 한방에 쏩니다"라는 코멘트와 함께 자신이 선정한 30여 개의 기사와 블로그 글을 간

---

22 조성흠(2008. 8. 08), 파란 "뉴스 직접 편집하고 돌려보세요", 〈연합뉴스〉. 이 사이트는 2008년 7월부터 '내가 직접 만드는 특별한 뉴스'를 모토로 KT Hitel과 (주) 온네트 MNS가 서비스했다.

23 파란미디어 홈페이지, http://mt10.media.paran.com/help/intro.

〈그림 4-9〉 파란의 MT10 서비스 섹션

〈그림 4-10〉 마이크로탑텐의 떡이일보

〈그림 4-11〉 〈매일경제신문〉의 원문기사

매일경제

구글 100억원 한국투자한다지만 …

기사입력 2008-09-26 04:11 기사원문보기

세계 최대 인터넷 검색업체인 구글이 국내에 1000만달러(약 100억원)를 추가로 투자하기로 했다.

지식경제부는 26일 제주 신라호텔에서 열리는 '외국인 투자기업 CEO 포럼'에서 구글이 지경부 · KOTRA와 1000만달러를 투자하겠다는 양해각서(MOU)를 체결한다고 25일 밝혔다. 또 지난해 김포에 항공부품 제조공장

광고

단한 평과 함께 올려놓았다.[24] 실례를 들어보자. '떡이떡이'는 〈매일경제신문〉에 실린 '구글 100억 원 한국 투자한다면 …' 기사를 링크한 뒤 다음과 같은 코멘트를 달아 뉴스레터에 포함시켰다.

> 이번에 발표한 1천만 달러의 추가투자는 회사 인수비용과 앞으로 늘어날 인력에 대해 자신들이 사용해야 하는 비용수준에 그칠 것이라는 전망이다. —정확한 지적이십니다. 구글코리아 입장에서는 대부분 본사 소속의 개발자 확보와 TNC 인수비용 등에 맞물린 것이 아닌지 …

떡이일보는 발행 한 달여 만인 2008년 9월 말 990명의 정기구독자를 지닌 어엿한 언론매체다. 29회의 뉴스레터를 발간했고, 각 뉴스레터에는 상당수의 코멘트가 붙었다.

그러나 마이크로 탑텐(뉴스 인사이트) 서비스로 상징되는 파란의 실험은 그리 오래가지 못했다. 2008년 7월부터 시작됐던 서비스가 1년여 만인 2009년 10월 이 뉴스레터들이 발행됐던 파란뉴스인사이트가 서비스를 종료함에 따라 함께 중단됐다. 이른바 마이크로 탑텐 파란닷컴 분점이 폐쇄된 것. 떡이일보를 비롯한 뉴스레터 발행인들도 인터넷 곳곳으로 뿔뿔이 흩어졌다.

그러나 크게 몇 가지 점에서 파란의 뉴스인사이트 서비스는 포털의 역사에 기록될 만한 가치가 있다. 우선 뉴스레터 발행주체의 변화다. 파란은 기존 언론사들이 자신들이 생산한 뉴스를 고객들에게 '맞춤 뉴스' 형식으로 제공하던 뉴스레터에 대한 고정관념을 무너뜨렸다. 포털이나 주요 언론사들이 고객들에게 제공한 뉴스레터는 이용자가 사전에 알려준 자신의 관심분야에 관한 기사들을 취합해 보내주는 형식이었다. 그러나 뉴스인사이트는 블로거가 '1인 미디어'가 돼 뉴스레터를 발

24 떡이일보 발행자는 세계일보와 조선일보 인터넷 뉴스팀 등에서 오랫동안 IT관련 뉴스를 취재했던 서명덕 기자이다. 그는 2008년 7월 조선일보를 사직한 뒤 프리랜서로 활동하고 있다.

행하고, 포털이 중개 및 관리역할을 맡는 구조다. 이 뉴스레터 서비스에 참여했던 블로거들은 자신들의 1인매체를 포털 파란의 '블로거 분점'이라고 불렀다.

김대중 정부시절 대통령 연설담당비서관을 지낸 고도원 씨가 경구(警句)나 시구 등을 선별해 이메일로 보내는 '아침편지(http://www.godowon.com)'가 뉴스레터와 비슷한 형식이지만 콘텐츠가 뉴스는 아니었다. 청와대를 비롯한 정부기관, 정치인, 기업 등이 홍보차원에서 뉴스레터를 제작하는 경우는 있었었다. 그러나 일반인이 1인 미디어로서 대중을 상대로 뉴스레터를 발행하는 것은 하기 힘들었다. 뉴스 자체에 접근하기 어렵고, 다수의 '구독자'를 확보하는 것이 쉽지 않았기 때문이다. 그러나 파란은 충성도 높은 이용자를 보유하고 있는 인터넷포털의 '매체파워'를 이용해 이 같은 장벽을 없애버렸다.

발행주체가 변화했다는 의미는 뉴스의 편집권을 언론사나 포털이 아닌 이용자가 행사한다는 것과 동일하다. 뉴스레터 발행자는 인터넷을 통해 시시각각 쏟아지는 여러 뉴스채널의 기사와 정보들 중 자신의 눈높이에서 가장 알리고 싶은 것들을 선정해 자신의 독자들에게 전달하는 게이트키퍼의 역할까지 하게 된다. 〈오마이뉴스〉의 시민기자나 다음의 블로거 뉴스가 기사(정보)의 생산에 '시민 저널리즘'의 새 장을 열었다면, 파란의 뉴스레터는 '편집'과 '논평' 부분에서 시민 저널리즘의 지평을 넓힌 것으로 해석할 수 있다.

또 한 가지 뉴스레터에서 주목할 점은 뉴스양식의 변화다. 언론사 뉴스레터는 독자의 기호에 맞는 '기사'를 선별해 전달하는 방식이었다. 그러나 파란의 뉴스레터는 1차적 텍스트인 '기사'를 가공해 이 자체를 새로운 기사, 즉 2차 텍스트로 만들었다. 파란의 뉴스레터에서 보이는 특징은 대다수 뉴스레터 발행인들이 기존 언론사의 '기사'뿐만 아니라 파워 블로거나 유명 전문사이트에 올라와있는 글, 일반 회사나 공공기관에서 발행한 '보도자료'들도 1차 텍스트 군에 포함시켜 이를 2차 기사화한다는 점이다. 1차 텍스트의 가공을 통해 기사의 형식과 내용이 파괴되지만, 1차 텍스트는 그대로 제시된다는 점에서 새로운 형태의 기사포맷이라고 볼 수도 있다. 뉴스레터 발행자의 역량에 따라 기사(뉴스)+평론'의 수준에 이를 수도 있고, '기사+댓글'의 수준에 그칠 수도 있다.

파란의 뉴스레터 서비스는 국내 최대 포털인 네이버가 2009년 비슷한 포맷의 오픈캐스트를 도입하면서 맥이 이어졌다.

3) 포털 초기 화면의 변화 ― 뉴스 & UCC

포털의 초기 화면은 끊임없이 진화했다. 포털의 얼굴인 초기화면의 변화에는 두 가지의 큰 흐름이 있다. 우선 초기화면에서 뉴스의 비중이 갈수록 커지고 검색 디렉터리의 비중은 상대적으로 작아졌다. 또 하나의 변화는 기존 온・오프라인 언론사의 뉴스기사 비중이 작아지면서 UCC를 편집한 정보가 새로운 정보 콘텐츠로 비중을 넓혀가고 있다. 특히 후자는 한국의 포털에서 특징적으로 보이는 현상이다. 특히 초기화면의 뉴스박스는 사이트를 찾은 이용자들의 눈길을 확실히 붙잡아 둘 이른바 '킬러콘텐츠(*killer contents*)'로 부상했다.

먼저 초기 화면과 뉴스 박스의 진화의 역사를 되짚어 보자. 검색서비스를 기반으로 한 인터넷포털이 국내에 본격적으로 선을 보인 것은 야후 코리아가 첫 서비스를 시작한 1997년 9월이다.[25] 〔이하의 내용들은 '그만'이라는 아이디를 사용하는 블로거가 올린 '눈으로 보는 야후 코리아 10년, 한국 포털 10년(http://www.ringblog.net/1083)'에 수록된 각 포털의 초기 화면들과 Bloter.net의 이희욱 씨가 작성한 '국내 5대 포털 성장지도' 등을 참고로 작성된 것임을 미리 밝혀두며, 각주는 생략한다.〕

---

25 야후! 코리아는 1997년 9월 1일에 한국에서 본격적인 서비스를 시작하고 야후! 코리아라는 법인이 세워진 시점은 한 달 후인 1997년 10월 1일이었다.

(1) 뉴스박스의 진화와 이동

서비스 초기단계였던 1997년 11월의 초기화면을 살펴보자. 가장 큰 특징은 검색디렉터리로 모든 화면을 채웠다는 점이다. 지금과 같은 뉴스 박스는 찾아볼 수 없다. 상단 로고 옆 뉴스 버튼과 함께 '뉴스와 미디어'라는 디렉터리가 다른 여러 디렉터리와 동등한 크기로 배치돼 과거 뉴스를 검색할 수 있도록 했다. 1년 3개월여가 흐른 1999년 2월의 야후 초기화면에는 좌측에 '화제의 뉴스'라는 별도 박스가 등장한다(〈그림 4-12〉). 당시 오프라인 신문들의 인터넷판인 신문사닷컴들은 뉴스콘텐츠를 통한 수익원 확보 차원에서 포털사이트에 뉴스콘텐츠를 제공하기 시작했고, 포털은 이를 상업적으로 활용할 방법을 찾기 위해 궁리했다. 뉴스 서비스도 편집 없이 뉴스리스트만을 보여주는 단선적인 서비스였다. 화면상의 초기 화면에도 IMF청문회와 관련된 김영삼 전 대통령 증언 관련기사와 직장 내 성희롱 관련기사 등 2개의 기사, '설날', '밸런타인데이' 등 행사 관련기사 등 고작 4건만이 노출되는 등 지금의 기준으로 보면 초라하기 그지없다.

한 가지 눈여겨볼 점은 '화제의 박스' 아래 '인사이드 야후!'가 설치돼 '쇼핑'이 강화됐고, 주식 등 금융정보를 야후 로고 밑 상단에 배치한 점이다. 1년 후인 2000년 2월 '야후 쇼핑'은 이용자들의 시선이 집중되는 초기화면 정중앙에 전진 배치된다. '쇼핑'이 야후의 이용자 시선을 붙잡아 둘 가장 중요한 서비스로 인식된 것이다. 전자 상거래 활성화와 함께 포털이 쇼핑시장을 새로운 수익모델로 인식해 서비스를 적극적으로 강화하던 시기였다.

배치상으로 보면 초기화면의 주도권은 쇼핑에서 검색, 이어 뉴스 순서로 넘어갔다. 월드컵 열풍이 휘몰아쳤던 2002년 6월 야후 초기화면의 가장 큰 변화는 엔터테인먼트와 뉴스 디렉터리가 맨 앞쪽에 전진 배치된 점이다. 흥미로운 점은 디렉터리의 배치가 1997년에는 알파벳의 첫 글자인 A로 시작하는 예술(*art*)이 가장 먼저 배치됐으나 2000년 2월부

〈그림 4-12〉

1997년 11월 야후 초기화면

1999년 2월 초기화면

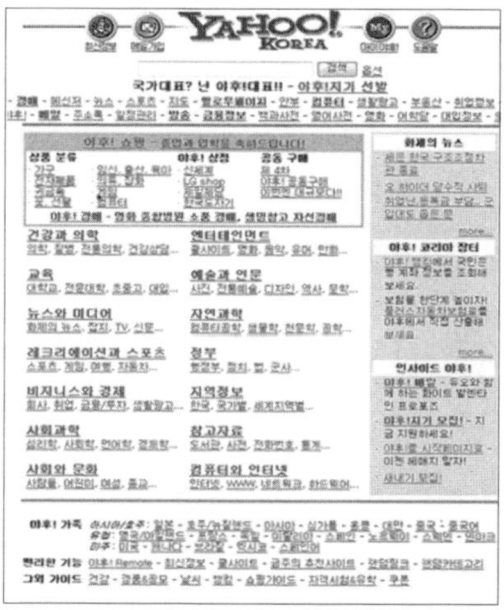

2000년 2월 초기화면

2002년 6월 초기화면

터 한글의 가나다순으로 '건강과 의학' 디렉터리가 가장 앞서 배치됐다. 그러나 2002년에는 다시 가나다 순을 무시하고 클릭수가 많은 디렉터리를 전진 배치한 것이다.

우측 상단의 '화제의 뉴스' 박스의 내용이 더욱 풍부해졌고, '미디어'는 '커머스'와 함께 로고 밑 상단에 중복 노출돼 중요성이 더해졌다. 미디어다음 최정훈 부사장에 의하면 포털사이트의 뉴스서비스는 2001년 효순 · 미선 양 사건 관련 촛불시위, 한일 월드컵, 대통령 탄핵사건 등 굵직굵직한 사회적 이슈를 거치면서 급격한 성장세를 타게 된다.[26] 사회 이슈에 대한 이용자들의 신속하면서도 광범위한 정보욕구와 인터넷 속성인 상호작용성과 속보성을 활용한 포털의 전략이 맞물리면서 뉴스서비스 이용자가 급증하기 시작한 것이다. 야후뿐 아니라 현재 국내 최대 포털인 네이버도 유사한 경로를 밟았다. 네이버 역시 설립 초기인 1998년 초기화면은 검색 디렉터리만으로 채워졌지만, 2002년 초기화면은 야후와 마찬가지로 우측하단에 '화제의 뉴스' 박스가 배치돼 있다(〈그림 4-13〉). 정중앙에 쇼핑 관련 박스가 배치돼 'e-비즈니스'에 중점을 둔 것도 야후와 같다. 그러나 네이버의 뉴스서비스는 2005년 4월 전환점을 맞는다. 뉴스박스가 초기화면 우측 상단에서 정중앙으로 이동하며 포털의 얼굴로 자리잡았다. 조선일보 IT담당 박창신 기자는 "뉴스 콘텐츠는 사용자들을 포털로 불러 모으는 강력한 '호객(呼客)' 수단"이라며 "(뉴스콘텐츠의 한복판 배치는) 뉴스콘텐츠의 사용가치를 높이기 위한 일종의 생산행위"라고 평가했다.[27] 2005년 4월 1일자로 이뤄진 초기화면 개편은 뉴스콘텐츠의 제공이 포털의 가장 중요한 대표서비스로

---

26 최정훈(2005), "포털의 뉴스서비스, 과거와 현재, 미래.", 진영 한나라당 국회의원 주최 '포털의 뉴스서비스 어떻게 볼 것인가' 발제 논문. 2005. 6. 2.

27 박창신(2007), "콘텐츠 이용의 활성화와 저작권 보호의 두 마리 토끼잡기", 한나라당 김영선 국회의원 주최 '인터넷 저작권 이대로 좋은가?' 정책 토론회 발제 논문. 2007. 2. 14.

〈그림 4-13〉

1998년 12월 네이버 초기화면

2002년 네이버 초기화면

2005년 4월 네이버 초기화면

네이버 초기화면 레이아웃

자리매김했음을 실증한다. 앞서 살펴본 대로 쇼핑-검색(디렉터리)-뉴스의 순이었던 초기화면의 레이아웃이 뉴스-쇼핑-서비스 순으로 뒤바뀌었다. 초창기 초기화면을 가득 메웠던 검색디렉터리(서비스메뉴)들이 하단으로 밀려나고 정중앙을 차지했던 쇼핑은 이전의 뉴스박스 자리였던 우측 중간으로 밀려났다. 네이버는 "사용자가 자주 찾는 뉴스 및 금융·증권 서비스를 로그인 창과 인접한 화면 중앙에 배치해 사용자 시선이 자연스럽게 연결되도록 설계하고, 특히 뉴스창의 경우 기존 크기보다 넓게 구성하여 좀더 많은 최신기사를 한눈에 확인할 수 있도록 배려했다"고 밝혔다.[28] 이른바 '고객중심'의 초기화면 설계라는 것이다.

사실 뉴스서비스 정중앙 배치를 처음 시도한 것은 다음(Daum.net)이었다. 네이버보다 2년이나 빠르다.

'다음카페'로부터 출발한 다음은 1999년 인터넷포털 '다음'으로 전환한 뒤 처음부터 초기화면에 뉴스서비스를 정중앙에 배치, 미디어로서의 지향성을 드러냈다(〈그림 4-14〉). 그러나 포털로서의 위상이 공고해진 2000년 초기화면에서 보듯 뉴스서비스는 네이버나 야후와 마찬가지로 우측 중앙으로 밀리고, 정중앙은 다음의 대표 상품 격인 '커뮤니티 서비스'가 차지한다. 그러나 다음은 2003년 3월 31일 초기화면을 대폭 개편하면서 뉴스박스인 '미디어다음'을 중앙에 전진 배치한다. 다음측은 '고객중심'을 내세웠던 네이버에 비해 보다 직설적으로 자신들의 의도를 설명한다. 다음 측은 보도자료를 통해 "검색서비스를 최상단에, 뉴스를 중앙에 배치함으로서 정보검색 기능과 인터넷 미디어로서의 매체역량을 대폭 강화했다"면서 "다음은 인터넷 미디어기업으로서 새로운 사회 트렌드를 먼저 읽어내고 또한 이끌어 내면서 네티즌들에게 최고의 서비스를 제공할 것"이라고 밝혔다.[29]

---

28 NHN 보도자료(2005. 5. 31), "네이버 고객중심설계 초기화면으로 새 단장". http://www.nhncorp.com/

29 다음 보도자료(2003. 3. 31), "다음, 대대적 초기화면 개편실시", UCChttp://

〈그림 4-14〉

1999년 다음 초기화면

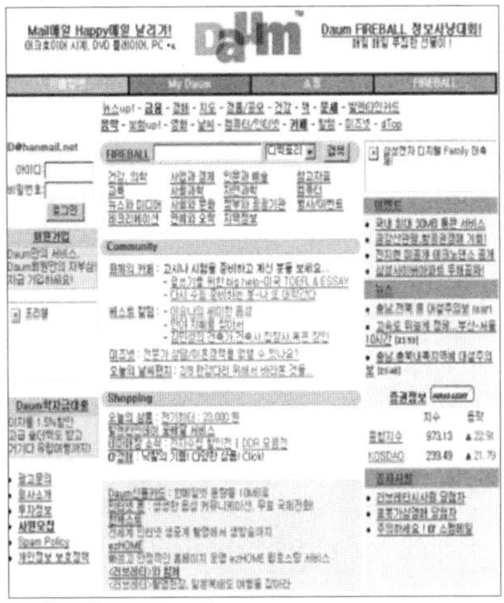

2000년 다음 초기화면

2004년 6월 개편 후 다음 초기화면

2008년 9월 다음 초기화면

---

bbs. pr. daum. net/gaia/do/service/info/newsKor

앞서 잠깐 언급한 대로 포털의 초기화면은 이후 더욱 새로운 양상을 보인다. 이용자들(*user*)이 생산한 콘텐츠(*UCC*)가 뉴스와 마찬가지로 포털 초기화면의 주역으로 등장한 것이다. 시간이 흐를수록 포털의 초기화면은 가장 편하게 이용자들이 뉴스와 UCC를 읽을 수 있는 구조로 진화한다. 이 같은 흐름에 방해가 되는 쇼핑과 검색디렉터리들은 초기화면의 구석으로 완전히 밀려났다.

지금까지의 흐름을 다시 되짚어 보자. 포털 초기화면의 변천사는 바로 미디어로서의 '언론성'이 강화되는 과정이었다. 포털은 초창기 검색서비스만으로 시작했으나 시간이 흐를수록 뉴스서비스를 강화했다. 이는 초기화면에서의 위치변화에서 쉽게 확인된다. 포털은 뉴스서비스를 앞세워 비약적인 성장을 이뤄냈고, 현실적으로 의제설정(*agenda setting*) 기능을 통한 '미디어 파워'를 갖게 됐다.

(2) UCC의 활용과 포털의 언론성 강화

더욱 중요한 사실은 UCC의 활성화가 포털의 언론성에 대한 보다 근본적인 질적 변화를 야기했다는 점이다. 포털은 UCC의 정보콘텐츠로서의 가치에 일찍부터 눈을 떴다. 인터넷 테크놀로지를 활용해 정보 표현 방식에서 사용자와 접점을 찾는 방향으로 서비스를 적극적으로 개발했다. 2008년 다음의 모토는 '우리들의 UCC세상, 다음'이다. 그만큼 UCC의 생산과 유통, 소비에 비중을 두겠다는 의미다. 다른 포털들도 앞다퉈 UCC를 '포털의 미래'로 보고 UCC를 활용한 비즈니스 전략을 짜고 있다. 다음의 '블로거뉴스'나 네이버의 '블로그라이브' 등 블로거들의 UCC를 이용한 서비스가 대표적인 사례들이다.

① 초기화면과 UCC

포털들은 앞서 살펴본 것처럼 블로거들이 올린 글과 동영상들을 초기화면에 전진 배치하고 있다. 앞에서 본 다음의 2008년 9월 초기화면을 살펴보자. 초기화면 상단의 뉴스박스 아래 있는 '유익한 정보검색', '카페·블로그', '동영상' 좌측 '영화' 섹션에 올라온 글들은 대부분 블로거들이 올린 글을 바탕으로 만들어졌다. 한마디로 'UCC섹션'이다.

'영화' 섹션에 메인으로 소개된 '11년 만의 재회— 다시 만난 타이타닉 커플'이라는 글 역시 'orc'라는 필명의 블로거가 올린 글이다. '동영상' 섹션은 블로거와 온오프라인 언론사에서 제공받은 동영상들이 구분 없이 소개되고 있다. 좌측하단의 화제의 책도 이용자들의 서평이다. 최상단의 검색과 우측의 '쇼핑' 섹션, 좌측의 '실시간 이슈 검색' 등을 제외하

〈그림 4-15〉 네이버 초기화면 UCC 섹션

면 초기화면의 50~70%가량이 이 UCC로 채워지고 있는 것이다. 광고 등을 빼면 비율은 더욱 올라간다. 다음뿐 아니라 네이버나 야후 등 다른 포털들도 상황은 비슷하다.

이처럼 포털이 UCC를 적극적으로 활용하는 경영전략을 펼 수 있는 이유 중 하나는 국내의 블로거 생태계(블로고스피어)가 양적인 성장뿐 아니라 질적으로도 비약적으로 발전했기 때문이다. 특히 웹 2.0 시대의 흐름을 타고 각 분야 전문가들이 인터넷 문화의 전면에 등장, UCC의 질적 변화를 주도하고 있는 점도 큰 요인으로 볼 수 있다.

인터넷 서비스업체인 (주)넷다이버는 2008년 4월 한 달간 네이버와 다음, 이글루스, 티스토리, 엠파스, 조인스의 블로그 3만 개를 분석한 결과 하루 평균 방문자 수가 1만 명이 넘는 이른바 '파워블로그'가 1천여 개에 달한다고 추정했다.[30] 넷다이버의 분석결과, 일반 블로거는 절반 이상이 10대 이하(51%)인 데 비해 파워블로거의 경우 20대 이상이 76%에 달했고, 40대 이상이 11%나 됐다. 중앙일보의 김정수 기자는 "블로거 중 의사, 변호사, 교수 등 전문직 파워엘리트들은 소수지만 블로고스피어에 새바람을 일으키는 중심세력"이라고 분석했다. 이들은 주로 신변잡기나 취미생활에 관한 글을 올리던 차원을 넘어서 정치 사회 문화 IT 등 다양한 주제에 대한 자신들의 생각과 의견을 전파하고 있다는 것이다.[31]

포털이 파워블로거들이 생산해 낸 정보콘텐츠들에 주목하면서 일어난 가장 중요한 변화는 기존 언론사로부터 공급받은 기사들과 UCC의 구분이 모호해지기 시작했다는 점이다. 앞의 다음 초기화면에서 보듯 뉴스박스의 기사나 이용자들이 올린 정보 콘텐츠나 한 줄의 제목으로 초기화면에 소개된다. 기사든 UCC든 누가 만들었다는 출처는 소개되

30 김정수(2008. 7. 13), "파워엘리트들이 인터넷 문화를 바꾼다", 〈중앙 SUNDAY〉 23면.

31 위의 글.

지 않는다. 오직 다음이 제공하는 콘텐츠라는 것만 초기화면에 노출된다. 전문가나 기자가 쓴 글이 아니더라도 흥미를 끌 수 있거나 정보로서의 가치가 있다면 기존 언론사에서 제공된 기사나 사진, 동영상뉴스와 동등한 자격으로 독자(이용자)들에게 소개되는 것이다. 앞의 다음 초기화면에서 보듯 다음은 아예 '유익한 정보검색'이라는 섹션까지 만들어 정보로서의 가치가 있는 UCC를 집중적으로 소개한다. UCC 활용의 정도 차이는 있지만 다른 포털들도 상황은 마찬가지다. 네이버도 2008년 당시 사진처럼 '감성지수', '생활의 발견', '요즘 뜨는 이야기'와 동영상과 만화 섹션 등을 초기화면에 배치하고 있다(〈그림 4-15〉). 소개되는 UCC들은 한결같이 정보성이 강한 내용들이다.

이 같은 포털의 초기화면이 던지는 의미는 분명하다. 다음이나 네이버라는 '언론매체'에서 제공하는 '뉴스·정보 서비스'라는 메시지를 담고 있는 것이다. 네이버의 경우 2008년 9월 현재 17개 중앙언론사와 11개 경제전문 신문·방송 등 109개 뉴스채널에서 뉴스를 공급받는다. 그러나 네이버가 제공하는 뉴스·정보를 공급하는 뉴스소스는 이 같은 전문 언론사뿐만이 아니다. 네이버에 개설된 1,200만 개의 블로그와 360만 개의 카페 등에서 활동 중인 수많은 블로거와 카페 회원들이 모두 뉴스생산자화 하고 있는 것이다.

이에 대해 성동규 중앙대 교수 등은 한 논문에서 "UCC는 포털사이트의 뉴스 콘텐츠 생산방식, 뉴스 소재 및 주제, 그리고 글쓰기 방식을 변화시키는 데 커다란 영향을 미쳤다"면서, "이러한 특징은 다양한 콘텐츠와 충성도 높은 이용자를 보유한 허브매체로서 포털사이트의 기본 속성과 맞물리면서 포털사이트 뉴스가 새로운 형식의 온라인 저널리즘으로 성장할 수 있는 원동력이 되고 있다"고 평가했다.[32]

32 성동규·김인경 등(2006), "포털사이트의 뉴스콘텐츠 전략에 관한 연구-인터넷 뉴스의 이용동기와 지각된 뉴스가치를 중심으로", 〈한국언론학보〉 제 50-5호, 138쪽.

② 뉴스박스와 UCC

UCC의 뉴스화 현상은 비단 UCC 섹션에서만 발생하는 것이 아니다. 일부 포털사들은 지금까지 기존 언론사의 뉴스들이 독점했던 초기화면의 '뉴스박스'까지 과감하게 UCC에 개방했다. 다음이 가장 적극적이다. 〈그림 4-16〉을 보자. 뉴스박스에 올라있는 뉴스아이템 11개 중 '페레즈힐튼, 원걸 조롱한 걸까'와 '블랙홀 직접 만난 주다스 프리스트, 이랬다' 등 2개의 글은 다음의 '블로거뉴스'와 '세계엔' 섹션에 올라있던 글 중에서 뽑혀서 소개된 것이다.

특히 '블랙홀 직접 만난~' 기사는 국내 헤비메탈 그룹 멤버 2명이 한국을 방문한 세계적인 헤비메탈 그룹인 주다스 프리스트를 인터뷰한 동영상과 소감을 다음에 개설된 자신들의 블로그에 올린 것인데 여러 가지 면에서 살펴볼 필요가 있다(〈그림 4-17〉). 우선 이들이 블로그에 올린 글은 이렇게 시작된다.

> 주다스 프리스트 내한공연이 확정됐을 때 실감이 잘 나지 않았습니다. 그동안 한국에서 열린 그 어떤 록페스티벌에도 그들은 오지 않았고 온다는 소문조차 없었으니까요. … 블랙홀이 가장 보고 싶었던 첫 번째 공연이 바로 주다스 프리스트의 공연이었죠. 한국에서 메탈 갓의 실체를 경험한다는 것 자체로 감격적이었습니다. 공연이 있던 날 저는 워커힐로 향했습니다. 이제까지 인터뷰에 응해 보기만 했지 직접 인터뷰를 해 본 적이 없는데 주다스프리스트를 직접 만나 이야기를 한다는 생각 자체가 큰 기대였습니다.[33]

8분여간 일문일답식으로 진행된 블랙홀의 인터뷰는 아마도 소속사에서 기획한 이벤트일 것이다. 전문통역이 대동했고, 동영상에도 번역 자

33 블랙홀의 홈페이지에 실린 기사원문의 주소는 http://blog.daum.net/iblackhole/7321602.

〈그림 4-16〉 다음의 뉴스박스 1

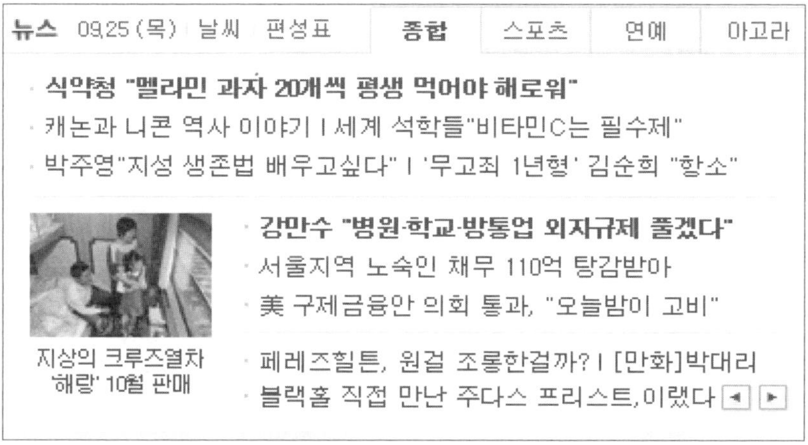

〈그림 4-17〉 블랙홀의 블로그에 실린 기사원문

〈그림 4-18〉 영화블로그 익스트림무비

막이 깔려 있는 등 개인적 만남으로 보기는 어렵기 때문이다. 필자가 주목한 것은 뉴스가 생산되고 소비되는 방식이다. 인터뷰 동기가 무엇인지는 분명치 않지만 여기서는 홍보를 위해서라고 가정해 보자. 그간 인터뷰의 객체였던 블랙홀의 멤버들은 음악담당 기자가 된 듯 주다스 프리스트를 인터뷰했고 이를 자신의 블로그에 올렸다. 이들은 다음의 블로거 기자로 등록돼 있고, 이들의 인터뷰기사는 주요 언론의 기사와 동등한, 아니 훨씬 중요한 비중으로 다뤄지며 포털의 얼굴 격인 뉴스박스에도 소개됐다. 다음은 국내 헤비메탈 그룹이 해외 유명 그룹을 인터뷰한 진귀한 케이스의 기사를 '특종' 보도한 셈이고, 블랙홀은 다음이라는 유력 포털을 통해 자신들의 목적(홍보)을 달성했다. 블랙홀의 인터뷰기사는 언론사의 기획기사가 아니다. 스스로 필요에 따라 고품질의 뉴스를 생산해 낸 것이다.

같은 날 다음의 초기화면에는 영화전문 블로그인 'Extreme Movie'가 올린 '건담의 아버지 토미노 감독을 만나다'라는 기사가 실렸다(〈그림 4-18〉).[34] 역시 블로거 뉴스에서 뽑힌 기사였다. 이 익스트림무비의

〈그림 4-19〉 다음의 뉴스박스 2-아고라섹션

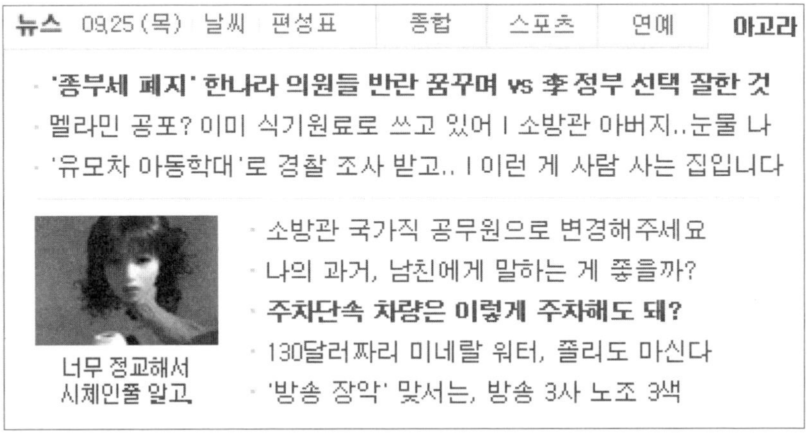

초기화면을 보면 한눈에 알 수 있듯, 이 블로그는 일반적인 블로그의 수준을 벗어났다. 영화평과 함께 각종 영화관련 정보들이 자체제작한 기사로 소개되고, 소설도 연재한다. 또 개봉영화, 뉴스, 영화리뷰, 뉴스, 서적, 기획& 특집, 커뮤니티, 토론방의 섹션으로 나뉘어져 있고, 상업광고도 게재한다. 사실상 소규모의 영화전문 채널이다. 흥미로운 점은 이들이 연재소설을 포함해 하루 7~8건씩 지속적으로 영화관련 기사를 올리고 다음의 블로거뉴스에 올리고 있다는 것이다.

블랙홀과 익스트림무비의 인터뷰 기사는 포털이 새로운 형태의 언론사로서의 진화하고 있다는 것을 실증적으로 보여준다. 소규모의 전문채널들은 포털에 주요 언론들이 다루지 못하는 전문적인 기사나 흥밋거리를 제공하고, 포털들은 소규모 전문채널이나 블로거들에게 기존 언론사에 못지않은 매체파워를 제공한다. 특히 소규모 전문채널들은 이를 이용해 상업적으로도 활로를 뚫을 수 있고, 다음은 이들이 광고수익을 얻을 수 있도록 적극 지원하고 있다.[35] 결론적으로 하청관계인 대기

---

34 http://bloggernews.media.daum.net/news

업과 중소기업의 관계처럼 이들은 기능적으로 분업화된 매스미디어의 형태를 띠게 되는 것이다.

네이버 등 다른 포털들은 아직까지 뉴스박스를 일반 블로거에게 개방하지 않고 있다. 다만 네이버는 자신들과 라이선스 계약을 맺은 민기자닷컴 등과 같은 전문블로거의 기사는 뉴스박스에 게재하고 있다.

한편 다음은 뉴스박스에 '아고라' 디렉터리를 두는 실험을 했다(〈그림 4-19〉).[36] 아고라는 앞서도 설명했듯 네티즌들의 토론·청원을 위한 섹션이다. 다음은 여기에 올라온 일반인들의 글까지도 뉴스박스에 별도의 섹션을 마련해 비중 있게 소개한다. 그러나 다음을 제외한 다른 포털들은 지금까지 뉴스박스에 뉴스 분야별 디렉터리를 두고 있을 뿐이다.

AOL과 Yahoo.com의 또 다른 진화

미국의 대표적 포털인 AOL은 초기화면 운용과 관련, 국내의 포털과는 전혀 다른 전략을 취하고 있다. AOL은 초기화면의 대부분을 UCC로 채운 국내 포털과는 달리 초기화면의 대부분을 언론사로부터 공급받은 '뉴스'를 활용한 콘텐츠를 배치하고 있다. 국내 포털들이 뉴스박스에 '스포츠, 연예, 날씨, 편성표'(네이버), '날씨, 편성표, 종합, 스포츠, 연예, 아고라'(다음) 등의 섹션을 두고, 뉴스박스 아래를 UCC 섹션으로 채우는 것과는 여러 모로 대비가 된다.

AOL 초기화면은 맨 윗부분에 동시간대에 가장 이용자들의 흥미를 끌 수 있는 최신 뉴스기사 등 8가지 섹션의 주요 스토리를 사진과 함께 소개하고 이를 회전시키는 특집섹션이 배치되고, 그 밑에 'Top News'와 'Finance News', 'Entertainment

---

35 다음은 2008년 9월부터 블로거뉴스에 가입한 블로거들을 대상으로 '블로거뉴스 AD' 제도를 실시 중이다. 블로거뉴스 AD란 "자신의 블로그에 블로거뉴스에서 제공하는 광고를 단 뒤, 광고 노출효과에 따라 광고수익을 얻는 서비스"라고 다음은 밝힌다. 다음은 블로거뉴스에서 우수한 활동을 하고 있는 블로거들을 선정해 광고를 달 수 있게 하고, 매월 정산을 통해 Daum캐쉬를 지급한다. http://bloggernews.media.daum.net/event

36 다음은 그러나 2009년 4월 서비스 개편을 통해 초기화면 뉴스박스에서 토론방 '아고라'를 제외시켜 현재의 뉴스박스에선 아고라 디렉터리를 볼 수 없다.

미국 AOL 초기화면

News', 'Sports News' 등을 차례로 배치시켜 전체 초기화면을 기사로 커버한다. "최고의 뉴스소스(*news source*)를 취합해 최상의 저널리즘을 구현하고 있다"는 AOL뉴스디렉터 게리 케벨의 서울 강연을 떠올리게 하는 경영전략이다.

한편, 한국의 야후!코리아와 미국의 야후닷컴은 초기화면 전략에서 큰 차이를 보인다. 야후닷컴은 제일 윗부분에 'Featured(화젯거리)', 'Entertainment(오락연예)', 'Video(동영상 · 방송)' 등의 뉴스를 AOL과 유사한 형식으로 배치해 회전시키고, 그 아래 우리나라 포털들과 같은 형식의 뉴스박스를 배치시켰다. 우측 하단의 'Plus-What Yahoos Are Into' 섹션도 언론사로부터 제공받은 뉴스를 재가공, 가장 많이 본 기사와 이메일로 전송된 기사 등을 소개하는 코너다. 화면 대부분이 언론사로부터 공급받은 양질의 뉴스를 소개하는 섹션들로 구성돼 있고 이용자들의 참여로 이뤄진 UCC 섹션은 찾아볼 수 없다.

반면, 한국 야후!코리아의 초기화면은 맨 위 뉴스박스 아래 UCC 섹션으로 채워져 있다. '오늘의 추천'은 야후 블로그에 올라온 포스트 중 흥미로운 내용들을 선별한 것이고 야후 콘텐츠 순위 역시 UCC에 순위를 매겨 소개한 것이다.

미국의 포털을 대표하는 AOL과 Yahoo.com은 초기화면과 관련, 뉴스 재매개 기능을 극단적으로 강화하는 전략을 펴고 있고, 반대로 Yahoo!Korea를 비롯한 한국의 포털들은 언론사 뉴스 재매개에서 UCC강화 쪽으로 전략적 선택을 하고 있다. 이 같은 차이는 미국의 경우 UCC가 'YouTube' 등 개별사이트 중심으로 발전하는 등 양국 간 인터넷 문화와 토양의 차이에서 비롯된 것으로 보인다. 그러나 포털만을 비교할 때 한국의 포털은 앞서도 살펴보았듯 미국의 포털에 비해 다양한 미디어적 기능을 실험하며 역동성을 보이고 있는 것만은 분명해 보인다.

한국 야후 초기화면

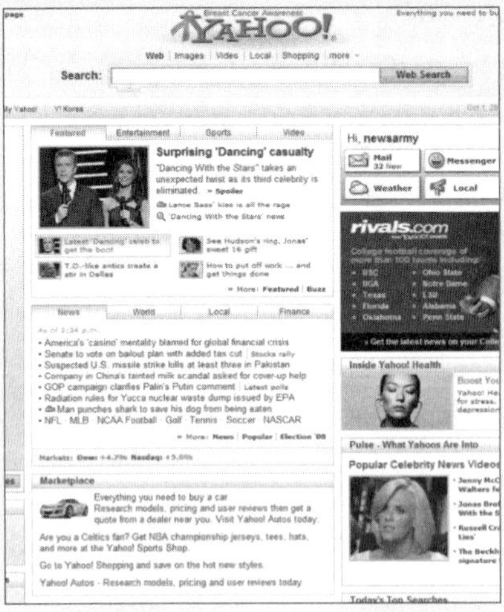

미국 야후 초기화면

(3) 네이버의 뉴스캐스트와 오픈캐스트

네이버는 2008년 12월 대대적인 초기화면 개편을 단행했다. 네이버가 업계의 주목을 끈 것은 '뉴스캐스트(*News Cast*)'와 '오픈캐스트(*Open Cast*)'라는 새로운 서비스를 도입했기 때문이다(〈그림 4-20, 21〉).

① 뉴스캐스트(*News Cast*)

뉴스캐스트는 각 언론사가 직접 편집한 뉴스박스를 이용자가 네이버 메인에서 선택해 볼 수 있도록 한 서비스. 사용자가 언론사를 선택하면 순차적으로 언론사별 뉴스박스가 화면에 노출되며, 사용자가 뉴스를 제목을 클릭하면 아웃 링크를 통해 해당 언론사 홈페이지로 이동해 기사를 보게 된다. 그간 여러 언론사에서 받은 기사를 자체 편집인력이 선별 게재하던 방식에서 탈피해 뉴스박스에 실릴 기사 선정과 제목 등 모든 편집권을 언론사에게 준 것이다.

네이버의 뉴스캐스트 서비스는 포털이 자의적으로 뉴스 편집권을 행사해 '언론권력화' 했다는 비판과 함께 정부의 규제강화 움직임이 본격화된 시기에 나온 것이어서 이에 대한 포털 측의 대응책이 아니냐는 시각이 많다. 실제 네이버 측은 오픈캐스트에 대한 아이디어를 2년 전인 2006년부터 꾸준히 발전시켜 왔으나 2008년 포털의 사회적 책임문제가 쟁점으로 부각하자 발표를 서둘렀던 것으로 전해진다.

사실 네이버는 지금까지 편집권 행사 등을 통한 언론으로서의 성격을 부인하며 '정보유통 플랫폼'으로서의 입지를 강화하는 서비스를 지속적으로 개발했다. 실례로 2006년 8월 21일 네이버는 '언론사별 뉴스' 서비스를 도입, 뉴스박스의 편집권을 언론사에게 일부 환원하는 조치를 취했다.[37] 간단히 설명하면, 뉴스박스에 기존의 네이버 뉴스와 함께 '언론

37 여기서 말하는 '언론사별 뉴스'는 '인터넷과 함께 부활한 사상의 자유시장' 장에서 살펴보았던 네이버의 '언론사별 보도' 서비스와는 전혀 다른 서비스다. 언론사별 보도 서비스는 네이버가 자체 제작한 초기화면 뉴스박스에 '언론사별 보도'

〈그림 4-20〉 네이버의 뉴스캐스트

사별 뉴스난'을 만들고, 여기에는 언론사가 직접 선택 편집한 뉴스들을 노출시키는 서비스다. 해당 기사는 각 언론사의 해당 뉴스 페이지로 직접 링크된다. 이용자들은 '언론사별 뉴스난'을 통해 최대 4개 언론사까지 선택해 서비스를 받을 수 있고, 기존 네이버 뉴스 또는 선택한 4개 언론사 뉴스 중에 가장 먼저 보고 싶은 서비스를 미리 설정해 놓을 수도 있게 했다.

뉴스캐스트는 기존의 '언론사별 뉴스' 서비스에서 한발 더 나아가 아예 자체 편집하던 뉴스박스를 없애버리고, 언론사에게 뉴스박스를 완전 개방했다. '초기화면 뉴스 선정을 자의적으로 해 편집권을 행사한다'는 비판에 맞서 '그렇다면 언론사에서 직접 뉴스박스에 갈 뉴스와 제목을 선정하고, 이용자들도 자기가 보고 싶은 언론사를 선택하라'는 것이 네이버의 대응 전략인 셈이다. 물론 뉴스박스의 편집권을 언론사에게 돌려줌으로써 언론으로서 지켜야 할 법적 책임을 피하려는 의도도 담겨 있다고 보아야 할 것이다. 형식상 포털은 '뉴스를 생산하지 않는다'는 고전적 명제에 '뉴스(박스)를 편집하지 않는다'는 논거를 추가했기 때문이다. 네이버는 조선일보 등 47개 언론사들을 참여시켜 뉴스캐스트 서

표시 아래 이슈가 되는 뉴스를 클릭하면 각 언론사의 보도가 그대로 노출되는 서비스다.

〈그림 4-21〉 네이버의 오픈캐스트

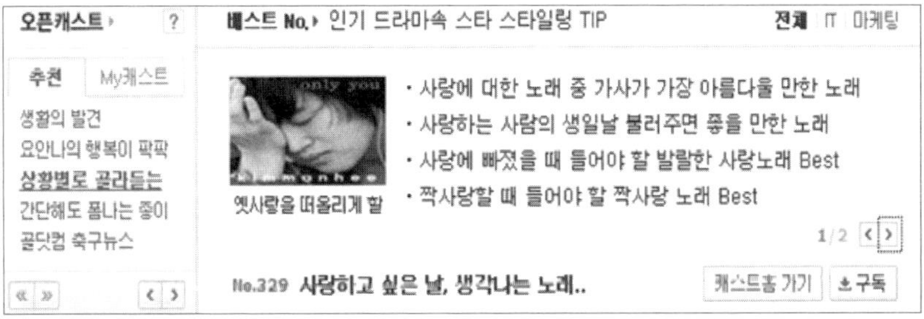

비스를 시작했으나 2009년 10월 22개 언론사를 추가해 모두 73개 언론사로 확대됐다.

② 오픈캐스트(*Open Cast*)

네이버는 뉴스캐스트와 함께 오픈캐스트 서비스를 도입, 초기화면의 뉴스박스를 이용자들에게 개방했다. 네이버에 따르면 오픈캐스트 서비스는 "이용자 누구나 정보제공자(캐스터)가 돼 자신이 선택한 정보를 네이버 초기화면에서 제공할 수 있고, 자신이 원하는 언론사들의 뉴스뿐만 아니라 주요 관심사에 따른 정보를 골라 볼 수 있도록 한 신개념의 정보플랫폼 서비스"다.[38] 구조는 간단하다. 이용자들 중에 선정된 캐스터(정보제공자)들이 자신들의 블로그나 사이트에서 생산한 각종 정보들을 '가젯' 형식으로 네이버 초기화면에 올린다. 서비스이용자들은 초기화면에서 자신들이 원하는 다양한 기호와 취미를 반영하는 정보들을 제공하는 캐스터들을 선택한 뒤 '구독하기' 버튼을 누르면 '마이캐스트'가 만들어진다. 오픈캐스트는 뉴스박스에 이어 UCC섹션까지 이용자들에게 개방한 셈이다. 이를 통해 네이버는 '정보유통 플랫폼', 다시 말해 인터

38 네이버(2009), "네이버 홈페이지를 누구에게나 오픈합니다", http://inside.naver.com/opencast.

넷상의 다양한 정보와 이를 필요로 하는 이용자를 효과적으로 연결시키는 '정보의 다리(매개자)' 역할을 하겠다는 지향점을 분명히 한 것으로 보인다.

필자가 주목하는 것은 네이버의 오픈캐스트 서비스가 지금까지 나온 포털의 UCC 활용전략의 극단에 서 있다는 점이다. 잠깐 앞의 기억들을 되살려 보자. UCC 콘텐츠는 검색이 전부였던 포털의 초창기에는 전혀 초기화면에서 모습을 볼 수 없었다. 그러나 시간이 흐르면서 뉴스 콘텐츠와 함께 비중을 넓혀갔고 결국 초기화면을 점령했다. 이제는 뉴스박스와 대등한 구조에서 언론사들이 생산한 뉴스콘텐츠와 대등한 경쟁을 하고 있다.

앞서 살펴본 것처럼 다음은 뉴스박스에 '블로거뉴스' 등에서 생산된 블로거들의 글을 '뉴스화'하면서 기자들의 기사와 대등한 가치로 취급했다. 뉴스박스에 들어갈 '기사'의 개념틀을 허문 것이다. 이어 다음은 '아고라'를 뉴스박스의 한 섹션으로 포함시켰다. '아고라'에 실린 인터넷 청원이나 게시글도 기사처럼 시사성이 있다고 보고 '뉴스박스'의 타이틀 아래 하나의 섹션으로 포함시킨 것이다.[39]

반면 오픈캐스트는 한발 더 나아갔다. 초기화면 하위 디렉터리로 '뉴스'와 '마이캐스트'가 동등한 크기로 소개된다. 일간지 뉴스와 블로거 등이 만든 UCC가 초기화면에서 기존 언론사가 생산한 기사들과 경쟁하는 구조가 된 것이다.

네이버는 2009년 6월 네이버 뉴스서비스 개편을 통해 뉴스 홈페이지에 있는 정치 경제 사회 섹션의 기사박스 위치를 이용자 자신이 원하는 순서로 배치할 수 있도록 만들었다. 가령 사용자가 정치-사회-경제-세계-스포츠, 혹은 연예-스포츠-포토-사회 등 자신의 취향에 따라 뉴스 홈페이

39 다음은 그러나 2009년 4월 서비스개편을 통해 초기화면 뉴스박스에서 토론방 '아고라'를 제외했다.

지도 부분적으로나마 편집할 수 있게 한 것이다. 이후 네이버는 2010년 3월 다시 뉴스캐스트를 대대적으로 개편하며 언론사의 '톱뉴스'와 '주제별 보기' 기능을 첨가한다. 이에 대해선 다시 살펴보도록 하겠다.

네이버의 캐스트 서비스처럼 이용자들이 정보의 생산자인 동시에 편집자가 되고 소비자가 되는 구조로 전환한 것은 의미심장한 변화라고 볼 수 있다.

이에 대해 인터넷에서 콘텐츠를 창조하는 'UCC의 시대'에서, 창조된 콘텐츠를 유저가 편집해 한 단계 업그레이드하는 'UEC(*User Edited Contents*)의 시대'가 도래했다고 보는 시각도 있다. 실제로 앞서 살펴봤던 인터넷포털 파란의 '마이크로 탑텐' 뉴스레터 서비스 등도 전형적인 UEC로 볼 수 있다. 각종 블로그나 웹페이지에서 발견한 정보들을 모아서 자신의 관점에서 편집한 뒤 이를 뉴스레터로 발행하기 때문이다. 포털에서 UCC의 영역이 넓어질수록, 특히 초기화면에서 UCC의 영역이 넓어질수록 언론성이 강화된다는 것은 앞서 '초기화면과 UCC'와 '뉴스박스와 UCC'에서 어느 정도 설명이 됐다고 본다.

간단히 부연하자면 지금까지 기존 언론과는 전혀 다른 형태로, 포털은 기존의 언론사 뉴스와 UCC가 결합된, 혹은 UCC가 중심이 되는 새로운 형태의 매스미디어로 진화하고 있다. 언론사의 뉴스가 1차 재료라면, 블로거들이 이를 해석하고 재가공해 새로운 형태의 2차적 뉴스를 만들어내고, 포털에서 이를 소비하는 구조가 형성된다. 또 언론사에서 다루기 어려운 지나치게 전문적이거나 세부적인 정보, 기존 언론의 게이트키핑에서 다양한 이유로 걸러져 발행되지 못한 정보, 언론사에서 취재력의 한계로 미처 다루거나 접근하지 못한 정보, 기타 시시콜콜한 지역 신상정보, 패러디 등이 'UCC뉴스'의 형태로 포털이라는 거대 언론매체를 통해 일반인들에게 전달된다. 정치 사회 경제 등 시사성이 강한 정보뿐만이 아니라 문화 생활 취미 등의 정보도 뉴스의 형태로 전달된다. 사실 이런 구조는 오픈캐스터가 생기기 이전, 포털이 UCC를 전략적으로 초기화면에 활용하며 'UCC의 관문(*gate*)'이 됨에 따라 이미 형성된 것이다.

네이버는 이와 관련, "세상의 모든 정보를 재해석해 전하고 싶은 분들에게 1인 미디어의 또 다른 파워를 선택해 줄 것"이라며 "좋은 정보를 담은 크고 작은 사이트에게도 새로운 수익을 가져다주는 건강한 계기가 될 것"이라고 밝혔다. 네이버의 이 같은 발언은 앞서 설명한 새로운 형태의 미디어 분업구조와 관련해 시사하는 바가 크다. 다시 말해 다음의 '익스트림 무비' 사례와 마찬가지로 네이버도 UCC를 내세운 전문사이트나 웹진, 전문가 블로그 등이 양질의 콘텐츠를 생산하면, 이를 네이버라는 '대형매체'를 통해 소비하고, 수익을 서로 분배하는 '정보·생산·유통·소비의 분업구조'를 만들겠다는 의미이기 때문이다.

다음이 기사 자체생산 실험에서 실패한 사례를 떠올려 보자. 다음은 기존 언론매체처럼 기자들을 고용해 뉴스를 생산하는 데 실패한 뒤 적극적으로 UCC를 활용하는 전략을 택했다.

결국 포털은 기사의 자체생산보다는 블로그나 소형 전문사이트에서 생산한 UCC를 활용한 미디어 전략을 짜고 있는 것이다. 네이버는 '정보유통 플랫폼'을, 다음은 '미디어'를 내세우지만, 포털의 발전사를 통해 보면 두 회사의 본질적 차이는 없다. 양자 모두 UCC를 앞세운 새로운 형태의 미디어로 나아가고 있기 때문이다. 이처럼 포털은 블로거로 통칭할 수 있는 이용자에게 매체로서 공표(*publish*) 기능을 선물했고, 포털이 지닌 정보유통 기능은 이들에게 '사회적 영향력'을 부여하고 있다. 블로거들은 대신 포털에 콘텐츠를 제공하는 공생관계가 형성됐다.

포털이 블로그의 허브사이트, 즉 '메타블로그' 사이트 역할을 하는 것은 주목해야 하지만 더욱 중요한 것은 메타블로그로서의 포털이 어떤 사회적·산업적 의미를 지니고 있는지를 통찰하는 것이 더 중요하다.

이와 관련, 지금까지 포털의 사회적 책임에 관한 논의는 포털의 편집권 문제, 다시 말해 뉴스기사의 자의적 제목선정이나 편집 등에서 야기될 수 있는 문제들, 댓글의 악용에 따른 명예훼손의 문제 등에 국한됐다. 한마디로 언론사에서 제공받은 뉴스를 어떻게 다루느냐, 즉 언론사가 생산한 기사의 재매개와 관련된 이슈로 포털의 사회적 책임 문제에 관한 논의가 주종을 이뤘다. 그러나 이런 시각은 포털의 진화를 제대로 이해하지 못한 편협하고 잘못된 것이다.

우리는 포털의 사회적 책임과 법적 의무, 정책적 방향을 논의할 때 UCC와 뉴스를 재매개하는, 기능적으로 미디어적 분업형태를 띠는 새로운 개념의 매스미디어로서 포털을 상정해야 한다. 포털저널리즘 역시 '뉴스 재매개'의 좁은 울타리를 벗어나 보다 포괄적인 '정보의 재매개' 개념으로 전환해야 한다는 뜻이다.

4) 사상의 자유시장과 포털의 실험들

지금까지 우리는 숨 가쁘게 진행된 포털의 진화과정을 살펴보았다. 네이버가 뉴스캐스트와 오픈캐스트를 도입한 것에서 보듯 2008～2009년 국내 포털들은 뉴스와 UCC 관련 다양한 서비스를 실험한다. 이 기간 포털의 서비스가 변화를 거듭한 것은 뒤에서 다루겠지만 2009년 4월 대법원이 제 3자가 만든 콘텐츠에 대한 법적 책임을 강화하는 판결을 내린 것이 크다. 또 2008년 미국산 쇠고기 수입파동 등으로 인해 포털이 정치적 논란에 휩싸인 것도 요인이 될 수 있다. 그러나 네이버와 다음 등이 2009년 내놓은 뉴스서비스와 UCC 정책들은 '사상의 자유시장' 이론의 관점에서 되짚어 보면 우려스러운 부분이 없지 않다.

반면 SK커뮤니케이션즈의 '네이트(www. nate. com)'는 2009년 2월 뉴스서비스를 전면적으로 개편하며 여러 가지 의미 있는 장치들을 도입했다. 뉴스 댓글에 대해 포털 최초로 실명제를 도입한 것도 그 중 하나다. 하지만 더욱 관심을 끄는 것은 네이트의 뉴스서비스 시스템이 여러 언론사의 다양한 논조를 쉽게 비교할 수 있게 만들고, 주요 이슈에 대한 자유로운 토론이 가능한 시스템을 만들었다는 점이다.

(1) 네이버의 뉴스캐스트 실험과 사상의 자유시장

필자는 '인터넷과 함께 부활한 사상의 자유시장이론' 장에서 네이버의 뉴스캐스트제도가 사상의 자유시장으로서 포털이 가진 기능을 약화시킬 것이라고 우려한 바 있다. 사실 뉴스캐스트는 사상의 자유시장의 측면에서 볼 때 긍정과 부정의 양 측면을 다 가지고 있다. 네이버는 뉴스캐스트를 도입하면서 뉴스박스의 자체 편집권을 사실상 포기했다. 네이버의 편집진이 만들었던 기존 뉴스박스의 '종합' 섹션을 퇴출시켰다. 대신 각 언론사들이 자체 편집한 뉴스박스 중 기호에 맞는 것을 이용자들이 취사선택하도록 했다. 이는 네이버가 뉴스밸류가 높고 중요하다고 판단한 이슈를 다룬 기사를 선택한 뒤 이를 첫 화면에서 제공하는 '언론으로서의 행위'를 중단하겠다는 뜻이다. 다만 뉴스홈에서 제공하는 뉴스 편집서비스는 유지시켰다.

이 같은 네이버의 뉴스캐스트는 다양한 언론사들의 뉴스박스를 제공함으로써 디 쉽게 다양한 시각을 접할 수 있도록 했다고 볼 수도 있다. 또 오픈캐스트를 통해 제공되는 블로거들의 시각은 이 같은 다양성을 더욱 확장시킬 가능성도 있다. 그러나 네이버의 뉴스캐스트는 적어도 3가지 점에서 사상의 자유시장을 위축시킬 수 있다.

우선 네이버가 내세웠던 '논조의 다양성'을 포기 내지 후퇴시키는 것이 우려된다. 뉴스캐스트 도입에 따라 이용자들이 초기화면을 자신들의 입맛에 따라 선택한 언론사들로만 구성된 자신만의 뉴스박스를 구성하게 된다면 어떤 결과가 나올지 예상하기는 어렵지 않다. 자신의 신념에 맞는 기사와 논조만을 '편식'할 가능성이 높다. 이는 자신의 논조나 신념은 강화시킬 수 있을지 모르지만 다양한 논조를 비교 평가해 '진실'을 구별하는 '시장'으로서의 기능은 현저히 약화시킬 것이다. 물론 네이버는 기존의 뉴스홈 섹션을 유지함으로서 '논조의 다양성' 제공을 포기하지 않았다고 주장할 수 있다. 그러나 포털의 뉴스박스가 기사의 '관문' 역할을 한다는 점에서 설득력은 떨어진다. 각 언론사에게 뉴스박스 편집권을 줌에 따라 네이버가 자체 제작한 초기화면 뉴스박스에 '언론사별 보도' 표시 아래 이슈가 되는 뉴스를 클릭하면 그 이슈에 대한 각 언론사의 다양한 관점의 보도가 보이는 서비스는 중단됐다.

2009년 개편 이후 네이버의 '뉴스홈'에서도 '오늘의 주요 뉴스', '오늘의 이슈' 등의 디렉터리에서 한 이슈에 대한 다양한 언론사의 기사들이 소개되고 있다. 〈그림 4-22〉에서 보듯 '철도노조 파업철회'에 대한 '언론사별 사설'도 볼 수 있다. 그러나 '인터넷과 함께 부활한 사상의 자유시장' 장에서 살펴보았던 2008년까지의 '논조의 다양성'을 보여주기 위한 다양한 장치들은 많이 사라진 것이 사실이다.

더욱 우려되는 점은 뉴스나 이슈에 대한 의견표출의 기회가 제도적으로 차단될 수 있다는 점이다. 네이버의 뉴스캐스트는 뉴스박스의 기사를 클릭하면 해당 언론사의 홈페이지로 직접 링크되어 있다. 기사에 댓글을 달기 위해선 해당 언론사에 로그인을 해야 한다. 거의 대부분의 언론사가 이를 시스템화해 두었기 때문이다. 현재 뉴스캐스트 회원사가 73개이므로 어떤 기사에든 댓글을 자유롭게 달기 위해선 이 언론사 사이트에 모두 회원가입을 해야 한다는 의미다. 이용자들이 이 같은 불편을 감수하고 댓글을 쓰기 위해 언론사 사이트에 회원가입을 할 것을 기대하는 것은 무리다.

또 한 가지 걱정스러운 점은 뉴스면의 축소가 가져올 공론장(公論場)의 축소다. 뉴스캐스트와 오픈캐스트에 올라오는 캐스트들은 정치 경제 사회의 비중 있는 이슈를 다루는 '경성(硬性) 뉴스'도 있겠지만, 다양한 생활 정보나 연예 가십 등 연성화된 정보들을 주 소재로 삼는 현상이 나타나고 있다. 물론 이는 네이버에 국한된 이야기는 아니며, UCC를 활용하는 포털들에서 공통적으로 나타나는 현상이다. 그러나 뉴스캐스트는 포털의 뉴스제공을 통한 공론장 기능을 퇴화시키고, 기사의 연성화 및 옐로저널리즘을 더욱 심화시키고 있다. 다른 장에서 살펴보겠지만 이미 기존 포털의 뉴스박스는 유명 언론사에 비해 공적 가치보다는 '상업적 가치'를 앞세운 기사의 연성화 현상이 특징적으로 나타나고 있다. 이 같은 논의는 다음 장인 '포털과 헤드라인 저널리즘'에서 더 자세히 논의할 것이다.

한편 네이버가 도입한 오픈캐스트는 앞서도 살펴보았듯 '개인들도 미디어를 만들 수 있다'는 '1인 미디어'를 현실화했다. 사상의 자유시장의

〈그림 4-22〉 네이버 뉴스홈 화면

굴레였던 미디어에의 불평등한 접근권을 상당부분 해소할 수 있게 됐다는 점에서, 또 (비록 많은 캐스트들이 언론사들의 기사를 링크하는 수준이지만) 누구나 자신의 관점에서 뉴스를 해석하고 정보를 제공할 수 있다는 점에서 사상의 자유시장을 활성화시키는 데 기여할 것이라는 점은 두말할 나위가 없다.

(2) 네이버의 뉴스캐스트 개편과 사상의 자유시장

네이버는 뉴스캐스트를 도입한 지 1년여 만인 2010년 3월 대대적인 개편을 통해 다시 새로운 실험을 한다(〈그림 4-23, 24〉). 특히 초기화면 뉴스박스 격인 뉴스캐스트 개편의 핵심은 홈페이지 초기화면의 뉴스면에 기존의 '언론사별 뉴스 보기'와 '마이뉴스 설정' 외에 '톱뉴스'와 '주제별 보기'를 기본형으로 도입한 점이다. 기존의 뉴스캐스트는 언론사가 뉴스박스를 자체 편집한 것을 그대로 내보냈다. 그러나 개편 이후에는 기존의 언론사별 뉴스 외에 톱뉴스와 정치, 경제/IT, 사회, 생활/문화, 세계, 스포츠/연예, 스페셜, 지역 등 9개 주제별 카테고리를 나눠 각 언론사에서 보내온 기사를 취합해 노출되게 한 것이다. 주제별 뉴스는 각 주제마다 5개판을 갖고 있고 각 판마다 6개 언론사가 노출되며, 기사는 자동으로 순환되게 했다. 톱뉴스의 5개판이 모두 노출되면 정치, 경제/IT면 등으로 순차적으로 옮겨가며 9개의 주제를 모두 노출시킨다.

뉴스캐스트 개편은 시행 1년간 쏟아졌던 선정성 논란에서 벗어나기 위한 처방으로 보인다. 다음 장인 '포털과 헤드라인 저널리즘 - ④ 뉴스캐스트와 옐로저널리즘' 장에서 자세히 살피겠지만, 뉴스캐스트가 시행되자 각 언론사들이 이용자들의 이목을 끌어 트래픽을 유발하기 위해 경쟁적으로 자극적인 제목과 기사들로 자체 편집한 뉴스캐스트를 제공해 선정성 시비에 휘말렸기 때문이다. 특히 언론사들은 자사의 홈페이지에는 뉴스밸류에 따른 기사배치를 하면서 뉴스캐스트에는 기사밸류와 상관없이 연애 스포츠 등 연성기사와 선정적인 사진을 집중 배치해

〈그림 4-23〉 네이버의 뉴스캐스트(언론사별)

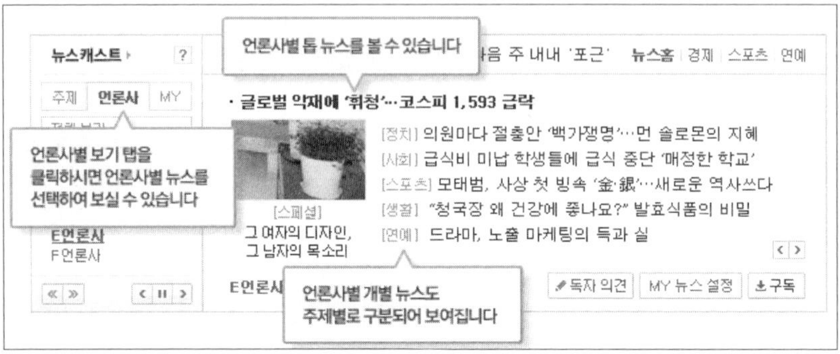

비난을 가중시켰다.

뉴스캐스트는 이에 따라 가장 먼저 보이는 '톱뉴스'의 경우 언론사 홈페이지의 톱뉴스와 동일한 기사가 노출되도록 하고, 나머지 8개 주제 역시 언론사들이 엄선한 홈페이지 해당 섹션의 톱기사와 일치하도록 했다. '기사의 질'을 담보하고 선정성 논란을 피할 수 있는 확실한 방법이라고 판단한 것이다. 기사의 제목 역시 자구가 한정된 만큼 완전히 일치할 순 없지만 전체 맥락에서 차이가 없어야 한다.[40] 이 같은 원칙은 주제별 뉴스뿐 아니라 '언론사별 뉴스'에도 그대로 적용된다.

네이버 측은 언론사들이 주제별 뉴스의 분류를 어길 경우 일정한 제재를 가할 방침인 것으로 알려진다. 트래픽을 유도하기 위해 경제란에 연예기사를 올리는 것을 엄중 감시하겠다는 것이다. 옐로저널리즘 추방이라는 네이버의 정책목표는 개편을 통해 어느 정도 달성된 것으로 보인다. 선정적 기사들이 눈에 띄게 줄어들었기 때문이다. 그러나 사상의 자유시장의 활성화라는 관점에서 보면 네이버의 개편은 그다지 나아진 점을 찾아볼 수 없고, 오히려 퇴보한 듯하다.

---

40 서정근(2010. 2. 28), "네이버 뉴스캐스트 대폭 개편 … 수혜는 조 · 중 · 동?", 〈아이뉴스24〉. http://itnews.inews24.com/php/news_view.

〈그림 4-24〉 네이버의 뉴스캐스트(주제별)

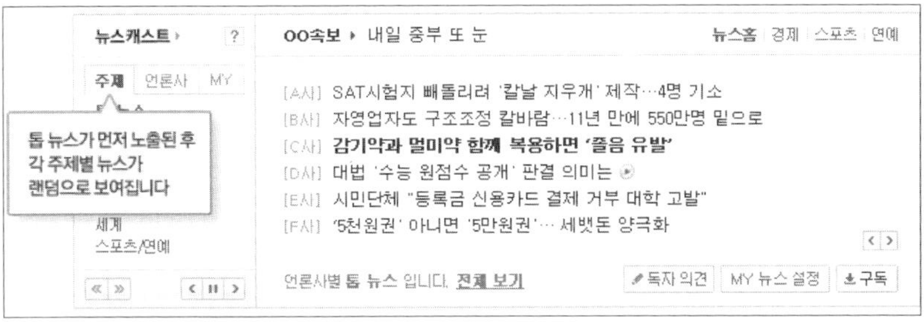

네이버 관계자는 '주제별 뉴스' 도입 등 뉴스캐스트 개편의 의미에 대해 "언론사가 직접 편집한 뉴스들만 선보이던 기존 뉴스캐스트와 달리 다양하고 깊이 있는 기사를 보게 될 것"이라며 '뉴스의 다양성'을 또 하나의 목표로 제시했다.[41] 그러나 이 같은 네이버의 시도는 실패로 끝날 가능성이 커 보인다. 각 언론사들의 톱뉴스가 중복되는 것이 많아 대동소이한 내용들이 언론사의 이름만 바뀌어 소개되는 경우가 많기 때문이다. 사상의 자유시장의 관점에서 중요한 것은 논조의 다양성을 제공하는 것인데, 만약 같은 이슈에 대해 언론사별로 다른 관점이 소개된다면 그나마 의미를 찾을 수 있다. 그러나 실상은 별로 그렇지 못하다.

'개편된 뉴스캐스트 1' 박스를 보자(〈그림 4-25〉). 톱뉴스 한 판에 실리는 6개 언론사의 톱뉴스 중 절반인 3개가 김우룡 전 방문진 이사장의 사퇴를 다루고 있다. '언론사별 논조' 역시 제목상으로는 그다지 큰 차이가 나지 않는다. '개편된 뉴스캐스트 2' 박스를 보면 '기사 편중' 현상은 극에 달한다(〈그림 4-26〉). 2010년 3월 28일 서해해상에서 발생한 천안함 침몰사건에 대해 전 언론사가 톱뉴스로 이 사건을 다루자 네이버의 뉴스캐스트에도 일제히 이 뉴스들로 채워졌다. 천안함 침몰 원인에 대해 이런 저런 추측성 기사가 대부분이며, 전문지 〈디지털타임즈〉나 일간지

41 명진규(2010. 3. 4), "확바뀐 뉴스캐스트, 오히려 네티즌들 외면", 〈아시아경제〉.

〈그림 4-25〉 개편된 뉴스캐스트 1

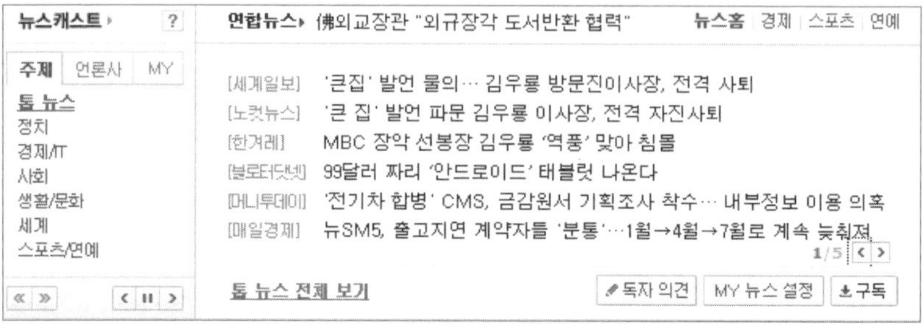

〈한국일보〉, 〈경향신문〉, 경제지 〈서울경제〉, 지상파(SBS), 영어방송(KBS World) 등 다양한 조합의 언론들이 일제히 천안함 관련기사만을 다뤘고, 다른 뉴스는 첫 화면의 뉴스캐스트를 통해 전혀 전해지지 않았다. 결국 네이버의 뉴스캐스트는 뉴스의 다양성과 논조의 다양성 어느 것도 만족시키지 못했고, 이 같은 경향은 대형 뉴스가 생기면 더욱 극심해지는 구조가 된 것이다.

또 한 가지, 필자는 뉴스캐스트에서 연성화된 기사의 득세로 인한 공론장의 축소를 우려했으나, 개편 이후에는 다양성의 퇴보로 인한 '공론장의 축소'를 걱정할 상황이 됐다.

사상의 자유시장 측면에서 직접적인 연관은 없지만, 톱뉴스를 클릭하면 기사 제공 언론사의 해당 뉴스페이지로 가는 것이 아니라 메인 페이지로 안내되는 것도 이해하기 어려운 조치다. 이용자들의 편의가 아닌 언론사들의 이익을 위해 마련된 장치로 보이기 때문이다. 뉴스캐스트에서 기사를 클릭해 해당 언론사의 메인페이지로 기사가 갈 경우 이용자들은 한 번 더 기사제목을 클릭해야 볼 수 있는 반면, 해당 언론사 입장에선 뉴스캐스트를 통해 유치한 이용자들의 시선을 다른 기사로 옮길 수 있게 만드는 제도적 장치인 셈이기 때문이다.

한편 네이버는 개편을 통해 '테마캐스트'라는 섹션을 선보였는데, 사상의 자유시장 관점에선 흥미와 실망적 요소를 모두 가지고 있다.

〈그림 4-26〉 개편된 뉴스캐스트 2

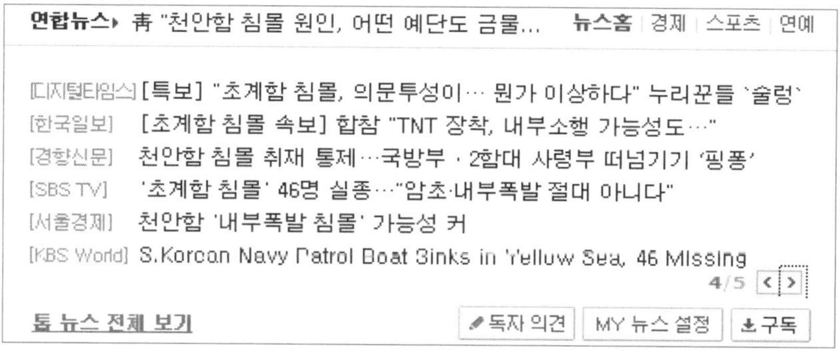

테마캐스트는 스포츠, 경제, 영화, 뮤직, 웹툰/게임 등 그간 이용자들로부터 가장 많은 관심을 받은 5개 테마를 별도의 캐스트로 독립시킨 것이다. 먼저 부정적인 측면 먼저 거론하자면, 테마캐스트의 5개 테마 중 '경제'를 빼면 연성기사를 다루고 있다. 네이버의 주제별 분류에서 생활/문화 섹션과 연예섹션은 물론 주제별 카테고리 분류가 다소 모호한 뉴스들을 모아 놓은 스페셜 섹션 역시 연성기사로 대부분 채워진다. 테마캐스트의 테마들 역시 대부분 연성기사를 다루는 섹션들로 만든 이유가 궁금해진다. 다시 말해 '주제별 뉴스'의 도입으로 인한 연성기사의 축소로 이용자들의 이탈을 막기 위한 보완장치가 아니냐는 것이다.

사상의 자유시장과 관련, 필자가 주목하는 것은 네이버가 뉴스캐스트 도입을 통해 초기화면에서 포기했던 자체적인 뉴스편집을 다시 시작했다는 점이다. 5개의 테마에 소개되는 기사들은 대부분 언론사에서 보내온 기사들을 네이버 측이 자체 편집한 것이기 때문이다. 이와 관련해 특히 눈여겨볼 점이 있다. 필자는 테마캐스트가 연성뉴스로 채워지는 것을 우려했지만, 실제 네이버가 직접 편집을 담당하면서 연성뉴스를 게재하면서도 기사의 선정성, 즉 옐로저널리즘의 부정적 측면은 확연히 개선되고 있다는 점이다. 연예계나 스포츠 스타들의 신변잡기나 성적인 이야기들이 거의 소개되지 않는 대신 실용적인 정보 위주로 구

〈그림 4-27〉 다음 메인화면의 아고라 소개항목

성되면서 전체적으로 양질의 구성을 보이고 있다.

필자는 네이버가 뉴스박스의 직접 편집을 포기한 것에 대해 비판적인 입장이다. 뉴스캐스트 도입으로 인해 양질의 기사선택과 논조의 다양성 등 초기 네이버의 뉴스박스가 지녔던 사상의 자유시장으로서의 긍정적 측면이 대폭 위축됐기 때문이다. 테마캐스트의 도입이 네이버가 '자체 편집'으로 선회하는 계기가 될 수도 있다는 바람을 가져본다.

(3) 다음의 뷰(*View*) 서비스와 사상의 자유시장

① 뉴스박스 개편과 사상의 자유시장의 퇴조

2009년 인터넷포털 다음은 2차례에 걸쳐 눈에 띄는 서비스 개편을 단행했다. 다음커뮤니케이션은 같은 해 4월 1일 다음의 초기화면을 개편하면서 종합, 스포츠, 연예, 아고라로 나뉘었던 뉴스박스에서 아고라 탭을 빼고 경제뉴스탭을 추가했다. 뉴스박스에서 밀려난 아고라는 대신 로그인 창 아래의 '추천서비스' 박스로 자리를 옮겼다(〈그림 4-27〉). 이용자 입장에선 아고라가 뉴스박스에 포함돼 있을 때는 아고라 탭에 마우스를 올려놓기만 해도 주요 내용을 볼 수 있었지만, 개편 후에는 클릭을 한 번 해야 관련내용을 볼 수 있는 구조로 바뀌었다. 또 언론

〈그림 4-28〉 다음의 '뷰온' 관련 공지사항

사가 제공한 기사와 함께 뉴스박스에 배치했던 '블로거뉴스'는 이 개편을 통해 뉴스박스에서 빠졌다. 대신 뉴스박스 두 단 아래에 기존의 '카페 · 블로그' 박스를 '블로그뉴스' 박스로 개편했다.

이 같은 다음의 시도는 그간 정치적 논란을 일으켰던 아고라를 뉴스박스에서 제외시켜 주목도를 떨어뜨리는 효과를 야기했다. 블로거뉴스 박스는 블로거들이 생산한 뉴스와 언론사와 동등하게 취급했던 '파격'을 철회했다. 그러나 여전히 블로거들이 제작한 UCC를 뉴스로 취급하며 별도의 공간을 마련했다는 점에서 의미가 없지 않다.

그러나 다음은 이어 5월에는 '블로거뉴스'를 오픈소셜 플랫폼인 '뷰(*view*)'로 확대 개편했다(〈그림 4-28〉).[42] 다음 블로거기자들이 생산하던 블로거뉴스도 이름이 '뷰'로 바뀌었다. 뷰가 기존의 블로거뉴스와 다른 점은 메인화면에 올라가는 글이 '송고'에서 '추천'으로 바뀌었다는 점이다. 블로거 뉴스는 다음에 등록된 블로거들이 자신의 글을 송고하는 방식이었지만, 뷰는 '뷰온(*view on*)'이라는 추천방식을 도입, 일반 인터넷 이용자들이 자신의 마음에 드는 콘텐츠를 구글이나 야후 등의 블로그 등에서 발견했을 때에도 이를 뷰에 추천해 공유할 수 있도록 했다.

---

42 다음 보도자료, "다음, 블로거뉴스 '뷰(*view*)'로 확대 개편", 2009. 5. 21.

다음 측은 보도자료를 통해 이 같은 개편을 통해 "이용자들의 참여와 콘텐츠의 개방이 더욱 확대됐다"면서 "뷰가 진정한 소셜네트워크 미디어로 가치를 키우도록 노력할 것"이라고 밝혔다. 다음의 시도는 이용자가 직접 생산한 콘텐츠를 중심으로 하는 미디어에서 한 걸음 더 나아가 열린 플랫폼으로 확장하겠다는 계획이다.

필자가 블로거뉴스나 아고라 등에 관심을 가진 것은 대안(代案) 미디어로서의 가능성 때문이다. 필자는 '인터넷과 함께 부활한 사상의 자유시장'의 장에서 인터넷포털은 지금까지 인류가 발명한 최적의 사상의 자유시장이 될 수 있으며 그 근거 중 하나로 '대안미디어'로서의 가능성을 꼽았다. 고전적 사상의 자유시장이 실패한 이유로 꼽히는 것이 '미디어에 대한 접근성'의 차이였다. 다시 말해 유력 미디어들이 미디어 시장을 장악해 일반 사람들은 미디어에 접근할 수조차 없고, 자신의 견해를 밝힐 기회를 얻을 수 없었다는 것이었다. 인터넷의 출현으로 개개인들이 홈페이지나 블로그를 소유할 수 있게 돼 자신의 목소리를 낼 수 있게 되었다. 하지만 인터넷의 바다 속에 자신의 목소리는 혼자만의 '공허한 메아리'가 되기 십상이다. 그러나 급성장한 인터넷포털이 웹 2.0의 흐름을 타고 UCC를 활용, 미디어로서의 기능을 강화하기 시작했다. '1인 블로거'는 이제 나름의 영향력을 발휘할 수 있는 '1인 저널리스트' 혹은 '1인 미디어'로 나아갈 수 있게 됐다.

다음은 이런 대안미디어로서의 가능성에 대해 가장 전향적인 실험을 시도했다. 2004년 12월 24일 네티즌의 여론광장으로서 '아고라' 서비스를 시작했다. 이어 뉴스박스에 '블로거뉴스'를 주요 언론사의 기사와 동등한 가치를 부여하고, 아고라탭을 배치했다. 저널리스트라 불리는 전문가들이 독점한 뉴스영역을 개방한다는 상징적 의미가 담겨 있었다. 일반인들의 글도 다음의 편집자들의 자체적인 편집기준에 따라 기존 유력 미디어의 기사와 같은 뉴스밸류를 담고 있다고 판단되면 '뉴스'로서 취급하겠다는 것이었다.

결국 다음의 '뷰' 개편과 아고라탭의 위치변경은 엄밀히 말하자면 '일반인들의 글도 뉴스이다'에서 '일반인들의 글을 더 이상 뉴스로 취급하지 않겠다'라는 메시지가 담겨있다고 할 수 있다. 이 같은 해석은 다음의 설명으로 명확해진다. 다음은 뉴스박스 개편이유에 대해 "뉴스박스에 언론사의 뉴스와 누리꾼이 만든 손수 제작물(UCC)이 섞여 있어 신뢰도에 영향을 준다는 의견이 있었기 때문"이라고 밝혔다.[43] 그러나 사실 이런 설명은 다음이 자체적으로 기자를 고용해 뉴스를 생산하는 실험이 실패한 뒤, 뉴스박스를 블로거들에게 개방해 '다음만의 뉴스'를 제공한 것에 비춰 설득력이 없다. 다음은 언론사의 뉴스에 비해 떨어지는 블로거 뉴스의 신뢰도를 '다음이 선정한 뉴스'라는 다음의 신뢰도로 메워왔기 때문이다. 또 아고라의 초기화면 삭제 이면에는 아고라로 인한 정치사회적 논란이 다음의 경영진에게 상당한 부담을 준 측면도 있다.[44] 또 아고라가 사이트의 이용자를 늘리는 데는 도움을 주었지만 수익을 발생시키지는 못한다는 판단 때문이라는 시각도 있다.[45]

또 한 가지 짚고 넘어갈 점은 블로거 뉴스가 정치 경제 사회 등 '경성 뉴스'에 초점을 두고 있다면 '뷰'는 생활 연예 스포츠 등 '연성 정보'에 의

---

43 김용석(2009. 2. 11), "다음 토론방 아고라 초기화면서 삭제될 듯", 〈동아일보〉. 이와 관련 한나라당 김영선 의원 등 의원 10명은 2008년 7월 14일 포털의 초기화면을 기준으로 뉴스면이 50% 이상이면 인터넷 신문으로, 미만이면 '기타 인터넷간행물'로 정의하는 '신문 등의 자유와 기능보장에 관한 일부 개정 법률안'을 발의했다. 이 법안은 사실상 포털이 뉴스편집권을 포기하도록 만드는 효과가 있다. 법안대로라면 포털은 현재 초기화면의 뉴스면을 대폭 확대해야 인터넷 신문으로 인정돼 지금처럼 뉴스서비스를 할 수 있다. 이 법안이 실제 국회를 통과해 실행이 된다면 포털의 뉴스서비스는 위축이 불가피하고, 이중 블로거들의 콘텐츠를 뉴스화면에 전진 배치할 정도로 미디어 속성이 강한 다음이 가장 심각한 피해를 입을 것이라는 전망이 제기되기도 했다. 임일곤(2008. 7. 15), "포털 규제법안 2라운드, 네이버보다 다음 겨냥?", 〈이데일리〉.

44 임일곤 (2009. 3. 31), "다음 첫 화면개편 아고라 별도 배치", 〈이데일리〉.

45 김용석, 앞의 글.

존하는 경향을 보이고 있다. '시사(時事)의 후퇴'이자 공론장의 축소로 이어질 가능성이 다분해 보인다.

물론 다음의 아고라 디렉터리는 초기화면에서 사라지지 않았고, 서비스도 계속되고 있다. 블로거뉴스도 이름을 바꾸어 별도의 섹션이 유지되고 있다. 그러나 위에서 언급한 문제들 때문에 사상의 자유시장의 확대 발전이라는 측면에서 다음의 개편은 '진화'가 아닌 '퇴보'라고 평가할 만하다.

② 다음에 대한 뉴스공급 중단과 사상의 자유시장

2008년 7월 7일 〈조선일보〉, 〈중앙일보〉, 〈동아일보〉는 다음커뮤니케이션에 공급하던 뉴스를 전격 중단했다. 뒤이어 〈매일경제〉와 〈한국경제〉(같은 해 8월 1일), 〈문화일보〉(같은 해 8월 31일) 등이 연쇄적으로 다음에 뉴스 공급을 끊었다.[46] 이들은 전통적으로 보수적 성향으로 분류되는 언론사들이다.

이들 언론사들이 다음에 뉴스공급을 중단한 것은 여러 가지 정치 경세직 이유들이 복합적으로 작용한 것으로 보인다. 〈조선〉 〈중앙〉 〈동아〉 등은 2008년 미국산 쇠고기 수입 반대 촛불시위 당시 다음의 '아고

46 기사공급을 둘러싼 언론사와 포털의 분쟁은 다음 사건이 처음이 아니다. 2004년 7월 KT그룹계열 KTH포털사이트 파란(paran.com)은 당시 〈일간스포츠〉를 비롯한 5개 스포츠신문사와 독점 뉴스공급 계약을 맺었다. 5개사에게 각각 월 1억 원씩을 주고 독점적으로 이들 언론사에게 뉴스콘텐츠를 제공받는 계약이었다. 이들 언론사들이 다음과 네이버, 야후 등 상위 5개 포털에 기사를 제공하려면 KTH에 미리 논의를 하도록 했다. 신생 포털이었던 파란은 당시 '콘텐츠 제값주기'라는 명분을 내걸었다. 그러나 이러한 파란닷컴과 스포츠지들 간의 콘텐츠 독점 계약은 1년 만인 2005년 7월 종료돼 실패한 실험으로 끝났다. 스포츠지들이 주요 포털에 뉴스 공급을 중단하자 이를 기화로 온라인 스포츠 연예매체들이 우후죽순으로 생겨나 포털에 콘텐츠를 공급했기 때문이다. 주요 포털들은 새로운 대체재들이 생긴 셈이고, 이후 스포츠 신문들은 온라인상에서 더욱 경쟁이 격화됐다.

라'를 주무대로 한 광고불매운동에 대해 다음 측이 미온적으로 대처한 것에 대해 불만을 가지고 있었고, 이에 대한 보복적 대응조치로 기사 공급 중단을 결정했다는 시각도 있다.[47] 뉴스공급 중단 조치가 유독 다음에만 제한적으로 이뤄진 것에 대해 의구심을 표하는 것도 같은 맥락이다.[48]

그러나 다음에 대한 뉴스공급 중단의 배경에 경제적 동기가 강했던 것도 사실이다. 〈조선〉〈중앙〉〈동아〉 등 주요 신문들은 인터넷 비즈니스 시장에 적극적으로 뛰어들며 포털과 주도권을 잡기 위한 경쟁을 벌여왔기 때문이다. 조선일보 등 언론사들이 포털의 언론사 뉴스이용에 따른 저작권료 분쟁과 편집권을 이유로 내세운 것도 같은 맥락이다.

〈매일경제〉의 경우 사고를 통해 "매일경제는 신속하면서도 깊이 있는 콘텐츠를 여러분에게 공급하고 지적 재산권을 존중하고 보호하는 데 앞장서겠다"며 "이러한 기준에 따라 최근 일부 포털에 콘텐츠 공급을 중단한 바 있다"고 밝혀 뉴스공급 중단사유가 지적 재산권 문제와 관련 있음을 알렸다.[49]

이와 관련, 뉴스 유통과 관련한 포털과 기존 언론사 간 함수관계를 다시 한 번 살펴보자. 그동안 언론사들은 포털에 뉴스를 제공하고 일정정도 뉴스제공에 대한 비용을 받아왔다. 물론 이 같은 뉴스콘텐츠 제공 비용은 언론사에 따라 다르다. 포털 초창기에 언론사들은 포털에 뉴스를 공급하는 자체만으로도 이익을 얻는다고 생각, 헐값에 콘텐츠를 공급했다. 어차피 오프라인에서 생산한 뉴스인 만큼 포털에 제공하면 추가

---

47 김동훈(2008. 6. 22), "조선일보가 다음 업무방해", 〈한겨레〉.

48 이에 대해 〈조선일보〉 등은 (다른 포털들에 비해) "다음은 저작권 보호노력이 상대적으로 가장 부족했으며, 뉴스 편집권의 훼손과 뉴스콘텐츠의 오용도 제일 심각했기 때문"이라고 밝혔다. 〔김용석 등 (2008. 7. 7), "뉴스편집권 훼손 뉴스콘텐츠 오용 가장 심각", 〈동아일보〉〕.

49 정현수(2008. 8. 1), "'매경·한경' 오늘부터 다음에 뉴스공급 중단", 〈머니투데이〉.

수익을 올릴 수 있다고 생각했기 때문이다. 2005년 한 연구에 따르면, 3대 포털 중 한 회사의 포털뉴스 담당자는 심층인터뷰에서 자사의 뉴스콘텐츠 구매규모가 20억 원 이하임을 밝혔고, 또 다른 포털의 담당자는 5개 포털의 전체 뉴스콘텐츠 평균 구매규모가 25억 원 정도라고 밝힐 정도로 낮은 수준에 머물렀다.[50] 특히 인터넷 언론매체의 증가로 온·오프라인 매체가 경쟁구도에 돌입하면서 온라인 뉴스 시장에서 포털의 주도권은 더욱 세졌다. 상당수 매체들이 포털에 게재비를 받지 않고 매체홍보와 광고유치 등을 위해 무료로 공급하는 현상까지 생겨났다.[51] 나아가 언론사에서 제공받은 뉴스콘텐츠가 포털의 사이트 트래픽 확보에 큰 역할을 하고, 이에 따른 포털의 광고수익이 증가하면서 기존 언론사들은 자신들이 적정한 뉴스제공 대가를 받지 못하고 있다는 반발이 커지게 된 것이다.

포털들이 또 한 가지 이유로 내세운 '편집권 침해'는 포털이 언론사의 기사제목과 내용을 언론사의 허락 없이 인위적으로 변경해선 안 된다는 것이다. 이 문제는 뒤이은 '포털과 헤드라인 저널리즘'장에서 자세히 다루도록 하고 여기선 생략한다.

그러나 주요 신문사들이 다음에 기사공급을 중단한 것은 인터넷포털이 최적의 사상의 자유시장으로 성장하는 데 근본적인 장애물이 될 수 있다는 점에서 심각히 조망할 문제다.

이는 세 가지 관점에서 살펴 볼 수 있다. 먼저 나름의 저널리즘 원칙과 경륜을 가진 언론사들이 포털의 뉴스시장에서 제외되고, 이로 인해 기사의 질이 저하됨으로써 발생하는 시장의 쇠퇴다.

다음은 국내 2위의 포털사이트이며, 특히 주요 포털뉴스 사이트의 주간방문자수에선 네이버와 네이트를 누르고 1위를 고수하고 있다. 뉴스

---

50 최민재(2005), 《온라인뉴스콘텐츠 비즈니스 모델》, 한국언론재단, 41~42쪽.

51 위의 글.

부문에선 1위 포털이라는 이야기다. 결국 국내에서 가장 많은 사람들이 이용하는 뉴스 포털에 가장 권위 있는 언론사의 기사들이 공급되지 않고 있는 셈이다. 대한민국의 뉴스시장은 그리 크지 못하고, 특히 양질의 뉴스를 공급할 수 있는 인적 물적 인프라를 가진 언론사는 그리 많지 않다. 다음과 같은 주요 포털에서 유력 언론사들의 기사들이 자의든 타의든 퇴출될 경우 상대적으로 저널리즘 원칙에 충실한 기사들의 공백을 공신력 혹은 완성도 면에서 떨어지는 기사들로 채우게 되는 상황을 맞게 되는 것이다.

더욱 큰 문제점은 다양한 정보와 관점의 제공이 특징인 포털에서조차 '논조의 편식', '사상의 편식'이 나타날 수 있다는 점이다. 앞서 네이버의 뉴스캐스트서비스가 뉴스박스의 편집권을 각 언론사에 넘겨주고 자체적인 편집을 포기함으로써 결과적으로 논조의 다양성을 이전보다 후퇴시킨 것보다 사상의 자유시장에는 훨씬 더 위협적이다. 사상의 자유시장 관점에서 뉴스캐스트는 서비스의 후퇴이지만, 이른바 보수적 성향을 띤 언론사들이 집단적으로 뉴스공급을 중단한 것은 시장의 성립 자체를 어렵게 할 우려가 있기 때문이다.

우리나라의 신문시장은 〈조선일보〉, 〈중앙일보〉, 〈동아일보〉 등으로 대변되는 우파성향의 신문들과 〈경향신문〉과 〈한겨레〉 등과 같은 좌파성향의 신문들로 사실상 양분되어 있고, 〈한국일보〉와 같은 중립지가 완충역할을 하는 구조다. 인터넷 신문시장의 경우 이 같은 보수와 진보의 이분법은 더욱 확연하다.

이 같은 뉴스시장에서 어떤 이유든 보수성향의 유력 신문들이 기사공급을 중단한다면 다음에서 뉴스를 소비하는 이용자들은 가장 권위 있는 '우파신문'의 시각과 논리를 접할 수 없게 된다. 설사 다른 보수 성향의 언론사들이 기사를 공급한다고 해도 기사의 질은 떨어진다. 반면 가장 우수한 진보성향 신문들이 제공하는 논리와 시각은 충실히 접할 수 있게 된다. 결국 사상의 자유시장이 성립할 수 있는 근본 토대 자체가

〈표 4-1〉 주요 포털 뉴스사이트의 주간 방문자수

분류	2009.6.1	2009.6.8	2009.6.15	2009.6.22	2009.6.29
daum.net	12,188,250	12,425,355	12,316,055	12,260,506	12,271,410
nate.com	7,470,552	7,101,179	7,270,131	7,071,972	8,626,364
naver.com	10,111,069	9,298,887	10,961,176	9,789,021	8,547,703

출처 : 코리안클릭.

무너지게 되는 것이다.

마지막이지만 가장 우려스러운 점은 〈조선일보〉, 〈중앙일보〉, 〈동아일보〉 등의 다음에 대한 기사공급 중단으로 인해 정보의 플랫폼인 '포털'마저 일반인들에게 정치적 편향이 있는 것처럼 낙인찍힐 우려가 커졌다는 것이다. 앞서 '인터넷과 함께 부활한 사상의 자유시장이론' 장에서 필자는 기존의 오프라인 유력 언론들의 정치적 편향성이 커지면서 이 같은 다양한 견해를 균형 있게 제시, 우월한 견해가 시장에서 승리할 수 있도록 만드는 정보의 플랫폼으로서 포털의 중요성을 강조한 바 있다. 그러나 이제는 포털마저 '다음은 진보', '○○○포털은 보수' 식으로 이용자들에게 각인된다면 사상의 시장으로서 심각한 신뢰의 위기를 맞을 수밖에 없다.

한편 주요 언론사들의 뉴스 사이트 중단이 다음의 뉴스 트래픽의 현저한 감소로 이어졌다는 분석은 없다. 웹데이터 전문 분석기관인 코리안클릭에 따르면 조중동이 다음에 뉴스공급을 중단하기 직전인 2008년 6월 30일부터 7월 6일까지 뉴스섹션 순방문자수는 1,286만 1,911명이었다.[52] 그러나 〈표 4-1〉에서 보듯 1년 후인 2009년 6월 29일 현재 순방문자수는 1,227만 1,410명으로 약간 감소한 수준에 머물렀지만 경영에 심각한 타격을 줄 정도는 아니다.

52 이문영 (2008. 7. 15), "다음, 뉴스공급 파워게임 '판정승'", 〈서울신문〉.

다행스럽게도 〈매일경제〉는 다음에 기사공급을 중단한 지 채 1년이 안 된 2009년 6월 4일 기사공급을 재개했다. 매일경제는 이에 대해 구체적 이유는 밝히지 않았다.

필자는 포털과 신문사들의 콘텐츠 이용료 분쟁에 개입할 생각은 추호도 없다. 다만 포털이 최적의 사상의 자유시장으로서 자리매김하려면 이 같은 기사공급 사태는 절대 피해야 한다. 언론사 입장에서도 포털에 대한 기사공급 중단이 자사 사이트의 방문지수 감소로 이어질 소지가 다분하다. 포털과 언론사 간 저작권 및 콘텐츠 이용료 분쟁, 특히 다음과 주요 언론사들의 분쟁이 합리적인 해결책을 찾아 시급히 마무리됐으면 하는 바람이다.

(4) 네이트의 전략과 사상의 자유시장

① 네이버를 대체한 네이트의 뉴스사이트 개편

네이트는 SK커뮤니케이션즈가 운영하는 포털사이트로 다른 포털과의 여러 차례 합병을 통해 성장해 온 대표적인 회사다. 국내 제 1의 무선통신사업자인 SK텔레콤은 2001년 10월 네이트닷컴을 개설한 뒤 2002년 넷츠고와 라이코스(lycos) 코리아를 인수 통합한 뒤 SK커뮤니케이션즈를 출범시켰다. 이 회사는 2003년 8월 국내의 대표적인 커뮤니티사이트 운영사였던 (주)싸이월드를 합병했고, 2006년 3월 이글루스를 인수하며 덩치를 키웠다. 이어 2009년 2월 다른 포털사이트의 데이터를 모두 같이 검색할 수 있는 '열린 검색서비스'로 유명한 '엠파스'까지 인수하며 뉴네이트로 새롭게 태어났다. 같은 해 9월 별도로 운영되는 싸이월드와 다시 통합하며 1위 포털인 네이버를 위협할 정도로 눈에 띄는 성장을 했다.

네이트의 외형적 성장보다 더 눈에 띄는 부분은 엠파스 인수 후 보여준 2009년 2월의 뉴스서비스 개편이다. 이 개편을 통해 네이트는 자체 개발한 이슈 체크 알고리즘을 통해 편집자의 자의적 편집을 배제한 기계식 뉴스배열을 실시하도록 했다. 기계적 알고리즘을 통해 기사 주제와 제목이 자동으로 뽑혀 배열되게 하는 것이다. 네이버가 포털 뉴스서비스의 편집권 논란을 막기 위해 각 언론사가 편집한 뉴스박스를 그대로 캐스팅하는 방법을 택했다면, 네이트는 편집권을 형식적으로는 포털이 유지하지만 실질적으로는 기계식 시스템에 맡기는 방법을 택한 것이다(〈그림 4-29〉).[53]

일각에선 이를 뉴스편집권 포기로 보는 시각도 있다. 물론 다음의 뉴스 편집자가 이슈 선정과 기사 배열을 맡는 기존의 방식을 유지하며 '언론으로서의 포털'의 가치를 고수하고 있는 것과 비교하면 절충적 선택일 수도 있다. 네이트의 시도는 언론으로서의 포털이 지니는 법적 책임을 피하기 위한 방어적 성격이 강하고, 기사 연성화 등 우려되는 점도 없지 않다.

네이트 측에 따르면 이 알고리즘은 언론사가 기사 내에서 다룬 주요 키워드들을 추출하고, 키워드의 중복도와 여러 매체의 기사 간 연관도 등을 분석해 이슈가 되는 기사 군을 선정하게 돼 있다. 기사의 헤드라인은 추출된 주요 키워드들을 토대로 추출된다.[54] 그러나 해당 이슈에 대한 기사 발생량, 연관도 등에 전적으로 의존해 뉴스를 선별할 경우 정치 경제 등 주요 분야의 정책현안들보다 연예 스포츠 등 가벼운 가십기사들이 우선 배치되는 기사연성화 현상이 두드러질 가능성이 크다. 실제 네이트는 뉴스박스 '종합' 카테고리는 2개의 박스로 구분되는데 시사뉴스를 다룬 위 박스보다 연예 등 연성뉴스를 다루는 아래 박스를 크게 배치해 의도적으로 연성화 경향을 더욱 심화시키고 있다.

기계식 알고리즘 도입보다 훨씬 더 의미가 있는 네이트의 뉴스서비스 개편은 해당 이슈에 대한 언론사별 기사를 한눈에 볼 수 있는 장치들을

53 이광빈(2009. 2. 25), "뉴 네이트, 기계식 뉴스 배열하기로", 〈연합뉴스〉.
54 네이트 보도자료 (2009. 3. 1), http://www.newswire.co.kr/irnews

〈그림 4-29〉 네이트 뉴스박스

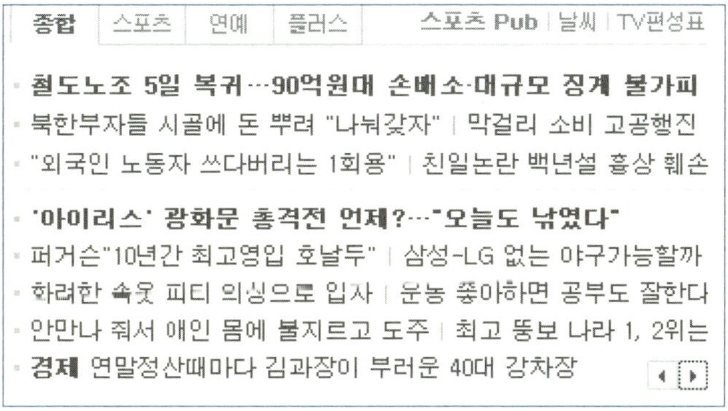

시스템화한 것이다. 네이트는 과거 네이버가 주창했던 '논조의 다양성'이라는 포털 뉴스서비스의 특징을 계승 발전시켰다.

네이트의 경우 초기화면의 뉴스박스에서 관심가는 기사를 클릭하면 기사 원문으로 가지 않고, 뉴스섹션으로 들어가 해당 이슈의 각 언론사들의 기사가 모여 있는 페이지로 가게 된다. 이용자들은 모든 언론사들의 기사 내용과 논조를 한눈에 비교할 수 있다. 이전 네이버에서 주요 현안에 대해 초기화면 뉴스박스에 '언론사별 기사' 형태로 유사한 서비스를 한 적이 있었지만 네이버가 뉴스캐스트제도를 도입함으로써 이는 원천적으로 불가능해졌다. 네이버는 뉴스홈페이지의 '칼럼' 섹션에서 '언론사별 사설' 서비스를 여전히 제공하고 있지만, 이용자들이 초기화면에서 이 섹션에 오려면 뉴스홈페이지-칼럼섹션 등 3번의 클릭 과정을 거쳐야 하기 때문에 번거롭다.

반면 네이트는 네이버의 서비스를 한 단계 발전시켜 초기화면 뉴스박스에 이슈가 되는 기사를 클릭하면 이슈에 대한 쟁점을 카테고리화한 페이지로 바로 넘어간다(〈그림 4-30〉). 클릭 한 번으로 해당 이슈에 대한 각 언론사의 기사와 사설 칼럼이 패키지 형태로 제공돼 한눈에 파악 가능하다. 이용자들이 어떤 관점과 논조의 기사를 읽고 자신의 입장

〈그림 4-30〉 네이트 언론사별 뉴스 시스템

NATE 뉴스

○ 통합 ◉ 뉴스

뉴스홈 | 스포츠 | 연예 | 플러스 | 날씨

최신뉴스 정치 경제 사회 세계 IT/과학 칼럼 포토 TV 랭킹뉴스

사회 최신뉴스 | 사건/사고 | 교육/학교 | 교통/지역 | 인권/복지 | 여성/노동 | 환경 | 미디어 | 종교

철도노조 총파업

[언론사별] 철도노조 파업 철회

90억원대 손배소·대규모 징계 불가피

[서울신문]철도노조의 '11·26파업'은 8일간 노사의 불신을 키우고 경제적 피해를 안겨줬다. 노조는 이번 파업을 통해 요구사항이었던 단체협약 해지를 철회시키지 못했고, 임단협과 관련해 어떤 요구도 관철시키...

서울신문 2009-12-04

ㄴ **[경향]** 철도노조, 정부·사측 고강도 압박에 막혀 '일단 후퇴' 경향신문 2009-12-04

ㄴ 김기태 철도노조 위원장 "대통령의 불법 매도에 당혹·분노 느껴" 경향신문 2009-12-04

ㄴ **[동아]** 철도노조 8일만에 파업 철회… 오늘 업무 복귀 동아일보 2009-12-04

ㄴ **[서울]** 정부 압박·여론 외면·노조원 이탈에 사실상 백기 서울신문 2009-12-04

ㄴ "국민볼모 파업 이제 그만해야" 서울신문 2009-12-04

ㄴ 완전 정상화는 수일 걸릴 듯 서울신문 2009-12-04

ㄴ **[세계]** 파업이 남긴 것은… 노조원 177명 무더기 징계 예고 세계일보 2009-12-04

ㄴ 철도노조 파업 전격 철회… 핵심인력 속속 복귀… 파업동력 상실 세계일보 2009-12-04

ㄴ 李대통령 '불도저식 행보'에… 黨선 한숨만… 세계일보 2009-12-04

ㄴ **[조선]** 투쟁적 노동운동, '법과 원칙' 앞에 더 이상 안 통했다 조선일보 2009-12-04

ㄴ 파업으로 열차 늦어져, 서울대 면접을 놓친 고교생 조선일보 2009-12-04

ㄴ 철도노조 8일 만에 백기 … 시민은 참아줬고 정부는 원칙 지켰다 중앙일보 2009-12-04

ㄴ "철도파업 일주일만 계속됐어도 공장 멈췄을텐데…" 연탄업계 안도의 한숨 조선일보 2009-12-04

ㄴ **[중앙]** 파업으로 열차 멈춘 그날 어느 고교생 꿈도 멈췄다 중앙일보 2009-12-04

ㄴ MB정부 공기업 개혁 속도 낸다 중앙일보 2009-12-04

ㄴ **[한겨레]** 정부·회사 전방위 압박…노조 "숨 돌리자" 현실 선택 한겨레 2009-12-04

ㄴ 노조원들 차분…"시점 적절" 한겨레 2009-12-03

ㄴ **[한국]** 철도파업 전격 철회… 조합원 현업 복귀 늘자 결국 '백기' 한국일보 2009-12-04

ㄴ 청 '이대통령 승리자처럼 비칠까' 언급 자제 한겨레 2009-12-03

[언론사별 사설] 철도노조 파업 철회

· **[동아]** 철도노조, '원칙지킨 힘'에 손들었다 동아일보 2009-12-04

· **[매경]** 철도파업 굴복시킨 '법과 원칙'의 무서움 매일경제 2009-12-03

· **[서울]** 철도 파업철회 공기업개혁 전기돼야 서울신문 2009-12-04

· **[세계]** 철도노조 파업 철회 다행이나 책임 물어야 세계일보 2009-12-03

· **[조선]** 철도노조 파업을 당장 끝내야 하는 7가지 이유 조선일보 2009-12-03

· **[중앙]** 법과 원칙의 중요성 일깨운 철도파업 중앙일보 2009-12-04

· **[한겨레]** 철도파업 철회 계기로 사쪽도 대화 나서야 한겨레 2009-12-03

· **[한경]** 무모한 철도파업 다시는 없어야 한국경제 2009-12-03

· **[한국]** 철도파업 철회, 노사관계 재정립 계기로 한국일보 2009-12-03

으로 받아들이든 이것은 전적으로 이용자들의 몫이다. 네이트는 이용자들이 객관적 시각을 가질 수 있도록 다양한 관점을 제공하는 '사상의 자유시장'으로 기능한다. 이용자들은 여러 시각에서 본 기사들을 읽고 댓글을 통해 자신의 의견을 자유롭게 표출할 수 있게 된다.

그림은 네이트의 뉴스박스다. 톱기사로 '철도노조 5일 복귀 … 90억원대 손배소 대규모 징계 불가피'라는 헤드라인으로 소개되고 있다. 이용자가 이 헤드라인을 클릭하면 사회섹션의 철도노조 파업면으로 바로 이동하며 파업철회와 관련, '언론사별 뉴스'로 뉴스박스에 소개됐던 기사가 가장 위에 나온다. 뒤이어 '언론사별 철도노조 파업철회' 문제를 다룬 20여 개 가까운 기사의 헤드라인이 동시에 소개된다. 뒤이어 '철도노조 파업철회'에 관한 9개 신문사의 사설들이 일제히 소개되고 있다.

주목할 점은 언론사별로 이 문제를 다루는 다양한 관점들이 있고 이를 그대로 이용자들에게 제시한다는 점이다. 〈조선〉, 〈중앙〉, 〈동아〉 등 보수성향 신문들은 사설과 기사를 통해 노조의 파업에 대해 법과 원칙적 대응을 한 정부의 승리를 부각시키며, '노조의 굴복'에 포커스를 맞추고 있다. 반면 진보성향인 〈한겨레〉는 '철도파업 철회를 계기로 사측도 대화에 나서야 한다'는 제목의 사설을 게재해 파업사태에 대한 사측의 책임을 강조하고 있다. 역시 진보성향의 〈경향신문〉의 경우 '불법매도에 당혹, 분노 느낀다'는 노조위원장의 인터뷰 기사를 게재하며 노측의 입장을 대변하고 있다. 반면 〈한국일보〉의 경우 노조파업 철회에 관한 객관적 사실을 보도하며 사설을 통해 철도파업 철회가 노사관계 재정립의 계기가 돼야 한다는 입장을 밝혔다. 이처럼 이용자들은 뉴스박스의 헤드라인을 한 번 누름으로써 철도파업 철회에 관한 다양한 논리와 시각을 접할 기회를 얻게 되는 것이다.

이와 관련, SK커뮤니케이션즈의 김종훈 미디어실장은 언론과의 인터뷰에서 "언론중재법 시행으로 포털뉴스의 미디어적 영향력이 주목받고 있는 시점이기 때문에 객관적 입장에서 다양한 뉴스를 제공하는 것

이 포털의 의무라고 생각한다"고 밝혔다. [55]

② 네이트의 댓글실명제 실험과 사상의 자유시장

2009년 2월 네이트의 뉴스페이지 개편에서 가장 주목해야 하는 것은 뉴스 댓글실명제를 도입한 것이다. 네이트는 현재 대부분의 사이트에서 시행중인 제한적 본인확인제에서 한발 더 나아가 댓글 작성자의 아이디가 아닌 실명이 노출되게 하는 완전실명제를 실시했다. 일부 언론사들이 댓글실명제를 실시하고 있지만 포털에선 네이트가 처음이다. 이에 앞서 SK커뮤니케이션즈는 계열사이트인 싸이월드에서 '실명 댓글'이 호응을 얻자 이를 네이트까지 확대 실시한 것이다.

본인확인제란 이용자가 인터넷 게시판에 정보를 게재할 때 해당 게시판의 관리운영자(포털)가 게시판 이용자의 본인 여부를 확인하는 제도다.[56] 게시판 관리운영자(포털)가 게시판 이용자들이 처음 이용(*log-in*) 할 때 주민등록번호, 신용카드, 공인인증, I-Pin 등 다양한 방법을 통해 본인여부를 확인하는 것이다. 한번 본인확인을 하면 글을 올릴 때 추가 본인확인 절차 없이 본명이나 별명을 사용해 게시판에 댓글을 달 수 있고, IP주소가 함께 표시되기도 한다.

반면 네이트가 도입한 댓글실명제는 이용자가 댓글을 달 경우 화면에 작성자의 실명이 나타나도록 한 것. SK컴즈는 보도자료를 통해 "제한적 본인확인제가 법적으로 문제되는 수준의 댓글이 달렸을 경우 작성자를

---

55 최은경(2009. 8. 31), "포털뉴스 네이트 약진? 네이버 제쳤다", 〈데일리경제〉.

56 정부는 2007년 7월 27일 1일 방문자 30만 명이 넘는 포털과 UCC, 1일 방문자 20만 명이 넘는 인터넷 언론 등 특정 유형의 인터넷 게시판에 제한적 본인확인제를 실시하도록 한 정보통신망 이용촉진 및 정보보호 등에 관한 법률을 시행했고, 2009년 1월 29일 시행령을 개정, 1일 방문자 10만 명 이상의 인터넷 게시판 사이트로 대상범위를 확대했다. 우리 사회에선 제한적 본인확인제의 표현의 자유 침해여부를 놓고 논란이 끊이지 않고 있다. 이 문제에 대해선 다음 기회에 다루기로 한다.

확인하는 수단으로 쓰였다면, 댓글실명제는 토론문화를 해치는 무의미한 악플 자체를 제한해 악의적인 이슈의 재생산을 막는 데 효과가 있을 것"이라고 밝혔다.

네이트의 조치가 주목을 받은 것은 지금까지 악플의 부작용을 방지하기 위해 포털이 내놓은 가장 강력한 '자율규제' 조치라는 것이다. 제한적 본인확인제는 정부가 법령에 따라 이용자의 신원확인을 의무화하고, 이를 어겼을 경우 포털이 처벌을 받게 했다. 그러나 네이트의 댓글실명제는 정부의 개입 없이 포털이 자발적으로 약관에 게시판 댓글에 대한 이용규칙을 정하고, 이를 따르지 않을 경우 서비스를 이용할 수 없도록 시스템을 만들어 버린 것. 앞장의 로렌스 레식 교수가 말한 코드(*code*)에 의한 규제를 연상하면 된다.

네이트가 댓글실명제를 도입하자 작성자의 실명공개가 위축효과(*chilling effect*)를 야기, 자유로운 토론문화를 위축시키고 트래픽 감소로 인해 사이트의 발전에도 장애가 될 것이라는 우려가 제기됐다.[57] 실제 네이트에서도 댓글실명제가 도입될 경우 실제로 악플이 감소할 것인지, 감소한다면 폭은 얼마나 될지도 관심을 끌었다.

네이트의 실험에 대해 성패를 예단하기는 어렵지만 이후 나타난 몇 가지 현상은 시사점이 많다.

2009년 12월 21일 청와대에서 대통령이 참석한 가운데 열린 방송통신위원회의 2010년 업무보고에서 '막말방송'과 '악플방지'가 도마 위에 올랐다. 이날 토론회에 참석한 주형철 SK커뮤니케이션즈 대표는 "뉴스 댓글실명제 실시 초기에 이용자가 줄지 않을까 우려도 있었다"면서 "그러나 1년이 지난 지금 네이트 뉴스서비스에 달리 악플은 작년에 비해 80% 줄었고, 반대로 댓글 참여자는 90%가 늘었다"고 소개했다. 그는 또 "전체적인 댓글 수도 증가했다"면서 "(악플 방지를 위해) 사후적 관리

57 임일곤(2009. 2. 25), "네이트의 '댓글실명제 실험' 성공할까", 〈이데일리〉.

보다 더 중요한 것이 사전적 예방활동"이라고 말했다. 주 대표의 발언대로라면 '댓글실명제'가 악플을 줄여 '건강한 토론환경'을 만드는 데 크게 기여하고 있고, 댓글 달기가 위축되기는커녕 오히려 댓글을 통한 토론이 더욱 활성화된 것이다.

'익명의 보호막' 아래 남길 원하는 네티즌들이 사이트 이용을 회피해 트래픽이 감소할 것이라는 우려도 기우에 그칠 가능성이 커졌다. 인터넷 조사기관 코리안 클릭에 따르면 2009년 7월 네이트 뉴스페이지의 페이지뷰가 15억 346만 뷰를 기록해 13억 7472 뷰를 기록한 네이버를 9% 앞선 것으로 조사됐다.[58] 댓글실명제 도입 5개월 만에 네이버를 따라잡은 것이다. 네이트 뉴스의 약진은 비슷한 시기 도입된 네이버의 '뉴스캐스트'가 언론사로의 트래픽을 분산시키는 효과를 보여 반사이익을 얻은 측면이 있지만 고무할 만한 성과이다.

이 같은 상황은 사상의 자유시장의 구현이라는 관점에서 여러 가지 시사점을 던진다. 우선 포털 이용자들은 실명노출에 따른 잠재적 위험보다 인신공격이 난무한 악성댓글을 자유로운 토론을 가로막는 장애물로 여기고 있다는 점이다. 댓글을 달기 위해 이름을 밝혀야 하는 번거로움에도 불구, 댓글 참여자가 늘어난 것은 이를 반증한다고도 볼 수 있다. 특히 실명제가 '사적 보복' 성격의 악플이 싫어 댓글을 다는 등의 토론참여를 꺼려왔던 사람들을 공론장으로 끌어들이는 순기능적 역할을 하고 있다는 점이다. SK커뮤니케이션즈 주 대표는 앞서 자리에서 "대다수의 네티즌들도 오히려 건강한 인터넷 문화를 원하고 있었다는 것을

---

58 최은경 (2009. 8. 13), "포털뉴스 네이트 약진? 네이버 제쳤다", 데일리경제. 이 기사에 따르면 네이트뉴스의 약진은 싸이월드 뉴스와 통합한 7월초부터 본격화돼 7월 첫째주 순방문자 수에서 네이버를 앞섰고, 2주부터는 주간 페이지뷰에서 계속 네이버를 넘어 2위를 지켰다. 그러나 네이트 뉴스의 성장세는 2009년 통합한 엠파스와 싸이월드의 트래픽을 단순 합산한 것보다 더 큰 성장세를 보며 시너지 효과를 낸 것으로 보인다고 보도됐다.

〈그림 4-31〉 네이트 철도노조 파업 관련 기사에 달린 댓글들

홍미진 추천 5 반대 5
아..속상해..ㅠㅠ 아무것도 얻지 못했다는것이..슬프네요..ㅠㅠ (12.04 08:53)
댓글의 댓글 0개

김동근 추천 14 반대 4
파업이라는 것이 어쨌든 일이 중단되는 일이니, 문제점이 많이 발생하지요. 하지만, 파업이라는 것이 인권운동의 일종이라는 점도 같이 생각해야 하지요. 파업=배부른소리 라는 언론플레이에 흥분하는 국민의식은 노예근성일뿐. 철도노조의 연봉이 문제라면, 연봉문제를 풀어야 되는 것이지, 그것에 집중하여 원래의 파업원인을 호도하진 말아야지요. 파업원인은 노동인권의 기본이라 할 수 있는, 협상권 박탈에 있는 것 아닌지요. (12.04 08:53)
댓글의 댓글 0개

유승현 추천 6 반대 5
솔직히 졌다. 아마 한국노총이 배반때려서 결국 백기를 든것같다. 우리도 많이 불편했지만 그들 역시 힘들었을꺼라고 생각한다. 힘약한게 죄, 법위에 있는 사람의 심기를 건드린 죄 그것들로 불법이 되버렸다. 민주당에서 솔직히 요번에 도곡동땅 안터뜨려줬으면 좋겠다. 총선 끝나고 민주당이 승리했을때 모든 증거를 내민다면 아마 탄핵도 가능하리라 본다. 총선만 기다려진다 (12.04 08:50)
댓글의 댓글 0개

박찬희 추천 4 반대 6
파업을 하더라도 기름값 아낄려고 지하철 이용하는 서민까지 피해를 주면 안된다고 본다....
니들이 옥수수통의 아픔을 알어? (12.04 08:50)
댓글의 댓글 0개

이중호 추천 11 반대 5
상위 0.001%를 위한 세상을 만드는구나. 더러운 것들 추접한 알바, 그리고 무식한 국민들..... (12.04 08:50)
댓글의 댓글 0개

김창덕 추천 7 반대 9
정단한 파업이든 불법적인 파업이든 손해가 난것은 사실이니 책임을 지는 것은 맞다고 생각한다. 물론 노조의 파업을 불법으로 몬 MB의 시각은 잘못되었지만, 그렇다고 해서 합법적이라고 다 좋은 것 만은 아니다 MB도 어떻게 보면 합법적으로 대통령이 되었는데 니가는 이지경이 아닌가. 합법이든 불법이든 국민들에게 피해를 준것은 분명한 사실이고, 그 결과에 대한 책임은 지면서 권리를 주장해야 하는 것이다. (12.04 08:48)
댓글의 댓글 0개

오제헌 추천 2 반대 0
어쩐지 출근할때 다른날이랑 틀리더라니.. (12.04 08:47)
댓글의 댓글 0개

김명기 추천 5 반대 8
원인을 제공한 사측이나 국민을 볼모로 이용하는 노조 모두 책임을 면하기 어려울것이다. 자신들의 목적을 위하여 툭하면 파업으로 국민의 불편과 경제적 손실을 입히는 노조는 사라졌으면 한다. (12.04 08:47)
댓글의 댓글 0개

알 수 있었다"고 말했다.

더욱 관심 깊게 보아야 할 것은 악플이 대폭 줄어들면서 댓글의 질도 좋아지고 있다는 점이다. 〈그림 4-31〉은 '철도노조 파업철회' 기사 원문과 기사에 달린 댓글들이다. "철도노조가 파업을 했으나 아무 것도 얻은 것이 없어 안타깝다", "파업은 인권운동차원으로 보아야 한다"는 철도 파업 지지자의 댓글부터 "불법파업으로 인한 피해에 대해 책임을 물어야 한다", "파업을 하더라도 지하철을 이용하는 서민에게 피해를 주면 안 된다"는 파업 반대자들의 비판, "원인을 제공한 사 측과 국민을 볼모로 이용한 노조"를 함께 비판하는 양비론까지 다양한 의견이 실명으로 제시되고 있다. 눈여겨볼 점은 실명으로 댓글을 달면서 다소 격한 표현들은 있으나 욕설 등 악성댓글을 찾아보기 어렵다는 점이다. 이성적인 토론이 가능한 환경이 조성되고 있다고도 볼 수 있다.

제도적으로 의무화된 제한적 본인확인제가 표현의 자유를 위축시킬 것이냐는 문제는 여전히 논쟁적 이슈이다. 그러나 업계에서 자율적으로 실시하는 '실명제'는 이 같은 법적 논란을 피하면서 언어폭력이 난무하는 '사상의 자유시장'에 '이성'을 회복시킬 장치로 주목하지 않을 수 없다.

2. 포털과 헤드라인 저널리즘

장면1 2007년 10월 22일 국회문화관광위원회의 국정감사장. 사상 처음으로 국정감사 증인으로 선정된 네이버와 다음의 미디어 부분 책임자들이 여야의원들의 거친 추궁에 시달렸다.

▷ 민주당 김재윤 의원 = (포털이) 뉴스 중계자 역할을 하는 것이지요? 중계하는 역할을 하는 것인데 그러면 유통업자가 상품의 포장을 바꾸거나 또 상품의 내용을 바꿔서는 안 되겠지요?
▷ 홍은택 네이버 부사장 = 예
▷ 김재윤 = 그런데 지금 보면 포털에서 제목을 바꾸거나 기사의 내용이 바뀌는 경우가 있지요?
▷ 홍은택 = 없습니다.
▷ 김재윤 = (사진을 보이며) 이것이 MBC기사를 인용한 것인데요. '한, 국회일정 중단', 그런데 네이버가 금세 바꾸었어요, '국감증인 기습채택 국회 일정중단' 누가 봐도 한쪽은 한나라당이 국회일정을 중단했다는 것이고, 한쪽은 국감 증인 기습 채택해서 국회일정이 중단됐다는 것입니다. 다르지요?
▷ 홍은택 = 그 기사는 대선미디어연대에서 언급한 기사였는데요. … 그러니까 MBC에서 iMBC에 보낸 기사는 저것(첫 번째 제목의 기사)이고, 저희한테 보낸 것은 다른 기사를 보낸 것입니다.
▷ 김재윤 = 그럼 MBC가 잘못 보냈다는 것입니까?
▷ 홍은택 = MBC가 잘못 보냈다는 것이 아니라 MBC가 수정해서 보낸 것입니다. … 그와 관련해서 대선 미디어연대가 그것을 발표했다가 그 보고서를 철회했습니다.

질문을 한번 던져 보자. 포털의 제목선정 등 편집권 행사만으로 언론의 지위를 부여하는 것은 잘못인가? 관점을 바꾸어 보자. 포털의 편집권 행사는 부당한 것인가? 만약 그렇다면 포털이 뉴스편집 행위를 중단하고 초창기처럼 언론사들의 송고 순서대로 보여주는 서비스만 제공해야 하는가?

포털의 언론적 특성을 거론할 때 반드시 짚고 넘어가야 할 주제 중 하나는 포털의 제목선정 및 수정을 둘러싼 논란이다. 유감스럽게도 이 문제는 주로 정치권발(發)로 이슈화되면서 포털의 부정적 영향력에 대한 우려를 부각시키는 단골 소재였다. 정치권에선 포털이 뉴스를 자체 생산하지 않지만 편집권 행사라는 언론행위를 통해 언론권력화 했다는 비판을 제기하는데, 편집권 행사의 가장 중요한 논거가 헤드라인(기사제목) 특히 포털 첫 화면의 뉴스박스의 기사 선정과 관련된 문제다. 정치권에선 공직선거 등 대형 정치이벤트와 맞물려 포털들이 보수성향 언론들의 기사를 홀대하고 진보성향의 언론기사를 더 많이 노출시키고 있다거나 보수적 포털들이 진보언론의 기사를 누락시킨다고 비판한다. 포털의 공정성을 문제 삼는 것이다.

이 문제는 포털이 언론사에서 보낸 기사의 제목을 자의적으로 수정해 공정성을 상실했다는 논란으로까지 이어진다. 물론 이 논란은 현재로선 근거가 다소 희박하다. 네이버나 다음 등 유력 포털들이 제목수정을 금기시하며, 뉴스박스 내에서 기사제목을 소화할 수 없는 공간적 제약이 따를 때만 제한적으로 제목을 축약하기 때문이다.

또 한 가지 논점은 포털의 뉴스박스가 언론학에서 말하는 의제설정(*agenda setting*) 효과가 있느냐는 것이다. 뉴스박스에는 한 줄짜리 제목만 달리고 기사가 소개되지 않는다. 따라서 뉴스박스에 어떤 기사가 실리느냐의 문제는 사실상 어떤 제목이 노출되느냐의 문제이기도 하다. 이 문제는 또한 포털의 뉴스박스에 노출되는 제목들이 과연 정치권에서 말하듯 포털의 언론권력화 비판을 야기할 정도로 파괴력이 있는 것인가 하는 문제에 봉착한다. 포털의 제목과 관련된 논란은 그러나 '언론권력'이라는 정치적 용어의 속박에서 벗어나 학문적으로 보다 깊게 천착될 필요가 있다. 포털에서의 헤드라인은 오프라인 언론에서보다 훨씬 중요한 의미를 가진다. 오프라인 신문에서 논의되는 '헤드라인 저널리즘(*headline journalism*)'이 포털의 언론적 특성과 관련된 논의의 중심축이 돼야 한다는 뜻이다.

헤드라인 저널리즘의 또 하나의 쟁점인 기사연성화와 이에 따른 옐로

저널리즘의 문제도 중요하게 언급돼야 한다. 덧붙여 헤드라인 저널리즘과 연관된 법률적 쟁점, 만약 포털이 제목을 수정했다면 법률적으로 어떤 책임을 물을 수 있는지도 살펴 볼 것이다.

이 글을 전개하기에 앞서 분석대상으로 삼은 네이버와 다음 등 포털의 초기화면 뉴스박스와 뉴스페이지는 대부분 2008년 개편 전의 모델을 대상으로 한 것이다. 네이버는 앞서도 밝혔듯 2009년 뉴스캐스트 제도를 도입해 초기화면 뉴스박스 편집권을 각 언론사들에게 넘겼고, 뉴스박스 작성에 직접 개입하지 않는다.

1) 헤드라인 저널리즘이란 무엇인가

오프라인 언론이든 온라인 언론이든 헤드라인이 전체 기사나 지면에 미치는 영향력에 비해 헤드라인 저널리즘에 대한 학계의 논의는 아직까지 활발하지 못한 편이다. 2007년 언론중재위원회에서 발간하는 〈언론중재〉는 "'헤드라인 저널리즘'과 언론윤리"라는 주제의 특집을 마련, 몇 편의 소중한 글을 게재했다. 여기서도 이 글들을 중심으로 헤드라인 저널리즘에 대해 간략히 소개한다.

한국편집기자협회가 발행한 《신문편집 실무》에 따르면 사전적 의미로 헤드라인은 "신문기사의 앞에 내용을 가리키거나 요약하기 위해 굵은 활자로 붙인 낱말이나 낱말군(群)"이며, "기사의 내용을 요약하고 대표하되 독립적인 의미와 기능을 갖춘 독특한 표현양식"이다. 이에 따라 "신문의 제목은 일반적으로 사용되는 시, 소설 등의 상징적 제목과는 다르다"고 본다.[59] 또 "신문의 제목은 기사를 요약하고 있으나 기사의 전문(前文)은 아니다. 그것은 하나의 요약된 기사이고 압축된 사건의 기술이라는 것이 요구되고 있다. 따라서 제목은 기사 전체를 진술하는 완

59 박선홍 외(2001), 《신문편집》. 한국편집기자협회.

〈그림 4-32〉 2007년 한국편집기자상 수상작

대통합민주신당 경선후보 5인 첫 정책토론회

손 잡았던 후보들 '孫만 잡았다'

전한 문장이 돼야 한다"고 강조한다. 비슷한 이야기지만 통상 신문사 편집국에선 기사의 제목을 '취재기자가 보내 온 기사내용을 가장 압축적이고 상징적으로 쉽게 독자들에게 설명해 줄 수 있는 한 줄의 문장'으로 이해한다.

〈그림 4-32〉는 2007년 한국편집기자상 제목 부분 공동수상작으로, 같은 해 8월 20일 〈중부일보〉 김수진 기자가 뽑아낸 헤드라인이다.

대선을 앞두고 대통합 민주신당의 첫 경선토론회를 다룬 기사다. 이 기사의 제목은 "손잡았던 후보들 '孫만 잡았다'"이다. 당시 경선에 참여했던 5명의 주자들이 토론회에서 손을 맞잡고 만세를 부르며 선의의 경쟁을 다짐했지만 막상 토론이 시작되자 약속이나 한 듯 선두주자였던 손학규 전 경기지사를 집중공격한 것을 빗댄 것이다. 서로 맞잡은 손과 손학규 후보의 성인 '손'의 중의적 사용을 통해 기사 전체의 내용을 압축적으로 요약하며, 독자들에게도 현장의 분위기를 명료하게 전하고 있다. 물론 기사내용에는 제목과 같은 표현은 나오지 않는다. 후보들이 손잡고 만세를 부르는 모습도 기사에 없는 사진에 잡힌 내용이다. 이처럼 제목은 기사의 내용을 집약하면서도 기사와 독립적으로 움직인다. 때로는 전체 지면의 레이아웃이나 사진 등과 조화를 이루게 하는 연결 고리이자 독자들의 시선을 잡아당기는 포인트 역할을 하는 것이다. 특히 주목해야 할 점은 '孫만 잡았다'는 표현에는 토론회의 전개 양상에 대한 김수진 기자의 비판적 시각이 배어 있기도 하다는 것이다.

이준호 교수는 이 같은 제목의 역할에 대해 "기사제목은 기사내용을 벗어나 작위적으로 만들어져서는 안 되지만 편집자의 가치관과 기사 내용 및 사건의 진실에 대한 재해석이 제목을 통해 독자들에게 이뤄질 수 있다"고 지적했다.[60] 이 교수는 자신의 논문에서 외국학자의 연구 결과를 인용, 기사제목의 기능을 크게 5가지로 정리했다.

첫째, 기사제목은 기사를 분류하는 기능을 한다(색인기능). 시간에 쫓기는 독자들이 모든 기사를 다 읽는 것이 어렵기 때문에 기사를 선별적으로 취사선택하게 하는 기능이다. 독자들은 흔히 제목만 훑어보고 기사내용을 판단, 관심가는 내용의 기사만을 읽는다.

둘째, 제목은 기사가 담고 있는 정보를 정확하게 요약해 전달하는 기능을 한다(표현기능, 요약 압축기능). 제목만 보아도 기사 전체내용을 기대할 수 있어야 한다. 가장 기본적인 제목의 기능이다.

셋째, 기사의 제목은 크기나 위치 등으로 기사가 지닌 상대적 중요성 및 심각성을 표시하는 역할을 한다(뉴스가치 평가기능). 여러 줄의 제목을 달고 큰 활자로 제목을 달 경우 독자는 이 기사를 크고 중요한 것으로 인식하게 된다는 것이다. 기사가 차지하는 공간적 비중과 위치도 독자들에게 미치는 인지적 심리적 영향력 면에서 중요하다.

넷째, 기사제목은 수용자에게 관심을 유발시키는 기능을 가지고 있다(관심 유발기능). 앞서의 민주당 경선 기사제목의 예를 들면, 독자들

---

60 이준호(2007), "저널리즘 측면에서 바라본 '헤드라인 저널리즘'", 〈언론중재〉 2007년 봄호, 6쪽

은 "손잡았던 후보들 '孫만 잡았다'"는 기사제목을 보고 이것이 무슨 말인지 궁금해 하고 재미있어 하면서 보다 구체적 내용을 알기 위해 기사로 시선이 간다는 것이다.

다섯째, 궁극적으로 기사의 제목은 특정 언론사의 정치적 이념적 성향 등과 같은 특성을 표현하는 기능(암시기능, 사시(社是) 유발 기능)을 한다. 같은 사안이지만 진보성향의 〈한겨레〉와 보수성향의 〈조선일보〉가 다른 시각의 제목을 다는 현상에 대해선 이 책의 '인터넷과 함께 부활한 사상의 자유시장' 장에서 자세히 설명한 바 있다.

그렇다면 헤드라인 저널리즘이란 무엇인가라는 물음으로 돌아가 보자. 이 말을 풀어 쓰면 "헤드라인이 저널리즘이냐"는 물음으로 대치된다. 언론학 교과서에서 저널리즘이란 '뉴스를 제작하는 데 필요한 기술, 일상활동(*routines*), 관습' 등을 통칭하는 용어다. 다시 말해 보도나 논평 등 미디어를 통해 시사정보를 대중에게 전달하는 일체의 활동을 말한다.

미국의 언론학자 바비 젤리저(Barbie Zeilzer)에 따르면 저널리즘이란 용어는 중층적 의미로 쓰인다.[61] 직업으로서의 저널리즘은 저널리스트들에 의한 직업적 활동으로 프로페셔널리즘 등 윤리나 직업적 가치문제에 포커스를 맞춘다. 실무적 의미에서 저널리즘은 뉴스를 어떻게 모으고 나타내며 배포할지를 포괄하는 개념이다. 즉 뉴스룸에서의 실무, 뉴스 마케팅, 특종 뉴스(*breaking news*) 등. 이야기(*story*)로서의 저널리즘이란 다양한 기사체와 형식을 의미한다. 보존자(*container*)로서의 기능은 저널리즘이 방대한 정보나 실체를 가장 이해하기 쉽고 간결한 스토리를 만들어 내면서도 깊이를 반영하는 것이다.

한 편집기자는 헤드라인과 관련된 행위들을 저널리즘으로 보는 것은

---

61 Barbie Zelizer(2005), "Definition of Journalism", *The Press*, Geneva Overhlser, ed. 66~81쪽.

"헤드라인의 기능적 측면과 효과의 측면을 적극적으로 평가하는 시각"이라고 볼 수 있다고 말했다.[62] 그러나 필자의 생각으로는 위의 젤리저의 구분을 살펴볼 필요도 없이 당연히 저널리즘에 포함시켜야 한다고 본다. 앞서 지적한 헤드라인의 효과를 따질 필요도 없이 헤드라인을 작성하고 선별하는 행위 자체가 뉴스제작의 가장 중요한 부분이며, 편집기자의 손을 거쳐야 할 정도로 전문성이 필요한 부분이기 때문이다. 특히 독자들의 제목 위주 신문읽기 경향이 더욱 확대되는 상황에서 기사제목은 저널리즘의 결정체인 기사본문보다 독자들에 대한 파급력이 훨씬 더 크다고도 볼 수 있다.

좀 더 아카데믹하게 접근해 보자. 헤드라인 저널리즘의 중요한 논점은 '제목과 기사는 하나인가', 다시 말해 제목의 독립성 문제다. 전통적 저널리즘 연구에서는 제목은 기사를 구성하는 하나의 부분 내지 요소라는 관점, 즉 기사와 제목의 일체성이 강조됐다. 그러나 제목이 기사의 보완적 수단이기보다는 오히려 기사와는 별개로 독자들에게 독립적인 영향력을 행사한다는 연구결과도 오래 전부터 나와 있다. 1928년 미국의 언론학자 에미그(Elmer Emig)가 뉴스에 대한 의견을 설문조사한 결과 전체 375명의 응답자 중 192명이 "신문제목이 영향을 미쳤다"고 대답했고, 118명은 본문기사가, 144명은 제목과 기사가 모두 영향을 주었다고 응답했다.[63]

특히 기사본문과 제목의 생산주체와 생산과정이 다르다는 점은 제목과 본문의 일체성에 의문을 제기하게 만드는 가장 큰 요소다. 제목의 생산주체는 앞서도 이야기했듯 편집데스크 또는 편집기자다.

---

62 이상국(2007), "'헤드라인 저널리즘'의 이상과 현실—편집기자가 말하는 헤드라인 저널리즘의 실제", 〈언론중재〉 2007년 봄호, 29쪽

63 Elmer Emig, "The Connotation of Newspaper Headlines", *Journalism Quality*, Vol. 4, 55, 정태철(1995), "제목소비자의 증가와 신문제목의 이해도", 〈한국언론학보〉 49권 3호. 207쪽에서 재인용.

생산과정의 차이에 대해선 이상국 에디터의 글에 잘 정리되어 있다. 요약해 옮겨보자.

> 신문사는 팩트(*fact*)를 파는 팩토리(*factory*)가 아니다. 비유하자면 팩트를 채굴해 원료상태 그대로 파는 광산회사가 아니다. 팩트라는 원석은 신문사의 가공 노하우와 브랜드 이미지에 힘입어 소비가능한 매력적인 보석으로 만들어진다. … 팩트라는 원석이 신문매체에 뉴스로 실리는 일련의 선택과 강조들이 편집행위다. 신문을 만드는 모든 행위, 즉 신문편집은 사실상 팩트를 '손질'하는 행위다. 팩트를 고르는 행위, 선택되지 않는 팩트들을 버리는 행위, 팩트를 해석하고 평가하는 행위, 팩트를 비교하고 비판하는 행위, 이 모두는 팩트에 실질적인 영향을 주는 일이다. 편집은 대개 뉴스의 선택과 소외, 문제에 대한 태도와 관점들로 표현된다. 독자들은 팩트를 소비하는 것이 아니라, 신문사에 의해 손질되거나 정리된 '팩트 가공품'을 소비한다. … 기사는 사실상 팩트를 '1차 편집(기사를 선택하고 하나의 입장에서 팩트를 기술)'한 것이다. 헤드라인은 이미 편집된 기사를 더욱 짧은 말로 2차 편집한다. 제목은 기사 중에서 일부 내용이나 관점을 선택해 부각시킨다. 기사에는 없는 '해석이나 평가'가 들어가기도 한다.[64]

이상국 에디터는 바로 이 지점, 즉 '재편집'의 과정에서 헤드라인 저널리즘의 문제가 부각된다고 보았다. 언론학자들은 상업주의에 물든 언론의 속성 탓에 편집기자들이 기사내용을 왜곡 과장하는 경향이 있고, 제목을 발췌하고 언어를 압축하는 과정에서 선정주의에 흐를 수도 있다고 본다. 때문에 윤리적 측면에서의 저널리즘, 편집기자의 언론윤리가 중요시되는 측면을 강조한다. 그렇지만 이 에디터는 이러한 윤리적 측면 외에 헤드라인 자체가 갖는 저널리즘적 특성에 주목한다.

64 이상국, 앞의 글, 32쪽.

헤드라인은 태생적으로 저널리즘의 특성을 지니고 있다. 기사가 팩트에 기반하고 있다면 헤드라인은 기사에 기반하고 있다. 기사에 비해 제목은 간접적으로 팩트를 만나고 있는 셈이다. 게다가 기사는 보다 많은 문장을 사용하여 상대적으로 섬세하고 치밀하게 팩트를 전달할 수 있지만 제목은 짧게 압축해서 표현해야 하는 제약을 지니고 있다. 따라서 메시지의 유통과정에서 노이즈가 끼어들 가능성이 있고, 또 긴 문장으로 표현된 팩트를 다시 압축하는 과정에서 진상이 변질될 가능성이 있다. … 기사는 팩트 그 자체가 아니라, 팩트로 보이는 것을 취재해 글로 정리한 것이다. 여기에는 기자의 입장과 관점이 반영되지 않을 수 없다. …(태평양전쟁 관련영화를 예로 들며) 미군 진영에서 취재한 종군기자였다면 미군의 입장과 관점으로 기사를 썼을 것이다. 반대로 일본군 종군기자였다면 전혀 다른 기사를 썼을 것이다. 동일한 전쟁이라는 하나의 팩트가 거의 상반된 기사로 씌어졌다고 해서, 양쪽의 종군기자들이 팩트를 왜곡했다고 말하기는 어렵다. … 따라서 기사는 팩트가 아니라 팩트를 일정하게 편집한 '경험과 견해'의 요약이다. 헤드라인은 '편집된 팩트'를 다시 편집한다. 기사에서 표현된 팩트를 재구성하고 기사의 편집의도를 추론해 그것을 제목으로 표현한다. 재구성과 추론의 과정에서 또 다른 입장과 견해가 개입될 수 있다. 왜냐하면 기사 전부를 제목으로 달 수는 없으므로 당연히 축약이 일어나고 취사선택이 불가피해지기 때문이다.

기사를 저널리즘으로 이해하는 까닭은 팩트와 기사 사이에 존재하는 헐거운 영역에 기자의 견해와 관점이 작동하기 때문이다. 마찬가지로 헤드라인을 저널리즘으로 이해하는 까닭도 기사와 제목 사이의 헐거운 영역에 편집자의 견해와 관점이 작동하기 때문이다. 편집자의 견해와 관점이 상식적이고 보편적이어야 하는 까닭은 여기에 있다.[65]

필자는 이 에디터의 이 같은 견해에 비교적 동의하는 입장이다. 물론

65 위의 글.

이 에디터가 말하는 '기사와 제목 사이의 헐거운 영역'이 있다는 것은 인정한다. 그러나 기사제목은 본문과 논조의 통일성을 어느 정도 유지해야 하는 제한성이 있다. 이와 관련, 이 에디터는 "편집자는 독자가 신문을 소비(열독)하는 순간의 상태를 고려해 헤드라인을 구성하며 독자의 관심을 붙잡는 매력을 향상시키기 위해 노력한다. 선정성과 팩트의 과장, 희화화, 말장난, 말초적 왜곡 등이 일어나는 것은 그런 노력들이 과도해진 결과다"라고 설명한다. 그는 이어 "언론이 헤드라인의 매력을 높이기 위해 선정적인 공을 들이는 풍토는 현실로 인정해야 한다"라고 말했다. 그러나 필자는 헤드라인이 지닌 의제설정 효과 등을 감안하면 팩트의 왜곡과 과장을 일컫는 선정주의에는 보다 엄격해져야 한다고 생각한다. 제목을 다는 편집자와 기사를 작성한 현장 기자 사이에 서로 존중해 줘야 할 영역이 분명히 존재한다. 하지만 현장의 사정에 정통하지 못하고, 주로 기사에 의존해 현장을 파악해야 하는 편집자의 주관이 지나치게 '헐거운 영역'을 지배할 경우 제목과 기사가 서로 다른 논조로 이야기를 하는 해프닝이 벌어질 수 있고, 사안에 대한 독자의 인식에 혼선이 생길 수 있기 때문이다.

실제 미국의 언론학자인 마르케즈(F. T. Marquez)는 미국의 4개 일간지 신문제목이 얼마나 정확하게 본문기사를 표현했는지 조사한 결과, 신문들의 제목 중 64~79%가 부정확했고, 12~19%가 기사내용과 다른 방향으로 왜곡됐으며, 8~24%가 불분명하고 모호한 것으로 나타났다.[66] 제목이 본문을 적절히 대표하지 못해 독자들에게 오도된 인식을 심어주고 여론형성에 부정적 영향을 줄 우려가 있다는 것이다. 미국의 사례지만 우리에게도 시사하는 바가 크다.

---

66 F. T. Marquez (1980), "How Accurate Are the Headlines", *Journal of Communication*, Vol. 30 (Summer, 1980), 30~36, 정태철(1995), "제목소비자의 증가와 신문제목의 이해도", 〈한국언론학보〉 49권 3호. 209쪽에서 재인용.

2) 뉴스 소비패턴의 변화

헤드라인 저널리즘은 인터넷 언론과 포털의 등장과 함께 온라인 저널리즘의 메인 이슈로 떠올랐다. 특히 포털을 포함한 온라인 미디어에서는 기사의 제목과 본문이 하나로 인식되었던 기존의 관념을 무너뜨렸다. 뉴스 소비패턴의 변화에 따라 기사의 제목은 본문보다도 메시지의 전달효과나 뉴스 소비측면에서 오히려 우위에 서는 상황이 됐다. 헤드라인은 기사의 본문으로 가는 관문역할을 넘어 가장 많이 소비되는 '뉴스' 그 자체로 인식되게 되었다. 포털의 제목수정 논란 등은 정치 사회적 쟁점으로 부각되기도 했다.

(1) 제목소비자의 등장

TV와 케이블 등의 발전에 이은 인터넷의 등장으로 전통적인 뉴스 제공채널이었던 신문의 열독률이 낮아지고 있는 것은 새삼스런 이야기가 아니다. 2006년 한국방송광고공사가 실시한 소비자 행태연구 조사에 따르면 우리나라 국민의 일일 평균 열독시간은 평일(월~금)의 경우 22분, 토요일은 18분으로 나타났다(〈표 4-2〉). 1999년 조사와 비교해 평일(46분)은 절반가량 줄어들었고, 토요일(45분)은 1/3로 줄어든 수치다. 독자들이 신문을 읽는 시간이 줄어드는 것과 반대로 신문의 면수는 지속적으로 늘고 있고, 〈중앙 선데이〉 등 주말 특집판까지 발행되고 있다.

신문지면의 증가와 열독률 감소는 독자들의 뉴스 소비행태까지 변화시켰다. 독자들에게 뉴스소비에 쓸 수 있는 시간은 제한적이다. 신문에서 쏟아지는 무수한 기사들을 독자들이 다 읽는 것은 현실적으로 어렵다. 때문에 신문을 제목 위주로 읽으며 뉴스를 선택해 소비하는 구독습관이 자리잡게 된 것이다. 미국에서도 이미 1940년대에 독자들이 제목 위주로 신문을 읽는 경향이 있다는 사실을 인식, 제목위주의 신문 구독자를 '제목소비자(*a shopper of headlines*)'로 불렀다고 한다.[67] 이 같은 현상은 학문

〈표 4-2〉 신문열독시간 변화 추이

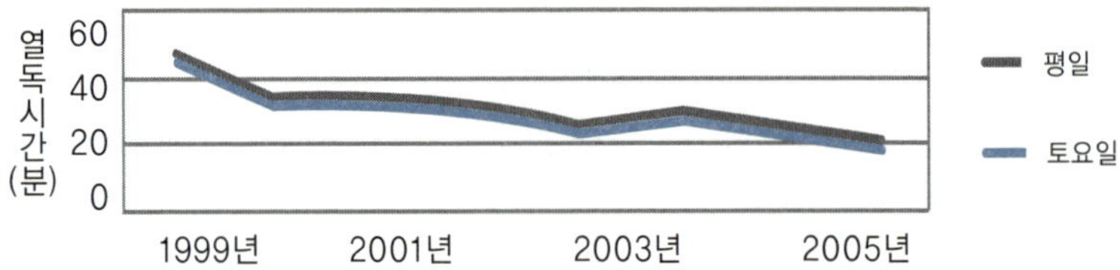

출처: 한국방송광고공사 소비자행태조사.

적으로도 입증됐다.

고려대 오택섭 교수는 전일 기사주목률(*yesterday redership*)을 조사하기 위해 응답자들에게 자기가 읽은 신문의 모든 기사를 제목으로 나열하고 '전혀 안 읽었을 때' 0점, '제목만 읽었을 때' 1점, '제목과 앞부분만 읽었을 때' 2점, '기사를 거의 읽었을 때' 3점을 각각 표시하게 했다.[68] 응답 결과 〈한국일보〉 만화 '심마니'가 2.1점을 나타내는 등 주목도가 높은 기사들도 평균 2점대에 머물렀다. 이는 독자들이 제목과 기사의 앞부분만 읽고 넘어가는 구독습관을 가지고 있음을 보여준다. 또 같은 연구에서 기사를 읽는 방법을 묻는 질문에 응답자 중 42%가 '제목을 대충 읽고 관심 있는 기사가 나오면 찾아서 읽는다'고 대답, 가장 높은 빈도수를 보였다.

눈여겨 봐야할 점은 제목소비자들이 인터넷과 함께 등장한 인터넷 신문과 포털 등의 새로운 형태의 뉴스 제공자들이 출현함에 따라 주도적인 뉴스 소비자로 등장했다는 것이다.

---

67 위의 글 208쪽.

68 위의 글 206쪽. 정태철은 이 논문에서 제목위주의 구독습관을 (1) 제목만을 읽거나 (2) 제목을 읽어서 관심 있는 몇 개의 기사를 찾아 그 기사의 앞부분만 읽거나 (3) 제목을 읽어서 관심 있는 기사를 찾아 그 기사를 다 읽는 구독형태라고 분류했다.

(2) AP의 뉴스소비 연구

미국의 *AP*통신은 최근 '콘텍스트 베이스드 리서치 그룹'에 의뢰해 젊은 성인층의 뉴스 소비행태를 조사했다.[69] 이를 위해 *AP*는 18~34세의 미국 영국 인도의 성인남녀 18명의 생활을 직접 관찰하고 참가자들이 스스로 보고하도록 했다. 다음은 *AP*의 보고서에 나온 젊은 층의 뉴스소비 사례다.

> 영국 브라이트에 거주하는 질(Jill)은 28세의 여성 증권브로커로 *AP*조사에 참여했다. 질은 하루 중 수시로 온라인을 통해 뉴스기사에 접근한다. 그는 쉴 새 없이 움직이는 뉴스를 본다. "그건 정지하지 않고 단지 정보만을 휘저어 쏟아내는 기계에요. (정보가) 무엇에 관한 것인지는 중요하지 않아요. 단지 정보를 휘저을 뿐이죠." 질은 대략 하루에 6~8시간 뉴스를 접하게 된다. 질은 야후에 있는 이메일을 점검하기 위해 매시간 들어가는데 이때마다 야후의 뉴스박스에 있는 헤드라인 뉴스를 보게 된다. 하루에 대략 10번 정도는 될 것이다. 질은 이때마다 호기심을 돋우는 기사를 우선적으로 클릭한다. 질의 하루 뉴스 소비는 다음과 같은 소비패턴을 따른다:
>
> 질은 *BBC* News 24를 보는 것으로 하루를 시작한다. 그 다음 출근길 차에서 라디오에서 나오는 헤드라인 뉴스를 듣는다. 직장에 도착하자마자 이메일에 로그인하는데 이때 야휴 뉴스의 헤드라인에 자연스럽게 노출된다. 이메일을 쓰려면 야후의 메인 화면을 거쳐야 하기 때문이다. 이메일을 하루 매시간별로 체크하기 때문에 야후의 뉴스 헤드라인은 여러 번 보게 된다. 작업 중일 경우 질은 문자메시지와 뉴스 경보 시스템에 의해 뉴스를 받는다. 윔블던 테니스대회 토너먼트가 열리는 날이면 질은 데스크탑에 스코어보드를 나오게 해 둔다. 집으로 돌아오면서 질은 차 안에서 라디오를 통해 뉴스를 듣는다. 집에

69 AP, A New Model for News, June 2, 2008, http://www.ap.org/newmodel.pdf

〈그림 4-33〉 뉴스 식생활(News Diet)에서의 불균형 상태

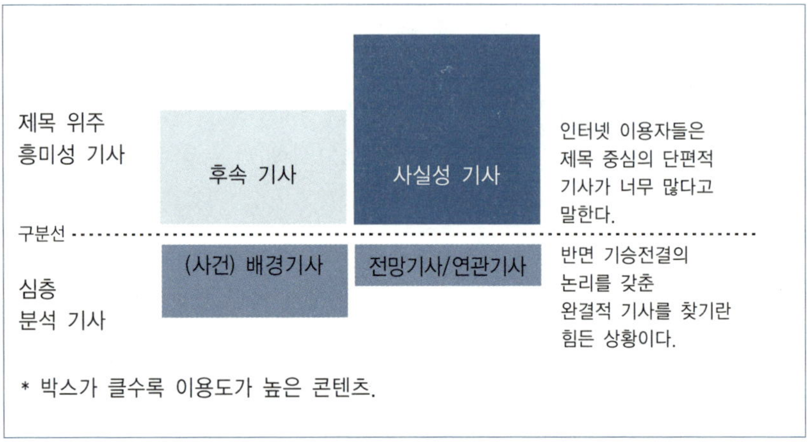

도착하면 그는 개인사와 뉴스에 관한 정보를 얻기 위해 야후와 페이스북(Facebook.com)에 로그인한다. 친구와 그날의 사건들에 대해 채팅하면서도 그녀는 뉴스를 본다.

다른 참가자들도 정도의 차이는 있지만 대부분 질과 같은 생활 패턴과 뉴스 소비행태를 보인다. 헤어살롱에서 일하는 18세 소녀 베스는 컴퓨터의 홈페이지인 MSN.com과 이메일 홈페이지인 Yahoo.com에 들어갈 때마다 가장 흥미를 느끼게 하는 제목의 기사나 자신의 생활 등에 관련이 있을 법한 기사를 클릭한다. 특히 열성적인 야구팬인 그녀는 야구 관련 헤드라인 기사는 항상 클릭하는 것으로 조사됐다.

이 같은 심층조사를 통해 *AP*가 내린 결론은 무엇일까. “젊은 뉴스 소비자들은 팩트(사실)와 헤드라인(뉴스제목)을 과도하게 접하기 때문에 뉴스 식생활(*News Diet*)에서 심각한 불균형 상태를 보이고 있다”는 것이다. 젊은 층들은 시시각각 쏟아져 들어오는 뉴스를 각종 디지털 기기를 통해 소비하지만 실제로는 지속적으로 반복되는 헤드라인과 단편적인 사실을 적은 긴급기사만을 접할 뿐이라는 것이다(〈그림 4-33〉). 기

존의 언론매체들이 전하는 심층적인 뉴스나 분석기사에 접할 수 있는 기회는 제한적이라는 것이다. 이로 인해 일부 참가자들은 뉴스 피로감(*News Fatigue*)을 느낄 정도라고 *AP*조사는 전했다.

최첨단의 테크놀로지와 다양한 플랫폼들은 언제 어디서든 뉴스를 접할 수 있는, 뉴스 소비의 유비쿼터스(*ubiquitous*) 시대를 열었다. 그러나 뉴스의 풍요로움과 뉴스 선택의 유비쿼터스적 상황은 뉴스 소비자를 위한 더 나은 뉴스환경과 직접적으로 연결되지 않는다고 *AP*는 말하고 있다.

*AP*의 연구는 헤드라인 저널리즘이 오프라인 언론보다 온라인에서 더 강조되는 이유를 잘 설명해 준다. 온라인 신문기사의 열독형태는 종이신문보다 훑어보기와 제목만 읽는 경향이 더 강하게 나타난다. 실제로 조수선 미디어연구소 연구위원의 2003년 연구에 따르면 온라인 신문의 열독률은 종이신문의 열독률보다 낮은 것으로 나타났다.[70] 응답자들은 개별기사의 완독정도를 묻는 질문에 신문은 23.7%, 인터넷 뉴스는 16.1%가 '꼼꼼히 끝까지 읽는다'고 대답했다. 조 위원은 "온라인 신문은 종이신문보다 이용자들이 노출되는 시간이 짧은 것이 특징"이라고 강조한다.[71] "온라인 신문 이용자들은 짧은 시간 동안 뉴스에 노출되므로 제목과 개요만을 보거나 읽고 기사 본문 자체를 정독하지 않는 경우가 종이신문 이용자보다 더 많다"는 것이다.

기술적으로도 온라인 신문은 오프라인 신문과 비교할 때 제목과 기사 내용을 동시에 볼 수 있는 구조가 아니다. 신문은 지면의 제약이 있지만 뉴스 소비행태(혹은 열독률)의 측면에선 오히려 이 점이 기사 본문의 제목 의존도를 약화시킨다. 독자들은 기사를 선택할 때 큰 제목과 중간제

70 조수선 (2003), 《다매체 환경과 뉴스 수용자의 미래》. 서울: 미디어연구소, 조수선 (2005), "온라인 신문 기사의 제목과 개요 효과", 〈한국언론학보〉, 40권 2호에서 재인용.

71 조수선 (2005), 앞의 글. 11~12쪽.

목, 기사 리드 등을 읽고 기사를 완독할지 여부를 결정하기도 하지만 본문을 먼저 읽고 제목을 읽을 수도 있다. 대부분의 기사가 한눈에 들어오기 때문이다. 반면 온라인 신문은 지면의 제약은 없다. 그러나 초기화면에서 모든 기사를 소개하는 구조를 가지고 있기 때문에 제목 위주로 편집이 되며, 기사가 들어갈 공간은 협소하다. 이에 따라 독자들은 초기화면의 단편적인 제목에 의존해 기사의 내용을 유추하거나 판단한 뒤 기사를 읽을지 여부를 결정한다. 따라서 *AP*연구에서 볼 수 있듯 온라인 매체에서의 헤드라인은 특정기사를 이해하고 평가함에 있어 종이신문에서보다 훨씬 중요한 역할을 하게 된다고 조 위원은 분석했다.

(3) 인터넷 매체간 비교

조 위원은 온라인 신문을 오프라인 신문과 비교했지만, 인터넷포털은 온라인 신문보다 뉴스소비의 제목 의존도가 더 높은 구조다.

한국인터넷진흥원이 전국의 3세 이상 2만 5,128명을 대상으로 실시한 2007년 하반기 정보화 실태조사에 따르면 만 6세 이상 인터넷 이용자의 67.1%가 인터넷을 통해 뉴스기사를 보거나 읽고 있고, 인터넷 이용자의 과반수인 58.5%가 포털사이트의 뉴스서비스를 통해 뉴스기사를 이용했다(복수응답 가능). 신문사 사이트(37.5%), 방송사 사이트(29.3%), 인터넷 신문 사이트(28.4%) 등이 뒤를 이었고, 인터넷 뉴스기사를 이용하지 않는 사람은 32.9%였다. 인터넷을 통한 뉴스기사이용자만을 대상으로 했을 경우 포털사이트 뉴스서비스의 비율은 87.1%까지 올라갈 정도였다.

2008년 하반기 인터넷 신문과 오프라인 신문의 인터넷사이트(언론사 닷컴)와 세 포털의 화면을 비교해 보자. 세 가지의 온라인 미디어들은 헤드라인 저널리즘 측면에서 각각 특징을 보이면서 대비가 되고 있다.

우선 인터넷 언론인 〈오마이뉴스〉는 제목과 함께 기사내용을 요약한 개요(요약 개요)를 초기화면에 내보내고 있다. 중요기사에는 큰 제목, 작은 제목과 함께 개요가 첨가되지만 나머지 대부분의 기사는 제목만 실린다(〈그림 4-34〉). 또 다른 인터넷 신문인 〈프레시안〉은 경우 톱기사를 포함한 6~7개의 주요기사가 기사의 리드 부분(서두 개요)과 함께 소개되고, 한 줄짜리 제목 소개보다는 부제까지 함께 소개하는 경우가 많다.

반면 언론사 닷컴인 조인스닷컴(〈중앙일보〉)과 조선닷컴(〈조선일보〉)은 초기화면에 주요기사의 경우 제목과 함께 기사의 리드 부분을 아주 간단히 그대로 소개하고 있다(〈그림 4-36, 37〉). 그나마 리드를 첨부하는 기사의 수는 2~3개에 불과하고, 분량도 1~2줄이 고작이다. 〈뉴욕타임스〉 닷컴이나 〈워싱턴포스트〉 닷컴의 경우 국내의 언론사 닷컴에 비해 제목 아래 기사소개 빈도가 훨씬 높은 편이다. 초기화면에 배치되는 7~8개(〈워싱턴포스트〉), 10~12개(〈뉴욕타임스〉)의 주요기사에 모두 2줄 이상의 개요를 소개하고 있다(〈그림 4-38, 39〉).

반면 네이버의 경우 기사소개는 생략되고 제목으로만 초기화면의 뉴스박스에 기사가 배치된다(〈그림 4-35〉). 특히 주목해야 하는 것은 인터넷포털의 경우 앞장에서도 살펴봤듯 헤드라인을 통한 뉴스소비가 초기화면에만 그치지 않는다는 점이다. 초기화면의 경우 뉴스박스뿐만 아니라 전체 UCC 섹션박스에도 모두 헤드라인만 소개된다. 또 네이버나 다음 등의 경우 뉴스 홈페이지의 각 섹션도 톱뉴스만 부제와 함께 2줄 가량의 기사 리드가 소개된다(〈그림 4-40〉). 나머지 기사는 모두 1줄 제목으로 처리된다. 다음의 대표적 UCC인 블로거 뉴스조차 섹션의 톱기사에만 2줄 가량의 리드 초입 부분이 첨부되고 나머지 블로거 뉴스 기사는 모두 제목만 노출된다. 이 같은 차이가 의미하는 바는 분명하다. 종이신문에 비해선 국내의 인터넷 신문이, 인터넷 신문에 비해서는 언론사 닷컴이(미국의 주요 언론사 닷컴의 경우는 국내 인터넷 신문을 웃도는 역전현상이 나타남), 언론사 닷컴에 비해서는 포털이 뉴스소비에서 제목 의존도가 높다는 것을 알 수 있다. 이에 따라 포털에서 뉴스를 이용하는 사람들은 AP의 연구에서 보이듯 종이신문 독자보다 '제목소비자'적인 경향이 훨씬 강하게 나타날 수밖에 없다. 이에 따라 포털에서 헤드라인 저널리즘의 중요성이 커질 수밖에 없는 것은 당연한 이치다.

〈그림 4-34〉 오마이뉴스 첫 화면

〈그림 4-35〉 네이버 초기화면

〈그림 4-36〉 조선닷컴 첫 화면

〈그림 4-37〉 조인스닷컴 첫 화면

〈그림 4-38〉〈뉴욕타임스〉 첫 화면

iesPeople Share and Discover the Best of NYTimes.com 1:05 AM

The New York Times

Wednesday, October 15, 2008 Last Update: 11:42 AM ET

Search

2008 CAMPAIGN

Poll Says McCain Hurts His Bid by Using Attacks

By MICHAEL COOPER and MEGAN THEE

A Times/CBS News poll found that 53 percent of voters would choose Barack Obama and 39 percent would choose John McCain if the election were today.

- Complete Poll Results (pdf)
- Interactive: Polls Over Time
- Post Comment | Read (627)

THE CAUCUS

Rungroj Yongrit/European Pressphoto Agency

2 Reported Killed on Thai-Cambodian Border

By SETH MYDANS 10:33 AM ET

Thai soldiers, above, and Cambodian soldiers exchanged fire on Wednesday, threatening to escalate a tense confrontation at the border over a disputed temple.

OPINION »

Campaign Stops: A Regional Perspective

Candidates need to recognize the need for cities and suburbs to work together to solve problems.

DINING & WINE »

A Rancher Breaks Away From the Herd

Bill Niman is hoping that goat meat will be the cornerstone of his comeback.

〈그림 4-39〉〈워싱턴포스트〉 첫 화면

washingtonpost.com

The Washington Post

Today's Paper | Subscribe | PostPoints

NEWS POLITICS OPINIONS LOCAL SPORTS ARTS & LIVING CITY GUIDE

SEARCH: go washingtonpost.com Web: Results by Google

Thursday, October 9, 2008 | 3:11 a.m. ET Weather | Traffic | DC Webcam

Political Browser What was McCain writing in his notes the other night? A few possibilities... | MORE »

Use of 'Sticky IEDs' Rising in Iraq

Iraqi insurgents are increasingly using magnetically attached bombs to assassinate mid- and low-level Iraqi officials. (Ernesto Londoño/Post)

- Suicide Bomber Kills 10 in Iraq's Diyala Province

Financial Crisis Looms Over Holiday Season

As the clock ticks down to critical season for retailers, department stores and clothing merchants report sharp drop in sales.

» Ylan Q. Mui and Kendra Marr

- Shoppers | Regional Officials Ready Cuts
- Stocks Take Wild Swings | Pelosi Talks Stimulus
- Asian Markets Open With Early Gains | Q&A, 2p.m. ET
- Kashkari Brings Engineer's Mind to $700B Role

Getting a Grasp on the Crisis

The point of the rescue package passed by Congress was to, well, rescue the system. What happened?

» Glenn Kessler

- Color of Money: Keeping the Cash Safe | Q&A, Noon
- Rate Cuts Fail to Stem Crisis | $38B More for AIG
- When Fans Feel the Economic Pinch | Scene

CAMPAIGN 2008

From Outsider to Ultimate Insider

MOMENTS OF TRUTH | Barack Obama arrived as a state senator in Springfield, Ill., with a plan.

» Eli Saslow

OPINIONS

McCain in a Bear Market

Will: Is your campaign going to get any better or is this it?

〈그림 4-40〉 네이버 뉴스홈의 사회섹션

뉴스 홈 > 사회

국제중 내년에 못연다…시교위 동의안 보류

서울교육청, 2010년 3월 개교 재추진할 듯 = 서울지역 국제중 설립 동의안이 서울시교육위원회 심의 과정에서 보류됐다. 이에 따라 서울시교육청의 내년 3월 국제중 ...

- [이전 기사] 국제중 내년에 못연다…설립동의안 보류
- `국제중 내년 개교 무산'에 찬반 교차
- 국제중 설립 앞으로 어떻게 되나
- 국제중 입학전형 `면접 · 토론' 제외 검토

교육 토론장 | 관련기사 보기

- 수입식품 검역 무방비 TV MBC TV
- "임금·근무조건 단협 결과 미흡" 현대車... 경향신문
- 초등교 '석차 성적표' 중학교 '우열반 ... Pho 한겨레
- 태안 기름유출 피해 추정액 '최대 6013억' Pho 한겨레

포토

온라인 신문의 제목과 개요 효과[72]

헤드라인과 개요는 기사 본문에 대한 독자들의 평가(신뢰도 혹은 선호도)나 이해에 어떤 영향을 미칠까. 조수선 미디어연구소 연구위원은 103명의 대학생과 직장인을 상대로 실험용으로 제작된 언론사닷컴 사이트에 접속해 제목 크기가 다른 다양한 분야의 18개 기사를 읽게 한 후 설문조사를 통해 다음과 같은 결과를 얻었다.

조사결과 전반적으로 기사본문에 대한 핵심적이고 요약적인 정보를 주는 것을 주목적으로 하는 '정보 제목'이 자극적인 사전지식을 제공하는 선정적인 제목보다 더 효과적인 것으로 나타났다. 기사에 대한 신뢰도는 정보제목이 선정제목보다 더 높았고, 기사내용을 요약한 요약개요가 기사의 서두 부분을 반복한 서두개요나 무개요(개요 없이 제목만 있는 경우)보나 높았다. 전반적으로 정보 제목은 기사 내용을 더 많이 기억하게 하고 신뢰하게 하는 데 기여하는 반면 선정제목은 기사내용을 더 선호하게 한다. 기사의 질에 대한 평가의 경우 정보제목에 요약개요가 따를 경우 가장 높은 평가를 받았고, 선정제목과 서두개요가 결합될 경우 가장 낮게 나타났다. 서두개요는 무개요보다도 질을 평가하는 데 부정적 영향을 미치는 것으로 조사됐다. 개요와 관련된 조사결과는 요약개요와 같이 제대로 된 사전지식은 기사 본문의 이해를 돕는 기능을 하나, 서두개요와 같이 무의미한 정보의 반복은 오히려 기사 이해에 부정적 영향을 가져 올 수 있다는 것이다.

72 조수선 (2005), "온라인 신문 기사의 제목과 개요 효과", 〈한국언론학보〉, 40

3) 포털과 헤드라인 저널리즘의 구조

앞장에서 이상국 편집에디터는 기사가 기자의 주관에 따라 팩트를 사실상 '1차 편집(기사를 선택하고 하나의 입장에서 팩트를 기술)'한 것이고, 헤드라인은 이미 편집된 기사를 더욱 짧은 말로 '2차 편집'한 것이라고 강조했다. 이 에디터는 2차 편집과정에서 기사와 헤드라인 간에는 다소 '헐거운 영역(필자는 이를 기자와 편집자간 서로 침범할 수 없는 고유영역으로 본다)'이 존재하며, 이 헐거운 영역에 편집자의 견해와 관점이 작동한다고 보았다. 헤드라인 저널리즘은 바로 이 같은 기사와 제목, 현장기자와 편집자 간의 미묘한 상호독립적인 긴장과 협력관계로 보았다. "헤드라인에는 편집자의 의견이 들어가서는 안 되는 것이 아니라 본질적으로 의견이 들어갈 수밖에 없는 구조"라는 것이다. 따라서 제목이 진상을 왜곡했다는 비판의 상당부분은 견해와 입장의 차이인 경우가 많다고 이 에디터는 강조한다.

〈그림 4-41〉 포털의 뉴스편집과정

1차 편집	• 담당자: 취재기자 • 사건 현장에서 취재 기자가 기사 작성 여부를 판단하고 자신의 입장과 견해를 반영해 팩트를 기술.
2차 편집	• 담당자: 편집자 • 편집된 팩트를 다시 편집함. 기사에서 표현된 팩트를 재구성하고 기사의 편집의도를 추론해 이를 제목으로 표현. 편집자의 견해가 반영됨.
3차 편집	• 담당자: 포털의 에디터 • 각 언론사에서 1,2차 편집되어 올라온 다양한 시각의 기사 중 가독성과 회사 방침 등을 고려해 기사 또는 제목을 취사선택. 에디터의 견해가 반영됨

권 2호.

그렇다면 헤드라인에 작동하는 '저널리즘 구조'를 포털에 적용할 수는 있을까? 본질적으로 신문의 헤드라인 저널리즘과 포털 등 온라인 매체의 헤드라인 저널리즘의 구조적 차이는 무엇일까?

이 에디터의 견해를 확장해 보자. 포털의 헤드라인은 팩트의 '3차 편집'으로 이해한다(〈그림 4-41〉). 포털의 에디터 역시 하루 수천 건씩 쏟아져 들어오는 각 언론사의 기사 중에서 뉴스박스로 보낼 기사와 뉴스홈페이지에 노출시킬 기사 등을 신별한다. 포털에도 '헤드라인 저널리즘'을 강조할 수밖에 없는 이유도 여기에 있다. 1차 편집에서 팩트(사건 사고 등) 와 기사 사이의 영역에 존재하는 헐거운 영역에 기자의 견해와 관점이 작동하고, 2차 편집에선 기사와 제목 사이의 헐거운 영역에 편집자의 견해와 관점이 작용한다. 마찬가지로 3차 편집에선 각 언론사의 2차 편집된 기사와 포털의 에디터 간의 헐거운 영역이 존재하고, 여기에 포털 에디터의 시각이 개입하게 되는 것이다. 회사의 경영방침 등도 에디터의 편집활동에 영향을 미칠 수 있다.

이와 관련, 미디어다음은 정치적 중립과 소수자 배려, 쌍방향 편집의 실현 등 뉴스편집 8대 원칙을 공개적으로 밝히고 있고,[73] 다른 포털 역시 나름의 뉴스 편집원칙을 가지고 있다.

기존 언론사의 1, 2차 편집과 포털의 3차 편집을 관통하는 논점이 바로 저널리즘이다. 기사나 제목의 작성 및 선별에는 기자나 편집자 개인의 주관과 입장이 반영되지만, 이러한 견해와 관점은 상식적이고 보편적인 윤리를 따라야 한다는 것이다. 특히 뉴스는 공적 사안을 다루는 것인 만큼 에디터는 엄격한 공정성과 건전, 저널리즘적 전문성이 필요함은 물론이다.

포털의 헤드라인 저널리즘의 핵심적 이슈는 제목 수정의 문제와 제목 선정의 공정성, 그리고 선정주의다. 이에 대해 하나씩 풀어서 알아

---

73 http://media.daum.net/info/edit.html

보도록 하자.

(1) 제목 수정의 문제

국내 최대포털인 네이버는 2006년 정치권 등으로부터 정치적 중립성 문제로 호된 홍역을 치렀다. 한나라당 싱크탱크인 여의도연구소는 같은 해 9월 〈포털뉴스 무엇이 문제인가〉라는 장문의 보고서를 내고 며칠 뒤 같은 주제로 토론회를 개최했다. 이 보고서와 토론회에서 한나라당은 "포털은 새로운 언론권력"이라고 규정하고, 포털에 집중포화를 퍼부었다.[74] 17대 대통령선거를 1년여 앞둔 시점에서 한나라당은 포털의 뉴스서비스가 대선의 여론향배를 결정할 중대변수가 될 것을 의식해, 사전에 포털들에게 공정성을 지킬 것을 요구하기 위한 사전포석이라는 것이 당시 정가의 대체적인 시각이었다.

당시 한나라당이 포털뉴스의 문제점으로 지적한 것 중 제일 앞줄에 나온 문제가 기사제목 바꾸기였다. 여의도연구소는 대표적 사례로 한나라당 의원들이 김대중 전 대통령 생가를 방문해 "DJ는 거인"이라고 말한 대목이 제목에서 "DJ 생가 초라"라고 바뀌었다고 주장했다. 그러나 네이버 측은 반박문을 통해 "네이버는 여의도연구소의 주장대로 변경한 적이 없다"고 제목변경 사실을 부인했다. 오히려 여의도연구소 측에 "변경했다고 주장하는 근거를 제시해 달라"고 요구했다.

이에 앞서 2005년 7월 민주언론운동시민연합은 '올바른 포털저널리즘 어떻게 할 것인가?'라는 주제의 토론회를 개최, 다음과 네이버, 네이트 등 3개 포털사이트의 뉴스박스를 24일간 모니터링한 결과를 발표했다.

---

74 여의도연구소는 발제문을 통해 "포털이 편집권의 행사라는 중요한 언론행위를 통해 인터넷신문은 물론 기존 종이신문을 뛰어넘는 새로운 언론권력으로 부상하고 있다"고 주장했다. 토론 내용은 여의도 연구소의 홈페이지에서 찾아볼 수 있다. http://ydi.or.kr/ht_summury/viewbody.

당시 발표자였던 이희완 민언련 인터넷 정보관리부장은 "포털이 선정성과 흥미를 유발하는 과도한 편집권 행사로 기사제목을 85.4%나 바꿨다"고 주장했다.[75] 포털에서 원문기사와 제목이 동일한 경우가 14.5%이고, 부분수정은 72.8%, 전면수정은 12.6%로 기사제목이 포털의 편집자에 의해 크게 변질·훼손됐다고 지적했다. 그는 이 같은 포털의 제목바꾸기는 정확한 정보가 이용자들에게 전달되지 않아 사실 왜곡을 낳게 되고 결국 뉴스가치의 진정성을 약화시킨다고 평가했다. 이 같은 민언련의 조사결과에 대해 국회는 민감하게 반응했다. "포털 뉴스들이 기사제목에 빈번이 손대는 것은 언제라도 정치적 자의가 개입될 위험이 내포돼 있다는 것을 의미한다"는 자유주의연대 김혜준 정책실장의 지적처럼 포털의 정치적 중립성에 대한 경각심이 여의도를 관통했기 때문이다.[76]

네이버 측은 반론문을 통해 이 같은 주장을 조목조목 반박했다. 네이버는 "기사내용의 의미가 바뀌거나 왜곡되도록 제목을 변경하지 않는 것을 원칙으로 삼고 있으며 실제 그렇게 하는 경우가 없다"면서 "네이버에 뉴스를 제공하고 있는 언론사로부터 해당 언론사의 기사제목이 바뀌어 팩트가 왜곡됐다는 지적을 받은 적도 없다"고 주장했다.[77]

네이버 측은 개별기사가 아니라 여러 기사들을 묶어 패키지로 기사를 제공할 때나 '언론사별 보도' 형태로 기사를 노출시킬 때 새로운 제목을 붙이는 경우가 있다고 밝혔다.

사실 언론사의 기사제목을 70~80%가량 자의적으로 수정했다는 언노련의 조사결과는 지금 상황에서 보면 그다지 설득력이 있는 통계로

75 이희완(2006), "제목바꾸기로 뉴스의 진정성 하락-포털사이트의 뉴스 편집권", 〈신문과 방송〉 2006년 2월호, 128~130쪽.

76 김혜준(2006), "빗나간 언론권력, 포털 뉴스의 현주소", 여의도연구소 주최 '포털뉴스 무엇이 문제인가' 발제문. 30쪽.

77 네이버, "'포털뉴스 무엇이 문제인가'에 대한 반론", 2006.9.21.

보기는 어렵다. 네이버 측이 밝힌 대로 수정된 제목의 대부분이 뉴스박스의 속성인 공간적 제약에 따라 제목의 글자수를 축약한 것이거나, 상반된 시각을 가진 사회적 쟁점에 대해 각 언론사의 기사를 중립적으로 소개하기 위해 포괄적인 제목을 달아 그 쟁점을 다룬 뉴스에 대한 '관문(*gate*)'역할을 한 것이 대부분이기 때문이다.

문제는 포털이 노출시키는 제목이 언론사에서 보내온 기사제목의 취지 자체를 왜곡 변형시키는 경우다. 초창기 포털 측은 클릭 수를 늘리기 위해 기사제목의 취지 자체를 변형시켰을 수도 있다. 실제 네이버는 2005년 말 개그맨인 컬투 측으로부터 "엉뚱한 제목달기로 피해를 입었다"는 이유로 소송을 당하기도 했다.[78] 그러나 이 같은 원문 기사나 제목의 근본 취지 자체를 바꾸는 포털의 제목수정은 최근 들어 거의 찾아볼 수 없다. 당장 저작권법에 위반돼 해당 언론사로부터 제소당할 위험이 크고, 정치권을 비롯한 언론단체에서 포털의 제목수정 여부에 대해 감시의 눈을 게을리하지 않기 때문이다. 필자가 만난 주요 포털 측 관계자들도 "굳이 법적 정치적 위험부담을 질 이유가 없다"고 한결같은 반응을 보였다.

문제는 뉴스박스의 공간적 제약에 따른 제목의 축약이나 이른바 중립적인 '패키지 제목'이다. 뉴스박스에는 길게는 18~25개, 짧게는 12~14개가량의 글자가 들어갈 공간밖에 없다. 민언련의 이희완 씨는 자신

78 이희완(2006), 앞의 글 129쪽. 컬투는 조정신청서에서 "네이버는 12월 13일 오후 1시께 한 언론매체의 기사를 게재하면서 본래의 제목이나 내용과 전혀 상관없는 제목을 달아 메인화면과 연예뉴스 홈페이지에 7시간가량 띄웠다"면서 "해당 연예인과 소속사의 이미지가 실추됐다"고 주장했다. 이희완 씨는 자신의 글에서 확인결과 최종 기사의 제목은 '컬투 그때그때 달라요 2막 내린다'였는데 포털은 '웃찾사 경쟁에서 낙오된 컬투', '컬투 웃찾사 경쟁에서 실패'라는 제목으로 변경해서 달았다고 밝혔다. 당시 컬투는 명예훼손으로 단돈 1만 원을 요구하며 "금전적 손해에 초점을 맞추기보다는 피해사실을 알리고 재발방지를 위한 상징성에 의미를 두었다"고 제소 이유를 밝혔다.

〈그림 4-42〉 다음의 뉴스박스

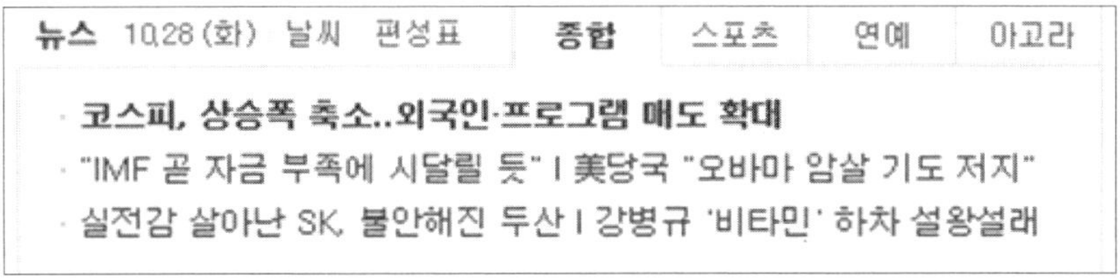

의 글에서 포털 측에 "최종기사의 제목을 원문 그대로 싣기 바란다"면서 최종기사제목이 턱없이 길다면 그냥 말줄임표를 써서 기사제목 변경으로 인한 선정성 논란을 없애야 한다고 주장했다.[79]

그러나 이는 그다지 유용한 방법이 아니다. 제목을 공간적 제약으로 중간 부분에서 생략 처리할 경우 제목에 대한 독자들의 이해도가 현저히 떨어지리라는 것은 쉽게 예상할 수 있다. 더욱이 이 경우 이해도를 저하시키는 것을 넘어 편향적이고 단편적인 정보전달로 내용을 오인시킬 우려가 있다. 왜곡을 피하려다 (인식의) 왜곡을 부르는 역설을 낳을 수 있는 것이다.

〈그림 4-42〉의 다음의 뉴스박스를 예로 들어 보자. 5개의 기사 중 맨 마지막에 〈강병규 '비타민' 하차 설왕설래〉라는 제목의 기사가 소개됐다. 기사의 내용은 다음과 같다.

> 방송인 강병규가 자신이 6년간 진행해온 KBS 2TV 건강정보프로그램 '비타민'을 두고 격렬한 하차 요구에 부딪혔다. 강병규의 '죄목'은 '2008 베이징 연예인 원정단'을 진두지휘하며 '혈세'를 2억여 원 낭비했다는 것. 시청자게시판의 네티즌은 21일부터 28일 오전까지 4천 개가 넘는 게시물을 쏟아내며 그의 하차를 거세게 요구하고 있다. 이에 '비타민' 제작진과 강병규는 묵묵부답인 상태. 일부는 '시청자의 의견

79 위의 글 129쪽.

> 을 뭘로 보냐'며 바싹 약이 올랐고, 일부는 '현 상황은 마녀사냥에 가깝다'고 우려를 표했다. … 강병규에게 과실이 있다 해도 MC로서의 '일터'를 박탈하는 것은 무리라는 의견도 있다. … 강병규가 억울하다는 입장을 보이고 있는 만큼 충분한 해명의 기회도 줘야 한다는 것이다.[80]

기사 원문의 제목은 〈강병규, '비타민' 하차 '당연' vs '이르다'〉이다.

따라서 이희완 씨의 계산법으로는 이 기사는 제목을 수정한 것으로 집계된다. 그러나 좀더 자세히 살펴보면 이 같은 계산법이 얼마나 무리한 것인지 쉽게 알 수 있다. 조사를 제외한 글자수만 따져도 뉴스박스에는 12자밖에는 들어갈 수 없다. 반면 원문기사의 제목은 'vs'를 한 글자의 공간으로 계산해도 14자다. 이희완 씨의 주장대로라면 어떤 현상이 벌어질까? 다음의 편집자는 아마도 〈강병규 '비타민' 하차 '당연' vs … 〉이라고 달아야 할 것이다. 이 제목을 읽는 독자는 말 그대로 강병규 씨가 비타민 하차는 당연하다는 내용의 기사로 인식할 것이다. 이는 기사취지와는 전혀 다른 방향의 제목이 아닐 수 없다. 다시 다음이 단 제목을 떠올려 보자. 다음은 〈'당연' vs '이르다'〉의 부분을 축약하기 위해 논란이 되는 상황을 정확하게 표현하는 용어인 '설왕설래'라는 단어를 사용했다. 제목을 축약했지만 기사나 제목의 취지는 전혀 손을 대지 않았다.

포털의 편집자들에게도 숨 쉴 공간은 제공해야 한다고 본다. '공룡' 포털을 비판하기 위해 기계적 논법으로 포털을 몰아붙인다고 해서 이 문제는 풀리지 않는다. 이 문제는 말 그대로 헤드라인 저널리즘의 문제다. 포털의 헤드라인은 앞서도 살펴봤지만 원문기사의 3차 편집에 해당한다. 원문기사와의 거리가 그만큼 멀다. 취재기자를 직접 고용하지도 않고 원문기사를 작성한 취재기자나 제목을 단 2차 편집자와의 의사소통도 불가능한 구조인 포털의 3차 편집자는 원문기사와 제목의 취지에 반

---

80 이혜린(2008. 10. 28), "강병규, '비타민'하차 '당연' vs '이르다'", 〈아시아경제〉.

하거나 왜곡시키는 제목을 달아서는 안 된다. 자칫 편집자의 주관에 치우쳐 사실관계는 물론 기사 자체를 변질시킬 수 있기 때문이다.

이 경우 앞서도 지적했듯 저작권의 문제가 제기된다. 현행 법률과 판례는 저작인격권의 한 종류로 '동일성 유지권'을 보장하고 있다.[81] 동일성 유지권이란 자기저작물의 동일성을 유지할 권리를 말하며, 법원의 판례에 의하면 동일성 유지권은 저작물의 완전성을 유지하고 타인에 의해 자신의 저작물을 무단히 변경 당하지 아니할 권리를 포함한다.[82] 따라서 동일성 유지권은 저작자의 작품에 대한 애착, 예술적·학문적 양심 등의 주관적 이익을 보호하기 위한 것이기 때문에 설사 객관적으로

포털의 게이트키핑 과정

최정훈 다음 부사장은 2005년 한나라당 주최 세미나에서 발표한 "포털의 뉴스서비스, 과거와 현재, 미래"라는 제목의 논문에서 미디어다음의 게이트키핑 과정을 자세히 소개했다. 여기에 옮겨본다.

미디어다음의 뉴스영역은 편집, 취재 개발파트 28명으로 구성돼 있다(현재 미디어다음에 취재파트는 없음 - 필자). 이와 함께 15명의 프리랜서 기자 및 국내 및 해외 통신원 1500여 명이 활동하고 있다. 미디어다음은 시기적으로 변화의 폭이 크지만 통신 신문 방송 인터넷 신문 등 35~40여 개 매체에서 4천~5천여 개의 기사를 공급받아 이 가운데 400여 개의 기사를 편집판에 올리고 있다.

뉴스사이트 편집판은 신문의 1면에 해당하는 초기화면과 사회, 정치, 문화생활, 방송연예, 스포츠, 경제, 국제, 디지털, 사설칼럼, 주요이슈 포커스 등 섹션으로 구성돼 있다. … 미디어다음(제주에 본부를 두고 있다)의 경우 오프라인 편집국의 부장회의처럼 매일 오전 편집회의가 열린다. 서울과 제주를 화상으로 연결하는 이 자리에서는 어제의 편집판에 대한 리뷰와 함께 그 날의 주요 이슈에 대한 점검과 아울러 예정사항들을 체크한다. 아울러 수시로 메신저를 통해 기사에 관한 의견을 공유하고, 편집데스킹이 이뤄진다. 일각에서 우려하는 것처럼 페이지뷰만을 의식해 기사를 올리는 것은 아니라는 것이다.

81 임병국(2005), 《언론법제와 보도》, 나남출판, 491~492쪽.

82 서울민사지법 1990. 9. 20. 선고 89가합62247참조.

사소한 것이라고 하더라도 저작자의 주관에서 심각한 개작이라면 이 역시 동일성 유지권의 침해에 해당한다고 보아야 한다는 것이다.[83]

그러나 제목이 기사의 취지를 반영한다면 어느 정도의 기술적 가감은 허용해줘야 한다. 그것이 기사를 제작한 언론사의 2차 편집자와 포털의 3차 편집자 사이에 있는 '헐거운 영역'이자, 포털의 편집자들이 '숨 쉴 수 있는 공간'이기도 하다. 저작권법에서도 일견 이를 인정하고 있다.[84]

포털의 헤드라인 저널리즘을 제목을 무조건 옮겨 적는 '기계적 저널리즘'으로 해석하는 것은 포털의 매체적 속성을 무시하는 것이다. 또한 지나치게 축약한 제목은 오히려 독자들에게 인식의 오류를 부르는 폐단을 낳을 수 있다.

(2) 제목 선별의 문제: 편집의 중립성(공정성) 논란

포털의 헤드라인 저널리즘을 연구할 때 가장 중요한 논쟁점은 사실 제목의 수정이 아니라 제목의 선별 또는 선정이다. 엄밀히 말하면 제목의 선별이 아니라 기사의 선별이기도 하다. 앞서도 살펴보았지만 인터넷 언론은 종이신문에 비해 제목에 대한 의존성이 월등히 강하다. 제목만이 메인 화면에 노출되고, 개요는 거의 소개되지 않는다. 제목이 곧 독자들의 시선은 물론 클릭하는 손목을 잡아끄는 유일한 '미끼'이자, 말 그대로 기사에 대한 '관문(*gate*)'이다. 이 같은 경향은 인터넷 언론 중 포털이 가장 강하다.

---

83 김진희(1995), "초고속정보통신망과 저작권", 《한국저작권논문선집Ⅱ》. 임병국(2005), 앞의 책에서 재인용.

84 저작자는 저작권법 제 23조의 규정에 의해 저작물을 이용하는 경우에 학교교육 목적상 부득이하다고 인정되는 범위 안에서 표현의 변경, 건축물의 증축 개축 그밖의 변형, 그 밖의 저작물의 성질이나 그 이용의 목적 및 형태에 비춰 부득이하다고 인정되는 범위 안에서의 변경에 대하여서는 이의할 수 없다. 다만 본질적인 내용의 변경은 그러하지 아니하다(법 제 13조).

오프라인 신문과 포털은 게이트키핑의 과정부터가 전혀 다르다. 오프라인 신문의 경우 편집자들은 자신의 회사소속 현장기자들이 보내오는 기사들을 감칠 맛나게 꾸며서 독자들에게 보여주면 된다. 수시로 각 부서의 데스크들과 현장의 상황을 교감하고, 드문 경우지만 현장 기자와 상의도 할 수 있다. 때문에 앞장의 분류를 적용하면, 2차 편집자는 1차 편집자인 기자의 기사의 테두리를 벗어나는 데 상당한 제약이 따른다. 편집자가 기사의 한 측면을 부각시키는 제목을 뽑아 자신의 주관을 가미할 수는 있지만 여전히 제한이 따른다. 기사와 동떨어진 제목을 다는 것은 금기사항이기 때문이다.

그러나 포털은 다르다. 포털의 편집자들에게는 동일한 사건을 다루는 거의 비슷한 내용의 뉴스들이 동 시간대에 쏟아져 들어온다. 포털의 편집자들은 제목수정이 거의 금기시되는 상황 탓에 제목을 직접 작성하지는 않고, 앞에서 거론했듯 원문 제목을 축약하거나 패키지 기사의 경우 중립적인 제목을 소개하는 정도에 그친다. 기사의 비중에 대해 확인할 수 있는 방법도 없고, 현장감도 떨어진다. 뉴스밸류를 정하는 것도 타 언론사가 어떻게 다루느냐가 중요한 참고기준이 된다.[85]

포털 편집자들의 주 임무는 다양한 이슈를 다룬 기사, 혹은 같은 이슈를 다룬 비슷한 내용의 기사들을 펼쳐 놓고 그 중 어떤 기사를 소개할지 선택하는 일이다. 바로 이곳이 포털의 '3차 편집'의 영역이 생기는 지점이다. 기사선정 과정에서 포털이 회사 차원에서 직간접적으로 편집자의 선택에 영향을 미칠 수도 있고, 포털 편집자의 개인적 주관이 개입될 수 있기 때문이다.

이 같은 과정은 결과적으로 독자들에게는 편집자가 어떤 기사를 선택

85 이와 관련, 홍은택 네이버 부사장은 2007년 문화관광위원회 국정감사에서 기사의 선택 기준을 묻는 의원들의 질문에 "일상적으로 고를 때의 기준은 아침에는 조간신문에 가장 많이 보도된 이슈 중심으로 기사 선택을 하고, 오후엔 그 이슈의 속보들을 골라서 보도한다"고 대답했다.

하느냐가 아니라, 어떤 제목을 단 기사(뉴스소스)를 선택하느냐로 인식된다. 제목만이 뉴스박스에 노출되기 때문이다. 뉴스 홈페이지로 옮겨가도 앞서 살펴봤듯 화면에는 한 줄짜리 단독제목 또는 두 줄짜리 개요가 붙은 제목이 소개된다. 포털의 헤드라인 저널리즘의 출발점도 여기이고, 포털이 언론인가 아닌가 하는 논란도 바로 이 지점에서 시작된다. 어떤 뉴스 아이템이 중요한지 취사선택하고, 해당 뉴스에 맞는 제목을 다는(선택하는) 것은 전통적 언론의 가장 중요한 기능이기 때문이다.

포털의 제목선별과 관련된 헤드라인 저널리즘에 대한 논의를 좀더 세분화하면 두 가지로 요약될 수 있다. 편집의 중립성 논란과 옐로저널리즘(선정주의)이다. 정치적으로 논란이 되는 것은 전자이지만, 저널리즘 관점에서 보다 심각한 해악을 미치는 것은 후자인 선정주의다.

먼저 포털 편집의 중립성 논란을 살펴보자. 중립성 논란은 다시 두 가지 시각에서 조망할 수 있다.

첫째, 양적인 중립성이다. 포털의 편집자들은 그날의 수많은 뉴스아이템 중 노출시킬 뉴스기사를 선정한다. 포털, 혹은 포털의 편집자들이 제목(기사)을 선택하는 기준은 다를 수 있다. 실제 각 포털들은 나름의 편집기준이 있다. 그리고 이 기준에 따라 뉴스박스를 '킬러 콘텐츠'로 만들기 위해 노력을 다한다. 가령 AOL의 뉴스 디렉터인 게리 케벨은 AOL의 경우 "완성도가 가장 높은 기사를 제공한다"고 밝혔다.[86] 기사의 질(*quality*)을 중시하는 입장이다. 에디터들이 "〈뉴욕타임스〉, 〈타임〉지 중 어느 편이 특정 뉴스를 보다 잘 보도하는가, *CNN*과 *ABC*뉴스 중 어느 쪽 영상이 더 우수한가 등을 결정한다"는 것이다.

그러나 게리 케벨의 설명은 원론적이긴 하지만 완전치는 않다. 물론 여기에선 포털 편집자의 뉴스밸류에 대한 판단이나 회사의 분위기, 정

86 게리 케벨 (2004. 9. 14), "디지털시대 뉴스룸 운영전략 AOL뉴스사례를 중심으로", http://www.iendc.go.kr/library

서 등 주관적 요소들도 작용할 수 있다. 그 결과 각 포털 간에는 뉴스 아이템이 유사하지만 차별성이 있는 뉴스박스들을 내세워 경쟁한다. 자극적인 뉴스와 제목들을 많이 선택해 노출시키면 '선정주의'로 흐른다(이 문제는 다음 장에서 다루자). 중립성의 관점에서 보면 편집자가 어떤 기사들을 얼마나 많이, 어떤 크기로 다루느냐(노출시키느냐)가 뜨거운 이슈가 될 수 있다.

포털의 편집자가 선택하지 않는 기사는 (해당 포털에서는) 아예 보도되지 않는다. 반면 특정 인물이나 이슈를 집중적으로 소개한다면 중립성 논란의 타깃이 될 수 있다.

동일한 시간대에 캡처를 한 네이버와 다음의 뉴스박스를 보자(〈그림 4-43, 44〉). 두 회사의 뉴스박스는 '원달러 환율, 1400원대 급락… 당국 개입 추정'이라는 동일한 기사를 톱기사로 소개하고 있다. 그밖에 같은 이슈는 '공정택 교육감, 근무시간 기도회 참석 논란'과 대운하 관련 기사 등 3건 밖에는 없다. 공교롭게도 동시간대의 야후의 뉴스박스에는 환율 기사와 대운하 기사는 포함되어 있지만 공정택 교육감에 관한 기사는 소개되지 않았다. 반면 야후는 박근혜 전 한나라당 대표가 한나라당의 연석회의에 불참해 한나라당이 분열위기에 처한 기사를 유일하게 보도했다(〈그림 4-45〉). 그것도 굵은 글씨로 강조점까지 두었다. 이처럼 각 포털 별로 뉴스밸류를 정하는 기준이 다르다. 가상적인 상황이지만 만약 야후가 공정택 교육감 관련기사를 이후에도 다루지 않았다면 중립성 논란이 제기될 수 있다. 야당에선 친여성향인 공 교육감에 대한 비판적인 이슈를 지속적으로 제기하기 때문이다. 또 야후가 다른 포털들과 달리 박근혜 전 대표와 한나라당의 갈등과 관련된 기사를 이후에도 지속적으로 올리며 부각시킨다면 정치적 의도에 관한 의심을 살 수 있다. 반대로 한나라당의 갈등이 심해지는데 네이버와 다음이 뉴스박스에서 다루지 않는 것도 반대의 의미에서 중립성의 도마 위에 오를 수 있다.

둘째, 관점의 중립성이다. 포털의 편집자는 직접 제목을 달지는 않지

〈그림 4-43〉 네이버의 뉴스박스

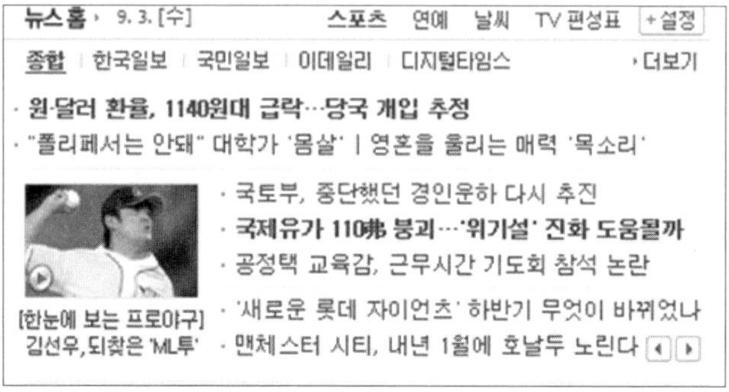

〈그림 4-44〉 다음의 뉴스박스

〈그림 4-45〉 야후의 뉴스박스

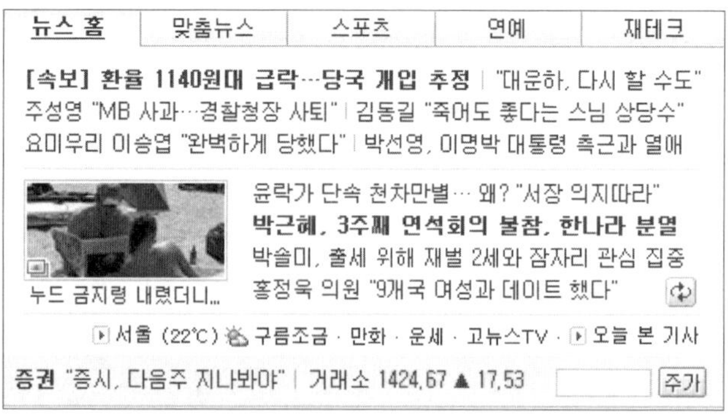

〈그림 4-46〉 네이버의 경인운하 관련 기사 리스트

국토부, 중단했던 경인운하 다시 추진

"경제 타당성 높다"…내년초 민자 사업자 모집환경단체 "물동량 부풀려"…대운하 포석 우려 정부가 논란 끝에 중단했던 ... 한겨레 | 2008-09-03

ㄴ 경인운하 재추진..다시 불붙은 찬반 논란 연합뉴스 | 2008-09-03
ㄴ 정 국토장관, 연일 경부운하 '불지피기'(?) 연합뉴스 | 2008-09-03
ㄴ 정종환 국토 "대운하 검토할만하다" 또 언급 아시아경제 | 2008-09-03
ㄴ '대운하 불 지피기' 사전 포석? 한국일보 | 2008-09-03
ㄴ "경인운하 사업 재개" 조선일보 | 2008-09-03
ㄴ 한반도 대운하 '시험대'… 반대도 거셀듯 조선일보 | 2008-09-03
ㄴ 경인운하사업 재추진 서울신문 | 2008-09-03
ㄴ "대운하, 여건 되면 다시 할 수도" 중앙일보 | 2008-09-03
ㄴ "국민이 필요하다고 할 땐 대운하 다시 할 수도 있다" 동아일보 | 2008-09-03

만 한 사건을 다룬 다양한 관점의 기사 중 한 관점을 선택한다. 여기서 헤드라인 저널리즘의 가장 중요한 논점이 발생한다. 다시 앞의 네이버와 다음의 뉴스박스를 비교해 보자. 국토부가 국회에 제출한 업무보고 자료를 통해 경인운하의 추진 계획을 밝힌 것에 대해 두 포털은 다소 다른 시각의 제목을 싣고 있다. 네이버는 '국토부, 중단했던 경인운하 다시 추진'이라는 제목의 〈한겨레〉 기사를 올렸고(〈그림 4-46〉), 다음은 '대운하 불지피기 사전포석?'이라는 〈한국일보〉 기사를 올렸다. 네이버의 기사는 별다른 의견 가미 없이 팩트를 중립적으로 전달하는 '정보 전달형' 제목이다. 반면 다음이 올린 제목은 경인운하를 이명박 대통령의 공약사항인 대운하와 직접 연결시키고 있고, 부정적 뉘앙스를 풍기고 있다. 한반도 대운하는 부정적인 국민 여론 탓에 추진이 보류된 상태였기 때문이다. 따라서 '대운하 불지피기 사전포석'이라는 제목은 국토해양부의 방침에 다소 비판적인 시각이 담겨있다. 네이버의 '경인운하 관련 기사리스트'를 보자.

여기에는 발언 내용을 옮기거나 단순히 팩트 위주로 경인운하 재추진 기사를 전하는 기사들과 한반도 대운하를 연결시키는 부정적 시각을 담은 기사들이 다수 포함돼 있다. 네이버는 중립적 제목을, 다음은 편집자의 시각을 담은 기사를 선택해 메인 뉴스에 올린 것이다. 다음의 뉴스박스 하단에는 '금융-대운하 다시 건설하겠다'라는 제목이 뽑혀져 있다. 편집자가 이 발언을 보는 시각을 적나라하게 보여주는 대목이다.

이처럼 포털의 3차 편집에도 관점이 개입된다. 제목을 직접 작성하거나 수정하지 않아도, 편집자 앞에 올라오는 많은 기사의 헤드라인 중 자신의 시각과 가장 일치하는 제목(기사)을 선택함으로써 말 그대로 게이트 키핑의 권한을 행사하는 것이다.

그러나 관점의 선택은 헤드라인 저널리즘의 중요한 부분이지만 자칫 지나치게 주관이 개입되거나, 현재의 오프라인 신문처럼 정파적으로 흐를 경우 심각한 문제를 야기할 수 있다. 앞에서 살펴본 양적 기준에 따른 중립성 또는 공정성도 중요하지만 '관점의 선택'이라는 질적인 공정성이 더욱 중요할 수 있다는 것이다. 실제 정치권에서 제기하는 포털의 중립성 논란은 대부분 이 같은 편집의 공정성, 다시 말해 기사선택의 양적, 질적 공정성에 대한 의심에서 비롯된 것이다.[87]

87 언론의 공정성은 학계의 오랜 연구주제였지만 공정성에 관한 개념규정 자체가 아직 모호한 측면이 있다. 스웨덴의 정치학자인 웨스터 슈탈은 공정성을 뉴스의 '객관성'과 연관시켜 설명했다. 웨스터 슈탈은 객관성을 사실성(*factualness*)과 불편부당성(*impartiality*)이 결합된 개념으로 설명한다. 사실성은 다시 '당사자의 주장이 정확하게 보도되었느냐'라는 진실성(*truth*)과 '보도와 관련된 사항들이 일관되고 적합한 기준에 의해 선택되었는가'를 따지는 적절성(*relevance*)로 나뉜다. 불편부당성은 다시 '갈등관계에 있는 당사자들의 의견을 양적, 질적으로 동등하게 취급했느냐'라는 균형성(*balance*)과 '언어나 관점의 선택 등에서 어느 한편에 치우치지 않아야 한다'는 중립성(*neutrality*)으로 나뉜다.

강명구 교수는 이에 근거해 뉴스 공정성 평가 모형을 제시했는데, 그는 공정성 구성요소로 사실성, 윤리성, 이데올로기 등 3가지 차원을 제시했다. 이민웅 교수 역시 공정성을 진실성, 적절성, 균형성, 다양성, 중립성(불편부당성), 이데올로기 등의 하위 개념으로 설명했다. 그러나 강 교수 등이 제안한 요소인 윤리성과 이데올로기는 이를 판단하는 주체에 따라 다른 근거가 될 수 있는 상대적 주관적 개념이고, 균형성은 평가의 개념을 내포하는 것이어서 검증이 어렵다. 이에 따라 공정성의 기준을 검증과 평가가 쉬운 양적 균형성, 즉 네이버의 경우 이 같은 공정성 시비에서 벗어나기 위해 앞서 언급한 것처럼 뉴스캐스트 제도를 도입했다. 뉴스박스의 편집권을 아예 언론사와 일반 블로거들에게 넘김으로써 뉴스의 취사선택 기능을 아예 포기해 버린 것이다. 네이버는 캐스트 제도가 편집권을 소비자들에게 넘긴 진일보한 제도라고 주장하지만 포털의 언론으로서의 가능성을 스스로 위축시키는 길을 택한 측면도 간과해선 안 된다.

(3) 옐로저널리즘과 기사연성화

언론으로서의 포털에 대한 사회적 합의는 아직 명확히 이뤄진 것이 아니다. 포털 사업자들은 저널리즘적 훈련도 약하고 기존 언론매체처럼 엄격한 법적 규제에 놓여있지도 않으며, 언론으로서의 사회적 책임감도 약하다. 특히 포털은 출발점부터가 기존 언론매체와는 다르다. 공공성을 강조하는 사회적 공기(公器)로서 출발한 것이 아니라 일반적인 사업자로서의 상업적 성격이 강하다. 이 같은 상황 탓에 포털들은 옐로저널리즘의 유혹에 기존언론보다 내부의 저항 없이 쉽게 넘어갈 수 있다.

포털의 선정주의는 크게 두 가지 측면에서 살펴볼 수 있다. 포털 스스로 클릭수를 높이기 위해 선정적 제목을 선호하는 경우와 반대로 포털에 뉴스아이템이나 UCC를 공급하는 언론사, 개인이 포털 편집자의 선택을 유도하기 위해 자극적인 제목을 다는 경우다. 다시 말해 배포자나

대립되는 견해나 정파에 대한 동일한 비율로 보도했는가로 삼는 경향이 있다. 그러나 학계에선 양적 불균형이 있어도 질적인 차원에서 보완이 이뤄진다면 공정성을 훼손한 것으로 보기 어렵다는 주장도 제기된다. 또 엄격한 산술적 균형은 '사고의 진공상태'인 양시양비론으로 이어져 결국 유권자들의 냉소주의와 회의주의를 초래하기 쉽다는 주장도 제기된다〔김재영 · 최민재(2007), '포털의 17대 대선 관련 뉴스서비스 공정성에 관한 연구', 한국언론학회 주최 '대선 관련포털 뉴스서비스 분석' 토론회 발제 논문 참고.〕.

〈그림 4-47〉 야후 뉴스박스 뉴스섹션

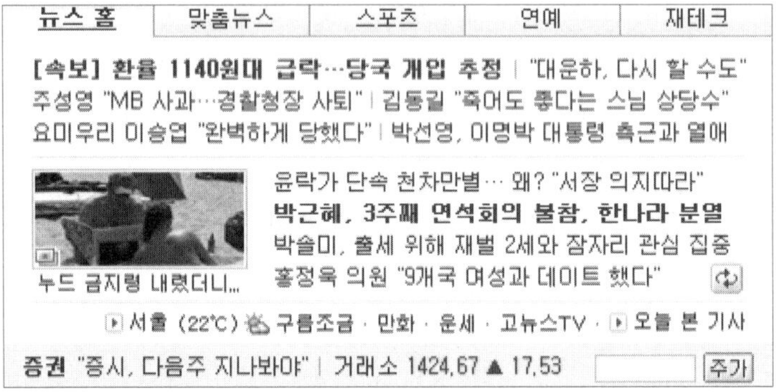

생산자의 양 측면에서 선정주의가 부추겨질 수 있고, 상승효과까지 야기할 수 있다는 이야기다.

포털의 선정주의를 이야기할 때 반드시 거론해야 할 문제가 기사의 연성화다. 뉴스의 연성화란 뉴스는 '무거운 것'인데 이것이 '가벼워지고 있다'는 의미와 '뉴스의 상품화'로 인한 저속 오락화라는 두 가지 측면이 함축되어 있다고 학자들은 말한다.[88] 대체로 뉴스는 주제, 가치, 심리적 보상정도에 따라 경성뉴스(*hard news*)와 연성뉴스(*soft news*)로 분류할 수 있는데 포털이 제공하는 뉴스는 연성화되는 추세다. 다시 말해 기존 언론매체에 비해 포털 뉴스박스에 올려지는 뉴스 아이템들이 사회 정치 경제의 공적 이슈보다는 연예 등 가십성의 기사들이 더 각광을 받는다는 것이다. 조간신문이나 뉴스 프로그램을 생각해 보자. 주요 일간

88 박광순 · 안종묵(2006), "포털사이트 프론트페이지 뉴스의 특성에 관한 연구", 〈한국언론학보〉 50권 6호, 205쪽. 박 교수 등에 따르면 기존 미디어인 신문과 방송 뉴스의 연성화에 대한 논의는 학계에서 오래 전부터 있었다. 특히 방송 뉴스의 연성화 문제는 선정주의(*sensationalism*)와 상업화와 관련되어 비판의 대상이 되었다. 때문에 포털 뉴스의 연성화 논의는 기존 언론매체의 뉴스 연성화 문제의 연장선상에 있고, 나아가 그보다 훨씬 더 문제가 심각해지고 있다는 것으로도 볼 수 있다.

〈그림 4-48〉 야후 뉴스박스의 연예섹션

지 신문 1면에 연예나 스포츠 기사는 특별한 화제성 기사가 아니면 거의 다뤄지지 않는다. 그러나 포털의 1면 격인 뉴스박스는 전혀 다른 양상을 보인다. 앞서 '(1) 편집의 중립성 논란' 부분에서 살펴본 야후의 뉴스박스를 다시보자(〈그림 4-47〉). 뉴스박스에는 10개의 기사를 주요 기사로 다루고 있다. 이 중 가십성 기사는 '박선영, 이명박 대통령 측근과 열애', '박솔미, 출세 위해 재벌 2세와 잠자리 관심 집중', '홍정욱 의원, "9개국 여성과 데이트 했다"' 등이고 '요미우리 이승엽 "완벽하게 당했다"', '김동길, "죽어도 좋다는 스님 상당수"' 등도 연성기사로 볼 수 있다. 결국 10개의 기사 아이템 중 연성기사가 절반가량을 채운 셈이다. 특히 가십성 기사의 경우 제목이 지극히 자극적임을 한눈에 알 수 있다. 뉴스박스의 뉴스섹션은 그나마 나은 편이다. 캡처한 야후 뉴스박스의 연예섹션은 선정주의적 경향을 극명하게 보여준다(〈그림 4-48〉). 4개의 화보기사 중 3개가 여성들의 과다노출이나 베드신을 담은 사진이다. 이 같은 선정적 편집은 다른 포털에서도 나타나는 공통적인 현상으로 보인다. 그러나 포털의 편집방향에 따라 선정주의적 경향도 정도가 크

〈표 4-3〉 네이버와 다음의 뉴스박스와 랭킹뉴스에 제공된 기사분류

포털 사이트	정치	경제	사회	문화	국제	과학	연예	스포츠	합계
네이버	10.5 (39)	12.7 (47)	29.6 (110)	1.9 (7)	3.5 (13)	6.5 (24)	5.7 (21)	29.6 (110)	100.0 (371)
다음	9.3 (31)	9.3 (31)	28.6 (95)	2.7 (9)	3.6 (12)	7.5 (25)	22.6 (75)	16.3 (54)	100.0 (332)
전체	10.0 (70)	11.1 (78)	29.2 (205)	2.3 (16)	3.6 (25)	7.0 (49)	13.7 (96)	23.3 (164)	100.0 (703)

주: $X^2 = 53.10$, d.f. = 7, p = 0.000

게 달라진다. 네이버는 뉴스박스에 별도의 연예섹션을 두지 않는 등 나름대로 선정주의에서 벗어나려는 노력을 하고 있는 점은 긍정적이다. 그러나 네이버의 경우도 2009년 뉴스캐스트와 오픈캐스트 제도의 도입으로 뉴스박스 편집권을 개별 언론사와 일반 캐스터(블로거)들에게 넘겨줌에 따라 선정주의에 대한 부담은 더욱 커진 측면이 있다. 이에 대해선 뒤에서 더 자세히 논의할 것이다.

이 같은 연성화 경향은 학술연구를 통해서도 어느 정도 입증되고 있다. 최민재 한국언론재단 연구위원 등은 뉴스서비스의 의제설정 기능을 파악하기 위해 네이버와 다음의 뉴스박스와 '랭킹뉴스'를 분석했다(〈표 4-3〉).[89] 최 위원 등은 네이버와 다음의 프론트페이지에 실시간으로 제공되는 뉴스박스 기사와 '가장 많이 본 기사(다음)' 또는 '가장 많이 본 뉴스(네이버)'에 소개된 뉴스를 5일간 1시간 단위로 조사한 결과, 뉴스박스의 기사가 포털 간에 확연한 차이를 보인다는 사실을 확인했다. 네이버의 경우 사회(29.6%)-스포츠(29.6%)-경제(12.7%)-정치(10.5%) 순이었던 반면, 다음은 사회(29.2%)-연예(22.6%)-스포츠

89 최민재·김위근 (2006), "포털사이트 뉴스서비스의 의제설정 기능에 관한 연구: 제공된 뉴스와 선호된 뉴스의 특성 차이를 중심으로", 〈한국언론학보〉 50권 4호, 437~511쪽.

(16.3%)-경제(11.1%) 순이었다. 전반적으로 사회 분야 뉴스가 가장 많았지만 연예(다음), 스포츠(네이버) 등 연성뉴스가 뒤를 이었고, 정치 경제 등 공공의제를 많이 다루는 분야는 후순위로 밀렸다.

한편, 청주대의 박광순 교수와 안종묵 교수는 포털 뉴스박스에 올라오는 기사를 장르가 아닌 뉴스의 성격에 따라 경성과 연성뉴스로 분류해 포털의 뉴스를 분석했다.[90] 이 경우에도 네이버의 경우 연성뉴스(75.6%)가 경성뉴스(24.4%)에 비해 압도적으로 많았고, 다음과 야후도 유사한 비율을 보였다. 참고할 만한 사실은 이 같은 결과가 이미 연구됐던 텔레비전 뉴스의 연성뉴스 비율보다 훨씬 높다는 것이다.

박 교수 등에 따르면 국내 지상파 3사 프라임타임뉴스의 경성뉴스와 연성뉴스의 비율을 분야별로 살펴보면, 정치/경제 79% 대 21%, 경제/산업 71% 대 29%, 사회/교육 34% 대 66%, 문화/예술 3.5% 대 96.5%로 나타났다. 전체적으로는 TV의 경우 경성뉴스와 연성뉴스의 비율이 54% 대 46%였지만 포털은 21% 대 79%로 비율이 역전됐다.

최 위원 등은 연성화 경향에 대해 "(포털들이) 종합뉴스미디어와 달리 연예 및 스포츠 뉴스를 많이 게재하고 이에 대한 소비를 유도하고 있었다"면서 "포털사이트 뉴스서비스의 사회적 영향력에 비춰볼 때 분명 비판받아야 할 부분"이라고 강조했다. 또 "뉴스박스에 게재되는 기사선정에서 포털사이트의 이윤추구를 목적으로 하는 하나의 기업으로서의 특성도 반영될 가능성이 있다"며 포털의 지나친 상업주의 가능성을 경고했다.

그러나 포털 뉴스의 강한 연성화 경향은 포털 이용자들의 뉴스이용 패

90 박광순 · 안종묵(2006), 앞의 글. 박 교수 등은 뉴스의 흥미도와 중요도에 따라 연성뉴스와 경성뉴스로 분리했는데, 뉴스의 출처가 공적 영역이면서 정보의 중요성과 사회적 영향성을 분석적으로 담고 있는 뉴스를 경성뉴스로, 뉴스의 출처가 사적 영역이면서 인간적 흥미를 주요 내용으로 담고 있는 뉴스를 연성뉴스로 정의해 분류했다.

턴과도 관련이 있다(〈표 4-4〉). 최 위원의 연구에서 이용자의 선호도를 나타내는 랭킹뉴스도 다음과 네이버에서 서로 상이한 결과를 나타냈다. 네이버의 경우 연예(40.7%)가, 다음은 사회가(37.3%)가 가장 많았다.[91] 좀더 구체적인 연구결과도 있다. 황용석 건국대 교수는 국내 5

---

91 필자는 최 위원 등의 논문을 포털의 연성기사 선호경향을 입증하는 데이터로 사용했지만 최 위원 등의 관심은 포털 간 상이한 어젠다 세팅 기능을 설명하기 위한 것이었다. 전통적인 어젠다 세팅 이론의 명제는 '언론이 독자들에게 무엇을 생각할지(*what to think*)를 결정한다'는 것이다. 2차 어젠다 세팅 이론에서는 언론의 논조가 독자들에게 어떻게 생각할지(*how to think*)도 결정해 준다는 논리로 발전하지만 아무튼 기본 전제는 언론이 많이 그리고 중요하게 다룬 이슈일수록 독자들이 그 이슈를 중요하게 생각한다는 것이다. 이에 따라 최 위원 등은 포털이 중요한 뉴스라고 생각해 뉴스박스에 올린 기사들도 어젠다 세팅의 기능을 한다는 전제 아래, 포털 별로 뉴스박스와 랭킹뉴스에 소개된 기사량을 분석했다. 분석결과는 본문에서 살펴본 바와 같이 포털 간 뉴스박스 등에 올린 기사의 장르가 현저하게 차이를 보이고, 두 포털 간 기사의 중복률(동일한 기사를 소개한 빈도)도 8%에 불과한 것으로 조사됐다. 이에 따라 최 위원 등은 "(포털 간) 뉴스에디터가 취사선택하는 뉴스의 내용에 따라 네티즌에 노출되는 뉴스가 달라져, 이것이 종국에는 네티즌의 의세실징에 영향을 미치는 기능을 하고 있는 것으로 유추할 수 있다"고 보았다. 나아가 최 위원 등은 이 같은 결과를 종합적으로 살펴볼 때 "포털사이트가 제공하는 실시간 뉴스의 1차 의제설정 또는 이슈 의제설정 기능은 뉴스에디터에 의해서 가장 크게 좌우된다"고 결론을 내리며 "이러한 뉴스 에디터의 뉴스 취사선택의 특징은 해당 포털사이트 뉴스서비스 특징과 다르지 않다"고 강조했다. 이는 필자가 '편집의 중립성 논란' 섹션 등에서 주장했던 바와 별로 다르지 않은 결론이다.

한편, 최 위원 등은 권상희 성균관대 교수와 함께 네이버와 구글(google)의 뉴스 검색서비스를 분석했는데, 인기뉴스를 분석한 결과 연예와 스포츠 등 연성기사의 비율은 구글보다 네이버가 높은 것으로 나타났다. 스포츠의 경우 네이버는 10.7% 구글은 6.4%, 연예기사의 경우 네이버 31.4%, 구글 23.6%로 조사됐다. 특히 정치기사의 경우 네이버는 3.6%에 불과했던 반면 구글은 27.1%로 극심한 대조를 이뤘다〔권상희·김위근·최민재(2007), "포털뉴스 서비스 체계 및 서비스 개선방안 연구", 〈한국언론학회〉 2007 가을철 정기학술대회 발표 논문〕.

〈표 4-4〉 포털 뉴스박스에 게재된 경성 · 연성뉴스 분류

뉴스 장르		정치/외교	경제/산업	사회/교육	문화/예술	총 계
네이버	기사수	48	29	61	128	266
	경성(%)	31(64.6)	20(67.0)	14(22.9)	0(0)	65(24.4)
	연성(%)	17(35.4)	9(33.0)	47(78.1)	128(100)	201(100)
다음	기사수	38	25	68	133	264
	경성(%)	25(65.8)	17(68.0)	12(17.6)	1(0.8)	54(20.5)
	연성(%)	13(34.2)	8(32.0)	56(82.4)	132(99.2)	210(79.5)
야후	기사수	55	29	45	137	266
	경성(%)	32(25.0)	19(65.5)	9(20.0)	0(0)	60(22.5)
	연성(%)	23(42.0)	10(34.5)	36(80.0)	137(100)	206(77.7)

대 포털 뉴스에서 1주일 동안 가장 많이 읽힌 기사들을 조사했는데, 결과표(〈표 4-5〉)와 같이 연예 기사와 스포츠 기사의 인기도가 압도적으로 높았다.[92] 포털의 이용자들이 정치 경제 국제문제 등 공공의 삶에 영향을 미치는 무거운 주제의 기사보다는 연예와 스포츠 등 가볍고 시시콜콜한 가십성 기사를 좋아하고 소비한다는 것이다.

이 같은 포털 뉴스의 연성화 경향은 사회적으로 중요한 이슈가 외면당하고, 결국 저널리즘의 위기와 민주주의의 후퇴로 연결될 수 있다는 지적도 제기된다. 또한 저널리즘의 고유한 영역인 사실 추구와 감시자로서의 역할은 줄어들고 소문과 사실의 경계를 넘나드는 가십성 기사가 득세하면서 언론에 대한 신뢰마저 무너뜨릴 수 있다는 비판도 나온다.

포털뉴스의 강한 연성화 경향 원인에 대해선 여러 가지 분석이 있다. 황용석 교수는 포털의 의제설정방식이나 공급방식 등에 의한 것인지,

92 황용석(2005), "포털저널리즘에 관한 이론적 고찰", 〈언론중재〉 2005년 겨울, 5~24쪽.

이용자의 본성에 기반한 결과인지 원인이 분명치 않다면서도 “이 둘이 연관되어 있을 것이라는 점은 추측할 수 있다”고 진단했다.

다음의 석종훈 사장은 포털의 주 이용자인 10~20대들이 신문 방송 등에 익숙한 30~40대보다 감성적인 정보를 추구하는 경향을 보이는데 이에 따라 포털들도 이들이 관심을 갖는 이슈를 중심으로 뉴스를 취급, 자연스럽게 뉴스의 연성화 현상이 나타나고 있다고 밝혔다.[93]

반면 박광순 교수는 “포털사이트는 모든 장르의 뉴스에서 독립형 혹은 종속형 인터넷 미디어에 크게 의존하고 있다”면서 “이들은 자본이 약한 신생 인터넷 미디어로서 기존의 미디어보다 더 극심한 무한경쟁에 있다는 점을 생각할 때 선정주의와 상업화에 취약할 수밖에 없다”고 말했다. 포털사이트의 연성뉴스가 독립형 인터넷 미디어에 의존하고 있다는 점은 포털 뉴스의 연성화 추세를 더욱 부추길 수 있다는 것이다.

박 교수의 지적은 여러 가지 면에서 곱씹어볼 필요가 있다. 한마디로 포털 자체도 연성화된 편집을 선호하지만, 반대로 군소 인터넷 매체들이 포털에 기사가 채택되기 위해 제목 자체를 선정적으로 작성함에 따라 센세이셔널리즘의 악순환 구조가 만들어진다는 것이다. 이 같은 구조에 기성 언론까지 가세하고 있다. 아래는 한 인터넷 신문에 실린 기사의 한 토막이다.

> 오프라인 신문의 하락을 틈타 포털은 뉴스유통 분야에서 자신의 세를 굳건히 하고 있다. 언론사와의 관계도 바뀌었다. 신생 군소 인터넷 언론사들이 포털에 무료로 기사를 제공하면서까지 포털을 통해 인지도를 높이려 하는 상황이 벌어지고 있다. ‘특정 포털에 뜨는 것’이 곧 특종으로 간주되기도 하는 기성언론에서도 웃지 못 할 현상이 벌어지기도 한다. 이 모 기자(일간지 재직)는 “어느 온라인 기반 언론사의 경우 네이버에 오르는 것을 특종이라고 생각하더라”며 “안 걸리면 데

93 석종훈 (2004), “뉴스 포털사이트의 파급력”, 〈관훈저널〉, 통권 91호, 34~42쪽.

> 스크에 '박살' 나고 걸리면 회식까지 할 정도"라고 전했다. 온라인 기반 신문사의 어느 기자는 "기사가 송고된 뒤 네이버의 관련섹션에 오르지 않으면 데스크가 기사제목을 고친다. 오를 때까지 계속해서 수정하는 경우도 있다"고 전했다.[94]

인터넷 업계에는 '낚시걸이'와 '대문걸이'라는 은어가 있다. 낚시걸이는 함량미달의 기사라도 포털의 인기검색어를 담아 기사를 만들면 네티즌을 낚을 수 있다는 뜻이다. 낚시걸이한 기사가 포털의 대문인 뉴스박스에 올라가면 이른바 '대문걸이'가 되는 것이다. 이광회 조선일보 인터넷뉴스 부장은 이 같은 낚시걸이와 대문걸이의 폐해에 대해 이렇게 지적한다.

> 포털 안에서 모든 기사는 철저하게 '등가(等價)의 원칙'이 적용된다. 권위 있는 매체의 정제된 기사나 무명사이트의 엉터리 기사가 뒤섞여

〈표 4-5〉 주간 가장 많이 본 기사의 주제별 분포: 주간 상위 20위 인기기사

단위: %

영역	네이버	다음	야후	엠파스	네이트	합계
정치	0(0.00)	8(5.71)	1(0.71)	1(0.71)	12(8.57)	30(4.29)
경제	4(2.86)	12(8.57)	1(0.71)	1(0.71)	9(6.43)	33(4.71)
스포츠	37(26.43)	14(10.00)	15(10.71)	15(10.71)	13(9.29)	128(18.29)
공연/예술	0(0)	0(0)	0(0)	0(0)	0(0)	0(0)
연예	55(39.29)	22(15.71)	101(72.14)	101(72.14)	34(24.29)	259(37.00)
사건/사고	14(10.00)	43(10.00)	14(10.00)	14(10.00)	29(20.71)	114(16.29)
사회	24(17.14)	41(29.29)	3(2.14)	3(2.14)	29(20.71)	108(15.43)
미담	3(2.14)	0(0)	1(0.71)	1(0.71)	6(4.29)	12(1.71)
황당/엽기	0(0)	0(0)	4(2.86)	4(2.86)	8(5.71)	16(2.29)
전체	140(100)	140(100)	140(100)	140(100)	140(100)	140(100)

94 정종오·정병묵 (2008. 8. 10), "새로운 뉴스유통을 고민한다", 〈아이뉴스24〉.

> 어떤 기사든 하나의 보통 기사일 뿐이다. 이렇다 보니 포털이 주도하는 인터넷 뉴스세상에서 '정확하고 심층적인 소수의 기사'는 뒤로 밀려나고 '부정확하지만 그럴듯한 다수의 엉터리 기사'들이 앞자리를 차지하게 마련이다.[95]

이 부장의 지적은 다소 과격한 표현들을 사용하지만 포털 뉴스의 선정주의적 경향을 정확히 진단하고 있다. 그러나 더욱 우려되는 것은 제목을 수정하고 낚시걸이를 해서까지 포털에 노출되기를 바라는 것은 인터넷 매체뿐만이 아니다. 블로거들이나 일반 네티즌들도 이 같은 '선정주의'에 더욱 쉽게 오염된다. 실제 포털에 올라오는 UCC의 제목들은 상당히 위험수위에 올라있는 것이 현실이다.

포털의 기사 연성화 경향과 선정적인 헤드라인 달기를 긍정적으로 평가하는 시각도 없지 않다. 기사 연성화는 공적 뉴스에 대한 관심이 줄어들고, 늘어난 여가를 활용하려는 사람들이 많아진 데 따른 '시대적 트렌드'라는 것이다. 또 다양한 미디어들이 수많은 콘텐츠들을 쏟아내는 경쟁의 시대에 '무엇을 전달할 것인가'보다 '어떻게 전달할 것인가'가 중요한 만큼 눈길을 끌 만한 자극적인 제목을 다는 것을 자연스런 현상으로 볼 수 있다는 것이다. 특히 사상의 자유시장 관점에서도 '감성을 자극하는' 헤드라인의 중요성을 강조하기도 한다.

> 기사의 내용도 중요하지만 이제는 보도하는 기법이 더 중요한 시대다. 아무리 좋은 경성뉴스도 독자가 읽지 않으면 소용이 없기 때문에, 독자의 눈길을 끄는 방편으로 연성화 보도기법을 적극적으로 활용할 필요가 있다. 독자가 아예 외면하고 읽지 않는다면 언론이 사회 공론장으로 역할을 할 수 있는 기회는 원천적으로 사라질 것이다. 선정성에 대한 우려의 목소리가 없지 않지만, 특히 독자의 기사읽기를

95 이광회(2008. 10. 23), "인터넷 '낚시걸이'의 피해자들", 〈조선일보〉.

유도하는 역할을 하는 제목은 적절한 범위 안에서 연성화 기법을 적극적으로 사용할 필요가 있다.[96]

그러나 위의 주장에 대해선 선뜻 동의하기 어렵다. 독자들을 공론장으로 안내하기 위해 이른바 미끼를 던지듯 선정적인 헤드라인을 다는 것은 위험한 발상이기 때문이다. 선정적 제목은 기사 자체의 의미를 왜곡하기 쉽고, 독자들에게 잘못된 인식을 심어줄 수 있다. 전통적 저널리즘에서 강조되는 객관주의 혹은 객관적 저널리즘이 사실(*fact*)의 전달을 강조하는 이유도 이 같은 이유 때문이다. 위에 인용한 글은 기사의 내용을 정확히 전달하면서도 가급적 독자들의 이목을 끌 수 있는 제목을 뽑아야 한다는 편집의 원칙론을 강조하는 것으로 이해해야 좋을 것이다.

(4) 뉴스 캐스트와 옐로저널리즘

필자는 앞에서 포털의 선정적인 헤드라인과 기사선정으로 인한 옐로저널리즘을 우려했다. 그러나 인터넷상에서 기존 언론사들의 옐로저널리즘도 날이 갈수록 심각해지고 있다. 특히 네이버가 뉴스캐스트 제도를 도입한 이후 벌어진 각 언론사들의 편집의 선정성 경쟁은 지극히 우려할 만한 일이다(〈그림 4-49〉). 상업주의에 매몰된 언론사들이 자체 편집하는 네이버 뉴스박스에 선정적인 기사와 사진, 자극적인 헤드라인을 사용해 온라인 저널리즘이 위기상황에 내몰리고 있는 것이다. 선정적인 뉴스와 사진은 폭발적인 클릭을 부른다. 해당기사를 클릭하면 자사의 인터넷사이트(언론사닷컴)의 기사원문과 직접 링크시키는 모델이어서 뉴스박스에 소개된 기사의 클릭이 많을수록 곧 언론사 닷컴의 트래픽이 증가한다.[97] 결국 2010년 현재 네이버의 뉴스캐스트에 등록

---

96 박희석(2007), 《클릭을 부르는 인터넷뉴스 헤드라인》, 커뮤니케이션북스, 69쪽.

97 이정환 (2009. 12. 2), “뉴스캐스트 이후 언론사 트래픽 40% 늘었다”, 〈미디어

된 73개 온오프라인 언론사들이 자사의 인터넷 사이트로 이용자들을 유인하기 위해 성과 폭력, 저질 가십성 기사와 제목으로 '낚시걸이'를 하고 있는 것이다. 그림의 한국경제 뉴스캐스트는 '룸살롱마담을 모십니다'라는 소개글과 함께 여성의 가슴이 드러나는 선정적 사진을 게재했다. 뉴스박스에 소개된 12개의 기사 중 성(性)과 관련된 기사가 8개에 달했지만, 공적 이슈에 해당하는 정치나 정책 기사는 단 한 개도 실리지 않았다. 일부 언론사들에선 뉴스캐스트에 기사를 게재하는 것과 광고 유치를 연계하고 있다는 이야기도 들린다.

실제 네이버는 뉴스캐스트 제도시행 4개월 만인 2009년 5월 1일 〈국민일보〉가 운영해 온 뉴스캐스트를 네이버 초기화면에 자동 노출되는 '기본형'에서 퇴출시켰다. 언론보도에 따르면 〈국민일보〉는 지나치게 선정적인 뉴스 편집을 한 것이 원인이었던 것으로 전해진다.[98]

기존 언론사들의 선정적인 뉴스편집은 이른바 〈조선〉 〈중앙〉 〈동아〉 등 보수적 메이저 신문들이나 〈한겨레〉 〈경향〉 같은 진보적 성향의 신문도 예외는 아니다. 예시한 각 언론사의 뉴스박스는 2009년 동일 시간내에 편집된 것이다. 〈조선〉의 경우 '음란한 진성여왕의 놀라운 비밀'이라는 선정적 제목과 함께 사진을 실었고, 〈경향신문〉에선 한 여자

오늘〉. 이 신문에 따르면 네이버가 올해 1월 뉴스캐스트 서비스를 도입한 이후 주요 언론사 사이트 트래픽이 40% 가까이 늘어난 것으로 나타났다. 〈미디어오늘〉이 데이터 분석업체 메트릭스와 공동으로 뉴스캐스트 소속 언론사들의 트래픽을 분석한 결과 올해 10월 기준으로 45개 언론사의 1개월 페이지뷰 합계가 48억 7871만 건으로 지난해 10월 34억 9342만 건보다 39.7% 늘어난 것으로 집계됐다. 반면 네이버 뉴스의 페이지뷰는 같은 기간 동안 29억 9665만 건에서 10억 5181만 건으로 64.9%나 줄어들었다.

98 정병묵(2009.5.6), "네이버, 뉴스캐스트서 국민일보 제외 '철퇴'", 〈아이뉴스24〉. http://itnews.inews24.com/php/news_view 이 보도에 따르면 네이버는 〈국민일보〉 측에 선정적인 편집방침을 13차례나 시정 조치할 것을 요구했으나 받아들여지지 않은 것으로 전해진다.

〈그림 4-49〉 선정적 제목의 기사들이 선별된 주요 언론사들의 뉴스캐스트

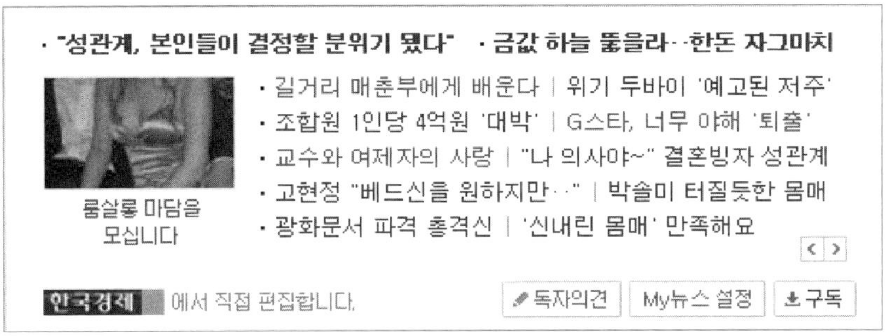

· "성관계, 본인들이 결정할 분위기 됐다" · 금값 하늘 뚫을라··한돈 자그마치

룸살롱 마담을 모십니다

- 길거리 매춘부에게 배운다 | 위기 두바이 '예고된 저주'
- 조합원 1인당 4억원 '대박' | G스타, 너무 야해 '퇴출'
- 교수와 여제자의 사랑 | "나 의사야~" 결혼빙자 성관계
- 고현정 "베드신을 원하지만··" | 박솔미 터질듯한 몸매
- 광화문서 파격 총격신 | '신내린 몸매' 만족해요

한국경제 에서 직접 편집합니다. 독자의견 My뉴스 설정 구독

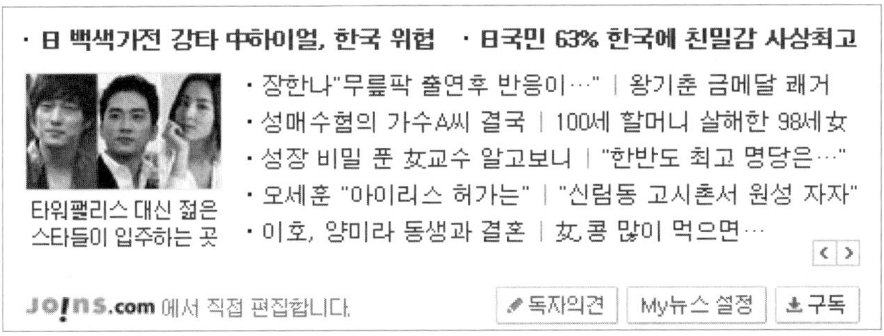

· 日 백색가전 강타 中하이얼, 한국 위협 · 日국민 63% 한국에 친밀감 사상최고

타워팰리스 대신 젊은 스타들이 입주하는 곳

- 장한나"무릎팍 출연후 반응이…" | 왕기춘 금메달 쾌거
- 성매수혐의 가수A씨 결국 | 100세 할머니 살해한 98세女
- 성장 비밀 푼 女교수 알고보니 | "한반도 최고 명당은…"
- 오세훈 "아이리스 허가는" | "신림동 고시촌서 원성 자자"
- 이효, 양미라 동생과 결혼 | 女, 콩 많이 먹으면…

JOINS.com 에서 직접 편집합니다. 독자의견 My뉴스 설정 구독

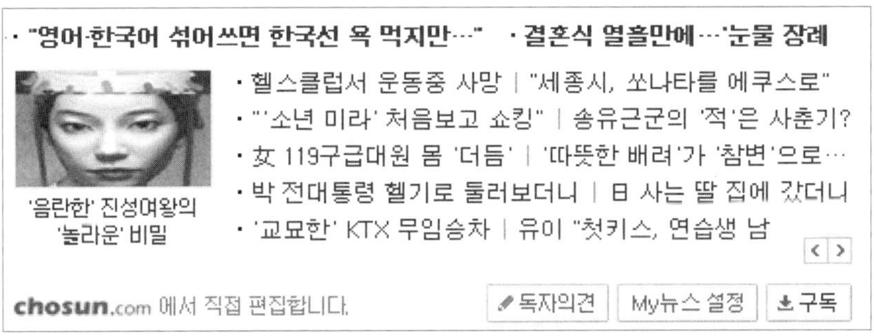

· "영어·한국어 섞어쓰면 한국선 욕 먹지만…" · 결혼식 열흘만에…'눈물 장례

'음란한' 진성여왕의 '놀라운' 비밀

- 헬스클럽서 운동중 사망 | "세종시, 쏘나타를 에쿠스로"
- "'소년 미라' 처음보고 쇼킹" | 송유근군의 '적'은 사춘기?
- 女 119구급대원 몸 '더듬' | '따뜻한 배려'가 '참변'으로…
- 박 전대통령 헬기로 둘러보더니 | 日 사는 딸 집에 갔더니
- '교묘한' KTX 무임승차 | 유이 "첫키스, 연습생 남

chosun.com 에서 직접 편집합니다. 독자의견 My뉴스 설정 구독

· '김제동' 이기에 가능한 것 · 가출소녀 성매수 가수A씨 "잘못했다" 혐의 인정

"이거 재방송 아니야?
이젠 그만 좀 하지…"

- 정총리 계란세례 받아 | 성형수술후 더못생겨졌다 왜?
- 367회 로또 1등 번호 | 촌스러워도 '할리'이기에 통한다
- 한인임신부,성폭행뒤 피살 '충격' | 올해 최고 연기자는?
- 이병헌폭로 권씨 "뭔가 준비했다" | 헉! 60kg짜리 쥐
- 소지섭-한지민 결혼? | 로또1등에 'BMW MINI'도?

dongA.com 에서 직접 편집합니다. 독자의견 | My뉴스 설정 | 구독

· 한 전 총리 수사, '노무현 수사' 보는 듯 · 꽃남 김범의 여인 '김별' 누구길래

정주리 너무 야한 화보
이런 모습 처음이야

- 광화문'논란 광장' | 119女구급대원 옷벗기고·만지고·때려
- "대통령 이명박 아닌 이상득" | 김현수·허이재 웬 열애?
- 벤츠 CDI 엔진 결함? | 주한미군 성병환자 득실…여군만
- 최다니엘,황정음 키스…김용준? | 가수A씨"성매수 인정"
- 소지섭"한지민과 결혼한다고?" | 시온"日서 체포?"

경향.com 에서 직접 편집합니다. 독자의견 | My뉴스 설정 | 구독

· 골키퍼가 경기 도중 4만 관중 앞에서 '쉬~' · 바람 잘 날 없는 '교수와 여제자'

사라 장 "음악적 삶은
'立志'와 '不惑'의 중간"

- 소녀시대… 경매서 대박 | 울릉도 명물 '상호 할아버지'
- 서울대 수시 이색 합격자들 | 미셸 위 '新 흥행아이콘'
- '붕어빵 연말 레퍼토리'는 가라 | 카드 포인트로 '善行'
- 北, 불치성 슈퍼결핵 심각 | "부풀린 예산 자수 안하면"
- 수능·학업성취도 분석 | "우즈, 골프 포기할수도"

문화일보 에서 직접 편집합니다. 독자의견 | My뉴스 설정 | 구독

· "난 그들에게 총을 쏠 수 없었어요" · MB정부 '방송 3국통일'…비판기능 제거

고개숙인 남자들
"차 없다고 하면…"

- 훔친 자전거 맡긴 곳 하필… | 일본 오자와 "과거사 사죄"
- 강달프가 개콘으로 간 까닭 | 마트에 위장취업 해보니…
- 너를 죽자사자 따라다니리 | 우즈 "골프 무기한 중단"
- '성매수' 가수, 혐의 '인정' | 광화문 '스노우 잼' 안전하나
- 독일 골키퍼, 경기중 '소변' | 타이거즈 연봉 '대박'

한겨레 에서 직접 편집합니다. 독자의견 | My뉴스 설정 | 구독

개그맨의 '노출 화보'를 역시 자극적 제목과 사진으로 소개하고 있다. 〈문화일보〉에선 독일 축구팀의 골키퍼가 소변을 본 내용을 머리기사로 소개하는가 하면, 〈한겨레〉는 '훔친 자전거 맡긴 곳 하필 …', '너를 죽자 살자 따라 다니리' 등 전혀 내용을 알 수 없고 뉴스밸류도 없어 보이는 말들을 축약해 제목을 달았다.

특히 뉴스캐스트에서 보이는 기존 언론사의 옐로저널리즘은 자사의 온라인사이트(언론사 닷컴)와 비교할 때 훨씬 심각하다. 자사의 사이트는 언론사 고유의 색깔과 성향 등을 저널리즘의 그릇 속에 담아내며 비교적 품격을 갖추면서도 유익한 정보를 제공하는 데 치중하고 있기 때문이다.

네이버 측은 뉴스박스의 선정적 편집에 대한 비난이 일자 책임을 자인했다. NHN 홍은택 미디어 편집그룹장은 언론과의 인터뷰에서 "이용자들의 관심을 끌기 위해 제목과 내용이 너무 자극적인 방향으로 흐른다는 외부의 지적들이 나오고 이용자들의 항의도 많다"면서 "뉴스캐스트는 오프라인의 신문 가판대로 비유할 수 있는데 이 가판대를 담뱃갑만 한 공간에 담다보니 더 많은 트래픽을 끌기 위한 언론사들의 경쟁이 과열되고, 언론사 고유의 색깔과 깊이가 드러나기 어렵게 됐다"고 진단했다.[99]

이후 네이버는 2009년 11월 불건전한 콘텐츠에 대해 언론사들에게 시정을 요구하는 뉴스캐스트 옴부즈맨 제도를 대응책으로 내놓았다(〈그림 4-50〉). 그러나 이 제도는 기존 언론사들의 강한 반발에 부딪치면서 논란이 이어지고 있다.

옴부즈맨이란 네이버 까페(http://cafe.naver.com/navernewscast)를 개설하고 이용자들이 각 언론사들이 뉴스박스에 올린 청소년 유해물

99 정병묵(2009.10.16), "네이버 뉴스캐스트 옴부즈만 활동 공개예정", 〈아이뉴스24〉. http://itnews.inews24.com/php/news_view.

〈그림 4-50〉 네이버의 뉴스캐스트 옴부즈맨 안내문

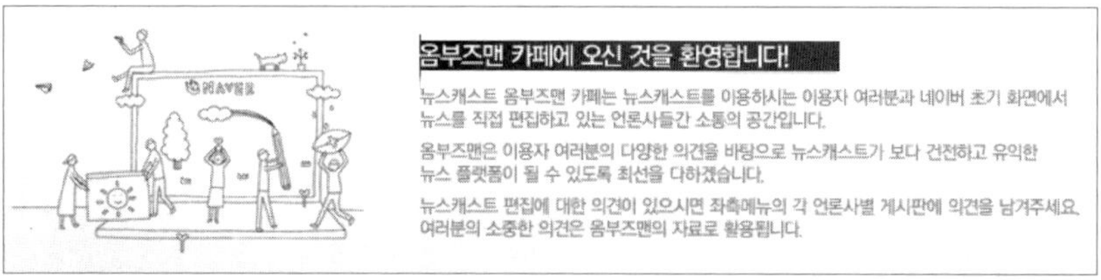

및 선정적인 콘텐츠에 대한 신고 결과와 자체 모니터링 결과 등을 종합, 독자들을 대표해 각 언론사들에게 시정 권고하도록 한 제도를 말한다.

NHN은 제도도입에 앞서 2009년 10월 30일 온라인신문협회 (이하 온신협) 대표들에게 공문을 보내 '각 사가 이용자들을 만족시킬 수 있는 양질의 뉴스편집을 해줄 것이라는 믿음이 깨졌다'며 옴부즈맨 제도시행을 통보했다. 또 국내의 대표적 언론법학자인 박용상 변호사(전 헌법재판소 사무총장) 등 각계 전문가 7인으로 옴부즈맨 위원회를 발족시켜 심의 업무를 맡겼다.

이에 대해 언론사들은 '편집권 침해' 등을 이유로 네이버의 옴부즈맨 제도시행을 강력히 반발하고 있다. 조선닷컴과 조인스닷컴, 인터넷한겨레 등 12개 신문사 닷컴이 참여한 한국온라인신문협회는 네이버에 보낸 공문에서 "옴부즈맨이라는 용어는 언론사가 자사 콘텐츠를 평가하기 위해 쓰는 것이지 뉴스유통회사인 NHN이 쓸 용어가 아니다"라며 "언론사가 이미 편집한 기사에 대해 외부전문가들이 호, 불호를 평가해 공개하는 옴부즈맨 제도는 언론의 편집권에 대한 심각한 침해이며, 자칫 사후검열의 논란을 낳을 수 있다"고 반발했다.[100] 온신협은 개별 언론사에 대한 독자의견을 네이버 사이트에 공개하는 것은 옳지 않으며, 독자들이 각사 독자게시판에 직접 문제제기를 해야 한다고 주장, 옴부즈맨

100 온신협(2009. 11. 2), "옴부즈맨 제도 시행에 따른 온신협의 공식 입장", http://www.segye.com/Articles/NEWS/CULTURE/Article.

폐지를 요구했다.

온신협의 주장 중 눈길을 끄는 것은 "NHN이 자신들의 독선과 오판으로 발생한 서비스 실패의 책임을 언론사에게 떠넘기는 행태"라는 주장이다. 다음은 온신협이 네이버 측에 보낸 공문의 일부.

> 협회는 이미 지난 1월 뉴스캐스트가 실시되기 전부터 선정성 경쟁이 일 것을 예측하고, 한때 불참을 선언하기도 했다. 이때도 NHN은 그런 일은 없을 것이라고 주장하며 뉴스캐스트 실시를 강행한 바 있다. 그러더니 이제 뉴스캐스트가 문제가 있다며 옴부즈맨 제도를 도입해 언론사의 편집을 문제삼으려 하고 있다.[101]

그러나 온신협의 주장을 되짚어 보면 언론사들은 이미 뉴스캐스트 실시 전 과도한 선정성 경쟁의 위험성에 대해 충분히 숙지했으면서도, 저널리즘을 지키기 위한 노력은커녕 오히려 상업적 이유로 선정성 경쟁에 앞다퉈 나서는 이중적 모습을 보이고 있다. 특히 앞서 살펴본 것처럼 언론사들이 포털을 공격할 때 내세웠던 단골 소재가 자의적인 제목선정과 축약, 뉴스박스에 올리는 기사의 연성화와 옐로저널리즘이었던 것을 떠올리면, 기존 언론사들의 옴부즈맨에 대한 비판은 수긍하기 어려운 것이다.

그러나 온신협의 주장 중 뉴스캐스트의 '서비스 실패'를 언급한 대목은 곱씹어 봐야 한다. 필자는 뉴스캐스트의 선정성 논란은 뉴스캐스트 모델이 지닌 구조적 문제에서 발생한다고 본다.

우선 뉴스캐스트라는 서비스는 앞서 살펴봤듯 언론사들에게 과다한 트래픽 경쟁을 유도하도록 구조화돼 있다. 먼저 통계를 통해 보여지는 뉴스캐스트 모델의 명암을 분석해 보자.

〈미디어오늘〉은 데이터 분석업체 메트릭스와 함께 뉴스캐스트 시행

101 위의 글.

1년간의 각 언론사 뉴스 사이트의 트래픽을 분석했다. 그 결과 2009년 시행 초기엔 〈조선〉〈중앙〉〈동아〉 등 대형 언론사 중심으로 트래픽이 집중됐으나 이후 군소 언론사들로 트래픽이 분산되는 이른바 롱테일 현상이 발생하고 있는 것으로 조사됐다.[102] 이는 뉴스캐스트에서의 기사선택이 오프라인에서의 언론사 영향력이 아닌 다른 요소, 가령 기사 내용이나 제목 등에 의해 이뤄지고 있음을 시사한다. 또 각 언론사들 간 트래픽 유치경쟁이 갈수록 치열해지고 있다는 의미이기도 하다. 한편 뉴스캐스트 도입 이후 방문자 수는 늘었으나 독자들의 각 언론사닷컴의 1인당 체류시간은 오히려 떨어진 점도 주목할 만하다.[103] 뉴스캐스트를 통해 들어오는 독자들은 해당 언론사에 대한 충성도가 높지 않다는 것

---

102 이정환(2009.12.2), "뉴스캐스트 이후 언론사 트래픽 40% 늘었다", 〈미디어오늘〉. 이 보도에 따르면 〈조선〉이 34.5% 늘어났을 뿐 〈중앙〉은 6.8% 늘어나는데 그쳤고 〈동아〉는 6.6% 줄어든 것으로 집계됐다. 반면 〈한국경제〉와 〈서울신문〉, *YTN*은 각각 301.7%, 461.6%, 311.7%씩 늘어나 대조적이다. 특히 하위 22개 언론사들 트래픽이 평균 400%나 늘어났다. 〈문화일보〉가 12.4배, 〈국민일보〉가 16.9배, 〈내일신문〉이 17.4배, 〈디지털타임즈〉가 25.7배, 〈서울경제〉가 12.3배씩 늘어났다. 이 같은 현상은 조중동 등이 뉴스캐스트 이전에도 탄탄한 고정독자군을 확보하고 있어 큰 변화가 없었던 반면 다른 언론사들은 뉴스캐스트 이후 독자 수가 크게 늘어난 것으로 보인다고 분석했다.

103 위의 글. 이 보도를 인용하면, 45개 언론사의 방문자 수는 2008년 10월 1억 9,363만 명에서 2009년 10월에는 4억 1,033만 명으로 111.9%나 늘어났다. 〈문화일보〉가 10.4배, *MBN*이 5.6배, 〈디지털타임즈〉가 16.0배, 〈서울경제〉가 7.2배 등으로 변동폭이 컸던 반면 조중동과 〈한경〉, 〈매경〉 등은 독자수 변화가 크지 않았다. 1인당 체류시간이 가장 긴 사이트는 〈머니투데이〉였다. 10월 기준으로 1,638초를 기록했다. 2위는 1,605초를 기록한 〈조선〉이었다. 뉴스캐스트 이전과 비교하면 〈머니투데이〉는 오히려 늘어났고 〈조선〉은 큰 차이가 없다. 이밖에 *MBC*가 1,152초, 〈중앙〉이 1,151초로 그 뒤를 이었다. 〈동아〉가 708초로 상대적으로 뒤처졌고 〈경향신문〉과 〈한겨레〉는 561초와 483초로 절반 수준밖에 안 됐다.

을 보여준다. 눈길 가는 기사만 본 뒤 훌쩍 빠져나가는 뜨내기손님이 늘었다는 의미다.

가장 결정적인 요인은 뉴스캐스트가 지닌 '관문(*gate*)' 또는 플랫폼으로서의 영향력이다. 2009년 5월 네이버가 선정적 제목달기를 문제 삼아 〈국민일보〉를 뉴스캐스트에서 제외했을 때 방문자 수와 페이지뷰가 절반으로 떨어졌다. 메트릭스에 따르면 〈국민일보〉의 3월과 4월 페이지뷰는 각각 8,240건과 6,472만 건씩이었으나 뉴스캐스트에서 퇴출된 5월에는 3,684만 건으로 줄어들었다가 6월 들어 다시 뉴스캐스트에 합류하면서 7,875만 건으로 회복됐다. 결국, 3천만 건 이상이 네이버에서 유입된 페이지뷰라는 추론이 가능하다.

이 같은 뉴스캐스트의 파급효과는 광고 수주와도 직결된다. 다시 앞의 〈미디어오늘〉 기사를 인용하면, "인터넷 광고 분석업체 리서치애드에 따르면 2009년 10월까지 조중동과 〈연합뉴스〉, *KBS* 등 상위 5개 언론사의 온라인 광고는 275억 4,546만 원으로 지난해 같은 기간 233억 4,379만 원보다 18.0% 늘어났다. 이들이 온라인 광고 상위 20개 사이트에서 차지하는 비중도 5.6%에서 6.5%로 늘어났다. 정확한 집계는 곤란하지만 하위 언론사들로 내려갈수록 광고 성장률은 더욱 클 것이라는 추산이 가능하다"는 것이다.

이상의 통계로 우리는 중요한 사실들을 유추할 수 있다. 뉴스캐스트는 언론사들이 오프라인에서 쌓은 '권위'나 '평판'에 좌우되는 구조가 아니다. 뉴스캐스트는 73개 언론사들이 같은 크기와 무작위 순번으로 병렬적으로 배치돼 있다. 반면 이용자들 입장에선 당일 발생한 주요 이슈나 화젯거리들은 몇 개의 뉴스캐스트만 거쳐도 쉽게 파악할 수 있다. 때문에 73개 언론사들은 충성도가 높지 않은 이용자들의 일시적 관심을 끌기 위해 '이용자들이 꼭 알아야 할 주요 기사'가 아니라 이용자들이 클릭 안하고는 못 배길 자극적인 기사와 제목을 찾게 된다. 트래픽 증가는 곧 온라인 광고수주와 직결되기 때문이다.

둘째, 시스템의 설계자체도 이를 유도한다. 다음과 네이트 등 다른 포털들도 뉴스 연성화 경향이 지적되지만 당일의 주요 기사를 다루는 '종합' 디렉터리를 '연예/스포츠/기타' 등 별도의 디렉터리와 분리하고 있고, '종합' 디렉터리도 화면을 나눠 연성기사와 경성기사를 블록화하는 등 나름의 노력을 하고 있다. 그러나 뉴스캐스트는 그렇지 않다. 각 언론사들에게는 뉴스박스 1개만이 제공될 뿐이다. 때문에 각 언론사들은 기사제목을 '더 작게', '더 자극적으로' 한 개라도 더 우겨 넣어야 한다.

이처럼 뉴스캐스트의 구조와 온라인뉴스에 대한 이용자들의 흥미 본위 소비패턴으로 인해 언론사들은 더욱더 '낚시질'에 몰두하게 된다. 그 결과 뉴스캐스트에 소개되는 기사의 질은 떨어지고, 경성뉴스보다는 가십성의 연성뉴스가 지배하는 저널리즘의 하향평준화가 급격히 진행되고 있다. 이로 인해 뉴스캐스트는 '사상의 자유시장'이 아니라 언론사의 상업적 이익을 극대화하기 위한 '저질 뉴스의 상품시장'으로 변질된 셈이다.

사상의 자유시장 구현이라는 관점에선, 뉴스캐스트가 오프라인에서의 영향력과 상관없이 이용자들에게 매체들에 대한 동등한 접근권과 다양한 뉴스선택권을 제공, 일견 사상의 자유시장을 확대한 측면이 있다. 그러나 뉴스캐스트가 '공론장'의 토론대상이 돼야 할 공적 이슈가 아닌 연예계의 시시콜콜한 가십이나 성적 호기심을 유발하는 기사, 자극적 헤드라인에 질식된다면 사상의 자유시장으로서의 기능은 기대하기 어려울 것이다.

네이버는 뉴스유통 파워를 무기로 옴부즈맨을 도입했으나 실제로 효과를 거둘지는 미지수다. 실제 앞서 예로 든 각 언론사들의 뉴스캐스트들 역시 옴부즈맨 실시 이후인 2009년 12월 중순의 것들이지만 선정성 문제가 개선된 흔적은 없다. 뉴스유통 플랫폼임을 내세워 자신의 얼굴격인 뉴스박스에 실리는 기사들에 대한 책임은 각 언론사들에게 미루고, 사후에 '시정권고'하는 식의 어정쩡한 방식으로는 정상적인 저널리즘적

윤리를 회복하기는 어려울 것이다. 특히 뉴스박스 편집은 각 언론사가 하고, 이용자가 불만이 있을 경우 언론사가 아닌 네이버가 이의제기를 받아 각 언론사에 통보하는 구조는 별로 효율적으로 보이지 않는다. 특히 뉴스캐스트의 도입으로 인해 전 언론사가 옐로저널리즘의 늪에 빠져 전체 언론의 신뢰도를 하락시킬 것이라는 우려도 나오고 있다.

제5장

인터넷 명예훼손 법리 논쟁과 포털 규제

포털을 둘러싼 논쟁은 끝이 없다. 포털이 언론이냐 아니냐는 주제에서부터 명예훼손적 댓글에 대해 포털에 책임을 물려야 하느냐는 논의까지 백가쟁명(百家爭鳴) 식의 논쟁이 벌어지고 있다. 특히 인터넷의 부작용으로 인한 피해구제의 필요성과 정보 재매개 과정에서 벌어지는 포털의 여론왜곡에 대한 염려, 인터넷 포르노 등 각종 사이버 범죄 등의 등장으로 인해 인터넷의 관문인 포털에 대한 규제강화 움직임이 활발하다.

그러나 포털 규제에 대한 논의는 정제되지 않은 채 당위론적 규제론과 방안들이 난무하고, 포털 규제 각론에 대한 이론적 논의는 원점을 맴도는 양상이다. 심지어 포털사이트 운영자 또는 사업자가 부담해야 할 책임이 법적 책임인지, 사회적 책임인지에 대해서조차도 논의가 분분하다.[1]

대법원을 비롯한 우리나라 법원은 최근 10년 사이 '언론으로서의 포털'에 관한 법률적 해석을 시도하고 있다. 이와 관련, 2009년 4월 16일 대법원은 인터넷포털의 법적 책임과 관련된 오랜 논쟁적 이슈에 종지부를 찍었다. 대법원은 이날 김 모 씨가 NHN과 다음, SK커뮤니케이션즈, 야후코리아 등 국내 4대 포털사이트를 상대로 제기한 손해배상 소송에서 포털도 자신이 제공한 사이버 스페이스에서 벌어진 인터넷 명예훼손에 대해 책임을 져야한다고 판결했다. 대법원의 판례는 기념비적인 것이었다. 그동안 인터넷상의 명예훼손에 대한 많은 이슈에 대해 법원의 최종적인 법률적 판단이 나온 것이기 때문이다.

사실 이 책이 다뤄 온 많은 이슈에 대해 '한국판' 법률적 해석이 나온 것으로 필자가 이 책에서 주장한 문제들이 상당수 포함돼 있어 다행스럽다. 더욱이 대법원의 판결은 미국 법원의 판결들에 비해 논의의 수준이 결코 가볍지 않다. 오히려 법리적으로 미국 법원보다 훨씬 밀도 있는

---

1 정상우(2007), 《포털사이트 관련 법제의 현황과 과제 : 포털사업자의 법적 책임을 중심으로》, 한국법제연구원, 12쪽.

논의가 오간 부분도 적지 않다.

그러나 대법원의 판결은 여전히 논쟁적이다. 논의가 완결된 것이 아니라 더 많은 논쟁을 불러일으킬 소지가 다분하다. 가장 중요한 문제는 주요 이슈에 대한 최고 사법기관 간의 상이한 관점이다. 이 책에서 주된 주제로 다루는 인터넷을 바라보는 세계관의 문제다. 필자는 이 책에서 '사이버 자유주의'들과 '사이버 규제주의'로 인터넷을 보는 시각을 구분했다(물론 필자는 이를 절충한 중도주의적 시각을 내세운다). 대법원의 판결은 '사이버 규제주의'에 가깝다. 다시 말해 사이버세계는 현실과 대별되는 공간이 아니며, 상당한 수준의 규제가 필요하다는 입장이다. 특히 사이버 자유주의자들이 외쳤던 인터넷산업의 진흥보다는 규제를 통한 사회질서의 회복을 더 우선시 한다. 반면 이 책의 프롤로그에서 소개했던 헌법재판소의 판결은 사이버 자유주의적 입장에 서 있다. 헌법재판소는 '인터넷을 가장 표현촉진적 매체'라며 '질서위주의 사고'로 재단해선 안 된다고 밝혔다. 더욱이 대법원 판결의 별개의견은 명백히 헌법재판소의 판례를 따르려는 의지를 밝히고 있다.

이번 장에선 포털을 비롯한 ISP에 대한 입법현황과 법적 책임여부에 대한 학계의 논쟁 등을 우선 살펴볼 것이다. 또 인터넷 명예훼손에 대한 현행법규와 판례들을 간략히 훑어본 뒤 이른바 '미니홈피 사건'으로 불리는 대법원 판결의 내용과 함의에 대해 차례로 살펴보도록 하자. 나아가 필자가 이 글에서 주장해 온 사상의 자유시장으로서의 인터넷포털의 가능성과 대법원 판결의 상관관계에 대해서도 간단히 언급하도록 하겠다.

대법원의 판결을 비롯한 여러 판례들은 필자가 이 책을 통해 논의하고자 했던 인터넷을 둘러싼 여러 쟁점들을 관통한다. 사실 대법원의 판결을 제대로 이해하기 위해선 제법 많은 법률적 지식과 인터넷의 역사, 포털의 특성에 대한 이해를 필요로 한다. 그러나 지금까지 필자의 글을 따라온 독자들이라면 어렵지 않게 '지적 탐험'을 떠날 수 있을 것이라고 믿는다.

〈참고〉 인터넷 규제모델과 매체 특성론적 접근법

학계에서는 인터넷에 대한 규제모델은 매체특성론적 접근 방법에 근거해야 한다고 입을 모은다. 매체특성론적 접근법이란 정보의 흐름과 통제에 있어 기존의 미디어와 쌍방향 미디어는 서로 다른 특성을 지니고 있기 때문에 인터넷 미디어의 규제모델은 신문과 방송의 규제모델과는 달라야 한다는 것이다. 이 접근법은 특히 표현의 자유에 대한 제한 문제를 다룰 때 많이 논의된다.

황성기 동국대교수는 ISP의 법적 책임 문제와 관련, "매체의 특성을 무시하는 것은 법현상에 대한 법적 대응이라는 차원에서는 많은 문제점을 내포할 수 있다"며 매체특성론적 접근법을 처음 주장했다 〔황성기(2000), "전자미디어와 명예훼손법 사이버 공간에서의 적용문제를 중심으로", 언론중재 74호〕.

황 교수는 기존의 규제모델은 인쇄매체, 통신매체, 방송매체에 각각 다른 규제원리와 규제정책이 적용되어온 3분할 정책이라고 설명한다.

황 교수는 그러나 기존의 3분할 규제 모델은 정보제공자와 수용자의 구별이 불분명하고, 탈중앙통제적 개방적인 인터넷의 성격, 접속의 용이성 등을 적용하기에 모두 적합지 않다고 주장한다. 특히 황 교수는 인터넷이 지닌 쌍방향성 때문에 명예

〈기존의 언론매체에 관한 3분할 정책〉

<table>
<tr><th colspan="3">매체
규제정책</th><th>인쇄 매체</th><th>통신매체</th><th>방송매체</th></tr>
<tr><td colspan="3">구체적인 형태</td><td>신문 잡지 도서</td><td>우편 전신 전화</td><td>지상파 방송</td></tr>
<tr><td colspan="3" rowspan="2">이용자원</td><td rowspan="2">종이, 인쇄</td><td colspan="2">(전자우편의 경우는 제외)</td></tr>
<tr><td>유선에서 출발</td><td>무선에서 출발</td></tr>
<tr><td colspan="3">커뮤니케이션 방식</td><td>일대다(일방향)</td><td>일대일(양방향)</td><td>일대다(일방향)</td></tr>
<tr><td colspan="3">사업자의 편집자율권</td><td>인정</td><td>부정</td><td>인정</td></tr>
<tr><td rowspan="3">규제
정책
유형</td><td rowspan="2">형식적
규제</td><td>허가제도</td><td>불가</td><td>인정</td><td>인정</td></tr>
<tr><td>독점방지</td><td>독점방지정책 허용
교차소유 인정</td><td>자연독점 인정
교차소유규제 인정</td><td>독점방지정책 허용
교차소유규제 인정</td></tr>
<tr><td colspan="2">내용적 규제</td><td>불가(단 음란물, 명예훼손, 저작권 침해에 대해서는 규제 가능)</td><td>불가(단 불법통신의 경우는 규제가능)</td><td>인정</td></tr>
<tr><td colspan="3">규제원리</td><td>표현의 자유의
엄격한 보장</td><td>보편적 서비스
(Universial service)</td><td>공익성
(Public Interest)</td></tr>
<tr><td colspan="3">규제근거</td><td>역사적 전통</td><td>자연독점
통신의 비밀보호</td><td>희소성, 침투성,
공공신탁</td></tr>
</table>

를 훼손당한 표현에 대한 반박이 매스미디어에 비해 상당히 용이하므로 훼손된 명예에 대한 회복을 기존의 법적 수단에 의해 실천할 필요성이 실제로 적어진다고 말한다. 형사적 처벌이나 민사 소송을 통한 명예회복은 피해자 구제라는 긍정적 기능보다는 표현의 자유에 대한 위축이라는 부정적 기능을 더 노정시킨다. 이에 따라 황 교수는 "사이버공간에 기존의 명예훼손의 법리를 그대로 적용하는 것은 적절치 못하고, 명예훼손과 표현의 자유와의 조화에 있어서 표현의 자유를 보호하는 쪽에 무게중심을 두어야 한다는 결론을 지지하게 만든다"고 강조한다.

이 같은 황 교수의 견해는 이 책의 1장에서 소개했던 인터넷자유주의자들의 주장과 일맥상통한다. 실제 미국의 대표적인 인터넷 자유주의자인 마이크 가드윈(Mike Godwin) 변호사는 자신의 저서인 《Cyber Rights》(2003)에서 사이버스페이스에서 "명예훼손은 죽었다"(Libel is dead) 라고 단언했다. 그의 주장도 매체특성론과 맥이 닿는다.

"명예훼손법의 이면에 있는 이론은 간단하다. 어떤 사람이 다른 사람의 평판을 떨어뜨리는 메시지를 발표한다면 명예훼손 피해자와 가족은 생활과 생계에 피해를 입을 수 있다. 이는 TV나 신문과 같은 기존의 매스미디어에서의 명예훼손을 당했을 때는 이 이론은 정확히 진실이다. 법원은 명예훼손적 발언에 의한 피해를 금전적 배상을 통해 보상해주는 체계를 만들었다. 이 같은 법원의 구제책은 앞으로도 명예훼손에 대한 억제책으로 작용할 것이다. (83쪽) … 일군의 법학들은 (표현의 자유를 옹호하는) 수정헌법 1조가 명예훼손법을 낡아빠진 것으로 만들 것이라고 강조한다. 그들은 표현의 자유가 보장된다면 손상된 자신의 평판을 회복하기 위해 법원에 갈 필요가 없을 것이라고 주장한다. 대신 그들은 자신의 발언을 통해 (명예훼손의 내용이 담긴) 기록들을 손쉽게 바로잡을 수 있다. 물론 대부분의 학사들과 법원은 이 같은 주장을 받아들이지 않았다. 역사에서 보건대 대중매체에 대한 접근(기회)은 각 사회계층에 공평하게 분배되지 않았다. (…) 그러나 누구나 잘못된 명예훼손적 발언에 대해 반박할 잠재적 권한이 부여된 인터넷에서는 모든 것이 변했다. 아마도 이 같은 변화는 이미 일어나고 있고, 이것은 왜 현재 인터넷 명예훼손 소송이 적은 지에 대한 이유가 될 것이다 (101~102쪽)."

그러나 이 같은 주장은 당장 비판이 뒤따른다. 명예훼손적 내용이 언제 어디에 게재됐는지 피해자가 즉각 알 수 없을 뿐만 아니라 개인적인 반박이 명예훼손적 메시지를 확대 재생산시키는 부작용을 야기할 수 있다. 또 모든 사람이 인터넷에 접근할 만한 경제적 지적인 능력이 있다고 보기도 어렵다. 명예훼손에 대한 반박과 재반박의 과정이 이성적인 토론이 아닌 감정적 대응과 인신공격, 모욕의 대결로 흘러 인터넷을 더욱 황폐화시킬 것이라는 우려도 있다. 또한 반박가능성이 있다는 점만으로 명예훼손이 이뤄지지 않는다는 논지 역시 무리가 있다. 오프라인 매체에서도 반론권 행사가 가능하지만 이미 발생한 손해에 대해 소송을 제기할 수 있기 때문이다.

그렇지만 인터넷이 기존의 언론매체와는 확연히 다른 특징이 있는 만큼 새로운 규제 모델을 만들어야 한다는 근본적인 입장은 상당히 귀담아 들을 만하다. 이와 관련, 헌법재판소도 인터넷을 '가장 참여적인 시장','표현촉진적인 매체'로 규정하며 방송과 구별했다. 학계 등의 주장을 그대로 수용한 것이다.

헌재는 "공중파 방송은 전파자원의 희소성, 방송의 침투성, 정보수용자측의 통제능력 결여와 같은 특성을 가지고 있어서 공적 책임과 공익성이 강조되어, 인쇄매체에서는 볼 수 없는 강한 규제 조치가 정당화되기도 한다. 그러나 인터넷은 위와 같은 방송의 특성이 없으며, 오히려 진입장벽이 낮고 표현의 쌍방향성이 보장되며, 그 이용에 적극적이고 계획적인 행동이 필요하다는 특성을 지닌다"고 밝혔다. "표현매체에 관한 기술의 발달은 표현의 자유의 장을 넓히고 질적 변화를 야기하고 있으므로 계속 변화하는 이 분야에서 규제의 수단 또한 헌법의 틀 내에서 다채롭고 새롭게 강조되어야 할 것"이라는 것이 헌법재판소가 내린 결론이다. (헌재 2002.6.27. 99 헌마 480 전원재판부, 전기통신사업법 제 53조 등 위헌확인)

1. 인터넷포털 및 ISP에 대한 규제

1) ISP 법적 책임과 학설들

우리나라는 미국의 CDA와 같은 면책특권을 부여한 법이 없다. 포털에 대한 법적 책임을 일괄해서 규율하는 법은 없다. 학계와 법조계에서는 미국처럼 ISP에 대해 포괄적인 면책을 주는 것에 대해 대체로 반대하는 쪽으로 입장이 모아지고 있다. 그러나 ISP의 책임범위의 폭과 규제의 강도에 대해서는 다양한 의견들이 나온다.

(1) ISP 면책이론 비판

제 3장에서 살펴보았듯 미국이 1996년 통신품위법을 제정해 ISP에게 면책특권을 부여하면서 포털의 면책문제는 국내학계에서도 중대 이슈가 됐다. 그러나 언론학자나 법학계, 재야법조계에서는 대부분 미국과 같은 면책특권의 부여는 우리 실정에 맞지 않는다며 부정적인 견해를 보인다.[2]

박용상 변호사는 "미국의 법원이 CDA 제 230조에 의한 면책범위를 과도하게 확대한 결과, 인터넷을 명예훼손에 있어서 거의 무책임한 영역으로 전환시켰다"면서 "인터넷상의 표현의 자유를 확보해 준 반면 피해자에 대하여는 아무 구제책을 마련하지 못했다는 점에서 문제가 있다"고 비판했다.[3] 특히 ISP는 불법행위가 일어나는 시설을 제공했고, 권리를 침해당한 사람들보다 더 쉽게 침해를 막거나 중지시킬 수 있는 지위에 있다는 점에서 법적 책임을 부여해야 한다는 주장도 제기된다. 미국과는 문화적, 법률적 토양이 다르다는 점에서 유념해야 한다는 것이다. 대략적인 논점은 황찬현 서울고법 부장판사의 아래 주장에 잘 나타나 있다.

> 미국의 경우, 제 3자가 투고한 명예훼손적 내용에 대해 사업자는 일반전달자(*common carrier*)에 준해 사실상 면책되고 있다. 이는 미국 헌법상의 대원칙인 언론의 자유에 대한 위축효과를 방지하고, 투고내용을 사전에 자주적으로 점검할 수 있는 토양을 마련한다는 정책적 고려다. 한편, 이러한 정책을 선택한 것은 발행인(*publisher*)에 대하여는 원칙적으로 무과실책임에 가까운 엄격책임을 부과하는 법리를 사업자에게 적용한다는 미국 명예훼손법의 독특한 역사적 소산에 그 기원을 두고 있다.
>
> 그러나 이는 사업자의 이익으로 너무 기울어져 있어 정당한 것으로

2 장철익(2004), "명예훼손에 대한 온라인서비스제공자의 손해배상 책임", 〈언론중재〉, 2004 봄호; 이인석(2002), "명예훼손에 대한 온라인서비스제공자의 민사책임", 〈저스티스〉 제 67호, 188쪽. 필자 역시 제 3장에서 절대적 면책특권이 가져온 문제점에 대해 자세히 설명한 바 있다. 특히 이 같은 필자의 견해는 미국 학계에도 소개됐다. Robert G. Magee & Tae Hee Lee, "Information Conduits or Content Developers? Determining Whether News Portals Should Enjoy Blanket Immunity From Defamation Suits," 12 *Comm. L. & Pol'y* 369 (2007) 참조.

3 박용상(2008), 앞의 책, 1383쪽.

보이지 아니할 뿐더러 우리나라의 특수한 사정이라고 할 수 있을지 모르나, 자율규제가 제대로 작동하지 아니하는 상황에서 이를 도입하기가 더욱 곤란하다고 생각된다. 또한, 우리 법의 경우에는 원칙적으로 불법행위에 대해 가해자의 고의·과실을 요구하는 과실책임의 원칙을 채택해 왔고,[4] 이는 사이버 공간에서의 명예훼손에 대하여 사업자의 책임에 있어서도 동일하다고 할 것이다.

다른 한편, 사업자는 인터넷을 이용한 사업을 경영함으로써 명예훼손에 의해 개인 또는 기업에 심대한 피해를 줄 수 있는 위험성을 새로 만들어 내었으나, 그런 피해를 기술적으로 방지할 수 있는 유일한 당사자는 사업자이기 때문에 그러한 것에 대하여 피해방지의 노력을 할 필요가 있으며, 피해자의 관점에서 보면, 인터넷의 속성으로 명예훼손으로 인한 피해 전파가 신속하고 광범위하게 이루어지고, 침해자를 추적할 수 없거나 추적할 수 있어도 자력이 없는 경우 피해회복이 상당히 곤란하다. 또한 손해의 공평한 분담이라는 입장에서 볼 때, 명예훼손에 관여해 경제적 이익을 얻은 사업자는 손해의 일부도 부담할 사회적 필요가 있다고 할 것이다.[5]

(2) ISP 책임론의 학설들

인터넷서비스사업자(ISP)들에게 제3자가 올리거나 만든 콘텐츠가 문제가 될 경우 책임을 물려야 한다면 어떤 이론적 근거를 댈 수 있을까? 또 ISP들이 안아야 할 책임은 어떤 성질의 것일까?

---

4 과실책임주의란 불법행위 책임에 있어 손해발생에 관해 과실이 존재하는 때에만 배상을 부담하게 하는 민법이론이다. 문제가 되고 있는 포털의 경우 직접 게시글 작성에 관여하지 않았으므로 불법행위 책임을 묻기 위해선 포털사이트의 운영자가 명예훼손 행위를 저지할 의무가 있는지를 따져봐야 한다. 만약 이 같은 저지의무가 존재하는데도 불법행위를 저지하지 않아 손해가 발생하는 경우, 이를 막아야 할 의무를 다하지 않아 손해가 발생한 데 따른 부작위(不作爲)에 의한 불법행위 책임을 물을 수 있게 된다.

5 황찬현(2002), "사이버 명예훼손에 있어서 인터넷사업자의 책임에 관한 입법시론", 〈사법정보화 연구〉 7호.

법학자들은 크게 4가지 학설을 제기한다. 하나씩 간단히 살펴보자.

① 대위책임설

현실세계에서 개인이 불법적인 표현행위를 했다면 형법은 그 행위자를 처벌한다. 그러나 사이버 스페이스에선 행위자 대신 사업자를 처벌할 수 있도록 해야 한다는 학설이다. 인터넷이 만들어낸 가상공간에서는 익명에 의한 정보유통이 많아 행위자를 가려내기가 어렵기 때문에 ISP가 그 책임을 대신 물어야 한다는 것이다.[6]

제3장에서 인용했던 John Doe v. GTE corp. 사건을 떠올려 보자. 신원을 알 수 없는 사람이 몰래카메라를 설치해 일리노이주립대 풋볼팀 등의 샤워장면을 담은 동영상을 인터넷에 유포시켰다. 선수들은 제작자의 신원을 파악할 수 없고, 학교 측에게도 별도의 면책조항에 따라 피해를 물을 수 없게 되자 유일하게 남은 관련자인 ISP를 상대로 소송을 걸었다.[7] 물론 원고인 풋볼선수들은 ISP면책을 부여한 CDA 230조에 따라 패소했다. 그러나 이들이 제기한 소송은 '대위책임론'을 기저에 깔고 있다. 물론 누구에게도 소송을 걸 수 없으니 아무 잘못도 없는 ISP들이 책임지라는 것은 아니다. 대위책임론에 대한 근거에 관해선 학자 간 학설이 다소 나뉜다.

사업자는 가상공간을 운영함으로써 일정 부분 경제적 이득을 누리기 때문에 그에 대한 책임을 져야한다는 경제적 이득설, 현실적으로 문제의 글을 삭제하거나 취급을 거부·정지·제한 할 수 있는 기술력을 갖고 있다는 기술력 보유설, 자신이 관리하는 공간에서 일어나는 불법행위에 대해서는 관리자로서의 책임을 다해야 한다는 관리자 책임설, 이용자가 해당 공간에 회원으로 가입하고 글을 쓰기 위해서는 초기에 약

6 정상규(2005), "사이버명예훼손의 제문제", 〈언론중재〉 2005. 여름. 61쪽.
7 347 F. 3d. 655(7th Cir. 2003)

관에 동의해야 가능한 바 그 약관에는 대부분 위법·불법적인 내용의 글을 게재할 수 없도록 요구하고 있기 때문에 그에 위배되는 표현행위에 대해 일정한 작위의무가 발생한다고 하는 조리설(條理說) 등으로 분류할 수 있다.[8]

그러나 이 같은 대위책임설에 대해 민법상 대위책임은 불법행위자와 대위책임자 간에 일정한 유대관계를 필요로 하고, 불법행위자의 행위가 대위책임을 부담하는 사람의 행위로 간주될 수 있는 상황이 필요한데 인터넷 명예훼손사건에서 이용자와 ISP는 이런 관계를 인정하기 어렵다는 비판이 따른다.[9]

② 공동불법행위설

민법상 불법행위가 성립하려면 위법행위에 대한 가해자 측의 고의나 과실을 필요로 한다. 이 때문에 명예를 훼손할 의도(고의)가 있었거나 명예를 훼손하지 않도록 주의해야 하는데 그 주의의무를 다하지 않은 잘못(과실)이 있어야 한다.

만약 ISP가 명예훼손적 게시물에 대해 명예훼손 행위가 가능하도록 접속을 매개했거나 침해행위가 일어나는 공간을 관리운영해 이를 제공하는 방법으로 명예훼손 수단을 제공하고 이것이 침해행위의 원인으로 경합했다면 객관적 관련 공동성을 인정할 수 있다는 견해가 있다. ISP는 고의 또는 과실에 의한 방조자로서 명예훼손행위자와 공동불법행위 책임을 져야 한다는 것이다. 이 학설은 민법상 공동불법행위에 관한 통설과 판례인 객관적 공동설을 인터넷에 적용한 것으로 볼 수 있다.[10] 민

---

8 박선영(2003), "가상공간에서의 표현의 자유와 청소년 보호", 〈인터넷법률〉 15호 119쪽.

9 박용상(2008), 앞의 책, 1416쪽.

10 이인석(2002), "명예훼손에 대한 온라인서비스제공자의 민사책임", 〈저스티스〉 67호. 190~191쪽, 정상규(2005), 앞의 글 62쪽에서 재인용.

법 제 760조 공동불법행위자의 책임 조항 ①항은 여러 명이 공동의 불법행위로 타인에게 손해를 가한 때에는 연대해 그 손해를 배상할 책임이 있다고 규정하고 있다. 민법에서 공동불법행위에 대해 가해자들이 연대해 손해배상을 하도록 한 것은 피해자를 위한 두터운 보호벽을 만들기 위해서다. 여러 사람에게 손해배상 청구권을 행사할 수 있도록 함으로써 배상의 가능성을 높일 수 있다는 것이다.

그러나 이 학설 역시 ISP가 손해의 발생에 대해 전혀 의도하지 않은데다, 자신의 재산이 불법행위에 이용됐다는 이유만으로 직접 불법행위에 대한 책임을 지우는 것은 부당하다는 비판이 뒤따른다. 근본적으로 ISP는 명예훼손 등 불법적 콘텐츠의 제작에 직접 관여하지 않았기 때문이다. 오히려 ISP는 어떤 측면에선 자신의 소유물이 명예훼손에 이용당한 피해자인 측면도 있다. 또 ISP에게 일반적인 감시의무와 안전배려의무를 인정하기 곤란하다는 지적도 있다.[11]

③ 독자책임설

ISP의 책임을 추궁하는 것은 제 3자의 명예훼손으로 인한 불법행위책임이 아니라 '작위의무' 위반으로 인한 독자적인 불법행위 책임을 추궁하는 것이라고 보는 입장이다.[12] 이 같은 견해는 ISP가 명예훼손행위를 알고 이에 대처해야 할 구체적 의무(작위의무)가 발생하기 이전에 손해가 대부분 발생했는데, 명예훼손의 방조자라는 이유로 ISP에 대해 손해 전체에 대한 책임을 지우는 것이 부당하다는 점에 근거하고 있는 것으

11 정상규, 앞의 글.

12 위의 글. 박용상 변호사는 앞서 대위책임론에서 거론했던 근거인 경제적 이득설, 기술력 보유설, 관리자 책임설, 조리설 등을 독자책임설의 근거로 든다. 박 변호사는 독자책임론에 대해 기존의 불법행위 법리에 비해 진일보한 것이지만 그 지위와 책임 설정에 의거할 뚜렷한 실질적 관점을 제시하지 못하고 있다고 비판한다. 박용상(2008), 앞의 책 1417쪽.

로 보인다. 또 ISP는 사후적 관리통제권을 갖는 것에 불과해 출판사와 동일한 책임을 지우는 것은 곤란하다는 점 등을 이유로 단지 ISP는 작위의무 위반으로 인한 독립적 불법행위 책임을 진다는 견해다. 또 ISP의 작위의무 위반이 있는 시점부터는 표현행위자와 공동불법행위를 책임진다는 견해도 있을 수 있다.[13]

이는 ISP의 법적 책임은 인정하지만 책임범위를 상당부분 좁혀주는 학설이다. 명예훼손 행위 자체와는 상관없이 이 같은 내용을 알았을 때 이를 삭제하는 등의 대응조치를 취했는지 여부가 ISP의 책임범위를 결정하기 때문이다.

④ 최소비용 회피자론

독자책임론에서 한발 더 나간 논리이다. 박용상 교수는 자신의 저서 《명예훼손법》에서 기존의 불법행위 법리에 의거한 ISP책임론을 비판하며 ISP가 "규제적 집행을 위해 가장 효과적인 소스"라는 법 경제학적인 관점에서 '최소비용 회피자론'을 제시했다.[14]

그는 미국 학자들의 견해를 인용, "비용 대비 이익의 분석방법(*cost-benefit analysis approach*)에 의해 최소비용으로 비행을 회피할 수 있는 지위를 갖는 인터넷 중개자에게 제3자의 비행에 대응할 수 있는 일정한 책임을 부담케 하는 것"이라고 최소비용 회피자론을 설명한다. 다시 말해 ISP가 사이버공산에서 제3자의 불법행위에 대해 가장 적은 비용으로 효과적으로 대처할 수 있는 '최소비용 회피자(*least cost avoider in cyber-space*)'의 지위에 있기 때문에 ISP에게 책임을 지우자는 것이다.

명예훼손적 콘텐츠를 만든 제작자가 자신의 표현행위에 대한 법적 책임을 전적으로 부담하는 것은 당연한 일이다. 그렇지만 제작자도 아닌

---

13 위의 글.

14 박용상(2008), 앞의 책 1393~1405쪽, 1417쪽. 최소비용회피자론 부분은 이후 인용 생략.

ISP에게 제작자와 동일한 책임을 부담케 하는 것은 논리적으로 온당치 않다. 반대로 ISP에게 지나치게 엄격한 책임을 지우면 ISP는 이를 피하기 위해 사적 검열을 강화해 과잉억제 결과가 야기될 수 있다고 본다. 결국 ISP 책임의 본질은 제2차적 책임이다. 제3자의 비행으로 인한 사회적 비용을 모두 부담하게 해서는 안 된다. 하지만 인터넷 이용의 관문인 ISP가 온라인상의 불법행위를 저지할 가장 유리한 위치에 있다는 점에서 ISP는 책임소재에서 자유로워질 수 없다. 그는 특히 인터넷상에서 이용자의 행위를 모니터링 하는 데 드는 금지비용 때문에 ISP에 대해 엄격한 책임부여를 찬성하는 학자는 없다고 설명한다.

이 같은 최소비용 회피자론은 미국의 학자들이 ISP 면책을 규정한 통신품위법(CDA)을 비판하면서 제기된 이론이다. 특히 이들은 미국의 디지털 밀레니엄 저작권법(*Digital Millennium Copyright Act*, 이하 DMCA)에서 도입한 통지 및 제거시스템을, 이 책의 3장에서 논의했던 통신품위법 230조의 배포자 책임(*distributor liability*)을 둘러싼 논란에 대한 해결책으로 제시했다.[15] 다시 말해 최소비용 회피자론은 ISP에게 배포자 책임을 지우기 위한 이론적 근거이며, 이를 실제 구현한 법률적 장치가 바로 DMCA 12조의 통보 및 제거 절차(*notice and take-down procedure*)라고 볼 수 있다.

이 이론을 체계화한 학자라고 볼 수 있는 Michael L. Rustad과 Thomas H. Koenig는 자신의 논문에서 "DMCA의 통지 및 제거절차가 훌륭한 청사진을 제공하고 있다"면서 이를 도입해 새로운 인터넷손해배상법

15 Michael L. Rustad & Thomas H. "Koenig, Rebooting Cybertort Law, 80 *Wash. L. Rev.* 335, 335~42 (2005); Marc S. Reisler, Content Immunity for ISPs Is Jeopardized by Competing Law, *New York Law Journal*, (2004); Stephanie Blumstein, The New Immunity In Cyberspace: the Expanded Reach of the Communications Decency Act to the Libelous "Reposter," 9 B.U.J. *Sci.* & *Tech.* L. 407, 412 (2003).

(*cybertort law*)을 만들자고 제안했다.[16] 이들은 ISP에게 면책을 준 것은 잘못된 것이며, 인터넷손해배상의 법적 개혁을 위해 ISP가 불법적 콘텐츠를 신속히 제거하거나 차단하는 데 실패할 경우 책임을 물려야 한다고 주장했다.

이들에 의하면, 통지 및 제거 시스템은 ISP가 인터넷을 통제하는 데 이용되는 낯선 장치가 아니다. 마이크로소프트사 등은 자율규제를 위해 혐오스런 콘텐츠들을 이미 제거하고 있다. 그들은 특히 DMCA와 유사하게 ISP들에게 모욕적인 콘텐츠에 대한 제거의무를 부여한 유럽연합의 '전자상거래 지침(*E-Commerce Directive*)'을 예로 들며 이 제도의 도입 필요성을 강조했다.[17]

그들은 인터넷에서의 ISP에게 최소비용 회피자의 지위를 부여하는 이유에 대해 이렇게 설명한다.

첫째, 인터넷에서 일어나는 불법행위는 ISP의 시스템을 통해 전송되기 때문에 ISP는 이에 따른 피해를 쉽게 알 수 있고, 불법행위자의 신원을 추적할 수 있는 기술과 능력이 있다. 특히 포괄적인 인증시스템을 개발할 수 있는 최적의 지위에 있다.

둘째, ISP는 이용자의 불법행위에 대해 기술적 통제를 할 수 있고, 이용자의 협력이 없어도 불법행위를 방지할 수 있는 지위에 있다. 다시 말해 ISP는 불법행위를 한 이용자의 회원자격을 박탈할 수도 있고, 불법행위자의 온라인 계정도 폐쇄할 수 있다.

셋째, ISP에 대해 제 3자 책임을 인정하는 목적은 가입자에게 제공하는 서비스의 양을 축소하는 것이 아니라, 이용자의 불법행위를 방지하는 데 있다. 따라서 ISP는 자신들이 방지할 수 없는 가입자에 의해 야기된 사회적 손실을 부담하게 해선 안 된다. 인터넷서비스제공자인 ISP는

---

16 Rustad & Koenig, 앞의 글 406쪽.

17 위의 글, 400쪽.

명예훼손 등 불법행위에 대한 제 3자로서 2차적 책임을 지는 데 불과하며, 이 책임은 이용자의 불법행위를 방지할 책임을 이행하지 못한 데 그 원인이 있다.

이 같은 인식을 근거로 Rustad와 Koenig는 ISP에게 포괄적인 면책을 부여하는 것은 ISP들을 사이버 불법행위로부터 해방시킬 뿐만 아니라 피해자들이 사이버범죄를 추적하는 데 도와줄 어떤 법적인 의무도 배제한다고 주장한다.[18] 때문에 인식에 근거한 배포자책임(*distributor liability based on knowledge*)에 따라 CDA를 개정해야 한다는 것이 이들의 논지다.

(3) ISP 책임발생의 요건 및 책임의 범위

지금까지 우리는 ISP의 법적 책임을 규정한 외국의 입법 사례와 학설들에 대해 검토했다. 이를 요약하자면 대략 3가지로 구분할 수 있다. 우선 ISP에게 완전한 면책을 주기보다는 일정 정도의 책임을 지워 적절한 통제의무를 부여할 필요가 있다. 둘째, ISP의 법적 책임은 명예훼손으로 인한 직집적인 불법행위 책임이 아니라 적절한 대응조치를 하지 않은, 즉 '작위의무' 위반으로 인한 2차적 책임을 추궁하고 있다.[19] 셋째, 대부분의 국가에서 앞의 두 가지 조건을 구현하기 위해 '통지 및 제거 시스템'을 도입하고 있다는 점이다.

사실 위의 3가지 명제는 모두 긴밀히 연계돼 있다. 학계에선 ISP에게 미국법상의 배포자 책임(*distributor liability*)에 준하는 정도의 책임을 지워 사업자와 이용자의 이해관계를 적절히 조절하는 것이 필요하다는 견해가 지배적이다.[20] 통지 및 제거 시스템은 배포자책임을 지우기 위한 법률적 장치인 셈이다. 학계에선 ISP에 대해 미국과 같은 면책특권을

18 위의 글 383쪽.

19 정상규, 앞의 글.

20 황찬현(2002), 앞의 글.

부여해야 한다거나, 반대로 발행인과 같은 엄격한 책임을 부여해야 한다는 주장은 찾아보기 힘들다. ISP에 대해 법적 책임을 부여하면서도 제한된 범위 내에서 면책을 허용, 온라인상에서의 표현의 자유와 인터넷 산업 육성, 인격권 보호 등의 정책 목표 간 조화를 추구해야 한다는 것이다.

이 3가지 명제를 염두에 두고 ISP에게 책임을 부여하기 위해선 어떤 요건들이 충족돼야 할지를 더 구체적으로 살펴보자. 이에 관한 분류는 정상규 판사의 글을 참고했다

앞서도 거론했듯이 ISP의 책임 추궁은 명예훼손으로 인한 불법행위에 관한 책임이 아니다. 명예훼손적 콘텐츠로 인한 직접적인 책임이 아니라 작위의무 위반으로 인한 불법행위에 대한 책임이다.

ISP의 작위의무는 감시의무와 중단의무로 나눠 생각할 수 있다. 감시의무란 자신의 서비스를 통해 유통되는 콘텐츠가 타인의 명예를 손상시키거나 저작권을 침해했는지 여부를 모니터링할 의무를 말한다. 또 중단의무란 침해행위가 발생할 경우 침해를 중단하기 위해 콘텐츠를 삭제하거나 불법행위자의 서비스 이용금지 등 피해를 더 이상 확대시키지 않기 위해 적절한 조치를 취할 의무를 말한다.[21] 그렇다면 이 같은 삭제의무 등 작위의무는 어떤 때에 발생할까? 사실 이 문제는 ISP의 법적 책임 문제를 다룰 때 가장 첨예한 쟁점이기도 하다. 앞서 소개했던 정상규 판사와 박용상 변호사의 연구를 기초로 이를 소개한다.

① ISP에 의한 관리통제의 가능 여부

ISP가 인터넷상에 게시된 제 3자의 콘텐츠에 대해 삭제 등 차단의무를 부담하는 것은 그에 관한 통제가 가능할 것을 전제로 한다. 따라서

21 정완(2003), "온라인상의 불법정보 유통에 대한 OSP의 책임", 〈형사정책연구소식〉 2003년 11/12월호.

ISP가 단순히 인터넷에 접속시켜주는 역할을 하거나, 콘텐츠를 제공하는 역할(미국의 *Internet Content Provider*)을 할 경우에는 작위의무는 발생하지 않는다. 콘텐츠에 대한 통제권한이 없기 때문이다. 캐싱(콘텐츠의 일시적 저장) 역할을 할 경우도 마찬가지다. 미국의 DMCA나 EU의 전자상거래지침 등에서도 이 경우에는 면책하도록 하고 있다.

ISP의 통제가능 여부는 해당 인터넷서비스의 약관과 인터넷서비스의 성격, 운영 방침, 관계 법령 등이 기준이 될 수 있다. 일반적으로 뉴스서비스와 ISP가 직접 운영하는 토론실이나 게시판(BBS) 등은 ISP의 관리통제권이 미친다고 볼 수 있고, 뉴스서비스에 댓글을 허용할 경우에도 마찬가지로 관리통제권이 있다고 본다. 블로그나 카페 등 ISP가 제3자에게 대여한 서비스 공간에서 침해행위가 발생할 경우 약관의 해석에 따라 관리통제권이 있는지를 판단해야 한다. 보통은 ISP와 시숍(*sysop*) 등 각 사이트의 차용자는 게시물에 대해 각각 별도의 통제권을 갖는다고 약정하지만, 이런 약정과 상관없이 ISP는 대여사이트에 대해서도 통제권한을 갖는다는 견해가 유력하다.[22] ISP의 입장에선 자신의 소유물이 불법행위에 이용된 피해자라고 할 수 있으므로, 피해를 막기 위한 방어행위로서 이를 삭제하는 것은 정당하다고 볼 수 있기 때문이다.[23]

한편, 서비스의 형태에 따라 삭제 등의 조치를 취하기에 기술적으로 어려움이 있다거나, 이 같은 조치를 취하는 데 드는 비용이 너무 과다하게 든다면 이는 ISP의 경영의 자유에 중대한 제한을 가하게 된다. 때문에 이런 경우에는 작위의무가 발생하지 않는다고 본다.[24] 이 같은 경향은 앞서 살펴본 대로 독일 등 외국의 입법례에서도 쉽게 찾아볼 수 있다. 독일의 정보통신서비스법에서도 서비스제공자가 타인이 제작한 정보를 제공한 경우, 그 내용을 알고 있었고 또한 그 이용을 금지하는 것

22 박용상, 앞의 책 1425쪽.

23 정상규, 앞의 글 63쪽.

24 박용상, 앞의 책, 1424쪽.

이 기술적으로 가능할 경우에만 책임을 진다고 규정, 기술적 기대가능성과 인지가능성을 책임범위를 정하는 가장 중요한 요소로 규정했다

② ISP가 불법 콘텐츠를 감시할 일반적 의무가 있는지 여부

ISP는 자신의 서비스를 이용하는 제 3자의 콘텐츠에 불법적이거나 권리침해적 내용이 있는지 여부를 일반적이고 상시적으로 감시할 의무, 또는 안전배려 의무가 있는지에 대해 학계에서는 고개를 젓는다. 이는 위에서도 살펴보듯 각국의 규제체계에서 공통적으로 나타나는 현상이기도 하다.[25]

이렇게 상시적 일반적 감시의무를 부정하는 이유는 크게 기술적인 어려움과 표현의 자유에 대한 위축효과를 우려해서다. ISP가 게시판 등에 제 3자가 올리는 모든 게시물과 콘텐츠를 검열하는 것은 물리적으로 어려운 일이다. 설사 이것이 가능하다고 해도 콘텐츠를 점검하기 위해 전담인력을 대폭 배치해야 하고 이는 비용증대로 이어진다. 이는 사업자들이 법률적 부담 때문에 서비스개발에 치중하기보다 서비스 감시에 전념하게 되는 결과를 초래하게 된다. 이는 산업적 측면에서 결코 바람직스러운 일은 아니라는 주장이 많다.[26]

또 상시적인 감시의무를 지우는 것이 표현의 자유를 위축시킬 수 있다는 것은 법리로서 일반적 경향을 보이고 있다. 가령 미국 보통법상의 배포자 모델을 생각해 보자. 서점주인은 서점에 있는 책들의 내용을 미리 알고 있을 수 없을 것이다. 그런데 서점주인에게 책임을 지우는 것은 모든 책들을 사전에 검토하도록 부담을 주는 일이고, 이러한 부담은 서

25 위의 책, 1426쪽.

26 황찬현(2002), 앞의 글. 실제로 최근 사석에서 만난 국내 대표적 포털의 한 CEO는 필자에게 "우리의 상황이 너무 힘들다. 한참 새로운 서비스 개발에 전념해야 할 시기인데 우리는 최근 5년간 서비스 개발이 아니라 포털에 대한 사회의 비판과 공격을 방어하는 데 에너지를 소비했다"고 어려움을 토로했다.

점사업을 포기하게 만들 가능성이 있을 뿐만 아니라 책의 배포를 위축시켜 결과적으로 표현의 자유와 충돌을 일으킬 수 있다는 지적이 많다.[27] ISP에게 상시적 일반적 감시의무를 부과할 경우 똑같은 논리가 적용될 수 있다. 제 3장에서 소개했듯 미국의 경우 미 의회는 CDA를 도입하면서 ISP의 선의의 감시 활동에 면책을 부여했지만, 동시에 과도한 기술적 비용과 ISP의 지나친 사적 검열에 대한 우려로 ISP에 의한 통제가 아닌 부모에 의한 자율통제를 지향하는 정책적 틀을 세웠다.

국내의 학설도 이 같은 우려를 담아내고 있다. 황찬현 서울고법 부장판사는 ISP에게 통제권이 있다고 해서 발행자(*publisher*)와 동일한 책임, 즉 '일반적 감시(주의) 의무'를 지울 수는 없다고 지적한다.[28] 그러나 ISP가 제 3자에 의해 투고된 내용에 대해 사전에 명예훼손 여부 등을 적극 감시할 의무는 없지만, 사후에 그 내용이 명예훼손에 해당된다는 것을 알았거나 알 수 있었을 경우 ISP는 피해방지를 위해 적절한 조치를 취해야 하는 '구체적 제거의무'를 가진다는 것이다.

이처럼 ISP에게 일반적 주의의무가 없다면, ISP의 구체적 제거의무가 발생하기 위해선 피해자가 ISP에게 삭제 등 필요한 조치를 요청해야 한다. 만약 삭제요청이 없었는데 ISP가 명예훼손적 내용이 게시돼 있음을 알았거나 알 수 있었을 경우 삭제의무는 발생할까? EU의 전자상거래 지침이나 일본의 프로바이더 책임제한법은 불법적인 정보라는 것을 사전에 인식했거나 불법성이 명백하다고 볼 만한 상당한 이유가 있는 경우 등에선 손해배상 책임을 지우고 있다.

---

27 황성기(2007), 앞의 글.

28 황찬현, 앞의 글.

2) 외국의 규제 입법

학계에서는 온라인서비스제공자(포털)에 대한 법적 책임을 어느 정도까지 물을 것인가는 '법 논리'라기보다는 '법 정책'의 문제로 봐야 한다고 지적한다.[29] ISP 또는 포털이 인터넷에서 차지하는 비중에 비춰볼 때 이들에 대한 규제와 책임의 추궁은 그 나라 인터넷 문화와 관련 산업의 성패를 좌우할 만한 중대한 문제이기 때문이다. 제3장에서 살폈던 미국의 인터넷 규제 논쟁에서 주 논점으로 거론됐듯, ISP에 대한 책임 강화는 검열, 삭제, 내용규제 등 자유로운 정보유통과 표현의 자유에 직접적 영향을 미칠 수 있다. 또 포털 등과 같은 사업자들은 이 같은 법적 책임이 강화될수록 이를 면하기 위해 사전통제 작업을 더욱 강화할 수밖에 없다. 이는 관리비용 상승으로 이어지고 창의적인 서비스 개발을 막아 업계의 경쟁력을 약화시킬 수 있다.

반면 ISP의 책임을 면제하거나 완화하는 방향으로 나가면 표현의 자유가 촉진되고, 다양한 서비스 모델이 개발돼 산업이 발전하는 효과는 발생하지만, 인터넷은 마녀사냥 식 인신모독과 명예훼손이 판치는 무법지대로 변할 수 있다. ISP가 법 보호의 장막 뒤로 숨어버리면 이용자 개개인은 속수무책으로 인격권 침해를 저지할 유력한 수단을 상실하게 된다. 이에 따라 표현의 자유와 인격권의 무게를 재는 저울추는 각국의 상황에 따라 균형이 기울게 되는 것이다.

(1) 미국

미국의 경우는 이 책의 제3장에서 자세히 살펴본 것처럼 저울추가 ISP 보호 쪽으로 완전히 기운 경우다. 제3자가 제작해 인터넷에 올린

29 안효질(2006), "인터넷포털사이트의 타인 기사의 책임과 그 한계", 한국언론법학회 2006년 상하이 국제학술세미나 발제논문, 14쪽.

콘텐츠로 인해 발생한 손해에 대해 미국은 통신품위법(CDA)을 만들어 면책의 두터운 우산을 제공했다. 야후닷컴에 조지 W. 부시 전 미국 대통령에 대해 지극히 모욕적인 내용의 기사 또는 글을 제 3자가 올리거나 야후가 제공해도 야후 측에서 내용을 변형시키지 않는다면 법적 책임을 지지 않는다. 심지어 이 같은 명예훼손적인 내용을 발견한 부시 전 대통령이 야후 측에 삭제를 요청했는데 야후 측이 이를 무시해도 법적 책임을 지지 않는다는 것이 미국 법원의 판례(Zeran v. AOL)였다. 이른바 '완전한 면책'이다. 자세한 내용은 이 책의 2장을 참조하기 바란다.

한 가지 짚고 넘어갈 점은 미국의 경우 저작권은 통신품위법의 조항의 적용을 받지 않는다. 미 의회는 1996년 통신품위법 제정시 지적 재산권은 이 법의 적용을 받지 않는다고 규정하고,[30] 2년 후인 1998년 10월 지적재산권 문제를 규율한 디지털 밀레니엄 저작권법(*Digital Millennium Copyright Act*, 이하 DMCA)을 시행했다.

DMCA 제 2장에 신설된 제 512조는 특히 제 3자가 올린 저작권침해 콘텐츠에 대해 ISP에게 CDA에서처럼 전면적인 면책특권을 부여하지 않았지만 피난항(*safe harbor*) 규정을 둬 일정 요건이 되면 책임을 면제해 주는 제한조항을 두었다.[31] 특히 이 법은 저작권자의 신청이 있으면 ISP는 문제가 된 콘텐츠를 신속히 제거하고, 그 사실을 침해자에게 알려 반대신청의 기회를 부여하도록 하는 통지 및 제거절차를 두고, 이와 같은 절차적 의무를 충실히 이행할 경우 저작권 침해 책임을 면제해 주도록 규정한 것이 특징이다. 또 콘텐츠 제작자에게도 반대신청의 기회를 주

---

30 47 U. C. A. § 230 (d) (2).

31 17 U. S. C. §512. DMCA가 규정한 피난항 조항에서 면책되는 유형은 크게 4 가지다. ① 네트워크상에서의 디지털통신(단순전달), ② 네트워크상에서의 임시적이며 중간과정으로서의 저장(*system caching*), ③ 이용자에 의한 자료의 저장(*information storage*), ④ 정보검색의 제공(*information location tool*)이다. 이 조항에 대한 더 자세한 내용은 박용상, 앞의 책, 1392~1405쪽 참조.

고 일정한 경우 이를 복원시켜주도록 했다. 통지 및 제거 조항은 앞서 다뤘던 배포자 책임의 법리와 맥이 닿아있다. 만약 저작권의 침해사실에 대한 충분한 통지를 받았거나 이미 이전에 알고 있었는데도 이를 제거하지 않는다면 법적 책임을 져야 한다는 것이다.[32]

그러나 DMCA는 ISP에게 자신의 서비스를 통해 유통되는 콘텐츠의 내용을 적극적으로 감시하는 의무를 부여하고 있지는 않다. 이 법은 비사법적 절차로 신속히 피해구제를 받을 수 있는 수단을 제공하면서 위와 같은 절차를 이행한 ISP에게는 면책의 우산을 제공해 표현의 자유와 산업의 육성, 개인의 권리보호라는 다양한 정책목표들을 조화시키려 한 것임을 알 수 있다.

(2) 독일

온라인서비스제공자에게 불법행위에 부분적으로 책임을 지우면서도 정보의 자유로운 유통을 보장하려는 정책적 목적하에 법적 책임을 최대한 면제하는 쪽으로 정책방향을 잡고 있다.[33] 미국보다는 저울의 균형을 맞추려고 상당히 노력한 케이스다. 독일은 1997년 '정보통신서비스법(*Das Informations und Kommunikationsdienste Gesetz*)'을 제정, 온라인서비스제공자의 책임범위에 대한 '일반조항'을 규정했다. 독일은 미국

---

32 17 U.S.C.§512(c)(1)(c). 512조 (c)항은 ISP가 저작권 침해 행위에 대한 실제적인 인지(*actual knowledge*)가 있었고, 통지가 오면 신속히 이를 차단할 때에만 저작권 침해의 책임으로부터 면제될 수 있다고 규정한다. 이 같은 보호를 받기 위해 ISP는 (1) 침해행위가 명백하다는 사실들이나 상황들에 대한 실제적 인식이 없었어야 하며, (2) 만약 ISP가 이 같은 활동을 통제할 능력이나 권리가 있다면 침해 활동으로부터 어떤 직접적 이익을 얻어서는 안 되며, (3) 신속하게 제거하는 대응 조치를 취하거나 통지를 받았으나 침해 내용물에 대한 조치를 취하기 불가능한 경우여야 한다고 규정하고 있다.

33 황성기(2007), "뉴스매개자로서의 포털 뉴스서비스의 언론성 및 법적 책임범위에 관한 연구", 〈사이버커뮤니케이션 학보〉, 21권. 정상우(2007), 앞의 책.

과 달리 명예훼손과 저작권, 음란물 유통 등 불법행위 유형을 구분하지 않고 모든 온라인상의 불법행위를 하나의 법률로 통합, 규율하는 입법 방식을 택한 것이다.

이 법의 제 1편에 해당하는 '텔레서비스의 이용에 관한 법률(텔레서비스법 : *Teledienstgesetz* : TDG)' 제 5조에서 온라인서비스제공자의 책임에 관한 기본적 틀을 규정했다.[34] 텔레서비스법은 이후 2001년 12월에 개정되는데 기본 골격은 유지하면서 보다 상세하게 규정됐다.[35]

독일의 정보통신서비스법은 직접 자신의 정보를 제공하는 자와 타인의 정보를 매개하는 자를 모두 포함하는 개념인 '서비스제공자(*Diensteanbieter*)'라는 개념을 만들었는데, 서비스제공자의 책임에 관한 규정을 두고 있다. 서비스제공자의 책임은 크게 3가지로 구분된다.

첫째, 서비스제공자 자신이 직접 제공하는 정보에 대해서는 일반법에 따른 책임을 진다(제 8조 제 1항). 이른바 '자기책임의 원칙(*Grundsatz der Eigenverantwortlichkeit*)'이 적용된다. 또 서비스제공자는 자신에 의해 전달되거나 저장된 정보를 감시하거나 위법행위를 암시하는 상황을 조사할 의무를 지지 않는다(제 8조 제 2항 제 1문). 다시 말해 미국의 CDA 논쟁에서 쟁점 중 하나였던 자기규제(*self-policing*), 즉 상시적인 모니터링 의무를 부여하지 않는다.

둘째, 서비스제공자는 ① 위법한 행위나 정보에 대한 인식이 없고, 손해배상 청구의 경우에도 위법한 행위나 정보가 명백해지는 사실이나 상황을 알지 못하는 경우이거나 ② 서비스제공자가 이러한 인식을 하는 즉시 당해 정보를 제거하거나 접속을 차단하기 위해 즉시 조치를 취하

---

34 정상우(2007), 앞의 글. 이하 독일 법 조항에 대한 소개는 이 논문을 주로 참고했음을 밝힌다.

35 위의 책. 자세한 것은 박희영(2004), "인터넷서비스제공자의 형사책임에 관한 연구 : 독일의 개정 전자적 정보통신서비스법(TDG)을 중심으로", 〈인터넷 법률〉 제 22호, 법무부, 109~143쪽 참조.

는 경우에는 책임을 지지 않는다(제 11조 1항) 고 규정했다. 다시 말해 서비스제공자가 타인의 정보내용을 알고 있었고, 이를 금지하는 것이 기술적으로 가능하고 기대 가능한 경우에 한해 책임을 지운다. 그러나 서비스제공자가 위법한 내용을 안 뒤에는 사전예고 후 위법한 내용을 차단할 의무가 있다. 언론법 전문가인 박용상 변호사는 이를 조건부 책임, 즉 '인식에 기초한 과실책임'으로 분류한다.[36]

셋째, 서비스제공자가 타인의 정보에 대한 온라인 이용에 대해 단순히 접속의 중개만을 제공했을 경우 책임을 지지 않는다. 이 경우 ① 서비스제공자가 전달을 야기하지 않아야 하고, ② 전달되는 정보의 수신자를 선별해서는 안 되며, ③ 전달되는 정보를 선별하거나 변경하지 않아야 한다(제 9조 1항). 단지 전달자로서만 기능했을 경우 면책시킴으로서 일시적 저장에 의한 저작권 침해의 논란의 소지를 없애는 효과가 있다.

(3) 영국

영국도 미국과 같이 저울추가 일방적으로 기운 것에 대해선 반대하는 입장이다. 영국의 경우 ISP에 대해 포괄적 면책을 규정한 명예훼손법(*Defamation Act* 1996) 을 개정하면서 발행인(*publisher*) 은 원래의 표현행

---

36 박용상(2008), 《명예훼손법》, 현암사. 1384~1386쪽. 박 변호사는 인식에 기초한 과실책임에 대해 "내용에 대해 서비스제공자의 인식이 책임의 요건이 되는 경우 그것은 알아야 하는 것으로 충분치 않고, 개개의 구체적 내용을 적극적으로 인지(認知) 하였음을 요한다. 이 경우에는 이용을 위해 내용을 준비하고 액세스를 중개하는 서비스제공자 측의 기술적 여건이 고려된다"고 강조한다. 다시 말해 내용물의 복제(*copy*) 가 기술적으로 거의 제약이 없는 인터넷의 특성에 따라 자료복제의 양이 엄청나 이를 서비스제공자가 일일이 통제하기 어려운 경우가 많으므로, 과연 내용물의 통제가 기술적으로 가능한지를 사안별로 따져봐야 한다는 의미이다. '기대 가능한 조치를 이행해야 한다'는 의미는 서비스사업자가 불법적 내용의 콘텐츠를 통제하기 위해 모든 지출을 해야 한다는 의미가 아니다. 만약 제 3자의 콘텐츠에 대해 접속을 제한하는 데 엄청난 비용이 소요된다면 그러한 조치는 기대할 수 없다고 설명한다.

위자로서 명예훼손적 표현에 대해 기본적 책임을 지고, 배포자(*distributer*) 이면 책임을 지지 않는다는 보통법 이론에 기초해 인터넷 명예훼손에 있어 ISP에 대한 면책 규정을 도입했다.[37]

이 법에 따르면 타인의 명예를 훼손하는 내용물을 배포한 사람이라도 ① 저작자, 편집자 또는 발행인이 아니고, ② 정보의 공표와 관련해 합리적인 주의를 기울였으며, ③ 그가 명예훼손적 진술의 공표를 야기하거나 그 공표에 기여한 사실을 몰랐고 그렇게 믿을 이유도 없었던 경우에는 면책된다(제1조 제1항 제1호 내지 제3호). 이른바 단순전파자(*innocent disseminator*)의 항변이다.

그러나 이들도 문제된 내용물에 명예훼손적 내용이 있었음을 안 경우에는 책임을 면할 수 없고, 피해자로부터 명예훼손적 내용이 있음을 고지받은 경우에는 그 이후부터 면책이 배제된다. 이와 관련 영국 법원은 이를 판례로도 확인하고 있다.

제2장에서 살펴봤듯 미국 법원은 ISP가 명예훼손적 내용에 대해 당사자의 삭제요청을 묵살해도 CDA의 포괄적 면책규정에 의해 ISP의 책임을 면해줘야 한다는 것이 주류적 입장이다. 그러나 영국의 고등법원은 Laurence Godfrey v. Demon Internet Ltd. 사건에서 미국과는 전혀 다른 입장을 취했다. Godfrey는 자신의 이름을 사칭한 글이 게시돼 삭제를 요청했는데도 이를 Demon Internet 뉴스그룹에서 10일간 방치하자 소송을 냈다. 법원은 영국의 명예훼손법과 미국의 CDA는 서로 다른 접근방식에 기초하고 있다며 원고가 명예훼손법 제1조 제1호 소정의 출판사 등은 아니지만, 원고로부터 통지를 받은 이후 기술적으로 당해 게시물을 삭제할 수 있었는데도 고의로 이를 삭제하지 않았다며 법적 책임을 인정했다.

37 정상규(2005), "사이버 명예훼손의 제문제", 〈언론중재〉 2005. 여름. 55쪽. 영국의 케이스는 대부분 이 글을 요약한 것임을 밝힌다.

(4) 일본

일본의 경우 인터넷 명예훼손 등 각종 권리침해 행위에 대한 온라인 서비스제공자의 법적 책임을 규율하는 '특정전기통신 역무제공자의 손해배상 책임제한 및 발신자정보 개시(開示)에 관한 법률(이른바 '프로바이더 책임제한법'이라 부른다)을 제정, 2002년 5월부터 시행하고 있다. 이 법 역시 독일의 텔레서비스법처럼 ISP의 법적 책임에 대한 일반조항의 성격으로, 저작권 침해나 명예훼손 또는 기타 불법행위에 모두 적용된다.[38]

이 법은 제1조에 권리를 침해당한 자가 ISP에게 발신자 정보의 개시를 청구할 수 있는 권리(쉽게 말하면, 야후 사이트에 불법 게시물이 올라왔다면 야후 측에 게시물을 올린 사람에 관한 정보를 요구할 수 있는 권리)를 보장하고, ISP의 손해배상책임을 제한하는 것을 목적으로 하고 있다고 밝히고 있다.[39] 익명 또는 가명으로 명예훼손적 글을 올리는 등 불법행위를 한 사람을 찾아내 소송 등을 제기하기 위해선 그 사람에 대한 정보를 가장 많이 알고 있는 서비스제공자의 협조를 받는 것이 가장 현실적인 방법이다.[40] 그러나 발신자정보는 통신의 비밀로 보호돼야 하기 때문에 정당한 이유 없이 제공돼선 안 된다. 이에 따라 이 법의 4조에선 발신자 개시청구권의 요건으로 ① 개시를 청구하는 자의 권리가 침해된 것이 명백할 때, ② 발신자 정보의 개시를 청구하는 자의 손해배상 청구권의 행사를 위하여 필요한 경우, ③ 기타 발신자 정보의 개시를 받을 정당한 사유가 있을 때로 한정하고 있다.

온라인서비스제공자의 법적 책임은 제한적으로 '인정'하고 있다. 일본 역시 독일과 마찬가지로 '인지가능성'과 '기술적 기대가능성'을 ISP의

---

38 정상우 (2007) 앞의 책, 85쪽.

39 황태정(2005), "정보통신서비스제공자의 책임에 관한 비교법적 고찰", 〈인터넷법률〉 제28호, 법무부, 49~52면 참조.

40 박용상(2008), 앞의 책.

법적 책임을 인정하는 가장 큰 요건으로 보고 있다. 즉 다른 사람의 권리를 침해하는 정보의 유통을 사전에 알고 있었고, 이를 방지할 조치가 기술적으로 가능하다면 배상책임을 져야한다는 것이다.[41]

특히 정보유통으로 다른 사람의 권리가 부당하게 침해됐다고 믿을 만한 상당한 이유가 있다면 이 정보를 차단해도 정보를 올린 사람이 ISP에게 법적 책임을 물을 수 없도록 했다. 이와 함께 권리침해적 피해자로부터 신고를 받은 ISP가 정보를 올린 사람에게 송신방지조치를 취하겠다고 통보하고 동의를 요청했는데 7일 동안 이의제기가 없을 경우 송신방지조치를 취할 수 있도록 했다. 신속하게 피해를 막자는 취지다.[42]

---

41 법조문을 소개하면 다음과 같다. 제3조(손해배상책임의 제한) ① 특정전기통신에 의한 정보유통에 의해 타인의 권리가 침해된 경우 당해 특정전기통신의 이용에 공한 특정전기통신설비를 이용하는 특정전기통신 역무제공자(이하 '관계역무제공자')는, 이에 의해 발생하는 손해에 대해 권리를 침해한 정보의 불특정인에 대한 송신을 방지할 조치를 강구하는 것이 기술적으로 가능한 경우, 다음 각호에 해당하는 경우가 아니면 배상책임을 지지 않는다. 단, 당해 관계역무 제공자가 당해 권리를 침해한 정보의 발신자인 경우에는 이에 해당하지 않는다.
1. 당해 관계역무 제공자가 당해 특정전기통신에 의한 정보의 유통에 의해 타인의 정보가 침해되고 있다는 사실을 안 경우
2. 당해 관계역무 제공자가 당해 특정전기통신에 의한 정보의 유통을 안 경우에 있어, 당해 특정전기통신에 의한 정보의 유통에 의해 타인의 권리가 침해되고 있는 사실을 알 수 있었다고 인정할 만한 상당한 이유가 있는 경우〔이상 황태정(2005), 앞의 글 50쪽에서 재인용〕

42 법조문은 다음과 같다. 제3조(손해배상책임의 제한) ② 특정전기통신 역무제공자는 특정전기통신에 의한 정보의 송신을 방지하는 조치를 강구한 경우, 당해 조치에 의해 송신이 방지된 정보의 발신자에게 발생한 손해에 대해서는, 당해 조치가 당해 정보의 불특정인에 대한 송신을 방지하기 위해 필요한 한도 내에서 행해진 것인 경우, 다음 각호에 해당하는 때에는 배상책임이 없다.
1. 당해 특정전기통신 역무제공자가 당해 특정전기통신에 의한 정보의 유통에 의해 타인의 권리가 부당하게 침해되고 있다고 믿을 만한 상당한 이유가 있는 경우
2. 특정전기통신에 의한 정보의 유통에 의해 권리를 침해당한 자로부터 당해 권리를 침해한 정보(이하 '침해정보'), 침해된 권리 및 권리가 침해된 이유(이하 '침해정

(5) EU

EU의 경우 2000년 '역내시장에서의 전자상거래에 관한 특정 법률문제에 관한 Directive(*E-Commerce Directive* 또는 전자상거래 지침으로 약칭)'에서 ISP의 책임에 관한 구체적인 조항을 두고 있다. 특히 미국의 DMCA와 마찬가지로 통지 및 복원 절차를 규정해 ISP에 대한 법적 책임을 제한하고 있는 것이 특징이다. 물론 DMCA가 저작권 침해만을 대상으로 하지만 전자상거래 지침은 저작권, 상표권, 명예훼손, 음란물 유통 등 모든 유형의 불법행위에 적용된다는 점에서 차이가 있다. DMCA처럼 전자상거래지침도 ISP가 콘텐츠를 감시할 일반적인 의무, 불법적인 활동을 나타내는 사실이나 정황을 적극적으로 추적할 의무는 없다고 규정하고 있다(15조). 특히 이 법은 ISP가 전송이나 네트워크 전송서비스 등 단순한 통로(*mere conduit*) 역할을 했을 경우(12조), 한 수용자가 다른 수용자로의 정보전송을 위해 일시적 정보저장(*caching*)을 했을 경우(13조)에는 ISP가 불법 콘텐츠에 대한 법적 책임을 지지 않도록 했다.

또 ISP가 뉴스그룹 등 서비스이용자의 요청에 의해 그들이 생산한 정보를 저장하는 행위(*hosting*)를 한 경우 ① 불법적인 활동이나 정보를 현실적으로 인식하지 못하였을 때와 불법적인 활동이나 정보가 명백하다고 볼 만한 사실이나 정황을 모를 때, ② 불법적인 활동이나 정보에 관해 현실적으로 인식했거나 그러한 활동이나 정보가 명백하다고 볼 만한 사실이나 정황을 알고 신속하게 삭제하거나 그에 대한 접근을 방지했을 때는 저장된 정보로 인해 책임지지 않도록 해야 한다고 규정하고 있다.

보 등')를 제시해 당해 특정전기통신 역무제공자에 대해 침해정보의 송신을 방지하는 조치(이하 '송신방지조치')를 강구할 것을 요구하는 신청이 있는 경우, 당해 특정전기통신 역무제공자가 당해 침해정보의 발신자에 대해 당해 침해정보 등을 제시해 당해 송신방지조치에 대한 동의 여부를 조회하였으나 당해 발신자가 조회를 받은 날로부터 7일 이내에 송신방지조치에 대한 이의를 제기하지 않은 경우〔이상 황태정(2005), 앞의 글 50~51쪽에서 재인용〕

지금까지 간략히 살펴본 바와 같이 인터넷서비스제공자(ISP)에 대한 외국의 입법례와 판례들의 지향점은 어느 정도 분명해 보인다. 미국을 제외하고는 ISP에 대한 완전한 면책을 주는 것에 대해서는 반대하며 ISP에게 일정 정도의 법적 책임을 부여하고 있다. 단지 표현의 자유를 보호하기 위해 ISP에 대한 적극적인 규제에는 고개를 돌리며, ISP의 책임을 덜어줄 수 있는 여러 장치들을 두고 있다. 이는 미국의 CDA 제정 목적에서 보이듯 이제 성장단계에 들어선 인터넷 산업의 발전과 사상의 자유시장으로서 표현의 자유를 촉진시키기 위한 배려인 것으로 보인다.

물론 일본의 경우처럼 '발신자정보 개시'에 초점을 두면서 인터넷 피해자 구제에 대한 정책적 배려를 구체화한 입법례도 있고, 대부분의 국가에서 ISP가 권리침해적 내용물에 대한 통지를 받으면 이에 대한 대응조치를 취하도록 의무를 지우는 통지 및 제거 시스템을 도입하는 등 ISP의 책임을 명백히 하면서 동시에 책임을 제한해 주는 입법도 동시에 이뤄지고 있다. 결국 인터넷 산업의 육성과 표현의 자유의 보호, 이에 맞서는 개인의 권리보호라는 두 가지 법익 간 균형을 맞추려는 노력을 하고 있다.

3) 한국의 포털 규제 법안

인터넷이 나오기 이전 현재의 포털과 유사한 형태의 서비스를 제공한 것은 1990년대 초반부터 서비스를 시작한 이른바 'PC통신'이었다. PC통신의 대표적 회사로는 천리안과 하이텔, 나우누리를 들 수 있는데 1997년 11월경 천리안의 경우 유료가입자가 100만 명에 이를 정도로 번성했으나 인터넷의 출현 이후 급격히 쇠퇴했다. 대부분의 언론사와 잡지사들이 PC통신에 뉴스를 유료로 제공했다. 또 PC통신은 중앙통제방식의 온라인서비스로서 현재의 인터넷포털과 유사한 점이 많다. 그러나 당시 PC통신은 지금의 인터넷사업자와 마찬가지로 전기통신사업법상 부가통신사업자였으나 뉴스보도 매개행위에 대한 규율은 거의 없었다. 당시의 PC통신은 지금의 인터넷 포털과 같은 영향력이나 어젠다세팅 기능이 미미했기 때문이기도 했지만, PC통신의 경우 '언론'보다는 '통신'으로 인식됐기 때문이었다. 정부 역시 PC통신에 대한 규제를 통신에 대한 규제라는 측면에서 접근한 측면이 강했다.

인터넷 태동기의 낙관적 전망과는 달리 시간이 흐르면서 사이버 불링(*cyber-bullying*) 이나 명예훼손과 같은 사이버폭력과 저작물 불법복제 등 부작용이 나타났다. 정부와 국회는 지금까지 다뤄보지 못한 이러한 생소한 문제들을 입법적으로 해결하기 위해 여러 가지 시도를 했다. 또 국회와 정부가 내놓은 정책대안들은 대부분 기존의 법안들을 강화하는 것이었고, 나아가 포털 등 ISP의 책임범위를 넓히는 방향으로 발전했다. 권헌영 광운대 교수는 한국 인터넷 규제의 특성으로 과감하고도 강력한 규제방식, 사업자를 통한 간접적 규제방식의 선호, 다양한 행정규제 방식의 선호 등 3가지를 꼽고 있다. 사안별로 간단히 요약해 보자.

(1) 포털의 법적 지위

현행법상 포털사이트에 대한 법적 지위는 다소 불명확한 상태이다. 가장 많이 원용되는 규정은 정보통신망법의 '정보통신서비스제공자'로서의 규정이다. 이 법 제 2조 제 1항 제 3호에선 "'정보통신서비스제공자'라 함은 제 2조 제 1항 제 1호의 규정에 따른 전기통신사업자와 영리를 목적으로 전기통신사업자의 전기통신역무를 이용해 정보를 제공하거나 정보의 제공을 매개하는 자를 말한다"고 규정하고 있다. 또 이 법 44조 5에 의한 게시판사용자의 본인확인 규정과 같은 법 시행령 제 22조의 3 제 2항 제 1호도 거론된다. 이 조항에선 '정보통신서비스 제공자 중 본인확인조치 의무자의 범위'를 정하면서 포털서비스를 "다른 인터넷 주소·정보 등의 검색과 전자우편·커뮤니티 등을 제공하는 서비스"로 규정하고 있다. 그러나 이 조항은 포털뿐 아니라 다른 인터넷 사이트도 포괄할 수 있어 포털에 대한 법적 규정으로는 미흡하다.

포털의 언론으로서의 법적 지위는 점차 인정되는 추세다. 포털은 신문법(신문 등의 진흥에 관한 법률)에서 규정한 '인터넷 언론'의 범주에 포함되지 않는다. 제2조 제5호는 인터넷신문을 "컴퓨터 등 정보처리능력을 가진 장치와 통신망을 이용해 정치 경제 사회 문화 시사 등에 관한 보도 논평 여론 및 정보 등을 전파하기 위해 간행하는 전자간행물로서, 독자적 기사생산과 지속적인 발행 등 대통령령이 정하는 기준을 충족하는 것"으로 정의하고 있다. 이 법의 시행령에서 말하는 기준이란 취재 및 편집 인력 3명 이상을 보유하고 자체적으로 기사의 30% 이상을 생산해야 한다는 것이다. 포털은 자체적으로 기사를 생산하지 않으므로 현행신문법에서 말하는 일반적 의미의 언론에서 제외된다.

그러나 2009년 7월 31일 개정된 신문법은 포털의 뉴스서비스 부분만을 따로 떼어내 인터넷뉴스서비스 사업자로 규정했다. '인터넷언론'으로 규정할 수는 없지만 광의의 언론으로 인정한 것으로도 볼 수 있다. 물론 이는 포털의 법적 사회적 책임을 강조하기 위해 포털을 일반언론을 규율하는 법률인 신문법의 체계에 포함시킨 것이다. 신문법 제2조 5항과 6항은 신문, 인터넷뉴스, 뉴스통신, 방송 및 잡지 등의 기사를 인터넷을 통해 계속적으로 제공하거나 매개하는 전자간행물을 '인터넷뉴스서비스'라 명명하고, 이를 경영하는 자를 '인터넷뉴스서비스 사업자'라고 규정했다. 대신 이 법 제10조에 인터넷뉴스서비스 사업자의 준수사항 항목을 두고, 다양한 규제장치를 도입했다. 특히 포털의 자의적 편집과 제목수정을 막기 위한 장치들이 망라됐다. 이 법에 따르면 인터넷뉴스 사업자는 ① 기사 배열의 기본방침과 기사배열의 책임자를 공개해야 하고, ② 독자적으로 생산하지 않은 기사의 제목이나 내용을 수정할 경우 해당 기사를 공급한 자의 동의를 받도록 했다. ③ 기사와 독자가 생산한 의견 등을 혼동되지 않도록 대통령령이 정하는 바에 따라 구분해 표시해야 하고, ④ 제공받은 기사의 제목 내용 등의 변경이 발생해 이를 (새로운 기사로) 재전송 받으면 즉시 이 기사로 대체해야 한다.

또한 이 법과 함께 국회는 2009년 포털을 언론중재 대상에 포함시키는 것을 주 내용으로 한 '언론중재 및 피해구제 등에 관한 법률'(언론중재법) 을 통과시켰다. 명예훼손적 기사를 포털이 게재한 경우 해당 언론사뿐 아니라 직접 포털을 상대로 언론중재위원회에 내용의 정정 등 중재를 요청할 수 있도록 한 것이다. 이 법 역시 포털이 언론은 아니지만 사회적 영향력에 맞는 책임을 부여해 피해구제의 실효성과 신속성을 높이려는 목적으로 도입됐다. 피해구제의 실효성을 높이기 위해 언론중재법은 '전자기록 보관' 조항도 신설했다. 배열에 대한 기록을 남겨 피해구제의 증거로 삼기 위한 의도다. 제 15조 8항에서 "인터넷뉴스 사업자는 대통령령으로 정하는 바에 따라 인터넷신문 및 인터넷뉴스서비스 보도의 원본이나 사본 및 그 보도의 배열에 관한 전자기록을 6개월간 보관해야 한다"고 규정한 것. 보관내용에는 피해정도 측정과 정정보도문 게재 등에 참고할 수 있도록 기사제목과 제공언론사, 배열위치, 최초 노출된 시각 및 삭제된 시각이 포함된다. 이 조항은 종이신문이 판별로 보관되는 것을 준용한 조항으로 볼 수 있다. 그러나 일각에선 비용 등의 면에서 현실을 고려하지 않은 무리한 조치로 포털에 과중한 부담을 줄 것이라는 견해도 있다.

물론 이 법은 언론기사에만 적용될 뿐 인터넷 댓글이나 블로그, 인터넷카페, 공공기관 홈페이지 등은 적용되지 않는다. 정정보도 신청은 해당 보도가 있었음을 안 날로부터 3개월 이내에 해야 하며, 보고가 나간지 6개월이 지나면 신청할 수 없다.

(2) 정보통신망법과 임시조치

현행 정보통신망 이용촉진 및 정보보호 등에 관한 법률(정보통신망법) 에선 제 44조 2 '정보의 삭제요청' 조항을 두고 인터넷상에서 사생활 침해나 명예훼손 등 권리를 침해당했을 경우 정보통신서비스 제공자가 소명자료와 함께 삭제요청을 할 수 있도록 하고, 이 경우 통신서비스제공자는 지체 없이 해당정보를 삭제하는 등의 필요한 조치를 취하도록 규정하고 있다.

이 제도는 앞서 살펴 본 것처럼 1998년 미국 DMCA(*Digital Millennium Copyright Act*)에서 선보인 '통지후 삭제'(*notice and takedown*) 제도를 우리 역시 도입한 것으로, 우리나라의 저작권법에서도 채택하고 있는 제도다. 이 제도는 2001년 1월 16일 정보통신망법을 개정하면서 최초로 입법화했다. 현재는 포털연합체인 한국인터넷자율정책기구(KISO)에서 정보통신망법과 저작권법상의 임시조치에 대한 정책과 가이드라인 등을 개발, 제시하고 있다.

특히 이 법은 제44조 2의 4항에 정보통신서비스제공자는 정보의 삭제요청에도 불구하고 권리의 침해여부를 판단하기 어렵거나 이해당사자 간에 다툼이 예상되는 경우 해당 정보에 대한 접근을 임시적으로 차단하는 조치를 30일 이내에 할 수 있도록 규정하고 있다. 다시 말해 인터넷 상에서 인격권 침해가 있을 경우 피해자의 신청이 있으면 일단 더 이상의 피해 확산을 막기 위해 삭제나 접근차단 등의 '임시조치'를 취하도록 명문화한 것.

또 정보통신망법 제44조 2의 6항은 정보통신제공자는 자신이 운영 관리하는 정보통신망에 유통되는 정보에 대해 제2항(해당정보의 삭제요청)에 따른 필요한 조치를 하면 이로 인한 배상책임을 줄이거나 면제받을 수 있다고 규정하고 있다. 신속한 구제를 할 경우 인터넷서비스제공자의 책임을 덜어주자는 취지로, 포털들이 '통지후 삭제' 제도의 시행에 적극성을 띠도록 유도하기 위한 장치라고도 볼 수 있다. 이는 사실 미국의 통신품위법(CDA)에서 도입한 '착한 사마리아인' 조항을 도입한 것이다. 모욕적인 콘텐츠에 대해 사이트 운영자가 엄밀한 법적 판단이 없더라도 피해구제라는 '선한 의도'에서 일단 금지(*blocking*)와 차단(*screening*)을 할 수 있도록 한 것이다.

(3) 임의의 임시조치와 일반적 상시적 감시 의무

한편 이 법 제44조 3항에선 '임의의 임시조치'도 허용하고 있다. 즉 정보통신서비스제공자가 자신이 운영관리하는 정보통신망에 유통되는 정보가 사생활침해 또는 명예훼손 등 타인의 권리를 침해한다고 인정되면 임의로 임시조치를 취할 수 있다고 규정한 것. 또 이 법 제44조에선 정보통신서비스제공자는 자신이 운영관리하는 정보통신망에 사생활 침해 또는 명예훼손 등 타인의 권리를 침해하는 정보가 유통되지 않도록 노력해야 한다고 규정하고 있다.

이 두 조항은 피해자의 요청이 없더라도 삭제 등의 임시조치를 허용하는 것으로 해석해야 하느냐로 논란이 있다. 뒤에서 살피겠지만 대법원 판례들에서도 주요 쟁점으로 부각된 문제다. 특히 이 문제는 포털에게 일반적이고 상시적인 모니터링 의무를 부여하는 것이냐는 문제와도 연결된다.

황창근 홍익대 법대교수는 이에 대한 입장을 긍정설과 부정설, 그리고 절충설 3가지로 분류했다.

긍정설의 입장에선 법조문의 문맥을 문리적으로 해석한다. 법 제44조, 44조의 3, 약관을 근거로 신청이 없는 경우에도 임시조치를 허용할 수 있다고 본다. 이 같은 논리는 포털이 권리침해적 콘텐츠가 유통되지 않도록 노력해야 할 의무가 있고, 이런 콘텐츠를 발견하면 (피해자의 요청이 없더라도) 임의적으로 임시조치를 취해야 한다는 것이다. 이런 노력을 하지 않을 경우 포털은 '주의의무' 위반 등의 법적책임을 져야 한다는 논리로 연결된다.

반면 부정설의 입장에선 신청 없는 삭제의무를 인정할 경우 ISP(포털)에 의한 사적 검열을 조장할 수 있다고 비판한다. 포털에선 법적 책임을 피하기 위해 과도하게 모니터링을 하고 사적 존재인 포털이 사실상 콘텐츠를 사전검열하는 결과를 야기할 것이라는 의미다. 뒤에서 살펴볼 '미니홈피 자살사건' 대법원 전원합의체 판결의 별개의견이 여기에 해당한다.

절충설은 특별한 사정이 있는 한, 다시 말해 인터넷서비스 제공자가 권리침해 정보가 유통되고 있는 사실을 명백히 알 수 있는 경우에는 삭제의무를 인정할 수 있다는 견해다. 이는 '미니홈피 자살사건' 대법원 판결의 다수 의견이 이에 해당한다. 이는 뒤에서 자세히 살펴보자.

(4) 한나라당의 정보통신망법 개정안

한편 한나라당 의원들은 성윤환 의원의 대표발의로 2008년 12월 28일 정보통신망 이용촉진 및 정보보호 등에 관한 법률개정안을 제출한다.

개정안의 주요내용은 사이버모욕죄의 도입과 불법정보 유통방지를 위한 모니터링체계 구축을 의무화하는 것이었다. 사이버폭력으로 연예인 자살사건 등이 잇따르자 논의되기 시작한 사이버모욕죄는 정보통신망을 이용해 공연히 사람을 모욕한 자에 대해 2년 이하 징역 또는 1000만 원 이하 벌금에 처하도록 규정하고 있다. 형법상의 모욕죄가 1년 이하의 징역 또는 200만 원 이하의 벌금형에 처하도록 한 것에 비해 대폭 처벌강도를 높인 것. 특히 형법상 모욕죄는 피해자 등의 고소가 있어야 검사가 공소를 제기할 수 있는 친고죄인데 비해, 사이버모욕죄는 반의사불벌죄로 피해자의 고소가 없어도 수사는 가능하나 피해자의 의사에 반해서 공소를 제기할 수 없도록 되어 있다.

또한 한나라당의 개정안은 정보통신서비스제공자에게 음란물, 명예훼손정보 등 불법정보의 유통을 방지하기 위한 모니터링을 실시하도록 의무화했다.

앞서 살펴본 대로 이 법 제 44조에선 정보통신서비스제공자는 자신이 운영 관리하는 정보통신망에 사생활침해 또는 명예훼손 등 타인의 권리를 침해하는 정보가 유통되지 않도록 노력해야 한다고 규정하고 있으나 다소 추상적 규정일 뿐 유통방지를 위해 필요한 조치는 제시되지 않은 것을 보완하는 조항이다. 따라서 포털 측에 이 조항을 이행하기 위한 구체적 수단으로 '상시적 모니터링' 의무를 부여했다. 이 조항도 '사업자에 대한 모니터링 의무부과는 사실상 인터넷을 감시하고 검열하는 제도'라는 반론이 제기되면서 논란이 일었다.

〈표 5-1〉 사이버 모욕죄 관련 범죄의 구성요건 등 비교

구분	개념 및 구성요건	소추요건	형량
사이버모욕죄 (정보통신망법 제 70조, 성윤환 의원)	정보통신망을 이용해 공연히 사람을 모욕(구체적 사실 적시없이 욕설이나 부적절한 표현 등 타인의 인격적 가치를 깎아내리는 추상적 경멸적 의사표시)한 자	반의시 불벌죄	2년 (벌금 1천만 원) 이하
모욕죄 (형법 제 311조)	공연히 사람을 모욕한 자	친고죄	1년 (200만 원) 이하
사이버명예훼손죄 (정보통신망법 제 70조)	사람을 비방할 목적으로 정보통신망을 통해 공연히 사실 또는 허위사실을 적시해 타인의 명예를 훼손한 자	반의사 불벌죄	사실적시: 3년 (2천만 원) 이하, 허위사실적시: 7년 (5천만 원) 이하
명예훼손 (형법 제 307조)	공연히 사실 또는 허위의 사실을 적시해 타인의 명예를 훼손한 자	반의사 불벌죄	사실적시: 2년 (500만 원) 이하 허위사실적시: 5년 (1천만 원) 이하
허위사실유포죄 (전기통신기본법 제 47조)	공익을 해할 목적으로 전기통신설비에 의해 공연히 허위이 통신을 한 자	특정한 피해자가 없어도 적용가능	5년(5천만 원) 이하

2. ISP의 법적 책임에 관한 쟁점과 판례들

ISP의 법적 지위나 제 3자의 게시물로 인한 법적 책임의 범위 등은 우리나라에선 여전히 논쟁적이다. ISP의 법적 책임에 관한 법리는 몇 차례의 판례를 통해 지속적으로 발전하고 있다. 큰 틀에서 보면 우리나라는 완전한 면책을 허용한 미국과 달리 일정한 조건하에 법적 책임을 인정하는 경향을 보이나, 이를 판단할 법적 기준이나 논거는 그다지 명쾌하지 않으며, 더 많은 판례의 축적을 필요로 하고 있다. 중요 판결들을 하나씩 살펴보자.

1) ISP와 배포자 책임

(1) 하이텔 팬클럽회원 비방 사건[43]

전자게시판에 제 3자가 올린 명예훼손적 글에 대해 ISP에게 법적 책임을 물을 수 있는지 여부에 대한 최초의 대법원 판결이다. 특히 법원은 ISP가 세 3자인 이용자의 콘텐츠에 의해 타인의 명예가 훼손된 사실을 알았다면 적절한 조치를 취할 관리의무가 있고 이를 어길 경우 배포자로서의 책임을 져야 한다는 것을 확인한 첫 판결이었다.

인기가수 박모 씨의 팬클럽 회원인 함모 씨는 1999년 1월 PC통신 하이텔의 전자게시판에 박 씨를 험담하는 내용의 글을 올린 안모 씨에게 자제를 요구하는 내용의 반박문을 올렸다. 그러나 안 씨가 오히려 자신을 "정신상태가 의심스러운 연예인 스토커, 기획자로부터 매수된 사람"이라고 비방하는 인신공격성 글을 계속 올리자 하이텔 측에 안 씨의 비방 글들을 삭제해달라고 요청했다. 하지만 하이텔 게시판 담당자는 "플라자에서는 여론조성을 할 수 있기 때문에 특별한 욕설이 들어있지 않

43 대법원 2001년 9월 7일 선고. 2001다 36801판결.

는 이상 삭제는 불가능하며, 부당하다고 생각하면 반론을 올리면 된다"면서 함 씨의 요구를 거절했다. 함 씨는 정보통신윤리위원회에 이 같은 안 씨의 글을 삭제해 달라고 요청했고, 정보통신윤리위원회는 심의결과 하이텔에게 시정조치를 취할 것을 요청했다. 함 씨는 그럼에도 하이텔이 안 씨의 비방글을 5~6개월간 방치하자 안 씨에 대한 민형사상 소송을 내면서 하이텔에 대해서도 함께 소를 제기했다. 이에 대해 1심법원(서울지방법원 동부지원 1999. 8. 18. 선고 99가소83281판결)은 원고의 청구를 기각했으나, 2심법원(서울지방법원 2001. 4. 27선고 99나74113판결)은 원고인 함 씨의 청구를 일부 인용, 위자료 100만 원을 지급하라고 판시했다. 대법원은 2001년 2심법원의 판결을 그대로 인정했다.

대법원은 "전기게시판을 설치, 운영하는 전기통신사업자는 그 이용자에 의해 타인의 명예를 훼손하는 글이 전자게시판에 올려진 것을 알았거나 알 수 있었던 경우에 이를 삭제하는 등의 적절한 조치를 취해야 할 의무가 있다"고 다음과 같이 판시했다.

> 하이텔의 공개게시판 플라자에 게재된 안 씨의 글들은 피고회사의 정보서비스이용약관 제 21조에 정한 '다른 이용자 또는 제 3자를 비방하거나 중상모략으로 명예를 손상시키는 내용인 경우'에 해당하고, 피고회사로서는 원고와 정보통신윤리위원회의 시정조치요구에 따라 그러한 글들이 플라자에 게재된 것을 알았거나 알 수 있었음에도 불구하고, 무려 5, 6개월 동안이나 이를 삭제하는 등의 적절한 조치를 취하지 아니한 채 그대로 방치함으로써 원고로 하여금 정신적 고통을 겪게 하였을 것임은 경험칙상 명백하므로, 피고는 특별한 사정이 없는 한 원고에게 위와 같은 전자게시판 관리의무 위반행위로 인한 손해배상책임을 져야한다.

3장에서 살펴본 미국의 케이스를 다시 떠올려 보자. 미국의 의회와 법원은 CDA(1996년)와 Zeran v. AOL(1997년) 판결을 통해 제 3자에 의한 명예훼손에 대해 ISP에게 면책의 우산을 씌어줬다. 반면 우리나라의 경우 ISP에 대해 첫 판례부터 법적 책임을 인정했다. 법원의 ISP에 대한 인식이 출발부터 다른 것이다.

그러나 이 판결은 다양한 각도에서 비판을 받았다. 우선 ISP가 지는 책임의 성질과 근거에 관해 명백한 언급이 없었고, 그 성립요건에 관해서도 뚜렷한 기준을 제시하지 않았다는 점이 도마 위에 올랐다.[44] 당시 시행중이던 정보통신망법에는 인터넷상의 명예훼손 피해자는 ISP에게 해당정보 삭제 등을 요청할 수 있고(44조 1항), 이 같은 요청을 받은 ISP는 즉시 필요한 조치를 취하도록(44조 2항) 규정했으나, 법원의 판결에는 이 규정에 관한 언급이 없었다는 것이다.[45]

또한 대법원은 이용자에 의해 타인의 명예가 훼손된 사실을 알았거나 알 수 있었을 경우 적절한 조치를 취해야 한다고 밝혔으나 이와 같은 관리의무의 근거나 법리를 명백히 언급하지 않았다. 이와 관련, 우리 법원은 미국의 법원에서 통용되는 보통법상의 '배포자 책임(*distributor responsibility*)'의 기준을 충실히 따른 것으로 보인다. 다시 말해 이 책의 제 3장에서 자세히 살펴봤듯 발행인(*publisher*)과 달리 배포자는 단순히 제 3자에 의한 명예훼손적 글을 전달 또는 전파하는 기능을 하므로 배포자가 이러한 글들이 '명예훼손적인 성격이라는 것을 알았거나 알아야 할 이유가 있을 경우에 한해' 법적 의무가 부여된다. 한국 대법원은 정보통신윤리위원회의 시정요구를 받은 하이텔이 명예훼손적 게시물의

---

44 박용상(2008), 앞의 책 1419쪽. 이하 이 판결에 대한 비판들은 박 변호사의 주장에 근거해 필자의 견해를 덧붙인 것임을 밝힌다.

45 정보통신망법 제 44조(정보의 삭제요청 등) ① 정보통신망을 이용해 일반에게 공개를 목적으로 제공된 정보로 인해 법률상 이익이 침해된 자는 해당 정보를 취급한 정보통신서비스제공자에게 당해 정보의 삭제 또는 반박내용의 게재를 요청할 수 있다. ② 정보통신서비스제공자는 제 1항의 규정에 의한 당해 정보의 삭제 등의 요청을 받은 때에는 지체 없이 필요한 조치를 취하고 이를 즉시 신청인에게 통지해야 한다.

존재를 알았는데 대응 조치를 취하지 않았기 때문에 배포자로서의 책임을 져야한다고 본 것이다.

이와 함께 이 같은 관리의무 소홀로 사업자의 책임이 추궁될 경우 사업자의 과도한 검열을 야기, 표현의 자유를 위축시킬 수 있다는 우려에 대해선 판단하지 않은 점도 문제점으로 지적된다. 사건 당시 하이텔 측이 게시판의 여론조성 기능을 강조하며 명예훼손적 글을 삭제하지 않은 점을 고려하면 더더욱 그렇다. 미국의 경우 Zeran 판결에서 ISP에 대해 배포자의 책임까지 면제시켜 준 이유도 과도한 사적 검열로 인한 위축효과가 발생하지 않을까 하는 우려 때문이었다.

마지막으로 제3자가 올린 게시물이 명예훼손에 해당하는지에 대한 판단을 ISP에게 맡기는 것이 적절한 것인지에 대한 근본적인 의문도 제기됐다. 특히 이 문제는 2009년 대법원이 서모 양 미니홈피사건 판결 이후에도 법원과 학계에서 정리되지 않은 가장 논쟁적인 이슈 중 하나다. ISP가 게시판에 제3자에 의해 명예훼손적 성격의 콘텐츠가 올려진 사실을 알았거나 알 수 있었던 사정이 있다면 무조건적으로 배포자로서의 책임을 져야 하는 것일까? 대법원은 이에 대해 구체적인 기준을 제시하지 않았고 또 다른 판례를 불렀다.

(2) ISP 책임범위에 대한 판단기준 — 청도군 홈페이지 사건[46]

2001년 4월 23일 경북 청도군 홈페이지 방명록란에 원고인 박모 씨가 공직생활 중 성추행과 금품수수에 관련됐다는 내용의 글과 박 씨에 관한 과거 일간지 신문기사 내용이 게시됐다. 익명의 이용자가 C의 명의로 올린 글이었다. 박 씨는 다음날인 24일 오전 이 같은 내용이 사실이 아님을 해명하는 글을 남겼다. 그러나 이날 오후 다시 청도군 홈페이지의 '칭찬합시다'란에 C의 글을 옹호하는 글들이 잇따라 게시됐다. 박 씨

46 대법원 2003. 6. 27선고. 2002다 72194 판결.

는 한 달 뒤 피고인 청도군에 내용증명을 보내 삭제를 요청했고, 청도군은 박 씨와 관련된 모든 게시물을 삭제했다. 그러나 청도군에서 박 씨에 대한 명예훼손적인 글이 올라온 사실을 안 것은 C 명의의 글이 올라온 23일 오후였다. 청도군 홈페이지 관리자도 이러한 박 씨에 대한 명예훼손적 글을 올려진 사실을 발견, 상사인 총무과장에게 보고했기 때문이다. 박 씨는 청도군이 명예훼손적 글이 게시된 것을 알았으면서도 자신이 삭제를 요청하기까지 50일가량 이를 그대로 방치했다며 청도군을 상대로 손해배상 소송을 제기했다.

1심과 2심재판부는 앞서의 '하이텔 팬클럽 회원 비방사건(이하 하이텔 판결)' 대법원 판례를 충실히 따랐다. 청도군이 박 씨의 삭제요구 이전에 명예훼손적 글들이 게시된 것을 알았거나 충분히 알 수 있었는데도 적절한 조치를 취하지 않았다면서 원고 박 씨의 청구를 일부 인정했다.

그러나 2003년 대법원 민사2부(주심 조무제 대법관)는 ISP의 법적 책임에 대한 종전 판례를 법리적으로 더욱 발전시킨 새로운 판례를 내놓았다. 대법원은 "단지 홈페이지가 제공하는 게시판에 다른 사람에 의해 제 3자의 명예를 훼손하는 글이 게시되고 운영자가 이를 알았거나 알 수 있었다는 사정만으로 항상 운영자가 그 글을 즉시 삭제할 의무를 지게 된다고 단정할 수 없다"고 판결했다.

조무제 재판관은 인터넷사업자에게 손해배상 책임을 묻기 위해선 "운영자에게 게시물을 삭제할 의무가 있음에도 불구하고 정당한 사유 없이 이를 이행하지 않는 경우여야 한다"면서 "삭제의무의 유무는 게시의 목적과 내용, 반론 또는 삭제요구의 유무 등 쌍방의 대응태도, 사이트의 성격 및 규모, 영리목적의 유무, 개방 정도, 운영자가 게시물의 내용을 알았거나 알 수 있었던 시점, 삭제의 기술적·경제적 난이도 등을 종합해 판단해야 한다"고 판시했다. 다시 말해 ISP가 명예훼손의 불법행위를 저지할 작위의무의 존재에 관해 종합적이고 구체적 검토가 사안별로 이뤄져야 한다는 것이다.

재판부는 이 사건 피고의 경우 비영리적인 데다 원고 박 씨의 공식 삭제 요구가 있자 바로 삭제한 점 등으로 보아 손해배상 책임이 있다고 보기 어렵다고 설명했다. 이 판결은 앞서의 하이텔 판결과 대법원이 다른 입장을 취한 것은 아니다. 두 판결의 차이점을 비교해 보자. 하이텔 판결에서 원고였던 하이텔은 영리목적 전자게시판인 반면, 청도군 사건에선 비영리 목적의 전자게시판으로 성격이 확연히 다르다. 또 하이텔은 삭제요구를 받고도 5, 6개월 방치했지만 청도군은 삭제요청을 받은 즉시 신속히 삭제했다. 하이텔 판결은 제3자가 올린 명예훼손적 게시물에 대해 ISP에 삭제의무를 부여해 책임을 추궁할 수 있는 길을 열었다면, 이 판결은 책임추궁을 위한 구체적인 판단 기준을 제시한 것으로 볼 수 있다.[47]

그러나 앞서의 하이텔 팬클럽 비방사건과 마찬가지로 삭제의무의 근거가 관계법령에 의한 것인지, 조리에 의한 것인지 밝히지 않아 논리구성에 문제가 있다는 비판이 제기됐다.[48] 그러나 이는 앞서 언급한 (구) 정보통신망법(2001년 전문 개정)이 시행되고 있었으므로 이 법 44조에서 정하고 있던 정보통신 서비스제공자의 삭제의무 관련규정을 대법원이 적시했다면 쉽게 해결될 사안이다.

이밖에 불법행위를 저지할 작위의무, 다시 말해 삭제의무의 범위 내지 삭제의무 위반기준의 내용이 다소 추상적이고 광범위해 구체적 사례에서 ISP가 실제 행위규범으로 적용하기 어렵다는 지적도 나온다.[49]

또한 박용상 변호사는 이 판결이 하이텔 팬클럽과 마찬가지로 ISP에게 삭제여부의 판단을 부여함으로써 제3자 간 사법상 분쟁에 관해 법원이 아닌 ISP에게 사법적 분쟁의 해결사로서의 의무를 부담시키고 있다

47 김기섭(2003. 11. 24), "판례 평석 : 인터넷상의 명예훼손과 온라인서비스제공자의 책임", 〈법률신문〉.

48 위의 글.

49 위의 글.

고 지적했다.[50] 가령 명예훼손 행위가 명확히 구분이 되지 않는 정보의 경우 해당인물은 삭제를 요구하고, 반대로 작성자는 명예훼손적 내용이 아니라고 주장한다면 ISP는 자신의 책임을 줄이기 위해 사법적 판단을 하게 된다. 그러나 명예훼손 해당 여부는 헌법상 보장하고 있는 표현의 자유와 상충되지 않도록 까다로운 사법심사의 과정을 거쳐야 하고, 이는 전문 법관으로도 판단이 쉽지 않은 일이다. 광운대 법대 권헌영 교수는 이 같은 상황을 '원치 않는 사법권력화'라고 진단한다.[51] 만약 ISP가 임의로 명예훼손 내용물이라고 판단해 삭제했으나 나중에 게시물 작성자가 소송제기 등을 통해 부당한 조치였음이 드러나면 ISP에게 불법행위 책임을 물을 수 있는지도 문제가 된다고 박 변호사는 지적했다. 미국에선 통신품위법에 '착한 사마리아인 조항'을 두어 ISP의 책임을 거의 무제한적으로 면해 주고 있다. 만약 이 같은 면책특권을 우리도 ISP에게 부여한다면, ISP는 명예훼손적 콘텐츠를 방치한 불법행위 책임을 피하기 위해 과도하게 삭제조치를 취해 표현의 자유를 위축시킬 것이라는 우려도 나온다.[52]

한편, 이 판결이 ISP의 책임을 한정적으로 파악한 것으로, 인터넷상 발언의 삭제는 예외적인 경우에 한해야 하고 게시물을 삭제하지 않고서는 피해자가 구제될 수 없는 예외적인 경우에만 ISP에게 삭제의무가 발생한다고 판단한 것으로 보는 견해도 있다.[53]

---

50 박용상 (2008), 앞의 글. 1421쪽.

51 권헌영, "법원의 판단으로 본 포털 뉴스서비스의 성격", 〈언론중재〉 2008 가을, 21쪽 각주.

52 박용상 (2008), 앞의 글.

53 장철익 (2004), "명예훼손에 대한 온라인서비스제공자의 손해배상 책임", 언론중재위원회 웹진 2004 봄. http://pac.or.kr/press/webzine/2004_spring/contents/2004_s_3.asp

2) 포털의 언론성 여부 — '전여옥 대 네이버'사건[54]

2005년 3월 8일 이명박 당시 서울시장이 자신에게 한 김현미 당시 열린우리당 대변인의 발언에 대해 불쾌감을 표시하는 발언을 하자 CBSi(기독교방송의 인터넷뉴스 제작 자회사)의 노컷뉴스팀은 이를 즉시 기사화했다. 그런데 노컷뉴스팀의 한 기자가 기사를 사이트에 올리는 과정에서 '김모 대변인'을 '전여옥 대변인'으로 잘못 입력했다(〈그림 5-1〉). 이 기사는 몇 시간이 흐른 후 포털사이트 네이버로 자동전송 됐다. 노컷뉴스 운영자와 네이버 운영자 사이에 이미 뉴스콘텐츠 공급계약이 체결돼 있었기 때문이다. 이 기사는 같은 날 오후 7시께 네이버 뉴스서비스란 중 '분야별 주요뉴스' 코너에 "이명박 시장 '전여옥, 말을 그리 함부로 하나'"라는 제목으로 게재됐다.

CBSi 측은 기사가 나간 지 1시간 가까이 지난 후 전 대변인을 '김현미 대변인'으로 수정했고, 네이버의 기사도 자동으로 수정됐다. 그러나 전 의원은 오보로 인한 명예훼손에 대해 배상하라고 소송을 냈다.

1심재판부인 서울남부지법은 2006년 9월 8일 "제3자의 게시물에 의한 명예훼손에 대한 배상책임은 언론사는 물론 이를 인터넷상에 게재한 포털업체에도 있다"며 ㈜CBSi는 물론 NHN에게도 500만 원을 전 의원에게 지급하라고 판결했다.[55] 이어 항소심재판부인 서울고법 민사13부에서도 원심을 그대로 인정했다. 포털의 언론으로서의 기능을 인정, 해당기사를 작성한 언론과 마찬가지로 손해배상 책임을 물은 첫 판결이었다. 재판부는 네이버가 국내 최대 포털사이트로 해당기사가 분야별 주요 뉴스난에 게재돼 파급효과가 큰 점, 이로 인해 원고가 오해에 따른 비난을 감수해야 했던 만큼 위자료를 지급해야 한다고 판시했다.

---

54 서울고법 2008. 1. 16 선고. 2006나92006 판결.

55 서울남부지법 2006. 9. 8. 2005가단18300판결.

(1) 포털의 언론성에 대한 판단

이 재판은 앞서의 두 판결과 마찬가지로 제 3자가 작성한 명예훼손적 게시물의 유통에 대해 ISP에게 법적 책임을 물을 수 있느냐는 점에서는 같다. 그러나 앞서의 두 사건과 성격이 전혀 달랐다. 앞선 판례들은 ISP가 이런 불법적인 게시글을 삭제하지 않고 방치한 것에 대해 책임을 물을 수 있느냐는 것이 쟁점이었지만, 이 사건은 기존 언론사의 '오보'를 게재해 유통시킨 책임을 포털에게 물을 수 있느냐는 것이었다. 문제가 된 콘텐츠는 앞서의 판례처럼 일반인들이 올린 비방적 성격의 글이 아니었다. 공신력을 지닌 언론사의 기사였고, 포털은 언론사와 라이선스 계약을 맺어 기사를 '구입'해 배포한 것이다. 법정에선 네이버가 명예훼손의 주체인 언론매체에 해당하는지 여부, 다시 말해 포털을 과연 언론으로 볼 수 있느냐가 가장 큰 쟁점으로 부각됐다.

네이버 측은 법정에서 "기사의 작성에 전혀 개입한 바가 없다. 그저 뉴스콘텐츠 공급계약에 따라 공급받은 기사를 게재했을 뿐"이라고 반박했다. 물론 기사제목 "이명박 시장 '전여옥, 말을 그리 함부로 하나' "는 네이비 측에서 작성해 올렸지만 이것 역시 노컷뉴스 측이 전송해 준 기사내용에 의존해 작성된 것일 뿐이므로 허위기사 게재에 따른 책임을 지울 수 없다고 주장했다.

포털의 언론성에 관한 판단은 항소심에서 본격적으로 도마 위에 올랐다. 항소심재판부인 서울고법 13민사부(재판장 조용구 부장판사)는 결론적으로 네이버가 "송고된 기사의 단순한 전달자에 그치는 것이 아니라 취재, 편집 및 배포기능을 두루 갖춘 언론매체에 해당한다"며 "피고들은 이 사건 기사의 작성 및 배포에 관여한 공동불법행위자로서 이 사건기사로 인해 원고가 입은 정신적 고통을 배상할 의무가 있다"고 판시했다. 재판부는 언론매체구성의 3요소인 취재, 편집, 배포 기능을 입증하기 위해 나름의 논리를 제시했다.

포털을 언론으로 봐야 한다는 것은 너무도 당연한 것이고, 이 책을 관

〈그림 5-1〉 네이버 뉴스박스에 올려진 이 사건 기사

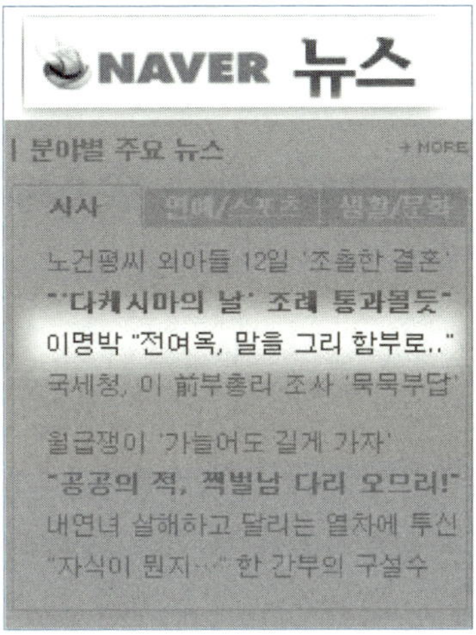

통하는 핵심주제 중 하나다. 그러나 법원이 제시한 법리는 언론실무로 보면 허점이 많고 다소 무리한 점이 없지 않다. 각 기능별 재판부의 판결요지를 살펴보고 비판해 보도록 하자. 다음은 서울고법의 판시 내용이다.

배 포 네이버는 100여 개의 유수한 언론사들과 제휴를 맺고 하루 평균 1만 건 정도의 기사를 제공받아 인터넷이라는 인프라를 통해 인터넷에 접속하는 누구에게나 그 기사를 전달하고 있다. 더욱이 그 게시하는 기사 밑에 댓글을 작성할 수 있는 공간까지 만들어 기사에 대한 관심을 유도하고 있고, 때로는 기사 자체의 내용을 넘어서는 정보교환 또는 여론 형성을 유도하고 있기도 하므로, 네이버는 기존의 어떤 언론매체보다 월등한 배포기능을 가지고 있다.

편 집 네이버는 언론사로부터 전송받는 기사들을 정치 사회 연예 등 분야별로 분류하고, 그 나름의 해석작업을 통해 속보성 화제성 정보성 등

의 기준에 따라 기사를 취사선택하여 분야별 주요 뉴스난에 배치한다. 언론사들로부터 전송받은 특정사안과 관련한 다수의 기사를 포괄적으로 표현할 필요가 있거나 위 주요 뉴스난의 공간적 제약으로 긴 제목을 축약할 필요가 있는 경우에는 기사의 제목을 변경해 붙이기도 하는 점에 비춰 네이버는 편집기능을 수행하고 있다.

취 재 네이버가 자체 취재인력 없이 제휴 언론사들로부터 공급받을 기사를 게시하는 역할에 머물고 있는 것은 인정된다. 그러나 급변하는 사회 내의 모든 정보를 한 언론사의 취재역량으로 모두 담아낼 수 없어 이를 보완하기 위해 기존 언론사들도 통신사라는 뉴스공급자로부터 뉴스를 공급받고 그와 같이 공급받은 뉴스에 대해 자사가 제공하는 지면 또는 전파에서 자사가 취재한 기사와 동등한 지위를 부여해 보도하고 있음에 비춰 네이버의 역할 역시 일종의 유사취재 개념에 포섭된다고 볼 수 있다. 사정이 이렇다면 인터넷포털사이트인 네이버는 송고된 기사의 단순한 전달자 역할에 그치는 것이 아니라 취재 편집 및 배포 기능을 두루 갖춘 언론매체에 해당한다.

법적 책임 판단 기준 법원은 결론적으로 "네이버가 원고에 대한 명예훼손 내용이 담긴 이 사건 기사의 제목을 적극적으로 특정 영역에 배치해 네이버에 접속하는 사람으로 하여금 이 사건기사에 쉽게 접근하게 한 이상" 해당 언론사인 CBSi와 함께 공동으로 손해배상책임을 부담해야 한다고 밝혔다. 이는 ① 명예훼손적 기사의 적극적인 특정영역 배치, ② 기사에 대한 접근성을 용이하게 했는지 여부 등 두 가지가 포털의 명예훼손 여부를 판단할 구체적 판단기준으로 제시된 것이다.

(2) 언론으로서의 책임법리에 관한 배경

이 판결의 가장 큰 특징은 포털에 대한 법적 책임을 묻기 위해 포털의 뉴스서비스를 '언론'으로 규정해 책임법리를 구성했다는 점이다. 앞서 두 판례에서 대법원은 제3자가 작성한 게시물에 대해 배포자로서 책임법리를 제시했다. 다시 말해 ISP가 불법행위(명예훼손적 콘텐츠의 게재)를 알거나 알 수 있었을 때 삭제의무가 발생하고, 이 같은 적절한 대응조치를 소홀히 한 책임(작위의무 위반)을 물어야 한다는 것이다. 그러나 이 판결은 포털사이트가 뉴스의 단순전달자 역할에 그치지 않고 취재, 편집 및 배포 기능을 갖춘 언론매체로서 뉴스제공 언론사들과 함께 공동불법행위자로서 손해배상 책임을 져야 한다는 법리를 펼쳤다.

서울고법의 이 같은 법리는 서울고등법원 언론전담재판부 부장판사 출신인 양삼승 변호사가 2005년 언론중재위원회의 정기세미나에서 발표한 논문에서 제시한 논리를 그대로 옮겨온 것이다. 양 변호사는 언론 내지 신문이 되기 위한 핵심적인 조건으로 '취재', '편집', '배포' 등 3가지 기능을 제시했다. 다음은 양 변호사의 주장 요지.[56]

> **배포**가 없다면 즉, 알릴 수 없다면 아무리 뛰어난 정보를 담고 화려한 편집을 거쳤다 하더라도 언론으로서의 주요 기능과 역할을 거의 할 수 없기 때문이다. 즉, 언론이 되기 위한 핵심요건에는 바로 배포의 기능이 담겨 있다고 할 수 있겠다. … **취재** 역시 기존의 방식을 보자면 각 언론사가 자체인력을 동원해 뉴스를 발굴하고 기사를 작성하는 것이 전통적 방법이라 할 수 있다. 그런데 자연히 사회가 복잡해시고 분야가 넓어지면서 자사 언론사소속 인력만으로 모든 정보를 취재한다는 것은 상당히 곤란할 수밖에 없다는 문제가 발생한다. 따라서 전통적 신문에서도 통신사 등을 통해 유료로 기사를 제공받는 제도가 있는데 이것이 바로 자체 인력으로 다 다루지 못하는 부분을 어느 정도 보완하는 제도로 마련돼 이미 정착돼 있는 것이다. 결국 모든 취재 역시 한 언론사가 독자적으로만 해야 한다는 개념 역시 변천될 수밖

56 양삼승(2005), "포털사이트의 뉴스서비스를 둘러싼 법제적 쟁점과 언론중재제도", 〈언론중재〉 제25권 제4호(통권101호), 36~37쪽.

> 에 없고 다른 언론사 또는 통신사가 취재 작성한 기사를 유상 또는 무상으로 공급받는 것도 넓게 보면 역시 취재에 해당된다고 볼 수 있을 것이다. 한편 **편집**은 정보의 취사선택, 배열, 뉴스의 해석 및 평가를 통틀어 설명하는 개념으로 볼 수 있다. 일반적으로 오프라인 신문 또는 방송에서는 편집회의가 자사의 면 또는 전파에 실을 내용을 다루는 가장 중요한 작업이 되고 있다. 실질적 내용에서 보면 편집이야말로 언론기능의 핵심이라 할 수 있다. 취재와 배포는 편집을 하고 이를 알리기 위한 부수적인 기능으로 볼 수 있다. 즉, '취사선택', '배열', '해석'이 편집에 있어 가장 핵심적인 개념이며 언론 및 언론사의 정체성을 나타내는 것이고 언론의 핵심적 기능이라 할 수 있다.

이 같은 개념 규정 아래 양 변호사는 포털사이트의 뉴스서비스를 이 개념에 대입한다. 배포의 측면에서 포털사이트의 경우 인터넷의 주요특징인 '강력한 전파력'에 기반해 기존의 어떤 언론사보다 월등한 배포 능력을 가지고 있다고 보았다. 취재 측면에선 전통적인 취재개념과 정확히 일치하진 않지만, 다소 확장적으로 해석해 '유사취재'라는 개념을 도입할 수 있다고 보았다. 자체 취재인력 없이 제휴된 언론사의 기사를 공급받아 게시하는 역할에 머물고 있기 때문에 취재의 기능이 없다는 평가를 내릴 수도 있지만 현재의 언론사들도 모든 정보를 자체취재해 보도하지 않는다면서 '통신사의 비유'를 들어 유사취재의 개념을 설명한다.

> 통신사로부터 공급받은 뉴스 역시 기존언론에서 자사가 제공하는 지면 또는 전파에서 자사 기자가 취재해 온 기사와 동등한 지위를 부여하고 있음을 볼 때, 비록 포털사이트의 경우 전통적 언론의 취재라는 부분과 정확히 들어맞지 않지만 일종의 유사취재로 볼 수 있으며, … 포털사이트의 뉴스서비스 역시 넓은 의미에서 취재를 하고 있는 것으로 판단해 볼 수 있을 것이다.

편집의 경우 공급받은 기사의 제목 수정, 공급받은 기사의 취사선택 및 배치 등을 결정하고 나름의 해석작업을 통해 기사의 중요도를 평가 배열하는 기능을 하는 만큼, 기존 언론사만큼 이 같은 기능이 정형화돼 있고 확실한 편집규칙이나 기준에 의해 이루어지는 것은 아니지만 편집이라 부를 수 있을 만큼의 기능을 하고 있다고 주장했다. 양 변호사는 이 같은 논리를 통해 "결국 포털을 언론으로 보는 것이 합리적"이라고 결론을 내린다.

그러나 이 같은 서울고법과 양 변호사의 견해는 법조계 내부와 학계 등에서 많은 논란을 야기했다.

(3) 언론의 책임법리 구성이 필요한가

가장 먼저 대두되는 비판은 포털의 뉴스서비스로 인한 권리침해를 구제하기 위해 포털을 언론으로서 규정하는 언론책임의 법리가 필요한가 하는 점이다.

법원은 포털사이트가 언론매체에 해당한다고 보면서 뉴스제공 언론사들과 공동불법행위자로서 손해배상 책임을 부담한다고 판시했다.

그러나 권헌영 광운대 법대교수는 앞서의 하이텔 팬클럽 비방사건 판결과 청도군 홈페이지 사건 판결 등에서 대법원이 보여준 인터넷포털의 일반적 책임법리, 즉 배포자로서의 책임법리로서도 충분히 규율이 가능하다고 지적한다.[57] 포털의 뉴스서비스는 제 3자에게 일반적으로 글의 게시가 허용된 것이 아니다. 포털이 스스로의 통제하에 기사 채택여부를 결정한다. 따라서 포털의 뉴스서비스는 인터넷사업자의 배포자로서의 책임요건인 '알거나 알 수 있었던 때'에 해당한다는 것이다.[58]

---

57 권헌영, 앞의 글 30~31쪽.

58 필자는 이 주장에 대해 부분적으로 설득력이 있지만 다소 문제가 있다고 본다. 포털이 언론사에 보내온 명예훼손적 기사를 게재했을 경우 피해자의 신고가 없이 게재한 사실만 가지고 배포자 책임이 발생하는지 여부는 논란의 여지가 많다. 포털이 게이트키핑을 한다고 그 기사가 명예훼손적 내용임을 '알거나 알 수

한편 포털을 기존 언론사와 동일한 기준으로 규율할 경우 발생하는 지원과 규제의 불균형도 문제점으로 지적된다. 포털과 가장 근접한 형태라고 할 수 있는 인터넷신문의 경우 신문법에 따라 기존 오프라인 신문상에서 적용된 것과 동일한 '언론규제 정책'이 적용되지만, 동시에 동일한 '언론지원 정책'도 적용된다.[59] 일례로 언론지원 정책과 관련해선 인터넷 신문은 신문발전기금의 지원대상에 포함되지만, 언론중재법상의 언론중재제도도 전면적으로 적용된다. 반면 포털은 현행법상 언론매체로서의 편집권, 즉 편집의 자유와 독립이나 발전기금의 혜택을 전혀 받지 못한다. 때문에 "포털사이트의 언론매체로서의 권리는 인정하지 않으면서 의무와 책임만을 부과하려고 하는 것은 신문법 개정이나 방송법의 개정을 위한 입법론으로서는 검토"될 수 있겠으나 무리하고 불합리한 법해석이라는 지적이 나온다.[60]

(4) 법리 구성은 타당한가

법원은 포털이 단순한 전달자에 그치지 않고 취재, 편집, 배포 기능을 두루 갖춘 언론매체로 보았다. 물론 취재, 편집, 배포를 언론사로서의 성격을 정의하는 3요소라는 논리는 앞서도 살펴보았듯 양삼승 변호사가 주장한 개념일 뿐 언론학에서 통용되는 개념으로 보기는 어렵다.

황성기 교수는 이와 관련, 포털이 전통적 의미에서의 언론인지를 가늠하는 기준으로 '독립적 취재 및 기사제작'과 '실질적·내용적 편집통

있었을 것'이라고 판단할 근거가 있을지 의문이기 때문이다. 이는 잠시 후 확인 의무 논란에서 다시 논의하자.

59 황성기(2007), 앞의 글. 신문법 제2조 제5호는 인터넷 신문을 "컴퓨터 등 정보처리능력을 가진 장치와 통신망을 이용해 정치·경제·사회·문화·시사 등에 관한 보도·논평·여론 및 정보 등을 전파하기 위해 간행하는 전자간행물로서 독자적 기사생산과 지속적 발행 등 대통령령이 정하는 기준을 충족하는 것"으로 정의하고 있다.

60 정상조(2009), "명예훼손에 대한 포털의 책임".

제권'을 든다.[61] 황 교수는 "독립적 취재 및 기사제작이란 자신의 인력과 예산을 투입해서 독립적 취재인력을 갖추고, 취재시스템을 통제함으로써, 자신만의 고유한 기사를 제작하는 것을 의미"한다고 설명한다. 또 '실질적 · 내용적 편집통제권(*editorial control*)'이란 "형식적인 정보매개를 넘어서서, 자신이 전달하는 정보의 내용에 자신의 일정한 이데올로기 내지 이념적 지향성을 담아내고 통제한다는 것을 의미"한다고 설명한다. 반대로 형식적 · 외형적 편집통제권은 이데올로기 내지 이념적 지향성이 배제된 편집통제권으로서 신문의 경우 기사배치나 크기, 제목, 섹션별 분류 등의 외형적이고 형식적 측면을 결정하고 통제하는 것을 말한다. 황 교수는 포털의 경우 자체 뉴스취재와 제작을 하지 않고, 뉴스 매개기능에 그칠 뿐 이념적 지향성을 전제로 편집하는 것이 아니므로 전통적 의미의 언론으로 볼 수 없다고 결론 내린다.

사실 이 같은 황 교수의 견해는 양 변호사나 서울고법의 언론성 개념과 마찬가지로 더 설득력이 부족하다. 특히 논란이 되는 것은 '편집통제권'에 관한 개념 규정이다. 이념적 이데올로기적 지향성을 전제로 해야만 실질적 · 내용적 편집통제권이 행사되는 것이고 기사 크기나 배치, 제목 등의 외형적 편집통제권 행사는 전통적 의미의 언론으로 보기 어렵다고 황 교수는 주장한다. 그러나 신문제작의 현실은 황 교수의 주장과 전혀 다르다. 신문의 경우 편집국장의 가장 큰 역할은 그 날의 여러 기사의 뉴스밸류를 판단해 톱기사 등 지면 배치를 하고, 주요 기사의 제목을 관장하는 일이다.

황 교수는 이 같은 반론을 의식한 듯 "제목을 어떻게 뽑고 기사를 어떻게 배치하느냐의 문제 이면에는 그 신문이나 방송이 지향하는 이념적 지향성이 개입돼 있는 경우가 많아 내용적 편집통제권과 형식적 편집통제권을 명확히 구분하기 어려운 경우도 많다"고 다소 완충적 입장도 보

---

61 황성기(2007), 앞의 글.

였다. 그러나 각 언론사별로 이념적 편향이 있을 수 있지만, 이데올로기의 유무로 언론의 편집통제권을 구분하는 것에는 동의할 수 없다. 가령 한국선수가 올림픽에서 금메달을 딴 기사와 대형사고로 큰 인명피해가 난 사고기사를 배치할 때 이데올로기가 개입될 여지는 거의 없기 때문이다.

나아가 황 교수는 포털이 기존 방송사의 뉴스서비스를 전달 또는 매개하는 기능을 할 뿐 실질적·내용적 편집통제(*editorial control*)권을 행사하는 것은 아니라고 주장했으나, 이 역시 논란의 소지가 있다. 필자가 제 3장과 4장에서 주장했듯 포털은 나름의 헤드라인 저널리즘을 행사한다. 예를 들면 언론사들이 올린 제목을 그대로 게재한다고 해도, 많은 언론사들의 동일한 사건을 다룬 기사 중 어떤 시각에서 작성한 기사를 초기화면의 뉴스박스 또는 각 섹션에 올려 독자들에게 소개하느냐 역시 중요한 편집통제권 행사로 볼 수 있다. 중요 사건의 경우 언론사별 기사를 일목요연하게 편집해 보여주는 서비스 역시 편집통제권을 행사한 것으로 봐야 한다.

한편 황 교수는 미국의 배포자 책임론에 기인한 서점의 사례를 들어 형식적 편집통제권을 반박한다. 서점운영자가 베스트셀러 도서들을 눈에 잘 띄는 곳에 배치한다는 등의 행위는 형식적 편집통제권이 인정되는 행위지만 이를 언론으로 보지 않는다고 주장한다. 그러나 이 비유 역시 적절치 않다. 보다 본질적으로 황 교수가 거론한 편집통제의 개념에 대해 재고해 봐야 한다. 황 교수가 지적한 외형적 편집통제권의 개념은 미국의 법리를 적용하면 '발행인'과 '배포자'로서의 책임 모델이 혼재돼 있다. 가령 제목수정이나 내용변경 등 콘텐츠를 변환시키는 행위는 미국의 경우 엄격하게 '발행인'으로서의 책임을 지운다. 미국의 경우 '편집통제를 했느냐' 여부는 발행인과 배포자로서의 책임여부를 가르는 중요한 기준이 된다.

제 2장에서 살펴봤지만 Stratton Oakmont, Inc. v. Prodigy Service

Co. 사건에서 뉴욕 지방법원은 "Prodigy 사의 경우 자사 사이트게시판에 올라오는 메시지나 내용물에 대해 편집권한(*editing control*)을 충분히 행사했기 때문에 발행인으로 봐야 한다"고 판시했다. Prodigy 사는 '안전한 인터넷'을 모토로 자신들의 사이트에 올라오는 모욕적 내용의 메시지에 대해 철저히 모니터링을 했다. Prodigy 사는 자신들이 배포자로 취급돼야 한다고 주장했지만 법원은 오히려 이 같은 모니터링 활동을 편집통제로 간주, 발행인으로서 배상책임을 물리는 불이익을 주었다. 법원은 "Prodigy의 이 같은 끊임없는 의식적인 선택(*choice*)은 편집권한을 행사해 상업적 이익을 얻으려는 목적 아래 이뤄진 것"이라고 판단했다. (콘텐츠의) 선택여부가 가장 중요한 편집통제권이라고 판단한 것이다. 이후 미국 의회와 법원은 인터넷 모니터링 등 선의의 편집통제권 행사를 보호하기 위해 통신품위법에 '선한 사마리아인' 조항을 도입했다.

또한 ISP(서비스제공자)의 ICP(콘텐츠 제공자)로의 전환여부에 대해 미국 법원의 입장이 갈라지는데 가장 중요한 쟁점은 '콘텐츠의 내용을 변환시키는 데 ISP가 얼마나 중요한 역할을 했느냐' 또는 '실질적으로 내용을 변환시켰느냐'이며, ISP의 이데올로기나 이념적 성향을 기준으로 삼지는 않는다.

필자는 비교적 오프라인 언론의 전통적 취재, 편집, 배포 개념에 포털을 대입한 법원과 양 변호사의 분석에 일부분을 제외하고는 동의하는 편이다. 필자는 포털이 지닌 월등한 배포능력에 대해선 제3장과 4장에서 이미 밝힌 바 있고 이를 포털의 언론성을 입증할 중요한 논거로 삼은 바 있다. 포털의 편집기능의 중요성 역시 이미 앞장에서 여러 차례 밝힌 바 있다.

포털의 편집기능과 관련, 포털의 뉴스서비스가 가치중립적이고 기계적이며 형식적인 방식으로 뉴스의 선택과 배열을 하고 있고, 기사의 내용을 전혀 변경하지 않으므로 뉴스내용을 알고 통제한다는 편집행위로 볼 수 없다는 지적도 있다. 그러나 포털에 의해 선택되지 않았다면 명예훼손적인 기사가 재공표되지도 않았고, 문제될 소지도 원천적으로 없었을 것이다. 특히 초기화면의 뉴스박스와 뉴스섹션에서 대부분의 포털이 편집통제를 하는 점을 고려하면 포털의 편집기능은 충분히 인정할 만하며 이에 대한 책임도 뒤따라야 할 것이다.

다만 취재의 경우 기존 언론사가 보충적 의미에서 통신사의 뉴스서비스를 이용하는 것을 '유사취재'라는 개념으로 포털에 적용하는 것은 다소 무리한 논리가 아닌가 한다. 오히려 개념을 확장해 포털이 자체적으로 기자를 고용하지는 않지만 포털에 기사를 공급하는 다양한 뉴스채널들이 사실상의 기자 역할을 하며 기사를 '생산'하고, 포털 편집자들은 일선기자(각 뉴스채널)들이 보내온 기사를 취사선택하는 언론사의 데스크 역할을 하므로, 포털이 '유사취재 기능'이 아닌 '유사뉴스(기사) 생산' 기능을 가지고 있다고 개념 규정하는 것이 더 타당하지 않나 생각한다. '취재'와 '뉴스생산'은 서로 연결된 유사한 개념으로 볼 수도 있다. 하지만 뒤에서 살펴보겠지만 오보(誤報) 방지를 위한 확인의무의 문제로 가면 사뭇 의미가 달라진다.

나아가 이 같은 '뉴스생산' 개념은 앞장에서 자세히 살펴봤듯 최근 포털이 UCC를 활용한 정보생산에 적극 나서는 점을 고려하면 더 개념적 타당성이 높아 보인다. 포털은 이미 언론사에서 저널리즘 훈련을 받은 기자들이 생산한 기사뿐 아니라 각 분야 전문가나 아마추어인 일반인들에게까지 블로그 섹션을 만들어 '정보로서 공표(*publish*)'하고 있고, 다음은 뉴스박스에까지 전문기자가 작성한 글과 블로그들이 작성한 글을 동등하게 취급해 게재하는 것을 생각해 보면 더더욱 그렇다. 기존 언론사의 기사와 블로그, 각종 생활정보 등이 '정보생산'의 카테고리 안에서 융합되는 현상을 고려하면 '유사취재'보다는 '뉴스생산', 전체 포털서비스로 확대해 나간다면 '정보생산'의 포괄적 개념 분류가 더 유용해 보인다.

(5) 포털에게 사실확인 의무가 있는가

이 재판의 숨겨진 쟁점 중 하나는 명예훼손 재판에서 핵심적 이슈라고 할 수 있는 상당성의 문제였다. 통상적으로 명예훼손 사건에서 피고인 언론사가 명예훼손적 보도를 할 당시 보도내용이 진실이라고 믿을 만한 상당한 이유가 있었을 경우 위법성이 조각(阻却)된다. 이 사건에서 NHN은 유명 언론사에게서 송고된 기사를 실질적인 내용변경을 가하지 않고 그대로 게재했다. 또 CBSi 등 언론사들과 언론사들이 송고하는 기사의 정확성에 대해선 언론사들이 책임을 진다는 콘텐츠 공급계약을 맺었다. 이 경우 포털에게 기사내용이 '진실이라고 믿을 상당한 이유가 있다'고 간주, 면책의 특권을 부여할 수 있을까. 이 문제는 결국 네이버 등 포털사이트가 언론사로부터 전송된 기사의 사실여부에 대해 독자적으로 확인할 의무가 있는지 여부로 귀착된다.

피고인 네이버 측은 "특단의 사정이 없는 한 확인의무는 없고, 언론사의 기사를 진실이라고 믿는 데 상당한 이유가 있다"고 주장했다.

이에 대해 서울고법 재판부는 NHN의 상당성 주장을 받아들이지 않았다. 그러나 재판부의 논거는 지극히 불충분한 것으로 앞으로도 법적 논란의 소지가 다분하다. 재판부는 "현대 정보통신사회에서 국내외의 뉴스가 인터넷포털사이트를 통해 거의 실시간 전달되는 현상에 비춰 인터넷포털사이트로 하여금 송신기사 모두에 대하여 확인작업을 요구하는 것은 인터넷포털사이트의 생명이라 할 수 있는 중요 정보 전달의 신속성을 해하게 될 우려가 있다"며 면책의 필요성은 인정했다. 법원은 그러나 범죄행위나 스캔들 내지 이와 관련된 사실의 보도는 물론 일반 국민의 관심을 끄는 정치인 발언에 대한 보도는 취재시간 제한이나 언론매체 간 과열경쟁으로 정평 있는 언론사의 기사라도 신뢰성을 담보할 수 없다는 이유로 NHN의 주장을 기각했다. 포털의 월등한 배포기능으로 인해 해당 인물에게 회복하기 어려운 중대한 피해를 야기할 우려가 있으므로 포털 측에 면책을 허용할 수 없다고 밝혔다.

이 같은 판시는 본질적인 결함들을 안고 있다. 가장 큰 문제는 포털에게는 자체 취재인력이 없기 때문에 오보 여부를 확인할 능력이 없다는 것이다. 능력이 없는 금치산자에게 병역 등 법적 의무를 다하지 않았다고 형벌을 가하는 것과 다름없는 논리다.

법원은 유사취재 개념을 도입했지만, 취재의 개념을 단순히 현장에서 가서 뉴스거리를 찾아내는 기사의 발굴 및 작성의 과정으로 국한시키는 것은 무리다. 언론사의 취재기능은 기사의 직접적 생산뿐 아니라 사실확인을 통한 오보방지 기능도 포함되는 개념으로 봐야 하기 때문이다. (따라서 오보방지 능력이 없는 포털에 유사취재 개념을 대입하는 것은 잘못이다.)

가령, 과거 1980년대 대학가의 유인물이나 증권가에 나도는 정보지(이른바 찌라시)들은 정보를 생산해 내고 유통시킨다. 이들은 '매체'기능을 한다고 볼 수 있지만 이를 언론으로 분류하지는 않는다. 대학가 유인물은 정치현상을 주관적으로 해석해 정치적으로 자신들에게 유리한 주장만을 하는 데 골몰할 뿐 사실(*fact*) 보도에는 소홀하고, 사실 여부의 확인이 중요하게 취급되지 않는다. 또 정보지는 각 분야의 정보맨들이 모여 자신들이 수집한 정보를 공유하고 유통시키지만 사실 여부에 대한 확인까지 기대하지 않기 때문에 정보의 신뢰도는 상당히 떨어진다. 반면 객관주의 저널리즘이 지배하는 요즘의 언론에선 '정확한 사실관계'에 기초해 기사의 신뢰도를 높이는 것을 제 1의 가치로 삼고 있다. 가령 '찌라시'에 등장하는 무수한 연예관련 루머나 정치 스캔들들을 일반 언론사들이 보도하지 않는 이유도 이 때문이다.

사실확인 기능은 앞서 언급했던 '상당성'의 핵심이라고 볼 수 있다. 언론보도에는 항상 오보의 위험이 따른다. 언론의 속성상 속보성을 따르자면 정확성은 떨어지게 되기 때문이다. 그러나 기자들이 자체적인 확인절차를 거쳤는데도 오보를 피할 수 없었다면 설사 보도된 사실이 허위라도 '진실이라고 믿을 상당한 이유가 있다'고 보는 것이다.

대법원은 상당성(相當性) 유무를 판단하는 고려사항으로서 “적시된 사실의 내용, 진실이라고 믿게 된 근거나 자료의 확실성과 신빙성, 사실확인의 용이성, 보도로 인한 피해자의 피해 정도 등 여러 사정을 종합해 행위자가 보도내용의 진위여부를 확인하기 위해 적절하고도 충분한 조사를 다했는가, 그 진실성이 객관적이고도 합리적인 자료나 근거에 의해 뒷받침되는가 하는 점에 비춰 판단해야 한다”고 확인의 중요성을 강조하고 있다.[62]

이는 미국에 비해 ‘공정한 보도특권(*fair report privilege*)’을 인정하는데 엄격한 우리 사법부의 입장을 살펴보면 쉽게 이해된다.

미국의 경우 명예훼손법상 입법 사법 행정 공공기관의 업무나 절차, 내용과 공적 관심사를 다루는 공개회의 등을 공정하고 정확하게 보도한다면 명예훼손적 내용이나 문제가 되는 사안을 보도했더라도 법적으로 보호를 받는다. 미국에선 이를 ‘저널리스트에게 부여된 특권(*reporter's privilege*)’으로 부른다.[63] 대부분의 시민들은 정부의 통치행위를 직접 감시, 관찰할 수 없고 이 같은 행위를 저널리스트들에게 의존한다. 따라서 저널리스트들이 의회기록이나 수색영장에 담겨있는 내용들을 공정하고 있는 그대로 보도한다면, 보도내용이 비록 명예훼손적 내용이라도 법적 책임을 묻지 않는다는 것이 미국 보통법의 정신이다. 예를 들자. 미국의 경우 법원이나 검찰에서 발부한 공식문서인 기소장이나 압수수색 영장 내용 등을 있는 그대로 보도할 경우 명예훼손에서 면책이 인정된다. 피의자가 공식적으로 입건된 이후 체포보고서에 근거해 이름 등을 보도할 경우도 대개의 경우 면책된다.

그러나 우리나라는 범죄보도의 경우 미국보다 훨씬 엄격하다. 우리나라 대법원은 “특단의 사정이 없는 한 일간신문사 기자가 타 신문사의

---

62 대법원 1998. 10. 27선고 98다24624판결.

63 Kent R. Middleton, William E. Lee, Bill F. Chamberlin, The Law Of Public Communication 164 (2005 Ed).

기사내용과 피의자에 대한 구속영장 사본만을 열람한 것만으로는 기자가 기사내용의 진실성을 담보하기 위해 필요한 취재를 다한 것으로 할 수 없다"고 판결했다.[64]

물론 우리 사법부도 수사당국 또는 국가기관의 공식발표를 그대로 보도하거나 실질적인 변경 없이 보도한 경우 별도의 확인취재를 하지 않더라도 상당성을 인정하는 게 대체적인 경향이다. 그러나 수사당국의 공식발표가 있기 전 비공식적으로 취재해 보도하는 경우에는 사정이 달라진다.[65]

대법원은 2005년 7월 15일 한 택시노조 간부 A 씨가 국가와 3개 언론사를 상대로 낸 소송에서 "범죄사실 보도가 국민의 알권리 충족을 위한 공익성이 널리 인정된다 하더라도 비공식적인 확인을 거쳤다면 진위여부 확인을 위해 충분한 조사를 다했다고 볼 수 없다"면서 원고승소 판결한 원심을 확정했다.[66]

사건은 원고 A 씨가 택시기사들에게 퇴직금을 받게 해주겠다며 자격 없이 소송수행의 대가를 받고, 사용자 측을 협박해 돈을 갈취한 혐의로 경찰이 구속영장을 신청하면서 시작됐다. 경찰서를 돌며 기사거리를 찾던 피고회사 기자들은 형사과의 당직대장과 업무보고서 등을 통해 A 씨 사건을 접한 뒤 소속 경찰관에게 확인을 거친 뒤 기사화했다. 그러나 A 씨는 이후 법원 재판에서 무죄판결을 받고 경찰과 언론사 등을 상대로 소송을 낸 것.

대법원은 "수사진행 사항에 대한 정당한 발표권자가 아닌 사람의 공식적 확인을 거쳤다거나 수사기관의 내부문서를 단순히 열람했다는 것만으로는 보도내용의 진위여부를 확인하기 위해 적절하고도 충분한 조사를 다했다고 볼 수 없다"면서 "원고를 직접 면담한다거나 그와 같은

---

64 대법원 2002. 5. 10 선고 2000다50213판결.

65 윤재윤·함석천(2005), 《언론분쟁과 법》, 청림출판, 106면.

66 대법원 2005. 7. 15. 2004다53425 판결.

면담이 어려운 경우 피해자 등 관련자들의 취재를 통해 피의사실의 진위여부를 확인하기 위한 노력을 하지 않았으므로 피의사실을 보도함에 있어 필요한 조치를 했다고 볼 수 없다"고 판시했다. 범죄 피의자 등을 상대로 기자들이 사실확인을 하지 않았으므로 기사가 진실이라고 믿은 데 상당한 이유가 있다고 볼 수 없다는 것이다.

위에서 살펴봤듯 법원의 판례는 내부에서 충돌하는 양상이다. 사법부는 언론에게 상당성을 인정받기 위한 요건으로 충분한 사실확인 의무를 부여하고 있다. 그 기저에는 취재기능의 중요 요소로 오보방지를 위한 '사실확인(취재)'을 두고 있다는 함의를 담고 있다.

그러나 이 판결을 다시 포털에 대한 이번 판결에 대입해 보면 모순점이 극명히 드러난다.

전여옥 대 네이버 사건에서 법원은 "포털사이트 운영자 자신이 별도의 확인작업 없이는 그것이 오보라는 것을 알 수 없다는 사정만으로 그 기사를 게재한 인터넷포털사이트 운영자가 당해 기사에 적시된 사실이 확실한 자료 내지 근거에 기초한 것으로 진실하다고 믿은 데 아무런 과실이 없다고 할 수 없다"는 다소 이해하기 어려운 논리를 펼쳤다. 다만 법원은 "(NHN이 확인작업을 요하지 않는다는 전제 아래 기사공급체제가 운영되고 있다는 등의) 피고 NHN의 주장과 같은 사유만으로 인터넷포털사이트의 면책을 허용한다면, 피해자가 피해의 발생과 확대에 현실적으로 막대한 기여를 하는 인터넷포털사이트를 상대로 해서는 피해를 회복하거나 그 확대를 방지하기 위한 조치로서 유용한 정정보도조차 강제할 수 없게 돼 부당하다"고 밝혔다.

그러나 대법원이 각종 명예훼손 판례를 통해 기존 언론사들에게 사실확인 의무를 부여한 것은 소속 기자들을 통해 사실관계를 확인할 수 있는 취재기능을 가지고 있기 때문이었다. 하지만 포털에는 사실관계를 확인할 자체적인 물적·인적 능력이 없다. 때문에 기존 언론사에 대한 사실확인의 법리를 그대로 포털에 대입하는 것은 무리라는 것이 필자의 판단이다.

한편 대법원은 '범죄행위나 스캔들, 일반 국민의 관심을 끄는 정치인 발언에 대한 보도' 등을 포털 측이 확인의무를 져야 하는 범위로 언급했다. 그러나 이 경계 역시 모호하다. 스캔들이나 정치인의 법적 개념도 불분명하거니와 범죄행위의 범위도 지나치게 넓다. 나아가 어떤 사건이나 사고 등 뉴스의 대상이 확인의무 대상에 포함되는지 여부를 사법부가 판단하기에도 어려운 경우가 많은데 이를 포털이 자체적으로 판단하게 한 점도 법리가 정교하게 재단됐다고 보기 어렵다.

(6) 라이선스와 댓글

네이버는 기사제공자인 언론사들이 송고한 기사내용을 수정 변경하지 않는 대신 기사내용으로 인한 손해에 대해선 해당 언론사가 전적으로 책임지기로 한 콘텐츠 공급계약을 맺어 두었다며 면책주장의 근거로 삼았다. 그러나 법원은 "(손해배상에 관한) 내부적인 책임분담에 관한 약정"에 불과하다며 받아들이지 않았다. 또 NHN이 기사에 달린 원고를 비난하는 내용의 댓글을 삭제하지 않고 내버려 둔 것도 불법행위라는 원고의 주장도 받아들이지 않았다. "원고가 일반국민의 지지나 비난 등 관심의 대상이 되는 것이 당연시되는 정치인이라는 점과 보도내용의 진위와 관계없이 욕설과 비속어로 점철된 댓글을 다는 이른바 악성리플러들이 다수 존재하는 점" 등을 들어 댓글로 인해 원고가 별도의 정신적 손해를 입었다고 보기 어렵다고 판단했다.

'전여옥 대 네이버' 판결은 포털을 처음으로 언론으로 규율한 판결이었다. 그러나 앞서 보았듯 서울고법의 판결은 법리적 독창성에도 불구, 진흥과 규제의 형평성 문제, 다소 불분명한 유사취재의 개념, 상당성의 적용 문제에서 재론의 여지가 많아 보인다. 과연 이 같은 법리를 대법원이 받아들일지도 주목의 대상이 됐다. 그러나 NHN이 상고를 포기함으로써 대법원의 판단은 이뤄지지 못했다.

포털을 중심으로 한 인터넷에서의 명예훼손은 이후 훨씬 더 까다로운 문제들이 제기된다. 가령 포털이 언론사 기사가 아닌 언론사 기사에 달린 댓글에 대해서도 동일하게 명예훼손 책임을 져야 하는가. 포털이 언론사가 올린 기사를 임의로 삭제할 수 있을까 등이 그것이다. 이 같은 많은 중요한 쟁점들에 대한 사법부의 최종 판단은 불과 1년여 후에 이뤄진다.

3. 인터넷 업계를 뒤흔든 미니홈피 자살사건

대법원은 2009년 4월 16일 B 씨가 NHN과 다음, SK커뮤니케이션즈, 야후코리아 등 국내를 대표하는 4대 포털사이트를 상대로 제기한 손해배상 소송에서 “개인에 대한 비방성 내용을 전달한 기사와 악성댓글을 방치한 인터넷 포털사들은 명예훼손에 따른 배상책임을 져야 한다”며 B 씨에게 3천만 원을 지급하도록 한 원심을 확정했다.

이 판결은 크게 두 가지 점에서 주목을 받았다. 우선, 언론사에서 받은 명예훼손성 기사를 자신의 웹사이트에 올린 포털의 행위에 대해 법적 책임을 물을 수 있느냐에 대한 대법원의 첫 법률적 판단이었다. 대법원은 ‘포털이 언론이냐 아니냐’는 해묵은 논쟁에 대해 명시적으로 ‘언론’이라고 못 박지는 않았다. 하지만 ‘기사의 배포자일 수는 있어도 언론사는 아니다’라는 포털의 주장을 배척함으로써 사실상 포털이 지닌 ‘언론으로서의 기능성’에 방점을 찍었다고 볼 수 있다.

더욱 중요한 논점은 명예훼손성 댓글(이른바 악플)이나 카페・블로그 게재물에 대한 포털의 삭제의무 부여에 관한 판단이다. 대법원은 ‘불법성이 명백하다면’이라는 전제하에, 피해자가 이를 포털에 알렸는지 여부와 상관없이 포털은 이를 삭제할 의무가 있다고 판결했다. 제한적이긴 하지만 포털에게 악플의 삭제의무를 부여한 것은 인터넷 업계에 큰 파장을 불러일으켰다.

1) 사건의 전개

미니홈피 지난 2005년 5월 5일 국내의 대표적인 소셜네트워킹 사이트인 싸이월드(www.cyworld.com) 회원인 A 양의 미니홈피에 ‘지난 1년간의 일들’이라는 제목의 글이 올라왔다.[67] A 양의 어머니가 딸의 미니홈피에 ‘딸이 남자친구 때문에 억울하게 죽었다’며 딸의 유서 전문과 함께

B 씨를 비난하는 글을 올린 것. A 양의 어머니는 딸이 B 씨와 1년여간 교제하다 임신했으나, B 씨가 낙태를 강요하며 연락을 끊었다고 주장했다. A양의 어머니는 일련의 사건을 겪은 딸이 괴로움을 이기지 못하고 자살했다며 네티즌들에게 도움을 호소했다.[68] 또 B 씨가 다니던 학교의 인터넷 게시판에 A 양의 미니홈피를 방문해 딸의 사연을 널리 퍼뜨려 달라는 글을 게재했다.

A 양의 미니홈피는 이후 방문자 수가 급격히 늘어나며 B 씨를 비방하는 글들이 폭발적으로 게시됐다. 발 빠른 네티즌들은 B 씨의 실명은 물론 다니던 학교와 회사이름, 전화번호 등 개인 프라이버시에 해당하는 정보들을 몇 시간 만에 찾아낸 뒤 이를 경쟁적으로 인터넷에 올렸다. 많은 네티즌들은 한발 더 나아가 이를 자신의 미니홈피에 복사해 A 양의 사연과 B 씨에 대한 비방글을 전파했다.

뉴스게시판과 댓글 네티즌들 사이에서 화제가 된 A 양의 사연은 자연스레 언론의 관심을 끌었다. 국내 최대 포털사이트인 네이버 뉴스서비스란에는 각 언론매체들이 다룬 이 사건에 관한 기사들이 실리기 시작했다.[69] 인터넷 다음의 뉴스게시판에는 A 언론사가 보내온 '자살한 딸 유

---

67 이 사건의 구체적인 사실관계는 이 사건의 2심판결인 서울중앙지법 2007. 5. 18. 2005가합64571 판결을 참조했음.

68 이와 관련, B 씨는 낙태와 관련된 사실들을 대부분 부인했다. B 씨는 언론과의 인터뷰에서 첫 번째 임신은 자연유산을 했고, 두 번째 임신은 사실이 아니라고 주장하며, 자신을 '여성을 임신시키고 버린 사람'처럼 보도한 언론사들을 언론중재위원회에 제소해 승소했다고 밝혔다. 문갑식(2009. 4. 25), "허위사실 악플 확대 재생산한 포털과 네티즌들에게 승소한 ○○○", 〈조선일보〉.

69 법원이 인정한 사실에 의하면, NHN의 경우 2006년 말 기준 2,300만 명의 회원을 보유하고, 700만 개의 블로그가 개설돼 있다. 또 하루 2만 개가량의 블로그가 생겨나고, 200만 개의 카페가 운영되고 있다. 2005년 11월 기준으로 1일 방문자수는 1,250만 명이고, 1일 뉴스 방문자수는 470만 명에 달한다.

서 인터넷공개 파문 일파만파'라는 제목의 기사가 게재됐고, 한 시간 후쯤 이 언론사에서 보내온 또 다른 기사가 〔인터넷팀 2급정보〕, 〔블로그팀 2급정보〕라는 문구와 함께 실렸다. 곧 이어 수많은 댓글들이 뒤따랐다.[70] 또 인터넷신문 〈브레이크뉴스〉에선 5월 11일 '현대판 베르테르, S 양의 죽음과 네티즌의 추모열기'라는 제목으로 A 양의 자살을 소개하며, 네티즌들이 남자의 변명을 들어보지 않은 상태에서 자살한 여자의 입장만 두둔하고 악의적인 댓글을 다는 현상을 우려하는 내용의 기사를 실었다. 그러자 이 기사에 "기자이기 이전에 먼저 인간이 되시길", "당장 기사 지우시지" 등등 기사를 작성한 기자를 비난하는 수많은 댓글이 달렸다. 하루 뒤에는 이 사건의 내용과 네티즌들의 성토 등을 소개하는 조선일보의 기사가 네이버 뉴스서비스란에 게재됐다. 이 기사에는 중간 중간 A 양의 실명, 사진, 미니홈피의 인터넷 주소가 표시된 A 양의 미니홈피 초기화면 사진이 실렸고 '짐승만도 못한 XXX' 등 B 씨를 비난하는 원색적인 댓글들이 달렸다. 동아일보와 스타뉴스 등의 기사들도 네이버에 소개됐다.

검색서비스 A양의 사연이 인터넷에 몰고 온 파장은 여기서 그치지 않았다. 네이버 지식검색 서비스란에는 'A가 누구예요?', '000 형사처벌이 가능한가요?', 'A 씨를 죽음으로 몰고간 000은 아직 살아있나요?' 등의 질문이 쏟아졌다. B 씨의 신상정보 등을 소개하는 답변의 글들이 뒤따랐다.

다음커뮤니케이션에서 운영하는 포털사이트 다음(www. daum. net), SK커뮤니케이션즈가 운영하는 네이트(www. nate. com), 야후코리아(www. yahoo. co. kr) 등 다른 국내 유명 포털의 뉴스서비스들도 네이버

70 법원에 의하면 이 언론사의 첫 기사는 '김모 씨', '서모 씨' 라는 호칭을 사용하며 A 양의 유서 일부의 사진 등이 게재됐고, 원래 기사에는 없는 〔인터넷팀 2급정보〕라는 문구도 붙어 있었다. 후속 기사에는 A 양의 생전 사진 등도 덧붙여졌다.

와 마찬가지로 A 양의 사연을 다룬 언론사의 기사들이 다수 게재됐고, B 씨를 비방하는 많은 댓글들이 달렸다. 야후코리아의 경우 검색서비스를 이용해 B 씨의 이름을 검색할 경우 B 씨의 사진과 신상정보 등과 함께 A 양을 네티즌 추천검색어로 추천한 내용이 표시됐다. 또 A 양의 이름을 입력할 경우 A 양에 대한 기사와 A 양 어머니의 호소문, A 양의 사진, B 씨에 관한 정보를 찾을 수 있는 블로그 또는 클럽 주소 등의 검색결과가 표시됐다. 특히 지식검색란에서는 B 씨의 휴대전화번호, 회사 주소 등도 소개됐다.

카페 및 커뮤니티서비스 다음의 카페서비스에는 '고 A00님을 추모하는 모임', '고 A00 씨 사랑 지킴이', '000 넌 장가 다 갔어 각오해라' 등의 카페가 개설돼 B 씨의 신상정보를 소개하고 비방하는 수많은 글들이 실렸다. 다음의 커뮤니티 서비스인 '아고라 토론방'에는 '네티즌 청원, 고 A00님의 부모님 돕기 운동'과 B 씨의 공개사과를 촉구하는 글이 게재되고, 이 글은 1만 5,611명이 서명했는데 1만 7천 명이 목표라고 전했다.

네이버를 비롯한 각 포털의 블로그사이트에는 '연희낭자', '백수광부' 등 인터넷 가명(ID)을 쓰는 네티즌들이 A 양 사건과 관련된 기사와 동영상, A 양의 사진, B 씨의 신상명세와 사진 등을 자신의 블로그에 실었다.

포털들의 대응조치 A 양의 자살과 관련된 사연이 네티즌들 사이에서 일파만파의 파문을 일으키며, B 씨의 프라이버시를 침해할 정도의 상황에 이르자 가장 적극적으로 대응에 나선 곳은 다음커뮤니케이션이었다. 다음은 A 양의 사연이 자사의 사이트에 처음으로 기사화된 C 언론사의 기사(5월 8일)를 편집판에 올리고 댓글을 개방한 지 3시간여 만에 네티즌들이 싸이월드 A 양의 홈페이지에서 발견한 B 씨의 실명을 댓글을 통해 밝히는 것을 발견했다. 다음측은 즉시 기사를 편집판에서 내리고 거기에 달린 댓글들을 삭제했다. 그러나 계속적인 악성댓글이 이어지자 이 기사의 댓글창을 아예 폐쇄했다. 이후에도 토론방과 카페 등에서 B 씨를 비방하는 글이 게재되자 A 양의 실명이 거론되거나 명예훼손적 표현이 실린 글을 찾아 지워나갔다. 필자와 사석에서 만난 다음커뮤니케이션 한 간부는 "직원에게서 네티즌들 사이에 실명을 밝힌 비방글이 연속적으로 올라오고 있다는 보고를 받은 뒤 직감적으로 명예훼손의 문제가 있다는 생각이 들었다"면서 "직원들을 총동원해 밤새도록 문제 소지가 있는 댓글들을 지웠다"고 당시의 상황을 전했다. 네이버의 경우 5월 16일 B 씨의 실명이 실시간 검색어 순위에 나타나기 시작하자 이를 순위에서 제외시켰다. 7월 8일께 '지식iN'을 포함한 자사의 사이트에서 A 양의 실명이 노출되지 않도록 하고, 관련 게시물을 모니터링해 삭제했다. 야후코리아는 5월 9일께부터 뉴스서비스에서 A 양 사건과 관련된 명예훼손적 위험이 큰 댓글들을 삭제하기 시작했다.

B 씨의 피해와 삭제요구 같은 해 5월 7일께 B 씨의 전화번호 등 신상정보가 네티즌들에 의해 인터넷에 공개된 이후 B 씨의 생활은 악몽 그 자체였다.[71] 그의 사생활은 완전 노출됐고, 끊임없는 익명의 비난전화와 문자 메시지 등에 시달려야 했다. 언론보도에 따르면 B 씨가 다니던 회사에도 업무가 마비될 정도로 비난전화가 쇄도했다.[72] 결국 B 씨는 5년

---

71 B 씨는 〈조선일보〉 문갑식 기자와의 인터뷰에서 당시의 상황을 이렇게 설명했다. "외부에 있던 그에게 익명의 전화가 걸려오기 시작했다. 싸이월드에 그의(B 씨의) 신상정보가 뜬 지 정확히 53분 만에 '효과'가 나타난 것이다. 악성 문자 메시지도 줄을 이었다. 전화내용과 문자 메시지는 한결같이 그를 비난하는 것이었다. 전화를 끊으면 또 전화가 왔다. … 전화를 끌 수밖에 없었다. 5월 8일 마침내 B 씨의 사진이 인터넷에 유포됐다. 숨진 A 양과 함께 찍은 사진도 다수 게재됐다. 곧이어 B 씨가 다니던 회사 정보, 이메일 주소가 공개되더니 형제들의 실명(實名)도 공개됐다."

72 위의 글. B 씨는 인터뷰에서 "(전화가) 그런 나쁜 놈은 회사에서 자르라는 내용

간 다녔던 회사까지 그만둘 수밖에 없었고, 대학도 휴학했다. 네티즌들이 학교 앞까지 찾아와 촛불집회를 연 후 얼굴을 들고 다닐 수 없었기 때문이다.

B 씨가 자신의 프라이버시를 침해한 포털과 언론사들에 대해 조치를 취한 것은 한 달이 훨씬 지난 6월 말이었다. B 씨는 포털 측에 ① A 양과 관련된 기사에 달린 자신과 관련된 댓글 전체를 삭제하고, ② 이 건과 관련된 추모, 안티 카페, 미니홈피, 블로그 등 자신의 피해가 우려되는 커뮤니티의 폐쇄, ③ 자신과 관련된 내용을 검색할 때 나타나는 직간접 정보 등의 차단과 삭제를 요구했다.[73]

그러나 포털들의 반응은 기대 이하였다. B 씨의 요구에 대해 "무엇이 B 씨와 관련해 문제가 있는 게시물인지 특정할 수 없으니 문제되는 글을 특정해서 삭제를 요구해 달라"고 했다. 포털로서는 워낙 많은 글들이 올라오는데 과연 이 글들이 B 씨의 명예를 훼손한 것인지 일일이 판단하기 어렵다는 설명이었다. 그러나 반대로 인터넷의 바다에서 B 씨가 자신을 비방한 댓글이나 자신의 신상정보를 담은 수많은 게시물을 모두 찾아내기도 힘든 일이라고 주장했다.

결국 B 씨는 7월 9일 네이버와 다음, 야후 등 4개 포털을 상대로 5억원의 손해배상 소송을 냈다.[74] B 씨가 소송을 내자 그간 미온적 반응을 보였던 포털들이 움직이기 시작했다. 기사에 달린 댓글 중심으로 모니터링해 다소 소극적 대응조치를 취했던 포털들이 블로그와 카페 등으로 영역을 확대해 갔다. 네이버의 경우 7월 8일께부터 카페 블로그 등에 게시된 B 씨와 관련된 게시물들을 모니터링해 삭제했고, 야후 역시 이 날

이었다"면서 "안 그러면 불매운동을 하겠다는 협박도 있었다"고 밝혔다.

73 서울중앙지법 2007. 5. 18. 2005가합64571판결, 26쪽.

74 〈조선일보〉 문갑식 기자의 앞의 보도에 따르면 B 씨는 자신을 비난한 네티즌 80명에 대해서도 경찰에 명예훼손혐의로 고소했는데, 이들 대부분이 벌금형을 받았다.

부터 커뮤니티와 지식검색서비스에서 나타나는 B 씨의 신상에 관련된 게시물을 지웠다. SK커뮤니케이션즈도 7월 18일부터 B 씨 관련 뉴스기사의 댓글창을 폐쇄하고 B 씨와 A 양의 이름을 금칙어(검색할 수 없게 제한해둔 단어)로 등록했다. 결국 포털들이 적극적인 대응조치에 나선 결과 재판이 종료될 무렵에는 모든 포털에서 B 씨의 이름을 검색할 경우 관련 게시물이 검색되지 않게 됐다.

B 씨의 재판은 치열한 법률논쟁을 거치며 3심인 대법원까지 간 끝에 B 씨의 승소로 확정판결이 났다. 4년여에 걸친 법정투쟁 끝에 얻어낸 인터넷명예훼손 사건의 피해자 B 씨의 힘겨운 승리였다. 그러나 앞서도 거론했지만 이 사건은 단순히 인터넷에서 네티즌들에 의해 '인간쓰레기'로 불릴 정도로 모욕을 당했던 B 씨의 개인적 승리로 넘어갈 사건이 아니었다. 1990년대 중반 인터넷이 세상에 나온 이후 줄기차게 제기됐던 여러 법적 쟁점들, 특히 제 3자가 올린 게시물에 대한 포털 혹은 ISP의 법적 책임에 대해 대법원이 가장 종합적으로 법률적 해석을 내린 '텍스트'라고 할 수 있겠다. 그러나 이 판결 역시 새로운 많은 논쟁들을 발생시켜 향후 세월의 변화에 따른 대법원의 판례 변경 여부 등이 주목된다.

2) 1 · 2심 쟁점과 판단

(1) 1심 재판부의 판단

1심 재판부인 서울중앙지법 제 22민사부(재판장 최영룡 부장판사)는 2007년 5월 18일 NHN과 다음커뮤니케이션 등 피고들에게 300만~500만 원씩 지급하라며 원고승소 판결했다.

포털의 언론성 재판에선 포털을 언론으로 봐야 하는지가 1차적 쟁점이었다. '전여옥 대 네이버' 사건은 언론사의 오보를 그대로 게재한 포털의 책임이 문제가 되면서 포털이 취재 편집 배포 기능을 갖춘 언론으로 간주해 피고 언론사들과 공동으로 기사를 작성, 배포한 공동불법행위자로 보았다.

이 사건 1심 재판부는 전여옥 사건 재판부가 제시한 언론으로서의 책임법리 구성을 그대로 따르지는 않았다. 그러나 포털의 언론적 성격을 강조하는 유사한 맥락에서 단순한 정보플랫폼이라는 포털의 주장을 배척했다. 재판부는 편집기능과 댓글 유도, 정보교환 또는 여론형성 유도기능, 여러 곳에서 제공받은 기사를 게시함으로써 기사로 인한 영향력이 기사의 작성자보다 더 커질 수 있는 점 등을 고려할 때 "단순한 기사정보의 전달자 역할에 그쳐 그 기사의 내용에 책임이 없다고 할 수 없다"고 밝혔다.[75]

나아가 "포털사이트 운영자가 편집판에 올리기 위해 기사내용을 검토, 분류한 기사에 대하여는 그 내용을 인지하고 있다고 봄이 상당하다"면서 명예훼손 내용이 담긴 기사들을 적극적으로 특정 영역에 배치해 네티즌이 분야별 뉴스난을 통해 기사들을 쉽게 접근하게 했다면 고의 또는 과실에 의해 원고의 명예를 훼손했다고 볼 수 있다고 판시했다. 이 같은 1심 법원의 법리는 대법원에서도 거의 대부분 받아들여진다.

검색서비스 재판에선 포털의 검색서비스 제공도 명예훼손에 해당하는지가 쟁점으로 떠올랐다. 앞서 살펴봤듯 원고인 B 씨의 신상정보에 관한 질의와 답변, 비방글들이 커뮤니티 서비스를 통해 급격히 유포됐고, 이 과정에서 포털들의 검색서비스가 결정적 역할을 했기 때문이다. 재판부가 주목한 것은 포털의 '금칙어' 설정기능이었다.

법원에 따르면, "검색서비스의 경우 비록 피고들이 정보를 생산해 제공하는 것은 아니라고 하더라도 검색을 통해 노출되는 자료에 차등을 두는 등 검색결과에 대해 관리자의 역할을 하고 있으므로 명예훼손적

75 서울중앙지법 2007. 5. 18. 2005가합64571판결.

자료들이 검색될 위험이 큰 상황을 인식했다면 이른바 금칙어 설정 등으로 그러한 자료들이 노출되지 않도록 해야 한다"는 것이다. 재판부는 만약 A 양과 원고의 이름을 한 단어로 금칙어 설정하면 동명이인들에 대한 정보도 차단될 우려가 있으므로 'A 양 + 자살', 'B 씨 + A 양' 등의 내용이 들어있는 정보가 차단되도록 조건을 설정하면 원고와 관련한 정보의 검색만이 차단될 것이고, 이처럼 설정하는 데 기술적 재정적 어려움은 없었을 것이라고 봤다. 사실상 포털들이 금칙어 설정 등을 했으면 피해가 훨씬 줄었는데 이를 하지 않아 피해가 커졌다는 것이다.

특히 재판부는 "커뮤니티 서비스의 경우 게시된 표현물에 대해 항시적으로 모니터링 및 삭제의무를 부담하는 것은 아니라 하더라도 커뮤니티 영역이 당초 피고(포털)들이 제공하는 영역이고, 또한 이를 이용하는 이용자들의 수, 활동량에 따라 피고들이 광고수입을 올리는 등 이익을 얻고 있다는 점을 감안해야 한다"면서 포털의 관리의무의 근거로 들었다.

재판부는 뒤이어 "일상적인 모니터링을 통해 그러한 게시물이 존재하는 사실을 알게 됐다면 커뮤니티 관리자에 대해 그 게시물의 삭제를 요청하거나 직접 삭제하는 등 조치를 취해야 할 의무가 있다. 그런데 위에서 본 원고에 대한 게시물들은 높은 조회수를 기록하여 피고들 검색어 순위에서 상위에 오르고 엄청나게 많은 댓글이 달리는 등 피고들이 쉽게 그 존재를 알 수 있는 상태에 있었을 뿐만 아니라 피고들이 뉴스기사나 검색서비스를 통해 그러한 표현물의 위치를 네티즌에게 알려주는 등 원고에 대한 명예훼손 표현물들이 확산되도록 한 행위는 원고에 대한 명예훼손 행위가 된다 할 것이다"라고 밝혔다.

포털에 대한 일상적 모니터링 의무가 있는지 여부는 이후 대법원까지 가장 중요한 쟁점으로 부각되는 만큼 추후 자세히 살펴보자.

(2) 항소심 재판부

2심 재판부인 서울고법 제13민사부(재판장 조용구 부장판사) 역시 원고인 B 씨의 손을 들어줬다. 이 재판부는 '전여옥 대 네이버' 사건의 항소심을 맡아 '포털의 언론으로서의 책임법리'를 최초로 제시한 재판부였다.

항소심 재판부는 이번 재판에서도 포털들이 취재 편집 배포 기능을 두루 갖춘 언론매체에 해당하고, 따라서 포털을 기사를 작성한 언론사와 동일한 명예훼손의 주체로 봤다. 언론사와 함께 공동불법행위자로서 책임을 부담해야 한다는 것이다.

유사편집의 불법행위 구성요건 항소심 재판부의 판결은 기본적으로는 전여옥 대 네이버 사건의 연장선상에 있지만, 법리면에선 '유사편집'의 개념과 불법행위 구성요건에 관해 더욱 진전된 내용을 보인다.

전여옥 대 네이버 사건에서 재판부는 포털의 유사편집 행위 개념을 언론사들로부터 공급받은 기사들을 정치·경제·사회 등 분야별로 분류하고 나름의 기준에 따라 기사를 취사선택해 분야별 주요 뉴스난에 배치하며, 필요할 경우 기사의 제목을 변경해 붙이는 행위 등을 포괄적으로 거론했다. 나아가 이 사건 재판부는 명예훼손적 내용이 담긴 기사의 제목을 적극적으로 특정영역에 배치해 이용자들이 문제의 기사에 쉽게 접근하게 한 만큼 손해배상 책임을 기사제공 언론사와 공동으로 부담해야 한다고 봤다.

당시 네이버는 CBSi에서 보내온 기사의 제목을 자체 편집자가 축약해, 다시 말해 제목을 변경해서 분야별 주요뉴스에 배치했다. 때문에 네이버가 자체적인 제목 수정을 하지 않고 기사선별 및 배치를 했다면 명예훼손에 대한 책임을 물을 수 있는지 여부가 불분명했다. 또 만약 네이버가 CBSi가 보내온 기사를 뉴스페이지에 특별히 배치하지 않고 단순히 기사만 제공했다면 유사편집 행위로서 법적 책임을 지울 수 있는지, 기록이 잘 보존되지 않는 인터넷의 특성상 기사를 특정하게 배치했는지를 어떻게 입증할 수 있는지 여부 등도 의문이었다.

항소심 재판부는 일단 포털에 유사편집으로 인한 불법행위의 책임을 물을 수 있는 판단기준으로 ① 언론사에서 송고된 대로 유지했는가(다시 말해, 기사나 제목을 변형시키지 않았는가), ② 데이터베이스에 보관하는 데 그치지 않고 제목 등을 특정 영역에 배치했는가, ③ 앞의 두 조건 등을 통해 이용자들이 기사에 쉽게 접근하게 만들었는가 등 3가지 테스트를 제시했다.[76]

먼저 재판부는 NHN의 경우 언론사에서 보내온 기사제목 '현대판 베르테르, S양 죽음과 네티즌'을 '현대판 베르테르, S양 죽음과 네티즌의 추모열기'라는 제목 등으로 바꿔 게재한 점을 들어 제목의 변형을 문제 삼았다. 다음의 경우 언론사의 기사제목 앞에 '〔인터넷팀 2급정보〕, 〔블로그팀 2급정보〕' 등의 문구를 첨가해 사이트 접속자들에게 쉽게 이용하도록 했다고 봤다. 특히 주목해야 할 점은 특정 영역 배치를 판단할 근거로 '댓글의 수'를 삼은 점이다. 이는 입증책임의 문제와 직접적으로 연결된다.[77] 원칙적으로 민사재판에서 불법행위는 고의나 과실을 적극적인 성립요건으로 삼고 있고, 따라서 '특정 영역 배치'라는 포털 측의 고의 또는 과실에 따른 불법행위를 입증하기 위한 근거로 '댓글의 수'를 든 것이다.

---

76 판결문 원문은 다음과 같다. "피고들이 원고에 대한 명예훼손 내용이 담긴 기사들을 송고된 대로 데이터베이스에 보관해 검색 가능한 상태로 두는 데 그치지 아니하고 나아가 관련기사들의 제목이나 기사내용을 적극적으로 특정 영역에 배치해 피고들 포털사이트에 접속하는 사람들로 하여금 쉽게 접근할 수 있도록 했다면, 원고는 해당언론사들과 함께 공동불법행위자로서 손해배상 책임을 부담한다고 봐야 할 것이다."

77 민사재판에서 통상 고의 과실에 관한 입증책임은 불법행위의 성립을 주장하는 피해자(원고)가 부담하게 되지만 명예훼손에 의한 불법행위는 입증책임이 전환돼 가해자(피고)가 자기에게 고의 과실이 없었음을 입증하지 않으면 책임을 면하지 못하게 되는 경우가 종종 인정되기도 한다.

실제 재판부는 네이버와 다음에서 올린 문제의 기사들에 무수한 댓글이 달린 점을 거론하며, "편집판에 올리지 않은 기사에 수많은 댓글이 달리는 것은 이례적인 점에 비춰 (문제의 기사가) 편집판에 게재된 것으로 봐야 한다"고 판단했다.[78] 실제 SK커뮤니케이션즈의 경우 네이버처럼 기사제목을 변경시키지도 않았고, 다음처럼 흥미를 유도하기 위한 안내문구를 첨부하지 않았지만 단지 기사에 수많은 댓글이 달렸다는 이유로 '특정 영역'에 배치한 것으로 간주, 불법행위 책임을 물었다.

반면 야후코리아의 경우 다른 포털들과 달리 문제의 기사에 댓글이 거의 달리지 않았기 때문에 특정 영역에 배치했다고 단정할 수 없다며 공동 불법행위 책임을 부정했다. 특히 법원은 문제의 기사가 언론사 인터넷판에 게시한 시간과 동일한 시간에 야후코리아에도 게재된 점을 지적, 포털과 언론사 사이트가 같은 시간대에 기사를 게재했다면 이용자들에게 쉽게 기사를 접할 수 있도록 한 것으로 볼 수 없다고 판단했다. 특정 영역에 배치하지도 않았고(②번 테스트), 접근성을 용이하게 하지도 않았으므로(③번 테스트) 책임을 물을 수 없다는 것이다.

검색서비스에 관해서도 항소심 재판부는 1심 재판부의 판결을 더욱 구체화했으나 이에 관해선 대법원 판결과 함께 논의할 것이다.

(3) 대법원 심리

대법원은 사회적 이목이 집중된 사건이었던 만큼 판결에 앞서 2008년 12월 18일 공개변론을 열었다. 포털에 대한 적극적 규제를 주장하는 원고 측 대리인들과 포털에 대한 보다 포괄적인 자율규제를 주장하는 피고 측 대리인들의 논리공방이 치열했다. 역시 가장 큰 쟁점은 포털에게

78 이 사건에서 다음 커뮤니케이션은 편집판에 올리지 않은 기사에는 댓글 창이 열리지 않으므로 네티즌에 의한 명예훼손의 글이 게재될 수 없다고 주장했지만, 재판부는 원고 측이 제출한 증거자료를 거론하며 문제의 기사에도 수많은 댓글이 달렸다는 이유로 편집판에 게재된 것으로 간주했고, 이를 사후에 다음 측이 삭제한 것으로 인정했다.

편집권이 있는지 여부, 다시 말해 포털을 언론으로 규정할 수 있는지 여부와 제 3자의 명예훼손적 게시물에 대해 피해자의 삭제요구가 없더라도 포털의 삭제의무가 발생하는지 여부였다. 다음은 언론에 보도된 당시의 상황을 그대로 인용한다(표 포함).[79]

원고 측 참고인으로 나온 박용상(64) 변호사는 "포털이 내용수정 없이 그대로 전재하는 경우라 하더라도 자신의 제공 서비스 화면에 오르게 하는 것은 실제적 의미에서 지적인 전파 내지 재공표를 행한 것"이라며 "뉴스서비스 내에 기사의 순위를 정해 수용자의 주목도를 높이는 조치를 취했다면 그 책임은 더 가중될 것"이라고 밝혔다. 원고 측 이지호 변호사도 "포털사이트가 일부 뉴스제목을 수정하거나 자의적으로 기사배치를 하는 등 편집행위를 하고 있으며, 결국 메인화면에 뜬 뉴스가 가장 많은 클릭수를 가지게 되는 점을 보면 포털 또한 언론매체에 해당하며 편집권을 행사한 이상 명예훼손적 게시물을 전재한 포털에게도 책임이 있다"고 주장했다.

이에 대해 피고 측 박순성 변호사는 "하루에 수만 건씩 쏟아지는 뉴스의 내용을 포털이 다 알고 통제할 수 있는 지위에 있다고 보기 어렵다"고 반박했다. 피고 측 참고인으로 나온 정상조(49) 서울대 교수도 "뉴스서비스 초기화면에 일부 기사를 예시적으로 게재하기 위해 일부 기사들을 적절히 배치하거나 긴 기사제목의 일부를 말줄임표로 간결하게 요약해 보여주는 것은 링크제목의 수정일 뿐, 원본의 수정이 아니다"라며 "내용의 수정을 하지 않는 이상 편집으로 볼 수 없는데 원심은 포털사이트의 링크제목 수정과 기사본문의 편집을 똑같이 취급하는 중대한 오류를 범했다"고 맞섰다.

양측은 포털사이트에 삭제의무를 명시한 법령이 없다는 점에는 인식을 같이했다. 그러나 박용상 변호사는 "인격권 침해사실을 안 경우뿐만 아니라 이를 알 수 있었던 특별한 사정이 있었다면 삭제의무가 발생한다고 봐야 한다"고 주장했다. 그는 이어 "'알 수 있었다'는 것은 ISP가 통상적인 모니터링에 의해 법익침해사실이 명백히 드러나는 경우여야 하고 각 사이트의 성격 및 규모, 영리목적의 유무, 개방 정도 등이 고려돼야 한다"며 "사인의 프라이버시 정보나 공익목적이 아닌 정보가 게시됐다면 해당 피해자의 요청이 없더라도 삭제할 의무가 있다"고 지적했다. 이에 대해 피고 측 박순성 변호사는 "온라인 게시물에 대한 삭제의무가 없는 상황에서 명확한 기준도 없이 광범위하게 의무를 인정하게 된다면 결국 표현의 자유마저 침해되는 것"이라며 "포털사이트에 감시 및 게시물 삭제의무를 부과한다면 명예훼손보다 더 큰 희생이 초래될 것"이라고 반박했다.

---

79 류인하(2008. 12. 22), "인터넷명예훼손 … 포털에 책임 물을 수 있나", 〈법률신

공개변론에서의 쟁점 비교

구분	원고측	피고측
"포털, 편집권 있나"	• 포털 메인페이지 뉴스서비스 메인화면의 기사배치 권한 있다 • 긴 기사 제목만 줄였다고 주장하나, 일부기사 경우 오히려 기사제목 늘렸다 • 네티즌들은 주로 메인에 뜬 기사에 많은 관심을 가지고 클릭수도 메인 뉴스가 가장 많다	• 편집을 했다고 하기 위해서는 기사내용 등의 수정이 있어야 하나 포털은 기사내용 수정권한이 없다 • 기사제목이 길 경우 메인 페이지 배치 문제상 일부 줄이는 경우 있을 뿐이다 • 언론사에서 송고되는 순서대로 기사를 게재할 뿐 특정 언론사에 대해 메인배치하지 않는다
"포털, 삭제의무 있나"	• 포털의 기사삭제 의무관련 법률조항 없다 • 그러나 명예훼손적 내용 또는 개인프라이버시 침해되는 내용 기사 게시될 경우에는 피해자 요청 없더라도 삭제했어야 한다 • 모든 기사를 보고 삭제할 의무를 부과해야한다는 것이 아니다 • 검색어 순위에 올랐거나 메인화면에 오르는 등 주요기사의 경우에는 감시 및 삭제를 했어야 한다	• 포털의 기사삭제 의무관련 법률조항 없다 • 각 기사별 내용의 명예훼손 및 프라이버시 침해 여부 일일이 확인 어렵다 • 포털에게 삭제의무를 부과할 경우 결국 포털이 정부의 언론차단과 같은 유사기능을 맡게 되고 이는 언론의 자유 및 표현의 자유를 침해하는 결과를 낳을 수 있다 • 삭제권한 인정하면 군소포털은 살아남지 못한다

문〉. http://www.lawtimes.co.kr/LawNews/News/NewsContents.aspx?serial=44400. 이하 공개변론 관련 내용은 〈법률신문〉의 위 기사를 발췌 인용했으며, 따로 출처를 밝히지는 않겠음.

3) 대법원 판결의 쟁점

앞서 밝힌 바대로 대법원은 최종적으로 포털의 패소를 확정했다. 9명의 재판관 중 주심인 김영란 대법관을 비롯, 6명의 대법관이 다수의견으로 포털의 명예훼손에 대해 다소 엄격한 법적 의무를 지우는 데 찬성했고, 박시환 김지형 전수안 대법관은 포털에 대한 손해배상 책임을 인정한 결론에는 동의하지만 법리구성이 잘못됐다는 별개의견을 내며 비판적 입장을 보였다.

양측은 인터넷에서의 표현의 자유와 인격권 보호라는 두 가지 상충되는 법익을 어떻게 절충시킬 것인가에 대한 치열한 법리대결을 벌였고, 이를 그대로 판결문 속에 녹였다. 뒤에 살펴보겠지만 다수의견은 이 책 초반부에 설명한 '규제주의'적 견해를 보였고, 별개의견은 '인터넷 자유주의'적 경향을 띤다. 주심인 김영란 대법관이 다수의견을 조목조목 비판한 박시환 대법관 등의 별개의견을 다시 재비판할 정도로 격렬했지만, 앞서 제2장에서 살펴본 미국의 Zeran 법원과 반(反)Zeran 법원의 논쟁을 뛰어넘을 정도로 수준이 높았다. 두 진영의 입장을 판결문을 중심으로 재구성해 살펴보자.

(1) 포털의 뉴스서비스의 법적 지위 및 기능

① 다수의견

앞서 살펴 본 것처럼 항소심 재판부는 포털을 기존 언론사와 마찬가지로 취재 편집 및 배포 기능을 갖춘 '언론매체'에 해당한다고 봤다. 그러나 대법원은 '포털 = 언론'이라고 명시적으로 규정하지 않았다. 대신 대법원은 포털 사업자를 '인터넷 종합정보제공 사업자'로, 포털이 제공하는 서비스를 '인터넷 종합정보제공 서비스', 포털서비스가 이뤄지는 장소를 '인터넷 종합정보제공 장소'로 규정했다.

대법원의 이 같은 개념 규정은 '전여옥 대 네이버' 사건과 이 사건 항소심에서 주로 포털의 '뉴스서비스'를 주 판단대상으로 삼았던 것을 포털의 정보제공서비스 전체로 확대한 것이다. 앞서 필자가 뉴스서비스뿐 아니라 미니홈피, 카페, 게임 등 다양한 정보제공 서비스를 포함시켜야 한다는 지적대로, 언론매체뿐 아니라 UCC 등 이용자들이 생산한 정보의 서비스를 강화하는 포털의 추세에 비춰 당연하면서도 유용한 틀이라고 볼 수 있다.

그러나 대법원은 명칭을 '인터넷 종합정보제공 사업자'로 명명했지만, 실질적으로는 포털이 주장하는 단순한 정보제공 플랫폼이 아닌 사실상의 '언론'과 유사한 개념으로 상정하고 있는 것으로 보인다. 특히 '보도매체의 명예훼손적 기사내용을 인식하고 이를 적극적으로 선택해 전파한 행위'라는 불법행위 구성은 1심 법원의 법리를 거의 그대로 인용한 것이다. 직접 언급하지 않았지만 항소심의 '유사편집'의 법리에도 내용상 그다지 벗어나지 않는 개념이다. 포털을 1차적인 기사생산자인 언론사와 '공동 불법행위자'로 보고 손해배상 판결을 해야 한다는 결론도 항소심 재판부와 동일한 점이 이를 뒷받침한다. 다만 대법원은 필자가 앞장에서 언급했듯 서울고법의 유사취재, 유사편집, 배포 등의 언론 3요소로 법리를 구성하기에는 다소 무리가 있기 때문에 직접 인용하지 않은 것으로 보이나 이에 관한 구체적 언급은 없다. 대법원 다수의견의 입장은 아래와 같다.

> (인터넷 종합정보제공 사업자가) 보도매체가 작성, 보관하는 기사에 대한 인터넷 이용자의 검색·접근에 관한 창구역할을 넘어서서 보도매체로부터 기사를 전송받아 자신의 자료저장 컴퓨터 설비에 보관하면서 스스로 그 기사 가운데 일부를 선별하고 자신이 직접 관리하는 뉴스 게시공간에 게재해 그 게재된 기사가 타인의 명예를 훼손하는 내용을 담고 있다면, 이는 단순히 보도매체의 기사에 대한 검색접근 기능을 제공하는 경우와는 달리 인터넷 종합정보제공 사업자가 보도

> 매체의 특정한 명예훼손적 기사내용을 인식하고 이를 적극적으로 선택해 전파한 행위에 해당하므로, 달리 특별한 사정이 없는 이상 위 사업자는 명예훼손적 기사를 보도한 보도매체와 마찬가지로 그로 인해 명예가 훼손된 피해자에 대해 불법행위로 인한 손해배상 책임을 진다.

앞서 살펴봤듯 항소심 재판부는 '유사편집' 등 불법행위 성립 여부를 판별하는 3가지 테스트 요건(① 언론사에서 송고된 대로 유지했는가, ② 데이터베이스에 보관하는 데 그치지 않고 제목 등을 특정 영역에 배치했는가, ③ 앞의 두 조건 등을 통해 이용자들이 기사에 쉽게 접근하게 만들었는가 등)을 제시했다.

반면 대법원은 ① 보도매체의 특정한 명예훼손적 기사내용을 인식하고(고의 또는 과실에 의한 기사선별), ② 적극적으로 선택해 전파한 행위(자체운영 뉴스 게시공간 게재)를 불법행위 성립의 주 요건으로 꼽고 있다. 특히 대법원은 보도매체로부터 받은 기사를 선별하는 행위 과정을 명예훼손적 기사내용을 인식함으로써 '고의 또는 과실'이 발생하는 과정으로 법리구성을 시도했다. 이는 '민사상 불법행위가 성립하려면 가해자에게 고의 또는 과실이 있어야 한다'는 과실책임의 원칙에 따라 불법행위 성립요건인 '고의 또는 과실'의 존재를 입증하기 위한 것으로 볼 수 있다.[80]

---

80 대법원의 판단도 논란의 소지는 있다. 대법원의 판단처럼 포털의 편집자가 기사내용을 검토하는 과정에서 기사내용을 인지할 수 있다. 그러나 편집자가 인지한 것은 기사의 내용자체이지 기사내용이 명예훼손에 해당한다는 것을 인지하는 것은 아니다. 사실확인능력이 없는 포털의 편집자가 사이버상에서 벌어지는 혹은 전 세계에서 뉴스로 타전돼 오는 기사들의 진위나 명예훼손 여부를 확인할 능력은 없기 때문이다. 때문에 상식의 기준에선 포털 편집자의 행위에 '고의'를 인정하기는 어렵다. 현실적으로 인식하지 못해 모르고 있는 경우, 즉 선의의 경우에도 고의나 과실을 물을 수 있는지는 논란이 될 수 있다. 그러나 법원에선 일반적으로 가해자가 특정인에게 손해가 발생하리라는 것을 알면서도

이 같은 대법원의 입장은 1심재판부의 판결에서 보다 구체적인 설명을 찾아볼 수 있다.

> 포털사이트 운영자가 편집판에 올리기 위해 기사내용을 검토해 분류한 기사에 대하여는 그 내용을 인지하고 있다고 봄이 상당하고, 이 사건과 같이 이미 한 기사가 네티즌들의 큰 반응을 불러 일으켰음에도 이후 비슷한 내용의 기사들을 중복해 게시하는 경우에는 더욱 그러하다. 따라서 피고들이 원고에 대한 명예훼손 내용이 담긴 기사들을 적극적으로 특정 영역에 배치해 네티즌이 분야별 뉴스난을 통해 기사들을 쉽게 접할 수 있도록 했다면 고의 또는 과실로 원고의 명예를 훼손했다고 볼 수 있다.

② 별개의견

별개의견을 낸 전수안 대법관 등은 포털을 '인터넷 종합정보제공 사업자'로 명칭을 붙이는 데 동의한다. 소수의견을 낸 대법관들은 미국처

행위를 했다면 '고의'가 있다고 본다. 형법에서는 위법의 인식 여부가 중요한 불법행위 구성요소지만 민법에서 불법행위는 위법의 인식 없이 정당한 행위라고 확신했더라도, 객관적으로 위법이라고 평가되는 사실이 발생한다는 인식만 있으면 고의가 된다. 과실이란 일정한 결과가 발생한다는 것을 알고 있어야 함에도 주의를 게을리했기 때문에 그것을 알지 못하고 어떤 행위를 하는 것을 말한다. 사실을 인지할 수 있었는데도 부주의로 인식하지 못한 것을 말한다. 민법에선 위법한 행위의 효과에 관해 고의와 과실을 구별하지 않는 것이 원칙(민법 제 750조) 이므로 과실이 고의를 포함한 것으로 해석될 수도 있다. 통상의 명예훼손 민사재판에선 기사에 어떤 사람의 사회적 평가를 저하시킬 만한 구체적 사실이 적시된 기사를 보도하면 주의의무를 다하지 못한 과실이 인정된다. 때문에 대법원은 포털에게 언론사와 동일한 수준의 주의의무를 부여한 것으로 볼 수 있다. 포털이 명예훼손을 인식할 수 있었는데도 과실로 알지 못했다는 것이다. 결국 법원은 포털의 편집자가 명예훼손적 내용의 기사를 읽고도 이를 배치한 것은 실제 명예훼손 결과의 발생여부와 상관없이 고의 또는 과실이 존재한 것으로 판단한 것으로 볼 수 있다〔임병국(2005), 《언론법제와 보도》, 나남출판. 261~262쪽 참조〕.

럼 ISP에게 제3자의 콘텐츠에 의한 명예훼손 사건에 면책특권을 부여하는 것에 반대하는 데는 다수의견과 일치한다. 그러나 포털의 언론적 특성으로 인해 항소심 재판부나 다수의견처럼 포털에게 기사를 작성한 언론사와 동일한 법적 책임을 지우는 '공동불법행위 책임의 법리'에 따라 규율하는 것에는 강하게 반발했다.

별개의결 재판관들은 "명예훼손에 따라 피해를 입은 피해자의 인격적 법익의 보호라는 정당한 목적을 달성할 필요가 있는 이상 인터넷 종합정보제공 사업자의 법적 책임을 전면적으로 부정하는 입장은 받아들일 수 없다. 그러나 그렇다고 해서 명예훼손 피해자에 대한 권리구제의 실효성을 더한다는 측면에 치중한 나머지, 인터넷 종합정보제공 사업자를 불법적인 명예훼손 게시물을 직접 게시한 자의 불법행위를 방조한 공동불법행위자의 범주에 드는 것으로 포섭해, 위 사업자의 법적 책임을 단순히 민법상 공동불법행위 책임의 법리에 따라 정하려는 것도 마땅히 경계돼야 한다"고 판시했다.

별개의견 재판관들은 결국 인터넷 종합정보제공 사업자는 정보배포자로서의 역할을 의도했으나 이 본래 의도에서 벗어나 불법적 명예훼손 게시물을 전파하는 수단으로 악용되는 것이 문제이므로, 명예훼손 게시물을 직접 게시한 가해자의 법적 책임과는 별개로 독자적인 법리에 따라 책임을 물어야 한다고 주장한다. 뒤에서 살펴보겠지만 소수의견 재판관들이 주장한 독자 법리는 위법사실을 통지받은 뒤에도 포털이 삭제의무를 게을리할 경우 책임을 물리는 '통지후 삭제(*notice & take- down*)' 법리다.

(2) 피해자의 삭제 요청과 포털의 주의의무 — 다수의견: 제한적 주의의무

ISP의 삭제의무와 관련, 하이텔 팬클럽회원 비방사건과 청도군 홈페이지 사건에서의 판례를 떠올려 보자. 대법원은 하이텔 팬클럽회원 비방사건에서 전자게시판 운영자(ISP)는 이용자에 의해 타인의 명예를 훼손하는 글이 전자게시판에 올려진 것을 알았거나 알 수 있었을 경우 이를 삭제하는 등 적절한 조치를 취해야 한다고 판시, ISP에게 전자게시판 관리의무(주의의무)가 있음을 확인했다. 청도군 홈페이지 사건에서 대법원은 삭제의무가 항상 발생하는 것은 아니며, 게시의 목적과 내용, 게시기간과 방법, 피해정도, 당해 사이트의 성격 및 규모와 영리목적 유무, 삭제의 기술적·경제적 난이도 등 삭제의무의 구체적인 판단기준을 제시했다.

이번 사건에서의 쟁점은 앞서의 두 판례에서 한걸음 더 나갔다. 앞서 사건 전개과정에서 살펴봤듯 포털들의 뉴스페이지에 A 양 사건에 관련된 기사가 올라오자 B 씨를 비난하는 수많은 댓글들이 달렸다. 이어서 네이버의 지식검색란 등에는 B 씨의 신상에 관한 질문과 답변글, 사진들이 순식간에 올라왔고, 블로그에는 B 씨를 비방하는 수많은 글들이 게재됐다. B 씨가 관련 댓글과 자신에 관한 게시물들을 삭제해 줄 것을 요청했지만 포털들의 반응은 미온적이었다.

포털 측은 B 씨의 요구만으로는 문제되는 글을 특정할 수 없으니 원고에게 어떤 글이 문제가 되는지 알려달라고 요구했다. 그러나 B 씨가 일일이 개별 포털에서 게시된 자신과 관련된 모든 명예훼손적 글들을 적발해 내는 것도 기대하기 어려운 일이었다. 그렇다면, 이 같은 포털들의 행위에 대해 손해배상 책임을 물을 수 있을까? 다시 말해, 피해자의 삭제요청이 없더라도 지속적인 모니터링을 통해 명예훼손 행위가 일어나는 것을 방지해야 할 의무가 있느냐는 것이었다.

이에 대한 대법원의 대답은 '3가지 조건'을 충족한다면 "그렇다"는 것이다. 결론부터 이야기 하면 ① 게시물의 불법성이 명백하고(명백한 불법성), ② 명예훼손을 인식 또는 예견할 수 있었고(피해발생의 인식 또는 예견 가능성), ③ 기술적·경제적으로 게시물에 대한 통제가 가능해 결과를 회피할 수도 있었다면(침해행위의 회피가능성) 피해자의 요청이 없더라도 그 게시물을 즉시 삭제하거나 검색을 차단할 의무가 있다는 것이다.

인터넷과 포털에 대한 시각 대법원은 이번 판결에서 인터넷이 지닌 가장 부정적 측면이라 할 수 있는 타인의 '인격권 침해'의 용이성에 대해 초점을 맞추고 있다. 특히 포털은 이 같은 인터넷의 부작용이 가장 용이하게 나타날 수 있는 공간으로 보고 있다. 다음은 대법원의 설명.

> 인터넷 공간에서는 익명이나 가명에 의한 정보유통이 일반화돼 타인의 법익을 침해하는 내용의 표현물이 쉽게 게시될 수 있고 또한 많은 사람들이 동시에 접속해 검색할 수도 있기 때문에 일단 게시된 표현물이 순식간에 광범위하게 전파됨으로써 그 표현물로 인한 법익 침해의 결과가 중대해질 수 있으며, 특히 인터넷을 이용한 다양한 서비스를 종합해 제공하는 인터넷 종합정보제공 사업자가 제공한 인터넷 게시공간에 그 표현물이 게시된 경우에는 인터넷 종합정보 서비스를 이용하는 무수한 이용자들에게 쉽게 노출될 수 있는 위험성이 훨씬 더 커서 다른 어느 경우보다 타인의 법익을 보호할 필요성이 크다.

포털의 주의의무 대법원은 이처럼 포털이 지닌 강력한 전파력 외에 영리성에 주목한다. 포털은 "인터넷 게시공간을 제공하고 이를 사업목적에 이용함으로써 정보의 유통으로 인한 직·간접적인 경제적 이득도 얻고 있다"는 것이다. 대법원은 "인터넷 게시공간이라는 위험원을 창출·관리하면서 그로 인한 경제적 이익을 얻고 있으므로 위 게시공간 안에서 발생된 위험에 효과적으로 대처할 수도 있어, 위와 같은 위험으로 인해 피해가 발생하지 않도록 상황에 따라 적절한 관리를 해야 할 주의의무가 있다고 보는 것이 합리적이고 공평 및 정의의 관념에 부합한다"고 판시했다. 이 같은 대법원의 입장은 일종의 '수익자 부담의 원칙'을 적용토록 한 것이다. 사실 이는 인터넷 저작권 분쟁, 특히 음원(音源) 분쟁 등에서 미국과 한국의 법원이 포털이나 P2P사이트 운영회사에 적용한 '대위책임(*Vicarious Liability*)'의 법리를 인터넷 명예훼손 사건에까지 확대한 것으로 볼 수 있다.[81]

---

81 인터넷에서 벌어진 음원 분쟁에서 법원은 포털이나 소리바다 등 P2P서비스업체들에게 직접책임을 묻는 대신 '기여책임(*contributory liability*)'과 '대위책임(*vicarious liability*)' 등 2차적 책임을 묻는 경향을 보인다. 기여책임이란 저작권이 침해되는 것을 알았거나 알 수 있었음에도 침해행위를 유발하거나 그 침해행위에 대해 상당하게 기여한 경우 법적 책임을 물리는 것이고, 대위책임이란 비록 저작권 침해에 직접적인 책임은 없지만 이 같은 침해행위를 통해 직접적인 재정적 이익을 가지며, 침해행위를 감독할 능력을 갖춘 경우 저작권 침해에 대해 책임을 진다는 법리다.

2001년 미국의 제 9 연방항소법원은 A&M Records, Inc. v. Napster, Inc., 239 F. 3d 1004 사건에서 넵스터 사가 P2P서비스를 제공하면서 MP3 음악파일 공유를 통한 저작권 침해에 대한 법적 책임을 판단할 요소로 기여책임과 대위책임을 언급하며 넵스터 사에 패소판결을 내렸다. 법원은 침해행위가 잠재적 이용자들을 끌어 오기 위한 활동이고, 넵스터의 미래 비즈니스 모델이 이용자수의 확대에 입각해 있으므로 결국 침해행위를 통해 재정적으로 이익을 얻는 것으로 보았다. 법원은 또 넵스터 사가 이용자들의 행위를 감독할 권리와 능력을 가지고 있다고 봤다. 그럼에도 넵스터가 침해행위의 감시와 차단에 실패한 것은 바로 재정적 이익이 중요한 요소로 작용했기 때문이라는 것이다.

MGM Studios, Inc. v. Grokster, Ltd., 2005 U. S. Lexis 5212(2005) 사건에서 미 연방대법원은 대법관 9명의 만장일치로 그록스터의 서비스는 단순한 프로그램 배포를 넘어서 이용자들의 저작권 침해를 야기하거나 조장할 의도를 가지고 그로부터 광고수입 등의 이득을 취하는 경우에 해당한다고 보았다. 따라서 그 침해에 대한 의도에 초점을 맞춰 제 3자인 이용자들의 저작권 침해행위에 대해 책임이 인정된다는 취지로 판결했다.

우리나라의 경우도 법원은 넵스터와 유사한 P2P서비스를 제공했던 소리바다를 상대로 음반제작자들이 낸 여러 건의 소송에서 넵스터 사건과 마찬가지로 '대위책임'의 법리를 그대로 적용, 저작권 침해의 2차적 책임을 인정했다. 소리바다 측은 소송에서 이용자들은 통상 이들의 중앙 서버를 거치지 않고 직접 개인 대 개인이 파일을 공유하는 방식을 택하므로 직접적인 저작권 침해를 인정해선 안 된다고 주장했다. 그러나 2007년 10월 서울고법은 "운영자가 이용자들의 저작인접권 침해행위로부터 이익을 얻을 목적이 있거나 향후 이익을 얻을 가능성 등의

주의의무의 제한 대법원은 그러나 포털의 주의의무를 너무 강조할 경우 포털들이 강력한 모니터링과 자진 삭제를 통해 표현물들에 대해 지나친 간섭에 나서게 될 수 있고, 이 경우 인터넷 이용자들의 표현의 자유가 위축될 수 있다고 우려한다. 때문에 대법원은 "사업자의 관리책임은 불법성이 명백한 게시물로 타인의 법익 침해 가능성을 충분히 인지할 수 있고 그의 관리가 미칠 수 있는 일정한 범위 내에서 제한적으로 인정돼야 한다"고 선을 그었다.

대법원은 이에 따라 청도군 홈페이지 사건에서 제시한 기준에서 한발 더 나아가 새로운 기준을 추가해 판례로 제시한다.

> 명예훼손적 게시물이 게시된 목적, 내용, 게시 기간과 방법, 그로 인한 피해의 정도, 게시자와 피해자의 관계, 반론 또는 삭제 요구의 유무 등 게시에 관련한 쌍방의 대응태도에 비춰, 인터넷 종합정보제공사업자가 제공하는 인터넷 게시공간에 게시된 명예훼손적 게시물의 불법성이 명백하고, 위 사업자가 위와 같은 게시물로 인해 명예를 훼손당한 피해자로부터 구체적·개별적인 게시물의 삭제 및 차단요구를 받은 경우는 물론 피해자로부터 직접적인 요구를 받지 않은 경우라 하더라도 게시물이 게시된 사정을 구체적으로 인식하고 있었거나 그 게시물의 존재를 인식할 수 있었음이 외관상 명백히 드러나며, 또한 기술적·경제적으로 그 게시물에 대한 관리·통제가 가능한 경우에는, 위 사업자에게 그 게시물을 삭제하고 향후 같은 인터넷 게시공간에 유사한 내용의 게시물이 게시되지 않도록 차단할 주의의무가 있고, 그 게시물 삭제 등의 처리를 위해 필요한 상당한 기간이 지나도록 그 처리를 하지 아니함으로써 타인에게 손해가 발생된 경우에는 부작위에 의한 불법행위책임이 성립된다고 봄이 상당하다.

구체적 사정 등을 따져서 방조책임 인정 여부를 결정해야 한다"면서 소리바다 측의 주장을 받아들이지 않았다. 서울고등법원 2007. 10. 10. 2006라 1245 결정.

댓글 등으로의 주의의무 확대 청도군 홈페이지 사건이나 '전여옥 대 네이버' 사건 재판의 경우 문제가 됐던 것은 제3자가 게시판에 고발이나 폭로형식으로 자신의 견해를 폭로한 게시글이거나 기사로서 일종의 '텍스트(*text*)'였다. 그러나 이런 텍스트에 달린 댓글이나 지식검색란에서 흔히 볼 수 있는 특정 질문에 대한 답글, 사적(私的) 공간인 개인 카페 등에 올린 글들에 대해서도 포털에 일반적인 관리의무를 부여할 수 있는지도 쟁점 중 하나였다. 대법원은 이에 대해 "관리책임이 있다"고 결론 내렸다. "개별 인터넷 게시공간 내에서의 게시물들은 서로 관련을 맺고 게시되므로 불법 게시물의 삭제 및 차단의무는 위 개별 인터넷 게시공간 별로 그 의무의 발생 당시 대상으로 된 불법 게시물뿐만 아니라 그 이후 이와 관련돼 게시되는 불법 게시물에 대하여도 함께 문제될 수 있고, 따라서 그 의무위반으로 인한 불법행위 책임은 개별 인터넷 게시공간 별로 포괄적으로 평가될 수 있다"는 것이다. 다시 말해 이용자가 명예훼손적 내용이 명백한 기사 등 게시물을 퍼가서 자신의 카페 등에 올려둔 글, 그리고 여기에 달린 댓글이나 답글에 대해서도 네이버 등 포털들이 모니터링을 통해 관리를 해야 한다는 의미다.

주의의무 테스트 대법원은 이 같은 기준을 앞서 항소심 재판부가 제시한 이 사건 정황과 증거들에 대입한 뒤 그대로 인정한다. 항소심 판결의 주요부분을 요약해 보자.

ⓐ 명백한 불법성 및 피해발생의 인식 또는 예견가능성[82]

블로그 카페 등 커뮤니티 서비스 영역에서 수많은 네티즌들이 원고를 비방하는 글과 사진 등을 게재하고 신상정보 등이 광범위하게 유포됐

82 항소심재판부는 포털의 주의의무 위반여부에 대한 판단 요건으로 피해발생의 인식 또는 예견가능성과 침해행위의 회피 가능성 등 두 가지를 들었으나 대법원 재판부는 여기에 게시물의 '명백한 불법성'이라는 조건을 더 추가했다.

다. 2005년 5월 11일에는 이러한 현상을 우려하는 언론보도까지 있었다. 피고들은 기사를 포함한 게시물에 대한 검색 횟수와 댓글 수, 검색어 순위 등을 수시로 파악하고, 자체 모니터링을 시행해 이상 징후가 발견되면 해당 게시물의 내용까지 점검해 필요한 조치를 취하고 있다. 이 사건의 경우도 원고의 요청이 있기 전에 A양 미니홈피의 폐쇄요청, 뉴스 기사의 편집판 제외, 원고 실명의 검색어 순위 제외 등의 조치를 일부 취한 점 등을 비춰보면 적어도 SK커뮤니케이션즈가 A양 유가족에게 미니홈피의 자진폐쇄를 요청한 2005년 5월 8일부터 이와 같은 현상을 우려하는 언론보도가 있었던 같은 달 11일 사이에 원고의 통지나 삭제요청이 없었어도 원고의 명예가 훼손되고 사생활이 침해되는 등의 피해가 발생, 확대되고 있음을 인식했거나 적어도 예견할 수 있었다.

ⓑ 침해행위의 회피 가능성

포털들은 약관에 의해 게시물을 수시로 모니터링해 타인의 명예를 훼손하는 글을 삭제하거나 삭제를 요청하고 관련 글이 검색되지 않도록 차단하며, 그와 같은 글을 제시하는 이용자들에 대한 커뮤니티 이용권을 박탈할 권한을 보유하고 있다. 또 포털들은 영리를 목적으로 네티즌들에게 각종 서비스를 제공하고 이로써 막대한 수익을 창출하고 있는 만큼 그 과정에서 타인에게 손해가 발생하지 않도록 조치하는 데에도 사회통념상 요구되는 정도의 비용지출은 감수해야 한다. 검색서비스의 경우 '금칙어' 설정[83] 등으로 편집되지 않은 뉴스기사를 포함해 원고관련 게시물의 검색을 쉽게 막을 수 있고, 실제 변론 종결일 현재 피고 포털들의 검색서비스를 이용해 원고의 이름을 검색할 경우 관련 게시물이

---

83 항소심재판부는 금칙어 설정의 개념과 관련, "특정 낱말을 선정, 그 낱말을 이용해 검색하려 하는 경우 별도의 인증절차(성인인증 등)를 거치게 한다든지 검색결과를 제공하되 그 낱말이 포함돼 있는 검색 결과는 제공하지 않게 됨"이라고 설명한다.

검색되지 않는 점에 비춰 기술적으로 불가능해 보이지 않는다. 이런 사정을 종합하면 원고들이 피해를 인식 또는 예견할 수 있었던 2005년 5월 8일부터 같은 달 11일 사이에 포털들이 블로그나 카페의 운영자에게 명예훼손적 게시물의 삭제를 요청하고 불응할 경우 포털측이 직접 삭제하는 등의 가능한 조치를 하는 데 기술적 경제적으로 큰 어려움은 없어 보인다.

대법원은 이 같은 항소심 판단에 대해 "피고인 포털들이 명예훼손적 게시물이 존재한다는 것을 인식할 수 있었음이 외관상 명백히 드러난다고 할 수 있으므로 원고의 요청이 없더라도 불법성이 명백하고 기술적 경제적으로 관리 통제가 가능하였던 위 명예훼손적 게시물들을 삭제하거나 그 검색을 차단할 의무가 있다는 이유로 원고에게 발생한 원심판결은 수긍할 수 있다"고 결론 내린다.

(3) 상시검열 의무부여 논란 — 별개의견의 반박과 재반박

게시물의 불법성이 명백할 경우 등의 조건만 충족한다면 포털은 명예훼손 피해자의 삭제요청이 없더라도 '자발적으로 삭제해야 한다'는 다수의견의 입장에 대해 별개의견 대법관들은 강하게 반발했다. 가장 큰 반발의 이유는 삭제요청의 유무와 상관없이 삭제의무를 포털에 부여한다면 포털들의 적극적인 모니터링과 삭제의 남용 등을 불러오고, 결국 이용자들의 표현의 자유가 크게 위축될 수 있다는 것이다.

별개의견 대법관들은 제 3자의 명예훼손적 게시물에 대한 삭제 및 차단의무 등을 인정하려면 그 게시물을 삭제하지 않으면 안 될 정도의 '현존하는 위험'이 있어야 하고, 피해자의 삭제요청이 있어야만 삭제 및 차단의무를 인정할 수 있다는 법리를 제시했다.

① 인터넷과 포털에 대한 시각

별개의견 재판관들의 견해는 인터넷과 포털에 대한 근본적인 시각부터 다수의견과 충돌한다. 양자 모두 표현의 자유와 피해자의 인격권 보호라는 두 가지 법익이 균형을 맞춰야 한다는 원칙론에서는 같다. 그러나 다수의견은 앞서 살펴본 대로 근본적으로 인터넷과 포털이 지닌 엄청난 전파력과 익명, 가명에 의한 정보유통에 따른 인격권 침해 및 확산에 방점을 두고 있고, 결국 이는 규제(처벌)의 강화로 이어진다.

반면 별개의견을 낸 재판관들은 헌법재판소가 정의한 '가장 참여적인 시장', '표현촉진적인 매체'로서의 인터넷이 지닌 순기능을 강조하고,[84] 포털은 이를 가장 잘 구현한 매체로 보고 있다. 때문에 '규제의 강화'보다는 '표현의 자유의 보호'를 주창한다. 다음은 판결문에서 밝힌 별개의견 재판관들의 입장.

> 인터넷은 기본적으로 대량의 의사소통을 위한 대중매체(*mass media*)의 하나다. 인터넷은 이른바 정보통신 매체로서 종래의 인쇄매체, 영상매체, 정보매체 등과 대비해 '진입장벽이 낮고, 표현의 쌍방향성이 보장되며, 그 이용에 적극적이고 계획적인 행동이 필요하다는 특성'을 지니고 있어, '오늘날 가장 거대하고 주요한 표현매체'로 정의되고 있다. 이러한 인터넷의 매체로서의 특성은 '뉴스서비스', '커뮤니티서비스', '검색서비스' 등 각종 정보서비스의 내용에 의해서도 쉽게 확인할 수 있다. … 이와 같이 인터넷 종합정보제공 장소에서 이뤄지는 인터넷 이용자들의 표현행위는 인터넷의 대중매체로서의 특성인 쌍방향성, 접근의 용이성, 전파의 신속성, 시공간 초월성 등에 힘입어 종래의 대중매체에서 볼 수 있는 것과는 전혀 다른 형태로, 매체로서의 기능을 '1인 매체' 위주의 인터넷 이용자들이 주도하면서 정보와 의견의 교환이 적극적 · 개방적이고 다양한 모습으로 시간과 장소에 구애받지 않고 용이하며 자유롭고 신속하게 이뤄지고 있다. 이처럼 인터

84 헌법재판소 2002. 6. 27선고 99헌마480결정.

넷은 지금까지의 어느 매체와 비교할 수 없을 정도로 가장 완성된 형태의 참여적 대중매체이고, 인터넷의 이러한 기능은 인터넷 이용자가 인터넷상에서 자유롭게 활동하면서 의사소통의 시공간을 넓혀갈 수 있는 가상공간을 제공하는 인터넷 종합정보 제공사업자가 있음으로써 더욱 고양될 수 있다. 따라서 만약 이러한 사업자에 대해 그가 제공한 인터넷 게시공간에서의 표현행위와 관련해 법적 규제의 폭을 넓혀간다면 위와 같이 '1인 매체' 역할을 하는 인터넷 이용자들의 표현행위가 규제받을 수밖에 없어 결국 간접적인 형태로 인터넷 이용자들의 표현의 자유를 위축시키는 이른바 냉각(위축) 효과(*chilling effect*)를 불러일으킬 수 있다. 인터넷 종합정보 제공사업자의 법적책임에 관해 보다 신중한 접근이 요구되는 것은 바로 그 때문이다.

② '명백하고 현존하는 위험' 심사

별개의견 재판관들은 표현의 자유가 위축되는 것을 막기 위해 다시 한 번 헌법재판소가 확립한 '명확성의 원칙'을 제기한다. 명확성의 원칙이란 "표현의 자유를 규제하는 법률은 규제되는 표현의 개념을 세밀하고 정확하게 규정하는 것이 헌법적으로 요구된다"는 헌법재판소의 법리를 말한다.[85] 소수의견 재판관들은 명확성의 원칙은 표현의 자유를 제한하는 법률의 입법에서뿐 아니라 표현의 자유를 제한하는 내용의 법 해석의 원리를 정하는 데도 적용돼야 마땅하다고 주장한다.

별개의견 재판관들은 포털에게 인격권 침해에 대한 책임을 묻는 법리를 구성할 때도 표현의 자유에 대한 제한을 가능한 최소화해야 한다고

---

85 헌법재판소 1998. 4. 30선고 95헌가16결정, 헌법재판소 2002. 6. 27선고 99헌마480결정. 헌법재판소는 "현대 민주사회에서 표현의 자유가 국민주권주의 이념의 실현에 불가결한 존재인 점에 비춰 볼 때, 불명확한 규범에 의한 표현의 자유의 규제는 헌법상 보호받는 표현에 대한 위축적 효과를 수반하고, 그로 인해 다양한 의견, 견해, 사상의 표출을 가능하게 해 이러한 표현들이 상호 검증을 거치도록 한다는 표현의 자유의 기능을 상실하게 한다"면서 명확성의 원칙을 판시했다.

주장한다. 이들 재판관들이 내놓은 답은 '명백하고 현존하는 위험' 심사(*test*)를 하자는 것이다.

재판관들은 "그 사업자가 게시물의 불법성을 구체적으로 인식했고 삭제 등의 조치를 취하지 않으면 안 될 명백하고 현존하는 위험이 있는 것으로 인정될 수 있을 때" 인터넷 종합정보제공 사업자인 포털에게 삭제 및 차단 등의 조치를 취할 의무를 부여하자고 주장한다.

사실 별개의견 재판관들이 제시한 '명백하고 현존하는 위험' 심사는 그다지 낯선 용어나 개념이 아니다. 앞서 '고전적 사상의 자유시장 이론과 표현의 자유'장에서 살펴봤듯 미국 연방대법원은 표현의 자유를 제한할지 여부를 판단하기 위해 '명백하고 현존하는 위험'을 기준으로 삼았기 때문이다.[86] 홈즈 대법관은 20세기 초 당시의 시대상과 맞물려 미국 법원을 지배했던 '나쁜 경향의 심사'(*bad tendency test*)에 반대하며, Schenck v. United States(1919) 사건에서 '명백하고 현존하는 위험'(*Clear and Present Danger*) 심사의 도입을 제안했다.[87] 다시 말해 어떤 표현행위로 인해 사회에 부정적 결과를 야기할 수 있다면 표현물 규제가 당연하다는 나쁜 경향의 심사는 표현의 자유를 심하게 위축시킬 수 있으므로, 특정 표현이 실제로 명백히 현존하는 위험을 제기하거나 그러한 환경을 조성할 때에만 이를 금지할 수 있도록 해야 한다는 것이다.

명백하고 현존하는 위험 심사는 홈즈 대법관이 주창한 사상의 자유시장 이론과도 밀접한 연관을 맺고 있다. 어떤 표현행위가 국가안보(*national security*)나 사회 안전에 직접적인 해악을 미칠 정도로 급박한 경우가 아니라면 당장 규제여부를 결정할 것이 아니라 사회적 토론 등을

86 명백하고 현존하는 위험 심사에 대해선 앞서 '고전적 사상의 자유시장 이론과 표현의 자유' 장의 홈즈 대법관의 사상의 자유시장 이론을 참고하면 유용할 것이다.

87 Lee Epstein & Thomas G. Walker(2004), *Constitutional Law for a Changing America Rights, Liberties, and Justice*, 5th ed., 217~219.

통해 사회의 구성원들이 수용여부를 결정해야 한다는 것이다.

사실 미국 연방대법원의 경우 '명백하고 현존하는 위험' 심사는 주로 국가안보와 표현의 자유가 충돌할 때 판단하는 기준이었다. 그러나 우리나라 대법원의 별개의견 재판관들은 미국 연방대법원의 '명백하고 현존하는 위험 심사'를 인터넷 명예훼손 재판에 그대로 원용했다. 명백하고 현존하는 위험이 있는 경우에만 인터넷에서의 표현의 자유를 제한할 수 있다고 본 것이다.

별개의견 재판관들은 "정보 배포자로서 인터넷상의 각종 서비스를 통해 일정한 게시공간을 제공하는 역할을 하면서 동시에 그 게시물에 대해 직접적이고 신속한 통제를 가할 수 있는 위치에 있는 이상, 자신이 제공하는 인터넷 게시공간에서 명백히 불법적인 명예훼손의 표현행위가 행해지고 있는 사실을 구체적으로 인식했고, 나아가 그 게시물에 대해 적절한 통제를 가하지 않을 경우 피해의 발생이나 확대를 피할 수 없는 명백하고 현존하는 위험이 있다고 인정될 때에는 피해자를 위해 그 게시물에 대한 통제수단으로서 그 게시물을 삭제 또는 차단하는 등의 조치를 취해야 하고, 이를 위반하였을 때 비로소 그 법적 책임을 물을 수 있다고 봄이 상당하다 할 것이다"라고 '현존하고 명백한 위험 심사'의 배경을 판시했다.

그렇다면 별개의견에서 포털이 삭제 등의 조치를 취하지 않으면 안 될 명백하고 현존하는 위험이 있는 때란 어떤 경우를 말하는 것일까.

이에 대해 별개의견에선 ① 피해자로부터 명예훼손의 내용이 담긴 게시물을 '삭제해 달라는 요구'를 받았고, ② 삭제요구는 '구체적 개별적으로 특정해서 이뤄져야 하며, ③ 게시물에 명예훼손의 불법성이 명백해야 하며, ④ 기술적·경제적으로 삭제조치 등이 가능한 경우 등 4가지 요건들이 모두 충족되는 경우라고 설명했다.[88]

---

88 별개의견은 "인터넷종합정보 제공사업자의 명예훼손 게시물에 대한 삭제의무

■ 보충의견의 재반박 ■

그러나 이 재판의 주심을 맡았던 김영란 대법관은 다시 다수의견에 대한 보충의견을 통해 별개의견의 '현존하고 명백한 위험' 심사 주장을 비판한다. 별개의견이 인터넷 종합정보제공 사업자의 삭제 및 차단의무가 제한되는 논거를 인터넷에서의 표현의 자유에 대한 보장에서 구하고 삭제 차단의무의 논거를 피해자의 명예에 대한 '명백하고 현존하는 위험'에서 찾고 있으나 이는 잘못된 법 해석이라는 것이다.

"별개의견에서 보호돼야 한다고 지적하는 인터넷에서의 표현의 자유는 게시물을 게재하는 인터넷 이용자의 표현의 자유를 의미하며, 인터넷 종합정보제공 사업자 자신의 표현의 자유를 뜻하는 것은 아니라고 보인다. 따라서 인터넷 이용자가 게시한 게시물 자체가 이미 표현의 자유의 한계를 벗어난 경우에는 이를 보호할 필요가 없을 것이므로, 인터넷 종합정보제공 사업자가 그에 관해 삭제 등의 처리를 한다고 하더라도 표현의 자유를 제한하는 문제는 발생하지 않는다"고 김 대법관은 주장했다.

김 대법관은 그러나 별개의견의 법리를 반박하면서도 별개의견의 명백하고 현존하는 위험심사를 완전히 부정하지 않는다. 오히려 이를 어느 정도 차용해 다수의견의 법리를 설명하려고 시도한다. 다수의견의 법리를 따르더라도 별개의견의 '명백하고 현존하는 위험' 심사는 적용될 수 있다는 입장이다.

다수의견은 포털 측에 삭제의무를 부여하면서 '명예훼손적 게시물의 불법성이 명백한 경우'라는 단서를 달았다. 일종의 제한적 삭제의무를

는 특별한 사정이 없는 한 위 사업자가 피해자로부터 명예훼손의 내용이 담긴 게시물을 '구체적 · 개별적으로 특정'해 '삭제해 달라는 요구'를 받았고, 나아가 그 게시물에 명예훼손의 불법성이 '현존'하는 것을 '명백'히 인식했으며, 그러한 삭제 등의 조치를 취하는 것이 '기술적 · 경제적으로 가능'한 경우로 제한하는 것이 합리적이고 타당하다고 본다"고 판시했다.

규정한 것이다. 현실적으로 명예훼손적 게시물의 불법성이 분명한 경우란 "표현행위의 가치가 피해자의 명예에 우월하지 않다는 것을 쉽게 알 수 있는 경우"라고 설명한다. 김 대법관은 ① 피해자가 사적 존재이고, ② 게시물의 내용이 명예를 저하시키는 구체적인 사실에 관한 것이며, ③ 사안 역시 전혀 공공성, 사회성이 없이 사적인 생활영역을 폭로하는 것에 불과해 여론형성이나 공개토론에 기여하지 않는 경우나, ④ 구체적인 사실을 적시하지 않더라도 표현방법이 단순히 무례한 정도를 넘어 심한 모멸적 표현에 의한 인신공격적인 경우 등을 예로 꼽았다.

다수의견에 따르면 위의 경우처럼 불법성이 명확하지 않을 경우는 삭제의무는 발생하지 않는다. 따라서 표현의 자유를 침해할 정도로 포털 측에 삭제의무를 지우는 것이 아니라는 것이다.

김 대법관은 별개의견에서 지적한 '현존하는 위험'의 법리에 대해서도 근본적인 차이를 보인다. 김 대법관은 "별개의견은 삭제 및 차단의무를 인정하려면 인터넷 종합정보제공 사업자가 삭제 등의 조치를 취하지 않으면 안 될 현존하는 위험이 있어야 한다고 설명함으로써, 일반적인 명예훼손적 게시물 그 자체가 현존함으로 인한 위험과 **다른 위험**을 요구하고 있는 것으로 보인다"고 지적했다. 김 대법관은 별개의견의 '다른 위험'이 무엇인지 명시적으로 말하지는 않았지만, 문맥상 표현의 자유를 보호함으로써 얻게 되는 공공의 이익이 아닌가 보인다. 김 대법관의 이 한마디는 다수의견의 명백하고 현존하는 위험 심사에 대한 시각을 단적으로 보여준다.

앞서 살펴본 것처럼 미국에서 발전한 '명백하고 현존하는 위험' 심사는 주로 정부가 국가안보 등의 목적으로 제정한 표현행위에 대한 규제 법안이 표현의 자유를 침해하느냐를 판단하는 기준이었다. 다시 말해 국가안보나 사회질서를 보호하려는 법익과 표현의 자유가 충돌하는 영역에서 발생할 경우 사용한 사법심사의 기준이었다. 때문에 국가나 사회의 안녕 등의 공익적 목적과 달리 개인의 인격권 보호를 목적으로 하는 일반적인 명예훼손 사건에서 이 기준을 그대로 적용할 수 있느냐는 의미로도 해석될 수도 있다.

다수의견이 상정하는 명백한 위험이란 명예훼손으로 인해 피해자에게 현실적 피해가 발생할 위험을 의미한다. 김 대법관은 특히 인터넷의 강력한 전파력을 고려할 때 "타인의 명예를 훼손하는 게시물이 인터넷에 게시됨으로써 이미 타인의 법익침해라는 중대한 위험이 현실화되는 것이며, 피해자의 삭제나 차단요구에 의해 그 위험이 비로소 발생하거나 증가하는 것이 아니다"라고 판시했다. 누가 봐도 명예훼손이 분명해 그냥 방치하면 피해가 날 것이 분명하다면 포털에 게시물 삭제 의무를 부여해도 표현의 자유를 침해하지 않는다는 논리다.

따라서 삭제 및 차단의무의 요건으로서 명예훼손에 관한 '불법성의 명백' 외에 다른 위험성을 요구해선 안 된다고 김 대법관은 주장한다.

김 대법관은 "인터넷에 게시된 명예훼손적 게시물로 인해 피해자에게 현실적 피해가 발생하고 있고 그 피해의 위험성이 커서 이로 인해 게시자가 그 게시물을 삭제할 의무를 부담하고 있음이 명백한 사안이라면 이미 게시자의 표현의 자유는 그 한계를 벗어나 이를 보호할 필요가 없음이 명백하다"고 판시했다.

③ 피해자의 삭제요청이 반드시 필요한지 여부

별개의견 재판관들은 피해자 신청이 없는 삭제의무를 인정하는 것에 대해 반대한다. 뒤에 언급하겠지만 이는 ISP에 의한 사적 검열(*private censorship*)을 조장할 우려가 있고, 실제적으로 임시조치의 불가능성 등을 내세운다.

이에 더해 별개의견은 '피해자의 삭제요청' 조건의 근거로 형사상 명예훼손죄가 피해자의 고소나 처벌의사가 반드시 필요한 친고죄 또는 반의사불벌죄인 점을 주요한 논거로 제시한다. 피해자가 명예훼손 가해자의 처벌을 원치 않으면 형사상으로는 죄가 성립하지 않는다. 별개의견은 이러한 형사법의 정신을 민사사건에도 대입해야 한다고 주장한다. “(포털) 사업자가 자신이 제공한 인터넷 게시공간에서 아무리 불법성이 명백한 표현물이 게시돼 있는 것을 확인했다고 하더라도 그에 대해 피해자가 어떠한 조치를 원하는지 미처 확인하지도 않은 상황에서 위 사업자에게 삭제 등의 조치를 취하도록 강제할 수 있다고 할 것인지 의문이 아닐 수 없다”는 것이다.

이와 함께 별개의견은 포털 측에 기사 등 공표행위가 있다는 사정을 알았다는 이유만으로 삭제의무를 인정하고 법적 책임을 묻는 것은 직접 가해자인 언론사와 동일한 범주에서 책임 유무를 가리는 것으로 부당하다고 반박했다. 포털은 명예훼손적 게시물로부터 피해자를 보호하기 위한 후견적·방어적 역할을 할 위치에 있기 때문에 포털이 피해자로부터 보호요청을 받았는데도 이를 소홀히 했을 경우 비난 가능성이 생기는 것이지, 피해자의 보호요청 등 아무런 문제제기가 없는데 그에 앞서서 어떤 조치를 취하도록 강제하는 것은 무리라고 보았다. 또 포털에 게시되는 게시물의 정보량이 엄청난 점을 고려하면, 피해자의 명시적인 삭제요구가 없는데도 법적 책임에 노출될 경우 포털의 법적 지위는 불안정해지는 등 포털이 과중한 부담을 지게 된다고 강조했다.

■ 보충의견의 재반박 ■

김영란 대법관은 피해자의 삭제의사 표명을 전제로 민사상 책임이 발생한다는 별개의견의 주장을 조목조목 비판했다. 우선 피해자의 처벌불원 의사표시나 고소는 형사상 소송요건에 불과하며, 이에 따라 범죄의 성립여부가 달라지지 않을 뿐더러 민사상의 불법행위 성립이나 책임 유무와도 상관없다고 일축한다.

다수의견은 여기에 더해 현행 인터넷 종합정보제공 사업자, 다시 말해 피해자의 요청과 상관없이 ISP의 삭제의무를 인정하는 법률적 근거로 앞서 언급한 정보통신망 이용 촉진 및 정보보호 등에 관한 법률(이하

정보통신망법)과 저작권법을 제시한다.

김 대법관은 정보통신망법 제44조 2항과 제44조 3항 등 관련 조항에서 "정보통신서비스 제공자는 사생활 침해 또는 명예훼손 등 타인의 권리를 침해하는 정보가 유통되지 않도록 노력해야 하고 그와 같은 정보에 대하여는 임시조치를 취할 수 있다"고 규정하고 있음을 거론했다.[89] 또 이 법의 44조2의 제6항과 2항 등에 피해자의 요구에 따라 삭제나 임시조치 등의 필요한 조치를 취한 경우 책임의 감경 또는 면제 규정을 둔 것은 "사업자가 피해자의 요구가 없더라도 직권으로 필요한 조치를 취할 수 있음을 전제로 해 피해자의 요구에 따라 필요한 조치를 취한 경우 책임이 경감되거나 면제될 수 있다는 취지로 보일 뿐, 나아가 사업자가 피해자로부터 삭제 등의 요구를 받지 못하였다는 이유로 전혀 아무런 조치를 취하지 않은 경우에 항상 책임의 성립이 부정된다거나 책임이 면제된다는 취지로 보이지 않는다"고 주장했다.

또 저작권법 102조 제1항에서 ISP가 저작권 침해사실을 알고 불법저작물의 유통을 방지하거나 중단시킨 경우 책임을 면책・감경하는 규정을 둔 것도 피해자의 요구를 온라인서비스 제공자의 방지・중단의무 발생의 요건으로 삼지 않고 있는 것도 같은 맥락이라고 밝혔다.

다시 말해 정보통신망법과 저작권법에 '착한 사마리아인' 규정을 둔 것 자체가 임의적인 임시조치를 허용하는 것을 전제로 법안이 설계된 것이라는 것이다.[90]

---

89 사실 삭제요청이 없는 경우 임시조치를 허용하는 것을 직접적으로 규정한 것은 44조3항이다. 이 조항은 "정보통신서비스제공자는 자신이 운영・관리하는 정보통신망에 유통되는 정보가 사생활 침해 또는 명예훼손 등 타인의 권리를 침해한다고 인정되면 임의로 임시조치를 할 수 있다"고 규정하고 있다.

90 그러나 이 같은 견해 역시 논란의 소지가 많다. 미국의 경우 CDA의 착한 사마리아인 규정은 앞서 살펴본 것처럼 미국의 보통법상 불법적 게시물에 대해 자율적인 모니터링을 하는 선의의 ISP가 편집통제로 인해 '발행인'으로 간주돼 민사책임을 지는 '역설'을 막기 위해 도입된 '면책규정'이다. 한마디로 ISP를 법적 책

④ 상시검열 의무 비판

별개의견은 삭제요청을 받지 않았지만 "불법성이 명백한 게시물이 게시된 사정을 구체적으로 인식했거나 그 게시물의 존재를 인식할 수 있었음이 외관상 명백한 경우" 삭제의무를 인정해야 한다는 다수의견의 논리는 결과적으로 포털에게 상시검열의무를 부과하는 것이라고 비판한다.

포털에게 책임을 지우려면 포털이 게시물의 존재를 '현실적으로 인식'한 경우에 한해야 하고, 실제적으로 이 경우는 삭제요청이 있었을 경우로 봐야 한다는 것이다. 반대로 만약 현실적으로 인식하지 못해 모르고 있는, 즉 선의(善意)의 경우에는 어떠한 때에도 삭제 차단의무는 발생하지 않는다고 본다.

만약 불법적 게시물을 구체적으로 인식할 수 있었는데 과실로 알지 못할 경우까지 삭제 의무를 인정한다면, 이는 불법성을 '인식해야 할 의무'가 있음에도 이러한 의무를 위반한 잘못으로 삭제까지 하지 못해 결국 삭제의무까지 위반한 것이 된다. 이 경우 사업자들은 손해배상 책임을 면하기 위해 적극적으로 게시물에 대한 관리 또는 감시에 나설 수밖에 없게 된다. 결국 이는 포털 측에 일반적·포괄적 상시검열 의무를 인정하는 것이나 마찬가지라는 것이다. 이는 인터넷의 표현의 자유를 심

임으로부터 보호하는 것이 목적이다. 그러나 우리 대법원의 논거대로라면 착한 사마리아인 규정은 결과적으로 ISP에게 법적 책임을 강제하기 위한 용도로 활용하는 셈이다. 미국의 경우 착한 사마리아인 조항은 ISP의 자체 모니터링 등 자율규제를 독려하기 위한 조항인 것은 분명하지만, ISP가 자체 모니터링을 열심히 하지 않았다고 법적 책임을 묻는 경우는 없다. 특히 CDA 도입과정에서 착한 사마리아인 조항은 ISP에 의한 사적 검열 논란을 야기한다. 때문에 다시 ISP에게 완전한 면책을 부여한 230조가 첨가되면서 착한 사마리아인 조항은 사실상 사문화된다. Zeran 판결에서 보듯 심지어 ISP가 삭제요청을 받고 의도적으로 이를 무시해도, 다시 말해 notice & take-down(통지 후 삭제)의 원칙이 지켜지지 않아도 ISP는 '배포자'로서의 법적 책임조차 지지 않는다.

각하게 위축하는 결과를 초래할 것이라고 주장한다.

'불법 게시물의 존재를 인식할 수 있었음이 외관상 명백한 경우' 역시 개념이 불분명해 '명확성의 원칙'에 비춰 적절치 않다고 주장한다. 사실이나 정황을 우연히 알게 됐는지 여부에 따라 책임 유무가 달라질 수 있어 불합리하다는 것이다. 이 경우 포털 측은 명예훼손적 게시물의 존재를 알기 위해 정황이 될 사실이나 정보들을 수집해야 하고, 이것은 결국 간접적인 방법으로 게시물에 대한 상시검열 의무를 인정하는 것과 마찬가지라는 것이다.

또 관리·감시를 충실히 해온 사업자일수록 법적 책임을 부담해야 할 위험성이 높아지는, 다시 말해 선의의 사업자가 피해를 보는 역설이 발생한다는 점도 논거로 들었다.

> 피해자의 삭제요구가 있기도 전에 포털이 스스로 알게 된 경우에도 삭제의무가 생긴다고 한다면, 인터넷상의 게시물에 대해 아무런 관리·감시도 하지 않아 명예훼손 게시물의 존재를 전혀 모르고 있는 사업자는 아무런 책임을 지지 않게 되는 반면에 오히려 자진해 비용과 노력을 들여 관리·감시함으로써 그러한 게시물을 알게 된 사업자의 경우에는 법적 책임을 부담하게 될 위험성이 높아지는 '법익의 불균형'이 초래될 가능성이 있어 불합리하다.

■ 보충의견의 재반박 ■

김 대법관은 별개의견의 상시검열 주장에 대해 포털 측이 불법 게시물이라는 것을 알았을 것이 명백하다고 입증된 일부의 경우에 삭제요청 없이도 삭제 차단 의무가 인정되기 때문에 문제될 게 없다는 입장이다.

> 인터넷 정보제공사업자가 갖춰야 할 객관적인 인식능력을 기준으로 불법 게시물의 존재를 인식할 수 있었음이 외관상 명백히 드러나는 때에 한해 그 게시물의 존재를 구체적으로 인식한 경우와 마찬가지로

그 게시물에 대한 삭제 및 차단의무를 지운다면, 별개의견이 우려하는 바와 같은 비례의 원칙에 반한다거나 인터넷 종합정보 제공사업자가 인터넷 게시공간의 게시물들을 상시검열함으로써 표현의 자유를 위축시키는 결과가 초래될 것을 염려할 필요는 없을 것이고, 위 사업자에게 사실상 파악하기 어려운 게시물에 관한 과도한 책임을 지운다고도 할 수 없다.

실제 소송이 제기되더라도 피해자의 삭제요구가 없는 상황에서 포털측이 불법게시물을 인식했다는 것을 외관상 입증하기가 쉽지 않을 것이라는 점도 강조한다. 때문에 많은 경우 재판에서 구체적·개별적인 불법 게시물에 대해 삭제요청을 받아 게시물의 존재를 인식한 때부터 삭제 및 차단의무가 인정될 것이라는 것이다.

이번 사건의 경우 A양 미니홈피의 폐쇄요청, 뉴스 기사의 편집판 제외, 원고 실명의 검색어 순위 제외 등의 조치를 일부 취한 점 등이 인정됐고, 특히 원고의 개인정보 공개와 명예훼손에 관해 우려하는 기사들이 나온 점 등도 포털측이 불법게시물을 인식했을 개연성을 높여주는 근거가 됐다.

김 내법관은 또 이 같은 포털 측의 모니터링 활동은 위헌적 요소가 많은 사전검열에 해당하지 않는다고 강조한다. "명예훼손적 표현물과 같이 헌법상 보호되지 않는 의사표현이 공개된 후에 이에 대해 사후심사를 하거나 간섭하는 것은 헌법이 금지하고 있는 검열에 해당하지 않는다"고 판시했다.

⑤ 명백한 불법성에 대한 인식과 판단

별개의견에선 하이텔 사건에서부터 문제가 됐던 포털의 게시물에 대한 자의적인 불법성 판단과 삭제이슈 역시 도마 위에 올랐다. 불법성 여부를 판단하는 것이 결코 쉬운 일이 아니라는 것이다.

> 어떤 표현이 사실을 적시하고 있는가, 아니면 단순히 의견 또는 논평을 표명하는 것인가, 의견 또는 논평을 표명하고 있더라도 그와 동시에 묵시적으로라도 그 전제가 되는 사실을 적시하고 있는가 아닌가를 구별하는 문제, 그 표현이 사실의 표현에 해당하더라도 사람을 비방할 목적이 있는지 여부나, 그것이 진실한 것인지 아니면 허위의 사실인지 여부 등을 판단하는 문제, 나아가 위법성 조각여부와 관련해 어떤 표현이 진실한 사실이거나 진실이라고 믿은 데 상당한 이유가 있고 그것이 공공의 이익에 관한 것인지 여부를 판단하는 문제 등이 그것이다.

특히 사이버 공간에서 특정주제나 공동의 관심사에 대한 인터넷이용자들 간의 논쟁과정에서 발생하는 여러 가지 표현행위의 경우, 인터넷 특성상 명예훼손 판단기준을 완화해야 한다는 견해, 인터넷의 쌍방향성과 반론 가능성이 있기 때문에 인터넷상의 표현은 원칙적으로 공공의 이익에 관한 것으로 봐야 한다는 견해 등이 제시되는 등 법률가 입장에서도 곧바로 명예훼손의 불법성 여부에 대한 확실한 결론을 내리기 어렵다는 것이다.

요약하자면, 별개의견은 명예훼손성 게시물의 존재를 포털이 인식했다고 삭제의무가 생기는 것이 아니라 명예훼손의 불법성 요건을 명백히 충족시켜야 삭제의무가 생기게 된다고 본다. 그러나 포털이 시시각각 올라오는 게시물의 불법성 여부를 판단하는 것은 무리다. 따라서 삭제차단 요구가 있었을 경우에만 게시물의 불법성을 인식한 것으로 보고 삭제의무를 부여하자는 논리로 나아간다.

■ 보충의견의 재반박 ■

그러나 보충의견을 낸 김영란 대법관은 법률적으로 볼 때 불법행위책임의 경우 주의의무 위반은 개인의 주관적 인식능력이 아니라 평균적 또는 사회 일반의 객관적 인식능력을 기준으로 하는 것이 일반적 통례며, 당연히 인터넷 명예훼손에도 이를 적용해야 한다고 반박했다.

> 인터넷 정보제공 사업자가 갖춰야 할 동종업계 일반 운영자의 평균적 인식능력을 기준으로 위 사업자가 불법성이 명백한 게시물의 존재를 인식할 수 있었는지 여부를 판단할 수 있는 것이고, 설령 별개의견이 주장하는 바와 같이 명예훼손적 게시물을 삭제할 정도의 위험이 필요하다고 하더라도 위와 같은 평균적 인식능력으로 그 위험의 인식여부를 가리면 되지 피해자의 삭제 및 차단요구에 의해서만 비로소 그 위험을 인식할 수 있다는 논리는 타당하지 않다.

때문에 인터넷 종합정보제공 사업자가 갖춰야 할 객관적 인식능력을 기준으로 불법 게시물의 존재를 인식할 수 있었음이 외관상 명백할 경우 삭제요청이 없더라도 삭제의무를 부여할 수 있다고 결론 내렸다.

⑥ 기술적 · 경제적 가능성

민사상 분쟁에선 손해발생의 결과를 회피할 가능성이 있는 경우에만 책임을 물을 수 있다. 가령 포털 측이 충분히 명예훼손적 게시물에 의한 피해를 막을 능력이 있는데도 이를 게을리했다면 손해배상 책임을 물을 수 있다는 것이다. 여기서 중요한 것이 '포털의 이 같은 피해방지조치(삭제조치)가 기술적으로 가능한가'라는 점과 이를 위해 '경제적으로 포털 측에 지나치게 과도한 비용을 요구하는가' 하는 점이다. 만약 침해행위의 방지가 현재의 기술로 도저히 불가능하다든지 "수인(受忍)의 한계를 넘는 과도한 비용이 소요되는 등 경제적 불이익을 초래하게 돼 삭제조치를 강구하는 것을 기대할 수 없는 경우에는" 삭제의무를 면할 수 있다. 그러나 이번 사건에서 대법원은 다수의견과 별개의견 모두 문제가 된 명예훼손적 게시물에 대해 "포털들의 관리 · 통제 아래 기술적 · 경제적으로 삭제조치가 가능한 경우"라고 판단했다. 별개의견은 원심판결에는 포털 측의 삭제의무 위반을 인정하기 위해 피해자의 삭제요구가 필요한지 여부에 관해 법리를 오해한 위법은 있지만 기술적・경제적으로 과도한 요구는 아니라는 것이다.

⑦ 삭제 요구 대상의 특정 여부

사실 이 문제와 관련, 또 하나의 논점이 있다. 통상의 경우 명예훼손 사건은 피해자도 특정돼야 하고 아울러 구체적인 사실의 적시가 있어야 한다. 마찬가지로 명예훼손 게시물이라는 이유로 삭제를 요구할 때에도 삭제요구의 방식은 원칙적으로 '구체적 개별적으로 특정해' 이뤄져야 한다고 별개의견은 밝혔다.[91]

그런데 인터넷의 경우 명예훼손적 게시물이 올라오면 순식간에 퍼져 피해자가 어디에 이런 게시물이 있는지조차 알지 못하는 경우가 허다하다. 이번 사건에서 피해자인 B 씨는 포털 측에 (어디 있는지 모르지만) 자신과 관련된 내용을 검색할 때 나타나는 직간접 정보 등의 차단과 삭제를 요구했다. 그러나 포털은 구체적이지 않다는 이유로 거절했다. 과연 피해자가 명예훼손 사실이 특정되지 않은 사실, 가령 '자신과 관련된 모든 게시물' 등으로 포괄적인 삭제요구를 했을 때 이는 법적으로 인정될 수 있을까.

별개의견은 명예훼손 행위가 인터넷에선 급속히 광범위하게 이뤄지는 만큼 "피해자가 이를 일일이 확인하는 것이 현저하게 곤란할 때에는 개개의 명예훼손 행위를 구체적으로 특정하지 않고 어느 정도 개괄적인 방식으로 특정하는 것도 유효한 삭제요구"라고 밝혔다.

별개의견은 개별적인 게시물을 기재하지 않고서도 "인터넷 게시공간에서 피해자에 대한 명예훼손 사실을 다른 사실과 독립해 구별할 수 있을 정도의 표지가 되는 사항을 적시하는 방법"으로 삭제요구를 특정할

---

91 다수의견은 피해자의 '삭제 요구'가 없더라도 명예훼손적 게시물의 존재를 포털 측이 '외관상 명백히 드러나 알 수 있을 경우'라면 불법행위의 책임을 인정하고 있다.

수 있다는 것이다.

> 예를 들어 일정한 기간 동안 피해자에 대한 어떠한 사항과 관련해 어느 어느 개별 게시공간 내에서 게시되는 게시물' 등으로 특정하고 인터넷 종합정보제공 사업자의 입장에서 이러한 정도만으로 명예훼손 게시물을 탐지하는 것이 기술적·경제적으로 가능하다면, 이러한 정도로 특정해 삭제를 요구하는 것은 유효한 삭제요구로 볼 수 있다.

■ 별개의견 반박 ■

김영란 대법관은 별개의견이 제시한 '다른 사실과 독립해 구별할 수 있을 정도의 표지를 특정한' 것만으로 구체적·개별적 특정이 이뤄진 것으로 보기는 무리라는 입장이다. 저작권 침해 게시물의 경우 MP3음악파일이 복제돼 유포돼도 동일한 내용이기 때문에 '가수 누구의 무슨 노래' 파일로 특정이 가능하다. 그러나 명예훼손 게시물은 개별 게시물마다 표현방법이 다를 수밖에 없다. 유사한 내용이라도 게시자들이 올린 댓글의 표현이 제각각이고, 설령 같은 언론사의 기사를 올려도 게시자가 제목을 바꿔 다는 경우가 허다하다. 김 대법관은 이에 따라 "피해자가 개별 게시물을 구체적으로 특정하지 않는 이상 인터넷 종합정보제공 사업자로서는 피해자가 어느 게시물에 대해 삭제를 요구한 것인지 알 수 없어 별개의견에서 말하는 게시물의 불법성 여부 또한 확인할 수 없다"면서 "어쩔 수 없이 개별 게시물마다 일일이 불법성이 명백한지 여부를 가려 삭제하거나 차단할 수밖에 없게 된다"고 지적했다. 이처럼 대상물이 구체적으로 특정되지 않은 삭제요구는 불법성을 확인할 수 있는 상당한 방법이 될 수 없으므로 포털이 게시물의 존재 및 불법성을 인식하기 위해 피해자의 삭제요구가 필요하다는 별개의견의 논거는 불합리하다고 김 대법관은 주장한다.

이에 대해 별개의견은 "특정성에 어느 정도 예외를 인정하더라도 이는 어디까지나 개별적 특정이 '현저히' 곤란한 극히 제한된 범위 안에서 허용돼야 하고, 특히 피해자가 삭제를 요구하는 게시물이 구체적으로 무엇인지 인터넷 종합정보제공 사업자가 특정해 인식할 수 있는 경우로 한정돼야 하며, 삭제요구에 관한 특정성의 요청이 무색할 정도로 일반화할 수 있는 것은 결코 아니다"라고 주장했다. 그러나 이 같은 별개의견의 주장도 여전히 개념이 모호하다. 개별적 특정이 현저히 곤란한 경우에 특정성의 예외를 두자면서 다시 포털이 삭제요구 게시물이 무엇인지 특정할 수 있어야 한다는 논리는 무척 혼란스럽다.

4) 충돌하는 사법부

지금까지 우리는 대법원을 중심으로 한 우리나라 법원의 포털에 대한 법적 책임에 대한 논쟁과 입장을 검토했다. 가장 눈에 띄는 점은 사법부의 두 축인 대법원과 헌법재판소의 논리가 근본적으로 충돌한다는 점이다.

다시 이 책의 시두로 돌아가 보자. 필자는 인터넷을 바라보는 대표적인 두 가지 시각으로 사이버 자유주의와 규제주의를 꼽은 바 있다. 사이버 자유주의는 사이버 스페이스의 자율성과 특수성을 존중하고 이곳에서 표현의 자유를 최대한 보장하려는 입장인데 특히 인터넷 산업의 적극적인 지원을 배경에 담고 있다. 반면 규제주의는 인터넷 역시 현실세계와 마찬가지의 공간으로 오프라인과 동등한 입장에서 규제를 가해야 한다는 입장으로 규범을 강조하며 인터넷의 역기능 방지에 초점을 맞추고 있다.

이 책의 서두에서 언급했듯 헌법재판소는 1999년 나우누리 사건을 통해 인터넷의 성격과 법적 규제에 대한 입장을 밝힌다. 헌법재판소는 인터넷을 '가장 참여적인 시장', '표현촉진적인 매체'라고 규정하고, 인터넷을 "질서위주의 사고로만 규제하려 해선 안 된다"고 강조했다. 특히 헌재는 당시 정보통신사업법에서 규정한 '불온통신'의 개념이 지극히 주관적이고 추상적이라고 지적하며, 표현의 자유보다는 규제의 부족을 선택해야 한다며 표현의 자유보호를 제 1의 가치로 내걸었다.

> 표현의 자유를 위축시키지 않게 명확하면서도, 진정한 불온통신을 효과적으로 규제할 수 있도록 입법한다는 것은 쉬운 일이 아닐 것이다. 그러나 규제대상이 다양다기하다 하더라도, 개별화 · 유형화를 통한 명확성의 추구를 포기해선 안 되고, 부득이한 경우 국가는 표현규제의 과잉보다는 오히려 규제의 부족을 선택해야 할 것이다. 해악이 명백히 검증된 것이 아닌 표현을 규제하는 것은 득보다 실이 크다고 보는 것이 표현의 자유의 본질이기 때문이다.[92]

헌재의 입장은 1997년 사이버 포르노의 규제조항을 담은 통신품위법에 대해 위헌판결을 내린 Reno v. ACLU 사건[93]에서 보여준 미 연방대법원의 입장과 맥이 닿아있다. 이 책에서 자세히 살폈지만 당시 연방대법원은 인터넷상의 내용물 규제에 대해 엄격한 입장을 밝히며, 수정헌법 1조에서 보장한 표현의 자유와 인터넷 산업의 육성에 대한 의지를 분명히 했기 때문이다.

특히 헌법재판소는 "민주주의에서 어떤 표현이나 정보의 가치 유무, 해악성의 유무를 국가가 1차적으로 재단해선 안 되고 시민사회의 자기교정 기능, 사상과 의견의 경쟁 메커니즘에 맡겨야 한다"고 분명히 했다.

그러나 '미니홈피 자살사건'에 나타난 대법원의 의견은 이 같은 헌법재판소의 입장과 근본적인 면에서 궤를 달리한다.

결과적으로 대법원의 주류의견은 '인터넷 종합정보제공 사업자'인 포털에게 사이트 내의 표현물에 대한 적극적인 모니터링을 통해 명예훼손

92 헌재 2002. 6. 27. 99 헌마 480 전원재판부, 전기통신사업법 제 53조 등 위헌확인.
93 521 U. S. 844 (1997).

등의 피해발생을 방지해야 한다며 포털의 일반적이고 포괄적인 상시검열 의무를 사실상 인정했다. 특히 피해자의 직접 요구를 받지 않더라도 피해발생을 인식할 상황이었는데 이를 방치했다면 법적 책임이 있다고 판결했다. 이는 제3자가 올린 콘텐츠에 대해선 완벽한 면책을 허용한 미국 법원의 입장과는 반대편에 서 있고, 피해자의 직접 요구가 없더라도 삭제의무를 제한적으로 허용한 것은 미국 법원 내 소수파인 반 Zeran 법원에서조차 인정하지 않는 내용이다. 대법원 역시 표현의 자유와 인격권의 보호라는 상충되는 이익이 충돌하므로 두 가지 법익 간 조화를 추구해야 한다고 밝히고 있다. 지나친 규제로 표현의 자유가 위축될 가능성은 인정하며 제한적 범위 내에서 규제를 주장한다. 하지만 근본적으로는 균형추가 '규제주의'로 기울어져 있는 것도 부인할 수 없는 사실이다.

한 가지 주목할 점은 대법원의 소수(별개) 의견은 헌법재판소의 '사이버 자유주의'적 견해를 그대로 따르고 있다는 점이다.

별개의견 재판관들은 인터넷을 "지금까지의 어느 매체와도 비교할 수 없을 정도로 가장 완성된 형태의 참여적 대중매체"라고 규정하고, "인터넷의 이러한 기능은 인터넷 이용자가 인터넷상에서 자유롭게 활동하면서 의사소통의 시공간을 넓혀갈 수 있는 가상공간을 제공하는 인터넷 종합정보제공 사업자가 있음으로써 더욱 고양될 수 있다"고 주장했다. 미국의 연방대법원과 마찬가지로 ISP의 보호를 통한 인터넷 산업의 육성과 표현의 자유를 옹호해야 한다는 입장에 서 있는 것이다. 미국의 연방대법원, 우리 헌법재판소의 법리와 맥락이 닿아있는 별개의견 재판관들은 이 같은 논리의 연장선상에서 사업자가 불법성을 명백히 인식하고 삭제 등의 조치를 취하지 않으면 안 될 '명백하고 현존하는 위험'이 있을 때로 포털의 주의의무를 제한하자는 입장을 취했다. 별개의견은 이 같은 '명확성의 원칙'의 법리 역시 헌법재판소의 판결을 그대로 인용해 제시하고 있다.[94] 요약하자면 헌법재판소와 대법원 별개의견은 표현의 자유

논리를 기저에 깔고 다른 기본권 보호를 위해 일반화된 규제의 허용범위와 기준을 정하자는 입장인 반면 대법원의 대수의견은 규제의 필요성을 바탕으로 표현의 자유와 이에 충돌하는 다른 기본권의 법익을 동등한 가치에서 개별적으로 비교형량하자는 입장이 강해 보인다.

그러나 이와 같은 사법부 간 혹은 대법원 내 법리의 충돌은 전혀 이상한 것이 아니며, 대법원 판례도 만고불변의 진리로 고정된 것이 아니다. 시대의 상황과 인식의 변화에 따라 언제든지 바뀔 수 있다. 대법원과 헌법재판소의 견해도 따지고 보면 '사상의 자유시장'에서 경쟁하고 있는 것으로 볼 수 있다. 사상의 자유시장 이론에서 말하듯 다양한 견해들이 시장에서 경쟁을 통해 서로 보완되고 발전되기 때문이다. 대법원의 판결은 최근 몇 년간 사회문제화 됐던 악플로 인한 명예훼손과 연예인 자살 등 인터넷의 부정적 측면이 크게 부각된 것에 영향을 받은 것으로 보인다. 이 같은 법리로 인해 만약 표현의 자유가 위축되는 문제가 부각되고, 이로 인해 우리 사회의 보편적 여론이 이를 우려해 '사이버 자유주의'의 주장이 우세해진다면 대법원의 판결도 달라질 수 있을 것이다.

---

94 별개의견 재판관들은 판결문에서 "헌법재판소의 결정례에 의하면, 표현의 자유를 규제하는 입법과 관련해 '현대 민주사회에서 표현의 자유가 국민주권주의 이념의 실현에 불가결한 존재인 점에 비춰 볼 때, 불명확한 규범에 의한 표현의 자유규제는 헌법상 보호받는 표현에 대한 위축적 효과를 수반하고, 그로 인해 다양한 의견, 견해, 사상의 표출을 가능하게 하고 이러한 표현들이 상호 검증을 거치도록 한다는 표현의 자유의 본래의 기능을 상실하게 한다. … 그렇기 때문에 표현의 자유를 규제하는 법률은 규제되는 표현의 개념을 세밀하고 정확하게 규정하는 것이 헌법적으로 요구된다(헌법재판소 1998. 4. 30. 선고 95헌가16결정, 헌법재판소 2002. 6. 27선고 99헌마480결정 등 참조)"면서 "이러한 '명확성의 원칙'은 표현의 자유를 제한하는 법률 등 입법에 있어서뿐만 아니라 표현의 자유를 제한하는 내용의 법해석의 원리를 정함에 있어서도 마찬가지로 적용돼야 한다"고 주장했다.

제6장

모바일인터넷 혁명과 포털의 미래

2010년 2월 16일 퀄컴과 삼성전자 등 1,300여 개 이동통신 사업자와 장비업자들이 참석한 가운데 스페인 바르셀로나에서 열린 이동통신국제전시회(*Mobile World Congress* 2010). 모바일 비전 포럼에 패널로 참석한 앤 토스 야후 부회장은 "이제 유선인터넷과 무선인터넷을 구분 짓는 시대는 지나갔다. 인터넷은 무선인터넷을 지칭하는 용어가 될 것이다"라고 단언했다.

2010년 들어서며 '모바일인터넷' 열풍이 전 세계를 휩쓸기 시작했다. 특히 아이폰을 앞세운 애플의 아성에 구글이 안드로이드 OS를 내세워 도전에 나서고, 삼성전자와 노키아 등 전통의 휴대폰 제조업체들이 전선에 뛰어들어 '스마트폰 패권경쟁'을 본격화하면서 이 같은 현상은 더욱 두드러졌다. 애플이 '앱스토어'를 통해 선점한 모바일콘텐츠 시장에 대한 도전도 본격화됐다. 2010년 초 전세계 30억 명 이상의 가입자를 가진 24개 주요 이동통신사와 3개 휴대폰 제조회사는 2011년 초까지 '앱스토어 도매장터'(WAC)를 만들기로 합의했다. 전 세계 이동통신 가입자의 3분의 2 이상을 차지하는 통신사들이 결합한 이른바 '슈퍼 앱스토어'를 만들어 애플의 앱스토어에 연합전선을 편 것이다.

2007년 1월 맥월드 엑스포 2007의 키노트에서 애플의 CEO인 스티브 잡스가 아이폰을 세상에 내놓으며 모바일 혁명을 예고한 지 3년만의 변화였다. 2010년 애플은 다시 아이패드를 선보이며 무선인터넷 혁명의 불을 지폈다. 앤 토스 야후 부회장의 말처럼 유선인터넷의 시대는 종말을 고하고 무선인터넷(*mobile web*)이 인터넷을 통칭하는 시대가 온 것이다. 실제로 모건스탠리는 전 세계 유선인터넷 이용자수는 정체인 반면 무선인터넷 이용자는 2009년 4억 700만 명에서 2013년에는 11억 9,400만 명에 이를 것으로 예측했다. 방송통신위원회에 따르면 전 세계 휴대폰시장 성장세는 단말기 기준으로 7.9%에 그쳤으나 스마트폰의 경우 24%의 성장을 기록했다. 2013년이 되면 전체 휴대폰 시장에서 스마트폰의 비중이 40%에 육박할 것으로 예상된다.

우리나라의 경우도 2009년 11월 28일 KT에서 아이폰을 출시한 이후 무선인터넷 이용수요가 폭발하며, 모바일웹 시대로 급격히 변화하고 있다. 아이폰은 국내 출시 4개월 만인 2010년 3월 말 50만 대를 돌파했고, 삼성전자의 옴니아2도 같은 날 누적 판매량 기준 60만대를 넘어서며 '스마트폰 100만 시대'를 열었다. KT경제경영연구소는 아이폰이 국내 정보기술(IT) 산업에 미치는 직·간접 파급효과가 2012년까지 무려 2조 6천억 원에 이를 것으로 내다봤다.

이 같은 무선인터넷 혁명은 유선인터넷 시대의 최고 히트상품이었던 포털에게는 생존의 위기이자 새로운 도전으로 인식되고 있다. 특히 스마트폰 환경에서 구글 등 글로벌 사업자는 경쟁력이 강화되는 반면 네이버, 다음 등 국내 토종 포털들의 입장에선 빨간불이 켜졌다. 아이폰, 안드로이드폰 등 주요 스마트폰의 경우 구글이나 야후의 검색, 메일, 지도, YouTube 등 핵심 서비스를 내장한 상태로 출시되고 있다. 글로벌 포털들은 유선에서의 자신들의 시장지배력을 무선에서 더욱 공고히 할 수 있는 기회인 반면, 국내 포털들은 출발선부터 다른 '차별적인 경쟁'을 해야 하는 심각한 위기상황인 것이다. 2009년 말 이 람 NHN 포털 전략이사는 기자간담회에서 자사의 서비스 방향을 설명하면서 "아이폰의 출시로 일종의 방아쇠가 당겨졌다"면서 2010년을 모바일 활성화 원년으로 삼겠다고 밝혔다. 이 이사는 "구글 등 국내외 포털기업뿐 아니라 통신사와 마이크로소프트(MS) 등 소프트웨어 기업, 콘텐츠 비즈니스사까지 가세해 경쟁이 전 방위적으로 심화될 것"이라고 말했다.

그러나 포털의 미래와 관련해 더욱 유심히 살펴 볼 것은 아이폰 등 스마트폰이나 아이패드 등 새로운 모바일 기기와 이에 부속된 모바일 서비스들이 포털이 지닌 유선에서의 영향력을 감소시킬 수 있다는 점이다. 특히 포털은 모바일 혁명과 함께 급성장한 트위터나 페이스북(*Facebook*)과 같은 강력한 사회연결망 서비스(SNS)로부터 뉴스유통 및 여론형성 기능측면에서 구조적인 도전을 받고 있다. 물론 포털들 역시 네이버의 '미투데이', 네이트의 '싸이월드' 등에서 보듯 유사한 SNS서비스를 강화하고 있는 추세이긴 하다.

이에 따라 유선인터넷에서 보여줬던 '사상의 자유시장'으로서 포털의 가능성과 긍정적 측면들이 모바일웹 시대에서도 유지될 수 있을지 여러 각도에서 살펴볼 필요가 있다. 스마트폰으로 대표되는 무선인터넷 혁명은 지금도 한창 진행중이기에 포털이 — 더 대상을 좁히면 국내 포털들이 — 어떤 식으로 적응하고, 진화 또는 도태할지에 대해 예단하기는 아직 이르며 이에 대한 연구 역시 거의 없다. 더욱이 이 같은 변화가 사상의 자유시장으로서의 포털의 기능에 어떤 영향을 미칠지에 대해 예측하기란 쉽지 않은 것도 사실이다. 이 장에선 시론 형식으로 현재의 상황에 기초해 나름의 분석과 예측을 해 보자.

1. 포털의 서비스 모델 위기

유선인터넷 시장에서의 강자였던 포털은 기존의 뉴스유통 및 소비구조를 완전히 바꿔 놓았다. 앞서의 여러 장에서 살펴봤지만 유선인터넷이 출현하기 이전 뉴스의 유통은 종이신문으로 대변되는 전통적 언론사의 몫이었다. 각 신문사가 독립적 유통망인 지국을 운영하며 신문을 이른 새벽 구독자의 가정으로 직접 배달했다. 방송사의 뉴스를 얻을 수 있는 것은 정규 뉴스시간을 통해서만 가능했다. 그러나 1995년께 선보인 PC통신은 이러한 전통적 뉴스유통 구조를 흔들기 시작했다. PC통신의 가능성을 확인한 기존 신문들은 기사를 디지털화해 DB(데이터베이스)를 만들기 시작했다. 곧이어 오프라인 신문들의 인터넷 홈페이지가 만들어졌다. 그러나 뉴스유통의 중심은 여전히 오프라인 신문에 있었고, 신문사들은 보조적 수단으로 PC통신사에 자사기사를 제공하고, 접속결과에 따라 이용료를 받았다.

그러나 인터넷과 함께 출현한 포털은 2000년대 들어 이 같은 기존의 뉴스유통 구조를 근본적으로 바꿔 놓았다. 뉴스콘텐츠가 가진 이용자 유치효과와 이에 동반한 광고수익 확대에 눈 뜬 포털들은 뉴스서비스를 강화해 전면에 내세우기 시작했고 앞다퉈 뉴스DB를 갖추기 시작했다. 포털은 각 언론사들이 제작한 뉴스들의 유통플랫폼으로 자리잡았다. 각 언론사들이 자체 뉴스사이트를 만들어 대응했지만 이용자들은 모든 언론사의 뉴스가 망라돼 있는 포털의 뉴스사이트를 클릭했다. 한국인터넷진흥원의 2008년 조사에 따르면 온라인 이용자의 78.8%가 뉴스서비스를 이용하는 것으로 나타났다. 기존 언론사들은 뉴스의 생산자(*content provider*) 역할로 전락했고, 포털이 뉴스 유통시장의 강자로 등장한 것이다.

이 과정에서 주목할 것은 뉴스로 인한 수익의 배분이 중요한 문제로 대두됐다는 점이다. 전통적인 언론시장에서 구독료(시청료)와 광고수입은 개별 언론사의 몫이었다. 그러나 유선인터넷과 포털이 등장하면서 뉴스유통으로 인한 수익과 광고료 중 상당수를 언론사가 아닌 포털과 이통사가 가져가게 되었다. 특히 포털이 언론사 간의 경쟁과 뉴스시장에서의 영향력을 무기로 각 언론사들로부터 무료 혹은 저가로 뉴스를 공급받았다. 당연히 이 같은 수익배분의 불균형에 대한 기존 언론사의 불만은 커졌다. 이에 따라 앞장에서 살펴보았듯이 기존 메이저 언론사들을 중심으로 포털에 대한 뉴스공급을 중단하는 등 공동대응을 모색하면서 긴장관계가 형성됐다. 신문사들은 한국온라인신문협회 등 이익단체를 만들어 포털이 장악한 뉴스유통 시장의 주도권을 되찾기 위해 포털에 대한 공격을 강화했다.

그러나 무선인터넷의 출현은 기존 언론사들에게 전혀 새로운 기회를 제공했다. 포털과의 불편한 동거관계를 청산하고 독자적인 생존을 모색할 수 있는 새로운 비즈니스 모델이 생겨난 것이다. 이는 포털에게는 위기감을 불러일으키기 충분한 것이었다.

과연 2010년 초반부터 급격히 우리 사회에 태동하기 시작한 무선인터넷 혁명이 〔종이신문 → PC통신을 통한 오프라인 매체의 디지털유통 → 포털중심 유통 → 언론사 연합의 디지털유통 모색〕으로 변해 온 뉴스유통의 구조를 근본적으로 변화시킬 수 있을까.

1) 모바일인터넷서비스의 특징

모바일인터넷은 말 그대로 움직이는 서비스다. 따라서 이동성(*mobility*)은 무선인터넷서비스의 특징을 설명하는 키워드다. 특히 데스크톱에서 노트북을 거쳐 넷북으로 이어지는 무선인터넷 장비의 흐름은 궁극적으로 인터넷이 지향하고 있는 바를 보여준다. 사람들은 컴퓨터가 설치된 고정된 자리에서만 정보를 얻을 수 있는 차원을 넘어 이제 자신의 위치와 무관하게 언제 어디에서나 정보기기를 이용해 필요한 정보를 얻고, 원하는 콘텐츠를 내려받기를 원한다는 것이다. 와이파이(*WiFi* · 근거리 무선통신망)와 와이브로(*Wibro* · 이동중 이용가능한 무선인터넷) 이동통신 네트워크의 발전도 이와 같은 사람들의 욕구와 맞물려 발전하고 있다.

이재신 중앙대 교수는 모바일서비스의 특징으로 ① 위치정보를 활용한 서비스가 가능한 '위치성'(*localization*), ② 사용자 특성에 근거한 개인화된 서비스가 가능한 '개인화'(*personalization*), ③ 빠른 시간 내 필요한 정보에 접근할 수 있는 '즉시접속성'(*instant connectivity*), ④ 사용자의 위치와 무관하게 어디에서나 이용할 수 있는 '편재성'(*ubiquity*) 등을 꼽으며, 특히 위치성과 개인화를 가장 중요한 모바일서비스의 특징으로 거론했다.[1] 노트북이 지닌 이동성은 이용자들을 책상(데스크탑)에서 해방시켰지만 유무선 네트워크의 환경에 따라 이용여부가 결정되는 등 편재성 면에서 제한적이었다. 그러나 스마트폰이나 아이패드와 같은 무선인터넷에 기반을 둔 개인화된 미디어의 출현은 이 같은 공간적 제약을 완전히 해소할 수 있게 됐다는 것이다. 필자가 뉴스서비스와 관련해 가장 주목하는 부분은 '개인화'다. 사용자의 특성에 따라 세분화된 맞춤형 서비스를 제공하는 것을 의미한다. 이를 통해 서비스의 선택에서 이용자의 자기결정권이 더욱 커질 수밖에 없다. 이른바 모바일 서비스를 사고파는 오픈마켓에서 이용자들은 자신들이 원하는 서비스를 선택해 사용할 수 있게 된 것이다.

2) 서비스 구조의 문제

아이폰으로 대표되는 스마트폰의 등장은 포털에게 근본적인 위기감을 야기했다. 특히 이른바 개별 '애플리케이션'의 총합으로 대표되는 스

1 이재신 (2010), "모바일: 신문산업의 돌파구인가?", 한국언론재단 주최 제 54회 신문의 날 기념 세미나 발표논문집, 43~44쪽.

마트폰의 서비스 구조는 포털이 지닌 장점을 근본적으로 위협한다.

정보유통과 서비스의 플랫폼으로서 포털이 지닌 무기는 일종의 '패키지서비스'였다. 검색과 이메일, 쇼핑, 뉴스 제공 등 다양한 서비스를 일괄 제공해 이용자들을 유인하는 것이었다. 일단 자사 사이트를 클릭해 '게이트'(관문)를 열고 들어온 이용자들을 최대한 붙들어 시선을 끄는 전략이었다. 포털이 이용자들을 호객하는 가장 효과적인 무기는 바로 '뉴스'와 '검색'이었다. 앞 장에서 살펴봤듯 포털의 뉴스박스는 초창기 초기화면의 주변부에 머물다가 점차 정중앙으로 이동하며 크기도 확대됐다. 정중앙에 위치했던 검색창 역시 초기부터 지금까지 모든 포털에서 위치가 변경된 적이 거의 없다. 뉴스박스(섹션)와 검색, 쇼핑, 메일, 게임, 블로그, SNS, 지도, 만화 등 포털이 제공하는 다양한 서비스가 서로 합쳐져 하나의 '포털상품' 혹은 '포털브랜드'로서 시너지 효과를 냈다. 이것이 바로 유선인터넷 시장에서 포털이 개별서비스 사이트를 압도한 경쟁력의 원천이었다.

그러나 스마트폰이 주도하는 무선인터넷 시장의 서비스 구조는 유선인터넷의 서비스 구조와 본질적으로 다르다. 가장 중요한 변화는 '앱스토어'(*App Store*)의 등장이다. 스마트폰이 확산되면서 게임, 뉴스, 금융, 날씨, 유틸리티, 교육, 쇼핑 등 다양한 분야의 응용소프트웨어인 애플리케이션(앱)이 폭발적으로 증가하며 시장을 빠르게 형성하고 있다. 방송통신위원회가 2010년 4월 발표한 무선인터넷 활성화 종합계획에 따르면 전 세계 모바일 앱시장은 2009년 42억 달러에서 2013년 295억 달러로 7배가량 확대될 전망이다.

이 같은 앱의 증가와 앱스토어의 성장을 기반으로 한 스마트폰의 서비스모델은 포털에게는 상당히 위협적인 것이다. 포털이 유선인터넷에서 가졌던 다양한 서비스의 시너지 효과를 얻기가 구조적으로 어렵기 때문이다.

아이폰을 예로 들어 보자. 〈그림 6-1〉은 애플의 홈페이지에서 캡처

〈그림 6-1〉 아이폰의 3GS 초기화면1

한 아이폰3GS의 메인 화면이다. 전화와 메일을 포함, 문자메시지, 달력, 아이팟(*i-Pod*, 애플이 개발한 MP3 전용단말기), 지도, 유튜브, 시계, 주가, 사진, 카메라, 계산기 등 16개의 애플리케이션이 기본 사양으로 탑재돼 있다. 이용자들이 메일을 확인하고 싶을 경우 포털의 초기화면이라는 관문을 거치지 않고 바로 포털 등의 메일계정으로 연결된다. 아이폰에서 제공하는 이 같은 서비스들은 대부분 국내 포털에서도 제공하는 것들이다. 가령 위치기반 서비스인 지도찾기(*map*)는 국내 포털인 다음이 강점으로 내세우는 서비스다. 구글의 OS를 탑재한 안드로이드폰이나 삼성의 스마트폰도 유사한 방식의 서비스 모델을 제시한다.

결국 결론적으로 말하자면 국내 포털들은 무풍지대처럼 손쉽게 장사했던 유선인터넷 시장에서와는 달리 각 서비스별로 세계에서 가장 평판이 좋은 솔루션(서비스)들과 경쟁해야 한다. 〈그림 6-2〉는 한 이용자의 아이폰 화면이다. 이 이용자의 경우 네이버의 블로그, 웹툰, 뉴스캐스트, 네이버 시계, 미투데이 등 5개의 네이버서비스 앱(위젯)을 초기화면에 설정했다. 그러나 네이버의 SNS서비스인 미투데이 등 각각의 애

〈그림 6-2〉 아이폰 초기화면2

〈그림 6-3〉 아이폰 초기화면3

플리케이션들은 페이스북이나 트위터 등 외국의 유사 SNS서비스로 언제든 대체될 수 있다. 네이버 블로그 역시 다음의 블로그나 티스토리 등과 경쟁해야 한다. 심지어 '한게임'을 보유해 네이버의 캐시카우(*cash-cow*) 역할을 하는 게임서비스는 전 세계의 게임개발자들이 앱스토어에 올린 수많은 게임들과 생존경쟁을 해야 한다.

〈그림 6-3〉을 보자. 다음의 동영상 서비스인 '다음TV팟'은 유사 서비스인 구글의 유튜브(*YouTube*)는 물론이고 국내의 '곰TV'(음악영화전문동영상업체), '아프리카'(인터넷방송업체) 등과 함께 초기화면에 올라있다. 그만큼 서비스별 경쟁이 치열하다는 것이다.

더욱 위협적인 상황은 구글이나 애플이 안드로이드폰이나 아이폰에 자사의 검색, 지도, SNS서비스들을 번들로 넣어 영향력을 확대하는 전략을 펴고 있는 것이다. 유사 서비스를 제공하는 국내 포털들은 출발점부터 다른 불공정 경쟁을 해야 한다.

〈그림 6-4〉는 대만의 HTC에서 2010년 출시한 안드로이드폰 넥서스원이다. 실제 초기화면에 기본사양으로 G메일, 유튜브, 지도, 안드로

〈그림 6-4〉 HTC의 안드로이드OS기반 스마트폰 넥서스원

이드마켓 등 주요 서비스 위젯이 탑재돼 있다. 여기에 글로벌 포털업체인 야후는 지난 3월 스페인 글로벌통신사인 Telefonica와 자사의 검색엔진을 모바일 포털의 기본 검색엔진으로 탑재시키는 계약을 성공시켰다.

2010년 4월 방송통신 주무부처인 방송통신위원회가 주최한 '모바일 환경과 이용자 선택권 보호'라는 주제의 토론회에서 네이버와 다음 등 국내 주요 포털들은 이구동성으로 이런 상황에 대한 정부차원의 대응을 호소했다. 한마디로 애플 아이폰이나, 구글 안드로이드 기반 스마트폰에 구글 외 네이버, 다음 등의 검색도 기본으로 쓸 수 있게 하자는 것이었다. 포털 업체들은 '이용자 선택권 보호'라는 명분을 내걸었다. 소비자가 원하는 업체의 서비스를 이용할 수 있도록 해야지 사전에 미리 특정업체, 특히 자사의 서비스를 기본사항으로 모바일플랫폼에 탑재해선 안 된다는 것이다. 때문에 패널로 나온 네이버, 다음 등 국내 포털업체들은 자사 검색엔진도 추가할 수 있게 해달라고 요청했다. '모바일플랫폼의 중립성 원칙'을 세우자는 주장까지 제기됐다.[2] 네트워크 사업자(이동통신업체 등)는 이동통신망을 누구나 동등한 자격으로 차별 없이

다음과 구글의 음성검색 경쟁

다음의 아이폰용 앱 음성검색 화면

유선인터넷의 검색시장에서 구글(해외)과 네이버(국내)는 난공불락이라 여겨질 정도로 지배적 사업자로 군림했다. 그러나 스마트폰으로 상징되는 무선인터넷 시장이 열리면서 국내 검색시장의 공고한 판도에도 균열이 생길 조짐을 보이며 경쟁이 격화되고 있다. 음성검색은 그런 면에서 포털이 고객이탈을 막고 치열한 모바일 환경에서 살아남기 위해 내놓은 킬러서비스이다. 이용자들이 포털에서 더 이상 정보를 찾지 않는다면 포털은 존립기반 자체가 흔들리기 때문이다. 음성검색은 특히 이동성이 특징인 모바일 환경에 가장 적합하고 응용가능성이 무궁무진한 미래형 검색기술이기에 누가 보다 완벽에 가깝게 구현하느냐에 따라 검색시장이 재편될 가능성이 크다.

국내에선 다음과 구글의 한국어 음성검색 경쟁이 뜨겁게 달아올랐다. 국내 2위 포털인 다음은 2010년 6월 10일 아이폰용 음성검색 애플리케이션을 제작, 모바일 음성검색 서비스를 시작했다. 음성검색 서비스는 스마트폰의 터치 자판 입력장치를 대신해 이용자가 원하는 검색어를 음성으로 입력할 수 있도록 한 것으로, 한국어가 지원되는 모바일 음성 통합검색 출시는 이번이 처음이다. 그동안 일부 해외업체가 음성검색 서비스를 내놓았지만, 한국어가 지원되지 않아 국내 이용자들 사이에서는 활용도가 떨어졌다.

다음의 음성검색 서비스는 2단어의 검색 키워드 조합까지 인식하는 것이 특징. 사용자가 'Daum앱'에 들어가 검색창 옆 마이크 아이콘을 누른 뒤 '월드컵 박지성 골'하고 스마트폰에 대고 말하면, 음성검색 모듈이 이용자가 발음한 음성을 분석해 월드컵 박지성 골이 연결되는 모든 콘텐츠들을 보여준다. 다음은 한국전자통신연구원(ETRI)와 함께 기존 음성검색 원천기술을 연구해 30만개의 단어 검색이 가능하고,

---

2 임일곤, (2010. 4. 2), "포털 스마트폰 토론회에 구글은 불참", 〈이데일리〉. 이 보도에 따르면 한종호 NHN 이사는 "PC와 달리 모바일 환경은 휴대폰 이용자가 원하는 검색이나 소프트웨어를 선택하거나 삭제, 추가하기가 어렵다"며 "모바일 플랫폼에 중립성 원칙이 세워져야 이용자가 쉽게 사용할 수 있고 개발자들도 수고를 덜 수 있다"고 말했다. 유창하 다음 센터장도 "구글과 애플이 모바일 서비스를 확장하면서 자사 지도나 검색, SNS를 스마트폰에 번들로 끼워 넣는다면 이 서비스에 사활을 걸다시피 한 다음이나 네이버에 치명적인 위기가 될 수 있다"고 호소했다.

90%인식률을 가진 서비스를 개발했다고 발표했다.

그러나 다음의 발표가 난 지 불과 6일 후 세계 검색시장의 최강자인 구글의 한국 법인은 역시 스마트폰 음성검색 서비스를 한국에서 시작한다고 발표하며 국내 언론사 기자들을 상대로 시연회를 가졌다. 2008년 영어 음성검색을 시작한 구글이 일어 중국어 등에 이어 8번째 음성검색 언어로 한글을 택한 것. 마이크 슈스터 구글 음성인식총괄 연구원은 "20만개의 한국어 음성인식 단어를 구축해 65% 이상의 구축률을 보인다"면서 "서비스를 사용할수록 발음 억양이나 검색에 대한 정보가 축적돼 정확한 정보를 제공할 수 있을 것"이라고 말했다. 구글의 음성검색은 구글의 자체 스마트폰인 넥서스원이나 삼성전자 등이 내놓는 안드로이드폰에 기본 탑재된다. 이원진 구글코리아 사장은 "아이폰이 모닥불이라면 안드로이드는 산불"이라며 "구글이 한국모바일 시장에서 1등을 차지할 날이 멀지 않았다"고 단언했다.

구글의 발표 다음날, 다시 다음은 7월 중으로 아이폰에 이어 안드로이드폰에서 음성검색 서비스를 제공하겠다고 재반격했다. 말 그대로 다음과 구글이 음성검색 서비스 시장을 놓고 치열한 경쟁을 벌이고 있는 것. 국내 최대 검색 사이트인 네이버도 자체 음성검색 서비스를 개발중이다.

이용할 수 있도록 하거나, 망 운영상 모든 콘텐츠를 동등하게 취급해야 한다는 '네트워크(망) 중립성' 논의에 비유한 것. 모바일플랫폼 역시 구글이나 애플이 자사의 서비스에 우월적 지위를 부여해선 안 된다는 의미다. 그러나 이날 토론회에 참석 예정이던 구글은 돌연 불참했다. 구글은 안드로이드가 완전 개방형 플랫폼이라 기본탑재 문제는 단말기 제조사나 통신사가 선택할 사항이라는 입장인 것으로 전해졌다. 한마디로 국내 포털의 요구를 수용할 수 없다는 강력한 의사표시인 셈이다.

결론적으로 말하자면 서비스별 경쟁을 기반으로 하는 모바일 환경에선 포털이 유선인터넷처럼 다양한 서비스를 패키지로 제공함으로써 시너지 효과를 내기는 어려워졌다. 특히 지금까지 전개되고 있는 스마트폰의 서비스 환경은 이용자 개개인이 포털의 경영자처럼 자신이 필요로 하는 다양한 서비스 중 가장 경쟁력 있는 앱(애플리케이션)을 앱스토어(오픈마켓)에서 구입하는 구조가 형성됐다. 스마트폰 자체가 마치 유선인터넷에서의 '포털화'한 것이다. 유선에서 포털이 지녔던 선단형의 서비스 구조는 파편화된 서비스 대 서비스 구조로 전환됐다.

3) 뉴스서비스의 구조

포털의 뉴스서비스 역시 모바일 환경에선 앞에서 본 전체적인 서비스 모델과 마찬가지로 구조적 위기에 봉착해 있다. 그러나 상황은 다른 서비스에 비해 심각하다. 포털의 뉴스서비스는 언론사의 개별적인 뉴스서비스와 경쟁구도로 가고 있다. 〈그림 6-5〉를 보자. 네이버 뉴스캐스트 앱이 〈연합뉴스〉, 〈조선일보〉, 〈중앙일보〉, 〈한국일보〉, 〈경향신문〉, 〈한국경제〉, 〈매일경제〉, 〈머니투데이〉, *YTN* 등 국내 언론사 앱과 〈뉴욕타임스〉 등 외국 언론사 앱과 함께 동등한 크기로 설치돼 있다. 이용자들이 뉴스를 원할 때 네이버의 뉴스캐스트 혹은 다음 뉴스로 갈지, 아니면 조선일보나 한국일보 등의 개별적 언론사 뉴스사이트로 갈지 동일한 조건에서 선택하는 구조다.

물론 이에 대해 과거 유선인터넷에서 '즐겨찾기'를 해 둔 것과 어떤 차이가 있느냐고 물을 수도 있다. 유선인터넷에서도 즐겨찾기에서 클릭 한 번 하면 각 언론사 사이트로 손쉽게 이동할 수 있었지 않느냐는 것이다. 나아가 유선인터넷 환경에서도 개별 언론사의 웹사이트가 존재했고, 위젯을 통해 웹브라우저를 거치지 않고 바로 뉴스를 이용하게 만드는 장치들이 개발됐지만 포털은 뉴스의 종합플랫폼으로서 큰 성공을 거두지 않았느냐는 시각도 있을 수 있다.

그러나 유선과 무선인터넷의 생태계는 본질적인 차이가 있다. 뒤에서 자세히 살피겠지만 유선인터넷에서와 달리 개별 언론사들은 무선인터넷에선 포털에 기사를 제공하는 것을 거부하고 독자적인 서비스 모델로 가는 경향을 보이고 있다. 이에 따라 뉴스캐스트에선 이들 언론사들이 제공하는 기사를 찾아볼 수 없거나 줄어들고 있는 상황이다. 때문에 유력 언론사의 기사를 보려면 직접 해당 언론사의 앱을 찾아야 한다. 가

〈그림 6-5〉 아이폰 초기화면 4

령 유선인터넷 환경에선 그날의 주요 이슈에 관해 네이버의 뉴스캐스트를 보거나 야후 등 포털의 뉴스페이지에서 자신이 선호하는 언론사의 기사를 볼 수 있었지만, 스마트폰에선 해당 언론사의 앱을 클릭해야 한다는 것이다.

〈그림 6-5〉에서의 네이버 뉴스캐스트 앱은 자신들과 뉴스 공급계약을 한 일부 언론사들의 뉴스들로 채워져 있다. 유선인터넷에선 네이버의 뉴스캐스트 등 포털의 뉴스페이지가 기존 언론사의 뉴스들을 취합해 제공하는 종합뉴스플랫폼으로서 기능했지만, 무선에선 개별 유력 언론사들이 기사제공을 거부함으로써 기존 유력 언론사와 포털이 동등한 입장에서 경쟁하는 구도로 바뀐 셈이다.

4) 사상의 자유시장과 포털의 구조적 위기

모바일 혁명으로 야기된 포털의 구조적 위기는 사상의 자유시장 관점에서 보면 긍정과 부정의 양면이 모두 존재한다. 그러나 뉴스서비스 측면에서는 우려스러운 면이 적지 않다.

모바일인터넷 혁명은 앞서 '인터넷과 함께 부활한 사상의 자유시장 이론' 장에서 논의했던 것처럼 사상의 자유시장을 부활시킨 인터넷의 장점을 가장 극대화한 측면이 많다. 모바일 혁명은 근본적으로 '이동성'의 특징을 지녀, 유선인터넷이 가지고 있던 시간적 공간적 제약을 완전히 극복했다. 유선환경에선 인터넷 이용자들이 데스크탑이나 노트북을 사용해야 토론이 가능한 사상의 자유시장에 접근할 수 있었지만, 무선인터넷은 이와 같은 환경적 제약에서 이용자들을 해방시켰다. 스마트폰이나 노트북 혹은 태블릿PC 등을 통해 말 그대로 '사상의 자유시장'에 언제든 접근할 수 있다는 의미다. 더욱 중요한 것은 '실시간 검색' 등을 통해 역시 공간적 · 시간적 제약 없이 원하는 정보에 접근할 수 있게 됐다는 것이다. 이용자들이 유선인터넷 시대보다 더 '똑똑한 군중'이 된 것이다.

그러나 지금까지 나타난 가장 긍정적인 사상의 자유시장이라고 필자가 평한 포털의 서비스 모델 측면에서 살펴보면 부정적 요소도 없지 않다. 우선 이용자 분산으로 인한 사상의 자유시장의 위축을 들 수 있다. 스마트폰과 아이패드와 같은 태블릿 PC 등에서 제공되는 개별 애플리케이션을 이용한 서비스 모델은 포털이 지닌 사상의 자유시장으로서의 기능을 약화시킬 가능성이 크다. 포털이 여러 서비스를 패키지로 묶어 제공했던 서비스가 기능별로 개별적인 애플리케이션들로 분화되면서 당장 이용자들이 분산되기 때문이다. 무선인터넷 환경에선 메일과 뉴스서비스, 검색 등 다양한 서비스로 가기 위해 포털이라는 관문(*gate*)을 거칠 필요가 없어짐으로써 포털이 다른 인터넷 매체에 비해 장점이었던 이용자의 집중성이 약화됐다.

둘째, 관점의 다양성 약화가 불가피해졌다. 필자는 포털이 매스미디어의 경연장으로서 제공하는 관점 혹은 논조의 다양성을 사상의 자유시장으로서 가진 중요한 장점으로 평가했다. 그러나 무선인터넷 환경에선 이 같은 장점이 상당부분 사라졌다. 이 문제는 두 가지 측면에서 살펴볼 수 있다. 우선 각 언론사별로 개별 애플리케이션에서 정보를 제공하게 됨으로써 이용자들이 다시 '사상(생각)의 편식'에 빠질 우려가 커졌다. 가령 자신의 정치적 신념이나 가치체계에 맞는 언론사의 애플리케이션을 설치해 정보를 제공받고, 그렇지 않은 언론사의 주장에는 아예 접근 자체를 포기하기 때문이다.

또 다른 측면에서의 문제는 포털이 제공하는 뉴스서비스의 질적 저하 문제다. 앞서 이야기한 것처럼 포털 뉴스서비스의 가장 큰 장점은 '뉴스 백화점'으로서 각 언론사들이 쏟아내는 다양한 시각과 논리의 경연장을 제공하고 있다는 점이다. 그러나 대부분의 언론사들이 유선인터넷 환경에서와는 달리 무선인터넷 환경에서 포털에 기사를 제공하기를 거부하고 있다. (이와 관련한 자세한 내용은 다음 장의 '무선인터넷 시대의 올드미디어 전략' 편을 참고 하기 바란다.) 때문에 뉴스 경연장으로서의 기능은 급격히 쇠퇴하고 있음은 물론이다. 시장에서의 '사상의 경쟁'은 진실발견을 위한 최선의 길이라고 할 수 있다. 이용자들이 다양한 논리와 주장을 담은 칼럼이나 사설, 기사 등을 비교 검토해 가장 설득력 있는 주장을 채택해 수용하기 때문이다. 특히 이 과정에서 소수의견에서 제기되는 '부분적 진리'를 발견하면서 유력한 주장들도 보완되는 '진실발견'의 과정에 이상이 생기게 된 것이다.

이와 관련, 특히 우려되는 점은 논조의 다양성 포기와 함께 정보의 질적 저하도 불가피하다는 점이다. 무선포털 뉴스페이지에 진보와 보수적 성향의 유력언론들이 기사제공을 거부하면 이용자들은 가장 영향력 있고 정제된 언론의 논리를 포털에서 제공받을 수 없게 된다. 결국 이용자들은 평판이 낮은 언론사들의 뉴스를 통해 정보와 논리를 접하게 됨으로써 사상의 자유시장에 나오는 '사상'의 질적 저하는 피할 수 없게 됐다.

마지막으로 살펴볼 것은 인터넷이 지닌 표현촉진적 매체로서의 기능의 약화다. 인터넷포털이 사상의 자유시장으로서 각광받은 이유 중 하나는 표현촉진적 매체로서 이용자들에게 가장 참여적인 시장환경을 제공했기 때문이었다. 이슈에 대해 자신의 의견을 밝히는 데 주저했던 일반 사람들에게 댓글이니 이모티콘, 투표 등의 다양한 표현촉진적 도구를 제공함으로써 '포획된 청중'(*captive audience*)을 깨어나게 했다. 언론사에서 뉴스를 일방적으로 전해주던 커뮤니케이션 구조도 '쌍방향'으로 바뀌었다. 그러나 언론사들이 애플리케이션 구조로 감에 따라 다시 TV 시대의 '수직적 커뮤니케이션' 구조로 회귀할 조짐을 보이고 있다. 유력 언론사들의 애플리케이션에선 댓글기능 등이 거의 제공되지 않고 있기 때문이다.

이 같은 일방향 구조의 대안으로 거론되는 것이 SNS와의 연동이지만, 무선인터넷 환경에선 이 역시도 아직 서비스가 제대로 이뤄지지 않는다. 뒤에서 자세히 살펴보겠지만 각 언론사와 포털이 유선인터넷 사이트에서는 페이스북이나 트위터 등 SNS와 연동해 자신의 의견을 밝힐 수 있는 서비스를 하고 있지만, 무선인터넷에서 직접 SNS와 연동시키는 것에는 아직 소극적이다. 네이버에선 무선 뉴스캐스트 앱에서 미투데이 등 자사의 SNS에 기사를 제공하고 코멘트를 할 수 있도록 연동시켜 놓았지만 이 역시 지극히 제한적이다. SNS의 활성화로 어느 정도 상쇄되긴 하지만 인터넷이 선물한 '참여적 시장'으로서의 특징이 퇴색하고 있다는 점은 우려스럽다.

2. 포털의 생태계 위기

1) 모바일로 재편되는 생태계

(1) 존폐의 기로에 선 신문산업

뉴스시장의 측면서 포털을 더욱 궁지에 몰아넣고 있는 것은 뉴스시장의 생태계가 급속도로 새롭게 재편되고 있다는 것이다. 앞장에서 자세히 살펴봤지만 유선인터넷 초창기에는 포털은 물론 언론사도 '뉴스'의 중요성을 인식하지 못했다. 이에 따라 1990년대 후반 포털이 등장하면서 오프라인의 주요 언론사들은 '독자서비스' 차원에서 포털에 뉴스를 공짜 또는 헐값에 제공했다. 그러나 시간이 흐를수록 포털사이트에서 뉴스의 중요성이 커지면서 뉴스박스가 메인화면의 중심으로 이동하기 시작했고, 포털의 정치·사회적 영향력은 커졌다.

포털의 영향력과 반비례해서 오프라인에 기반을 둔 기존 언론사의 입지는 축소됐다. 특히 인터넷의 성장과 함께 우후죽순처럼 생겨난 신생 인터넷 언론사들은 포털을 거점으로 삼아 기존 언론사들의 영역이었던 뉴스시장을 파고들기 시작했다. 특히 신생 인터넷 언론사들은 포털들이 기존 언론사와 갈등관계를 형성하자 포털에 뉴스콘텐츠를 공급하는 '대체재' 역할을 하며 포털과 공생구조를 만들었다.

인쇄매체에 기반을 둔 기존 언론사들에게 가장 심각한 위협은 포털의 성장과 함께 해가 갈수록 수익구조가 악화되고 있다는 점이다.

각종 지표가 보여주는 신문산업의 현주소는 우울하기만 하다. 〈표 6-1〉은 한국언론재단에서 1999년부터 2008년까지 신문과 TV, 온라인 등 3개 매체의 광고비 구성비율을 조사한 것이다.[3] 이 조사에 따르면 전

3 한국언론재단(2009), 《언론재단 조사분석: 2009언론경영성과 분석》, 80쪽. 2008년 매체별 광고비 구성비를 좀더 세분하면, TV(24.4%), 라디오(3.6%) 등 전파매체가 27.9%, 신문(21.3%), 잡지(6.2%) 등 인쇄매체가 27.4%, 옥

〈표 6-1〉 연도별 광고비 구성비 변화

단위: %

	TV	신문	온라인
1999	32.3	39.1	1.8
2000	35.3	36.2	2.3
2001	36.9	30.9	2.4
2002	37.7	31.2	2.9
2003	34.8	27.8	4
2004	33.5	26.2	5.9
2005	30.5	23.7	8
2006	28.6	22.3	10.2
2007	26.4	22.3	12.8
2008	24.4	21.3	15.3

신문,TV,온라인의 광고비 구성비 변화

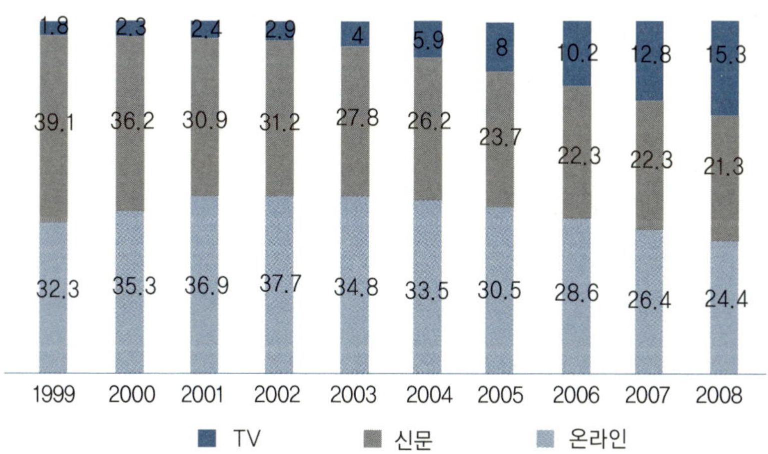

외 · SP · 기타 8.2%, 4대 매체 광고제작 및 기타 9.8%, 케이블TV(11.0%), 온라인(15.3%), 스카이라이프(0.1%), DMB(0.1%), IPTV(0.1%) 등 뉴미디어 매체를 합하면 26.6%를 기록했다.

체 광고시장에서 신문의 퇴조경향이 확연히 드러난다. 1999년까지 광고시장에서 신문은 가장 유력한 광고매체였다. 그러나 2001년부터 신문은 메이저 광고플랫폼으로서의 지위를 TV에 넘겨줬고 이후 지속적으로 하락세를 보이고 있다. 2008년 신문광고비는 1조 6,581억 원으로 전체 광고비의 21.3%를 기록했다. 10년 전인 1999년 39.1%를 기록한 것과 비교하면 거의 반 토막 났다. 반면 온라인분야는 1999년 1.8%에서 2008년 15.3%로 10년 만에 신문의 턱 밑까지 쫓아오며 무서운 성장세를 보이고 있다.

2009년 6월 30일 현재 금융감독원에 공시된 무료신문 포함 38개 신문사와 언론재단에서 별도로 자료를 수집한 노컷뉴스까지 39개 신문사의 2008년 경영성과를 분석한 결과 매출액은 감소하고 당기순이익과 영업이익은 적자로 전환되는 등 부진한 실적을 보였다. 39개 신문사의 매출규모는 2조 5,291억 원으로 2조 7,835억 원 규모였던 전년에 비해 9.14%나 감소했다. 당기순이익도 2008년에는 515억 원의 적자로 돌아서고 영업이익도 53억 원의 적자를 기록하는 등 전체 신문산업에 경고등이 켜진 것이다. 경제위기에 따른 광고시장의 위축이 가장 큰 영향이었지만 신문산업의 수익성이 해가 다르게 악화되고 있는 것은 부인할 수 없는 사실이다. 신문산업에서 사라진 광고비는 빠르게 포털 등이 주도하는 온라인 쪽으로 흡수되고 있는 양상이다.

실제 1999년 설립된 네이버는 10년 만인 2009년 1조 2,371억 원의 매출을 올렸고, 순이익 4,217억 원, 시가총액은 2010년 4월 현재 8조 9,036억 원을 기록했다. 한국언론진흥재단에서 발행하는 〈신문과 방송〉에 따르면 2009년 전국 10개 종합지의 매출액은 1조 3,226억 원이다.[4] 네이버 1개 회사가 10개 종합지의 매출액과 거의 맞먹는 수준의 매

4 이은주(2010), “2009년 신문결산분석, 전국 종합지 10개사 381억 적자”, 〈신문과 방송〉 5월호, 75쪽.

출액을 올리는 거대기업으로 성장한 것이다.

한편 신문시장의 위축은 비단 한국만의 현상이 아니다. 미국과 일본 등 선진국을 중심으로 신문시장은 큰 폭의 마이너스 성장을 거듭하며 뒷걸음치고 있다. OECD 자료에 따르면 최근 3년을 기준으로 전 회원국의 신문시장 규모가 감소했고, 특히 미국(30%), 영국(21%), 그리스(20%) 등의 감소폭이 컸고, 전통적으로 신문산업이 강세였던 일본(15%), 독일(10%)도 주억하긴 마찬가지였다.[5]

그러나 이와 같은 포털의 호황도 미래를 예측하기 어려워졌다. 올드미디어들이 포털에 대해 포문을 열며 '반 포털' 연합전선을 형성하기 시작했기 때문이다. 기존 언론사들은 새로이 열리는 무선인터넷 시장에서만큼은 '유통업자'인 포털이 돈을 버는 왜곡된 시장구조를 확실히 바꾸고 산업의 활로를 찾겠다는 결의를 다지고 있다.

(2) 올드미디어의 반격

2009년 4월 워싱턴 DC에서 열린 케이블방송 관련 회의장. 미국의 〈월스트리트 저널〉과 〈폭스 TV〉, 영국의 〈더 타임스〉 등을 보유한 루퍼트 머독 뉴스코퍼레이션 회장은 흥분된 어조로 "구글이 신문사의 콘텐츠를 훔쳐가도록 계속 허용해서는 안 된다"고 주장했다. 세계 최대 검색업체인 구글을 콘텐츠를 도용하는 '도둑놈'으로 묘사해 전 세계를 깜짝 놀라게 한 것이다. 업계에선 전 세계에 175개 신문을 소유한 세계 최대의 미디어 재벌의 총수가 검색업체 및 포털 등을 상대로 전면전을 선언한 것으로 받아들였다. 머독 회장의 주장은 간단하다. 기사를 무료로 제공하는 시대는 끝났다는 것이다. 지금까지 온라인에서 무료였던 뉴스콘텐츠에 대해 제값을 받아야 하고, '무료뉴스'로 돈을 번 검색·포

---

5 최민재 등(2010), 《디지털미디어 환경과 뉴스콘텐츠 유료화》, 한국언론진흥재단, 13~14쪽.

털업체들에게는 뉴스공급을 중단하겠다는 것이다.

실제 머독 회장은 같은 해 11월 호주의 한 언론과의 인터뷰에서 "구글이 뉴스코프 소속의 미디어들이 만들어낸 기사를 허가없이 검색에 노출해 돈벌이를 하고 있다"고 비난하면서 "구글에서 우리 기사들이 검색되지 않도록 차단하겠다"고 말하고 이를 실행에 옮겼다.

머독 회장의 입장은 인터넷 업체, 특히 검색·포털업체들에게 뉴스소비 및 광고시장을 잠식당한 기존 인쇄매체의 입장을 대변한다. "포털이 뉴스제작에 한 푼도 부담하지 않으면서 우리의 뉴스를 자신들의 목적을 위해 마음대로 사용할 수 있는 것으로 생각하고 있다"는 것이 머독의 주장. 포털은 신문사의 고혈을 빨아먹는 '기생충'(로버트 톰슨 〈월스트리트 저널〉 편집국장)이자, '병적인 도벽환자'(머독 회장)라는 것이다.

머독의 이 같은 초강경 대응은 앞서 말한 것처럼 신문산업의 침체가 갈수록 심각한 상황으로 전개되기 때문이다. 뉴스코퍼레이션 그룹은 2008년 회계연도 결산에서 34억 달러(약 4조 1,600억 원)의 순손실을 기록했다. 미국의 신문산업 전체로 보면 상황은 더욱 심각하다. 미국신문협회(NAA)에 따르면 지난 2008년 현재 신문지면과 웹사이트의 광고수익은 전년 대비 각각 17.2%, 1.8% 줄었다. 미국을 대표하는 〈뉴욕타임스〉가 재정위기에 빠져 멕시코의 기업인에게 사옥을 담보로 돈을 빌리는가 하면, 161년 역사의 거대 미디어그룹인 트리뷴그룹은 광고수익 감소로 인한 재정적자를 감당하지 못하고 법원에 파산보호를 신청했을 정도다. 반면 구글은 2010년 1/4분기 순이익만도 전년 대비 37% 늘어난 19억 6천만 달러에 달하는 등 고속성장을 지속하고 있다. 때문에 머독의 발언이 나온 뒤 영국 〈파이낸셜 타임즈〉나 미국의 〈뉴욕 타임스〉 등 상당수 언론사들이 웹사이트 콘텐츠 유료화를 선언하거나 다시 검토하기 시작했다.

머독의 공격에 대해 구글은 "원하면 차단하라"는 입장이다. 구글은 자신들이 매달 40억 클릭을 언론사에 몰아주고 있는데 언론사들이 자신을 콘텐츠 도둑으로 모는 것은 어불성설이라고 주장한다. 구글의 CEO인 에릭 슈미트는 2009년 12월 〈월스트리트 저널〉에 "구글은 언론사들의 좋은 파트너가 될 것"임을 강조했다. 구글 뉴스를 잘 활용하면 언론사들에게도 큰 도움이 될 것이라는 말이다. 사실 구글의 고자세는 과거 〈뉴욕 타임스〉의 사례 등에서 얻은 자신감을 바탕으로 한 것으로도 볼 수 있다.

사실 〈뉴욕 타임스〉의 경우 콘텐츠 유료화와 관련, 뼈아픈 실패의 경험이 있다. 〈뉴욕 타임스〉는 2005년 9월부터 연간 49.95달러(월 7.95달러)를 내면 〈뉴욕 타임스〉의 칼럼과 아카이브를 이용할 수 있는 'TimeSelect'라는 유료프로그램을 운영했으나 2007년 9월 공식적으로 유료시스템을 포기하고 무료로 전환한다고 발표했다. 〈뉴욕 타임스〉는 유료화를 통해 전 세계 22만 7천 명의 유료독자를 확보하고 연간 1천만 달러에 달하는 수익을 얻었다. 그러나 유료화가 광고유치의 장애물로 작용하기 시작하면서 문제가 발생했다. 구글 등 포털이 뉴스서비스를 강화하면서 〈뉴욕 타임스〉를 보기 위해 사이트를 찾는 직접 방문자보다 포털을 통해 들어온 '간접 방문자'가 훨씬 많아졌다. 그러나 간접 방문자들은 정작 기사를 보러 〈뉴욕 타임스〉에 왔다가 '유료'의 벽에 막혀 이내 다른 사이트로 이동해버리는 현상이 나타났다. 방문자의 증가가 온라인 광고수익 증가와 연결되지 않는 기현상이 벌어진 것이다. 결국 〈뉴욕 타임스〉 측은 '유료'라는 빗장을 열어젖히고 방문자들이 링크를 통해 사이트에 들어와 자유롭게 '뉴스쇼핑'을 하게 함으로써 광고수익을 늘리겠다는 판단을 하게 된다.[6]

루퍼트 머독의 유료화 전략의 성공가능성에 대해 회의적인 시각을 가진 진영의 논거도 대략 유사하다. 뉴스코퍼레이션의 대표신문 격인 〈월스트리트 저널〉의 트래픽 가운데 25% 이상이 구글에서 발생하는

6 위의 책, 104~105쪽.

만큼 이를 포기하기란 현실적으로 쉽지 않을 것이란 뜻이다.[7]

반면, 한 번 실패를 경험한 〈뉴욕 타임스〉가 2010년 1월 20일 유료화를 다시 추진하겠다고 선언한 것은 많은 시사점을 던진다. 트래픽 증가를 통한 온라인 광고유치 전략, 다시 말해 '콘텐츠 사용료'를 무료로 하는 대신 온라인 광고로 돈을 벌겠다는 '무료화 전략' 역시 실제 시행해 보니 예상만큼 신통치 않았다는 반증이기 때문이다. 〈뉴욕 타임스〉는 지면을 통해 한 달에 제한된 수의 기사만 무료로 제공할 것이며, 기존의 오프라인 구독자는 추가요금 없이 온라인기사를 이용하게 하겠다고 발표했다.

(3) 결집하는 올드미디어

사실 올드미디어들과 포털의 갈등이 가장 먼저 표면화된 곳은 미국이 아니라 한국이었다. 2004년 7월 KT그룹계열 KTH 포털사이트 파란(paran.com)은 당시 일간스포츠를 비롯한 5개 스포츠신문사와 독점 뉴스공급 계약을 맺었다. 5개사에게 각각 월 1억 원씩을 주고 독점적으로 이들 언론사에게 뉴스콘텐츠를 세공받는 세약이었나. 이들 언론사들이 다음과 네이버, 야후 등 상위 5개 포털에 기사를 제공하려면 KTH에 미리 논의를 하도록 했다. 신생 포털이었던 파란은 당시 '콘텐츠 제값주기'라는 명분을 내걸었다. 가독성이 높은 스포츠 기사를 독점 공급해 다음과 네이버의 아성을 뚫어 보겠다는 후발주자 포털과 기존의 콘텐츠로 수익기반을 넓히려는 스포츠 신문과의 이해관계가 맞아 떨어진 것.

그러나 이러한 파란닷컴과 스포츠지들 간의 콘텐츠 독점계약은 1년 만인 2005년 7월 종료돼 실패한 실험으로 끝났다. 스포츠지들이 파란을

---

7 실제 〈월스트리트 저널〉을 비롯한 대부분의 언론사들이 구글 등 검색엔진을 통한 트래픽 유입을 막을 수 있었으나 이를 방치해 둔 측면이 있다고 미국 언론들은 전한다. 〈월스트리트 저널〉 역시 웹사이트에서는 본문 일부만 소개해주는 유료 콘텐츠를 구글에서 검색해서 들어올 경우 본문 전체를 볼 수 있도록 해왔다.

제외한 주요 포털에 뉴스공급을 중단하자 이를 기화로 온라인 스포츠연예 매체들이 우후죽순 생겨나 포털에 콘텐츠를 공급했기 때문이다. 주요 포털들은 새로운 대체재가 생긴 셈이고, 이후 스포츠 신문들은 온라인상에서 더욱 경쟁이 격화됐다. 한마디로 스포츠신문사의 참담한 패배였다.

2라운드는 KBS가 네이버에 뉴스공급을 중단한 사건이었다. KBS는 2006년 11월 네이버에 대한 뉴스공급을 중단하겠다고 발표했다. KBS는 2005년 9월 네이버와 계약을 체결해 '뉴스광장', '뉴스타임', '뉴스9'의 기사를 제공했으나 계약기간이 만료되자 재계약을 거부한 것이다. KBS는 네이버에서 KBS뉴스 정체성이 드러나지 않고, 효과도 크지 않다고 판단해 기사를 더 이상 제공하지 않는 대신 자체 뉴스사이트를 강화하는 쪽으로 방향을 잡았다. 그러나 KBS는 네이버가 기사를 클릭하면 해당 언론사로 직접 이동하는 아웃링크제를 바탕으로 한 뉴스캐스트제에는 참여, 뉴스박스에 기사를 보내고 있다.

3라운드는 2008년 7월 〈조선〉, 〈중앙〉, 〈동아〉, 〈문화〉 등 일간지들이 다음커뮤니케이션에 뉴스공급을 중단한 것이었다. (제4장 '다음에 대한 뉴스공급 중단과 사상의 자유시장' 참조) 주요 언론사들이 다음에 대해 기사공급을 중단한 사유에 대해선 정치 경제적 배경이 모두 거론되고 있지만, 언론사들이 내세운 표면적인 이유는 저작권료 분쟁이었다. 머독이 구글에 대해 '콘텐츠 도둑'이라고 비난한 것과 마찬가지로 국내의 주요 언론사들도 자신들이 엄청난 비용과 공을 들여 생산한 뉴스콘텐츠를 '유통상인'에 불과한 포털이 공짜 또는 헐값에 사서 폭리를 취하고 있다는 인식이 강했기 때문이다. 특히 다음은 진보적 컬러를 지닌 기업이미지를 차치하고서라도, '미디어다음'을 표방하며 새로운 언론매체로서 자신들을 자리매김해 나가던 상황이었기에 기존 언론매체들이 가진 반감은 더욱 컸다.

(4) 포털에 대한 공동대응

기존 언론사들은 포털과의 성장 명암이 엇갈리는 것과 비례해 점차 강도를 높여가며 반발해 왔다. 크게 3단계로 나뉠 수 있는데 1990년대부터 2000년대 초반까지 기존 언론사와 포털은 비교적 공생의 관계를 가져온 시기로 볼 수 있다. 그러나 2000년대 중반 기존 언론사들이 뉴스콘텐츠의 가치에 눈을 뜨면서 '저작권' 보호에 나섰고, 2007년 이후 포털과 갈등관계가 깊어지면서 포털중심의 뉴스유통 구조에 대해 본격적인 제동을 걸기 시작했다.

포털에 대한 대응은 한국온라인신문협회(이하 온신협)를 중심으로 이뤄지고 있다. 온신협은 인터넷 초창기인 1997년 〈경향〉, 〈동아〉, 〈서울〉, 〈조선〉, 〈한국〉, 〈한겨레〉 등 온라인사이트를 가진 9개 언론사가 발족시킨 멀티미디어협회가 전신인 단체. 2001년 2월 한국온라인신문협회로 명칭을 변경하고, 2005년 3월 11개 회원사가 공동으로 '디지털 뉴스 이용규칙'을 만들면서 본격적인 대 포털 대응에 나서기 시작했다. '디지털뉴스 이용규칙'은 일반기업 및 공공기관 홈페이지·인트라넷 등에 의한 저작권 침해가 가장 광범위하게 이뤄지는 온라인뉴스콘텐츠 이용에 대한 업계 최초의 가이드라인. 말 그대로 기존 언론사들이 생산해 내는 뉴스콘텐츠의 저작권보호에 초점이 맞춰졌다.

이용규칙에 따르면 일반기업 및 공공기관 등의 홈페이지나 인트라넷 등에서 뉴스 콘텐츠를 사용하려면 온신협 회원사 웹사이트 초기화면을 링크하는 '단순링크' 또는 개별뉴스나 사진 등 특정 웹페이지를 링크하는 '직접링크' 방식을 이용하도록 했다. 또 '펌글'로 대표되는 단순복제(무단전재)나 프레임링크, 기사제목과 함께 본문의 일부를 함께 게재하는 직접링크 등은 모두 저작권 위반사항으로 규정했다. 다만 블로그나 미니홈피 등 개인용·비상업용·커뮤니티형 웹사이트에 대해서는 이용자들이 무단전재돼 있는 디지털뉴스를 링크 방식으로 변경할 수 있는 기간을 감안해 공표 후 3개월간 권리행사를 유보키로 했다. 온신협은 디지털뉴스 이용규칙을 제정함으로써 무단전재 또는 복제 등의 법률 위반행위가 아닌 '링크'를 통해 디지털 정보가 공유되는 인터넷문화를 만드는 것을 지향한다고 밝혔다. 디지털뉴스를 합법적이고 정당하게 사용할 수 있는 구체적인 기준을 제시했다는 것이다.

온신협은 2007년 7월 더욱 강화된 내용의 '콘텐츠 이용규칙'을 만들어 시행하기 시작했다. 앞서의 디지털뉴스 이용규칙이 링크를 통한 합법적인 디지털뉴스 유통을 목표로 한 것이라면, 콘텐츠 이용규칙은 지배적인 '뉴스플랫폼'으로 성장한 포털의 콘텐츠 사용에 대해 직접적 제한을 가한 것이었다.

온신협은 6개항으로 구성된 '콘텐츠 이용규칙'을 통해 디지털뉴스를 제공받는 포털업체들의 뉴스 저장기간을 7일 이내로 제한하고 이후에는 데이터베이스에서 삭제토록 규정, 포털이용자들이 7일이 경과한 기사는 검색할 수 없도록 했다. 포털이 뉴스콘텐츠를 계약당시 합의한 서비스에만 사용하도록 하고, 제공받은 콘텐츠(기사)의 제목, 내용물, 형식 등 원본을 수정할 수 없도록 엄격히 제한했다. 기사의 삭제도 회원사의 요청이 있을 경우에만 할 수 있게 했다. 또 저작권 보호를 위해 이용자들이 포털사이트 내에서 기사를 블로그나 이메일로 퍼가거나 출력하는 등 무단으로 배포, 복제할 수 있는 서비스를 제공하지 않도록 포털 측에 요청했다.

포털에 대한 언론사들의 공동전선은 이에 그치지 않았다. 두 달 후인 2007년 9월 기존 오프라인 신문이 주축이 돼 만들어진 한국온라인신문협회뿐 아니라 〈아이뉴스24〉와 〈오마이뉴스〉 등 인터넷신문의 대표단체인 한국인터넷신문협회, 〈뉴데일리〉, 〈독립신문〉 등 보수적 성향 인터넷언론사들의 대표격인 한국인터넷미디어협회, 한국인터넷콘텐츠협회, 한국온라인기자협회, 한국인터넷기자협회 등 6개 인터넷매체단체는 '뉴스·콘텐츠 저작권자협의회'(약칭 뉴콘협)를 결성했다. 협회 측의 성명서는 언론사들의 '반(反)포털' 정서가 얼마나 극에 달했는지 극명하게 보여준다.

> 한국의 인터넷은 어느 순간부터, 단 하나의 콘텐츠도 직접 생산하지 않는 이른바 포털이 장악하기 시작했다. 인터넷 창구역할을 하는 검색사이트들이 클릭수와 방문자 수를 독점하면서 서서히 외부 콘텐츠를 빨아들이기 시작한 것이다. … 콘텐츠 생산자들은 브랜드를 알리기 위해, 그리고 최소한의 노출을 위해 포털에 콘텐츠 권리를 넘겨줄 수밖에 없는 상황이 도달했다. 이런 상황에서 콘텐츠 생산자들의 위기는 점차 커져가고 있다. 애써 콘텐츠를 생산해 봐야 포털에 제대로 된 대접을 받지 못하고 넘기거나, 아니면 불법복제에 속수무책으로 당하고 있다. 아무리 좋은 콘텐츠를 만들어도 모든 클릭수와 수익을 포털이 챙겨가는 이러한 구조적 문제를 해결하지 않으면, 콘텐츠 생산자의 활동은 크게 위축된다. 그리고 이는 곧 한국 인터넷의 위축으로 이어질 것이다.

뉴콘협은 출범과 함께 '단일 대오'를 대 포털 전략으로 내세웠다. 소수의 포털사가 공통의 이해관계를 위해 단합하는 것과는 달리 뉴스콘텐츠 생산자들은 포털 측의 분열전략으로 효과적인 대응을 하지 못했다고 반성했다. 이에 따라 각 협회에서 개별적으로 추진해온 저작권 권리보호 등을 공동추진하고, 포털의 저작권 침해사례를 조사해 법적 대응하겠다는 입장을 밝힌 것은 당연한 수순이었다.

결국 이 같은 기존 오프라인 매체들의 강력한 대응은 언론사 이탈을 막기 위한 포털 측의 다양한 대응을 이끌어 냈다. 네이버의 경우 포털의 편집권과 저작권을 보호하기 위해 뉴스캐스트를 도입했고, 다음은 광고수익을 뉴스콘텐츠 생산자와 나누는 수익공유 모델을 제안했다.

국내 최대포털인 네이버는 다음 사태가 터진 뒤 몇 달 후인 2008년 12월 31일 '뉴스캐스트' 제도를 도입해 기존 언론사들의 불만을 무마하는 전략을 택했다(〈표 6-2〉). 초기화면 뉴스박스를 각 언론사별로 순환하게 하고 뉴스박스에 실리는 기사도 언론사가 직접 선별하게 했다. 또

〈표 6-2〉 다음과 네이버의 오프라인 대응전략

구분	네이버	다음
뉴스광고 수익	콘텐츠비용 지불	콘텐츠비용 지불 및 뉴스페이지 배너광고 수익배분
뉴스박스 편집	뉴스캐스트도입, 뉴스박스 편집권 각 언론사로 이양	다음이 직접편집. 편집내역 공개
뉴스링크 방식	뉴스 검색시 아웃링크 뉴스 서비스시 인링크	언론사 자율선택

뉴스박스의 기사를 클릭하면 기사제작 언론사의 뉴스페이지로 직접 아웃링크돼 트래픽이 늘어나게 만들었다. 기존 언론사와 공존하는 쪽으로 방향을 잡은 것이다.

네이버가 저작권과 편집권을 언론사에게 되돌려주는 방식으로 화해를 청했다면, 언론사들의 기사제공 거부로 궁지에 몰린 '다음'이 내놓은 카드는 광고수익을 언론사에 배분하는 것이었다. 다음은 2008년 7월 28일 뉴스서비스 개편방향을 설명하면서 뉴스섹션의 모든 배너광고에서 발생하는 매출을 언론사와 배분하고, 해당 언론사와 차기 콘텐츠 공급계약 때 이를 반영할 것이라고 발표했다.

뉴스페이지에서 발생하는 연간 배너 매출에서 다음이 지불해야 할 직접 비용을 차감한 나머지 비용을 언론사에게 배분하기로 한 것. 광고 기여도와 매체별 인지도 및 신뢰도, 트래픽 기여도, 링크형식 등을 종합한 일정한 기준에 따라 언론사별로 지급될 비용이 결정된다. 기사로 발생하는 수익을 나눔으로써 포털과 언론사가 가지는 뉴스서비스 유통시장에서 윈 윈(*win-win*) 할 수 있는 상생의 비즈니스 모델을 제시한 것으로 볼 수 있다. 다음측은 이에 따라 전년 대비 언론사들이 10~70% 이상 추가수익을 가져갈 것으로 예상했다.

다음은 또 초기화면의 뉴스박스는 아웃링크(클릭시 언론사 사이트의 원본 문서로 연결되는 방식)와 인링크(클릭시 포털사로 연결되는 방식) 영역으로 나누고, 언론사들이 뉴스DB를 제공하면서 초기화면 뉴스박스의 링크형식을 자율적으로 선택하도록 했다. 이에 따라 다음과 계약하는 언론사는 인링크형 언론사와 혼합형(뉴스박스 아웃링크, 뉴스서비스 인링크) 언론사로 나뉘게 된다. 포털 입장에선 뉴스기사를 보기 위해 사이트를 찾은 이용자들의 발길을 계속 묶어둘 수 있는 인링크 방식이 유리하고, 언론사 입장에선 포털이 그야말로 독자유치를 위한 관문(*gate*) 역할에 머무는 아웃링크 방식이 훨씬 유리하다. 따라서 다음의 경우 광고배분 면에선 혼합형 언론사가 인링크형 언론사보다 다소 불리한 구조로 볼 수 있다.

2) 무선인터넷 시대의 올드미디어 전략

2010년 전 세계적으로 불기 시작한 애플과 구글, 그리고 삼성전자 등의 스마트폰 시장쟁탈전과 아이패드의 출시 등의 영향으로 본격화된 무선인터넷 시대는 올드미디어들에게는 새로운 기회를 주었다. 유선시장에서 형성됐던 포털과의 불평등한(?) 관계를 청산할 수 있는 근본적인 시장의 변화가 생긴 것이다.

2010년 현재 모바일 뉴스시장은 초기 형성단계이기 때문에 고정화된 질서가 형성되진 않았지만 크게 3가지 흐름이 나타나고 있다. ① 포털의 무선시장 진출, ② 언론사들의 연합을 통한 공통사업 추진, ③ 유력 언론사들의 독자적인 모바일 뉴스서비스 제공 등이 그것이다. 하지만 올드미디어를 포함한 뉴스콘텐츠 생산자인 언론사들은 '모바일에서 공짜는 없다'는 '반(反) 포털' 정서가 뚜렷하다. 나아가 아예 기사 공급대상에서 포털을 배제하려는 움직임도 구체화돼 포털과 언론사 간 치열한 주도권 다툼이 벌어지고 있다.

(1) 포털의 모바일 뉴스 시장 진출 및 언론사들의 뉴스 제공 거부

PC기반의 인터넷 시장을 장악했던 포털들은 모바일 시장을 선점하기 위해 일찌감치 뛰어들었다. 새롭게 열린 모바일 시장은 PC웹에 한계를 느끼기 시작한 국내 포털들에게 새로운 기회이자 위기다. 앞서 살펴본 것처럼 포털들은 과거 이메일이나 검색엔진, 지식검색서비스 등 다양한 분야에서 포털끼리 경쟁했다면 이제는 스마트폰 사업에 뛰어든 다양한 경쟁자와 겨뤄야 한다. 다시 말해 모바일에서 최고의 솔루션으로 무장하고 하드웨어와 OS소프트웨어까지 갖춘 애플과 구글, SK텔레콤이나 KT와 같은 통신 사업자들과도 버거운 경쟁을 해야 한다는 것이다. 그러나 모바일 환경을 통해 새로운 인터넷 사용자가 생겨나고 인터넷 접속시간이 늘어나며, 모바일 광고라는 새로운 수입원이 생겨나는 것은 포털에게 기회라고 할 수 있다. 모바일인터넷 환경에 맞는, 이용자들에게 가장 편리한 서비스를 개발하는 것은 PC웹의 노하우와 웹DB를 보유한 포털에게 유리하다. 포털이 최후의 승자가 될 가능성을 배제할 수 없는 것도 이 때문이다.

다음이 2009년 1월 자사의 웹사이트를 휴대단말기의 화면에 최적화한 '풀브라우징'(*Full-Browsing*) 서비스[8]를 개시하면서 국내포털 간 모바일 경쟁이 불붙었다.[9] 다음은 모바일웹(m. daum. net)에 카페, 블로그, 지도 등 23개 주요서비스를 추가해 모바일에 최적화한 형태로 제공하고 있다. 또 2010년 4월 국내 포털 중 처음으로 아이폰용 '모바일앱'(〈그림

8 풀브라우징이란 휴대폰 무선인터넷 등 모바일에서도 일반 인터넷 사이트와 동일한 형태로 페이지, 문서와 동영상 등을 볼 수 있는 서비스를 말한다. 다시 말해 PC기반의 각종 서비스를 스마트폰을 통해서도 동일하게 이용할 수 있게 모바일 환경에 최적화시킨 것. PC기반의 서비스를 모바일로 볼 경우 스마트폰과의 호환성이 잘 되지 않아 페이지 깨짐 현상, 작은 글씨, 확대·축소 기능의 어려움 등으로 인해 불편함이 많았다.

9 다음은 2000년 12월 무선인터넷서비스(m. daum. net)를 선보인 이래 2001년 7월 무선카페, 무선메신저서비스 등을 도입했다.

〈그림 6-6〉 다음과 네이버의 아이폰용 앱 초기화면

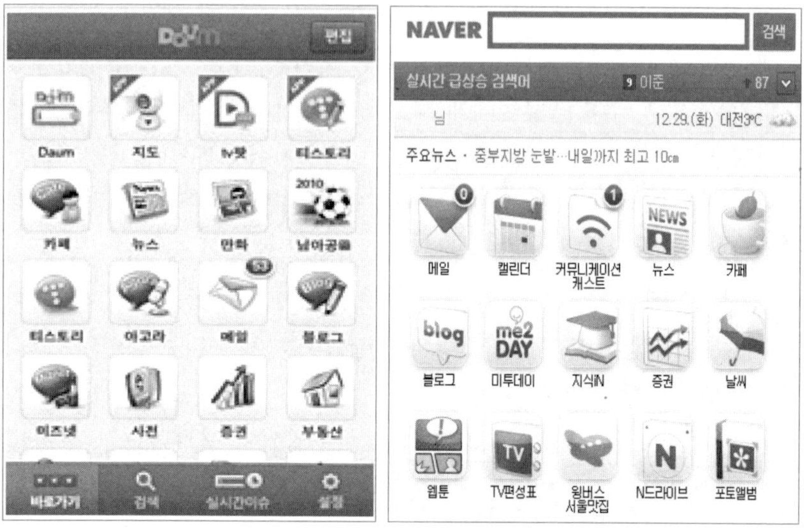

6-6〉)을 선보이는 등 발 빠른 행보를 보였다.

다음은 풀브라우징 서비스를 시작하면서 인터넷 웹사이트의 초기화면과 동일하게 뉴스기사를 전면에 내세웠고, 이후 검색, 뉴스, 증권, 블로거뉴스, 티스토리, 만화를 추가하는 모바일웹 개편에서도 이 같은 뉴스중심 포맷을 바꾸지 않고 있다. 특히 다음은 모바일웹 뉴스에 댓글 쓰기나 추천기능 등 이용자들이 자유롭게 의견을 공유할 수 있도록 했고, 실시간으로 많이 보는 뉴스, 댓글이 많이 달린 뉴스 등 모바일상에서 이뤄지는 네티즌 이슈의 흐름도 확인할 수 있게 했다. 텍스트 중심의 뉴스가 아닌 실시간이슈와 생생포토 등 모바일에 최적화한 뉴스서비스를 제공하는 것이 다음의 지향점이다.

NHN도 2009년 6월 네이버의 모바일웹(m. naver. com) 서비스를 개시하고 모바일 서비스를 본격 점화했다. 네이버의 경우 모바일웹 초기화면에는 검색, 블로그, 카페, 메일, 맛집, 마이크로블로그 사이트 미

〈그림 6-7〉 네이트 · 다음의 모바일웹 초기화면

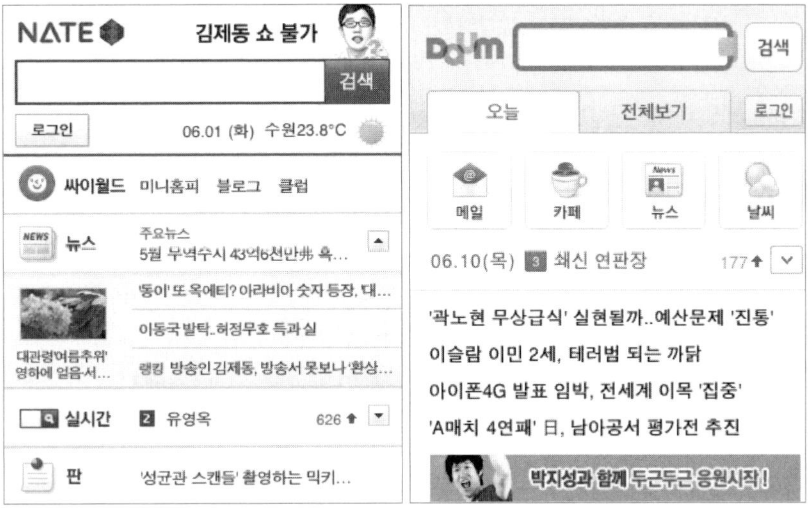

투데이 등 이용가치가 높은 18개 서비스를 배치한 것이 특징. 다음 모바일웹 초기화면이 메일, 카페, 뉴스 등의 주요 서비스 아이콘 아래 4~5개의 뉴스를 배열하고, 웹툰과 아고라 등을 배치한 것에 비해, 네이버는 모바일웹의 초기화면에 한 줄짜리 뉴스기사가 계속해서 순환하는 스크롤바 형식으로 배치했다. 네이버는 주소록, 지도, 윙버스 등 각종 서비스를 애플리케이션으로 제공하는 전략을 쓰고 있는데 뉴스의 경우도 2009년 11월부터 '뉴스캐스트' 모바일 애플리케이션을 별도 제작해 제공하고 있다.[10]

---

10 네이버 뉴스캐스트 모바일 애플리케이션은 각 언론사가 직접 아웃링크를 통해 편집 제공하는 뉴스를 선택해 볼 수 있는 PC기반 웹사이트의 '뉴스캐스트'를 모바일 환경에 맞게 최적화시킨 것. 특히 기사제목과 URL을 미투데이, 네이버블로그, 이메일로 보낼 수 있는 기능을 추가하고, 전체 언론사를 그룹별, 가나다순으로 보면서 언론사 뉴스를 구독할 수 있도록 지원하는 'M뉴스 설정'을 간편하게 제공하고 있다.

SK컴즈도 2010년 6월 포털 네이트의 콘텐츠를 자유롭게 이용할 수 있도록 모바일웹(m. nate. com) 서비스를 시작했다. SK컴즈의 경우 스마트폰 환경에 적응하기 위한 모바일웹은 다른 포털에 비해 다소 늦었지만 피처폰(일반 휴대폰) 기반의 모바일 싸이월드와 모바일 네이트온을 통해 모바일서비스 영역에서 강점을 가지고 있는 회사다.

흥미로운 점은 SK컴즈가 '검색과 뉴스에 강한 모바일웹'을 핵심전략으로 삼고 있다는 것이다. 웹사이트와 마찬가지로 검색어와 관련된 정보를 주제별로 분류해 보여주는 '씨맨틱 기술'을 적용해 이용자들이 원하는 정보를 한 번에 찾기 쉽도록 했다. 뉴스의 경우 모바일웹의 초기화면 상단에 주요 뉴스와 화제의 뉴스, 랭킹뉴스를 차례로 배치했다(〈그림 6-7〉). 또 스마트폰에서 댓글을 바로 추천하거나 반대의사를 표시하는 등 여론참여도 가능하도록 하고, 최근 5시간 이내 '베플'로 선정된 1천여 개의 베플을 해당 뉴스와 함께 확인할 수 있는 서비스도 추가했다. 또 댓글을 단 일촌의 홈피로 바로 건너가 댓글을 남길 수 있는 '커넥트' 서비스도 도입됐다.

이처럼 언론사들은 모바일웹에서도 뉴스와 관련된 각종 서비스를 이용자들을 유인할 핵심 서비스로 제공하고 있지만 포털들은 뉴스콘텐츠 장벽에 부딪치고 있다. 포털들은 온라인뉴스 계약을 갱신하면서 모바일용 뉴스서비스 계약조건을 추가해 기존 유선인터넷 뉴스시장에서의 지배력을 유지하려 하고 있다. 그러나 언론사들은 유선인터넷에서의 실수를 무선인터넷 시장에서 되풀이하지 않기 위해 포털 모바일웹에 기사제공을 거부하는 움직임을 보이기 때문이다.

네이버의 모바일 뉴스캐스트가 대표적인 케이스다. 네이버의 경우 뉴스캐스트에 73개 매체가 뉴스를 제공하지만 모바일 뉴스캐스트에 기사를 제공하는 매체는 2010년 6월 현재 연합뉴스 등 33개에 불과하다. 이 매체들은 NHN과 별도로 모바일서비스 계약을 한 언론사들이다. 〈조선〉, 〈중앙〉, 〈동아〉, 〈한겨레〉 등 주요 일간지와 지상파 방송사

〈표 6-3〉 모바일뉴스 캐스트 기사제공 언론사 목록: 2010년 6월 현재

종합	연합뉴스/ 국민일보/쿠키뉴스/경향신문/노컷뉴스/YTN
경제	머니투데이/아시아경제/헤럴드경제
인터넷	프레시안/오마이뉴스
스포츠/연예	스타뉴스/OSEN/이동진닷컴/스포츠서울/스포츠조선/헤럴드생생뉴스/스포탈코리아/베스트일레븐/골닷컴/축구전문가 박문성/축구전문가 서형욱/순스포츠/박동희칼럼/김형준칼럼/줌인 스포츠
매거진	레이디경향/팝뉴스/weekly경향/10아시아
IT	ZDNet Korea/디지털데일리
전문지	코리아헤럴드

들의 기사는 모바일 뉴스캐스트에선 볼 수 없고, 스포츠·연예분야의 기사제공자는 언론사라기보다는 전·현직 기자 개인의 블로그 사이트에 가깝다(〈표 6-3〉).

네이트 모바일웹 역시 2010년 6월 현재 〈조선〉, 〈중앙〉, 〈동아〉, 〈한국〉, 〈경향〉, 〈한겨레〉 등 주요 일간지들이 기사를 제공하지 않고 있고, 종합일간지 중에선 〈내일신문〉만이 유일하게 기사를 공급하고 있다. 다음커뮤니케이션 역시 기사제휴 계약을 맺고 있는 80여 개 매체와 계약갱신시 모바일 뉴스제공을 계약내용에 추가하려 하고 있으나 여의치 않아 보인다. 기존에 기사공급을 중단했던 소·중·동과 〈매일경제〉, 〈문화일보〉 등 외에 온뉴스에 참여한 〈한국〉, 〈한겨레〉, 〈경향〉 등 언론사들이 모바일에선 기사를 제공하지 않고 있다.

이에 따라 포털의 모바일웹은 〈연합뉴스〉와 〈뉴시스〉 등 통신사와 일부 마이너신문사의 온라인뉴스, 인터넷매체 등이 생산한 기사들로 급속히 채워지고 있다.

(2) 언론사들의 모바일 전략과 유료화

포털의 모바일웹에 기사공급을 중단하려고 하는 언론사들의 움직임은 크게 세 갈래로 분류된다. 독자적인 애플리케이션 제작을 통한 개별경쟁, 유력언론사들 간 연합을 통한 공통의 모바일웹 구축, 마이너언론사 중심의 뉴스포털서비스 제공 등이 그것이다. 그러나 이 세 갈래 흐름의 궁극적 목표는 '유료화'다.

스마트폰 열풍이 불면서 각 언론사들은 독자적인 모바일웹을 구축하고, 스마트폰용 애플리케이션(앱)을 제작해 뉴스콘텐츠의 직접유통에 나서고 있다. 이에 따라 온라인 뉴스시장은 포털을 통한 간접유통과 스마트폰 애플리케이션 등을 통한 언론사의 직접유통이 혼재하는 양상을 보일 것으로 전망된다.[11]

① 독자적인 애플리케이션 제작

〈조선〉, 〈중앙〉, 〈동아〉, 〈한국〉, 〈한겨레〉, 〈경향〉, 〈매일경제〉 등 주요 언론사들은 국내에 아이폰이 상륙하면서 스마트폰 열풍이 불지 독자적인 앱 제작에 나시는 한편 이용자들의 주목을 끌기 위한 각종 모바일서비스 경쟁에 돌입했다.

국내 최대 일간지인 〈조선일보〉는 2010년 3월 '스마트페이퍼'(*Smart paper*) 서비스를 시작했다(〈그림 6-8〉). 이전까지 국내 언론사들의 모바일 뉴스서비스는 신문사가 속보형태의 짧은 기사를 문자로 보내주거나, 이용자가 각 신문사의 모바일웹에 접속해 텍스트 형태의 기사를 읽어야 했다. 그러나 〈조선일보〉 스마트페이퍼의 특징은 종이신문에서 편집한 지면을 그대로 휴대폰안에 옮겨 놓고 터치와 축소·확대기능을 통해 신문을 읽는 느낌 그대로 편리하게 이용할 수 있도록 한 것.

---

11 이재신(2010), "아이패드는 소비를 위한 미디어, 소비 특성에 맞는 전략 필요", 〈신문과 방송〉, 2010년 5월호, 9쪽.

〈그림 6-8〉〈조선일보〉 지면에 실린 스마트페이퍼 소개 기사

터치하세요!

손 안에서 朝鮮日報가 펼쳐집니다

실제 종이신문 편집 그대로…
세계 최초 '스마트 뉴스페이퍼'

2010년 11월 아이폰용 뉴스애플리케이션을 선보인 〈중앙일보〉는 기존 온·오프라인 신문의 서비스방식에서 탈피, 모바일 이용자들의 뉴스소비 패턴에 입각한 맞춤형서비스를 제공하는 것을 목표로 삼고 있다.[12] 〈한국일보〉 역시 2009년 12월 아이폰 애플리케이션을 출시했는데, 〈한국일보〉뿐 아니라 〈서울경제〉, 〈코리아타임즈〉, 〈스포츠한국〉, 〈주간한국〉 등 계열 5개 매체를 한 애플리케이션을 통해 모두 볼 수 있도록 했다.

한편 2009년 9월 국내 중앙 신문사 중 최초로 애플리케이션을 선보인 〈매일경제〉의 경우 뉴스뿐 아니라 경제용어, 영어뉴스, 매경 TEST, 포토 등 다양한 부가서비스를 제공하고 있다.

---

12 김효진(2010), "일간치 최초 모바일 앱서비스 개인의 입맛 맞춤 전략", 〈신문과 방송〉, 2010년 5월호, 36쪽. 기타 각 언론사들의 모바일 전략은 〈신문과 방송〉 같은 호에 특집으로 소개돼 있다.

국내 언론사들이 독자적인 앱 개발을 통해 직접적인 뉴스유통에 나서는 이유 중 하나는 향후 구독료를 받는 등의 유료화를 전제로 한 측면이 있지만 모바일 광고라는 새로운 수익원을 찾기 위한 측면도 크다. 유선 인터넷 뉴스시장에서 포털을 통해 뉴스소비가 주로 이뤄지면서 광고 역시 언론사의 온라인사이트가 아닌 포털에 집중됐고, 나아가 광고의 가장 큰 기반이라 할 수 있는 뉴스이용자에 대한 정보 역시 포털이 소유하게 됐기 때문이다.[13] 구독자에 대한 정보를 언론사가 직접 소유했던 오프라인 시대의 모델을 다시 모바일 뉴스시장에서 끄집어 낸 것으로도 볼 수 있다.

언론사들은 애플리케이션을 이용한 뉴스공급 모델을 통해 두 가지 형태의 유료화를 추진하고 있다. 먼저 애플리케이션 자체를 유료화하는 것이다. 아이폰 앱스토어의 경우 〈조선일보〉, 〈중앙일보〉, 〈경향신문〉, 〈한겨레〉 등 대부분의 신문과 KBS, SBS, YTN 등 방송사들은 애플리케이션을 무료로 제공하고 있다. 아직 채 형성되지 않은 시장인 만큼 선점하겠다는 의도가 강하다. 그러나 동아일보(2.99달러)와 전자신문(0.99달러) 등은 앱 자체를 유료화해, 앱스토어에서 자사의 애플리케이션을 다운로드 받기 위해선 이용자들이 돈을 지불하도록 했다.

한편 가장 중요한 유료화 모델은 이용자에게 직접 뉴스서비스 요금을 받는 것이다. 오프라인 신문의 구독료를 받듯 온라인 독자들에게도 이용료를 받는 방식이다. 〈조선일보〉의 경우 2010년 3월 '스마트페이퍼'를 선보이면서 무료로 시범서비스를 하다가 같은 해 7월 유료로 전환했다. 국내 종합일간지 사상 처음이다. 〈조선일보〉는 종이신문 구독자의 경우 한 가정당 한 대의 스마트폰에 한해 신문보기를 무료로 이용할 수 있고, 비 구독가정에서 2명 이상 신문보기 서비스를 이용하려면 월 2000원의 이용료를 내야 한다. 〈동아일보〉 역시 시범서비스 기간을 거

13 이재신(2010), 앞의 글 8쪽.

친 뒤 차별화된 고품질서비스를 바탕으로 유료화하겠다는 입장이다. 대부분의 언론사들이 구체적인 유료화 시기와 범위를 놓고 검토하고 있지만 〈조선일보〉 등 선발주자들의 유료화 전환이 성공적으로 안착하는지를 본 뒤 결정하겠다는 입장이다.

〈그림 6-9〉
안드로이드폰 온뉴스 초기화면

실제 언론사의 독자적 애플리케이션 제작을 통한 뉴스 직접유통 모델은 넘어야 할 한계도 있다. 유선시장에서도 각 언론사들은 독자적인 웹사이트(언론사닷컴)를 구축해 독자적 뉴스서비스를 시도했으나 포털에 시장의 주도권을 내주었다. 본질적으로 독자 앱개발 모델은 유선에서 무선이라는 통신환경만 바뀌었을 뿐 이용자 유치방식 측면에선 변한 것이 없다. 유선인터넷에서도 이용자들은 즐겨찾기 기능을 통해 클릭 한 번만으로도 자신이 원하는 언론사 사이트를 찾아갈 수 있는 것처럼 스마트폰이나 태블릿PC에서도 선호 언론사의 앱을 찾아 클릭하는 유사한 과정이기 때문이다. 이런 상황을 고려하면, 특별한 상황변화가 없을 경우 다양한 언론사의 뉴스를 한 번에 볼 수 있는 포털의 서비스 모델이 모바일 환경에서도 개별 언론사들의 앱보다 위력적일 수 있다는 추론이 가능하고, 실제 포털들은 앞서 살펴본 대로 모바일 뉴스시장 진출에 적극적이다. 결국 언론들은 자체 애플리케이션 제작과 함께 스스로 뉴스포털을 구축하는 전략을 동시에 모색하게 된다.

앞서 살펴보았듯이 애플리케이션 제작·유지비용 부담을 져야 하고, 뒤에 살피겠지만 콘텐츠유료화 역시 인터넷 시장에서 무료서비스에 익숙해진 이용자들의 지갑을 열 수 있게 할지가 불투명하다는 점에서 쉽지 않은 과제다.

② 주요 언론사간 연합을 통한 공동 뉴스포털 구축

또 하나의 뚜렷한 흐름은 언론사들이 공동 대오(隊伍)를 만들어 포털에 대항하는 것이다. 다시 말해 포털과 대립한 독자적인 뉴스포털, 다시 말해 언론사들의 공통 뉴스 모바일웹을 만드는 것이다.

〈조선일보〉와 〈한국일보〉 등 12개 중앙일간지 뉴스사이트(닷컴사)로 구성된 한국온라인신문협회는 2010년 5월 28일 공동의 모바일 뉴스포털인 '온뉴스'(*On news*)를 개발, 서비스에 들어갔다(〈그림 6-9〉).[14] 안드로이드용 애플리케이션으로 먼저 선보인 온뉴스는 하나의 애플리케이션만 다운받으면 12개 주요 신문의 뉴스뿐 아니라 실시간 속보, 사진, 칼럼 등 다양한 뉴스콘텐츠를 이용할 수 있고, 자신이 원하는 언론사의 뉴스를 선택적으로 받아볼 수 있도록 했다.

이 같은 언론사 연합형태의 뉴스포털을 만들어 모바일 뉴스서비스를 하는 것은 세계적으로도 처음 시도되는 것으로, 유독 온라인 뉴스시장이 포털에 잠식된 한국적 상황이 반영된 것이다.

김수섭 한경닷컴 사장은 온뉴스의 탄생배경에 대해 이렇게 설명한다.

> 불행히도 온뉴스는 스마트폰을 비롯한 모바일기기를 활용한 뉴스시장을 새롭게 개척하겠다는 창의적 발상에서 비롯된 것이 아니다. 신문산업이 이대로 가다간 고사될 수밖에 없겠다는 절박함에서 출발했다. 모바일콘텐츠 시장에서 10여 년 전 인터넷 열풍과 같은 큰 변화가 이뤄질 것임을 예고하는 신호가 감지됐다. 신문이 지난 10여 년간 인터넷에서 영향력을 송두리째 빼앗겼듯이 이번에는 모바일에서 당할 차례라는 위기감을 느꼈다. 그것이 '온뉴스' 출범의 가장 강한 동력이 됐다.[15]

---

14 온뉴스는 '온신협 회원사가 만든 뉴스', '항상 켜져 있는 뉴스', '온갖 뉴스가 다 모인 뉴스' 등 다양한 의미를 담고 있고, 참여 언론사는 〈국민일보〉와 〈경향신문〉, 〈동아일보〉, 〈매일경제〉, 〈서울신문〉, 〈세계일보〉, 〈전자신문〉, 〈조선일보〉, 〈중앙일보〉, 〈한국일보〉, 〈한겨레〉, 〈한국경제신문〉 등 12개 주요 언론사다.

실제 온뉴스는 다분히 네이버의 뉴스캐스트를 의식한 뉴스서비스 방식을 택하고 있다. 온신협에 따르면 뉴스캐스트 앱은 주요 일간지가 빠져 있으며 PDF서비스도 제공하지 않는 데다, 중요기사가 아닌 흥미위주의 편집이며, 언론사 기사를 전부 볼 수 있는 것도 아니다. 반면 온뉴스는 특정매체의 기사만 골라 볼 수 있고, 신문기사를 지면형태로 그대로 볼 수 있어 신문사의 편집방향과 기사의 중요도를 직접 확인할 수 있으며, 12개 언론사의 특정지면을 모아 볼 수 있는 장점이 있다고 주장한다. 특히 지난 신문을 일자별로 찾아볼 수 있어 신문DB로서의 역할도 할 수 있다. 온신협은 당분간 온뉴스를 무료로 개방하다 유료로 전환할 예정이다. 자신들이 생산한 뉴스콘텐츠에 대해 정당한 대가를 받아야 한다고 주장해 온 언론사들이 택한 유료화 방식 중 하나다. 유료화 모델과 관련, 광고수주와 개별 콘텐츠별 과금 등도 검토될 수 있다.

한편, 한국언론진흥재단도 2009년 12월부터 59개 매체를 회원사로 하는 '뉴스코리아'의 아이폰용 뉴스애플리케이션을 개발해 서비스하고 있다(〈그림 6-10〉).[16] 앞서 온신협의 '온뉴스'가 주요 12개 신문사들의

---

15 김수섭(2010), "국내 모든 스마트폰에 기본 앱으로 탑재 — 12개 신문 공동모바일 뉴스포털 온뉴스", 〈신문과 방송〉 2010년 7월호, 82쪽. 온신협의 창립과정이 잘 설명돼 있는 글이다. 간략히 소개하면, 2009년 4월 전북 군산에서 열린 온신협 대표자 워크숍에서 '포털의 모바일 뉴스서비스 현황 및 대응방안'이라는 발표와 함께 포털에 대한 공동 대응방안을 논의하기 시작한 것이 온뉴스의 시발점이었다. 가장 큰 장애는 참여하는 모든 회원사의 이익을 충족시키기 어렵다는 점과 공동포털 구축에 필요한 자금이었다. 포털에 대한 뉴스유통권 확보를 위해 참여 언론사 간 공동출자를 통한 뉴스유통회사 설립과 공동 모바일 뉴스포털 구축이라는 두 가지 방안이 논의됐으나 우선 후자 쪽을 택했다. 모바일포털 구축은 구글코리아와 손을 잡으며 방향을 잡았다. 구글코리아가 안드로이드용 애플리케이션을 개발해 주는 대신 모바일 광고는 구글에 맡기는 조건으로 양측이 협력체계를 구축했다.

16 뉴스코리아에는 한국일보, 경향신문, 국민일보, 내일신문, 서울신문, 세계일보, 한겨레 등 7개 중앙일간지와 서울경제신문 등 8개 경제 · 스포츠 · 영자지,

〈그림 6-10〉 뉴스코리아 화면

공동 뉴스포털이라면 아이폰용 뉴스코리아는 지방일간지와 전문지들까지 연합군에 포함시켜 규모를 불린 것이 특징이다. 서비스도 지역별 언론사를 카테고리별로 분류해 실시간 뉴스를 검색할 수 있도록 했다. 뉴스저작권 사업 참여업체를 결속한 뉴스코리아의 성격상 저작권 규정도 온뉴스에 비해 훨씬 엄격하다. 뉴스콘텐츠는 최대 5일까지 저장가능하고, 이 기간이 지나면 자동 삭제돼 저작권을 보호하도록 했다. 서비스 개시 당시 무료였으나 향후 유료서비스 전환을 목표로 하고 있다.

그러나 최신 뉴스 카테고리의 경우 59개 언론사별로 기사를 5개씩만 제한적으로 제공해 각 언론사별 기사의 절대량이 부족하고, 검색 및 데이터베이스 기능이 미미한 것이 단점이다. 뉴스코리아는 유료화할 경우

26개 지역일간지, 11개 전문 · 주간지, 7개 인터넷 신문 등 전국 59개 매체가 참여하고 있다. 그러나 조선일보, 중앙일보, 동아일보, 매일경제 등 메이저 신문들과 KBS, MBC, SBS, YTN, MBN 등 방송사들은 불참하고 있다.

59개 언론사별로 인지도나 열독률에서 차이를 보이는 각 언론사들에게 어떻게 이용료나 광고료를 배분할지가 현실적인 문제로 대두될 수 있어 보인다. 유료화 문제는 뒤이어 좀더 자세히 살펴보도록 하자.

(3) 아이패드의 등장과 콘텐츠 유료화

2010년 2월 세계적 경제전문지 〈이코노미스트〉 지에 애플 CEO인 스티브 잡스가 표지모델로 등장했다(〈그림 6-11〉). 표지 속의 잡스는 성화(聖畵) 속에서 보아 온 성서를 든 예수의 모습을 하고 있다. 후광이 깃든 잡스의 손에는 성서 대신 아이패드가 들려있고, '잡스의 성서'라는 표지제목이 달렸다. 아이팟, 아이폰, 아이패드 시리즈로 이어지는 성공신화를 써온 잡스를 언론에서 '구세주'로 표현한 것이다.

〈그림 6-11〉 스티브 잡스를 구세주로 그린 〈이코노미스트〉 표지

실제로 잡스가 두 달 후인 2010년 4월 '내 평생 최고의 역작'이라고 평한 아이패드가 출시되자 미국의 인쇄미디어들은 열광했다. 전 세계적으로 침체의 늪에 빠져있는 인쇄미디어산업의 활로를 뚫어줄 새로운 희망으로 여겨진 것이다. 특히 아이팟과 아이폰으로 이어진 애플의 성공신화와 마케팅능력은 아이패드가 새로운 미디어르네상스를 열 수 있을 것이라는 기대를 낳았다. 특히 아이패드에 대한 우호적인 기사들을 쏟아내는 〈뉴욕 타임스〉나 〈월스트리트 저널〉 등 유수한 신문들의 지원사격에 힘입어 아이패드는 출시 80일 만에 300만 대를 팔아치웠다.

아이패드를 한마디로 정의하기는 어렵다. '넷북과 비슷한 테블랫PC'로 볼 수도 있고, 혹자는 '크기가 큰 아이폰'으로 보는 사람도 있다. 그러나 넷북이 노트북의 기능을 다운그레이드시킨 것이라면 아이패드는 핸드폰 수준의 네트워크 기능과 PC의 응용프로그램을 결합시킨 모바일 기기라고 해야 할 것이다. 크기가 커진 아이폰으로 본다면, 1024×768 픽셀의 고해상도를 지닌 9.7인치 화면은 모바일 뉴스나 전자책, 동영상 등을 즐기는 데 용이하다. 3.5인치의 아이폰에서 콘텐츠를 이용할 때 느끼는 답답함을 해소할 수 있게 된 것이다.

스티브 잡스는 맥월드21에서 소파에 앉아 아이패드를 시연하며 아이패드가 엔터테인먼트제품이라는 점을 강조했다. 소파에서 뒹굴면서 책을 읽든, 차를 마시며 신문을 읽던 마음대로 즐기라는 의미인데, 그만큼 책이나 신문 같은 전통적 인쇄미디어를 편하게 접할 수 있는 이용자 환경을 구현했다는 자신감의 표현이라고 볼 수 있다. 아이패드는 잡지와 비슷한 크기의 디스플레이, 지금까지 나온 어떤 미디어 기기보다 직관적이고 부드러운 터치감으로 신문과 잡지를 읽는 느낌을 그대로 살릴 수 있는 최적의 모바일뉴스 이용자 환경을 만든 것으로 평가된다.

그러나 이 같은 터치 인터페이스보다 더 미디어업계의 관심을 끈 이유는 콘텐츠생산자를 우대하는 애플의 비즈니스모델과 '콘텐츠 유료화'를 현실화할 수 있다는 기대감 때문이었다. 기존의 웹(*Web*) 시대에는 뉴스콘텐츠가 제값을 받지 못했지만, 아이팟과 아이폰에서 앱스토어를 통해 뉴스콘텐츠를 사고파는 유료화 시장의 가능성을 확인했다면, 아이패드 혁명을 통해 뉴스콘텐츠 유료화 시장이 부활할 것으로 보고 있는 것이다.[17]

애플 역시 아이패드 출시에 맞춰 하퍼콜린스 등 5개 주요 출판업업체와 제휴해 만든 전자책 장터 '아이북스'(iBooks)를 선보이며, 음반을 넘어 전자책과 신문 등을 자신들이 개척할 새로운 시장으로 삼았다. 새로운 탈출구를 모색해온 올드미디어와 미디어로 사업영역을 넓히려는 애플의 이해가 절묘하게 맞은 셈이다.

특히 주목할 점은 앞서 살펴봤듯 뉴스코퍼레이션 루퍼트 머독 회장의 구글에 대한 비난에서 보듯, 구글은 뉴스생산자인 언론사와 심각한 갈등관계를 만들었다. 반면 콘텐츠생산자와 수익을 7(생산자) 대 3(애플)의 비율로 나눠 상생을 모색하는 애플의 비즈니스모델은 '뉴스도용' 피해의식에 젖은 올드미디어들의 환영을 받은 것은 당연한 일이었다.

① 세 갈래의 수익모델

아이패드가 등장한 이후 미국시장에서 보이는 콘텐츠의 유료화 바람은 앞서 살펴봤듯 아이폰의 등장으로 야기된 국내시장의 콘텐츠유료화 움직임과 상당히 유사하다. 크게 3가지 흐름으로 볼 수 있는데 ① 애플리케이션 유료화, ② 뉴스콘텐츠 유료화, ③ 광고수주 등이다.

〈AP통신〉과 〈뉴욕 타임스〉, 〈USA 투데이〉, 〈월스트리트 저널〉, 〈BBC뉴스〉 등이 아이패드 출시와 동시에 아이패드 전용 애플리케이션을 개발해 뉴스를 제공했다. 시장의 반응도 나쁘지 않다. 영국 〈파이낸셜 타임즈〉(FT)는 아이패드 앱 출시 후 3주 만에 다운로드 15만 건을, 〈USA 투데이〉의 앱은 2010년 6월말 현재 54만여 건의 다운로드를

17 유진평 등(2010), 《모바일 세상을 삼키다》, 매일경제신문사, 170쪽.

기록했다. 영국 〈가디언〉의 경우 2.39유로(3,600원 상당)의 유료 애플리케이션을 2개월 만에 10만 명이 다운로드했다. 국내에서도 〈매일경제〉가 20010년 4월 신문지면을 통째로 볼 수 있는 '프리 아이패드 서비스'를 시작한 이래 속속 아이패드용 앱이 등장하고 있다.

콘텐츠의 유료화도 진행되고 있다. 이미 유선인터넷 웹사이트에서 제공하는 온라인 뉴스를 유료화했던 〈월스트리트 저널〉은 아이패드 완전판 정기구독료로 월 17.99달러를 책정했다. 종이신문 월구독료 29달러보다 11달러 저렴하다. 〈뉴욕 타임스〉도 아이패드 구독료를 종이신문 구독료인 월 30달러보다 훨씬 저렴한 월 19.99 달러로 책정했다.

언론사들이 아이패드를 반기는 이유는 종이신문과는 전혀 다른 새로운 모바일광고 시장이 생기리라는 기대감 때문이다. 언론사 입장에선 새로운 수익모델이 생기는 것이다. 현재 대부분 국내외 언론사들은 앱을 통해 다양한 광고실험을 하고 있다. 〈뉴욕 타임스〉의 앱은 배너광고를 스크린 바탕에 배치하고 기사페이지에는 큰 디스플레이 광고를 배치하고 있고, 〈USA 투데이〉의 앱은 홈페이지에 작은 디스플레이를 배치하고 기사페이지에는 광고를 달지 않고 있다.[18] 스마트페이퍼의 경우 2~3개의 지면을 넘길 때마다 광고를 띄울 수도 있다. 〈조선일보〉, 〈매일경제〉 등 국내 신문들도 아이폰용 앱의 주요 기사목록 중간에 회사 행사소개나 정기구독용 배너광고를 배치하고 있다. 이 같은 모바일 광고는 보여주기에 그치는 오프라인 신문광고와 달리 위치기반광고, 이용자 뉴스소비 패턴분석에 근거한 맞춤형광고 서비스 등도 가능해진다.

미국의 경우 아이패드 애플리케이션을 출시한 언론사들에게 기업광고가 몰리는 현상도 나타나고 있다. 〈뉴욕 타임스〉의 경우 신용카드 체이스사파이어와 60일 계약을 체결했고, 60일 이상 지속되는 아이패드

---

18 황용석(2010), "광고수익 모델많아 유료전환은 검토중", 〈신문과 방송〉, 2010년 5월호, 20쪽.

버전용 광고의 판매가격은 7만 5천 달러에서 30만 달러에 이른다는 보도도 나온다. 〈USA 투데이〉의 경우 아이패드 앱을 통해 메리어트호텔 광고를 1천 회 노출하면 일반 웹광고의 5배인 50달러를 받는 것으로 전해진다. 〈월스트리트 저널〉도 코카콜라 등과 월 10만 달러 상당의 광고 계약을 체결한 것으로 알려졌다.

② 콘텐츠 유료화 성공할까

모바일에서 콘텐츠유료화 문제와 관련해 아이패드를 주목하는 이유는 이를 실현시킬 수 있는 가장 유력한 멀티 미디어기기이기 때문이다. 논의는 아이폰과 아이패드에 집중되지만 대부분의 내용이 전자책이나 다른 스마트폰 등에도 동일한 흐름으로 적용된다.

아이폰 등 스마트폰과 아이패드 등장으로 힘을 받은 온라인콘텐츠 유료화시도가 성공할지 여부는 불투명하다. 모바일에서의 콘텐츠유료화 성공여부에 대한 낙관론과 비관론도 팽팽히 맞서고 있다.

낙관론의 가장 큰 근거는 '무료문화'가 지배했던 웹시장과는 달리, 모바일에선 아이폰의 앱스토어로 상징되는 '유료문화'가 이미 형성되기 시작했고, 이는 미디어시장에도 긍정적인 요소로 작용할 것이라는 견해다. 아이패드의 언론친화적 기능과 서비스 환경, 새로운 온라인광고시장의 창출 가능성도 유료화의 가능성을 높여준다.

시장조사기관 comScore 조사에 따르면 아이폰이나 아이팟터치를 소유한 이용자들은 그렇지 않은 이용자들보다 e-reader 형태의 신문이나 잡지의 유료구독에 돈을 지불할 의사가 2배가량 높은 것으로 나타났고, 이미 e-reader를 소유한 이용자들은 최근 3개월간 콘텐츠구매에 약 60달러를 소비했다.[19]

---

19 Kane, Y. I. (2010. 3. 22), "Survey Finds iPad Awareness as High as Kindle's", *The Wall Street Journal*. http://blogs.wsj.com/digits.

〈그림 6-12〉 iPad에 관심을 갖는 연령대 비율

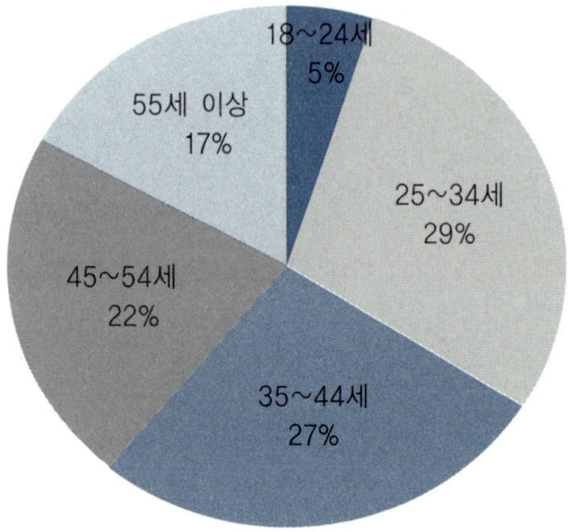

자료: K모바일[20]

앞서 살펴봤듯 콘텐츠유료화의 전 단계로 볼 수 있는 애플리케이션 유료화에 소비자들의 반응이 나쁘지 않은 것도 긍정적인 신호다. 영국 〈가디언〉의 경우 2.39유로(3,600원 상당)의 유료애플리케이션을 2개월 만에 10만 명이 다운로드했다. 콘텐츠 유료문화가 소비자들에게 받아들여지고 있는 근거이고, 뉴스콘텐츠를 보겠다는 의사를 가진 소비층의 구매이기 때문에 언론사들에게는 무척 고무적인 현상이다.

새로운 온라인뉴스 소비층을 만들어낼 수 있다는 전망도 나온다. 미국의 한 조사에선 아이패드에 가장 관심을 갖고 있는 연령대는 20대 후반~40대 초반인 것으로 나타났다(〈그림 6-12〉).[21] 장년층인 45~55세의 22%, 55세 이상 17%가 아이패드에 관심을 표한 반면 조사대상 중 가장 젊은 연령층인 18~24세의 관심도는 5%에 불과했다.

---

20 K모바일(2010), "아이패드 이후 모바일 비즈니스 밸류체인과 비즈니스 전망", 스마트모바일콘텐츠 컨퍼런스, 2010.6.18. 앞의 책에서 재인용.

21 이은민(2010), "아이패드의 시장현황 및 전망", 〈정보통신정책연구〉 제 22권 12호, 57~58쪽.

왜 이런 결과가 나왔을까? 아이패드가 500달러에 달하는 고가품인 탓에 학생 계층인 18~24세 연령대의 관심도가 낮게 나왔을 수도 있다. 그러나 아이패드에 관심을 갖는 주 연령층이 유료콘텐츠를 실제 구매할 경제력을 갖춘 연령이라는 점을 주목해야 한다. 이들은 대개 가정이나 직장에서 올드미디어를 접할 기회가 많은 사람들이고, 특히 45세 이상은 신문 등을 정기구독한 경험이 있는 사람들이 많다. 그만큼 뉴스콘텐츠에 비용을 지불하는 데 익숙한 연령대지만, 인터넷의 이용은 그다지 능숙한 편이 아니고 일부는 생소하기조차 하다. 반면 18~24세 연령층은 대부분 인터넷 초창기인 1990년대를 전후해 출생, 인터넷과 함께 성장하며 온라인 무료콘텐츠 문화를 즐겨온 세대다.[22]

이 같은 경향은 무선인터넷 이용면에서도 그대로 재연되고 있다. 한국인터넷진흥원이 2009년 말 전국 12세 이상 남녀 3천 명(가구)을 상대로 방문 조사한 결과, 20대의 무선인터넷 이용률이 86%로 가장 높았고, 12~19세(82.1%)가 뒤를 이었다.[23] 그러나 30대(58.9%), 40대(35.9%), 50대(16.6%) 등 30대 이후엔 무선인터넷 이용률이 급격히 떨어졌다. 〈표 6-4〉에서 보듯 이들은 무선인터넷을 정보나 자료습득에 이용하는 비율도 10대와 20대에 비해 떨어졌다.

이처럼 40대 이상의 연령층은 잠재적인 콘텐츠 구매력은 있지만 인터넷에는 익숙하지 않은 세대들인 것은 사실이다. 하지만, 역설적으로 이들이 무선인터넷에서 사용자의 편의성을 획기적으로 개선한 아이패드에 상당한 호감을 가지고 있다는 점은 지금까지 개척되지 않은 새로운

22 한국인터넷진흥원이 2009년 전국의 남녀 3만 명을 방문해 조사한 연령별 인터넷이용률 조사에 따르면 10대가 99.9%로 거의 전원이 인터넷을 이용하고, 20대(99.7%), 30대(98.8%), 3~9세(85.4%)가 뒤를 이었다. 그러나 40대(84.3%), 50대(52.3%), 60대 (20.1%)는 인터넷사용률이 상대적으로 저조했다.

23 한국인터넷진흥원(2009.12.30), “2009 무선인터넷 이용실태조사”, http://www.kisa.or.kr/jsp/

〈표 6-4〉 연령별 이동전화 무선인터넷 이용목적

단위: %

	폰 꾸미기	커뮤니케이션	여가활동	자료 및 정보습득	경제활동	위치기반 서비스
12~19세	88.1	79.2	66.7	41.0	9.1	6.2
20대	87.0	82.8	56.0	49.5	17.7	10.8
30대	82.7	76.8	34.9	37.4	23.0	8.9
40대	63.8	74.6	17.8	31.7	22.7	8.4
50대	44.1	75.3	14.2	24.8	9.4	6.1

자료: 한국인터넷진흥원(2009), 복수응답.

미디어시장이 존재한다는 것을 보여준다. 특히 아이패드나 전자책은 종이신문이나 책을 읽을 때와 유사한 느낌을 주도록 사용자환경을 최적화시킨 만큼 40대 이후층의 흡입력이 클 수 있다는 것이다.

그러나 회의적인 전망도 만만찮다. 언론사의 무료 애플리케이션을 많이 다운받았다 해도, 나아가 유료 애플리케이션이 많이 팔렸다고 해도 이것이 모바일상에서 구독료를 지불하겠다는 의사표시로 보기 어렵기 때문이다. 유료앱의 구입은 일회성 비용에 불과해 정기구독으로 이어질지는 미지수이기 때문이다. 한편 아이패드용 뉴스앱은 대부분 무료로 제공되고 있는 것이 현실이기도 하다.

이와 관련, 2010년 유료화를 단행한 영국 일간지 〈더 타임즈〉가 받아 든 성적표는 시사적이다. 〈더 타임즈〉는 같은 해 5월 말부터 1개월간의 무료가입기간을 진행해 15만 명을 추가회원으로 확보했지만 이들 중 실제 유료등록회원으로 전환한 것은 10%가량인 1만 5천 명에 불과했고, 유료화시행 후 웹사이트 트래픽은 66%나 감소했다.

이와 관련, 주목할 점은 웹환경에서 공짜 뉴스콘텐츠에 익숙해져 있던 이용자들의 유료화에 대한 반감이다. Pew Internet Project(PIP)가 2009년 12월부터 2010년 1월 19일까지 미국 성인 2,259명을 인터뷰한

'온라인뉴스에 대한 소비자 반응조사'에서 82%가 즐겨찾는 뉴스사이트가 유료화를 단행할 경우 다른 무료 뉴스사이트를 찾아갈 것이라고 응답했다. 돈을 지불하고 계속해서 해당 뉴스사이트를 방문할 것이라는 응답자는 15%에 불과했다.[24] 유료화에 대한 소비자의 저항이 만만치 않다는 것을 실증하는 조사결과다.

학자들과 업계에선 뉴스콘텐츠 유료화가 성공하기 위해 해결돼야 할 구조적인 문제로 두 가지를 꼽는다. 먼저, 무료 뉴스콘텐츠를 제공하는 미디어아울렛들과의 경쟁이다. 위의 PIP 여론조사결과에서 보듯 언론사들이 미디어콘텐츠를 유료화할 경우 이용자들은 언제든지 무료콘텐츠를 제공해 주는 다른 미디어아울렛으로 이동해 뉴스를 소비할 수 있다. 특히 유선인터넷 시장과 마찬가지로 포털의 뉴스서비스는 무선인터넷에서도 유력한 대안이 될 수 있다. 이경전 경희대 경영학과 교수는 "사용자들은 (아이패드앱용 뉴스콘텐츠가) 무료라면 그것을 사용할 것이다. 그러나 유료일 경우에는 그것을 사용하지 않고 사파리(애플의 웹브라우저)로 달려갈 것이고, 그곳에서도 유료라면 포털뉴스섹션으로 가서 뉴스를 소비할 것"이라고 말한다.[25]

앞서 살펴본 것처럼 포털 역시 모바일뉴스시장의 지배력을 확보하기 위해 무료 뉴스서비스를 강화하는 추세다. 언론사들의 유료모델이 성공하기 위해선 이용자들의 지갑을 열도록 만드는 포털처럼 확실한 콘텐츠와 서비스 차별화가 이뤄져야 한다. 언론사들 역시 '고품질 저널리즘'으로 대응하겠다는 목표를 밝히고 있으나, 말처럼 쉽지만은 않을 것이란 분석이 많다.[26] 특히 기존 언론사들이 제공하는 뉴스의 질이 유·무

---

24 박병근(2010. 3. 18), "온라인 뉴스 유료화, 예상보다 거센 저항", 〈전자신문〉. http://www.ebuzz.co.kr/content/

25 이경전(2010), "신문기사도 하이퍼뉴스 비즈니스모델 준비해야", 〈신문과 방송〉 2010년 5월호 13쪽.

26 한국언론진흥재단에서 발행하는 〈신문과 방송〉 2010년 5월호는 "아이패드와

료 구입을 결정할 정도로 차별성이 있는지 여부, 속보위주의 인터넷뉴스시장에서 깊이 있는 해설기사나 오랜 시간과 자본이 투자되는 기획기사 등 고품질 기사에 대한 실제 수요가 얼마나 되는지 여부, 고품질 저널리즘의 경쟁력이 있는지 여부도 따져볼 문제다.

이와 관련해 또 하나의 변수는 〈연합뉴스〉 등 통신사 뉴스서비스와의 경쟁도 기존 언론사들에게는 만만찮은 과제다. 대부분 국내 언론사는 자체생산 기사만으로 뉴스를 제공하는 24시간 뉴스서비스 체제를 갖추지 못하고 있다. 웹기반의 언론사닷컴들은 조·석간 오프라인 신문과 방송기사를 제공하는 외에는 대부분 〈연합뉴스〉 기사를 전재하거나, 닷컴 소속의 편집자들이 기타 온라인 신문사들의 기사를 짜깁기해서 제공하는 수준에 머물러 있다. 가령 온라인에서 조간신문의 뉴스 소비가 끝나면, 포털이든 언론사의 모바일웹이든 〈연합뉴스〉 등에 의존해 거의 동일한 기사텍스트를 손질해 공급하는 구조다. 올드미디어들이 이런 구조를 획기적으로 개선하지 않는 한 〈연합뉴스〉나 〈뉴시스〉 등 통신사와 인터넷 언론사들의 뉴스로 속보체제를 갖춘 포털과 차별성을 주기는 구조적으로 어려운 것이 현실이다.

또 한 가지 구조적 요인은 각 언론사들이 지닌 미디어플랫폼 간에 통일된 구조가 있어야 한다는 점이다. 다시 말해 유선의 A 언론사 닷컴사이트 혹은 모바일웹에서 기사를 무료로 제공할 경우 스마트폰이나 아이패드용 앱에서 유료화가 성공할 가능성은 적어진다. 동일한 기사를 유료로 볼 수 있는 플랫폼이 있는데 굳이 돈을 지불하고서 뉴스를 구입해야 할 이유는 없다는 건 자명한 일이다.

광고 역시 아직은 비즈니스 모델로서의 성공을 예단하기 어렵다는 주장도 나온다. 이 역시 온라인 웹사이트에서 각 언론사들이 이미 시도했

미디어 콘텐츠 유통"이란 주제로 특집 기사를 게재했는데 〈동아일보〉와 〈국민일보〉 등 각 언론사들은 제각각 고품질 콘텐츠 제공 및 차별화를 전략적 목표로 내세웠다.

지만 별로 신통치 못한 결과를 얻었던 수익모델이라는 것이다. 뉴스를 보기 위해 찾아온 이용자들이 아이패드의 9인치 화면에서 돌출되는 광고를 부담 없이 수용할 것이라고 보기는 어렵다는 것이다.

언론사들이 아이패드를 통한 새로운 광고모델로 제시하는 동영상 광고 역시 콘텐츠 이용료를 별도로 내지 않는 대가가 아니라면 굳이 장시간을 몰입해 볼 이유가 없다는 것이다.

결국 광고주 입장에서 보면 특정신문에 광고를 게재할 경우, 이를 스마트폰용이나 아이패드용 앱에도 동일한 광고를 보여주는 형태로 활용되는 것에 그칠 것이라는 예상도 할 수 있다. 종이신문을 그대로 재현한 '스마트페이퍼' 서비스를 하는 대부분 신문사앱의 경우 종이신문에 게재된 광고가 온라인 지면과 함께 그대로 노출되는 것을 연상하면 된다.

광고주 입장에서도 각 언론사의 아이패드용 앱 이용자 수가 종이신문 구독자에 버금가는 수만~수십만 명 이상의 규모에 달할 경우 별도의 광고를 게재할 수 있을 것으로 보이나 과연 각 언론사들이 이 정도 규모의 모바일구독자를 모집할 수 있을지는 신중히 지켜봐야 한다는 지적도 있다.

3) 사상의 자유시장과 뉴스의 유료화

올드미디어들은 무선인터넷 시대를 맞이하면서 유선인터넷 시대에 유통사업자인 포털과 가졌던 불평등한 관계를 일거에 해결하고, 사양산업화하는 신문산업의 돌파구를 마련하기 위해 뉴스의 유료화를 추진하고 있다. 그러나 뉴스의 유료화는 올드미디어의 생존을 위해 불가피한 측면이 있지만 사상의 자유시장 측면에선 우려스러운 점이 많다.

필자는 앞선 장에서 인터넷의 도입으로 "이성의 시대가 돌아왔다"고 주장했다. 사상의 자유시장에서 이성의 중요성을 다시 되새겨 보자. 사상의 자유시장이 제대로 작동하기 위해선 인간의 이성에 의한 자기조정

과정이 절대적으로 필요하다. 다양한 주의·주장 속에서 합리적인 판단을 내려 진리를 찾아 나간다는 것은 인간의 합리적 이성을 전제로 한 것이기 때문이다. 그러나 이러한 이성의 시대를 뒷받침해 주는 두 개의 버팀목은 '무료 문화'(*free culture*)와 '검색기술의 발전'이었다.

지식은 권력이다. 앞선 장에서도 살펴봤지만 지식에 대한 접근권이 얼마나 보장되느냐에 따라 인류문명은 진화를 거듭했다. 인쇄술의 발명과 보급은 인류의 이성적 능력과 지식의 확산을 가져와 중세의 암흑시대를 걷어내며 계몽주의를 이끌었다. 권력자와 성직자가 독점했던 정보가 일반인들에게도 값싸게 보급될 길이 열렸기 때문이다.

마찬가지로 인터넷시대가 열리면서 봉인된 지식의 문이 활짝 열리게 됐다. 많은 사람들이 자신의 전문분야에서 쌓은 지식을 인터넷을 통해 공개했고, 정부 등 공공부문과 학계, 기업 등 사회 각 분야에선 자신들의 정보를 대중에게 공개했다. 사람들은 정보의 바다인 인터넷에서 '검색'을 통해 자신들이 필요한 지식을 얻고 해석하면서 '똑똑한 개인'(*smart individual*)으로 누구나 변할 수 있었다. 시멘틱 검색, 음성 검색 등 검색기술이 발전하면서 자신이 원하는 정보를 더욱 편리하고 빠르게 찾을 수 있게 됐다.

여기서 중요한 것이 정보를 얻게 되는 과정이다. 인터넷이 각광을 받은 이유 중 하나는 '정보의 공유'와 '무료문화'를 기반으로 한다는 것이다. 비용을 지불하지 않고 정보를 검색하고 취득할 수 있다는 것은 지식 확산과 새로운 정보창출의 키워드다.

특히 뉴스콘텐츠의 무료이용은 그 한가운데에 있다. 특정분야의 전문정보나 학술정보들은 내용이 전문적이고, 전문가들을 대상으로 저술된 것이기 때문에 일반인이 이용하기 어렵고, 저작권 보호 등을 위해 상당부분 유료화가 진행된 상태다. 반면 언론을 통해 전해지는 뉴스의 경우 '역사의 기록'으로서 사회 각 분야에 대한 1차 정보의 기능이 있으면서, 내용도 일반인들이 누구나 이해할 수 있도록 평이하게 전달되고,

기획기사나 칼럼, 사설 등을 통해 깊이 있는 해설과 다양한 의견들을 접할 수 있다. 사상의 자유시장에 다양한 사상(생각)과 논리를 공급하는 지식의 원천인 것이다.

국내의 언론사들은 지금까지 자신들이 생산해 낸 뉴스를 자사사이트에서 무료로 제공했고, 포털은 이들 언론사와 계약을 맺어 무료로 뉴스를 공급함으로써 국내 언론사들이 제공한 '뉴스의 경연장'이 됐다. 이처럼 포털 혹은 언론사의 뉴스페이지를 통한 뉴스의 무료제공은 일반인들의 정보접근을 막는 가장 근본적인 장벽을 해소해 준 것으로 볼 수 있다.

때문에 올드미디어들의 뉴스유료화 전략은 정보와 지식의 공유 및 확산에는 치명적인 영향을 미칠 수 있다. 주요 언론사들이 뉴스를 유료화할 경우 이용자들은 가장 수준 높은 정보와 논리를 담은 뉴스기사를 접하기 위해 비용을 치러야 한다. 특히 다양한 언론사들의 주의·주장을 담은 기사를 접하기 위해선 각 개별 언론사들에게 비용을 지불해야 하기 때문에 비용부담이 크다. 주요 언론사들 간에 공동의 뉴스포털을 구축할 경우 비용부담이 줄어들 수 있겠지만 정보접근 및 이용에 대한 비용의 장벽은 여전하다.

또 한 가지 올드미디어가 제공하는 뉴스서비스의 유료화가 우려되는 측면은 과거 뉴스기사에 대한 유료화다. 과거 뉴스의 유료화는 지식의 재창출을 제약한다는 면에서 심각히 생각해 볼 문제다. 과거 뉴스콘텐츠에 대해 원문형태의 PDF파일 서비스의 경우 유료화하고 있지만 기사자체는 유료화하지 않은 언론사가 많다. 하지만 전반적인 콘텐츠유료화 전략 속에서 이 역시도 유료화할 가능성이 높다.

반면 네이버의 경우 〈동아일보〉와 〈매일경제〉, 〈경향신문〉의 과거기사에 대한 아카이브를 구축해 원문형태 그대로 무료제공하는 등 포털은 뉴스서비스의 무료이용과 확산의 기조를 유지하고 있어 대조적이다.

무선인터넷 시장에서 뉴스유료화로 인한 포털의 쇠퇴는 최적의 사상의 자유시장이 붕괴될 위험을 가져온다. 포털의 가장 큰 장점이었던 다양한 관점의 뉴스제공을 통한 '시장의 경쟁'이 사라지게 되기 때문이다. 특정사안에 대한 뉴스를 비교하기 위해 이용자들에게 개별 언론사의 뉴스를 구매하라는 것은 현실성이 떨어지기 때문이다.

필자는 포털과 올드미디어의 화해가 반드시 이뤄져야 한다는 입장이다. 유선인터넷은 물론 모바일시장에서도 뉴스콘텐츠의 무료제공 기조는 가장 1차적이면서도 가장 대중적인 뉴스정보의 접근권을 보장한다는 측면에서 합리적 해결책이 모색되는 것이 바람직하다. 뉴스콘텐츠의 유료화는 이용자들 간의 재정적 능력에 따른 정보불평등 현상을 야기하는 등 심각한 부작용을 낳기 때문이다.

앞서도 앞서 살펴봤지만 올드미디어들의 콘텐츠유료화 역시 통신사와의 문제 등 해결해야 할 과제가 많은 만큼 포털로부터 적절한 가격을 받는 선에서 포털에 콘텐츠를 공급하고, 개별 앱에선 유료화보다는 광고를 통한 수익모델을 마련하는 것이 현실적이고 바람직하다고 본다. 뒤이어 살펴보겠지만 기사유료화로 인해 포털은 물론 새로운 사상의 자유시장으로서의 가능성이 제기되고 있는 SNS 등에 언론사의 뉴스콘텐츠를 링크해 정보를 소통하는 것도 어려워질 가능성이 크다. 인터넷이 인류에게 제공한 '정보의 해방'이라는 선물을 다시 금고 속에 감금하는 방향으로 나아가선 안 된다. 뉴스의 유료화가 현실화되면 인터넷시대가 만들어 낸 스마트한 개개인은 사라지고, 뉴스 콘텐츠에 접근할 '재력이 있는 소수'만이 수준 높은 정보를 향유하게 될 것이다. 그 결과는 사상의 자유시장의 쇠락으로 이어질 것임이 자명해 보인다.

3. 소셜미디어의 발전과 시장의 위기

인터넷의 모바일화가 급속히 진행되면서 SNS(*Social Network Service*)를 기반으로 한 '소셜미디어'(*Social media*), '소셜뉴스'(*Social news*) 시대가 활짝 열리고 있다.

2010년 6월 2일 치러진 지방선거는 '트위터 선거'라 불릴 정도로 트위터를 비롯한 SNS가 위력을 떨친 선거였다. 특히 이 선거에서 20～30대의 젊은 유권자들은 트위터를 통해 투표독려운동을 펼치며 집권여당인 한나라당의 패배를 이끌었다. 특히 트위터에 투표를 독려하기 위해 띄운 '인증샷',[27] 단문메시지 등이 빠른 의사소통을 가능케 해 젊은층을 투표장으로 유도했다. 투표 당일 오전까지도 4년 전 투표율(51.6%)보다 낮을 것이란 관측이 제기됐다. 하지만 투표독려운동으로 인해 54.5%의 투표율이 나와 15년 만에 기록을 경신했다.

기성언론들은 투표 직전까지 여당인 한나라당의 선거압승을 예상했다. 선거직전까지 각종 여론조사에서 한나라당의 승리를 예측하는 결과가 나왔기 때문이다. 그러나 트위터는 기존미디어를 통한 대중의 의사소통 방식, 나아가 여론형성 방식 자체를 바꿔버렸다.

외국의 선거에서도 SNS의 열풍이 거세다. 미국의 경우 2008년 대선 이후 각 정당과 정치지도자들이 소셜미디어의 활용에 골몰하고 있고, 정치인들의 트위터 활용도 유행이 됐다. 오바마 미 대통령의 팔로워 수는 2010년 6월 현재 대선 당시보다 40배가 증가한 414만 명에 달하고, 앨 고어 전 부통령(213만 명), 존 매케인 공화당 상원의원(172만 명), 하

---

27 인터넷의 익명성으로 인해 자신의 발언을 타인이 신뢰하기 힘들기 때문에 생겨난 행위로, 자신의 한 말을 증명할 수 있는 자료를 디지털카메라나 핸드폰으로 직접 찍거나 화면을 캡처해 올리는 것을 의미한다. 6·2 지방선거에선 투표에 참여한 시민들이 투표를 했음을 증명하기 위해 투표소 앞에서 찍은 증거용 사진을 인증샷으로 올렸다.

토야마 전 일본 총리(67만 명) 등도 많은 팔로워를 가지고 있다. 오바마 대통령은 프라임타임 기자회견을 기존매체에 알리기에 앞서 트위터를 통해 먼저 알렸다.

트위터와 페이스북 등으로 상징되는 소셜네트워크 서비스, 나아가 소셜미디어들의 급격한 성장은 포털과 어떤 상관관계를 가질까? 또 이 같은 소셜미디어의 성장을 사상의 자유시장 관점에서 어떻게 바라봐야 할 것인가는 짚어봐야 할 대목이다.

1) 소셜미디어의 정의와 대표적 서비스

(1) 소셜미디어의 정의

인터넷이 발전함에 따라 네티즌들은 온라인상에 수많은 네트워크를 형성해왔고, 나아가 콘텐츠생산의 주체로 변화해 왔다. 이처럼 네티즌이 생산하는 콘텐츠에 기반을 두고 인터넷상의 네트워크를 형성하는 서비스는 소셜네트워크 서비스로 개념화됐고, 이러한 서비스를 제공하는 사이트를 소셜네트워크 사이트(SNS)로 부르게 됐다.[28] 한국인터넷진흥원이 펴낸 《2009 인터넷백서》에선 SNS를 "개개인을 나타내는 노드(*node*)와 개개인들 간의 관계를 의미하는 연결(*link*) 또는 묶음(*tie*)으로 사회적 관계성을 보여 주고 가치, 비전, 생각, 링크, 친구 등 여러 특별한 매개물로 묶여질 수 있는 사회적 구조를 온라인커뮤니티로 구현한 서비스"라고 정의한다. 쉽게 설명하면 SNS는 서비스사용자들에게 서로 친구를 소개하거나 커뮤니케이션을 통해 새로운 친구를 사귀어 온라인에서 인맥을 구축하는 서비스를 의미한다.

방송통신위원회와 한국인터넷진흥원이 2009년 9월 발표한 인터넷이용자의 SNS 이용실태조사'에 따르면 인터넷이용자의 61.3%가 SNS를

---

28 최민재 · 양승찬(2009), 《인터넷소셜미디어와 저널리즘》, 한국언론진흥재단, 9쪽.

〈표 6-5〉 소셜미디어의 특성[29]

구분	해설
참여 (*Participation*)	소셜미디어는 관심있는 모든 사람들의 기여와 피드백을 촉진하며 미디어와 오디언스의 개념을 불명확하게 함.
공개 (*Openness*)	대부분의 소셜미디어는 피드백과 참여가 공개되어 있으며, 투표, 피드백, 코멘트, 정보 공유를 촉진함으로써 콘텐츠 접근과 사용에 대한 장벽이 거의 없음.
대화 (*Conversation*)	전통적인 미디어가 'broadcast'이고 콘텐츠가 일방적으로 오디언스에게 유통되는 반면 소셜미디어는 쌍방향성을 띰.
커뮤니티 (*Community*)	소셜미디어는 빠르게 커뮤니티를 구성케 하고 커뮤니티로 하여금 공통의 관심사에 대해 이야기하게 함.
연결 (*Connection*)	대부분의 소셜미디어는 다양한 미디어의 조합이나 링크를 통한 연결상에서 번성

이용하고 있고, 이 가운데 71.5%는 SNS를 통해 업무와 학업, 생활과 관련된 도움을 주고받은 경험이 있는 것으로 조사됐다.

SNS가 '인맥구축'이라는 네트워킹의 측면을 강조한 개념이라면, '소셜미디어'는 SNS의 네트워크기능에 콘텐츠의 생산과 공유, 유통의 개념을 포함시켜 '미디어'적 기능을 부각시킨 것이다. 소셜미디어는 '퍼블리싱 기술을 이용해 창출된 사회적 상호작용을 통해 주장이나 의견을 쉽게 전파하도록 고안된 미디어'라고 개념 규정을 하기도 한다.[30]

소셜미디어의 특징으로는 〈표 6-5〉에서 보듯 참여, 공개, 대화, 커뮤니티, 연결 등을 꼽을 수 있다.

소셜미디어와 기존의 미디어와의 가장 큰 차이점은 기본적인 대화구조의 차이라고 볼 수 있다. 한림대 노기영 교수에 따르면, 신문·방송

29 FkII조사연구팀(2006. 12), "소셜미디어(*Social Media*)란 무엇인가", 〈정보산업지〉, 55쪽. 앞의 책에서 재인용, 19쪽.

30 설진아(2010), "소셜미디어(*Social Media*)의 진화양상과 사회적 영향", 2009 한국언론정보학회 가을철 학술대회 발표논문집.

과 같은 전통적인 미디어는 '일 대 다'(*one to many*)의 형식으로 "우리가 당신에게 이야기하겠습니다"(*we tell you*)라는 대화구조를 가지고 있다.[31] 언론사(기자)가 독자에게 수직적으로 정보를 전달하는 구조다. 보다 진화된 방식으로는 '인터랙티브' 모델을 들 수 있는데 "우리가 당신에게 이야기한 것에 대해 당신의 생각을 말해주십시오"(*tell us what you think of what we tell you*)라고 묻는다. 자신이 직접적인 텍스트 격인 콘텐츠를 생산하긴 어렵더라도 콘텐츠에 대한 제 3자의 피드백을 제공하는 방식을 말한다.

여기서 한발 더 발전된 형태가 '소셜미디어 모델'로 "같이 이야기해 봅시다"(*tell each other*)라고 묻는다. 페이스북을 떠올려 보자. 서비스에 접속하면 "지금 무슨 생각을 하고 계신가요"(*What's on your mind*)라고 묻는 문구가 이용자들을 맞는다. 트위터 역시 첫 화면의 대화박스에서 "지금 뭐하고 계세요"라고 묻는다. 다양한 이용자들과 대화를 유도하는 질문들이다. '다 대 다'(*many to many*)의 관계형인데, 이 형태에선 이용자들이 수동적인 독자일수도 있고, 콘텐츠의 가감을 통해 콘텐츠의 공동생산자가 될 수도 있다. 이를 바탕으로 새로운 개념의 콘텐츠나 관계를 만들어 낼 수도 있다. 노 교수는 "결국 소셜미디어는 웹 2.0이 가지는 포괄적인 기술적 특성과 참여-관계-공유-발전이라는 프로세스를 채택해 구현해 낸 콘텐츠를 다루는 새로운 방법"이라고 정의했다.

또 다른 차이점을 꼽으라면 통제시스템의 유무다. 기존 미디어들은 중앙집중적 통제가 가능했다. '일 대 다'의 구조이기 때문에 언론사에서 자체 게이트키핑 과정을 거치면서 뉴스밸류가 낮은 정보들은 사장되는 시스템이다. 한마디로 언론사만 통제하면 정보유통을 통제할 수 있었다. 그러나 소셜미디어는 앞서 말했듯 사용자들의 상호작용에 의해 콘

---

31 노기영(2008), "뉴미디어의 의사소통성과 쌍방향성", 〈한국사회의 방송통신패러다임 변화 연구 08-15〉, 한국정보통신연구원, 29쪽.

텐츠가 생산, 공유, 확산되기 때문에 이 같은 중앙통제는 불가능한 구조다.[32]

정보의 신뢰도를 부여하는 방식도 차이가 난다. 기존언론에서 생산해 낸 뉴스는 언론사의 신뢰도에 따라 정보의 신뢰도가 결정됐다. 그러나 자신의 인맥을 통해 정보를 주고받는 소셜미디어에서는 정보를 전달해 준 사람의 사회적 지위나 친밀도에 따라 정보의 신뢰도도 결정되는 경향이 강하다.

(2) 모바일시대의 주인공 트위터

오디오(Odeo)라는 벤처기업 동료였던 비즈 스톤과 에번 윌리엄스, 잭 돌시가 2006년 트위터 서비스를 만들었을 때 이들은 불과 3~4년 만에 트위터가 전 세계를 휩쓸 SNS로 성장할 것이라고 생각했었을까? 이들은 당초 디지털 음성파일을 만들고 검색하는 웹서비스를 개발해 성공하겠다는 계획이었지만 시장의 반응은 미적지근했다. 사업을 접을까 고민하던 중 엔지니어였던 돌시가 '친구들이 어디서 무엇을 하는지 짧은 문자메시지로 전할 수 있게 하자'는 아이디어를 생각해 냈다. 트위터의 시작이었다.

트위터(*twitter*)라는 단어를 사전에서 찾으면 '(새가) 지저귀다', '짹짹거리다'라고 나온다. 비즈 스톤 공동창업자는 국내 언론과의 인터뷰에서 "사람들이 시간과 공간의 제약을 받지 않고 트위트(*tweet*)하는 공간을 만들자는 취지"라고 설명했다. 140자의 짧은글로 가족이나 친구, 동료 혹은 사회의 모든 사람과 '수다를 떨며' 소통하자는 것이다. 트위터의 개발자들은 다분히 모바일을 염두에 두고 140자의 글자제한을 뒀다. 이들은 휴대전화의 문자메시지가 140자 안팎이라는 사실에 주목했다고

32 류한석(2010), 《트위터 열풍과 소셜미디어의 진화》, KT경제경영연구소, 14쪽. 이하 인용생략.

〈그림 6-13〉 트위터 심벌

한다. 전 세계적으로 인터넷을 쓰는 사람들이 20억 명가량이지만 휴대전화 사용자는 50억 명을 넘어선다. 그만큼 출발부터 보다 큰 가능성이 열려있는 모바일시장을 겨냥한 서비스모델이었다. 나중에 다시 이야기하겠지만 트위터의 단문구조는 모바일의 특성을 이용한 즉시적인 커뮤니케이션에 적합한 이상적인 구조를 만들었다. 스톤 등 창업자들은 단문서비스를 개발한 뒤 휴대전화가 떠는 모양에서 'twich'(경련하다)를 연상했고, 어감이 좋은 단어인 twitter로 발전시켰다. 트위터 본사의 심벌이 '새'가 된 연유나(〈그림 6-13〉).

2010년 4월 트위터 서비스등록자는 전 세계적으로 1억 5천만 명을 넘어섰다. 하루에 30만 명씩 새 이용자가 가입하고, 월 방문자수도 1억 8천만 명에 달한다. 창립 4년 만에 엄청난 성장속도를 보이고 있다. 한국에서도 가입자가 폭발적인 증가세다. 국내 트위터 통계사이트인 오이코랩에 따르면 2010년 8월 국내 트위터계정이 100만 계정을 돌파했다.[33] 초기 2년인 2008년 6월까지만 해도 트위터 가입자수는 290만 명에 불과했지만 2009년 들어 폭발적인 성장세를 보였다. 2009년 6월 기준 가입자 통계에 따르면 전체가입자의 70% 이상이 2009년 상반기에

33 필자가 확인한 바에 따르면, 2010년 8월 23일 현재 국내에 111만 1,275명이 트위터 계정을 갖고 있다.

〈그림 6-14〉 필자의 트위터 계정화면

가입했다. 이 시기는 전 세계적으로 스마트폰 보급이 활성화되기 시작한 시기다. 특히 한국의 경우 아이폰3GS의 국내시판이 시작된 2009년 11월 가입자수는 5만 명에 불과했으나 1년이 채 안 돼 100만 명을 돌파했다(〈그림 6-14〉).

트위터의 특징 트위터가 이처럼 각광받는 이유는 무엇일까. 우선 트위터가 가지는 서비스모델의 특징에서 찾을 수 있다(〈표 6-6〉).

트위터의 가장 큰 특징은 단순성이다. 트위터는 기존의 블로그와 SMS, 메신저, 커뮤니티 등의 장점을 뽑아냈다. 짧은 문구를 통해 소식을 전달하며 실시간으로 업데이트가 되는 일종의 마이크로블로깅 서비스(*Micro-blogging Service*)다. 트위터는 단순하고 쉽다. 누구든 이용하기 편리하다. 모바일에 최적화돼 있기 때문에 언제 어디서든 자신의 견해를 표명할 수 있는 편리함이 있다. 메시지의 길이도 140자로 제한돼 있고(물론 140자를 넘어가도 축약해 올릴 수 있는 서비스들이 개발되어 있긴

하다), 블로그처럼 전문지식을 가질 필요도 없다. 자신의 의견을 올리는 데 책임감을 가질 필요도 적다. 신문사에 독자투고하는 것은 물론, 블로그나 미니홈피에 글을 올리는 것과 같은 신중함이나 노력이 필요없다는 뜻이다. 문자메시지를 보내는 것과 마찬가지의 수고만 하면 된다. 한마디로 정보의 생산도 쉽지만 정보의 전달구조 역시 단순하다. 쉽게 정보를 생산해 신속하게 전달하는 점은 트위터가 다른 SNS에 비해 지닌 가장 큰 강점이라고 할 수 있다.

전문가들이 트위터의 성공요인으로 뽑는 두 번째 요인이 '민주성'이다. 다시 말하면 평등하고 민주적인 커뮤니케이션구조다. 일반적으로 SNS서비스는 A라는 이용자가 자신이 알리고 싶은 정보나 내용을 올리면(트윗하면) A의 소식을 알고 싶은 사람들은 A의 허가유무에 상관없이 팔로(*follow*) 관계를 맺어 A가 올린 글을 바로 접할 수 있다. 미니홈피나 페이스북이 지인 위주로 인맥을 쌓고 커뮤니케이션하는 구조라면 트위터는 이 같은 폐쇄적인 대화방식을 파괴했다. 미니홈피처럼 1촌관계를 맺지 않고도 유명연예인이나 국회의원, 스포츠스타, 작가 등 저명인사와 직접 대화할 수 있다. 미국의 오바마 대통령은 트위터의 열렬한 지지자이고, 한국의 이명박 대통령까지 트위터에 가입, 대통령과도 직접 대화할 수 있다. 운이 좋다면, 유명인사들이 자신의 팔로워가 돼 자신의 글을 읽어주는 독자가 될 수 있다. 말 그대로 '평등하고 민주적인 새로운 대화의 공간'이 열린 것이다. 이처럼 '공적 인맥'을 '사적'으로 쌓을 수 있는 트위터의 구조는 이용자들의 호기심을 자극하며, 강력한 흡인력을 발휘했다고 볼 수 있다.

마지막으로 트위터의 개방성도 주목할 만하다. 개방성은 크게 두 가지 면에서 두드러진다. 첫째는, 접속경로의 다양성이고 다른 하나는 오픈정책으로 인한 다양한 연계서비스의 출현이다. 물론 이 두 가지 특징은 밀접히 연관돼 있다.

트위터이용자의 웹 접속비율이 20%에 불과할 정도로 웹 이외에 모바

〈표 6-6〉 트위터와 기존 SNS와의 기능 비교[34]

	트위터	싸이월드	블로그	카페
정보유형	텍스트 위주 (140자 이내)	텍스트, 사진위주	텍스트, 사진위주	텍스트, 사진 위주
정보특징	단순함, 개인적	단순함, 개인적	복잡함, 전문적	복잡함, 일부 전문적
접속수단	웹, 모바일 등 다양함	주로 웹, 모바일 일부	주로 웹	주로 웹
관계맺기	일방적	쌍방 허락	일방, 쌍방 둘다 가능	카페가입
정보확산속도	매우 빠른 편	빠른 편	보통	카페 내 확산

일을 비롯한 다양한 애플리케이션을 통해 접속이 가능하다. 특히 모바일을 염두에 두고 개발된 서비스인 만큼 모바일폰을 통한 접속이 두드러진다. 취업포털 잡코리아(www.jobkorea.co.kr)의 조사에 따르면 스마트폰을 보유한 사용자중 81.9%가 트위터를 이용하는 것으로 나타났다. 트위터에 접속하는 애플리케이션은 물론 트위터가 만든 것이 아니다. 뒤에 다시 논의하겠지만 야후나 구글 같은 포털이나 각종 블로그, 언론사 애플리케이션 등 다양한 프로그램을 통해 접속이 가능하도록 트위터 자체를 개방했다. 이를 통해 이용자들은 손쉽게 트위터에 접속할 수 있게 됐고, 트위터는 마치 나무가 가지를 치듯 자신을 중심으로 무수한 연계서비스를 출현시켰다. 가령, 포털에서 자신이 알리고 싶은 기사를 발견하면, 포털과 연계된 트위터서비스를 통해 직접 기사에 자신의 의견을 달아 공유할 수 있게 했다. 트위터의 오픈정책을 통해 텍스트와 사진, 동영상을 보다 쉽게 공유하고 전달하는 거대한 '트위터 생태계'를 구성할 수 있게 된 것이다. 결국 이러한 트위터 생태계는 모바일혁명과 함께 급격히 꽃을 피우며 놀라운 속도로 외연을 확장하고 있다.

34 황혜정(2009.8), "트위터, 기업과 고객 소통 채널 될까", LG경제연구원.

(3) 페이스북의 부상

세계 최대 SNS사이트인 페이스북 CEO인 마크 주커버그는 2010년 7월 페이스북 이용자가 5억 명을 돌파했다고 발표했다(〈표 6-7〉). 2004년 2월 하버드대 기숙사에서 주커버그가 룸메이트였던 더스틴 모스코비츠 등과 함께 학생들 간에 안면을 터주고 싶다며 취미 삼아 페이스북을 만든 지 6년 만의 일이다. 주커버그는 2003년 대학당국에 한국의 졸업앨범과 유사한 책을 만들어 달라고 학교에 요구했으나 사생활 보호를 이유로 거절당하자 '페이스메쉬'(*facemesh*) 라는 사이트를 만들었다. 기숙사 학생들의 사진을 페이스메쉬에 올려 누가 더 예쁜지를 평가하도록 하자, 이 사이트는 순식간에 화제가 됐다. 다음 해에 이들은 페이스북을 만들었고 이 사이트는 입소문을 타고 대학들로 퍼져나갔다. 2006년에는 하버드대를 넘어 인근 아이비리그대학으로 퍼졌고, 이후 13세 이상의 모든 사람들에게 개방됐다. 페이스북은 말 그대로 파죽지세의 성장을 거듭했다. 2004년 12월 가입자 100만 명 돌파를 시발로, 2008년 8월 1억

〈표 6-7〉 페이스북 전 세계 이용자수 증가추세

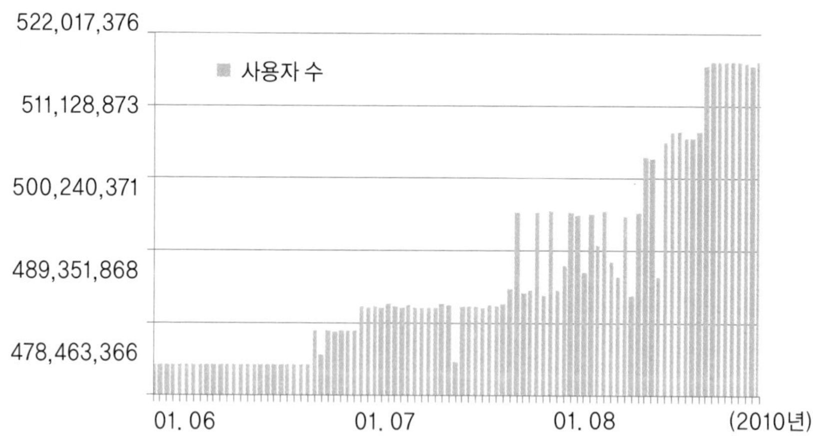

출처: www.facebakors.com

〈표 6-8〉 한국의 페이스북 이용자 증가추세

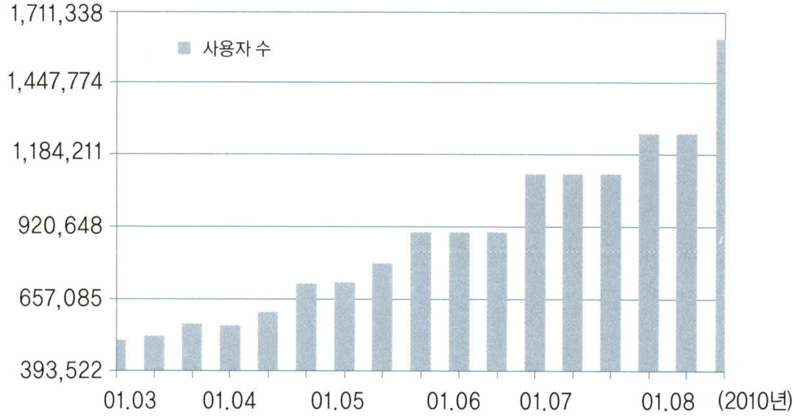

출처: www.facebakors.com

명을 넘었고, 같은 해 12월 마이스페이스(*Myspace*)를 제치고 전 세계 SNS사업자로 부상했다. 특히 트위터와 마찬가지로 2009년 들어 더욱 폭발적인 성장세를 보여 4월에 2억 명, 이후 160여 일 만인 9월에 3억 명을 돌파했고, 2010년 2월 4억 명을 넘어섰다. 그리고 5개월 후 다시 5억 명을 넘어서며 전 세계 SNS시장을 천하통일했다. 페이스북 통계사이트인 페이스베이커즈(www. facebakers. com)에 따르면 2010년 8월 현재 미국 총인구수의 43. 68%인 1억 3, 281만 명, 영국 총인구수의 44. 7%가 페이스북을 이용하고, 매월 20억 장의 사진이 업로드 된다.

이처럼 페이스북은 2010년 현재 상장을 하지 않았지만, 이미 세계 최대의 인터넷포털사업자인 구글을 위협하며 인터넷 최고기업의 지위를 넘볼 정도로 성장했다.[35] 소셜미디어 전문가인 스티브 루벨 에델만 부

35 해외 언론보도에 따르면 페이스북의 기업가치는 상장 전인데도 이미 300억 달러를 넘어섰다. 장외시장에서 페이스북의 기업가치는 2010년 8월 현재 337억 달러에 달해 이베이(301억 달러), 야후(183억 달러)보다 높은 수준에 올라있다. 외신들은 페이스북이 상장할 경우 기업가치가 향후 몇 년 안에 최고 500억

사장은 국내 언론과의 인터뷰에서 “페이스북은 차세대 구글”이라고 단언했다. 미국의 〈AP통신〉은 2011년에는 현재 5억 명인 이용자가 10억 명에 유발할 것으로 예상하기도 했다.

한국 시장의 경우 페이스북은 자신들의 원조격인 SK컴즈의 ‘싸이월드’에 눌려 초기에 고전했지만 2010년 7월 한국 공식 페이스북 페이지(www.facebook.com/FacebookKorea)를 오픈하고, 모바일페이스북 한글 애플리케이션을 선보이는 등 한국시장 개척에 적극적으로 나서면서 빠른 신장세를 보이고 있다(〈표 6-8〉). 2010년 8월 현재 페이스북 한국사용자는 167만 5,880명으로 전 세계 49위의 이용자수를 기록했다. 그러나 2010년 3월에 불과 40만 명에 불과했던 것과 비교하면 30% 이상의 증가율로 세계에서 가장 가파르게 성장세를 보이고 있다.

페이스북의 서비스구조와 성장요인 페이스북은 블로그와 카페, 게시판 기능까지 모두 지니고 있지만 가장 핵심적인 기능은 ‘인맥찾기’라고 볼 수 있다. 사용자가 출신고교와 대학, 직장, 고향 등을 입력하면 경력이 겹치는 사람들을 자동으로 찾아준다. 이메일리스트나 메신저 등을 통해서도 친구를 검색, 등록할 수 있다. 특히 다른 사람의 친구리스트를 함께 공유할 수 있는 개방적 구조이기 때문에 그 사람의 인맥을 알 수 있고, 이를 보고 자신이 아는 사람을 찾아 친구로 등록할 수 있다. 친구의 친구를 찾아 인맥을 넓힐 수도 있다. 한마디로 서로 ‘연결되기’에 가장 편리한 구조다(〈그림 6-15〉).

페이스북의 가장 기본적인 기능은 이용자가 올린 글이나 동영상 등의 정보가 자신과 관계를 맺은 친구들에게 전달되는 것이다. 원하는 사람에게 원하는 정보만 공개할 수 있다.

일반적으로 블로그는 ‘불특정 다수’에게 공표(*publish*)를 전제로 한 글

달러에 이를 것으로 전망하고 있다.

〈그림 6-15〉 필자의 페이스북 페이지

쓰기라면, 페이스북은 자신이 친구로 '선택'한 사람들에게만 콘텐츠가 전달된다는 점에서 차이가 있다. 사용자의 동의나 허락이 없이도 그 사람의 콘텐츠를 볼 수 있는 완전개방형 구조인 트위터와도 다르다. 140자의 제한이 있는 트위터와 달리 분량의 제한이 없는 점에선 싸이월드의 미니홈피와 유사하다. 그렇지만 미니홈피는 자신만의 폐쇄적인 공간에 개인사를 '기록하고 간직하는' 사적공간의 성격이 강하지만, 페이스북은 처음부터 열린 공간에 '공유'를 목적으로 자신이 올리고자 하는 콘텐츠들을 업로드한다는 점에서 차이가 난다. 특히 페이스북은 자신의 사이트에 올린 모든 콘텐츠를 친구관계를 맺은 사람들에게 올리거나 다른 사람들과 나누는 대화 등을 실시간으로 이용자의 화면에 띄워주는 구조다. 다른 사람들의 근황을 알기 위해 직접 사이트를 방문해야 하는 미니홈피나 블로그보다 훨씬 개방적이다.

페이스북의 중요한 특징 중 하나가 오픈전략이다.[36] 페이스북은 2007

년 5월 SNS 업계 최초로 API(*Application Programming Interface*)를 공개했다. 개방형 소셜플랫폼인 F8을 선보인 것. API란 운영체제와 응용프로그램 사이의 통신에 사용되는 언어나 메시지형식을 의미한다. 난수표책이 있어야 암호해독이 가능하듯, 특정 플랫폼에 맞는 애플리케이션을 개발하려면 API를 알아야 한다. 페이스북이 API를 개방하자 프로그램 개발자들은 페이스북에 쓸 수 있는 게임프로그램 등 다양한 애플리케이션을 개발했다. 개발자들은 수익을 얻고, 소비자들은 다양한 애플리케이션을 이용할 수 있는 기회를 얻은 것이다. 페이스북은 이를 통해 구글이나 야후처럼 '플랫폼화'됐다.

페이스북은 이에 그치지 않고 2008년 12월 FacebookConnect서비스를 통해 외부 타 사이트, 애플리케이션, 이동단말기, 게임시스템 등에서 이용자들이 페이스북 계정으로 로그인해서 함께 쓸 수 있도록 개방했다. 이런 과감한 개방전략으로 2010년 5월 현재 페이스북의 개발자는 100만 명(기업포함)에 달하고 등록된 애플리케이션은 55만 개에 이른다.

또한 25만 개 이상의 웹사이트에서 페이스북에 로그인할 수 있고, 매달 1억 명 이상의 이용자가 외부 웹사이트에서 페이스북에 접속하고 있다. 이 같은 페이스북의 오픈전략은 포털과의 관계에서도 상당히 중요한 의미를 지니고 있다.

2) 소셜미디어 성장과 포털의 대응

(1) 포털을 위협하는 소셜미디어

소셜미디어가 급성장하면서 가장 위협을 느끼는 인터넷서비스는 단연 포털이다. 다음 네이버 등 포털업체들이 주축인 인터넷기업협회의

36 공영일(2010), "페이스북의 부상과 시사점", 〈정보통신정책연구〉 제 22권 12호. 41쪽. 이하 페이스북의 오픈 전략과 관련한 내용은 이 논문을 주로 인용했음을 밝힌다.

허진호 회장은 2010년 6월 열린 '소셜 비즈니스 인사이트 2010'에 참석해 "3년 후에 네이버와 다음을 위협할 수 있는 소셜네트워크 서비스는 페이스북이 될 것"이라며 "페이스북을 주목해야 한다"고 주장했다.[37] 허 회장은 "대만이나 프랑스의 경우 50만~80만 명의 사용자가 2~3년 내 폭발적으로 증가해 인구의 20%가 사용하는 서비스로 발전했다"면서 국내에서도 페이스북이 2~3년 내에 폭발적인 성장을 할 것으로 전망했다. 그러나 허 회장의 전망은 이미 현실화되고 있다. 앞서 살펴본 대로 페이스북은 국내에서 30% 이상의 급성장세를 보이고 있고, 트위터의 국내 SNS시장 잠식속도도 놀라운 상황이다.

그러나 이 같은 양적성장이 국내 유선시장에서 위치를 공고히 한 포털을 위협하는 요소는 아니다. SNS, 특히 외국 소셜미디어 업체들의 성장이 포털을 위협하는 본질적인 요소는 크게 두 가지이다. 하나는 SNS의 서비스모델이 포털과 유사하게 발전한다는 점이고, 다른 하나는 유선에서 포털에 쏠렸던 인터넷사용자들의 이용시간을 빼앗아 간다는 점이다.

먼저 SNS가 포털과 유사한 서비스 모델로의 발전하는 것은 포털에게는 자신의 시장을 잠식당하는 생존의 위기로 볼 수 있다. 앞서 허 회장이 포털의 위기를 거론한 근거도 페이스북의 서비스모델이었다. "검색과 상거래 등 서비스도 소셜네트워크 서비스에서 하게 될 것"이라며 "이 경우 다음 네이버 등 포털사이트를 위협하는 존재가 될 수밖에 없다"는 것이다.

실제 이 같은 징후는 인터넷시장 전반에서 나타나고 있다. 검색서비스는 포털의 대표서비스이자 포털산업의 출발점이었다. 그러나 언론보도에 따르면 트위터의 1일 검색쿼리(질의) 수가 2010년 7월 8억 건으로 야후를 넘어섰다. 월 검색쿼리는 240억 건에 달하는 셈인데 숫자로만

---

37 함정선(2010. 6. 3), "3년 후 네이버 최대 적수는 페이스북", 〈이데일리〉.

보자면 대다수의 검색엔진을 압도한다. 컴스코어에 따르면 지난해 12월 기준 야후의 월 검색쿼리는 94억 4,400만 건, 바이두 85억 3,400만 건 등으로 트위터의 쿼리에 뒤처졌고, 세계 제1의 검색엔진인 구글만이 887억 900건으로 트위터에 앞선다.

트위터는 2009년 7월 전문검색업체인 Summize를 인수하면서 트위터기반의 검색서비스를 제공하기 시작했다. 물론 지금의 트위터에선 내부에서 이용자들이 생산한 정보나 콘텐츠만 검색된다. 구글처럼 인터넷상 모든 정보를 검색하는 웹사이트기반의 검색은 아니라는 뜻이다. 앞서의 통계도 이 같은 내부검색 수치다. 반면 트위터 내부의 콘텐츠들은 구글과 야후 등 기존 검색엔진을 통해서도 검색할 수 있다. 만약 정보네트워크를 지향하는 트위터가 기존 SNS의 틀을 벗어나 구글이나 야후 등 검색엔진들의 검색결과를 보여주거나 자체적인 브랜드로 검색엔진화할 경우 어떻게 될까.

또 한 가지 짚어야 할 것은 트위터 검색은 '실시간 검색' 면에선 구글보다 앞선다는 점이다. 구글의 경우 인터넷상 무수한 웹사이트의 콘텐츠를 읽어서 찾아낸 결과를 제공하기 때문에 지금 당장 인터넷에서 벌어지고 있는 콘텐츠의 변화상을 반영하는 데는 어려움이 있다. 다시 말해 2~5분 전에 발생한 사건에 대해 검색하면 결과가 미미하다. 그러나 트위터의 검색은 비록 트위터 내에 한정되기는 하지만 실시간검색이 가능하다. 구글이 전 세계 홈페이지를 검색한다면, 트위터는 이용자들의 대화를 통해 입체적이고 살아있는 검색결과를 제시할 수 있다는 것이다. 이런 상황 탓에 트위터의 실시간검색은 검색의 새로운 영역을 개척했고, 트위터가 수익을 창출하는 중요한 부분이 될 것이라는 예측도 나온다.[38]

---

38 류한석, '트위터 열풍과 소셜미디어의 진화', 〈DigiEco Focus〉, KT경제경영연구소, 13쪽.

앞서 SNS가 웹기반 검색시장에 진출할 것이라는 가정은 페이스북에서는 이미 현실화하고 있다. 〈포춘〉지 보도에 따르면 페이스북은 자신의 사이트에 외부웹사이트를 검색할 수 있는 검색기능을 추가하고, 해당 검색엔진으로는 마이크로소프트사의 검색엔진인 Bing을 활용할 것이라고 한다. 트위터나 페이스북 등 SNS의 검색시장 진출은 검색을 주무기로 한 포털에게는 심각한 위협이 될 수밖에 없다.

포털에게는 불행한 일이지만 SNS의 포털에 대한 공습은 검색에 국한되지 않는다. 소셜오픈플랫폼을 지향하고 있는 페이스북이나 트위터 등 대표적인 SNS들은 앞서 거론했듯 API를 공개했다. 페이스북의 경우 서비스이용자의 신상 등 개인정보와 인맥, 활동정보를 API를 통해 공개하면서 이를 활용해 이른바 제3의(*third party*) 개발자들이 게임 등 페이스북용 애플리케이션을 개발하도록 유도했다. 페이스북에서 가입자 간 와이파이 또는 3G망을 통해 무료 음성통화가 가능한 인터넷전화(VoIP) 애플리케이션까지 등장했다.[39]

또한 FacebookConnect서비스를 통해 포털이나 게임시스템 등에서도 이용자들이 페이스북 계정으로 로그인할 수 있도록 하면서 영향력을 넓혀가고 있다. 페이스북이 한국시장 공략을 위해 국내 2위 이동통신사인 KT와 제휴를 맺은 것도 같은 맥락이다. KT가입자들이 사용하는 스마트폰은 물론 일반 휴대전화에서도 페이스북을 사용할 수 있도록 한 것이나. 이 같은 공세적 개방전략을 통해 페이스북은 게임이나 지도서비스, 달력, 문서도구 등 포털이 할 수 있는 거의 모든 영역에 도전장을 내밀고 있다.

페이스북의 경우 이 같은 개방전략뿐 아니라 자체적으로도 새로운 사업영역을 계속 넓혀가고 있다. 페이스북은 위치기반정보를 지원하는

39 '보니지'(Vonage)라는 이름의 이 서비스는 스마트폰에 보니지앱을 설치하면 전화번호를 입력하지 않아도 페이스북 친구를 클릭하면 통화할 수 있다.

페이스북 플레이스 서비스를 오픈할 예정이다. 이를 위해 트위터 등 SNS에 지역정보를 제공하는 '로컬리즈'와 제휴를 맺은 데 이어 위치기반 벤처기업 '핫포테이토'를 1천만 달러에 인수했다. 페이스북은 관련 기능을 지원하는 API개방을 통해 누구나 이를 활용하도록 해 종합 소셜 플랫폼으로 기반을 굳힌다는 전략인 것으로 전해진다. 이 같은 페이스북의 위치기반 정보서비스 영역의 진출은 이 분야 최강자인 구글을 겨냥하고 있음은 물론이다. 국내에서도 다음 등 위치기반 서비스를 제공하는 포털에 위협이 될 것은 당연한 일이다. 특히 API개방과 커넥트서비스 등으로 이어지는 페이스북과 트위터 등의 일련의 조치들이 근본적으로 제 3개발자, 외부기업과 공동의 이익을 실현해내는 윈윈 전략을 내걸고 있는 점도 이익독점에 익숙한 포털과 대비돼 눈길을 끌고 있다. 구글이나 국내 포털들, 올드미디어와의 저작권 분쟁을 생각해 보면 쉽게 이해할 수 있다.

페이스북이나 트위터 같은 강력한 SNS의 등장이 포털에게 근본적인 위기감을 불러일으키는 보다 본질적인 이유는 이들이 일반인들의 정보검색 및 이메일 등 포털을 통해 '온라인에서 활동하는 시간' 자체를 빼앗아 간다는 점이다.

이용자들의 시간은 제한적이다. 일반인의 경우 하루 24시간 중 인터넷 이용에 투자하는 시간은 하루 평균 2시간을 넘지 않는다. 실제 2008년 한국인터넷진흥원 조사에 따르면 인터넷 이용자들의 주(週) 평균 인터넷이용시간은 13.7시간이었다(〈그림 6-16〉). 물론 주 35시간(하루 5시간)을 인터넷에 투자하는 이용자들도 있지만 7%에 불과했고, 절반 이상인 69.2%의 이용자가 7~35시간 이내였다. 많이 잡아도 하루 최대 5시간인 인터넷이용시간을 자신의 서비스에 묶어두기 위해 포털과 SNS가 경쟁하는 구도인 것이다. (물론 대다수 이용자들이 멀티태스킹 등을 활용하기 때문에 이 같은 등식이 반드시 성립하는 것은 아니지만 SNS의 실제 이용시간이 많아질수록 다른 인터넷활동을 할 수 있는 시간이 줄어드는 것은 분명하다.)

〈그림 6-16〉 인터넷 주평균 이용시간

단위:%

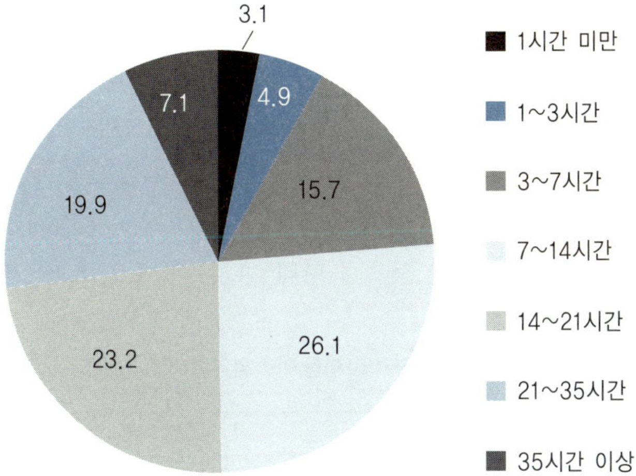

자료: 인터넷진흥원, 20008년 인터넷 이용실태조사.

이와 관련해 주목해 살펴봐야 할 통계는 방문자 수와 체류시간이다. 각종 통계수치들은 SNS가 그간 포털이 인터넷에서 누려온 '제왕적' 지위를 심각하게 위협하고 있다는 것을 여실히 보여준다.

미국 IT전문지 〈피씨월드〉가 2010년 3월 웹리서치업체인 '히트와이즈'(Hitwise)의 주간트래픽을 분석한 결과 3월 7일부터 13일까지 한 주 동안 미국시상 전체트래픽에서 페이스북이 7.07%를 기록, 구글(7.03%)을 제치고 주간 순방문자수(UV)에서 1위를 차지했다. 이 보도에 따르면 페이스북은 순방문자수 점유율이 전년 같은 기간 대비 185% 늘어났으나 구글은 9%의 미미한 증가에 머물렀다. 물론 이후 계속해서 페이스북이 구글을 앞선 것은 아니지만 구글의 아성을 위협하기에 충분할 정도라는 점에선 이론의 여지가 없다.

체류시간에 관한 통계는 이미 페이스북의 우위가 두드러진다. 2010년 7월 정보통신정책연구원이 시장조사업체인 닐슨와이어를 인용한 보고서에 따르면, 페이스북의 방문자당 체류시간은 6시간으로 2위인 MSN・윈도라이브・빙(2시간 41분)을 크게 앞섰다. AOL미디어네트워크가 2시간 1분으로 3위, 야후가 1시간 50분으로 4위를 차지했다. 페이스북의 체류시간은 1시간 21분을 기록한 구글의 4배가 넘었다.

온라인 사용시간 중 가장 많은 시간을 보내는 서비스가 SNS라는 비교통계도 있다. 미국 시장조사전문기관인 닐슨이 2010년 6월 미국인들의 영역별 인터넷사용 시간비중을 조사한 결과 SNS가 전체온라인이용시간 중 22.7%를 사용한 것으로 나타났다(〈표 6-9〉).[40] 온라인게임

〈표 6-9〉 미국인의 인터넷 이용시간 영역별 비중: 닐슨,2010.8

순 위	분 야	2010년 6월 평균 이용시간	2009년 6월 평균 이용시간	이용시간 증감(%)
1	소셜네트워크/ 블로그	22.7	15.8	43
2	온라인 게임	10.2	9.3	10
3	이메일	8.3	11.5	−28
4	포 털	4.4	5.5	−19
5	문자 보내기	4.0	4.7	−15
6	비디오/영화	3.9	3.5	12
7	검 색	3.5	3.4	1
8	소프트웨어 제작	3.3	3.3	0
9	인터넷기반 복합게임	2.8	3.0	−7
10	구인・구직/ 인터넷 경매	2.7	2.7	−2
	기 타	34.3	37.3	−8

40 Nielsenwire(2010. 8. 2), "What Americans Do Online: Social Media And Games Dominate Activity", http://blog.nielsen.com/nielsenwire

(10.2%), 이메일(8.3%), 포털(4.4%), 검색(3.5%)이 뒤를 이었다. 더욱 주목해야 할 것은 1년간의 변화상이다. 2009년 6월부터 2010년 6월까지 1년간 SNS의 비중이 43%나 늘어날 정도로 급격히 성장하고 있다. 반면 포털이 제공하는 각종 서비스 비중은 현격한 감소세다. 포털은 1년 만에 19%나 감소했다. 특히 이메일(-28%)과 인스턴트메시지(-15%) 등 포털이 제공해왔던 서비스들도 급감세를 보였다. 커뮤니케이션과 관련된 서비스의 중심축이 급격히 SNS쪽으로 이동하는 현상이 확연한 것이다. 이 조사는 만약 미국인의 인터넷 이용시간을 한 시간

〈그림 6-17〉 미국인들의 인터넷 이용시간 시계

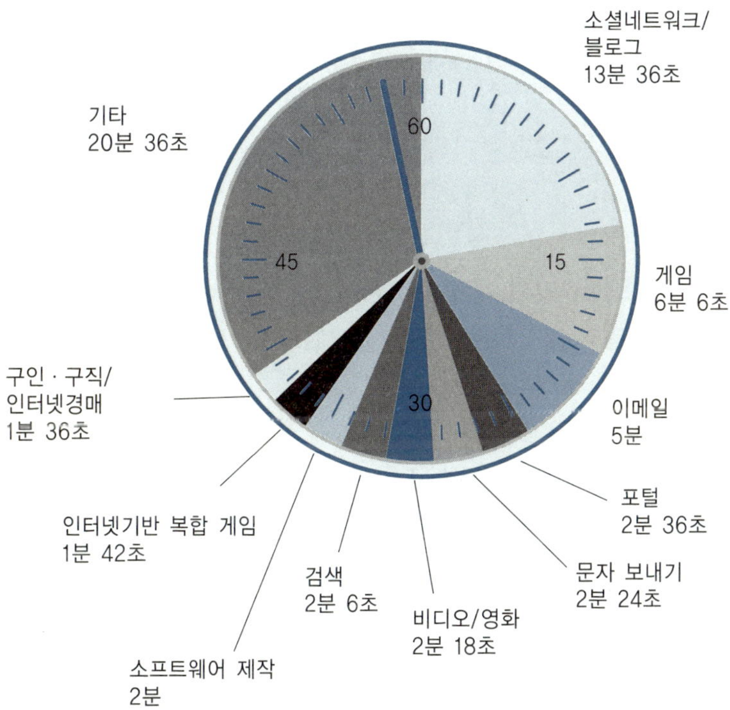

(60분)으로 응축시킨다면, 소셜네트워킹이나 블로그 등 소셜미디어 활용시간이 13분36초, 게임 6분6초, 이메일 5분, 포털 2분36초를 기록하는 셈이라고 분석했다(〈그림 6-17〉).

물론 닐슨의 조사가 곧 포털의 몰락을 의미한다고 단정하기 어려운 측면도 있다. 이메일이나 검색, 게임 등 주요 영역들은 한국의 경우 포털에서 제공하기 때문이다. 그러나 이 같은 통계수치는 분명히 말하고 있는 바가 있다. 이미 미국에선 소셜미디어가 포털을 넘어 인터넷에서 대세가 됐다는 것이고, 우리나라 역시 이런 흐름에서 크게 벗어나지 않는다는 것이다.

이 같은 추세는 스마트폰의 활성화와 더불어 더욱 속도가 붙을 것으로 보인다. 스마트폰으로 대변되는 모바일디바이스의 성능이 향상되고, 각종 애플리케이션의 서비스가 활성화될수록 개인들이 온라인으로 연결된 시간은 늘어날 것이란 의미다. 특히 스마트폰으로 무장한 개인들은 '장소'와 '시간'으로부터 구애받지 않는다. 언제 어디서든 마이크로블로깅을 통해 다른 사람과 커뮤니케이션하고 정보를 얻을 수 있다. 특히 휴대전화의 특성상 모든 사람들은 온라인으로 즉시적으로 연결돼 있다. 실시간으로 연결된 개인은 모바일기기를 통해 SNS에 접속해 언제든 원하는 사람과 연결될 수 있고, 실시간으로 서로 정보를 주고받을 수 있다. 이메일에 비해 훨씬 시간적으로 빨리 연결될 수 있고, 기존 휴대폰의 문자서비스(인스턴트메시지)에 비해 동영상이나 이미지를 통해 훨씬 다양한 표현과 정보를 공유할 수 있다. 스마트폰 보급과 함께 이메일이나 인스턴트메시지가 줄어들 수밖에 없는 이유다.

이와 관련, 정보소비패턴도 점차 변화하고 있다는 점도 볼 만하다. 유선인터넷 시대에는 이용자들이 검색서비스를 통해 자신들이 원하는 콘텐츠를 찾아다녔지만, 웹이 점점 소셜화하면서 이제는 온·오프라인 친구들과 SNS를 통해 공유한 링크나 사진 또는 동영상을 보면서 정보를 소비하는 경향이 강해졌다. '정보검색의 시대'에서 '정보상호교류의 시대'로 트렌드가 빠르게 변화하고 있다. 특히 무선인터넷 혁명과 함께 데스크톱에서 모바일기기로 주도권이 넘어오고, '개인화'가 특징인 모바일에선 개인화된 정보의 유통이 급격히 늘어나고 있다.

페이스북에 일주일에 50억 개가 넘는 웹링크, 뉴스, 블로그링크, 사진 등이 공유되는 현실을 보며 포털들은 과연 무슨 생각을 했을까? 아마도 포털들은 '검색'에 기반한 기존의 서비스모델만으로는 더 이상 시장에서 살아남기 힘들다는 생각을 했을 것이다. 독자적 기술과 나만의 서비스로 무장해 시장에서 우위를 차지해야 한다는 유선인터넷 시대의 사고방식을 완전히 털어내고, '소셜'과 '개방'이라는 신사고를 수혈하지 않으면 안 될 상황에 처한 것이다.

(2) 포털의 두 가지 생존전략

포털은 이대로 SNS에게 인터넷시장을 넘겨줄 것인가? 결론적으로 그렇지는 않다. 포털들은 이미 대응을 시작했다. 포털의 전략은 두 가지다. 하나는 트위터나 페이스북 등 SNS와 적극적인 제휴를 통해 '소셜허브'로 변신하려는 것이고, 또 다른 하나는 자체적으로 SNS서비스를 강화해 주력상품으로 내세우는 것이다. 물론 포털들은 양방향 모두 노력하고 있지만 야후 파란 등 중하위권 업체들은 전자에, 네이버와 다음 등 선두권 포털들은 후자에 더 전략적 비중을 두는 양상이다.

① 토종 SNS를 만들고 강화하라

트위터에 맞서 국내 주요포털들은 잇따라 기존의 마이크로블로그 서비스를 선보였다. NHN의 '미투데이', 다음의 '요즘', SK커뮤니케이션즈의 '커넥팅' 등이 트위터와 경쟁하는 토종SNS라고 할 수 있다. 미투데이(me2DAY)는 NHN이 2009년 1월 22억 4천만 원에 인수한 뒤 전략적으로 육성하고 있는 국내 최초의 마이크로블로그 서비스다. 한 번에 150자 이내의 글을 올릴 수 있어 트위터보다 약간 더 많다. 상대방의

〈그림 6-18〉 네이버의 ‘미투데이’ 로고 화면

동의 없이도 팔로윙을 하면 상대방의 글을 볼 수 있는 트위터와 달리 서로 ‘친구’ 신청을 하고 수락하는 과정을 거쳐 ‘미친’(미투데이 친구)이 돼야만 메시지를 주고받으며 네트워크를 이어갈 수 있다(〈그림 6-18〉). 페이스북이나 싸이월드와 유사한 구조로, 오프라인에서 잘 아는 사람들 간의 네트워크를 온라인으로 이어주는 성격이 강하다. 이런 특징 탓에 필요한 정보를 공유하는 공적 네트워크 성격이 강한 트위터에 비해 대화내용이 신변잡기적이고 사적이다. 이용자도 트위터가 30~40대의 화이트칼라 직장인 비중이 높은 반면 미투데이는 10~20대 초반의 학생들이 많아 대조적이다. 아이돌그룹 등 젊은층에 인기 있는 연예인들을 내세워 ‘스타마케팅’에 주력한 것이 젊은층에 주효했다는 평도 나온다.

NHN은 2010년 3월 미투데이의 누적가입자수가 100만 명을 넘어섰다고 발표했다. 인수 당시 미투데이 가입자수가 2만 6천여 명에 불과했던 점에 비춰보면 인수 1년2개월여 만에 가입자수가 40배 이상 폭발적으로 증가했다. 미투데이는 트위터와 마찬가지로 API를 공개해 다양한 애플리케이션을 만들 수 있도록 유도하고 있다.

한편, 다음 역시 2010년 2월 피씨와 휴대폰에서 150자의 짧은 글로 소통할 수 있는 마이크로블로그 서비스인 ‘요즘’(yozm. daum. net)을 공식 오픈, 트위터와 미투데이에 도전장을 던졌다(〈그림 6-19〉). 요즘은 기획단계부터 10대청소년들을 타깃으로 차별화전략을 펴고 있다. 고유캐

〈그림 6-19〉 다음의 '요즘' 로고

릭터나 UI도 청소년들의 감각에 맞게 구성했고, 동영상과 이미지를 링크하는 게 아니라 마이크로블로그 화면에서 직접 공유할 수 있도록 했다.

SK커뮤니케이션즈 역시 2010년 3월 '커넥팅' 서비스를 시작했다. 커넥팅의 가장 큰 특징은 기존에 이미 구축된 '인맥'을 연동시켜 경쟁력을 높인 것. 가입자만 2천만 명이 넘는 싸이월드의 '일촌'이나 네이트온의 '버디' 인맥을 그대로 재활용할 수 있도록 했다. 이 때문에 처음 이용하는 사람도 새로운 관계를 맺을 필요 없이 지인들과 함께 손쉽게 사용할 수 있다는 장점이 있다. 이에 앞서 SK커뮤니케이션즈는 다른 포털과의 서비스 연동을 시도하는 '네이트커넥트' 서비스를 시작했다. 네이트커넥트는 네이트회원이 판도라TV, 유튜브, 세이클럽, 프리챌 등 다른 온라인 사이트에서 활동한 내역을 네이트에서 한 번에 모아 확인·관리할 수 있는 서비스. 네이트 한 군데에서 다른 사이트에 로그인하지 않고도 정보를 받아볼 수 있게 서비스를 연동시킨 것이다. SK커뮤니케이션즈는 페이스북에 대항해 기존의 싸이월드 역시 대폭 강화하는 전략을 취하고 있다.

글로벌 시장으로 눈을 돌려도 마찬가지다. 구글은 2010년 2월 구글의 G메일계정과 구글프로필을 이용한 소셜네트워크 서비스인 '구글버즈'(Google buzz)를 선보였다. 이용자들은 G메일상에서 친구들의 글, 사진, 동영상 등을 볼 수 있고 실시간으로 소식을 주고받을 수 있다. 버즈 친구들의 위치는 구글맵에 자동적으로 표시되고 구글맵상에서도 친구들이 쓴 글을 볼 수 있게 만든 서비스다. 일종의 구글판 '트위터'이자 '페이스북'이라고 볼 수 있다. 그러나 구글버즈는 소셜게임과 애플리케이션의 부재, G메일사용자들이 자주 쓰는 이메일주소를 사용자 동의를 얻지 않고 공개해 발생한 프라이버시침해 문제 등으로 곤란을 겪고 있다. 이에 따라 구글은 '구글미'(Google Me)라는 새로운 SNS를 개발 중이다. 이를 위해 구글은 소셜게임 가상화폐시스템 운영업체인 잼불(Jambool)과 페이스북의 주요 애플리케이션 개발업체 슬라이드(Slide)를 인수하고, 소셜게임 개발업체 진가(Zynga)에도 1억 달러를 투자하는 등 약점 보완에 안간힘을 쓰고 있다.

② 싸이월드의 추락과 변신

"1999년 오픈 이후 월 평균 방문자 수 2,200만 명, 주간 사진게시물 3천만 건, 총 일촌누적수 10억 건"

SK컴즈가 내세우는 대표적 SNS인 '싸이월드'의 성적표다.[41] 1999년 창업한 싸이월드는 페이스북보다 5년이나 빨리 서비스를 시작한 SNS의 원조격으로 세계 최초의 SNS라고도 볼 수 있다. 같은 해 창업한 '아이러브스쿨'과 함께 우리나라에 SNS서비스 시대를 열었다. 특히 페이스북이나 마이스페이스가 싸이월드를 모방했다는 평이 나올 정도로 독창적인 SNS 모델을 개발하면서 주목받았다.

싸이월드는 초창기 커뮤니티서비스 중심으로 운영됐으나 빛을 보지 못하다 2001년 9월 개인형 커뮤니티서비스인 '미니홈피'를 선보이면서

41 사실 싸이월드의 경우 순수한 SNS로 보기는 어렵다. 이미 커뮤니티서비스 성격을 벗어나 포털로 진화했기 때문이다. 싸이월드는 메일과 동영상 서비스는 물론 2008년부터 네이버와 다음의 검색포털처럼 검색창을 초기화면 최상단에 배치하고 미니홈피 검색서비스를 하고 있다. 그러나 여기서는 싸이월드의 SNS적 특성을 중심으로 다루기로 한다.

〈그림 6-20〉 한나라당 박근혜 의원의 미니홈피

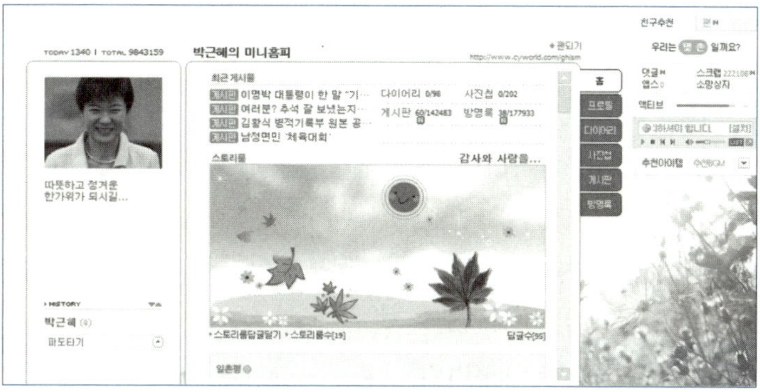

선풍적 인기를 모았다. 일반인들이 홈페이지를 갖기 어려웠던 시절, 쉬운 홈페이지 제작을 내세우고 젊은 여성들이 수첩에 짧은 메모를 하고 스티커사진을 붙이는 문화에 착안해 미니홈피서비스를 만들었다. 미니홈피에는 사진, 동영상, 스킨 등 자신만의 개성을 표현할 수 있도록 했다. 특히 싸이월드는 친척들 간 촌수 개념을 온라인친구에게 적용한 '일촌' 관계를 만들어 냈다. 부모와 자식 간의 관계에서 연유한 한국적 개념인 일촌은 사이버공간인 미니홈피에선 불특정 다수와 구별되는 차별적인 지위를 얻는 관계다. 일촌 간에는 '나만의 방'인 미니홈피에 글을 읽고 올릴 수 있으며, 파도타기, 생일공지, 비밀방명록 등의 서비스를 제공받는다(〈그림 6-20〉).

미니홈피의 인기를 바탕으로 싸이월드는 2004년 SK커뮤니케이션즈로 인수된 후 더욱 몸집을 키웠다. 이용자만 2,500만 명에 달하는 국내 제일의 SNS로 등극하며 세계적인 벤치마킹 대상이 된 것.

사실 이 같은 싸이월드의 SNS모델은 한국의 인터넷발전사에서 보면 자연스러운 흐름으로도 볼 수 있다. AOL이나 MSN메신저 등을 통해 1대 1 커뮤니케이션이 발전한 미국과 달리 우리나라의 경우 출발부터 온라인에서 커뮤니티 중심으로 발전했다. PC통신의 경우 하이텔을 통해 온라인동호회 문화가 태동했고, 이때부터도 '번개'와 '정모'(정기모임) 라는 신생어가 생겨났다. PC통신동호회의 커뮤니티 전통은 다음이 '카페' 서비스를 선보이면서 중심이 옮겨갔고, 다시 싸이월드를 통해 개인이 중심이 되는 '커뮤니티' 문화로 발전한 것이다.[42]

한편 미니홈피의 '아바타'와 싸이버머니인 '도토리'는 SNS의 비즈니스모델을 제시한 것으로 평가받는다. 아바타는 사이버공간에서 사용자를 나타내는 애니메이션 스타일의 그래픽캐릭터로, 말 그대로 이용자의 '분신'이다. 도토리는 싸이월드의 음악, 배경화면 등 각종 디지털 아이템을 구매할 수 있는 사이버머니를 말한다. 미니홈피를 관리하고 미니룸을 꾸미는 행위, 이른바 '싸이질'이라는 유행어가 나올 정도로 도토리를 이용한 아이템구매 및 사이버결제시스템은 인터넷 역사상 유례를 찾기 힘든 수익모델이었다. 2007년 도토리의 연매출이 1천억 원을 기록하기도 했다.

SK커뮤니케이션즈는 국내에서의 성공을 바탕으로 싸이월드의 해외진출을 의욕적으로 추진했으나 결과는 신통치 않았다. 2006년 8월 미국에 진출한 싸이월드는 당시 미국의 SNS시장을 장악했던 마이스페이스닷컴의 대항마로 거론될 정도로 주목을 받았지만 문화적 차이와 현지서비스의 벽에 부딪쳐 별다른 성과를 내지 못했고, 3년여 만인 2009년 11월 철수했다. 이에 앞서 독일과 일본, 대만 등에서도 벽을 넘지 못하고 서비스를 접었다.

국내에서 독보적인 존재였던 싸이월드는 2008년 이후 페이지뷰와 체류시간이 눈에 띄게 감소하며 정체현상을 보이기 시작했고, 블로그와 다른 신생 SNS서비스의 추격을 받게 된다. 리서치전문조사기관인 매트릭스에 따르면 싸이월드의 미니홈피 방문자수는 2009년 11월 1,723

---

42 조중혁(2010. 8. 18), "트위터 페이스북은 어디서 시작됐나?", 〈이버즈〉. http:// www. ebuzz. co. kr/content/

〈그림 6-21〉 싸이월드 초기화면

만 명으로 전년 동기 대비 11.9%나 감소한 것으로 조사됐다.[43] 체류시간 역시 마찬가지로 하락세를 보인다. 코리안클릭에 따르면 싸이월드의 2008년 4월 평균체류시간은 168.69분이었으나 2009년 3월에는 146.7분으로 감소했다.[44]

싸이월드가 정체현상을 보이는 가장 큰 이유 중 하나로 '폐쇄성'을 꼽는다. 페이스북의 경우 앞서 살펴본 것처럼 2007년 5월 F8이라는 개방전략을 통해 미국에서 1위 사업자였던 마이스페이스를 제치고 초고속 성장을 이뤄냈다. 트위터도 마찬가지로 과감한 API개방으로 시장을 넓혔다. 반면 싸이월드는 개방에 인색해 수많은 응용프로그램(애플리케이션) 개발자들을 우군으로 끌어들이는 데 실패했다.

43 심재석(2009.12.31), "올해 인터넷 분야 10대 뉴스는", 〈디지털데일리〉. http://www.ddaily.co.kr/news/

44 한국인터넷진흥원(2010), 〈2009인터넷백서〉, 237쪽.

물론 페이스북과 같은 외국 SNS서비스의 부상과 급속히 진행된 모바일 혁명에의 대응미흡 등 외부적 요인도 무시할 수 없다.

정체를 탈피하기 위한 싸이월드의 해법은 간단명료했다. 과감한 개방과 벤치마킹전략으로 승부수를 던진 것.

SK커뮤니케이션즈는 2009년 외부개발자들에게 싸이월드의 일촌정보를 공개한 데 이어 2010년 4월 미니홈피의 API를 순차적으로 공개하겠다고 발표했다. 미국의 페이스북과 마찬가지로 미니홈피서비스의 축인 사진첩 및 게시판 개발소스도 공개했다. 한 달 뒤 SK컴즈는 싸이월드에 이어 국내에 3천만 명의 회원을 보유한 국내 최대메신저 '네이트온'의 '버디'(친구) 네트워크API도 개방했다. 외부개발자들이 싸이월드 일촌과 네이트온의 버디정보를 활용해 게임, 커뮤니티 등 다양한 유무선 인터넷서비스를 만들 수 있도록 하겠다는 것이다.

싸이월드는 이어 회원들의 인맥강화를 목표로 '친구추천' 서비스를 도입했다. 1촌은 아니지만 옛 친구일 가능성이 있는 사람을 1촌으로 추천하거나 미니홈피, 이메일주소 등의 정보가 없어 일촌을 맺지 못했던 친구들을 쉽게 찾을 수 있도록 도와주는 서비스다. 사실 이 기능은 페이스북의 '알 수도 있는 사람'이라는 기능을 옮겨온 것이다.

API공개와 관련해 페이스북을 따랐다면, 비즈니스모델은 애플의 앱스토어 개방전략을 따랐다. SK커뮤니케이션즈는 2009년 9월 '앱스토어'에 개발자들이 애플리케이션이나 아이템을 올리면 판매수익의 70%를 개발자가 가져가도록 하겠다는 앱스토어 전략을 발표했다. SK커뮤니케이션즈는 판매수익의 30%를 도토리 결제대행료 등의 명목으로 자사가 갖도록 했다.

③ 적과의 동침, SNS와 손을 잡아라

국내 포털들의 또 하나의 전략은 유력 SNS를 적극적으로 활용해 '소셜허브'(*Social Hub*)를 구축해 나가는 것이다. 포털들은 너도나도 'Social'

을 화두로 내걸고 적극적인 오픈전략을 내세우고 있다. 경쟁자인 페이스북 등과의 제휴도 마다하지 않는다.

소셜허브는 한마디로 각종 소셜미디어를 연결해주는 항구다. SMS, 영상통화, 인터넷메시징, 이메일 등 다양한 커뮤니케이션 기능을 하면서 SNS의 업데이트 상태를 한 곳에서 확인할 수 있는 통합플랫폼이라고 할 수 있다. 좀 더 쉽게 설명하면, 한 이용자가 페이스북과 트위터, 싸이월드, 미투데이 등을 모두 사용한다면, 지인들이 올린 콘텐츠나 자신의 글에 대한 답글을 확인하기 위해선 각각의 사이트별로 로그인을 해 실행시켜야 하는 불편이 따른다. 소셜허브에선 이들 SNS를 연동시켜 로그인을 한 번만 하면 온라인친구들이 트위터나 페이스북 메신저 등에 올린 콘텐츠를 확인할 수 있고, 각종 애플리케이션을 이용할 수 있다. 소셜네트워킹을 한 곳에서 할 수 있다는 뜻이다. 페이스북이 무서운 기세로 '소셜허브'화하면서 포털들도 적극적으로 소셜허브화 전략을 추구하고 있다.

적극적인 업체들은 야후와 MSN 등 중간그룹이다. 두 회사 모두 글로벌인터넷시장을 이끈 대표적 기업이었지만 구글과 페이스북에 밀리자 과감한 오픈전략을 통해 반전을 노리고 있다. 특히 이들은 국내시장에서 네이버와 다음, 네이트와의 대결에서 고전하다가 사실상 승부수를 던진 것이다.

야후코리아는 2010년 8월 홈페이지를 개편하면서 '글로벌'(*Global*), '오픈'(*Open*), '소셜'(*Social*) 이라는 3대 어젠다를 야후서비스 전반에 적용할 새로운 전략으로 제시했다. 야후의 개방과 소셜화는 과감하다. 야후는 소셜허브서비스를 별도로 만드는가 하면 아예 홈페이지 자체를 경쟁업체에 개방했다. 스스로를 '개방형포털'이라고 이름 붙였다.

비슷한 시기, 국내 1위 포털 네이버 첫 페이지에는 '더 쿨하게 즐겨라! 새로운 야후! 는 자유다'라는 카피의 야후코리아 광고가 실렸다(〈그림 6-22〉). 특정 포털사이트가 자존심을 버리고 경쟁사이트에 광고를 싣는다는 것 자체가 극히 이례적인 일. 홈페이지 개방으로 상징되는 야후의

〈그림 6-22〉 네이버 초기화면에 실린 야후 광고

오픈전략을 이용자들에게 각인시키기 위한 것임은 두말할 나위가 없다.

야후는 홈페이지를 개편하면서 '마이메뉴' 서비스를 시작했다. 야후코리아 홈페이지 내에서 트위터나 구글의 G메일, 다음의 아고라, G마켓 등 원하는 서비스를 마이메뉴로 설정하면 일일이 들어가지 않고도 야후홈페이지에서 사용할 수 있게 만든 것. 일반적인 포털홈페이지가 해당 포털에서 제공하는 콘텐츠와 서비스를 검색하고 이용하도록 하는 구조이지만, 야후는 이용자들의 편의성을 고려해 타 서비스들에게 자신의 안방을 내줬다. 마이메뉴는 '즐겨찾기' 기능과 유사해 보이지만 다르다. '즐겨찾기'는 자신의 PC가 아니면 사용할 수 없지만 마이메뉴는 어디서든 로그인만 하면 사용 가능하다. 25개 사이트까지 설정이 가능한데 이용자들은 원하는 사이트의 URL을 입력하면 된다.

이에 앞서 야후는 같은 해 6월 오픈SNS인 '야후! 소셜펄스'를 공개, 소셜허브화 전략을 공식화했다(〈그림 6-23〉). 소셜펄스 역시 개방형 소셜허브를 지향한다. 그 첫 단추로 페이스북과는 자동연동설정이 돼 있다. 페이스북에 올린 글이 펄스에도 뜨고, 펄스에 올린 글이 페이스북에도 뜬다는 의미다.[45] 이용자들이 페이스북을 방문하지 않더라도

---

45 사실 야후의 페이스북과의 제휴는 구글과의 오랜 협력관계를 깨고 페이스북의 진영에 합류했다는 점에서 업계의 치열한 소셜플랫폼 경쟁을 보여준다. SNS의

〈그림 6-23〉 야후!코리아의 오픈홈페이지와 소셜펄스

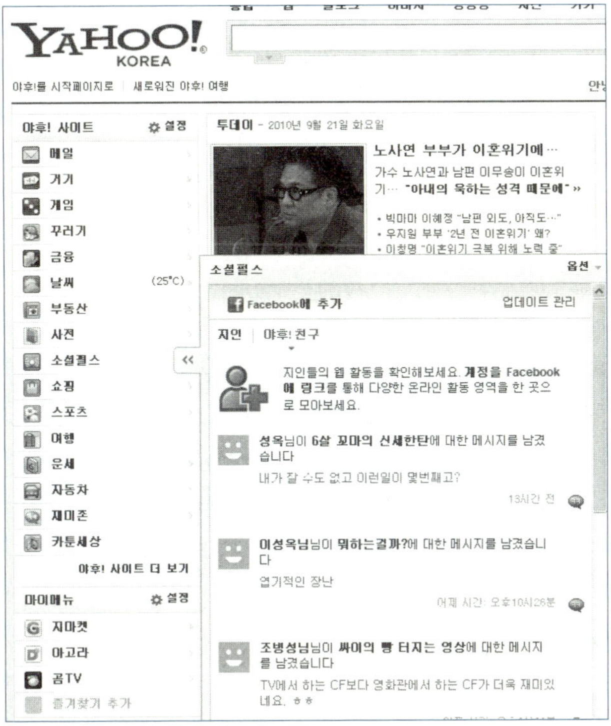

성장에 관심을 가져온 구글은 2007년 10월 웹사이트 개발자들이 다양한 애플리케이션을 손쉽게 추가할 수 있도록 도와주는 표준오픈플랫폼인 '오픈소셜'을 발표해 타 사이트들과의 합종연횡을 시도한다. 물론 페이스북에 맞서기 위해 반페이스북 연대를 시도한 것이다. 일본의 최고 SNS인 믹시(mixi)를 비롯, 국내의 다음과 싸이월드 등 수많은 커뮤니티사이트들이 오픈소셜에 참여했고, 야후 역시 구글의 오픈소셜에의 참여가 기정사실화됐었다. 〈뉴욕타임스〉조차 야후의 내부소식통을 인용해 야후가 오픈소셜 참여를 결정할 것이라고 보도할 정도였다. 그러나 야후의 최종적인 선택은 구글의 오픈소셜이 아니라 페이스북의 '페이스북커넥트'였다. 야후코리아가 홈페이지 오픈과 소셜펄스를 통해 페이스북과 연동한 것은 모두 페이스북커넥트를 적용한 것이다.

야후사이트 내에서 발견한 좋은 콘텐츠를 페이스북 친구들과 손쉽게 공유할 수 있다. 또 펄스는 트위터 등 음악, 동영상, 블로거, 사진 등의 사이트와도 양방향으로 연동돼 있고 게임, 뉴스, 엔터테인먼트, 쇼핑 등 각종 애플리케이션을 골라서 쓸 수 있다는 점에서 페이스북과 상당히 유사한 구조다. 김대선 야후코리아 사장은 야후의 오픈전략에 대해 다음과 같이 설명한다.

> (오픈전략에 대해) 야후는 2009년 9월 미국 홈페이지 개편을 시작으로 프랑스 영국 인도 등 18개 국가에서 새 홈페이지를 선보였다. 새 홈페이지는 SNS 등 변화하는 인터넷 환경을 반영, 사용자가 보다 쉽고 편리하게 온라인활동을 할 수 있는 데 중점을 뒀다. 사용자들의 체류시간이 증가하는 등 전 세계 사용자들로부터 긍정적인 평가를 받고 있다. … 경쟁 포털들도 개방화 움직임을 보이고 있다. 하지만 야후의 홈페이지가 진정한 오픈기반의 홈페이지라고 강조하고 싶다. (소셜허브 모델에 대해) 새로운 SNS가 계속 등장하면서 여러 개의 SNS를 이용하는 사용자들이 늘고 있다. 야후코리아는 최근 선보인 '야후소셜펄스'처럼 야후의 서비스와 페이스북, 드위터 등 다양한 SNS를 동시에 이용하고 관리할 수 있는 소셜허브모델을 통해 원스톱소셜커뮤니케이션을 지원할 계획이다.[46]

한편 MS는 윈도라이브메신저를 소셜허브화했다. 한국MS가 2010년 9월 선보인 윈도라이브에센셜은 국내외 SNS와의 연동을 비롯한 '소셜'을 전면에 내세웠다. 페이스북, 마이스페이스, 트위터, 플리커, 유튜브 같은 글로벌서비스는 물론 다음, 티스토리, 세이클럽 등 국내외 서비스를 망라해 업데이트상황을 메신저창에서 한눈에 파악할 수 있도록 한 것. 사진과 동영상도 보다 쉽고 편리하게 주고받을 수 있도록 했다.

---

46 박영태 (2010. 8. 16), "야후 오픈형홈페이지, 외부사이트 서비스 로그인 않고도 이용", 〈한국경제신문〉. http://www.hankyung.com/news

〈그림 6-24〉 네이버 커뮤니케이션캐스트 개념도

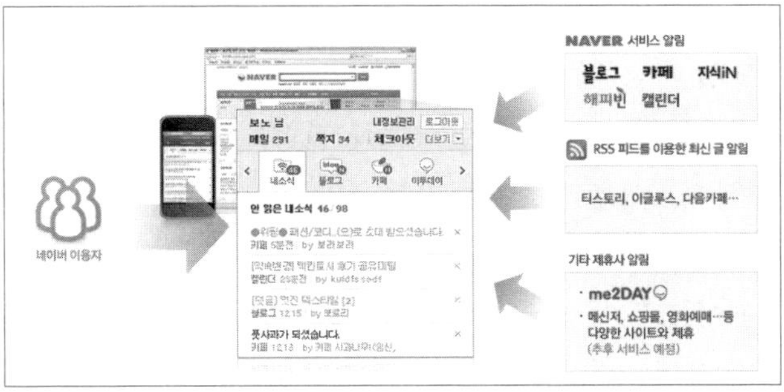

대화도중 'Share'(공유) 버튼을 누르고 저장된 사진과 동영상을 지정하면 곧바로 대화창 옆에 미리보기 형태로 사진과 동영상을 띄워준다. 이에 앞서 한국MS는 윈도라이브메신저의 핵심API를 공개했다. 다른 글로벌업체들과 마찬가지로 소셜플랫폼으로 진화하기 위한 정지작업임은 물론이다.

네이버와 다음 등 국내시장의 상위 포털들 움직임도 전면개방이라고는 할 수 없지만 역시 개방쪽으로 방향을 틀고 있다.

네이버의 경우 2010년 중반 소셜플랫폼 개방안의 일환으로 '커뮤니케이션캐스트'를 시범 도입했다(〈그림 6-24〉). 커뮤니케이션캐스트 개념은 앞서 살펴본 야후의 소셜펄스나 네이트의 네이트커넥트 등과 크게 다르지 않다. 자신이 다른 SNS사이트에 쓴 글에 달린 댓글이나 일촌신청 등을 관리할 수 있는 서비스다. 네이버는 우선 네이버블로그와 메일, 미투데이 등 내부서비스와의 연동에 주력한 뒤 차후에 다음이나 싸이월드 등 다른 SNS 또는 포털서비스와의 협력을 확대할 계획이다.

다음커뮤니케이션은 구글주도의 개방형 소셜표준인 '오픈소셜'에 일찌감치 참여, API표준화를 통해 개발자들이 다양한 서비스를 손쉽게 만들 수 있도록 지원하고 있다. 다음은 경쟁사인 MSN과도 제휴해 윈도라이브메신저에 다음블로그, 카페의 최신 소식들이 실시간으로 업데이트 된다.

포털들의 소셜허브화 전략이 과연 성공할 수 있을까? 아직은 초기 단계여서 예단할 수는 없지만 쉽지 않은 싸움이 될 것으로 보는 시각이 많다. 우선 대부분의 포털이 소셜허브화 전략을 표방하고 나서면서 차별화가 쉽지 않다. 개방과 소셜화라는 시대 트렌드에 뒤처지면 경쟁에서 낙오하기 쉽지만, 앞서 나간다고 해도 오리지널 경쟁력이 뒤처지는 한 트위터나 페이스북 등 외국 SNS의 기세를 포털이 꺾기란 쉽지 않을 것이라는 전망도 나온다. 특히 댓글이나 동영상 등 업데이트 위주로 설계된 '소셜허브'는 기능면에서도 SNS의 보완재이지 대체재로 보기는 어려운 측면이 있다.

특히 최근에는 포털뿐 아니라 KT나 삼성전자 등 이동통신사와 제조사들까지도 소셜허브 시장에 뛰어들어 안팎의 경쟁이 더욱 격해지고 있다.

3) SNS와 사상의 자유시장

(1) 포털 뉴스서비스와 올드미디어, SNS의 상관관계

다시 눈을 이 책의 화두인 '뉴스'로 돌려보자. SNS의 성장은 기존 뉴스의 유통 및 소비 메커니즘을 바꾸고 있다.

뉴스유통 앞선 장에서 살펴본 것처럼 전통적인 올드미디어 시대에는 뉴스의 생산과 유통을 대부분 올드미디어들이 맡았다. 신문사들은 자신들이 생산한 뉴스를 판매지국을 통해 배달하거나, 계약을 맺은 판매점(가판대) 등에서 판매했다. 물론 신문유통을 대행하는 업체나 신문유통원 같은 유통전문기관도 생겨났지만 이들은 신문사들의 영향력 아래 있었다. 방송사들도 마찬가지로 자신들이 생산한 뉴스를 전파를 통해 시청자들에게 직접 전달하는 방식이었다.

하지만 포털이 등장하며 뉴스유통 및 소비의 주도권이 올드미디어에서 포털로 급격히 옮겨갔다. 포털의 뉴스사이트들은 뉴스유통뿐 아니라 뉴스를 자체생산하거나, 편집을 통해 재가공하는 등 기존의 뉴스유통 소비관행을 송두리째 뒤집었다. '언론사 → 포털 → 이용자'라는 3단계의 뉴스소비 패턴이 만들어진 것이다. 실제로 한국인터넷진흥원의 '2009년 인터넷이용 실태조사'에 따르면 인터넷이용자의 인터넷뉴스 이용경로(복수응답)는 '포털사이트의 뉴스사이트'가 95.5%를 기록, '신문사 사이트'(38.9%), '인터넷신문 사이트'(32.2%), 방송사 사이트(24.1%) 등 보다 훨씬 앞섰다. 반면 '카페 · 클럽 · 블로그 · 미니홈피' 등 SNS를 이용한 경우는 9.5%에 그쳤다.

그러나 이 같은 뉴스유통과 소비측면에서의 압도적인 영향력을 행사한 포털의 지위는 SNS의 새로운 도전을 받게 됐다. SNS가 뉴스의 '매개체'(*medium*)의 역할을 하며 언론사와 이용자를 직접 연결하는 새로운 커뮤니케이션 구조를 만들었기 때문이다.

특히 기존 언론사들과 SNS는 의도했든 의도하지 않았든 파트너십을 맺은 것과 같은 윈 윈 모델을 만들었다. 소셜미디어 입장에서 볼 때 기존 언론사들이 생산한 뉴스콘텐츠는 SNS가 '미디어'로서 기능하는 데 핵심적인 기능을 한다. 뉴스콘텐츠가 없다면 이용자들이 '재잘거릴'(*tweet*) 소재가 제한되며, 신변잡기류의 잡담형식에 그칠 가능성이 있다. '메신저'와 크게 다를 바 없다는 이야기다. 다시 말해 뉴스콘텐츠는 SNS가 '공공의 영역'으로 나오는 데 중요한 역할을 한다. 특히 뉴스콘텐츠는 정보의 근거가 됨으로써 SNS에서 유통되는 정보의 신뢰성을 높이는 기능을 한다.

실제로 소셜미디어에서 유통되는 뉴스의 대부분은 기존 언론사들이 생산한 기사를 링크한 것이다. 물론 블로거들이 생산한 콘텐츠도 있지만 절대 다수는 언론사의 뉴스콘텐츠라고 볼 수 있다. 특히 트위터의 경우 언론사의 뉴스콘텐츠 등에 자신의 의견을 담아서 콘텐츠를 올리고, 이를 SNS에서 다시 RT(*Retweet*) 함으로써 정보가 급속히 확산되는 구조를 가지고 있다. 심지어 뉴스전달을 위해 쓰는 URL축약서비스도 잇따라 등장했다. 'bit. ly'나 'durl'이 대표적이다.

반면 언론사 입장에서 소셜미디어는 새로이 등장한 '기회의 땅'이라고 볼 수 있다. SNS를 활용하면 개별 언론사사이트의 방문객이나 페이지뷰를 순식간에 증가시킬 수 있기 때문이다. 미국의 〈허핑턴 포스트〉의 케이스는 이를 실증적으로 보여주는 사례다. 2005년 창간한 〈허핑턴 포스트〉는 정치뉴스로 이름을 얻은 미국의 인터넷신문. 〈허핑턴 포스트〉는 2009년 8월 간단한 가입절차를 거친 뒤 페이스북 버튼을 누르면 뉴스콘텐츠를 친구들과 공유할 수 있는 '허핑턴포스트 소셜뉴스'를 선보였다. 페이스북커넥트 서비스를 이용한 이 서비스는 불과 한 달 만에 190%의 순방문자수(UV) 증가라는 놀라운 결과를 가져왔다. 트위터와도 페이스북과 마찬가지 방법으로 연동시켜 〈허핑턴 포스트〉의 콘텐츠를 트위터에 게시할 수 있게 만들었다. 2009년 8월만 해도 〈워싱턴 포스트〉의 UV가 1,168만 명으로 〈허핑턴 포스트〉의 776만 명에 비해 350만 명이 더 많았지만, 〈허핑턴 포스트〉가 소셜뉴스를 선보인 후 한 달 만에 835만 명 대 812만 명으로 뒤집혔다. 신생인터넷신문이 미국의 대표명문지인 〈워싱턴 포스트〉를 이긴 것이다.

페이스북이나 트위터의 위력을 실감한 국내 언론사들도 SNS와의 협력관계를 강화하는 데 골몰하고 있다. 국내 언론사들의 SNS전략은 크게 두 가지다.

첫째는 〈허핑턴 포스트〉처럼 SNS에 자신들의 뉴스콘텐츠를 연동시킬 수 있도록 하는 방식이다.

〈조선일보〉 인터넷사이트를 보자(〈그림 6-25〉). 페이스북과 트위터, 플리커(Flickr)와 MSN메신저까지 연동시켰다. 자신이 조선닷컴사이트에서 '주커버그, 영화개봉 직전 1억 달러 기부' 기사를 읽다가 다른 사람들에게 이 기사를 알리고 싶다면 자신이 가입한 페이스북이나 트위터 등의 버튼을 누르면 〈조선일보〉의 기사콘텐츠가 트위터의 타임라인

〈그림 6-25〉 조선닷컴의 SNS 연동장치

이나 페이스북 공간(*wall*)에 게시된다. IT전문지인 〈디지털타임즈〉의 경우 트위터와 페이스북, 미투데이, 구글까지 연동시켰다.

언론사들의 또 다른 SNS전략은 자신들이 직접 SNS에 별도 계정을 만들어 자신들의 뉴스를 '미친'(미투데이 친구) 또는 팔로워(*follower*) 등 온라인친구들에게 제공하는 것이다. 국내에선 〈한겨레〉, 〈한국일보〉, SBS 등의 언론사들이 적극적으로 이를 시도하고 있다.

국내 언론사 중 트윗서비스가 가장 활성화된 〈한겨레〉의 경우 2010년 9월 현재 1만 5,044명의 팔로워를 보유하고 있고, 1만 6,058개의 뉴스콘텐츠를 트윗으로 제공했다. 이는 〈한겨레〉에서 만든 기사를 트윗할 경우 1만 5천 명이 받아 본다는 의미이고, 팔로워들이 이 기사를 RT할 경우 기사를 읽는 사람들의 숫자는 기하급수적으로 불어날 수 있다. 물론 〈한겨레〉의 기사는 링크를 걸어놓았기 때문에 기사를 읽기 위해선 〈한겨레〉의 뉴스페이지를 방문해야 한다. 그만큼 방문자수(UV)와 트래픽이 늘어난다는 의미다. 〈연합뉴스〉와 SBS 역시 각각 1만 866명, 8,618명의 팔로워를 가지고 있다. 〈연합뉴스〉 등은 페이스북에서도 유사한 뉴스서비스를 하고 있다. 아직 소셜미디어에 참여하지 않는 언론사도 있고, 일부 언론사를 제외하면 팔로워수가 아직 그리 많지 않은 것은 이들 언론사들이 무선인터넷 혁명과 소셜미디어의 특징을 제대로 이해하지 못한 것에 기인할 것이다. 무선인터넷의 보급에 따라 SNS의 폭발적 성장세가 지속되면서 '온라인친구' 숫자 역시 급격히 늘어날 것으로 전망된다.

상황이 이렇다 보니 언론사들이 SNS와 자사를 연결해 줄 '소셜에디터'(*Social Editor*)를 뉴스룸에 배치해야 한다는 주장까지 나온다.[47] 소셜에디터는 SNS이용자의 기호와 니즈를 파악하는 것을 비롯해 독자들의 문의에 응답하고, 트위터에서 뉴스아이템을 발굴해 협업을 통해 뉴스화하는 한편 독자들과 함께 공동구매와 같은 '소셜커머스'를 기획하는 등 다양한 역할을 포괄적으로 담당하는 사람을 지칭한다.

여기서 주목할 점은 언론사와 SNS 간에 형성된 기사유통시스템에서 포털이 끼어들 여지가 별로 없다는 것이다. 언론사에서 생산된 뉴스콘텐츠가 직접 이용자들을 찾아가는 형태로 뉴스콘텐츠의 유통구조가 변할 가능성이 커졌다.

물론 앞서의 인터넷진흥원 조사에서 '카페 · 클럽 · 블로그 · 미니홈피' 등 SNS를 이용해 뉴스콘텐츠에 접한 경우는 9.5%에 그쳤지만 무선인터넷의 확신과 SNS의 성장이 지속되는 추세인 만큼 수치가 올라갈 개연성이 높다.

한편 뉴스콘텐츠 유통과 관련, 국내 포털들은 언론사들에 비해 SNS와의 협력면에서 다소 소극적인 태도를 보이고 있다. 포털 입장에선 자신들이 전달받은 뉴스콘텐츠를 SNS에 연동시키는 편리함을 제공함으로써 SNS로 가려는 이용자들의 발목을 붙잡는 효과가 있을 뿐이다. 포털을 통해 트위터나 미투데이로 제공된 뉴스콘텐츠를 보기 위해 이들 SNS 이용자가 다시 포털을 찾을 가능성은 거의 없다. 이들 페이지는 대부분 뉴스의 원천소스인 언론사의 뉴스사이트로 링크되기 때문이다.

물론 아직까지 포털이 지닌 영향력과 여러 언론사에서 만든 다양한

---

47 최진순(2010. 8. 10), "소셜에디터 중요성 커지는 뉴스룸", 〈한국기자협회보〉.

뉴스콘텐츠를 한 곳에서 볼 수 있다는 포털의 장점은 SNS의 번성과 무선인터넷 환경에서도 여전히 위력적일 수 있다. 특히 앞서 보듯 포털들이 적극적으로 '소셜허브화' 전략을 추구함에 따라 뉴스사이트도 더 소셜화될 가능성이 있다.

이제 이 글의 핵심주제인 사상의 자유시장의 문제로 들어가자. 과연 SNS는 사상의 자유시장으로서의 포털을 대체하거나 일부의 기능을 넘겨받을 수 있을 것인가. 포털이 지닌 사상의 자유시장으로서의 장점들을 계승할 수 있는가. SNS에서도 저널리즘은 가능한가 등 무수한 질문들이 쏟아질 수 있다. 아직 사상의 자유시장과 SNS의 상관관계에 관한 연구는 거의 찾아볼 수 없다. 이 글에선 엄밀한 데이터가 뒷받침된 학문적 연구가 아닌, 필자가 생각하는 SNS가 지닌 사상의 자유시장으로서의 장점과 단점을 시론적으로 짚어보는 것으로 대신하고자 한다.

(2) 긍정적 측면에서 SNS

① 대안적 미디어로서의 가능성

학자들이 SNS가 출현했을 때 가장 흥분한 것은 SNS가 지닌 미디어로서의 장점이었다. 한마디로 SNS가 주류언론의 한계를 극복할 수 있는 대안미디어가 될 수 있다는 것이었다.

대안미디어로 SNS가 지닌 강점은 크게 속보성, 독립성, 그리고 정보생산 및 유통방식의 민주화를 꼽을 수 있다.

특히 SNS가 지닌 속보성은 가장 주목을 받으며 미디어로서의 가능성을 높여줬다. 기존언론사의 뉴스가 아니라 트위터 등 SNS를 통해 가장 최신의, 실시간의 정보를 얻을 수 있게 된 것이다. 트위터 등 SNS의 등장은 '현장'과 '보도'의 시간상 경계를 사실상 없앴다. 언론사 기자들이 작성한 기사를 기다릴 필요 없이 트위터 등을 통해 다른 이용자들이 현장에서 전해오는 소식을 훨씬 빠르게 접하게 된 것이다. 특히 스마트폰에 내장된 사진과 동영상 기능은 트위터를 '미디어'로 만들어 주는 데 필요한 핵심적 도구들을 선사했다.

실제 트위터는 2008년 중국 쓰촨성 지진, 2008년 인도 뭄바이 테러, 2009년 미국 Airway 항공사 허드슨강 추락, 2009년 위구르 유혈사태 등을 기존언론에 앞서 보도했다. 엄밀히 말하자면 이용자들이 트위터를 통해 기존언론보다 더 빨리 재난소식을 알렸다는 의미다. 뉴스소비자들이 기존의 언론보도를 통하지 않고서도 더 빨리 생생한 현장소식을 알 수 있는 환경이 조성된 것이다.

그러나 사상의 자유시장 관점에서 볼 때 속보성 그 자체는 그리 중요한 것이 아니다. 기존언론사보다 더 빨리 소식을 전했다고 해서 사상의 자유시장이 풍부해졌다거나 사상의 자유시장의 제약 요소들을 제거하는 데 기여했다고 보긴 어렵기 때문이다.

오히려 사상의 자유시장 관점에서 중요한 것은 독립성이다. 여기서 말하는 독립성은 정치권력과 자본으로부터의 독립성 모두를 의미한다. 언론학자들은 언론사, 특히 한국의 신문사의 특징 중 하나로 정치적인 색채에 따라 정책결정자나 우호정당의 담론들을 생산하거나 일방적으로 전달해왔다는 점을 거론한다. 또한 상업주의언론의 한계 때문에 광고주들의 영향력으로부터 자유로울 수 없다는 점도 문제로 지적된다. 그러나 트위터 등 SNS는 사뭇 다른 양상을 보인다.

2010년 중국에서 전투기 한 대가 추락했다. 중국관영 신화사통신은 비행기 추락 상황만 짤막히 보도했을 뿐 어느 나라 전투기인지, 추락 이유가 무엇인지에 대해선 일절 언급하지 않았다. 그러나 얼마 있지 않아 이 전투기의 국적이 전 세계에 알려졌다. 주변 주민들이 추락한 전투기의 모습을 사진으로 촬영해 트위터에 올렸는데 '인공기' 문양이 선명하게 드러났기 때문이다. 정치권력의 통제를 전혀 받지 않는 트위터를 통해 전해진 '트위터 특종'이었다. 앞서 속보성의 예로 들었던 중국 위구르 유혈사태나 이란 부정선거사태 역시 언론이 전면통제된 상태였지만 트위터를 통한 뉴스전파를 막지 못했다.

한편 오스트리아에서 국내 유력 전자회사가 제작한 최신 스마트폰을 구매하기 위해 새벽부터 긴 줄을 서며 장사진을 이뤘다는 보도자료가 나왔지만, 트위터에선 "공짜 경품을 타기 위한 행렬이었다"는 폭로가 나와 해당 회사를 머쓱하게 만들기도 했다.

이 같은 정치권력과 상업주의로부터 독립된 정보유통은 '진실의 발견'이라는 사상의 자유시장의 근본목적으로 볼 때 소중한 자산임이 분명하다.

'정보생산 및 유통방식의 민주화'는 사실 사상의 자유시장 관점에서 볼 때 가장 중요한 측면이다. 앞서도 설명했듯 공유와 개방, 협업 등을 내세우고 있는 SNS는 전통적인 미디어의 정보생산방식과 전혀 다르다. 전통적인 언론사들은 엘리트 기자들이 생산해낸 뉴스정보를 독자 또는 시청자들에게 일방적으로 강의하는(*top-down*) 방식으로 제공했다. 이 같은 엘리트저널리즘의 특성상 정선된 양질의 정보를 생산하기 위해 중앙통제시스템 격인 데스크의 '게이트키핑' 역할이 중요했다.

그러나 SNS는 기본적으로 뉴스의 수용자가 곧 생산자가 되는 구조다. 다시 말해 SNS는 다양한 이용자 간의 '대화'를 통해 뉴스를 생산 또는 재생산하거나 유통시킨다. 이른바 '대화저널리즘'(*conversation journalism*)이다.[48] 다양한 이용자들이 대화를 통해 쌍방향으로 정보를 주고받으며, 개인이 제공하는 작은 정보들이 모여 새로운 정보를 만들기도 한다.[49] 특히 무수한 이용자들 중에는 특정주제에 관한 전문가들이 포진

48 최민재 · 양승찬 (2009), 앞의 책 111쪽.

49 대표적인 사례로 〈시사IN〉의 고재열 기자의 경우를 들 수 있다. 고 기자는 트위터를 통해 전국의 유명한 닭집 정보를 모았고 이를 정리해 전국 맛집 통닭을 지도로 만들었고 이를 블로그에 포스팅하고, 〈시사IN〉에도 이를 다룬 비슷한 내용의 기사를 게재했다. 그러나 SNS가 생산하는 정보는 극히 제한적이라는 분석도 있다. 미국 퓨리서치센터가 2010년 미국 볼티모어 지역매체 53개를 1주일간 분석한 결과 원본뉴스의 61%를 신문이 제공했고, TV가 28%, 라디오가 7%를 공급

해 있고 이들의 설명에 따라 특정사안에 대한 이해의 폭을 넓힐 수 있는 것도 대화저널리즘의 큰 장점이다. 실제 필자 역시 트위터를 통해 방송통신위원회의 업무와 관련된 많은 질문을 받고 이에 대답해 주곤 한다. 그런데 필자의 대답을 이용자들이 해설을 붙여 RT를 하는 경우를 종종 경험한다. 또 필자 역시 궁금한 사안이 있으면 트윗친구들 중 해당분야 전문가들에게 자문을 구하기도 한다.

일본 소프트뱅크의 손정의(@masason) 사장은 "트위터를 통해 우뇌(右腦)와 좌뇌(左腦) 외에 외뇌(外腦)를 얻은 것 같다"고 말한다. 그는 28만 8천여 명의 팔로워를 거느린다. 그의 팔로워 중에는 다양한 분야의 전문가들이 포진해 있다. 팔로워들이 그가 말하는 외뇌의 세포들인 셈이다.

또한 이 같은 대화의 과정에 개입하거나 필터링하는 중재자나 감시자가 없다. 자유롭게 자신의 견해를 피력할 수 있는 환경이 만들어져 있다는 것이다.

이 같은 대화 저널리즘 또는 분산형 커뮤니케이션 모델은 사실 사상의 자유시장이 구현하고자 하는 이상적인 모델이기도 하다. 사상의 자유시장은 기본적으로 대화와 토론을 통해 진리와 거짓이 대결하는 공간이면서 동시에 지식과 진리를 확산·발전시켜 나가는 공간이기 때문이다. J.S. 밀이 소수의 견해를 존중해야 한다고 강조한 것을 떠올려보자. 그는 어떤 문제도 일방적으로 옳은 상황은 드물다고 전제하며 '부분적 진리'를 담고 있는 소수의견을 경청해 진리를 완성할 것을 주장했다. 유명정치인이든 아이돌스타든, 대학생이든, 잡역부든 혹은 야당지지자든 여당지지자든 동등한 발언권을 갖는 한편 어느 누구의 의견이라도 자유롭게 듣고 물을 수 있는 트위터와 같은 SNS는 사상의 자유시장으로서의 잠재력을 충분히 지니고 있다. 이처럼 사회적 계층구조를 일거

한 반면 블로그와 트위터 등 뉴미디어는 4%에 그친 것으로 조사됐다.

에 허무는 민주적 대화구조는 소셜미디어의 장점으로 반드시 거론돼야 한다. 특히 이 점은 필자가 사상의 자유시장의 한 전형으로 언급한 인터넷 포털조차 구현하지 못한 환경이라는 점에서 주목할 만하다.

또 한 가지 짚고 넘어가야 할 점은 SNS가 기존언론의 한계를 극복할 대안저널리즘으로서, 또 새로운 사상의 자유시장으로서의 잠재력에 관한 긍정적 전망들은 대부분 인간의 이성과 합리성에 대한 기대가 기저에 깔려있다는 점이다. 다양한 주의·주장을 시장에 맡겨두면 자연스레 진리가 승리할 것이라는 사상의 자유시장 이론은 합리적인 인간의 이성이 진리를 선택한다는 가설에 근거한다. 마찬가지로 SNS의 긍정적 전망들도 새로운 정보를 만들고, 뉴스를 판단하는 주체를 기존언론사 기자들이 아닌 개개인의 합리성에 근거를 두고 있다는 점에서 상당히 유사하다. 물론 이에 관한 비판도 있지만 뒤에서 좀더 자세히 알아보자.

② 1인 미디어로서의 가능성

포털의 사상의 자유시장으로서의 강점을 필자는 블로그서비스 등을 통한 '1인 미디어'로서의 역할을 꼽았다. 엄밀히 말하면 블로그 역시 광의의 SNS다. 그러나 페이스북이나 트위터 같은 최근의 SNS들은 '1인 미디어'로서의 지평을 훨씬 넓혀 놓았다.

'사상의 자유시장'의 한계로 지적되는 문제 가운데 하나가 미디어에 접근할 수 있는 기회가 불공평하다는 것이고, 이 때문에 1인 미디어를 중요하게 여기는 것이다. 일반인들이 언론에 자기주장을 실을 수 있는 기회는 고작해야 독자투고뿐이며, 언론이 제공하는 공간은 스타나 정치인 등 오피니언리더들에 의해 독점될 뿐이라는 것이다. 이 같은 액세스권에 대한 비판은 블로그의 출현과 함께 상당부분 해소됐다. 그러나 블로그는 나름의 한계가 있었다. 바로 전파력에 대한 의문이었다. 가령 일반인이 블로그에 글을 게재해 자신의 의견을 밝힐 수 있는 길은 열렸지만, 과연 자신의 글을 얼마나 누가 읽을지는 예상하기 어려웠다. 블로그의 글을 링크를 통해 보는 사람들이 있을 수 있지만, 기본적으로 블로그는 자신의 사이트를 방문해 읽어주길 바라는 수동적인 구조다. 물론 블로그의 경우도 미디어다음의 'view' 등에 소개되면 그 글은 많은 사람들에게 전파될 수 있지만 기회는 제한적이다.

그러나 SNS는 이보다 훨씬 더 능동적 구조다. 자신의 글을 확실히 전달할 수 있고 읽을 자세가 돼 있는 자발적 수용자층(팔로워나 온라인친구)이 존재한다. 더욱이 이들은 RT나 링크를 통해 자신의 글을 재발행(*republish*)해 준다. 파급력면에서 블로그보다 훨씬 크다. 특히 일부 파워블로거들은 자신의 블로그 글을 트위터와 SNS에 연동시켜 상당한 사회적 영향력을 확보하기도 한다. 블로그를 통해 발행하고 SNS를 통해 유통시키는 구조다.

〈시사IN〉 고재열 기자나 〈한국경제신문〉 IT전문기자인 광파리(김광현 기자)가 대표적인 케이스다. 이찬진 드림위즈 대표나 박용만 두산그룹 회장 등도 적극적인 트위터활동을 통해 수만 명의 팔로워를 모았다. 트위터이용자 중에선 일반인인데도 1만 명 이상의 팔로워를 거느린 '파워 트위터리언'들이 상당하다.

고재열 기자는 한 포럼에서 이 같은 소셜미디어의 특징과 관련해 "블로그는 뉴스생산의 민주화 모형이었고, 트위터 등 소셜미디어는 뉴스유통의 민주화 모형이다"라고 평했다.

한편 SNS의 1인 미디어적 특성과 관련해 주목할 만한 점은 저널리스트들에게 부여됐던 권력감시기능이 일반시민들로 이관됐다는 점이다.[50] 블로그, 마이크로블로그 등 소셜미디어를 통해 일반인들도 뉴스를 생산·유통시킬 수 있는 매개체를 가지게 됨에 따라 시민들이 언론사에게 부여했던 권력감시기능을 다시 환원시키고 있다는 것이다. 특히 주목할 점은 정치권력이나 자본권력뿐 아니라 주류언론의 보도 역시

50 최민재·양승찬 (2009), 앞의 책, 116쪽.

1인 미디어의 감시리스트에 올랐다는 것이다. 정치적인 편향성이 엿보이는 보도나 부정확한 보도 등에 대해 SNS이용자들은 언제든지 스스로 '논평'할 수 있고, 이 논평을 미디어시장에 유통시킬 수 있게 된 것이다.

사상의 자유시장 관점에서 보면, 언론사의 보도 역시 일반인들의 '논평' 영역으로 끌어들인 것은 나름 의미가 있다. 언론사가 제공하는 논리들이 다양한 주장들의 논거를 제시해 주는 측면이 있지만, 일반인들이 이를 해석하고 비판하는 과정에서 논쟁이 보다 활발해질 수 있고, 자칫 자신이 즐겨찾는 언론사에 편향되는 함정에 빠지지 않도록 방지해 주기 때문이다.

(3) 부정적 측면에서의 SNS

지금까지 우리는 사상의 자유시장으로서 SNS가 지닌 낙관적 전망을 살펴봤지만 이에 대한 비판도 만만찮다. 특히 SNS의 최대 장점으로 거론됐던 분산형, 개방형의 민주적인 담론구조가 건강한 사상의 자유시장으로 발전할 가능성을 차단하는 모순된 상황도 예상된다. 하나씩 짚어보자.

① '사상의 자유시장' 인가, '집단 수다의 시장'인가

소셜미디어에 언론의 지위를 부여할 것인가, 아닌가를 구분하는 가장 큰 관점은 역시 실제 소셜미디어를 통해 유통되는 콘텐츠가 무엇인가라는 점이다. 특히 페이스북이나 미투데이, 트위터 등 전형적인 SNS를 통해 행해지는 대화가 공적토론인지, 아니면 신변잡기류의 사적인 대화인지 여부가 중요하다.

사실 일률적으로 논하기는 어렵다. 소셜미디어는 속성상 매우 사적인 공간이다. 미니홈피가 단적인 예다. 미니홈피에 올라온 글들은 대부분 언론보도를 전제로 하지 않는다. 글의 소재들도 정치 · 사회문제 등 공적토론의 대상보다는 개인적인 생활사 등이 주류다. 네이버의 '미투데이'나 다음의 '요즘' 등도 사적인 대화가 많다. 반면 블로그의 경우 시사적인 내용을 다룬 글이 상당수에 달하면서 미디어로서의 기능이 부각됐다. SNS가 '소셜미디어'로서 미디어적 측면에서 관심을 받게 된 것은 사실 트위터와 페이스북의 성장과 맞물린 측면이 크다.

특히 트위터가 현장의 정보를 언론보다 빠르게 전달할 수 있는 속보성 등으로 인해 '공적 정보교류'의 장으로서 가능성을 주목받으면서 사상의 자유시장으로서의 가능성도 타진 받게 된 것이다. 특히 트위터에선 '기술정보' 중심으로 의제가 설정되는 경향이 강하다. (한국의 경우 트위터에선 기술정보와 함께 정치이슈가 타임라인에 자주 등장한다.) 페이스북과 트위터는 물론 다른 언론사의 뉴스사이트를 연동시킬 수 있다는 점에서 나름의 공론장 역할이 기대되는 측면이 있다.

그러나 트위터 역시 공적주제가 토론되는 공론장이나 사상의 자유시장으로서 제대로 작동하기 어렵다는 지적도 만만치 않다.

크게 세 가지 점이 지적된다. 우선 트위터 등 소셜미디어를 통해 유통되는 정보 중 공적토론에 기여하는 의미 있는 정보가 예상처럼 많지 않다는 것이다.

실제 미국의 시장조사기관인 Pear Analistics의 연구는 이 같은 우려를 실증적으로 보여준다. 하루 30분씩 2주간 트위터를 통해 유통되는 2천여 건의 단문메시지를 분류한 결과 트위터에서 유통되는 메시지의 40%는 '의미 없는 잡담'(*pointless babble*)인 것으로 나타났다 8.7%만이 '전파할 만한 가치가 있는 소식'으로 분석됐다. 가장 많은 40.5%는 '난 지금 샌드위치를 먹고 있다'는 등의 의미 없는 잡담이었고, 37.5%는 '오늘 밤에 뭐해?' 같은 일상적인 대화였다. 자기과시가 5.85%, 스팸광고가 3.75%로 나타났고, 뉴스는 3.60%에 불과했다. 이는 트위터의 타임라인이나 페이스북의 담벼락에 올라오는 메시지들이 실시간으로 업데이트되면서 수다가 집단화되고 있는 것으로 요약될 수 있다. SNS가 민주적인 방식의 공적주제에 대한 토론이 이뤄지는 사상의 자유시장이나 공론장으로 작용하는 기능은 미미하고 주로 이용자들 간의 '집단수다광장'으로 기능할 가능성이 크다는 것이다.

또 하나의 문제점은 트위터나 페이스북과 같은 분절적 대화구조에선 공적주제에 대한 심도 있는 토론이 불가능하다는 점이다. 트위터의 타임라인은 특정주제나 이슈만을 따로 토론할 수 있는 기능이 없다. 포털의 뉴스서비스나 블로그의 경우 그 게시물의 댓글을 통해 집중적인 찬반토론이 가능하다. 다른 주제는 끼어들 여지가 없다. 그러나 트위터의 타임라인은 말 그대로 실시간으로 전혀 상관없는 메시지가 올라온다. 물론 RT나 답글 기능을 통해 찬반토론이 이어질 수 있겠지만 이 역시도 다른 주제의 메시지들이 게시됨에 따라 순식간에 타임라인에서 사라진다. 타인의 글에 달린 의견을 읽기 위해선 타임라인을 돌아다니며 찾아야 한다. 물론 검색 등의 기능을 통해 여러 의견을 한 번에 볼 수 있지만, 대화를 이어가긴 어렵다. 한 가지 주제에 대해 집중력 있는 토론이 이어지기가 구조적으로 어렵다는 것이다.

세 번째 장벽은 마이크로블로그 트위터의 장점으로 꼽히는 140자(미투데이의 경우 150자)의 공간적 한계다. 140자로 글자수를 제한함으로써 이용자들이 부담감 없이 자신의 의견을 표출할 수 있게 됐지만 이런 장점이 오히려 사상의 자유시장의 관점에선 단점으로 작용할 수 있다. 쉽게 말해 공적이슈에 대한 자신의 견해를 심도 있게 전개하기에는 140자의 울타리가 너무 좁다는 것이다. 물론 일부 파워블로거들은 자신의 블로그에 게재한 글을 트위터에 올리며 간단한 소개글을 올리는 방식으로 140자의 장벽을 우회하기도 한다. 하지만 이 글을 반박하려면 역시 140자의 공간은 너무 좁고, 최대한 자신의 의견을 축약해 표현해야 한다. 당연히 '촌철살인'적인 가벼운 반박과 재반박이 이뤄지며, 다른 사람의 견해에 대한 선호를 밝히는 수준의 대화에 그친다는 것이다. 필자의 경험상 페이스북 역시 글자수의 제한은 없지만 장문의 글이 올라오는 경우는 그리 흔치 않다. 오히려 트위터와 마찬가지로 자신의 블로그에 쓴 글을 링크시키는 경우가 일반적이다.

이와 관련, 트위터 공동창업자인 비즈 스톤의 발언은 곱씹을 만하다. 그는 국내 언론과의 인터뷰에서 "트위터가 내보내는 건 140자짜리 토막 소식이다. 그걸로는 원인분석도 미래전망도 할 수 없다. 그걸 해주는 게 언론의 역할이고, 그래서 저널리즘은 영원하다"고 말했다. 언론과 SNS의 협업 필요성을 제기한다고 볼 수 있지만 마이크로블로그인 트위터의 한계를 가장 함축적으로 표현한 말이기도 하다.

② '자동조정의 원리'는 제대로 작동하는가

트위터 예찬론자들의 주장 중 하나는 트위터가 자율적인 필터링(*filtering*) 능력을 가지고 있어 자기조정의 원리가 작동한다는 것이다. 이를 잘 설명한 언론기사가 있어 그대로 인용한다.[51]

> 미디어로서 트위터는 강력한 필터링 능력을 갖고 있다. 에디터가 없어도, 뉴스 가치판단이 저절로 이뤄진다는 것이다. 미국의 IT경영잡지 〈와이어드〉(*WIRED*)의 편집장 크리스 앤더슨(Anderson)은 "트위터가 가진 '소셜필터' 기능을 통해 뉴스는 자동으로 선택된다"면서 "재미없는 뉴스는 내게 전달되지 않는다"고 말한다. 다시 말해 Retweet(*RT*)을 통한 정보의 전달과정에서 이용자들이 '과연 이 정보가 내 팔로워들에게 전달해줄 만한가'하고 지속적으로 정보에 대한 가치판단과 사실확인을 하는 것이 강력한 필터 역할을 한다. 자신이 판단해 재미가 없거나, 진실인지 의심되는 정보에 대해서는 RT를 하지 않는다는 것이다. 그래서 재미없는 정보, 신빙성이 떨어지는 정보는 트위터에 널리 퍼지지 못한다. 반면 사람들의 관심도가 높은 뉴스는 불과 5~10분 만에 몇 차례 RT가 되면서 순식간에 퍼진다. 이 과정에서 촌철살인 같은 코멘트가 한마디가 붙으면 뉴스가치는 더욱 높아진

51 정철환(2010. 5. 22), "Follow me! 트위터發 혁명 '트위볼루션'… 지구촌 라이프스타일 바꾼다", 〈조선일보〉.

> 다. 이는 트위터를 하는 행위가 인터넷의 댓글이나 게시판을 통한 서비스와 질적으로 다르기 때문이다. 내가 전하는 짧은 트윗은 불특정 다수를 향한 것이 아니라, 나와 지속적인 관계를 맺고 있는 팔로워들에게 보여지는 것이다. 내 트윗 한마디 한마디가 나에 대한 평판(*reputation*)을 만들기 때문에 아무렇게나 글을 쓰고 도망갈 수 없다. 내가 유용한 정보를 전해 주면 더 많은 인기를 끌겠지만, 근거 없는 소문이나 비방, 실없는 소리만 늘어놓는다면 누구도 나를 팔로하려 하지 않을 것이다.

트위터의 자율조정 기능에 대한 기대를 담고 있는 이 기사의 근저에는 역시 이성에 대한 낙관적 전망이 깔려있다. 특히 논리의 구조가 사상의 자유시장 이론의 핵심 논리인 이성에 의한 자동조정 원리(*self-righting process*)와 상당히 유사하다. 자동조정원리를 간단히 설명하면 이렇다. 사상의 시장에 나온 다양한 견해들은 경쟁을 통해 가장 합리적이고 설득력 있는 견해가 진리로서 채택된다는 것이다. 소비자들이 이성의 힘을 바탕으로 시장에서 가격, 품질 등 여러 가지 요소를 고려해 가장 합리적인 가격의 상품을 선택한다는 것이다.

트위터에서도 쉴 새 없이 올라오는 다양한 견해 중 가장 관심 있고 유익한 정보들이 이용자들의 이성적 선택에 의해 RT를 통해 전파되고, 신빙성이 떨어지는 잡담수준의 이야기들은 시장에서 외면 받고 생명을 다한다는 논리다.

그러나 이 같은 논리는 사상의 자유시장이 비판받은 것과 마찬가지의 논거로 비판이 가능하다. 가장 대표적인 반박논리는 시장의 실패, 곧 '시장이 과연 공정한가'라는 질문이다. 트위터는 공정한 룰이 작동하는 완벽한 시장이냐는 것이다. 세 가지 측면에서 관찰이 가능하다.

첫째, 트위터의 커뮤니케이션 구조 자체가 불평등할 수 있다는 것이다. 고전적 사상의 자유시장에 대한 비판론자들은 실제 사상의 시장을 지배한 것은 힘 있는 소수 언론사와 광고주들이었다고 비판한다. 이들이 자신들의 이익과 기호에 부합하는 방향으로 프로그램이나 기사를 만들어 여론을 주도한다는 것이다.

트위터에선 팔로워가 곧 권력이라고 볼 수 있다. 팔로워가 많을수록 자신의 영향력은 커지는 구조이고, 특히 팔로워들을 많이 모은 사람들은 사회적 지명도가 있는 스타나 명망가들이거나 혹은 전문적인 지식으로 무장한 사람들이다. 이들이 어떤 견해를 가지느냐에 따라 논쟁이 이어지고, 이들의 견해가 팔로워들에게 상당한 영향력을 행사한다. 사실상 공론을 주도하거나 주도할 수 있는 능력을 갖춘 사람들은 대부분 '파워트위터리언'들이다. 반면 팔로워 수가 적은 사람들은 아무리 좋은 글을 올려도 독자층은 제한적이다. 물론 파워트위터리언들의 RT를 받을 경우라면, 혹은 많은 사람들의 RT를 받을 경우라면 반향을 일으킬 수 있지만 반대로 이들이 무심히 지나가 버리면 그냥 사장되고 마는 것이다.

이와 같은 트위터 구조는 커뮤니케이션에서 말하는 '2단계 흐름이론'(*Two-Step Flow Theory*)을 연상시킨다. 1940~50년대 컬럼비아대의 Paul Lazarsfeld 교수는 실험적 연구를 통해 미디어가 사람들에게 직접적으로 미치는 영향은 제한적이라고 주장했다. 미디어의 메시지는 사람들의 직접적인 태도변화를 일으키지 않는다. 이들의 태도결정에 영향력을 미치는 사람은 다른 사람보다 미디어의 보도를 일찍 접하고 적극적으로 분석하고 비판하는 오피니언 리더들(*opinion leaders*)이며, 바로 이 오피니언 리더들이 자신의 의견을 따르는 오피니언 팔로워들(*opinion followers*)에게 태도변화를 일으키도록 안내한다는 것이다.[52]

---

52 라자스펠드 교수는 1940년 치러진 미국 대통령 선거에서 오하이오 주의 한 마을을 선택해 투표에 이르기까지의 유권자들의 태도변화를 분석했다. 당시 대선은 민주당의 Franklin Roosevelt 후보와 공화당의 Wendel Willkie 후보가 경합을 벌였다. 라자스펠드 교수는 미디어의 가장 큰 역할은 이미 만들어진 투표성향을 강화해주는 것이며, 대부분의 사람들은 이미 투표자를 마음속에 정해놓고 있는데 미디어가 이들의 결정에 영향을 주지 못한다고 주장했다. 그의 이론에 따르면 그 역할을 하는 사람들은 오피니언 리더들이다. 2단계 이론에선 미디어

이 이론에 따르면 결국 여론을 주도하는 것은 주변에 영향력을 가진 오피니언 리더들인데 트위터에선 이 오피니언 리더들의 역할을 파워트위터리언들이 하고 있다. 실제 오프라인에서 막강한 권한과 발언권을 가진 국회의원이나 대학교수 등 여론주도층이 트위터에선 수천 명의 팔로워를 보유하기도 힘들다. 물론 500만 명 이상의 팔로워를 가진 버락 오바마 미국 대통령과 같은 경우도 있지만 이는 극히 예외적인 경우다.

국내에선 2010년 10월 기준으로 박근혜 전 한나라당 대표(@GH_PARK)가 대중적 인기를 기반으로 4만 7천여 명의 팔로워를 가지고 있고, 민주당에선 손학규 대표(@HQ_Sohn) 4,062명, 정동영 전 대표 2만 983명 등의 팔로워를 갖고 있다. 대선주자급의 인사조차 팔로워가 그리 많지 않은 편이다. 반면 김연아 선수(26만 명), 영화배우 박중훈(7만 5천 명), MC 김제동(26만 명), 김주하 MBC아나운서(13만 6천 명)의 팔로워를 가지고 있다. 이들의 말 한마디가 엄청난 영향력을 가질 수 있다는 것이다.

2010년 7월 개그맨 김미화 씨(@kimmiwha)가 자신의 트위터에 'KBS 내부에 출연금지 문건이 존재하고 있기 때문에 출연이 안 된답니다"라는 글을 한 줄 올렸다. 7만여 명의 팔로워를 가진 김 씨의 글은 정치적으로 큰 파장을 일으켰다. 정부가 비판적 연예인을 탄압하려는 의도라는 정치논리와 연결돼 정치이슈화 됐기 때문이다. KBS가 즉시 사실이 아니라고 반박하며 김 씨를 명예훼손혐의로 고소하는 사태로까지 비화됐지만 트위터의 여론은 김 씨의 주장을 기정사실화하는 경향이 강했다.

또한 트위터에서 오피니언 리더들의 특징은 '독설가'가 많다는 점이다. 더 많은 팔로워를 얻기 위해 발언을 과장·왜곡하거나, 자극적인

메시지를 스크린하고 다른 사람에게 메시지를 전달해 의견을 공유하는 역할을 하는 미디어 적극이용자층인 게이트키퍼들(*gatekeepers*)이 있는데 '오피니언 리더'들이 바로 이 역할을 담당한다. 오피니언 리더들은 미디어를 통해 (출마자들의) 메시지를 접한 뒤 오피니언 팔로워들에게 자신의 의견을 전해주며 정치적 결정에 조언을 해주는 역할을 한다.

언동으로 대중들을 선동하는 글을 흔히 볼 수 있다. 이는 옐로페이퍼들이 독자들의 관심을 끌기 위해 센세이셔널하게 기사를 작성하는 것과 유사하다.

이처럼 트위터의 파워트위터리언들이 대중적 지명도가 높은 연예인이나 스포츠 스타, 또는 독설가로 구성돼 정치 사회적 여론을 주도하는 것은 정상적인 사상의 자유시장과는 거리가 있다. 해당 주제에 대해 전문가들의 전문적 지식과 권위 있는 진단, 코멘트가 아니라 유명인사들의 '인상비평'이 (트위터) 여론에 큰 영향을 미친다는 점이다.

인터넷에 대해 지극히 비판적인 입장을 취해온 소설가 이문열 씨는 이와 관련, 언론과의 인터뷰에서 "인터넷의 쌍방향성을 누리는 사람들은 이데올로기를 가진 소수, 메커니즘을 잘 이용하는 소수"라며 "인터넷에서 발신자가 되는 사람은 전체 이용자의 5% 정도며, 나머지 95%와의 사이에는 10대 1이 아니라 100대 1의, 1000대 1의 불균형이 존재한다"고 비판했다. 과장된 측면은 있지만 비판의 취지는 충분히 곱씹어볼 만하다.

둘째, 과연 자동조정의 원리가 제대로 작동할 만큼 이용자들이 충분히 이성적이냐는 것이다. 이용자들이 자신의 경제적 · 사회적 이해관계나 정치적 선호와 상관없이 이성적 판단을 통해 메시지를 취사선택해 RT를 할 것이냐는 질문이다.

트위터의 인맥이 정치적으로 편향되는 경향은 없는가? 불행히도 일부 트위터리언들은 자신의 정치적 성향을 노골적으로 드러낸다. 특정 정치인의 이름을 내세워 '000이 대통령이 되는 날까지' 혹은 '골수 000 지지자'라는 자기소개까지 공개하기도 한다. 물론 자신과 정치적 성향이 유사한 사람들과 트위터를 통해 교류하기 위한 목적일 가능성이 크다.

그러나 이는 사상의 자유시장의 취지와 본질적으로 배치된다. 다양한 의견이 경쟁하는 과정에서 가장 설득력 있는 의견이 승리한다는 것이 사상의 자유시장의 핵심 논리다. 그러나 트위터나 페이스북 등 SNS

에선 자칫 서로 비슷한 정치적 견해를 가진 사람들이 유유상종하기 쉬운 구조다. 이런 구조에선 설득력이 떨어지는 이론이나 주장이 시장에서 자동정화기능을 통해 낙오되지 않는다. 오히려 주장의 합리성 여부를 떠나 자신의 정치적 주관에 따른 선전선동과 맹목적인 추종의 대화구조가 이뤄질 개연성이 높다. 이 경우 SNS는 '공정한 시장'이 아니라 이미 자신의 이념적 편향에 따라 필요한 논리를 공급받거나, 기존에 가진 논리를 강화시키는 '논리공급소' 역할을 하게 된다. 이는 앞서 언급한 2단계 흐름이론에서 제시한 커뮤니케이션 모델과도 일치한다.

이와 관련, 《넛지》의 저자인 캐스 선스타인 교수가 지적하는 루머의 생산 및 전파구조는 시사하는 바가 많다. 선스타인 교수는 "(루머는) 사람에서 사람으로 옮겨가면서 신뢰를 얻는데, 사실임을 뒷받침해 주는 증거가 제시돼서가 아니라 다른 사람들이 그것을 사실이라고 믿는 것 같아 보이기 때문에 그렇게 되는 것"이라고 말한다.[53] 선스타인 교수는 사람들은 자신들이 가진 정보가 있더라도 자신이 갖고 있는 정보가 확실하다는 확신이 없으면 다중의 생각에 의존하게 되는 '정보의 폭포현상'(*Information Cascades*)에 빠지게 된다고 지적한다. 특히 사람들이 스스로 자기검열을 통해 다중과 생각을 같이 하는 것처럼 보이도록 행동하는 '동조화 폭포현상'(*Conformity Cascades*)이 일어난다. 특히 이와 같은 동조화 폭포현상은 밀접한 관계를 유지하는 집단들로 구성된 사회적 네트워크나 특정신념체계가 대단히 중요한 비중을 차지하는 네트워크에서 중요한 역할을 하는데, 다중의 생각에 회의를 가진 사람들이 동조화 압력에 의해 침묵하게 된다는 것이다. 이에 따라 같은 생각을 가진 사람들이 함께 모여 이야기를 나누면 그 전보다 더 극단적인 생각을 갖게 되는 '집단 극단화'(*Group Polarization*)가 일어날 수도 있다고 선스타인 교수는 말한다.

---

53 캐스 선스타인(2009), 《루머》, 프리뷰. 14~15쪽.

그는 이 경우 "많은 생각들이 경쟁하는 '사상의 시장'은 진실을 검증하는 최선의 수단이 되기는커녕 많은 사람들이 거짓을 믿게 만들어 민주주의의 기반자체에 손상을 줄 수 있다"고 경고한다.

셋째, 트위터 등 SNS의 신뢰성의 문제다. SNS를 통해 공급되는 정보들은 충분히 신뢰할 만한가 하는 점이다. 앞서 트위터 등 SNS예찬론자들은 에디터와 기자로 상징되는 중앙통제적 구조의 기존언론에 비해 아무런 개입 없이 자유로운 의견개진이 이뤄지는 분산형 구조를 SNS의 장점으로 꼽고 있다. 그러나 이는 신뢰도 측면에서 볼 때 SNS의 치명적 약점이 될 수 있다. SNS의 경우 왜곡되거나 조작된 증거로 진실을 호도하거나, 일방적 주장을 마치 진실된 주장인 양 전파하는 행태가 벌어지더라도 이를 제어하거나 검증할 장치나 기구가 없다. 기존언론과 같은 게이트키핑 장치가 없는 것이다. 이에 대해 SNS의 다른 이용자들의 반박에 의해 진실이 교정되고 거짓은 사퇴하는 자동정화기능이 있다는 반론이 제기된다.

그러나 트위터의 전파력은 상상을 초월하며, 한번 전파된 왜곡된 정보는 순식간에 퍼지게 된다. 설사 다른 이용자들이 잘못된 정보를 바로잡으려 해도 트위터의 경우 팔로워의 수에 따라, RT의 횟수에 따라 전파력이 차이가 나기 때문에 허위사실의 수정이 동일하게 이뤄질 수 없는 구조다. 가령 1만 명의 팔로워를 가진 A가 트윗한 루머성 정보를 1,000명의 팔로워를 가진 B가 A의 주장을 바로잡는 내용으로 RT를 했더라도, A의 글을 본 모든 사람이 B의 반박글을 볼 수 있는 것은 아니다. 물론 B의 글을 다른 이용자들이 RT할 수 있다. 파워트위터리언들을 통해 반박내용이 강력히 전파될 수도 있지만 단 몇백 명만이 보는 데 그칠 수도 있다. 결국 SNS의 자동조정기능은 상당히 제한적일 수밖에 없다. 이와 관련, B가 특정분야에 공인된 전문가가 아닐 경우 B의 주장 역시 신뢰할 수 있느냐는 문제도 제기된다.

또 하나 짚고 넘어가야 할 신뢰의 문제는 기존언론사 뉴스를 활용하는 문제와 연관해 발생한다. 우선 포털의 대화구조와 비교해 보자. 포털 뉴스서비스의 댓글시스템은 사실 언론사의 기사를 텍스트로 해서 토론이 이뤄지는 구조다. 원천정보가 언론사의 공신력을 기반으로 하기 때문에 신뢰의 문제는 상당부분 해결될 수 있다. 또한 특정언론사의 기사 역시도 다른 논조를 가진 언론사 기사와 뉴스서비스 페이지 내에서 쉽게 대비되기 때문에 이용자들은 특정언론사의 기사가 다소 편향적인 기사를 싣더라도 '사상의 편식'에 빠질 가능성은 상대적으로 적고, 앞선 장에서 자세히 살펴봤듯 이를 방지하기 위한 다양한 장치들이 마련돼 있다.

SNS에서도 특정 언론사의 기사를 링크 걸어 소개하면서 코멘트하는 방식의 커뮤니케이션이 흔히 일어난다. 그러나 이 경우 자신의 주의·주장에 맞는 기사들만 선별돼 소개되고, 동일한 신뢰도를 갖춘 다른 언론사의 다른 관점의 기사는 소개되지 않는다는 점에서 상당히 불공평한 구조다. 이 기사에 대한 여러 가지 코멘트들이 RT나 답글 형식으로 올라올 수 있지만 공신력 있는 언론사의 주장과는 신뢰도면에서 차이가 크다.

이와 같은 논리를 종합하면 SNS의 부정적 측면에 대해선 다음과 같은 결론에 도달한다. SNS의 분산형 혹은 개방형 커뮤니케이션 모델의 자동정화기능은 한계가 있고, 편향적 오류를 제거해 주는 기능(*debiasing*)이 제대로 작동할지도 의문이다. 오히려 사람들이 지식을 받아들일 때 편향적인 방식으로 기존에 자신이 지닌 신념이나 정치적 지향성을 강화시키는 장치로 작용할 가능성이 많다. 앞서 말한 선스타인 교수의 지적처럼 진실에 도달하는 최선의 길이고, 표현의 자유를 보호해야 하는 논리의 출발점인 사상의 자유시장이 오히려 민주주의에 파괴적인 영향을 미치는 '루머공장' 혹은 '사담(私談)의 마당'으로 전락할 수 있다는 점은 경계해야 한다.

• 에필로그 •

다 못한 이야기

1. 변화의 지향

도대체 세상은 어떻게 변하고 있는가. 기술의 변화 속도가 너무 빨라 보통사람들은 변화를 뒤따라가기조차 숨이 차다.

2000년대 후반부터 불기 시작한 모바일 혁명은 유선인터넷 시대에 십수 년간 인류가 어렵게 형성시킨 질서 — 사실 이 질서는 인류가 수백 년간 만들어놓은 질서보다 더 정교하고 파괴적으로 인류의 생활양식을 재편했다 — 를 또다시 뒤흔들고 있다. 불과 10여 년 만의 변화다.

미국의 저명한 커뮤니케이션 전문가인 클레이 서키 뉴욕대 교수는 인터넷의 출현 이후 세계 이곳저곳에서 동시에 서로 연결돼 '끌리고, 쏠리고, 들끓으며' 새로운 질서와 새로운 사회가 만들어지고 있다고 말한다. 그에 따르면 급변하는 인터넷 시대에 우리에게 가장 큰 도전은 "목적지를 결정하는 일이 아니라 목적지까지 가는 동안 중심을 잃지 않고 몸을 똑바로 세우는 일"이다. 유·무선 인터넷 혹은 이로 인해 파생된 많은 도구들의 발명이 던지는 중요한 질문은 "과연 이런 도구들이 확산될 것인가"가 아니라, 이런 도구들로 인해 "사회는 어떻게 변해가고 있는가"라는 것이다.

보다 구체적인 질문을 던져 보자. 인터넷이 본격화된 1990년대 중반 이후 10여 년간 우리가 만들었던 사이버 스페이스는 지금 어떻게 변하고 있는가? 초기 사이버 자유주의자들이 꿈꾸었던 디지털유토피아에 접근하고 있는가, 아니면 사이버 규제주의자들의 시각처럼 불법과 폭력이 설치는 무법지대로 변해가고 있는가? 또 이로 인해 우리 사회에 일어난 변화는 희망적인가 비관적인가? 물론 관점에 따라 수십, 수백 가지의 다양한 답이 나올 수 있다. 그러나 그간 사이버 스페이스에 쌓아올린 사회적 문화적 규범과 기술적 기반들이 사상의 자유시장을 꽃피우는 쪽으로 발전했는지에 대해서도 선뜻 평가를 내리기 어렵다. 한국은 세계 최고의 네트워크 인프라를 기반으로 포털을 최적의 사상의 자유시장으로 발전시킨 나라다. 반면 역설적이게도 인터넷으로 인한 부작용이 가장 심각하게 나타나는 곳이기도 하다.

앞서도 말했듯 2010년을 기점으로 본격화된 모바일 혁명은 우리 사회에 근본적인 변화를 야기하고 있다. 2010년대의 화두는 '스마트사회'(*smart society*)로의 진화다. 스마트폰 열풍이 태블릿PC와 스마트TV로 이어지고, 이와 같은 첨단 스마트디바이스로 인해 일터와 가정의 구분을 없애는 스마트워크(*smart work*)의 개념이 현실화하고 있다. 스마트폰으로 페이스북을 하고, 태블릿PC로 미국 하버드대학의 강의를 들으며, 스마트TV로 화상전화를 하는 시대가 시작된 것이다. 방송·통신·인터넷이 하나로 융합돼 '미디어 빅뱅'이 일어나고, 각기 독립적으로 존재하던 방송과 통신서비스, 소프트웨어, 하드웨어가 하나의 거대한 단일시장으로 통합되고 있다. 반면 개인화된 IT디바이스의 발달은 개개인을 촘촘히 그물처럼 엮어 지금까지 인류가 생각하지 못했던 새로운 서비스들을 만들어 내고 있다. 소셜네트워킹 서비스, 소셜 게임, 소셜 커머스 등 '소셜화'의 바람이 일고 있는 것이 그것이다.

방송통신(ICT) 기기들이 '스마트'해진다고 해서, 사회가 '스마트'해지는 것은 아니다. 개개인이 연결된다고 해서 '소셜화'되는 것도 아니다.

우리가 유념해야 할 것은 유선인터넷 시대의 규범적 유산들과 풀지 못한 법률적 사회적 과제들이 무선인터넷 시대에도 여전히 유효하다는 것이다. 온라인 시대에 포털과 블로그의 등장이 명예훼손법 등 기존 오프라인 세계의 법률·규범과 충돌해 많은 사이버명예훼손 등 새로운 문제들을 야기했다면, 모바일혁명이 만들어낸 스마트사회에선 온라인 시대에는 없었던 또 다른 숙제들이 기다리고 있다. 당장 트위터에서 명백히 명예훼손적 내용을 RT했다면, 혹은 다른 사람이 나의 이름을 사칭해 미국에 본사가 있는 페이스북에 계정을 만들었다면 현행법상 어떤 구제책이 있을 것인가.

스마트 사회의 지향점이 최첨단의 방송통신(ICT) 기기들이 우리 생활을 얼마나 편리하게 바꾸느냐는 수준에 멈춰서는 안 된다. 사람들이 더 쉽게 지식과 정보를 습득하게 만드는 ICT장비들의 경연장이 스마트 사회의 본질이 돼서도 안 된다. 오히려 이런 스마트 기기를 통해 얻은 지식과 정보에 관해 서로의 의견을 교환하고 토론하게 만드는 '사상의 자유시장'을 더욱 확고히 구축하고, 이 시장에 접근하기 쉽고 편리한 환경을 만들어 가는 데 있어야 한다. 그래야 인터넷을 통해 민주주의의 가능성을 발견한 인류가 ICT를 기반으로 설계된 사상의 자유시장을 통해 민주주의를 최적화시킬 수 있게 된다.

참고로, 시장의 변화도 주목된다. 유선인터넷 시대에 시장의 지배자는 네트워크를 가진 이동통신사와 서비스를 기반으로 한 포털이었다. 그러나 무선인터넷이 활성화되면서 통신회사나 개별포털보다는 서비스, 애플리케이션, OS 및 이에 기반한 스마트기기를 생산하는 애플이나 구글 등 글로벌 IT기업을 중심으로 시장이 재편되고 있다. 기존의 하드웨어를 만들던 삼성과 노키아, 통신사업자인 SKT와 KT, 네이버나 야후와 같은 포털들이 한데 뒤엉켜 시장 쟁탈전을 벌이고 있다. 이 과정에서 우려되는 것은 국내 포털의 주도권 약화다. 사실 유선인터넷 시장에서 국내 포털들은 통신회사들이 깔아 놓은 망을 공짜로 이용(*free riding*)해서 콘텐츠 장사를 했던 비즈니스 모델을 가지고 있었다. 이동통신(무선)과 달리 초고속 인터넷망(유선)을 기반으로 발달한 인터넷 시장에서 콘텐츠 유통업자인 포털은 막대한 이용자수를 기반으로 이통사와 광고 수익을 분배하지도 않았고, 언론사, 음반회사 등 각종 콘텐츠 생산자들과의 관계에서도 절대적으로 유리한 지위를 행사했다. 그러나 유선인터넷과 비교하면 콘텐츠 유통사업자로서의 주도적 지위가 콘텐츠와 컴퓨터 운영체계 분야에서 기술력을 갖추고, 독자적인 앱스토어를 구축한 애플이나 구글과 같은 글로벌 종합 IT기업으로 옮겨 갈 가능성이 커졌다.

만약 국내 포털들이 모바일 생태계를 구축하는 데 실패할 경우 이들이 1990년대 이후 심혈을 기울여 만들었던 '사상의 자유시장' 역시 몰락하고, 외국의 글로벌 IT업체들이 이를 대신할 것이다. 불행하게도 애플은 상업적으로는 인문학적 상상력을 발휘할 수 있지만 아직 '사상의 자유시장' 등 사회과학적 관심은 없는 듯하다. 구글은 표현의 자유의 옹호자라고 주장하지만 '유통' 쪽에 대한 엔지니어적 관심이 있어 보일 뿐 '미디어'로서의 정체성은 낮은 회사다.

모바일 시대에 포털을 대체할 새로운 '사상의 자유시장'이 설계된다면 환영할 만한 일이다. 페이스북을 필두로 한 SNS가 대안으로 떠오르지만 앞장에서 살펴본 대로 아직은 '미완성의 시장'이다. 인터넷을 통해 부활한 사상의 자유시장을 우리 시대에 어떻게 더 정교하게 구축할 것인가, 그리고 우리는 그런 방향으로 모바일 인터넷의 구조를 설계하고 있는가?

2. 익명사회, 실명사회
-"우리는 여러분이 어디에 있는지, 무엇을 좋아하는지 안다."

2010년 9월 독일 베를린에서 폐막한 IFA컨퍼런스에서 구글의 CEO 에릭 슈미트는 거침없이 이렇게 말했다. 언론보도에 따르면 슈미트는 "휴대폰 검색의 3분의 1은 사용자 주변의 사물이나 장소에 관한 것"이라며 "구글은 검색사용자가 찾는 바로 그 정보를 제공할 수 있는 단계에 이르렀다"고 강조했다고 한다. 이 기사에 따르면 슈미트의 논리는 간단하다. 검색은 '퍼스널'하다. 웹 검색에 머물 수 없고, 사용자의 모든 정보가 검색대상이 되고, 개인의 관심사도 검색대상이라는 것이다. 가뜩이나 과도한 개인정보 수집으로 세계 각국에서 마찰을 일으킨 구글 경영자의 발언으로는 위험천만한 것이지만, 현재의 검색기술과 인터넷서비스의 지향점이 무엇인지를 간결하게 설명해 주는 말이었다. 몇 가지 사례를 들어 보자.

2010년 말 국내에선 아이폰의 위치기반서비스(LBS, *Location Based Service*)를 이용한 '오빠믿지'라는 애플리케이션이 등장해 사생활침해 논란이 일었다. 이 서비스는 GPS를 통해 상대방의 위치를 200m 범위 내에서 파악할 수 있는 앱이다. 연인들 사이에 서로의 위치를 확인시켜줄 목적으로 만들었다고 하나 상대방이 단순히 어느 지역에 있는지를 넘어 거리와 상호까지 자세히 알 수 있도록 돼 있어 상대방의 행적을 손금 보듯 알 수 있다. 이런 위치기반 서비스는 이미 광범위하게 활용되고 있다. 다음의 '플레이스'나 KTH의 '아임IN', 미국의 '포스퀘어'(four-square)가 대표적이다. 이 앱을 사용하는 사람은 SNS를 통해 다른 사람에게 자신의 위치를 끊임없이 알려준다. 자신이 어디에서 무엇을 하는지 계속 노출시키고 기록에 남기는 것이다. 이와 같은 위치기반 서비스의 발달은 조지 오웰의 소설 《1984》의 '빅브라더'의 환경을 인류 스스로가 만들어 간다고도 볼 수 있다.

한편, 페이스북 등 상당수의 SNS들도 스스로를 끊임없이 노출하는 구조로 돼 있다. 페이스북을 떠올려 보자. 실명을 기반으로 한 서비스는 아니지만, 사실상 이메일 주소, 사진, 경력, 학력, 친구추천 등을 통해 자신의 존재를 노출하고, 이와 같은 개인정보들을 조합해 네트워크를 구축하고, 새로운 서비스를 만들어낸다.

슈미트의 발언이나 다양한 위치기반 서비스와 소셜네트워킹 서비스의 출현이 의미하는 바는 무엇일까. 필자는 '익명사회'를 지향하던 사이버 스페이스가 '실명사회'로 급격히 전환되는 중이라고 본다. 스스로를 '숨기는 문화'에서 스스로를 '드러내는 문화'로 이동 중이라고 봐도 될 것이다. 초창기 인터넷의 특징 중 하나는 스스로를 숨기는 익명성이었다. 보복의 두려움 없이 자유로운 토론과 정보교환이 가능하게 만들기 위한 장치로서 익명성은 초기 인터넷 문화를 지배했다. 제한적 본인확인제가 도입되자 반발이 이어진 이유도 이 때문이다.

그러나 인터넷서비스가 진화하고 모바일 혁명이 진행되면서 익명성은 점차 사라지고 있다. 사이버 스페이스의 구조 자체가 자신을 드러내는 방식으로 재설계되고 있다고 할 수도 있다.

특히 위치기반 서비스나 사회관계망 서비스, 검색기술의 진화는 모바일 혁명과 맞물려 있고, 그 중심에 스마트폰으로 대변되는 개인화된 IT디바이스들이 있다는 점은 눈여겨봐야 한다. 일반인들은 휴대폰을 개인별로 1~2대 소유하고, 특별한 경우를 제외한다면 자신만 사용한다. 개인 간의 휴대폰을 통한 문자메시지를 떠올려 보자. 스팸을 제외한 문자메시지는 사실상 실명기반 서비스다. 전화번호가 기록으로 남기 때문에 손쉽게 누가 보낸 메시지인지 알 수 있고, 쉽게 추적할 수 있다. 전화번호가 휴대폰에 저장돼 있으면 '누구에게서 메시지가 왔다'고 친절하게 안내까지 해준다.

스마트폰이나 태블릿 PC등을 통해 위치기반서비스나 트위터, 페이스북 등을 이용할 경우도 마찬가지다. SNS를 통해 글을 올리거나 댓글을 달 경우, 실명을 밝히지 않더라도 데스크톱을 이용하는 유선 인터넷 환경보다는 훨씬 쉽게 이용자 파악이 가능하다. 위치기반서비스는 말할 나위도 없다. 익명성이 테크놀로지에 의해 해체되고 있는 것이다. 이와 같은 실명지향사회로 전환은 로렌스 레식 교수가 지적한 '코드(*code*)에 의한 지배'를 다시 떠올리게 한다. 우리가 의식했든 안했든 사이버 스페이스를 실명전환의 아키텍처(구조)로 만들어 가고 있는 것은 아닐까. 다시 말해 누가 '인터넷 실명제'의 깃발을 들지 않더라도 구조 자체로 인해 실명과 개인정보가 드러날 수밖에 없도록 사이버 스페이스가 만들어지고 있고, 이것이 새로운 규범, 즉 코드로 자리잡아 가고 있는 것이다. 이러한 새로운 코드가 총체적으로 긍정적일지 혹은 부정적일지 여부는 아직 예단하기 이르다. 그러나 사이버 스페이스가 어디로 어떻게 변해가고 있는지 다시 한 번 우리를 숙고하게 만드는 것은 분명한 듯하다.

3. 자율규제와 사법통제

1) 평판(*reputation*) 시스템과 사상의 자유시장

우리는 지금까지 이 책을 통해 '인터넷을 어떻게 규율할 것인가'라는 질문에 대해 답을 구해 왔다. 사이버자유주의자들은 표현의 자유 보호를 최고의 가치로 삼아 정부의 직접 개입을 거부한다. 반면 규제주의자들은 인격권과 기존의 질서유지를 내세우며 정부의 직접 통제로 사이버 스페이스에 질서를 부여하려 한다. 이 두 접근법은 한국과 미국의 판례와 입법례 등에서 살펴보듯 현실세계에서 수시로 충돌하고 있다. 그러나 지난 10년은 두 가지 시각이 서로 타협점을 모색하는 시기이기도 했다.

인터넷업계와 언론단체 등에선 제한적 본인확인제 확대나 사이버모욕죄 등 다양한 입법을 통해 정부가 사이버 스페이스에 대한 통제를 강화하려는 데에 대해선 그다지 탐탁지 않게 생각하는 경향이 많다. 인터넷상의 명예훼손적 표현물에 대한 사전규제에 대해서도 전통적인 표현의 자유 이론을 들어 반대한다.

이에 대한 대안으로 가장 먼저 떠올릴 수 있는 것은 자율규제 시스템이다. 사실 사이버자유주의자들이 내세우는 대안이다.

미국의 CDA 논쟁 등에서 살펴본 인터넷 포르노물에 대한 '부모에 의한 통제' 주장을 떠올려 보자. 당시 ACLU 등은 정부가 포털들에게 인터넷 음란물이나 명예훼손적 내용을 모니터링해서 차단하는 것을 법으로 의무화하는 것에 반대한다. 대신 부모가 음란물차단 소프트웨어를 가정의 컴퓨터에 설치해 자녀들을 감시하자고 주장했다.

이처럼 부모에 의한 통제보다 한발 더 나아간 강력한 규제장치는 ISP 등 인터넷사업자에 의한 자율규제다. 업체들 스스로 규약을 만들어 정부의 개입 없이 자율적으로 명예훼손적 표현물을 블라인드 처리하거나 삭제하는 것이다. 네이버와 다음 등 국내 대부분의 포털들은 자체적인 모니터링을 통해 명예훼손적이거나 저작권침해의 요소가 있는 게시물들을 차단하고 있다. 특히 국내 포털 중 하나인 '네이트'가 실제 자신의 이름을 노출시켜야만 댓글을 달 수 있게 한 '댓글 실명제'는 대표적인 포털의 자율규제라고 볼 수 있다.

다른 대안으로는 평판시스템을 구축하는 방안이 거론된다. 평판(*reputation*)이란 한 사람, 집단 혹은 조직에 대한 공중의 의견, 즉 사회적 평가를 의미한다. 사람들은 자신의 글이나 상품 등에 대해 좋은 평판을 얻기 위해 노력한다. 평판이란 명예심과도 밀접한 관련이 있다. 과거 유럽에서 귀족들이 자신의 명예를 걸고 결투를 벌인 것도 결과적으로 자신에 대한 '사회적 평판'을 유지하기 위한 방편이었다.

개인에 대한, 혹은 기업에 대한 평판은 사회적 권위를 부여한다. 저명한 대학교수나 저널리스트의 칼럼이 사회적 영향력을 가지는 것도 스스로가 쌓아온 사회적 평판에 힘입은 것이다. 때로는 칼럼을 게재한 언론사의 사회적 평판에 따라 신뢰도가 좌우되기도 한다. 반대로 해당 언론사는 다른 언론사보다 더 권위 있는 필자나 명망가들을 초대해 글을 게재하려고 경쟁한다. 이들의 칼럼이나 코멘트가 자신들의 신문이나 방송의 사회적 평판을 높여줄 것이라고 믿기 때문이다.

많은 인터넷 학자들은 이러한 평판의 구조를 인터넷에 정착시켜야 한다고 주장한다. 평판시스템이야말로 인포데믹스(정보전염병)라고 칭할 만큼 검증할 수 없는 정보들과 불법적인 표현물로 오염된 인터넷을 정화할 수 있는 근본적 해결책이라는 것이다. 인터넷에서 개개인들이 신뢰를 얻기 위해 노력하면서 쌓아올린 평판의 구조물(*architectures*)들이 사회적 자산(*social capital*)이 되면서, 자연스럽게 악플이나 사이버 사기 같은 부작용들이 퇴출된다고 보기 때문이다.

블로거들을 예로 들어보자. 블로거들은 자신들이 쓴 글이 더 많은 독자들에게 읽히길 원하고, 이를 위해 양질의 정보와 통찰력을 담으려고 애쓴다. 이를 통해 자신의 글을 읽는 사람이 많아지면, 그에게는 '파워

블로거'로서의 평판이 생기고, 인터넷에서 나름의 권위가 부여된다. 팔로워 수로 영향력이 가늠되는 트위터 역시 근본적인 아이디어는 평판시스템과 무관하지 않다. 트위터의 타임라인에서 사람들은 좋은 정보와 의견들을 올려 신뢰를 높이려 한다. 그것이 자신의 평판을 높이는 길이고, 이를 통해 팔로워가 늘어나는 선순환 구조가 형성된다. 트위터 이용자들은 자신이 추종하던 사람의 글이 마음에 들지 않으면 언제든지 팔로윙을 해지할 수 있다.

실제 인터넷에선 그간 평판의 구조가 자연스럽게 마련되고 실험되었다. 특히 전자상거래의 영역에서 상당히 진전을 보여왔다. eBay나 G마켓 등 온라인마켓의 피드백시스템이 그것이다. 소비자들이 해당상품의 구매의사를 결정할 때 제품의 평가나 판매자의 신용에 대한 다른 소비자들의 사용후기나 평가 등을 참고한다.

평판시스템은 전자상거래뿐만 아니라 콘텐츠에도 그대로 적용될 수 있는데 그 중심에 포털이 있다. 실시간 검색어 순위, 실시간 많이 본 뉴스, 베스트 댓글 등이 평판시스템을 바탕으로 한 것이다.

앞서 언급했던 댓글실명제를 도입한 네이트는 2010년 9월 뉴스 댓글에 평판의 구조를 세우기 위한 또 다른 실험을 시도했다. 댓글 작성자에 대한 '클린지수'를 도입한 것. 클린지수는 네이트 관리자에 의한 댓글 삭제나 이용정지 이력 등을 수치화(100점 만점) 해 나타내는 것으로 사용자들은 지수가 높은 댓글을 선별해 볼 수 있다. 마치 온라인마켓에서 판매자의 신용도를 수치화한 것처럼 댓글에서도 작성자의 신뢰도를 수치화하겠다는 아이디어다. 또 각 분야의 전문가들이 직접 댓글을 남길 수 있는 '전문가 인증제'를 도입해 정치인, 연예인, 의사, 변호사 등 각 분야 전문가들이 해당 뉴스에 대한 설명을 보탤 수 있게 했다. 사회적 평판이 있는 전문가들의 참여를 유도해 댓글의 수준을 높이려는 의도다.

이와 같은 평판시스템의 구축은 헌법적 가치들을 보호하면서 인터넷의 순기능을 극대화하는 가장 유력한 방법이다.

한편, 평판시스템은 사상의 자유시장과도 불가분의 관계다. 다양한 견해가 사상의 시장에서 좋은 평판을 얻기 위해선 이를 지지하는 주창자들에 대한 사회적 신뢰가 필수적이기 때문이다. 이와 같은 평판시스템이 작동하는 원리는 무엇일까. 필자가 보기에는 사상의 자유시장의 두 축인 '이성'과 '관용'이다. 평판시스템은 말 그대로 쌍방향의 구조이다. 화자(話者)가 전하는 메시지를 청자(聽者)들이 판단하고 평가하면서 화자에 대한 사회적 '평판'이 형성되기 때문이다. 이성적 평가를 하기 위해선 자신의 견해와 다른 타인의 주장이라도 성의 있게 읽고 논리적 반론 등을 통해 평가해 주는 인내가 필요하다.

2) 타블로 사건과 법의 개입

그러나 문제는 평판시스템이나 다양한 자율규제 장치들만으로 과연 인터넷을 안전하고 신뢰할 수 있게 만들 수 있느냐는 것이다. 사실 이 문제는 고전적 사상의 자유시장 이론에 대한 비판과도 연결된다. 모든 사람들이 거짓 속에서 진실을 선택할 만큼 이성적이고, 합리적으로 행동할 것인지 회의적이라는 것이다. 객관적 사실이나 지식보다는 맹목적 믿음에 경도되는 '토론의 실패'가 발생하는 영역에서도 자율규제나 평판시스템에만 의존할 수 있을까.

2010년 인터넷을 뜨겁게 달궜던 이슈 중 하나는 가수 타블로(당시 30세 · 캐나다명 대니얼 선웅 리)의 학력위조 논란이었다. 미국의 명문 스탠퍼드 대학을 졸업한 것으로 알려진 인기가수 타블로에 대해 일부 네티즌들이 의혹을 제기했다. 이들은 타블로의 영문이름인 '대니얼 리'라는 이름의 스탠퍼드대 이공계 졸업생이 있다고 주장하면서 타블로가 이 학생의 신상을 도용해 학력을 도용했다고 주장했다. 이들은 2004년께 외신을 통해 미국의 명문대 데이터베이스가 해킹당했다는 보도까지 거론하며 브로커를 이용하면 학력위조가 가능하다고 강변했다. 2010년 5월에는 인터넷에 '타블로에게 진실을 요구합니다'(타진요)라는 카페가 개설됐고, 한때 회원수가 18만 명에 달했다. 또 인터넷 카페 '상식이 진리인 세상'(상진세)라는 카페도 역시 타블로의 학력위조 의혹을 주장하며 1인 시위 등을 진행할 정도로 기세가 대단했다. 당사자인 타블로가 성적증명서를 공개하고 해명을 했는데도 인터넷에서는 오히려 논란이 확산됐고, 스탠퍼드대 교무과장이 타블로의 학·석사 학위를 확인하면서 "모든 소스를 공개했다. 일부 사람들이 이를 믿지 않는 것은 그들이 증거를 받아들이지 않기 때문"이라고 공식 해명했다.

하지만 인터넷을 통해 번지는 타블로 의혹은 백약이 무효였다. 결국 타블로 논란에 종지부를 찍은 것은 '법'(法)이었다. 타블로는 같은 해 8월 수사기관에 명예훼손 혐의로 타진요 회원 22명을 고소했다. 반면 상진세는 그 다음달 타블로가 스탠퍼드 학위증명서를 위조했다며 서울중앙지검에 맞고소를 했다. 수사결과 타블로의 학력은 사실로 밝혀졌다.

오히려 타블로를 괴롭혔던 타진요 운영자 김 모 씨는 학생이 아니라, 57세의 미국에 거주하는 한국계 미국인으로, 구치소에 수감 중인 친구의 주민등록번호를 도용한 것으로 밝혀졌다. 포털 사이트 네이버는 이후 '타진요'에 대해 접근 제한조치를 취했고, '상진세'는 타블로에 대한 검찰고발(학력위조 혐의)을 취하했다. 반대로 타블로에게 무책임한 의혹제기로 언어폭력을 가한 네티즌들에게는 사법적 절차가 진행됐다.

타블로 사건은 사이버명예훼손의 심각성을 일깨운 대표적인 사례다. 이 사건은 집단의식에 휩싸인 인터넷이 '이성'을 어떻게 마비시키는지 여실히 보여준다. 본인의 증거제시와 해당 대학의 공식확인 사실마저 믿기를 거부하고 허구를 사실로 주장하는 사람들에게 자율규제시스템이나 평판시스템이 작동할 수 있을까?

필자가 보기에는 '사상의 자유시장'에도 이성의 룰이 작동하지 않는 사각지대는 분명 존재한다. 김영란 대법관이 '미니홈피 자살사건' 재판에서 언급한 "인터넷 이용자가 게시한 게시물 자체가 표현의 자유의 한계를 벗어난 경우(에는 이를 보호할 필요가 없다)"가 이와 같은 사각지대에 해당할 것이다. 이에 대한 구제책은 '법'에 의한 호소, 다시 말해 '소송을 통한 구제'일 수밖에 없다고 본다. 실제 사람들은 자신들의 피해에 대한 최후의 구제수단으로 법을 택하는데 인터넷 역시 예외는 아니다. 사법구제 시스템은 이와 같은 언어폭력과 사이버명예훼손으로부터 개인의 인격권 보호는 물론 '사상의 자유시장'이 건강성을 유지하기 위한 최소한의 장치로서 제대로 작동돼야 한다.

만약 이와 같은 소송의 위협, 혹은 소송을 통한 구제장치가 없다면 사람들은 거짓루머나 모욕의 생산을 멈출 동기를 찾을 수 있을까? 오히려 피해자의 항의나 삭제 요청은 코웃음의 대상으로 전락할 것이다. 실제 타진요 회원들은 네이버가 접근제한 조치를 취하자 '타블로에게 진실을 요구합니다 2'카페를 만들었고, 이 카페의 회원수가 같은 해 11월 현재 3만8천 명을 넘어섰다. 국가기관의 수사발표조차 이들은 믿지 않는 것이다.

필자는 인터넷에서 때때로 보이는 '이성의 마비' 현상의 이면에 '인터넷은 법이 미치지 못하는 공간이다', '징부가 어떤 경우에도 개입하지 못하니 마음대로 해도 된다'는 등의 왜곡된 법의식이 자리잡고 있는 것은 아닌지 하는 의구심도 든다. 아니면 이와 같은 법의식조차 없이 무비판적으로 명예훼손과 모욕적 표현행위가 일상화된 것일 수도 있다. 인터넷 이용자들이 법제도를 얼마나 잘 이해하고 있는지, 혹은 법제도를 중요한 사회규범으로 인식하고 있는지 의심이 간다는 의미다.

미국의 휴고블랙 대법관은 수정헌법 제1조가 "절대 축소돼선 안 될 표현과 집회의 권리보장, 그 절대적 명령"이라며 '절대주의'를 주장했다. 표현의 자유는 절대적으로 보호돼야 한다는 것이다. 그러나 이와 같은 블랙 대법관의 절대주의는 미국 대법원에서조차 한 번도 받아들여진 적이 없다. 표현의 자유 역시 다른 헌법적 가치들과 조화와 균형을 이뤄야 한다는 의미다. 다만 표현의 자유보다 다른 헌법적 가치가 우선

하려면, 특히 국가가 법률을 통해 표현의 자유를 제약하려면 엄격한 법원의 '헌법적 감시'를 받아야 하고, 최소한의 제약에 그쳐야 한다는 것이다.

필자 역시 표현행위에 관한 분쟁을 소송을 통해 해결하는 방안을 적극적으로 장려하고자 하는 생각은 없다. 자칫 소송의 남용은 법에서 허용한 비판이나 풍자, 비평까지도 마구잡이로 소송의 대상으로 삼아, '위축효과'를 야기할 수 있기 때문이다. 인터넷을 건강한 사상의 자유시장으로 만들기 위해선 본질적으로 자율규제와 평판의 구조를 세우는 것이 옳다. 그러나 '이성의 룰'이 작동하지 않는 시장의 영역에는 법이 최소한도나마 개입하는 것은 불가피하다고 본다. 오히려 법이 작동하는 구조는 만들어져 있는지, 소송 등 제도적인 구제시스템이 제대로 갖춰져 있는지도 살펴봐야 한다.

이와 관련, 두 가지 사례는 우리가 눈여겨볼 만하다. 서울대 행정대학원 우지숙 교수팀은 2008년 인터넷상의 저작권 침해로 신고된 이용자들이 네이버에서 운영하는 '파일공유(웹하드, P2P) 음란물, 저작권 단속관련 대책토론 카페'의 게시판에 올라온 이용자들의 응답일지 203건을 분석했다.

2006년 2월부터 시작된 불법 영화파일신고 포상제도(일명 파파라치) 도입 이후 여러 조사항목 중 필자의 눈길을 끈 대목은 이용자들의 행동의도 조항이었다. '타 이용자들에게 조언 및 당부하고 싶은 말이 무엇인가'에 대한 질문에 "걸리면 손해니까 앞으로는 허가받지 않은 저작물을 공유하지 말라"고 조언하는 사람이 39.24%로 가장 많았고, "저작권법을 다시 생각해 보고 법을 지켜야 한다"고 생각하게 된 이용자들도 1/3에 달했다. 이용자들의 반응을 몇 가지만 살펴보자.

> "가끔 걸리는 사람들 보면 정말 재수 없다고 생각했는데 저도 제가 걸릴 줄 몰랐습니다. 공유하지 맙시다. ㅠㅠ"

타 이용자에게 조언 및 당부하고 싶은 말

당부 사항	빈 도	비율(%)
(걸리면 손해이니까) 공유하지 말 것	31	39.24
(공유하더라도) 걸리지 않게 조심할 것	17	21.52
저작권을 존중할 것	21	26.58
홍보하고 주위에 알리자	2	2.53
신고/고소 대처방안에 대한 현실적 조언	8	10.13
합 계	79	100

> "다들 이번 계기로 불법복제 프로그램이나 파일 등에 대한 인식을 다시 한 번 생각해 보시기 바랍니다."
> "이번 일을 계기로 업로드 안 하기로 마음먹었습니다."
> "지금도 전 제 친구들에게 공유사이트 하고 있으면 다 탈퇴하라고 얘기하고 다닙니다."
> "제가 다니는 카페들에다 글을 올려보겠습니다. 요즘도 아는 사람들에게 알리고 있습니다."

우 교수는 "이전 연구에서 음악파일 공유자들이 저작권자들이나 법제도에 대해 강한 반발을 보일 뿐 아니라 자신의 행동을 정당화했던 것과는 반대로, 신고를 당한 이용자들은 저작권 제도를 원천적으로 받아들일 뿐 아니라 저작권자에게는 미안하다는 반응을 보이고 자기 자신의 부주의를 탓했다"고 설명했다. 그는 특히 "저작물 이용과 유통을 둘러싼 이해관계의 구도와 의식의 메커니즘에 변화가 오고 있음을 보여주는 것"이라며 법제도의 변화에 이용자들이 상당한 영향을 받고 있는 것으로 나타났다고 밝혔다. 그는 "감시와 처벌이 개인들을 규율에 복종하게 하는 강한 효과를 가지고 있고 인터넷 환경 역시 예외가 되지 않는다는 점을 보여준다"면서 그러나 이러한 제도가 초래하는 결과와 사회적 비용에 대해선 좀더 많은 연구가 필요하다고 강조했다.

이 연구는 저작권법의 집행력 강화가 인터넷 이용자들에게 미치는 영향을 짚어본 것이다. 결론적으로 이 연구는 이른바 '영파라치'(전문적인 신고꾼)의 등장으로 많은 논란이 야기됐지만, 저작권 침해행위가 나쁜 것이며 저작권법이 중요한 사회규범으로 네티즌들에게 내면화되는 계기로 작용하고 있다는 점을 보여준다. 이와 같은 사례는 인터넷명예훼손 등에도 적용될 수 있다고 본다. 새로운 입법적 처방을 강화하는 것보다는 현행법의 집행력을 강화하는 것이 인터넷상에서의 '모욕 문화'를 추방하는 지름길이 될 수 있다는 뜻이다. 법의 집행력을 강화하기 위한 방법 중 하나는 법에 규정된 인터넷명예훼손에 대한 '민형사상 구제절차'를 강화하는 것이 아닐까 한다. 인터넷에서의 불법행위로 피해를 본 사람들이 소송이나 조정 등의 절차를 통해 쉽게 법에 호소할 수 있도록 하는 시스템을 만들어야 한다는 것이다. 이 문제를 따지기 전에 우리는 인터넷 피해자들이 자신들의 권리구제에 적극적인가 하는 점도 살펴보아야 한다.

3) 중학생 소녀의 아이폰 소송

2010년 10월 경기 남양주에 사는 13세 여중생 이 모 양이 IT업계의 공룡인 애플의 한국법인인 애플코리아를 상대로 손해배상 청구소송을 제기했다. 이 양의 아이폰 3GS는 구입한 지 8개월 만에 일부 기능이 작동되지 않는 등 고장이 났다. 이 양이 애플의 AS센터에 찾아가 무상수리를 부탁했으나 며칠 후 '침수라벨이 변색됐다'는 이유로 거부당했다. 이 양은 "물에 빠뜨리거나 물기에 닿게 한 적이 없다"고 항의했지만 소용이 없었다. 이 양은 이후 인터넷 검색을 통해 습기가 많은 홍콩에서는 침수라벨의 색깔이 변한 경우가 많다는 기사를 찾아냈고, "소비자의 권리도 중요한 것이 아니냐"는 아버지의 권유에 따라 소송을 제기했다. 애플이 품질보증 기간 내 정상적인 사용상태에서 하자가 발생하면 무상수리를 해줘야 한다는 국내 소비자 피해보상규정을 지키지 않았다는 것이다.

이 양은 소장에서 "언론보도 등을 보면 아이폰을 물에 직접 접촉하지 않았더라도 습기에 의해 라벨 색깔이 변한 사례가 있어 이용자의 불만이 많았다"면서 "습기나 침수 피해에 대한 사전고지나 이를 막으려는 별다른 조치 없이 아이폰을 판 것은 잘못"이라고 주장했다. 이 양이 제기한 소송액수는 AS에 필요한 비용 29만 400원이다.

이 소송의 결론이 어떻게 날지는 그다지 중요한 문제가 아니다. 이 소송을 주목한 이유는 이 양의 케이스가 인터넷에서의 '법에 의한 구제'의 시스템을 만드는 데 시사하는 바가 크기 때문이다. 당시 아이폰에 대한 애플의 고압적인 AS정책에 대해 많은 소비자들이 불만을 터뜨렸고, 언론에서도 여러 차례 기사화가 될 정도로 애플의 AS정책은 사회적인 관심을 끌었다. 특히 애플은 보증기간 안에도 무상수리 대신 중고제품을 수리한 교체폰으로 교환해주는 특유의 수리정책 탓에 수많은 소비자 분쟁이 발생했다. 그러나 정작 국내에선 아무도 법적으로 이를 문제삼은 사람은 없었다. 단지 애플 AS정책의 불합리성만 성토했을 뿐이다. 그런데 불과 13세의 여중생이 '소비자의 권리'를 찾겠다고 소송을 제기하면서, 애플의 A/S정책이 법의 도마 위에 오른 것이다.

인터넷진흥원이 2009년 한 해 동안 국내 주요 포털에 올라온 기사와 게시물에 달린 댓글을 분석한 결과 악플의 비율은 11.9%였다. 이 중 욕설이 전체 악성댓글의 39.9%로 가장 많았고, 조롱도 28.1%에 달했다. 그러나 이런 사이버 폭력을 당한 사람들 중 자신들에게 욕설이나 모욕을 퍼붓거나 허위사실로 명예를 훼손한 사람에게 과연 얼마나 제도적으로 대응했을지는 지극히 의문이다.

방송통신심의위원회에 따르면 2009년 한 해 동안 명예훼손 조정부에 신청된 명예훼손 분쟁 조정건은 291건에 불과했다. 피해내용별로는 명예훼손이 225건(77.3%), 모욕 34건(11.7%), 성폭력 2건(0.7%), 스토킹 5건(1.7%), 기타 25건(8.6%) 순이었다.

인터넷에 발생하는 무수한 사이버 폭력 중 불과 291건만이 조정을 신청했다는 수치가 시사하는 바는 명료하다. 인터넷이 '법'보다 '욕'이 앞서는 황량한 공간으로 변질되는 이유는 '법의 부족'이 아니라 법의 구제를 받으려는 '의지와 인식의 부족' 탓이 더 크지 않느냐는 것이다.

많은 사람들이 애플의 불합리한 아이폰 AS 정책에 불만을 가지고 있었지만 법적 구제에 소극적이었던 것처럼, 인터넷이 사이버폭력으로 오염돼선 안 된다고 비판하면서도 자신이 당한 피해를 스스로 방치하는 행태에도 책임이 있다. 이로 인해 법이 불법행위에 대한 '효과적인 위협'으로서의 기능을 상실하는 결과를 야기하고 있는 것은 아닌가 하는 의구심이 든다. 물론 법적 구제는 절차가 까다롭고, 시간도 오래 걸린다. 많은 사람들이 자신의 피해를 감내하는 이유도 여기에 있을 것이다. 많은 사람들이 포털에 게시중단을 요청하는 방법조차 모르거나 어렵게 느낄 수 있고, 실제 게시물 중단을 요청하려면 소명자료와 함께 많은 구비서류를 제출해야 한다. 만약 일반인이 민사소송이라도 제기하려 한다면 변호사 사무실의 문을 두드려야 하지만 비용면에서 문턱이 높다. 사이버폭력에 의한 피해가 심각하다면, 사람들이 보다 쉽게 법과 제도에 호소할 수 있도록 법률구조 시스템을 강화하는 것이 필요하다.

인터넷을 최적의 사상의 자유시장으로 만드는 것은 테크놀로지가 아니다. 막말과 모욕, 저작권 침해, 사이버명예훼손 등으로 인해 자유로운 토론을 방해받고 싶지 않다면, 인터넷을 황량한 불법공간으로 방치할 것이 아니라 이용자 스스로 권리구제에 나서야 한다. 이를 통해 사상의 자유시장에서의 '토론의 규칙'을 사회규범화해야 한다. 토론의 규칙이 작동하는 영역에선 평판(*reputation*)의 구조를 세우고, 이를 벗어나는 영역, 즉 표현의 자유의 우산을 벗어난 영역에선 피해자 스스로 법의 규제를 작동시키는 시스템을 만들어야 한다. 그것이 새로운 입법적 처방으로 규제의 장벽을 쌓는 것보다 훨씬 효과적으로 사상의 자유시장을 보호하는 길이다. 이 과정에서 '위축효과'를 방지하기 위해 사법심사 대상이 되는 표현물의 영역을 최소화하는 것은 법원의 몫일 것이다.

찾아보기
(용어)

ㄱ · ㄴ · ㄷ

A · B

C~F

W · Z

기 타

찾아보기
(인명)

ㄱ~ㅂ

ㅅ~ㅈ

ㅊ～ㅎ